ALFONSO LOWE

Spaniens Süden

ALFONSO LOWE

Spaniens Süden

Ein Führer

PRESTEL VERLAG MÜNCHEN

Übersetzt aus dem Englischen von Heidi Conrad

Die Originalausgabe erscheint bei Collins
in London unter dem Titel
›The Companion Guide to the South of Spain‹

Deutsche Ausgabe
© Prestel-Verlag, München 1972, 1978

3. Auflage
Passavia Druckerei GmbH Passau
ISBN 3 7913 0030 X

INHALT

ERSTES KAPITEL

In Andalusien – Die Straße nach Córdoba

Die Straße von Madrid beginnt allmählich zu steigen, und die Wagen krabbeln wie Ameisen bergan, um dem Riesenbecken der Meseta, der spanischen Hochebene, zu entrinnen. Fast unmerklich werden die Landschaft hügelig, das Erdreich grau und öde; dann bricht durch den spärlichen Bewuchs Felsgestein, und man erreicht den *Paß von Despeñaperros*, von wo man in die fruchtbare andalusische Ebene hinabblickt. Wir befinden uns in der Sierra Morena. Dieses Gebirge verläuft in Ost-West-Richtung und bildet die natürliche Grenze gegen Südspanien, eine weite, wilde Gegend für rauhe Männer und dunkle Taten, seit der Römerzeit ein Dorado der Briganten. In diesen Bergen traf Don Quixote die Geistlichen, die einen geheimnisvollen Leichnam von Baeza nach Sevilla brachten, den man heute für den des heiligen Johannes vom Kreuz hält, da er tatsächlich aus dem nur neun Kilometer von Baeza entfernten Úbeda gestohlen wurde. Don Quixote zog sich, nachdem er die Galeerensklaven befreit hatte, in die Sierra Morena zurück, um den Häschern der Santa Hermandad, der heiligen Bruderschaft, zu entgehen.

Die schöne Straße über den Paß, den *Puerto de Despeñaperros*, wurde 1779 von Le Maur erbaut, einem französischen Ingenieur im Dienste Carlos III.; vorher verlief die Hauptstraße durch Ciudad Real westwärts. Von einigen Parkplätzen und Aussichtspunkten hat man hier oben einen guten Blick auf die hochgelegenen Felsen und Geröllhalden; verstreute immergrüne Eichen, Arven und Ölbäume scheinen wie die Katalanen aus den Steinen Leben beziehen zu können. Dazwischen fallen steile Hänge ab, ohne sich je zu treffen, denn durch die Schlucht fließt ein Neben-

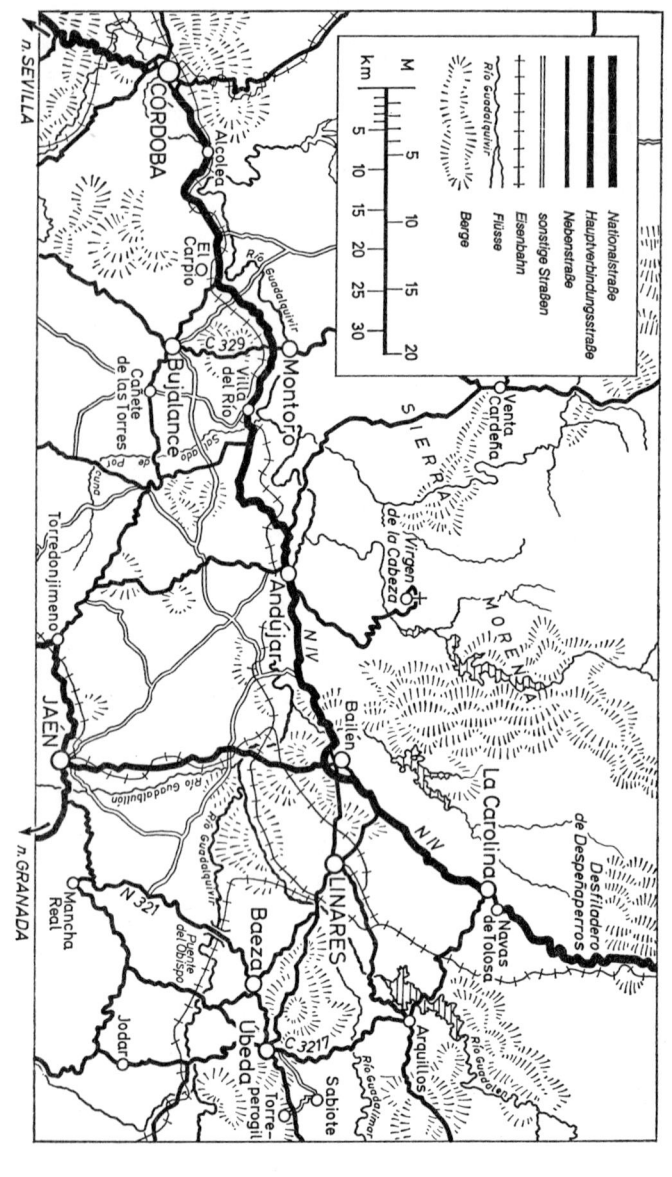

n. SEVILLA

CORDOBA

Alcolea

El
Carpio

Río Guadalquivir

Cañete
de las Torres

Bujalance

C 329

Villa
del Río

Montoro

SIERRA

Venta
Cárdeña

Río Guadalmellato

Cuna

Andújar

N IV

Virgen
de la Cabeza

M
O
R
E
N
A

Torredonjimeno

JAÉN

Río Guadalbullón

Bailén

La Carolina

Desfiladero de Despeñaperros

N 321

Mancha
Real

Puente
del Obispo

Río Guadalquivir

LINARES

N IV

Navas
de Tolosa

n. GRANADA

Jódar

Baeza

Úbeda

C 3217

Torre-
perogil

Sabiote

Arquillos

Río Guadalimar

Río Guadalén

n. SEVILLA

n. GRANADA

M
km

5

5

10

10

15

20

15

25

30

20

Río Guadalquivir
Flüsse
Berge

Eisenbahn
sonstige Straßen
Nebenstraße
Hauptverbindungsstraße
Nationalstraße

fluß des Guadalimar, der sich seinerseits in den Guadalquivir er-
gießt. Neben ihm verläuft eine Schienenstraße, auf der sich eine
Spielzeugeisenbahn durch sieben Tunnel windet.

Die fast vertikale Gesteinsschichtung im Osten, Zeugnis eines
Bebens in einem weit zurückliegenden Erdzeitalter, verdient
ihren Namen ›Los Órganos‹, denn die scharfen Grate, gelbgrün
von Flechten, haben starke Ähnlichkeit mit Orgelpfeifen. Ein
wenig später stoßen wir auf den Salto del Fraile mit seinem Doppelgipfel. Niemand weiß mehr, wer der Mönch war, der hier
heruntersprang, noch was ihn zu seiner Tat trieb; dem Volk genügt es, daß er dabei den Tod fand. Der Name Despeñaperros ist
rätselhaft: wörtlich bedeutet er das ›Hinabstürzen der Hunde‹
oder ›der Bösewichte‹; man hat das kühnerweise mit der Schlacht
bei Las Navas de Tolosa in Verbindung gebracht. Es gibt nämlich noch ein Despeñaperros in Tarragona, ohne daß die Geschichte einen spanischen Sieg in der Nähe verzeichnen kann.

*Wenn man hier zwischen den Felsen und Abgründen steht, versteht man
die Verzweiflung der Spanier und ihrer Verbündeten um 1212, als alle Pässe
von den Almohaden, die unter dem Kommando von An-Nasir standen, besetzt
waren; die Mohammedaner marschierten damals in einem Heiligen Krieg oder
›Jehad‹ nach Norden, während die Christen mit dem Segen Papst Innozenz' III.,
von dem gleichen frommen Eifer getrieben, südwärts zogen. Die Könige von
Kastilien, Aragon und Navarra waren damals sogar verbündet; sie wurden
von 60000 Söldnern, vor allem französischer Herkunft, unterstützt. Die meisten dieser Söldner verließen allerdings zornig das Heer, als man ihnen nicht
gestattete, die gefangenen Mauren von Calavatra oder die Juden der verbündeten Stadt Toledo einfach abzuschlachten.*

*Alfons VIII. der Edle von Kastilien hatte 1195 bei Alarcos eine schwere
Niederlage erlitten und geschworen, nie mehr ein Pferd zu reiten oder eine
Frau zu berühren, bis die Schmach gerächt wäre. Als er nun im heißen Sommer 1212 gen Süden zog, war er verständlicherweise darauf erpicht, dem
Feinde, den Almohaden, bald zu begegnen, denn die Fußmärsche waren er-
schöpfend. Die Almohaden waren Marokkaner, für die das maurische Spanien nur eine Art Kolonie war, aber in weniger als einem Jahrhundert hatten
sie sich als großartige Kämpfer, rücksichtslose Fanatiker und talentierte In-
genieure durchgesetzt. Sie ahnten nicht, daß diese Schlacht das Schicksal des
Islam in Spanien entscheiden würde; sie brachte den Wendepunkt, von dem an
der Einfluß der Christen ständig wuchs und das maurische Spanien zu einem*

Vasallenstaat absank, unsicher und gefährdet in seiner Existenz bis zur end-
gültigen Vernichtung. Als die Christen keinen Weg durch die Sierra fanden,
empfahl Alfonso seine Sache Gott, der ihm einen bescheidenen Hirten – wie es
heißt: von Cuenca – sandte, der seine Herde jeden Winter übers Gebirge trieb
(das wurde übrigens noch lange Zeit so gehalten, bis es in unseren Tagen be-
quemer erschien, die Tiere in der Bahn zu transportieren). Dank der Orts-
kenntnis des Hirten gelang es den Christen, die Moslems zu überfallen und so
vernichtend zu schlagen, daß nur das Königreich Granada noch für ein paar
Jahrhunderte fortbestand. Es ist verständlich, daß der Pastorcito, der kleine
Schafhirt, in einer Zeit, als Mirakel die Kriege entschieden, überirdischen
Charakter gewann; es gibt keinen Zweifel an seiner Gottgesandtheit, lediglich
die Frage, ob es San Isidore von Sevilla, San Isidro, der Schutzheilige Madrids,
oder Santiago von Compostela war, der den Christen in den Bergen erschien,
ist nicht zufriedenstellend geklärt.

Fünfzehn Kilometer weiter liegt das Dorf *Las Navas de Tolosa*
links an der Straße, kein erhebender Auftakt für den Süden, wo
man hundert reizvollere sehen wird. Kein Denkmal erinnert hier
an den entscheidenden Sieg; das wurde zweieinhalb Kilometer
weiter in La Carolina errichtet, einem ebenfalls unscheinbaren
Städtchen an der Westseite der Straße. Es hatte seine große Zeit,
als es 1786 unter Carlos III. Hauptort der neuen Siedlungen in der
Sierra Morena wurde, die man gegründet hatte, um der Ent-
völkerung und dem Banditenunwesen ein Ende zu machen.
Auch viele der kleineren Dörfer wurden damals nach der Kö-
nigsfamilie benannt, so in der Nähe Isabela und Fernandina.

Die Idee der Neubesiedlung stammte von Pablo Olavide, dem königlichen
Gesandten in Peru. In den neuen Dörfern wurden geschickte, fleißige Hand-
werker aus Deutschland und der Schweiz als Kolonisten angesiedelt, die sich
schnell einlebten, aber oft noch nach Generationen Deutsch sprachen, manche
tun es heute noch. Olavide wurde später von der Inquisition ergriffen, ein Jahr
eingekerkert und dann wegen Gottlosigkeit und Ausschweifungen zu acht-
jähriger Haft in einem Kloster verurteilt. Es gelang ihm, nach Frankreich zu
entkommen, aber die Inquisition hatte ihr Hauptziel, die Beschlagnahme seines
Besitzes, erreicht. Die Mönche der Sierra waren es, die ihn angezeigt hatten,
um sich für seine Einmischung zu rächen: denn nach einem ungeschriebenen
Gesetz teilten die Banditen ihre Beute brüderlich mit ihnen. – Doch auch in La
Carolina sucht man das Denkmal der Schlacht vergeblich, denn ein Lastwagen
hat es 1966 umgerissen, und die Trümmer wurden von den Stadtvätern sang-
und klanglos entfernt.

Aber alles dies ist nur ein Vorspiel zum ›Göttlichen Andalusien‹, wie Garcia Gómez es nennt. Während die Straße abwärts führt, entfaltet sich die weite Ebene des Guadalquivir, und man sieht die hundertfünfzig Millionen Ölbäume der Provinz Jaén in geraden Reihen ausgerichtet. Die Phönizier holten hier Erze, die Römer Pferde und Korn; auch die Vandalen siedelten hier kurze Zeit und zogen dann, von Hunger und Not getrieben, weiter nach Nordafrika. Nur ihren Namen ließen sie den Mauren, die alles Land, das sie in Spanien unter ihre Herrschaft brachten, Al-Andalus nannten. Niemand pflegte dieses wunderschöne Land mehr als die Araber und Afrikaner, und niemand bereicherte es mehr durch klug betriebene Landwirtschaft und die Einführung neuer Getreidearten. Sie verwandelten sein Antlitz mit Bewässerung und Anbau von Reis, Zuckerrohr, Johannisbrotbäumen, Zitrusfrüchten und anderen Kulturen, von denen der christliche Westen kaum gehört hatte. Da sie sich in diesem fruchtbaren Paradies sicher fühlten, pflegten sie auch Kunst und Wissenschaften, vermittelten das Wissen des antiken Griechenlands und des Orients den europäischen Gelehrten, so daß man ihren Einfluß in allen literarischen und wissenschaftlichen Entwicklungen und Strömungen wiederfinden kann, in den Liedern der Troubadoure, der Lyrik Dantes und den Entdeckungen des Kopernikus.

Die Ebene ist übertupft mit weißen Einzelgehöften, Cortijos genannt, ihre Tore werden von Heiligen gekrönt, denn unter heiligem Schutz gedeiht alles besser. Ja, auch Garagen und Tankstellen können Namen wie ›Die Heiligen Wunden‹ tragen, und ein klappriger Lastwagen, mächtige schwarze Wolken aus seinem Auspuff jagend, trägt vielleicht über der Windschutzscheibe den kühn gewählten und ungelenk gemalten, aber gar nicht so unpassenden Namen ›Nuestra Señora de los dolores‹. Ein Cortijo ist rechtwinklig um einen großen Hof angelegt, auf der einen Seite wohnt die Familie, die übrigen Gebäude sind teilweise für das Gesinde und die Feldarbeiter bestimmt, teilweise dienen sie als Ställe, Vorratskammern, Heuboden, Hühnerhaus; oft gehört auch eine Ölpresse und eine ›Bodega‹, wo der selbstgekelterte Wein lagert, dazu. Bis zum Ende des vorigen

Jahrhunderts trugen die Arbeiter Berbertracht: Pluderhosen oder ›Zaragüelles‹, kurzes Jäckchen, rote Schärpe und Ledergamaschen; noch heute tragen sie den ›Calañés‹, den großen Strohhut mit hoch aufgeschlagener Krempe. Die Frauen setzen in vielen Teilen des Südens den gleichen Hut über eine enganliegende Kappe, die das ganze Gesicht außer Augen, Nase und Mund bedeckt; lange Ärmel mit Manschetten für den Handrücken und Beinkleider unter den Röcken verhüllen jedes Fleckchen Haut. »Wie die Araber«, denken die Fremden, die nicht wissen, daß die Frauen der Arbeiterklasse sonnengebräunten Teint als ein gesellschaftliches Stigma betrachten und sich eine weiße Haut wünschen, durch die die Adern mit blauem Blut hindurchschimmern.

Vom Andalusier heißt es, er habe gewisse Eigenschaften, die ihn von anderen Spaniern unterscheiden. Viel wurde über sein Temperament geschrieben, seine sprudelnde Lebhaftigkeit, seine stete Bereitschaft zum Singen und Tanzen, seine Prahlerei und seinen raschen Geist. Tatsächlich kann man den Andalusier so wenig verallgemeinern wie den Spanier – oder wie den Menschen überhaupt. Manchmal ist er fröhlich, etwa bei einem Volksfest, und dann drückt sich seine Fröhlichkeit in Musik und Tanz aus; gewöhnlich ist er ernst, denn das Leben ist schwer hier, wo soviel Armut herrscht; in der Gegend von Alora ist er ›cerrado‹, ›verschlossen‹ und für Fremde unzugänglich, auch für andere Andalusier; in Jaén gibt es viele blonde, blauäugige Menschen, Nachfahren der kastilischen Eroberer, wohingegen im südlichen Teil der Provinz Granada ganze Familien nordafrikanisch aussehen können. Im allgemeinen ist der Landbewohner konservativ, die Bevölkerung der Seehäfen liberal: In Cádiz wurde 1812 der erste Versuch einer neuzeitlichen Verfassung unternommen; Málaga steht im Ruf, sich gegen autoritäre Gesetze aufzulehnen, und José Antonio Primo de Rivera, der Gründer der Falange, wurde in Alicante erschossen.

Einzigartig ist die andalusische Speisekarte. Jeder kennt den ›Gazpacho‹: die Arbeiter nehmen Öl, Essig und Gemüsemark mit aufs Feld und bereiten sich dort eine kalte Suppe daraus, indem sie Wasser aus einen Tonkrug zufüllen, den sie in einem Baum kühl aufhängen; dazu essen sie trockenes Brot. Sogar die Hotels, die den Reisegesellschaften etwas bieten wollen, führen diese Suppe auf der sommerlichen Speisekarte. Wer aber kennt ›Ajo blanco‹, eine ebenso köstliche kalte Knoblauchsuppe? Oder das Omelette, mit wildem Bergspargel zubereitet, oder den ›Rabo de toro‹, einen würzigen Ochsenschwanzeintopf? Aus irgendeinem Grunde bringt die andalusische Erde wenig oder gar keinen Tafelwein hervor, aber sie macht es wett durch die vortrefflichen schweren Süßweine aus Jerez, Montilla, Málaga und aus der Alpujarra.

In *Bailén*, 24 Kilometer entfernt, liegt der ›Parador de carretera‹, eines der kleineren Hotels der ›Dirección General de Turismo‹ oder kurz ›D.G.T.‹ bezeichnet, die einen Teil der spanischen Hotellerie leitet. Dieser Parador ist bemerkenswert, da er sich streng an die D.G.T.-Vorschrift hält, daß jedes Menü mindestens ein Nationalgericht bieten muß. Dazu gehört ›Guiñapos‹, eine kräftige Suppe mit Tomaten und ein paar Tropfen des hier gepreßten Olivenöls, in der – im Gegensatz zur italienischen Pasta – ganz leichte, fast schaumige Nudeln schwimmen, oder ›Arroz caldoso‹, ein Reisgericht, das einer flüssigeren ›Paella‹ ohne Safran (oder künstlichen Farbstoff, wie es heute üblich ist) gleicht und ebenso viele verschiedene Ingredienzien enthält. ›Pipirana‹ klingt auch höchst interessant, entpuppt sich aber als eine unromantische Mischung von kleingeschnittenen Gurken, Tomaten, grünem Paprika und Zwiebeln, kurz: gemischter Salat.

Bailén ist keine besonders fesselnde Stadt; sie kann nur zwei Pluspunkte für sich buchen: Sie liegt am Schnittpunkt der beiden Straßen, die von Madrid nach Granada und von Jaén nach Córdoba führen, und ist die Stätte eines entscheidenden Sieges der Spanier 1809 über die französische Armee des Generals Dupont in den Napoleonischen Kriegen. Die Kirche, ein spätgotischer Bau aus dunkelrotem Marmor, hat ein barockes Südportal, das der ›Jungfrau der Menschwerdung‹ geweiht ist. Die Halbkuppel der letzten Kapelle des linken Schiffes zeigt ein interessantes

Fresko einer Rosenkranz-Madonna mit männlichen und weiblichen Heiligen, zu beiden Seiten sittsam getrennt. Viele Wände
sind weiß gekalkt, eine Unsitte in vielen andalusischen Kirchen;
sonst interessiert uns vielleicht noch das Grab von Francisco
Javier Castaños y Arragori, dem Sieger von Bailén. Über dem
Grab ist ein gutes Marmorflachrelief, das ihn im Profil zeigt: er
sieht dem Herzog von Wellington verblüffend ähnlich.

*Die Schlacht von Bailén war das unmittelbare Ergebnis von Napoleons fixer
Idee, Einschüchterung sei die beste Regierungsart. Drei Jahre zuvor hatte er
Villeneuve gezwungen, mit einer französisch-spanischen Flotte von Cádiz auszulaufen, um am Kap Trafalgar vernichtend geschlagen zu werden. Seither
lagen die wenigen nicht versenkten Schiffe im Hafen von Cádiz. Weiter hatte
seine Kontinentalsperre wenig Aussicht, England erfolgreich abzuriegeln; sie
erforderte die Entsendung eines Expeditionsheeres nach Portugal, wobei
Spanien als ›Freundliche Macht‹ als Durchgangskorridor benutzt werden
sollte. Die ›Freundschaftlichen Beziehungen‹ litten jedoch, als Napoleon sich in
die ständigen Affären des spanischen Königshauses einzumischen begann. Das
spanische Volk, wie die meisten Völker seinen schlechtesten Herrschern am er-
gebensten zugetan, erhob sich. Madrid gab dazu durch den aussichtslosen
Aufstand vom 2. Mai 1808, dem ›Dos de Mayo‹, das Signal; er wurde brutal
niedergeschlagen, dennoch erfaßte er das Land wie ein Lauffeuer. So wurde
die iberische Halbinsel jener Winkel auf dem Festland, der sich Napoleon
nicht einmal vorübergehend unterwarf. Masséna ließ General Dupont mit
23 000 Mann in Andalusien einmarschieren, um die französischen Kriegs-
schiffe in Cádiz zu retten, ohne zu ahnen, daß diese bei der Nachricht vom
Aufstand bereits den spanischen Patrioten übergeben waren.*

*Duponts Armee bestand weitgehend aus unerfahrenen Rekruten, und sein
eigenes zauderndes Kommando trug noch mehr zum allgemeinen Mangel an
Organisation und zur schlechten Kampfmoral der Truppe bei. Eine Zeitlang
lag er unschlüssig in der Ebene von Andújar und beging den verhängnisvollen
Fehler, den stellvertretenden Kommandeur Vedel mit 10 000 Mann vorauszu-
schicken, um das Land zu erkunden. Das machte sich das 30 000 Mann starke
Heer andalusischer Bauern unter seinem General Castaños zunutze; es
stürmte Bailén, das zwischen den beiden Divisionen der französischen Armee
lag. Castaños stationierte hier 17 000 Mann und sechzehn Geschütze, um die
französischen Truppen aufzusplittern, und griff mit den übrigen die französische Hauptnachhut an. Dupont saß in der Falle; die ohnehin schlechte
Kampfmoral seiner Leute war endgültig erschüttert, und Vedel konnte ihm*

nicht zur Hilfe eilen. Nach mehreren Tagen vergeblicher Hoffnung kapitu-
lierte Dupont, und 18 000 Franzosen wurden gefangengenommen. Eine Armee
von 23 000 französischen Soldaten war von einem unausgebildeten, unorgani-
sierten Bauernheer geschlagen worden. Europa staunte.

Der Schlacht von Bailén kommt deshalb so große Bedeutung zu, weil hier
erstmals eine Napoleonische Armee eine entscheidende Niederlage erlitten
hatte. Einen Monat später folgte Sir Arthur Welleslys Sieg bei Vimeiro über
Junot. Napoleon flüchtete, als man ihm die Niederlage bei Bailén meldete, in
einen seiner Jähzornsanfälle und schrie: »Ein Bauernhaufen, angeführt von
einer Horde Pfaffen!« Aber der Mythos von Frankreichs Unbesiegbarkeit zu
Lande war erschüttert, und die Botschaft von Bailén und Vimeiro wurde von
den unterworfenen Völkern Europas begierig aufgesogen wie ein Frühlings-
regen von durstigem Erdreich.

General Castaños kämpfte später an der Seite Wellingtons bei Salamanca
und Vitoria, erhielt viele Auszeichnungen, wurde zum spanischen Grande
mit dem Titel ›Herzog von Bailén‹ erhoben und von Wellington, der im allge-
meinen von spanischen Heerführern nichts hielt, an die Spitze eines Armee-
korps gestellt. Beide Feldherrn starben 1852, Castaños 94, Wellington 83 Jahre
alt. In der Sakristei der Kirche von Bailén sind noch Castaños' Uniform und Or-
den sowie eine von Kugeln zerfetzte Standarte zu sehen. Im ›Albergue-Para-
dor‹ hängen Reproduktionen von Gemälden und Stichen der Schlacht und Uni-
formen der beiden feindlichen Armeen.

Nach weiteren 27 Kilometern gelangen wir auf der N IV nach
Andújar. Die einzige Kirche, die hier die Besichtigung lohnt, ist
Santa María, die allgemein ›Parroquia‹, Pfarrkirche, genannt
wird. Sie wurde an der Stelle einer früheren Moschee errichtet,
wie so häufig im Süden Spaniens, und ist in den Grundzügen gotisch; die Fassade jedoch ist platteresk. Dieser Stil verbindet eine
alles überwuchernde Oberflächendekoration, die der Ornamentik des Silberschmiedes (Platero) ähnelt, mit strengster Renaissance in der Form. Das Äußere der Kirche ist ein vollkommenes
Stil- und Materialgemisch; die Steine sehen aus, als seien sie bereits in einem romanischen Bau verwendet worden, und der
Mauerverband zeigt an vielen Stellen geometrische Muster, die
für den Mudéjarstil typisch sind. Der Altar liegt im Westen, was
fast nur in Kirchen, die eine Moschee ersetzt haben, der Fall ist.
Die zweite Kapelle zur Linken enthält El Grecos ›Christus am

Ölberg‹. Im Vordergrund schlafen Petrus, Jakobus und Johannes, ein überirdisches Licht umfließt den Engel und den betenden Heiland in rosafarbenem Gewand. Die ›Reja‹, das Abschlußgitter dieser Kapelle, ist ein schönes Beispiel für dieses spezifisch spanische Kunsthandwerk, dessen Ursprung bis ins 13. Jahrhundert zurückreicht. Im 16. Jahrhundert stand es in hoher Blüte, und sein anerkannter Meister ist Bartolomé von Jaén, der auch diese Reja geschaffen hat. Man beachte, daß die beiden getriebenen Figuren sich aus zwei Rücken an Rücken zusammengefügten genau spiegelverkehrten Teilen zusammensetzen. Weiter finden sich eine ›Himmelfahrt‹ von Pacheco, dem Lehrer und Schwiegervater von Velásquez, und in der Kuppel über dem Altarraum ein Fresko aus dem 16. Jahrhundert. Der Glockenturm mit der Uhr steht abseits wie das Minarett vieler Moscheen; möglicherweise war das auch sein Ursprung, obwohl Reste der alten Mauer, die daran grenzen, den Gedanken nahelegen, daß sich in ihm einer der rechteckigen Türme der Stadtmauer verbergen könnte.

Andújar wird oft als trübsinnige Stadt beschrieben, heute jedoch grundlos. Ihre Spezialität sind Töpfereien, denn hier werden die ›Alcarrazas‹ hergestellt, Tonkrüge, die das Wasser kühl halten und überall in Spanien zu finden sind. Bis vor kurzem stand auf jedem Balkon oder in Gasthöfen neben der Tür solch ein Krug, weshalb der folgende Vers so gut auf Andújar paßt:

> *Alcarraza de tu casa, chiquilla, quisiera ser,*
> *Para besarte los labios cuando fueras a beber.*

> *Alcarraza deines Hauses, meine Liebste, möcht' ich sein,*
> *Zu küssen, wenn du trinkst aus mir, die Lippen dein.*

Die Gräfin d'Aulnoy, deren Beschreibung einer Reise durch Spanien 1679 bis 1681 eine Fundgrube gescheiter Beobachtungen und gallischen Witzes ist, hatte Frankreich seinerzeit ziemlich hastig verlassen, nachdem sie mehreren Anklagen getrotzt hatte; unter anderm war sie des Hochverrats und der Vergiftung des Chevalier de la Motte beschuldigt worden. Die Tonerde, aus der die Töpferwaren von Andújar gemacht werden, erweckte ihr Interesse; vermutlich hatte sie von den keramischen Rosenkränzen von Talavera gehört, deren Scherben ein Duftstoff beigefügt wurde, »der die Frauen so erregt, daß sie deren Perlen essen, womit sie ihren Beichtvätern großen Kummer machen«.

Jedenfalls schrieb sie mit Bezug auf die Andújar-Ware über »das Verlangen vieler Frauen, den Ton zu kauen, womit sie sich den Magen verderben«. Sie kostete einen Bissen, meinte jedoch, sie würde lieber einen Mühlstein essen. Von dem ›Búcaro‹, einem Gefäß, das einen angenehmen Geschmack abgibt, wenn es gefüllt wird, schreibt sie: »Ich besitze eins, das den Geschmack des Weines verdirbt, aber den des Wassers sehr verbessert. Man behauptet, Gift würde sich darin bemerkbar machen.« Sie mußte es ja wissen. – Einige der besten Stücke aus Andújar sind im Londoner Victoria- und Albert-Museum ausgestellt.

Die Viehtreiber von Andújar sollen, ebenso wie die Stierhirten von Jerez, während der Scharmützel vor der Schlacht von Bailén mit der Stahlspitze ihrer Stachelstöcke ein französisches Détachement vertrieben haben. In Andújar wurde auch die sogenannte ›Konvention von Bailén‹, die Kapitulation Duponts, unterzeichnet, und fünfzehn Jahre später – Spiel der Geschichte ! – proklamierte hier der Herzog von Angoulême, daß die spanischen Behörden den französischen Hilfstruppen untergeordnet wären. Angoulême war mit den ›Hunderttausend Söhnen des heiligen Ludwig‹, wie sie selber sich nannten, dem wiedereingesetzten, aber herzlich unbeliebten spanischen Bourbonen, Ferdinand VII., gegen die spanischen Liberalen, die der König fürchtete, zur Hilfe geeilt.

Die Römerbrücke über den Guadalquivir ist oft erneuert worden, aber die Fundamente der Pfeiler könnten gut die originalen sein.

Der einzige Abstecher, den wir unternehmen wollen, führt von Andújar zur alten *Capilla de Nuestra Señora de la Cabeza*, 33 Kilometer nordwärts. Die mittelalterlichen Gebäude wurden während des Spanischen Bürgerkrieges 1936-39 vollständig zerstört, so daß der Ausflug nur der Landschaft gilt, falls er nicht mit einer der malerischen Wallfahrten zusammenfällt.

Andújar war auch die Heimat eines arabischen Stammes, der freiwillig zum Christentum übertrat und sich mit den Katholischen Königen verbündete, weil viele seiner Edlen in der Alhambra dem verräterischen Mord eines maurischen Herrschers zum Opfer gefallen waren. Auch nach der Reconquista blieb er

hier, und als 1690 der marokkanische Gesandte die Stadt aufsuchte, bildeten die Nachkommen dieses Stammes immer noch
die Aristokratie von Andújar. Der Stamm hieß Banu Sarra, und
sein Name findet sich in der ›Sala de los Abencerrages‹ in der Alhambra, wo das Massaker stattgefunden haben soll.

Zwanzig Kilometer auf der N IV, kurz vor Villa del Río, wo
wir uns nicht aufhalten wollen, überqueren wir den Salado de
Porcuna; flußaufwärts ist rechts eine Römerbrücke mit drei Bögen, über die wahrscheinlich die frühere Hauptstraße nach
Cádiz führte; ihre Pfeiler sind im Laufe der Jahrhunderte fast im
Schlamm versunken, aber die sehr flachen Bögen sind noch
sichtbar.

Kurz vor Villa del Río nach Süden abbiegend, erreichen wir
nach fünfzehn Kilometern auf Nebenwegen *Cañete de las Torres,*
wo auf der Plaza Mayor nur noch ein schöner Turm von der
großen Burg übrigblieb, und obwohl sein weißgetünchtes Portal
mit dem Hufeisenbogen an die blutigen Zeiten erinnert, in denen
Festungen notwendig waren, bildet es heute nur noch den Eingang zu einem herrlichen Privathaus. Die unteren Teile datieren
wahrscheinlich von 899, als sich Awsacha ibn Jali von Omar ben
Hafsun trennte und sein Treuegelübde gegen den Emir von
Córdoba erneuerte. Das ›Ajimez‹-Fenster, aus zwei von einer
schlanken Säule getrennten Zwillingsbogen bestehend, gibt mit
seiner rechteckigen Umrahmung, ›Alfiz‹ genannt, dem Turm
authentischen Charakter.

Bis *Bujalance* sind es auf der N 324 nur noch acht Kilometer.
Dieser Ort ist älter als alle schriftlichen Aufzeichnungen über
ihn; sein frühestes Denkmal ist ein iberischer Steinlöwe im
Archäologischen Museum von Córdoba. Sein ältester bekannter
Name ist Burzapolis, möglicherweise griechischen Ursprungs;
die Römer nannten ihn Vogia, seinen heutigen Namen erhielt er
erst unter maurischer Herrschaft. Abd ar-Rahman III., der erste
Kalif von Córdoba, errichtete 935 eine große Burg, deren be-
rühmte sieben Türme das Stadtbild noch heute beherrschen.
Von diesem Alcázar, der, von einer Mauer mit sieben Türmen

umgeben, auf einem Hügel stand, haben sich sonst nur Ruinen
erhalten.

Im Ayuntamiento, dem Rathaus, bewahrt man die Standarte eines Bataillons
freiwilliger berittener Stierhirten oder ›Garracheros‹ auf, die bei der Schlacht
von Bailén die Franzosen verwirrten, als sie ihren Stachelstock in die linke
Hand wechselten. Als die britischen Verbündeten die Wirkung dieses finsteren
Manövers sahen, übernahmen sie die Taktik sofort, und noch heute, so sagt man
in Bujalance, fahren sie deshalb links … Die Wände des Rathauses werden
von Bildern eines hiesigen Meisters geschmückt; sie sind dem Auge gefällig und
recht informativ, denn die Darstellung einheimischer Typen ist mit Einfühlung
und Akkuratesse durchgeführt.

An der C 329 liegt nördlich von Bujalance *Montoro,* ein reizvolles Städtchen am Ufer des Guadalquivir. In die nördliche Altstadt, die Ciudad, gelangt man über eine Brücke aus dem 14. Jahrhundert; sie ist der malerischste Teil der Stadt. Die weißen
Häuser mit schwarzen Fenstern und Türen wirken, als hätte ein
Riese eine Handvoll Würfel auf das steile Norderufer purzeln lassen. Aus der Nähe erkennt man die lehmfarbigen Ziegeldächer
und Reste der alten Stadtmauern, die den Häusern einverleibt
und natürlich weiß getüncht worden sind. Den hellroten Sandstein, der in dieser Gegend gebrochen wird, findet man noch unberührt in der Kirche San Bartolomé und an der Fassade des
Ayuntamiento.

San Bartolomé ist spätgotisch, mit einem barocken Glockenturm aus dem gleichen rötlichen Sandstein. Die architektonische
Strenge ist durch die Grasbüschel aufgelockert, die zwischen den
Dachziegeln sprießen. Der Pfarrer ist ein enthusiastischer Führer,
der keine Einzelheit ausläßt. Hier sehen wir erstmals einen ›Artesonado‹: eine kassettierte Holzdecke. Diese Decken erhielten
ihren Namen, weil sie wie ein umgekehrter Trog (Artesa) geformt sind; viele zeigen geometrische Muster, köstlich geschnitzte eingefügte Streifen, Bemalung, Elfenbein- oder Perl-
muttmarketerie. Man ist dazu übergegangen, alle in dieser Art
gehaltenen Decken ›Artesonado‹ zu nennen, aber der richtige
Terminus für alle nicht trogförmigen Holzdecken ist ›Alfarje‹
(vom arabischen ›Al-farx‹, Teppich).

Dies ist die erste hübsche Stadt, die wir besichtigen, auch die erste typisch andalusische mit ihren engen Gassen, den blumengeschmückten Eisenbalkonen, den dekorativen Straßenlaternen und Fenstergittern, die man in einem Lande mit so ehrlichen Einwohnern für überflüssig halten würde. Aber wahrscheinlich wurden sie nicht angebracht, um Einbrecher abzuwehren, sondern um die Töchter des Hauses am Ausbrechen zu hindern. Hoch oben steht die Kirche *Santa María*, eine der ältesten in Südspanien, die im Spanischen Bürgerkrieg und in den vorhergehenden Wirren großen Schaden gelitten hat und wiederaufgebaut werden soll. Hier finden sich auch die einzigen romanischen Kapitelle Andalusiens.

In westlicher Richtung fahren wir auf der N IV an *El Carpio* vorüber; links liegen Burg und Palast, der sich in Privatbesitz befindet. Auf der berühmten ›Brücke von Alcolea‹ überqueren wir den Guadalquivir: um sie ist zweimal gekämpft worden. Im einen Fall handelte es sich nur um eine Episode aus dem Feldzug von Bailén; das andere Mal war von größerer Bedeutung, denn hier stieß die Rebellion der liberalen Generale von 1868 unter Prim auf die einzige royalistische Gegenwehr, die zu zerschlagen ihr gelang, und im weiteren Verlauf führte dieses Scharmützel zur Absetzung von Königin Isabella II. Außer den siebzehn Marmorbögen der Brücke gibt es nichts zu sehen; das Dorf Alcolea ist eine völlig verlassene Ortschaft, ein sogenannter ›Despoblado‹.

Córdoba liegt jetzt nur noch elf Kilometer entfernt, und unwillkürlich wird man aufgeregt, wenn man sich dieser einst märchenhaften Stadt nähert. Der Name soll sich vom punischen Karta-tuba herleiten, doch ist diese Deutung nicht gesichert. Erst seit der Römerzeit ist Córdobas Geschichte gut zu verfolgen. Unter den Römern und deren Erben, den Westgoten, war sie Provinzhauptstadt, nach der arabischen Invasion von 711 wurde sie Sitz des Emirs, der vom Kalifen von Damaskus, dem Nachfolger Mohammeds und Beherrscher der Gläubigen, eingesetzt wurde. Aber die Omajaden hatten Rivalen, und deren Revolte, der Aufstand der Abassiden, endete mit der Einsetzung dieser neuen Dynastie, deren bekanntester Vertreter der sagenumwobene Harun-al-Raschid ist. Kein Freund von Halbheiten, ließ der erste der Abassidenherrscher alle Mitglieder der Familie der Omajaden kurzerhand umbringen. Nur einem einzigen gelang es, über den Euphrat zu schwimmen und so zu entkommen; nach vielen Abenteuern gelangte er auf seiner Flucht nach Marokko. Von hier aus wurde er von Würdenträgern, die noch von seiner Familie eingesetzt worden waren und den Neid der Günstlinge der neuen Dynastie fürchteten, nach Spanien berufen. So geschah es, daß 756 Abd ar-Rahman in Almuñécar landete und Emir des maurischen Spanien (756-788) wurde. Fast drei Jahrhunderte regierten er und seine Nachfolger von Córdoba aus, die Stadt ständig erweiternd, verschönernd und bereichernd. Ihre Hauptmoschee wurde zum Wallfahrtszentrum, das mit Mekka wetteiferte, ihre Universität zog die besten Köpfe des Islam und des Judentums an, ihre Bibliotheken wurden die reichhaltigsten der Welt, und so sehr gewann sie an Reichtum und Bedeutung, daß Abd ar-Rahman III. (912-961) 929 den Titel Kalif annehmen konnte. Córdobas Niedergang begann um das Jahr 1000, und im folgenden Jahrhundert erlebte es das Ende des Kalifats. Die Splitterkönigreiche, ›Taifas‹ genannt, bekämpften einander, und das maurische Spanien kam unter den Einfluß der Almoraviden und Almohaden, berberischer Reformer des Islam, bis sie 1212 bei Las Navas de Tolosa von den Christen vernichtend geschlagen wurden. Die frühesten maurischen Denkmäler finden wir in Córdoba; Sevilla und Granada repräsentieren die folgenden Epochen, und in dieser Reihenfolge werden wir sie nun kennenlernen.

ZWEITES KAPITEL

Córdoba und seine Große Moschee

> ... *oh siempre gloriosa patria mia*
> *Tanto por plumas cuanto por espadas* ...

Córdoba liegt am rechten Ufer des Guadalquivir; ihre Entstehung verdankt die Stadt der römischen Brücke, über welche die Via Augusta von Gallien nach Cádiz führte. Obwohl die Brücke mehrfach restauriert worden ist, haben sich die ursprünglichen Pfeiler erhalten und damit die ganze Großartigkeit des Bauwerkes. Die sechzehn Bögen, die sich im stillen Fluß spiegeln, dienen heute noch dem Verkehr von Córdoba zum Atlantik. Das südliche Ende wird vom *Torre de la Calahorra* bewacht. Vermutlich hat an dieser Stelle eine maurische Festung gestanden, aber die schriftliche Überlieferung reicht nur bis 1369 zurück. In jenem Jahr veranlaßte Heinrich von Trastamara Verstärkungen und Erweiterungen, nachdem sich bei der Belagerung durch seinen Halbbruder Peter den Grausamen die Schwäche der Verteidigungsanlage gezeigt hatte. Ein jetzt zugemauerter Hufeisenbogen hilft dem Geschichtsforscher nicht weiter, denn er kann ebensogut von Mauren unter christlicher Herrschaft erbaut worden sein. Der Grundriß ist insofern eigenartig, als er ein kurzes T bildet, dessen Winkel viertelkreisförmige Türme ausfüllen. Das Kastell beherbergt jetzt ein historisches Museum. Im ersten Stock befinden sich Andenken an den größten Kriegshelden Spaniens, Gonzalo de Córdoba, ›El Gran Capitán‹ genannt, im zweiten an den spanischen Dichter Luis de Góngora y Argote, einen glühenden Patrioten, wie seine ›Ode an die unbesiegbare Armada‹ bezeugt, der die obigen Zeilen entnommen sind, dessen tiefste Liebe aber seiner Geburtsstadt galt, ihren Türmen und dem Fluß, der Ebene und der Sierra, seiner »Heimat, der Blume Spaniens«. (Im Jahre 1978 Neueinrichtung im Gange.)

Vom Kastell Calahorra aus, das der Erinnerung an Schwert und Feder geweiht ist – für beides ist Córdoba ja berühmt –, überblickt man den Fluß. Er fließt zwar meistens träge, aber weiter unten zur Linken wird sein Wasser durch ein Wehr gestaut und in vier Kanäle geteilt; drei haben die arabischen Wassermühlen betrieben, deren Überreste immer noch im Flußbett stehen; der vierte setzte die riesige Noria in Bewegung, ein hölzernes Wasserrad, dessen tönerne Schöpfkrüge das Wasser auf einen Aquädukt gossen. Die Noria ist zwar wieder aufgebaut worden, liegt aber still. Man kann aber immer noch den Anfang des Aquädukts sehen, der dazu diente, das Wasser über die jetzige Ronda de Isasa, das Nordufer, zu den Schloßgärten zu führen. Die arabischen Schriftsteller erwähnten schon lange vor der Wiedereroberung – Ferdinand der Heilige nahm Córdoba 1236 ein – das Geräusch des ächzenden Rades, das ihnen den Schlaf raube, und Ferdinand der Katholische ließ es zerstören, weil sich Königin Isabella während ihres Aufenthalts im Schloß gegen Ende des 15. Jahrhunderts ebenfalls über das Kreischen beklagte.

Hinter der Noria erstrecken sich westwärts die Überreste der alten Stadtmauer, akzentuiert durch die Türme, die freilich längst verfallen sind; nur ein achteckiger steht heute noch stromaufwärts am Ufer. Geradeaus, am Ende der Brücke, gewahrt man die große Moschee, aus deren Mitte die Kathedrale hervorragt, dahinter ihr barocker Glockenturm. Zu beiden Seiten breitet sich die Ebene aus, und hinter der Stadt zeichnet sich die Silhouette der Sierra de Córdoba ab.

Dieser Blick auf Córdoba und seine Umgebung verrät noch nichts von der Zauberwelt innerhalb der Stadtmauern. Er ist nicht besonders eindrucksvoll, nichts erinnert an die glanzvolle Zeit des Kalifats, als Abd ar-Rahman und seine Nachfolger die Moschee erbauten und vergrößerten und Córdoba auf dem Gipfel seines Ruhmes stand. Wo sind die zwölf Königspaläste mit ihren poetischen Namen: ›Blume‹, ›Diadem‹, ›Freude‹, die siebenhundert öffentlichen Bäder, die Bibliotheken und Freischulen, die dreitausend Landhäuser und die botanischen Gärten mit den exotischen Pflanzen? Streitigkeiten unter den Mauren und

Bürgerkriege verwüsteten die stolze und prächtige Stadt, in der es sogar gepflasterte Straßen gab und die eine halbe Million Einwohner beherbergte; danach kam die Zerstörung durch die christlichen Eroberer, und im Lauf der folgenden Jahrhunderte ging es weiter bergab.

Überquert man die Brücke, so steht man vor der *Puerta del Puente,* einem Renaissancetor im klassischen Stil des 16. Jahrhunderts; links davon eine Säule mit dem vergoldeten Standbild des Erzengels Raphael, des Schutzheiligen von Córdoba. Das ursprüngliche Tor, durch das man in maurischer Zeit in die Stadt gelangte, hieß eigentlich Bab el-Kantara oder Brückentor, wird aber in den arabischen Chroniken gewöhnlich als ›Tor der Statue‹ bezeichnet wegen einer Figur – ob man es glaubt oder nicht – der Jungfrau Maria, die sich in der Nische über dem Eingang befand und die man offenbar von den Westgoten zusammen mit ganz Córdoba übernommen hatte.

Von hier führt die Calle Torrijos leicht bergauf, zur Rechten hat man die Mezquita, die Große Moschee, links den Palacio Episcopal, den bischöflichen Palast, der im sechzehnten Jahrhundert anstelle des alten Alcázar, des Schlosses der arabischen Eroberer, errichtet wurde, das seinerseits den Platz des Palastes der Westgoten, wo einst das römische Praetorium gewesen war, eingenommen hatte. Daneben ist das alte Hospital San Sebastián, ein Findelheim (Casa de Expósitos), allgemein bekannt unter dem Namen *San Jacinto.* Der Eingang gilt als schönes und lehrreiches Beispiel für den spätgotischen Stil unter Königin Isabella, den isabellinischen Stil. Beide Variationen des gotischen Spitzbogens sind vertreten: der Hauptbogen beschreibt einen Halbkreis wie in der Romanik, läuft aber im Scheitel in eine ganz kleine, rosettenverzierte Spitze aus. In der von ihm umschlossenen Lünette stehen drei Heilige, zu ihren Füßen das Eingangsportal mit gedrücktem Kleeblattbogen. Auch finden wir hier ein stets wiederkehrendes Element der maurischen und später spanischen sowie südamerikanischen Architektur, den ›Alfiz‹, einen rechteckigen Rahmen um Tür- oder Fensteröffnungen, der so sehr zur nationalen Eigentümlichkeit geworden ist, daß man ihn so-

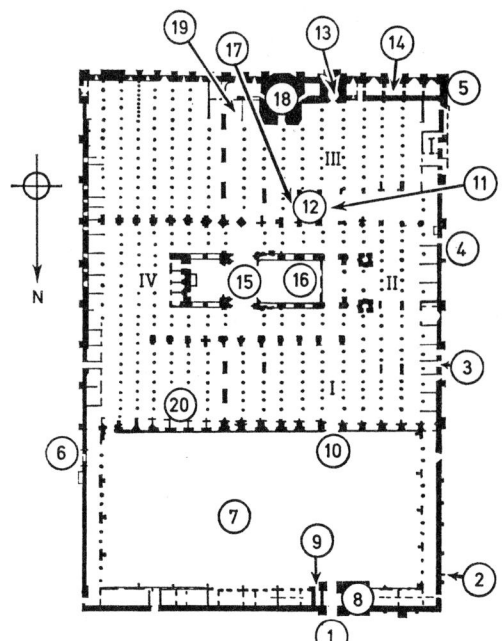

MEZQUITA VON CÓRDOBA

I Gründungsbau von Abd
  ar-Rahman I.
II Erste Erweiterung unter
  Abd ar-Rahman II.
III Zweite Erweiterung unter
  Al Hakem II.
IV Dritte Erweiterung durch
  Almansor

1 Gründungsbau von Abd
  ar-Rahman I.
2 Postigo de la Leche
3 Postigo (Puerta) de San
  Esteban
4 Postigo (Puerta) de San Miguel
5 Sabat-Gang
6 Puerta de Santa Catalina
7 Patio de los Naranjos

8 Glockenturm (ehem.
  Minarett)
9 Eingang zur
  Turmbesteigung
10 Puerta da las Palmas
11 Capilla de Villaviciosa
12 Capilla Real
13 Mihrab
14 Pasadizo
15 Kathedrale
16 Coro
17 Capilla de San Pablo
18 Capilla de Santa Teresa
  (Schatzkammer)
19 Capilla de la Santa Cena
20 Capilla de las Ánimas
  (Capilla del Inca)

gar bei modernen Gebäuden benutzt. Seine aufstrebenden Teile sind hier ganz gotisch gestaltet, aber das Stabwerkornament in den oberen Zwickeln ist noch ein Nachklang maurischer Kunst.

Der Platz der Mezquita ist seit den Tagen der Römer heiliger Boden. Hier hat ein römischer Janus-Tempel gestanden, dem eine christliche Kirche folgte, die unter den Westgoten dem heiligen Vinzenz geweiht war. Als im Jahre 711 die Araber kamen, nahmen sie die Hälfte der Kirche in Besitz, und ungefähr siebzig Jahre später kaufte Abd ar-Rahman, der Letzte aus dem Geschlecht der Omajadenherrscher von Damaskus und Begründer dieser Dynastie in Spanien, die andere Hälfte. Er ließ das Gebäude niederreißen und gab Auftrag, mit dem Bau der jetzigen Moschee zu beginnen.

Eine verhältnismäßig kleine Schar von Arabern und Berbern hatte fast die ganze iberische Halbinsel erobert; die meisten Iberer römischer Abstammung und die zahlreichen Juden empfingen sie mit offenen Armen, da sich die westgotische Aristokratie unbeliebt gemacht hatte. Auch unter dem westgotischen Adel herrschten Uneinigkeit und Verrat. Roderich, der letzte König, wurde von den Nachkommen König Witizas und ihren Parteigängern schmählich verraten; diese durften dafür in vielen Fällen ihr Gebiet behalten. Abdul Aziz, der Sohn des Eroberers Mussa, vermählte sich mit Roderichs Witwe, und eine Enkelin Witizas, Sara, wurde zweimal mit Arabern verheiratet. Das Ergebnis dieser vielen Ehen war, daß schon nach wenigen Generationen die meisten ›Araber‹ in Spanien einen guten Schuß spanischen Blutes in ihren Adern hatten.

Viele Mauren bedienten sich nur der römischen Volkssprache, aus der das moderne Spanisch hervorgegangen ist; ihre Kenntnis des Arabischen beschränkte sich auf den Koran, den sie auswendig gelernt hatten, ohne die Wörter zu verstehen. Die überlebenden Christen, die lediglich durch eine höhere Kopfsteuer benachteiligt waren, nahmen allmählich arabische Kleidung und Gebräuche an und ließen sich beschneiden, sehr zum Entsetzen von Johann von Gorze, der sich 954 als Gesandter Kaiser Ottos I. am Hof von Córdoba aufhielt.

Auf der Nordseite der Mezquita ist der Haupteingang zum Patio, *Puerta del Perdón*, Büßertor genannt, nach dem Vorbild gleichen Namens in Sevilla im Mudéjarstil des 14. Jahrhunderts gebaut. Der Torbogen zeigt eine spitz zulaufende Hufeisenform, der Alfiz ist vollständig ausgefüllt mit ›Ataurique‹, einem Reliefdekor aus stilisiertem Rankenwerk, und Wappenschilden in den oberen Zwickeln. Die schweren Holztüren sind mit Bronzeplatten verkleidet, deren gehämmerte Muster kleiner Ovale an ägyptische Zierformen gemahnen; darauf sind, abwechselnd in gotischer und arabischer Schrift, Sprüche eingraviert. Eine Inschrift in gotischen Lettern rund um den Torbogen besagt, daß er 1377 für Heinrich II. von Kastilien errichtet worden ist. Möglich, daß hier einst ein islamisches Büßertor war, denn es wird erzählt, der Philosoph Averroës sei – der Abweichung von den Lehren des Korans angeklagt – dazu verurteilt worden, einen Tag lang an diesem Tor zu stehen, wobei ihn die ein- und ausgehenden Gläubigen bespuckten. Das Innere des Torhauses hat eine häßliche, unpassende Barockdecke, aber schöne Türklopfer. Über dem Alfiz befindet sich eine Blendarkade aus drei sich überschneidenden Bögen, weitere sind an den beiden Seiten. Zwischen einigen sieht man noch Spuren von Fresken, die aber allem Anschein nach bald ganz zerstört sein werden.

Wir folgen der Mauer in entgegengesetzter Uhrzeigerrichtung und biegen an der Ecke wieder in die Calle de Torrijos ein, wo sich noch viel Originalmauerwerk erhalten hat, wenn auch das goldfarbige Gestein stark verwittert ist. Die erste Tür ist der *Postigo de la Leche* (Milchpförtchen), so genannt, weil hier Findelkinder niedergelegt wurden.

Die dritte Tür, der *Postigo de San Esteban*, trägt noch die Züge des Gebäudes, das Abd ar-Rahman I. errichtet hat, wenngleich eine Inschrift auf dem Bogen das Jahr 855 als Datum der Fertigstellung angibt. Es hat einen waagerechten Sturz, und der Hufeisenbogen im Alfiz dient nur der Entlastung des Sturzes. Ziegel und heller Sandstein wechseln in ihm ab, so daß sich ein hübscher Farbkontrast ergibt; die hellen Wölbsteine sind zudem mit Relicfarabcsken verziert. Auf beiden Seiten befinden sich ›Celosías‹,

Fensteröffnungen mit dekorativ gestaltetem Steingitter, über
teilweise unkenntlich gewordenen Steinmetzarbeiten, und über
dem Ganzen die Treppenzinnen, die noch heute in Córdoba und
in anderen Städten von den Baumeistern nachgeahmt werden;
sie sind syrischen Ursprungs.

Danach kommt der *Postigo de San Miguel* mit etwas gedrücktem Hufeisenbogen und einem geometrischen Muster aus Ziegel
und Sandstein in der Lünette, ein Muster, wie es bei späteren Erweiterungen immer und immer wieder angewendet worden ist.
Von den nächsten Türen sind die erste und die dritte im vorigen
Jahrhundert so ausgiebig restauriert worden, daß die Kenner
schaudern und die Touristen jubeln. Endlich noch die interessan-
teste von allen, eine einfache, längliche Tür, die jetzt vermauert
ist; sie liegt ungefähr in vier Meter Höhe in der Mauer. Es ist ein
Eingang, den man vom alten Alcázar aus, an der Stelle des jetzigen Bischofspalastes, über eine Brücke erreichte. Er ermöglichte
dem Emir und seinem Gefolge, der Freitagspredigt in einem ab-
geschlossenen ›Oratorium‹ beizuwohnen, hinter Gitterwerk den
Blicken des Volkes entzogen.

Um die Ecke herum, an der Südseite, sieht man die Fenster-
reihe, die den ›Sabat‹-Gang erhellte. Andere Fenster und Balkone
stammen aus der Zeit der Katholischen Könige. Ein einzigartig
interessantes Stück, nämlich eine große Marmorplatte, auf der
man die Form eines Reliquienkästchens, das während der französischen Besetzung in der napoleonischen Zeit verschwunden
ist, eingraviert hat, zieht hier die Blicke der meisten Besucher
auf sich.

Die Ostfassade ist zwar echt maurisch, wurde aber erst zur
Zeit der vierten und letzten Erweiterung der Mezquita gegen
Ende des 10. Jahrhunderts errichtet. Auch hier hat man viel restauriert, aber in den Hauptzügen ist der Bau unberührt. Zwei
vorgelegte Säulen bezeichnen die *Puerta de Santa Catalina* im Renaissancestil, die völlig aus dem Rahmen fällt, aber ein wertvolles Bildzeugnis bewahrt, denn auf den Schilden der ›Enjutas‹ sind
Reliefs, die zeigen, wie das Minarett vor seiner Umwandlung in
den jetzigen Glockenturm aussah.

Nun kommt nach der etwas monotonen Folge von Türen eine angenehme Abwechslung: auf der anderen Straßenseite liegt die Plaza Catalina, von der die Calle de Martínez Rücker abgeht. Auf ihr gelangt man zur Plazuela de la Concha, und wenn man links abbiegt, in die Calleja de los Rincones de Oro (Goldwinkelgäßchen), die sich trotz ihres hochklingenden Namens sehr bald auf weniger als einen Meter verengt. Geißblatt überwuchert die Mauern, und die kleine Gasse mündet in einen zierlichen schattigen Hof, wo inmitten der Domherrenhäuser mit den messingbeschlagenen Türen eine verwitterte maurische Säule aufragt.

Wenn wir zur Mezquita zurückkehren und links um die Ecke biegen, kommen wir zu einer vergitterten Außenkapelle, der *Capilla de la Virgen de los Faroles*. Man liebt es in Spanien, Hausaltäre an den Außenwänden der Gebäude anzubringen und sie mit Laternen zu versehen, die nachts mystisch erstrahlen. Das alte Gemälde ›Mariä Himmelfahrt‹, das hier zu sehen war, ist 1928 zerstört worden; Córdobas beliebtester Maler Júlio Romero de Torres hat das neue Bild gemalt.

Von hier führt uns ein kurzer Abstecher über die Calle de Velásquez Bosco zu dem einzigen vollständig erhaltenen von einst hunderten öffentlicher arabischer Bäder. Es ist leider ständig geschlossen, aber auch weder nach Größe noch Erhaltungszustand mit anderen alten Bädern in Andalusien zu vergleichen.

Zurückgekehrt zur ›Virgen de los Faroles‹ gehen wir weiter, wieder an einem Renaissancetor vorbei und betreten durch die Puerta del Perdón den *Patio de los Naranjos,* den Orangenhof. Der Außenhof bildete einen wesentlichen Teil der Moschee, nicht nur weil er Anlagen für die rituellen Waschungen enthielt, sondern weil gewöhnlich alle Einwohner am Freitag die Hauptmoschee besuchten und der Hof dann all jenen Platz bot, die drinnen nicht mehr unterkommen konnten. Die Nordfassade der Mezquita, die der Eintretende vor sich hat, wurde nach der Reconquista erbaut; früher war diese Seite des Gebäudes offen, so daß der Hof als Verlängerung des Gebetsplatzes angesehen werden konnte. Der Glockenturm erhebt sich rechts vom Eingang, aber der Weg zu seiner Treppe befindet sich links; infolgedessen stellt man auf halbem Wege aufwärts verwundert fest, daß man sich um die Außenseite eines anderen Steinturmes herumwindet, der nichts anderes ist als das alte Minarett.

Im Hof kann man rechts einen Grundriß finden, der den Umriß jenes ehemaligen Minaretts zeigt, das unter Hischam i. (788 bis 796) erbaut wurde. Auf der linken Seite steht ein Barockbrunnen mit einem knorrigen alten Ölbaum an einer Ecke; die Wasserrinne in diesem Winkel, die den Brunnen speist, heißt ›Caño del Olivo‹; dem Volksaberglauben nach wird eine Jungfrau, die von seinem Wasser trinkt, innerhalb eines Jahres heiraten. Es gibt hier noch vier andere Brunnen, von denen drei vielleicht die ehemaligen Anlagen für die rituellen Waschungen verdrängt haben, denn sie sind ganz gleichmäßig im Raum verteilt. An den umgebenden Hofmauern zeugen noch alte Balken von der ursprünglichen Decke der Mezquita mit ihren geometrischen Schnitzereien. Von Mitte April bis Mitte Mai wird ein flüchtiges Studium der ziemlich langweiligen Nordfassade von dem alles durchdringenden Duft der Orangenblüten versüßt.

Genau gegenüber der Puerta del Perdón ist die *Puerta de las Palmas*, durch die man ins Innere der Mezquita gelangt. Sie ist ein mißglückter Versuch, morgen- und abendländische Stilelemente zu vereinen; zu beiden Seiten stehen römische Meilensteine mit schlechtpassendem korinthischem Kapitell, die eine Entfernung bis zum Tempel der Juno mit 28 Meilen angeben, also offensichtlich aus anderen Gegenden herbeigeschleppt wurden.

Im *Innern* staunt man mit ehrfürchtiger Scheu einen Wald von Säulen und gestreiften Arkadenbögen an, die sich in der Ferne in völliger Regellosigkeit, wie man beim ersten Blick glaubt, zu verlieren scheinen. Um dieses Wunder voll zu erfassen, muß man sich klarmachen, daß man zweieinhalb Jahrhunderte hindurch in verschiedenen Bauphasen daran gearbeitet hat. Man kann die Entwicklung der hispano-arabischen Architektur von dem ersten schlichten Gebäude Abd ar-Rahmans i. mit den geborgten Dekorationsformen über die allmählichen Bereicherungen, die in dem großen Mihrab den Höhepunkt erreichten, bis zur Rückkehr zu beinahe puritanischer Einfachheit beim letzten Anbau durch

Almansor verfolgen. Man sieht sogar auch den Weg, den der Mudéjarstil nach der Reconquista in der Baukunst eingeschlagen hat.

Es ist oft gesagt worden, die Erbauer hätten das Ziel verfolgt, durch den Eindruck ungeheurer Größe und Schwermut erweckender Grenzenlosigkeit, unterstützt durch das ewige Dämmerlicht im Bauwerk, die Beter ehrfürchtig zu stimmen. Das scheint eine überflüssige Maßnahme in einer Gemeinschaft von Gläubigen, die fünfmal am Tag beten und sogar bei den natürlichsten Verrichtungen von Regeln und Vorschriften beherrscht werden. Und es wird dabei vergessen, daß die Mezquita dreimal vergrößert worden ist, weil die Zahl der Mauren in der wachsenden Hauptstadt immer mehr zunahm. In der ersten und zweiten Bauphase war die Mezquita noch nicht so groß, um dunkle Winkel zu haben; auch die Nordfassade war noch nicht errichtet, und so wurden die Räume von Tageslicht durchflutet. Auch als das Gebäude fertig war, wurde es durch Lampen in Hülle und Fülle erhellt: immer gab es genug Licht, um den Bau als Universität zu benützen, wo sechs Tage in der Woche Theologie, Philosophie und Naturwissenschaften gelehrt wurden.

Ebenso falsch ist die Annahme, der Architekt habe die Doppelreihe der Hufeisenbögen unten und der Halbkreisbögen darüber um der Wirkung willen geplant; die durchschnittliche Höhe der römischen Säulen, die aus verschiedenen, teilweise weit entfernten Gegenden hergebracht wurden, reichte nicht aus, um das Dach auf ihnen direkt ruhen zu lassen. Daß die Säulen nicht eigens für die Mezquita hergestellt worden sind, ist aus ihrer unterschiedlichen Höhe zu ersehen; manche sind tief in den Fußboden eingebettet, andere aber auf Basen verschiedener Höhe postiert. Bogengewölbe waren in der römischen Architektur natürlich nichts Neues, und die arabischen Eroberer müssen sie gekannt haben, ehe sie nach Spanien kamen, denn in Nordafrika gab es ja viele Zeugnisse römischer Baukunst. Daß die Erbauer aber durch den Aquädukt von Mérida mit seinen 37 Pfeilern zur abwechselnden Verwendung von Sandstein und Ziegeln angeregt worden sein sollen, ist gleichermaßen absurd, denn im Nahen Osten kannte man seit langem das Einschieben von Backsteinlagen – es heißt noch heute, diese Bauweise verringere Erdbebenschäden –, und der Felsendom in Jerusalem hatte schon Jahre vor der Erbauung der Mezquita gestreifte Bögen.

Als erstes fällt dem Betrachter ein schöner westgotischer Sokkel mit Weihwasserbecken auf, eines der sublimsten Zeugnisse der sonderbaren germanischen Vorherrschaft im 6. und 7. Jahrhundert; viele Kapitelle und auch marmornes Gitterwerk in diesem Teil der Moschee sind gleichen Ursprungs. Man kann die Grenzen der ursprünglichen Moschee erkennen, die Abd ar-Rahman 785 und 786 erbaut haben soll, es ist jedoch sehr unwahrscheinlich, daß das Werk in einem Jahr vollendet werden konnte. Die Ausdehnung läßt sich genau verfolgen, denn der Boden senkt sich an der Süd- und Ostseite sanft um einige Zentimeter. Alle Säulen und Kapitelle sind westgotisch oder römisch, viele von ihnen vorzügliche Beispiele der korinthischen Ordnung; dies ist auch der einzige Teil der Moschee, in dem die Säulen Basen haben. Ein westgotisches Kapitell an der Nordwand ist an einer Seite abgeschlagen: hier ist von den Arabern ein Kreuz entfernt worden. Zehn Säulenreihen führen, mit Unterbrechungen, zum südlichen Ende der Mezquita; die zweite Säule in der neunten Reihe von rechts oder von Westen steht im wahrsten Sinn des Wortes in üblem Geruch. Schon 1772 schrieb Jean Peyron, eine bestimmte Säule ströme einen teuflischen Gestank aus, wenn man mit Eisen daran reibe. Die Säule ist inzwischen halb durchgescheuert, und während man den schwarzen römischen Spiralschaft betrachtet, kann es noch heute geschehen, daß jemand daherkommt, mit einem Schlüssel daran reibt und den Kopf beugt, um das Schwefelbukett nur ja wahrzunehmen. Die Moslems hatten empfindlichere Nasen; sie sollen jährlich nahezu hundertvierzig Pfund Weihrauch verbraucht haben, größtenteils Aloe und Ambra.

Der zweite Abschnitt, unter Abd ar-Rahman ii. erbaut, erstreckt sich südlich mit sieben Säulenreihen. Er endet an Steinpfeilern, wo sich einst die alte, im 15. Jahrhundert errichtete Kathedrale anschloß. In der linken oder Osthälfte ist der gegenwärtige Chor der im 16. Jahrhundert gegen den Wunsch des Stadtrats und des jungen Kaisers Karl v. vom Domkapitel erbauten Kathedrale. Als der Kaiser drei Jahre später, 1526, bei seinem ersten Besuch sah, was man der Mezquita angetan hatte, sagte er: »Ihr habt etwas gebaut, das man überall hätte bauen können, und etwas zerstört, das einmalig war.« Diese vornehme Regung verliert allerdings etwas an Gewicht, wenn man bedenkt, daß derselbe Monarch wiederum drei Jahre später in der Alhambra einen Renaissancepalast einbauen und danach in Porto Empedocle auf Sizilien den griechischen Herakles-Tempel abreißen und einen großen Teil der Ruinen des Zeus-Tempels als Baumaterial wegschaffen ließ, um einen Wellenbrecher zu erstellen. Man hat die Domherren oft geschmäht, weil sie Chor und Hochaltar der Kathedrale innerhalb der Mezquita errichten ließen; aber hat man jemals die Frage gestellt, was mit diesem wundervollen Bauwerk sonst geschehen wäre? Niemals hätte es ohne die Zweckbestimmung als christliches Heiligtum sieben Jahrhunderte unversehrt überstanden, so wenig wie Roms Pantheon.

Am nördlichen Ende dieses zweiten Teiles steht ein Paar römischer gedrehter Alabastersäulen von großer Seltenheit. Der letzte Abschnitt an der Südwestecke schließt sich an den Teil an, den Al Hakam II. hinzugefügt hat. Diese prachtvolle Schöpfung ist gut so groß wie die ursprüngliche Moschee von Abd ar-Rahman I. Sie entstand in der zweiten Hälfte des 10. Jahrhunderts, als der Versuch, mit Hilfe von Sonnensegeln die stark zunehmende Zahl von Gläubigen im Patio mit Schatten zu versorgen, fehlgeschlagen war. Im Schiff aus Richtung der Puerta de las Palmas, durch die wir die Mezquita betreten haben, entlanggehend, passieren wir links den Trascoro, die westliche Begrenzung der christlichen Einbauten, und betreten die *Capilla de Villaviciosa*. Da sie nur von einer Mauer gen Osten begrenzt wird, können wir die Gelegenheit wahrnehmen, uns einen allgemeinen Überblick zu verschaffen. Zuerst stellt man fest, daß alle Säulenkapitelle dem gleichen einfachen Typ angehören: korinthisch, aber auf die wesentlichen Merkmale reduziert, mit drei Reihen stilisierter Blätter, die nicht mehr als Akanthus erkennbar sind. Die Säulen der Schiffe sind jetzt so angeordnet, daß die verschiedenen Farben und Muster von Marmor, Jaspis und Porphyr eine geordnete Folge ergeben. Dann werden die oberen Bogenreihen jetzt größtenteils von Säulen getragen, die seitlich abgestützt sind. Hier ist auch Oberlicht zugelassen – es fällt durch vier Laternen ein –, und die einfachen gestreiften Bögen werden vom Typ des Fächerbogens, der ursprünglich aus Mesopotamien stammt, abgelöst. Ihre Ornamentik, die auch auf die Laibung übergreift, erinnert an getriebenes Silber, während die Bögen selber sich in komplizierten Mustern überschneiden. Aber trotz all ihres exotischen Aussehens und ihrer grazilen Formen nimmt man die wohlüberlegte Gewichtsverteilung wahr, die der oberen Bogenreihe in all ihrer Pracht erlaubt, sicher und harmonisch auf den eleganten Säulen zu ruhen.

Die Villaviciosa-Kapelle ist vor allem wegen ihres Deckengewölbes berühmt, das ursprünglich den an dieser Stelle befindlichen Mihrab der ersten Erweiterung unter Abd ar-Rahman II. überspannte. Das steinerne Rippengewölbe wurde in der ersten Hälfte des neunten Jahrhunderts erbaut; es dauerte fast zwei Jahrhunderte, ehe diese Technik auch von christlichen Baumeistern angewandt wurde. Möglicherweise finden wir in dieser Kapelle das erste Beispiel für die Lösung eines sehr wichtigen architektonischen Problems: Wie man nämlich ein Gebäude am leichtesten mit einem gewölbten Dach decken kann. Die schon erwähnte einzige Wand der Kapelle an der Ostseite – eigentlich die Westwand der Capilla Real, der Königskapelle, – trägt ein Kruzifix, mehrere Steintafeln mit Inschriften in gotischer Schrift aus der Zeit der Reconquista und drei ältere mit arabischen Inschriften, von denen eine mit den Worten »Im Namen Allahs…« beginnt. Diese Wand trug einst das Retabel der christlichen Kathedrale, die im 15. Jahrhundert in die Mezquita eingebaut wurde; die Capilla de Villaviciosa war also damals der Altarraum.

Die *Capilla Real* muß man von der Südseite aus betrachten. Offensichtlich wurde sie durch den Einbau einer ›Krypta‹ umgestaltet, die in diesem Falle ganz über dem Bodenniveau erhöht liegt. Man erkennt die Veränderung daran, daß die Säulen mit ihren maurischen Kapitellen in den neuen Bauteil halb eingemauert sind. Die ›Krypta‹ besteht aus einem ungefähr drei Meter hohen Raum, dessen Decke auf drei Spitzbögen und zwei Säulen mit seltsamen Kapitellen ruht. Auf den ersten Blick ist zu sehen, daß der Einbau nach der Reconquista erfolgte, denn die maurischen Baumeister wären eines so groben Verstoßes nicht fähig gewesen. Hier wurden die Überreste zweier kastilischer Könige vorübergehend bestattet, nämlich Ferdinands IV. und Alfons' XI., denen wir in der Kirche San Hipólito wiederbegegnen werden.

Selbst wenn wir keine dokumentarischen Zeugnisse besäßen, könnten wir sicher sein, daß der Schmuck der Capilla Real aus der Zeit nach der Reconquista stammt: denn an Üppigkeit, Fülle und Vielfalt kommt er dem Alhambra-Palast in Granada nahe, der größtenteils im 14. Jahrhundert entstanden ist. Zutritt ist gewöhnlich nicht gestattet, so entgeht dem Besucher leider auch das Fliesenmosaik an den unteren Wänden; aber der obere Teil ist gut zu sehen, so daß man sich überzeugen kann, daß jeder Quadratzentimeter der Wände von eleganter Stuckverzierung überzogen ist. Die christlichen Eroberer beauftragten wohlweislich ihre muselmanischen Untertanen, die Mudéjaren, mit den Bau- und Dekorationsarbeiten, und 1263 befahl Alfonso X. der Weise, daß jeder maurische Handwerker in Córdoba für zwei Tage in der Mezquita arbeiten sollte, damit die notwendige Erhaltung nicht vernachlässigt würde. Außerdem gewährte er vier Handwerkern – zwei Maurern und zwei Schreinern – Steuerfreiheit, solange sie an diesem Gebäude arbeiteten. Es ist also gar nicht erstaunlich, eine Kapelle zu finden, die nach der Wiedereroberung im orientalischen Stil gebaut wurde, und daß ihre Stuckarabesken das königliche Wappen mit den Türmen von Kastilien und dem Löwen von León aufweisen. Die Kuppel kann nur das Werk maurischer Kunsthandwerker sein, die Kreuzrippen sind hier in Schnitzwerk wiederholt, und der Raum darüber ist mit Stalaktiten versehen, die im 14. Jahrhundert in Sevilla und Granada im Überfluß geschaffen wurden.

In der Südmauer des unter Hakam II. entstandenen Anbaus aus dem 10. Jahrhundert finden wir den Höhepunkt aller Schönheiten, die unter den maurischen Herrschern so verschwenderisch auf dieses Bauwerk verteilt wurden, den *Mihrab*. Doch be

vor man sich seiner Betrachtung widmet, sollte man die elegan-
tere Anordnung der Schiffe studieren, die alternierenden Farben der Säulen und den besonderen Kapitellstil, der jeden einzelnen Säulentyp auszeichnet. Der Sinn des Mihrab ist es, die
›Kibla‹, die Gebetsrichtung, anzuzeigen. Ursprünglich nur eine
flache Nische, hatte sie den Vorteil, daß auch die Blinden sie bei
ihrem Weg entlang der Mauern ertasten und so sich selbst in der
Richtung gen Mekka orientieren konnten. Hier und in anderen
Teilen Spaniens und Marokkos machte die ursprüngliche Nische,
manchmal durch eine Lampe hervorgehoben, einem prächtigen
Raum Platz, den der Anbetende siebenmal auf den Knien umkreiste, so die rituellen Umkreisungen der Kaaba in Mekka nach-
vollziehend.

Als Córdoba zur Leuchte ganz Europas geworden war, machte
man sie auch zum Pilgerzentrum; einmal um den Gläubigen
die gefahrenreiche Reise nach Mekka zu ersparen und natürlich
auch aus wirtschaftlichen Überlegungen. Ein angeblicher Fuß-
knochen Mohammeds wurde hier aufbewahrt, und die Kapelle,
in der er lag, hieß ›Das Haus der Reinigung‹. Als Pilgerzentrum
mußte Córdoba auch nach außen einigen Prunk entfalten, und
so ist es nicht weiter erstaunlich, daß man in und um den Mihrab
die reichste und kunstvollste Dekoration findet. Erstaunlich ist
jedoch, daß der Mihrab nicht nach Mekka, sondern nach Tim-
buktu ausgerichtet ist. Wahrscheinlich erklärt sich das dadurch,
daß der ganze Grundriß der Mezquita sich an dem westgotischen
Dom San Vicente orientierte, mit dem sie anfangs den Raum
teilte, und daß nur die Südfront für einen Mihrab geeignet war,
wenn man annimmt, daß der östliche Teil noch vom christlichen
Altar beansprucht wurde. Durch die ständigen Anbauten, die
letztlich nur die Säulenreihen verlängerten, wurde der Mihrab
nur weiter südlich verschoben, ohne jedoch die Richtung zu ändern.

In ihren Mosaiken übertrifft die Mezquita ohne Zweifel alle
anderen Moscheen, die ›Große Moschee‹ in Damaskus ausgenommen. Der Grund ist leicht zu erkennen: Der Kalif hatte den
Kaiser von Byzanz gebeten, ihm Künstler zu senden, um die Mo-

scheen von Jerusalem, Damaskus und Medina auszuschmücken
Hakam II., der ihm nicht nachstehen wollte, wandte sich mit dem
gleichen Begehren an Kaiser Nikephoros Phokas in Konstantinopel. Die Bedeutung der Handelsstadt Córdoba kann man daran
ermessen, daß der Kaiser nicht nur einen Spezialisten der musi-
vischen Kunst schickte, sondern ihm auch sechzehn Tonnen
Stein- und Glaswürfel mitgeben ließ.

Der Mihrab ist ein kleiner achteckiger Raum mit einer muschelförmigen Decke aus einem einzigen Marmorblock, auf jeder Seite mit Fächerblendbögen; es ist durchaus möglich, daß
einige davon früher vergitterte Fenster waren, durch die die
Herrscher die Freitagsgebete hören konnten. Man betritt den
Mihrab durch einen hufeisenbogigen Raum, der ebenfalls von
Blendarkaden bekrönt wird; und der Vorraum des Mihrab hat
eine achteckige Kuppel. Alle Teile, die Wölbsteine, der Alfiz,
die Arkade und sogar die Kuppel, sind von bezaubernden Mosaiken mit Blattmustern in höchst phantasievoller Verfeinerung
geschmückt, wobei die Farben Grün, Gelb und Purpur hervor-
stechen, nicht in Kontrast, sondern in Harmonie mit Schwarz,
Weiß und Gold. Die einzige islamische Note in diesem Kunstwerk bilden die Friese des Alfiz mit kufischen Inschriften.

Auch zu beiden Seiten des Mihrab stehen Bögen mit Mosaiken,
allerdings sichtlich von minderer Qualität. Der Torbogen zur
Rechten des Mihrab erlaubte dem Kalifen, seinen Weg vom
›Pasadizo‹ aus, dem Gang, der von der Sabat-Pforte in die Mezquita führt, fortzusetzen. Die Mosaiken stammen von Schülern
des obenerwähnten byzantinischen Künstlers, und die am linken Torbogen wurden im vorigen Jahrhundert von valencianischen Künstlern rekonstruiert. Der ›Pasadizo‹ ist noch vorhanden, wurde aber zu Toiletten umgebaut. Den Zweck der Seiten-
tore kennt man nicht genau, aber man nimmt an, daß hier weniger wichtige Mihrabs untergebracht waren; es scheint zwar
schwer erklärlich, aber man kennt ähnliche Fälle in anderen
westlichen Moscheen. Die *Maksurah* links, ein vergitterter Raum,
beherbergte heilige Gefäße und eine wertvolle Koranabschrift,
deren vier Seiten der dritte Kalif, Othmân, Mohammeds Schwie-

gersohn, geschrieben hat, der damit die einzige gültige Koran-
fassung herstellte. Seine Blutstropfen sind auf dem Pergament
sichtbar. Das ruft die Erinnerung an seinen Tod wach, den der
englische Historiker Gibbon in seinem Buch ›Geschichte des Verfalls und Untergangs des Römischen Reiches‹ so gut beschrieben
hat: »Von denen verraten, die seine Einfachheit mißbrauchten,
erwartete der hilflose und ehrwürdige Kalif das Nahen des Todes:
der Bruder der Ayesha schritt den Mördern voran, und Othmân,
den Koran im Schoß, wurde von unzähligen Wunden durchbohrt.« Es ist eine vernünftige Annahme, daß die Maksurah, der
abgeschlossene Gebetsraum für den Hof, entweder in oder vor
der Westnische lag, die durch den Pasadizo mit der Sabat-Pforte
verbunden war.

Auch von der Capilla Real wird angenommen, daß sie den
Raum einer früheren, erhöht gelegenen Maksurah einnimmt,
verbunden mit dem Mihrab der zweiten Moschee Abd ar-Rahmans II. Unter den vielen verlorengegangenen Schätzen befand
sich der hochragende Predigtstuhl oder ›Mimbar‹, der aus verschiedenen edlen Hölzern bestand und mit Elfenbein und Perl-
mutt eingelegt war. So großartig die Wirkung dieses Teiles der
Mezquita heute auch ist, ist sie doch nur ein schwacher Abglanz
der einstigen Herrlichkeit von getäfelten und bemalten Dek-
ken, kostbaren Teppichen oder von 2400 Lampen und Kandelabern, die am vorletzten Tag des Fastenmonats Ramadan hervor-
geholt wurden, glitzernd vor Messing, Silber und Gold.

*Der letzte Teil der Mezquita wurde unter Almansor, dem ersten Minister
und General des unfähigen Kalifen Hischam II., errichtet. Mit seiner Armee aus
Nordafrika gerufener Berber und christlicher Söldner unternahm Almansor
jährlich Einfälle in christliches Gebiet, und bis zum zweifelhaften Ende der
fraglichen Schlacht bei Calatañazor 1002 wurde er niemals geschlagen. Das
Wort ›fraglich‹ wurde eingefügt, weil erst vor kurzem glaubwürdige islamische Dokumente entdeckt wurden; es gibt aber noch immer Zweifler. Mohammed ibn Abi Amir, der sich selbst ›Al-Mansur‹ oder ›Almansor‹, ›Der Sieg-
reiche‹, nannte, eroberte eine christliche Stadt nach der anderen von Córdoba
bis Barcelona; er krönte seine Schreckensherrschaft 997, als er Santiago de
Compostela einnahm und die Kirche des Maurentöters Sankt Jakob, Spaniens
Schutzheiligen, plündern ließ. Die kleineren Glocken der Basilika wurden im*

*Triumph auf den Rücken gefangener Christen nach Córdoba gebracht; dort
wurden sie umgekehrt aufgehängt und als Ölbehälter benutzt. Als Ferdinand III. Córdoba zurückeroberte, wurden sie, diesmal auf den Rücken gefangener Mauren, nach Santiago de Compostela zurückgetragen. Um die komplizierte Natur iberischer Politik voll zu verstehen, muß man sich klarmachen,
daß Almansor, die ›Geißel der Christenheit‹, wie er von der Gegenseite bezeichnet wurde, die Töchter der Könige von Navarra und León zu seinen Frau-
en zählte, und dies nach freiem Willen ihrer Väter! Diese politische Lösung
– die Fürsten genossen daraufhin eine gewisse Ruhe – war wahrscheinlich für
alle Parteien annehmbar; das Leben im Harem mußte den Mädchen, ihrer
elenden, verwahrlosten Häuslichkeit entronnen, sehr erfreulich scheinen, und
auch Almansor war möglicherweise mit ihnen zufrieden, nachdem sie erst einmal die Vorzüge eines Bades genossen hatten.*

Almansors Beitrag zur Vollendung der Mezquita sind acht
weitere Schiffe an der Ostseite, die parallel zur Gesamtlänge der
vorgehenden Säulengänge verlaufen; der Patio mußte um die
gleiche Breite in östlicher Richtung erweitert werden. Die Sym-
metrie der Mezquita, mit dem Mihrab im Zentrum der Südfront, war damit zerstört. Der neue Bauteil folgte dem Muster
der alten, mit dem Unterschied, daß jetzt sowohl die oberen wie
die unteren Bögen Hufeisenform erhielten. Die Kapitelle sind
alle einfach, und die Bögen bestehen nicht mehr aus abwechselnden Ziegel- und Sandsteinschichten, sondern sind lediglich mit hellgelben und roten Streifen bemalt. Diese Erweiterung, obwohl architektonisch durchaus vertretbar und der ursprünglichen Konzeption gemäß, beeindruckt uns in der Gestaltung nicht wie die früheren. Nahe der Nordwand, oder genauer
gesagt deren Kapellen, steht eine Säule (die erste, wenn man
vom ältesten Teil der Moschee kommt), in deren schwarzem
Marmor ein Kreuz sichtbar ist; es heißt, ein christlicher Gefangener habe es mit einem Nagel, ja vielleicht sogar mit seinem Fingernagel, eingeritzt.

Das nächste Ziel ist die *Kathedrale*. Um genau zu sein, müßte
man das ganze Bauwerk ›Kathedrale‹ nennen, denn es steht auf
geweihtem Boden; aber im allgemeinen wird die Bezeichnung
nur auf Chor und Altarraum angewendet, deren Wände und
Dach sich hoch über der Mezquita erheben. Auch die Schiffe, die

diesen Bau flankieren, sind höher als die anderen, obwohl sie das
Streifenmuster der Bögen beibehalten. Man kann ein gotisches
Steinfries mit Pflanzenornamentik am oberen Rand jedes Bogens entdecken und darüber die typischen dekorativen Rippengewölbe des 16. Jahrhunderts. Diese wenig angemessene Form
der Dekoration wurde erst drei Jahrhunderte nach der Reconquista angewandt. Bis dahin war ein schmales Schiff aus dem
ersten Anbau Al Hakims benutzt worden, die Capilla Villaviciosa diente als Altarraum und die Capilla Real als Sakristei. Die
Einwohner Córdobas bekämpften die Errichtung der heutigen
Kathedrale mit aller Hartnäckigkeit. Als 1523 das Projekt des
Domkapitels bekannt wurde, verbot der Rat der Stadt den Baumeistern und Handwerkern bei Todesstrafe, an der Kathedrale
zu arbeiten. Dieses Dokument, das ignoriert wurde, ist noch vorhanden und kann im Castillo de la Calahorra besichtigt werden.
Unter Hernán Ruiz el Viejo wurde der Bau begonnen; als er 1547
starb, wurde das Werk von seinem Sohn, Hernán Ruiz el Mozo,
bis zu dessen Tod 1582 fortgesetzt.

Dennoch gibt es vieles in diesem gewaltsamen Einbau in der
Mezquita, was der Bewunderung wert ist, wenn auch gewiß
nicht der Innenraum in seiner Gesamtheit, einer jener Räume,
die unentschlossen zwischen Gotik und Renaissance schwanken;
mit einer Decke, deren Rippen stuckierte Felder, in italienischem
Stil bemalt, umschließen; und wenn man die Augen verwirrt
senkt, wird man zurückschaudern beim Anblick eines Retabels
in rotem Carabuey-Marmor. Aber einige Details sind es wert,
studiert zu werden: die prunkvollen *Spätbarockkanzeln* von 1760
aus Mahagoni mit alttestamentarischen Szenen in Reliefmedail-
lons etwa, die auf den äußerst phantasievoll gestalteten Evange-
listensymbolen ruhen, so einem lebensgroßen Stier in rosafarbi-
gem Jaspis auf einer weißen Marmorwolke oder einem schwarzen Marmoradler. Man glaubt, daß sie das Werk des französischen Künstlers Michel Verdiguier sind, der in Córdoba lebte
und Ende des 18. Jahrhunderts starb. Ein ehrfurchtgebietender
Leuchter aus vergoldetem Silber, fünf Meter hoch und fast zwei
Meter im Durchmesser, hängt vor dem Altar. Das Prunkstück

des Coro ist das große *Chorgestühl* des Pedro Duque Cornejo von Sevilla, einem Schüler des berühmten Bildhauers Roldán aus der gleichen Stadt. Das Mahagoni hat die Patina von zwei Jahrhunderten angenommen, aber dabei nichts von der Entschiedenheit eines meisterlich gehandhabten Schnitzmessers verloren. Das Werk besteht aus einem großen, reichverzierten Bischofsthron, einer Sedilia, einem Teil des mittleren Chorpultes und den individuell gestalteten hundertsechs Sitzen. In den oberen Dorsalen befinden sich über jedem Sitz zwei Medaillons, das größere jeweils mit einer Szene aus dem Leben Jesu und dem Marienleben, das kleinere mit einer anderen biblischen Szene. Die Medaillons der unteren Reihe sind weniger vollkommen und zeigen verschiedene Märtyrer Córdobas. Aber alles das ist nur der Anfang: in echt churriguereskem Geschmack herrscht ein großer ›Horror vacui‹. Jede, auch die kleinste Fläche ist gestaltet: Misericordien, Säulen, Armlehnen oder Gesimse. Und die Vielfalt von Mustern, Köpfen, Masken, Tieren, Vögeln, Blumen läßt uns staunend fragen, wie das alles das Werk eines einzigen Mannes sein kann. Die Antwort ist, daß er tatsächlich eine Schar von über vierzig Gehilfen beschäftigte und, wie viele andere Künstler auch, nur für den Entwurf und die letzte Feinarbeit an den einzelnen Teilen des Werkes verantwortlich war. Es wurde in nur zehn Jahren vollendet; dies ist doppelt erstaunlich, wenn man erfährt, daß Cornejo bereits ein Greis von siebzig war, als er den Auftrag erhielt. Als er achtzigjährig starb, war das Werk nahezu abgeschlossen, und er hatte bereits Tonmodelle der noch fehlenden Teile hergestellt, die somit in seinem Geiste ergänzt werden konnten. 1758 wurde das Gestühl schließlich enthüllt.

Zur Kathedrale gehören über dreißig Kapellen, meist an den Wänden, vor allem im Erweiterungsbau Almansors. Manche sind schlecht beleuchtet; eine Taschenlampe ist daher sehr nützlich. Die *Capilla de San Pablo* liegt an der Ostseite der Capilla Real und hat an drei Seiten feine Rejas und außer einem Altar auch eine Figur des heiligen Paulus. Beide sind das Werk des Pablo de Céspedes, dessen Grab unmittelbar vor dem Eingang zur Kapelle liegt. Die Vielseitigkeit der spanischen und italienischen Künstler setzt uns immer wieder in Erstaunen: Architektur, Bildhauerei und Malerei, dazu bei vielen Ingenieurkenntnisse. Fast genau gegenüberliegend, im Anschluß an den Mihrab, findet man die *Capilla de Santa Teresa*, einen Rundbau mit erregter Barockdekoration, die anscheinend allgemeine Bewunderung findet. Die beste Arbeit dort ist die Figur der Titelheiligen von José de Mora, eine der letzten der Schule von Granada, die Alonso Cano begründet hatte; sie steht, ein offenes Buch in der linken Hand, die rechte mit der Feder schreibbereit erhoben, mit kokett abgespreiztem kleinem Finger, während sie auf den Heiligen Geist herabblickt, der in Gestalt einer Taube auf ihrer linken Schulter hockt. Ihre Augenbrauen sind fragend erhoben. Die heilige Therese hatte zu Zeiten fast den Rang einer Schutzpatronin Spaniens und kam damit gleich hinter der Madonna; heiliggesprochen wurde sie für die Reform des Karmeliterordens, zu deren Durchführung sie die Bewegung der ›Descalzados-Barfüßer‹ ins Leben rief.

Die Kapelle wird als Sakristei und Kapitelhaus benutzt und manchmal auch nach ihrem Gründer, dem Kardinal Pedro de Salazar, genannt; sein Tragsessel steht in der Mitte und ist, ebenso wie die anderen Ausstattungsstücke hier, mit gemalten mythologischen Szenen geschmückt. Von diesem Raum aus gelangt man in die Schatzkammer, die viele wertvolle Objekte besitzt; aber der Besucher sei hier nachdrücklich gewarnt: jedes Elfenbeinkruzifix in Spanien wird Alonso Cano zugeschrieben, und wenigstens die Hälfte aller hervorragenden Kelche Benvenuto Cellini. Wir sehen einen goldenen Kelch, mit Smaragden besetzt, eine subtile, schöne Arbeit. Dann eine bezaubernde romanische ›Virgen de la Huerta‹: das Titelmotiv wird betont durch eine Birne, die sie in der Hand hält, ein seltenes Attribut, das uns in Südspanien nur noch einmal begegnen wird, denn gewöhnlich hält sie einen Apfel. Die Wahl der Frucht ist symbolisch: in der Hand Evas wird sie zum Anlaß des Sündenfalls, in der Hand der Jungfrau zum Symbol der Erlösung. Weiter findet sich ein Mudéjar-Reliquiar, das von Führern immer wieder ›mozarabisch‹ genannt wird; mit dieser Sprachverwirrung müssen wir uns abfinden. Die Mozaraber waren Christen unter arabischer Herrschaft, die später ins christliche Spanien flüchteten und einen Stil mitbrachten, in dem sich westgotische und orientalische Elemente durchdringen. Es gibt nur sehr wenige echte mozarabische Werke, darunter zwei Manuskripte aus dem 10. Jahrhundert mit typischen Miniaturen, das eine ist der ›Indiculus Luminosus‹, ein illustrierter Index von Álvaro von Córdoba, das andere ein Pergamentkodex mit schönen Initialen.

Aber der ganze Stolz der Schatzkammer ist die gotische Monstranz (1510-16) in Gold und Silber von Enrique de Arfe (Heinrich Harfe), der mit Philipp dem Schönen 1506 aus Flandern kam; es heißt, sie sei einem flämischen Belfried, wie etwa dem von Antwerpen, nachempfunden. Sie wurde erstmals auf der Fronleichnamsprozession 1518 mitgetragen; es wäre interessant, die Tageszeit zu wissen, denn Córdoba ist die einzige Stadt, wo laut einer päpstlichen Bulle diese Prozession am Nachmittag stattfinden darf. Ich nehme an, daß die mittägliche Junihitze etwas mit dieser Ausnahme zu tun hat. Dann folgt gegen Osten zu die *Capilla Santa Inés;* sie ist wichtig, weil sie mit einer anderen, der *Capilla de la Santa Cena,* zusammenhängt, in der das berühmte ›Abendmahl‹ von Pablo de Céspedes hängt. Das Werk zeichnet sich durch eine unbefangene, realistische Behandlung des Themas aus, wie sie erst fast zwei Jahrhunderte später, in der plastischen Gruppe Salzillos, wieder zu beobachten ist. Daran anschließend finden wir den *Altar de la Encarnación* mit dem feinen Tafelbild ›Mariä Verkündigung‹ von Pedro de Córdoba. Es stammt von 1475, bewahrt aber die Naivität des Mittelalters; der Engel trägt ein Schriftband, auf dem man die Anfangsworte des ›Ave Maria‹ in gotischen Lettern zu entziffern vermag.

Auch die vielen anderen Kapellen zeigen Werke von allerdings wechselnder Bedeutung; die *Capilla de Nuestra Señora del Rosario* etwa besitzt gleich drei Gemälde von Antonio del Castillo, dessen Werk wir im nächsten Kapitel eingehender würdigen werden. Daneben liegt, in der Nordmauer, die *Capilla de las Ánimas,* bekannter unter dem Namen *Capilla del Inca.* Das war der Beiname von Garcilaso de la Vega, Sproß einer edlen Familie. Sein

Vater war einer der Konquistadoren von Peru, seine Mutter die
Enkelin des letzten Inka. Er hatte einigen Ruhm als Soldat erworben, als er unter Don Juan d'Austria gegen die Morisken
(zwangsgetaufte Mauren) aus Alpujarra gekämpft hatte, aber
weit mehr als Schriftsteller und Historiker. Er schrieb eine Geschichte der Eroberung Perus, das Quellenwerk für all unser
Wissen über die Inka, und einen Bericht über die Expedition des
Hernando de Soto nach Florida; sein Haus in Cuzco in Peru wurde Museum, und das Parlament von Peru hat darum gebeten,
daß die Gebeine dieses weitgereisten Mannes in seine Heimat
zurückgebracht werden möchten; dort werden sie wahrscheinlich nahe dem Grabe Pizarros ihre letzte Ruhestätte finden.

Von der Südwestecke der Mezquita führt die breite Calle de
Amador de los Ríos – wir werden von diesem Namen in Baena
noch hören – zum *Alcázar Nuevo* oder Neuem Schloß, das 1328
auf Befehl Alfons' XI. auf dem Gelände des alten Alcázar begonnen worden ist. Die ›Katholischen Könige‹ lebten hier eine Zeitlang während jenes Krieges, der zur Eroberung Granadas führte.
Es heißt, hier habe Kolumbus seine erste Unterredung mit Königin Isabella geführt. Ende des 15. Jahrhunderts ließ sich hier die
Inquisition nieder und blieb bis zu ihrer Auflösung. Seit Beginn
des vorigen Jahrhunderts diente der Alcázar als Gefängnis. Die
Türme und der oktogonale Bergfried mit den Burgmauern erheben sich majestätisch über dem Palmenhain an der Nordseite,
wo sich der Eingang befindet. Ein Gang, reich mit Antiquitäten
ausgestattet, führt zu dem berühmtesten Ausstellungsstück,
einem römischen Marmorsarkophag des 3. Jahrhunderts nach
Christus, der auf dem Landgut eines Toreros in der Sierra Morena gefunden wurde. Er ist fast drei Meter lang und über einen
Meter hoch, mit Figuren in Hochrelief, die alle Schriftbänder in
den Händen halten. Die frühen Christen übernahmen diesen
Typus bartloser Figuren, um Christus als Philosophen darzustellen, so wie die griechischen christlichen Gemeinden ihn als Or-
pheus oder als Guten Hirten darstellten, den Hermes Criophoros
der hellenistischen Überlieferung. Das wichtigste Detail dieser

›Fassade‹, denn so sollte man diese Sarkophagwand nennen, ist eine Marmortür, nur angelehnt, um der Seele des Abgeschiedenen zu erlauben, sich auf die Suche nach dem Paradies zu machen – ein rührender Zug. Dieses Motiv ist nicht einzigartig, ein ähnlicher Sarkophag steht in der Krypta des Doms zu Palermo, in dem als zweiter Gast ein normannischer Bischof die letzte Ruhe fand. Auf der anderen Seite des engen Ganges ist ein kleiner Raum mit einem römischen Mosaik. Es zeigt eine bärtige Gottheit mit Hummerscheren an den Schläfen, ein geläufiges Thema: wahrscheinlich wurden Seetiere als Fruchtbarkeitssymbole angesehen. Der Hauptkonzertsaal hat größere farbige Mosaiken, eines erzählt die Legende von Polyphem und Galathea. Ein interessantes Detail, das beweist, daß dieses Mosaik römisch ist, sind die drei Augen des Kyklopen, eine späte Erfindung, denn die Griechen stellten ihn gewöhnlich mit einem Auge in der Mitte der Stirn dar. – Darunter befinden sich Bäder, vermutlich maurischen Ursprungs, aber kaum noch als solche zu identifizieren. Wenn man die sternförmigen Abzugsöffnungen für den Dampf, die allen orientalischen Bädern in Spanien eigen sind, betrachtet hat, gibt es weiter nichts, was fesseln könnte, als ein Besuch des alten, stillen Patio nahebei, wo die Wappen Kastiliens und Leóns in Fresko überlebten.

Von dem Weg entlang der Festungsmauern hat man eine gute Aussicht auf Córdoba und den Guadalquivir und gewinnt zugleich einen Überblick über den weiten Park, der im arabischen Stil angelegt ist, mit quadratischen Albercas, wie die Zierteiche heißen, und Blumen, Büschen und Bäumen, die künstlich bewässert werden, wie schon die Gärten des alten Alcázar, damals mit Hilfe der Noria. Bis ein Uhr nachts liegen die Gärten unter Flutlicht, und nichts könnte beglückender sein, als hier nach der bedrückenden Hitze eines Augusttages entlangzuschlendern. Im Westen endet der Park an einem anderen Abschnitt guterhaltener Festungsmauern, die wahrscheinlich aus der Zeit der Almohaden im 12. und 13. Jahrhundert stammen. Die *Puerta de Sevilla* mit ihren Zwillingshufeisenbögen hält man für ein Überbleibsel des 10. Jahrhunderts, diese Datierung ist jedoch um-

stritten. Es gibt gute Gründe, die für einen Ursprung bereits in
westgotischer Zeit sprechen, und zwar handelt es sich um tech-
nische Beobachtungen, die sich auf die Maße von Radius und
Umfang beziehen. Hier ungefähr lag das königliche Gestüt, wo
die berühmten Berber von Córdoba gezüchtet wurden. Im
18. Jahrhundert gab es ein Gesetz, das die Aufzucht von Maultieren in Córdoba streng untersagte, da die Stuten zu wertvoll
waren, um von Eseln gedeckt zu werden. Reitervereine, ›Maes-
tranzas‹, entstanden hier wie auch in anderen Pferdezuchtzen-
tren. Sie führten alle eigene Galauniformen und machten sich
sehr um die Verbesserung der Zucht verdient. Berberpferde
sind, nebenbei, ein berühmter nordafrikanischer Schlag; sie
kamen mit den marokkanischen Eroberern nach Spanien, und
die Bezeichnung ›Arabischer Berber‹ ist, wenn er etwas anderes
als eine Kreuzung bezeichnen soll, absolut unsinnig. Englische
Vollblüter stammen zum Teil von Berbern ab, einige sagen, von
jenem Paar ›Pferde aus der Berberei‹, das Ferdinand von Aragón
seinem Schwiegersohn Heinrich VIII. sandte.

DRITTES KAPITEL

Die Stadt Córdoba

Die Linie der Omajaden, unter deren Emiren und Kalifen Al-Andalus, wie das maurische Spanien genannt wurde, die Zierde des Westens gewesen war, endete mit unbedeutenden Vertretern. Allein neun von ihnen bestiegen in der kurzen Zeitspanne von 1010 bis 1031 den Thron von Córdoba, einige sogar zweimal, aber keinem gelang es, das von Anarchie zerrissene Land unter Kontrolle zu bringen. Soweit von Macht die Rede sein konnte, lag sie einmal in den Händen von Berbern, einer unterdrückten Mehrheit, die einen großen Teil des Heeres stellte, zum andern von Slawen aus Südosteuropa, die ihre Herren an Zahl weit übertrafen. Während eines zwanzigjährigen Bürgerkrieges wurde Córdoba mit Ausnahme der großen Moschee in ein einziges Trümmerfeld verwandelt, es konnte seine frühere überragende Stellung nie mehr zurückgewinnen. Das heißt jedoch nicht, daß das heutige Córdoba weniger anziehend sei als das des 11. Jahrhunderts, denn wie die meisten orientalischen Städte bot es einen ziemlich langweiligen Anblick, bis der Besucher in einen der Patios eingeladen wurde, die schon damals mit Springbrunnen, Bäumen, Sträuchern und Blumen – je nach den Mitteln des Eigentümers – die Sinne bezauberten. Diese Zurückgezogenheit, bei der sich das Familienleben rings um den Patio abspielte, erhielt sich anscheinend bis ins 19. Jahrhundert, denn Théophile Gautier bemerkte das Fehlen von Fenstern, und der englische Schriftsteller George Borrow schrieb:

»Wenig läßt sich über die Stadt Córdoba sagen, einen gewöhnlichen, dunklen, düsteren Ort voll enger Straßen und Gassen, ohne Plätze oder öffentliche Gebäude, die der Aufmerksamkeit wert wären, als einzig und allein seine weltberühmte Kathedrale.«

Heute sehen wir ein anderes Córdoba mit sauberen gepflasterten Straßen zwischen weißgetünchten Häusern, die vor den Fenstern im Erdgeschoß schmiedeeiserne Gitter und vor denen der oberen Stockwerke Balkone haben. Von diesen Balkonen, von Mauern und an den Wänden hängenden Blumentöpfen ergießen sich Rosen- und Geranienkaskaden, die uns unvergeßlich bleiben, selbst wenn sich die Erinnerung an die Kunstschätze des Landes getrübt haben mag. In der Nähe des Bahnhofs kreuzen sich zwei Prachtstraßen, deren so moderne Bauten und deren lebhafter Verkehr in sonderbarem Gegensatz zum südlichen Teil der Stadt stehen. Aber wenn man an der Ecke verweilt, verwischt sich dieser Eindruck. Im April und Mai verströmen die Reihen von Orangenbäumen den Duft ihrer Blüten, und die goldenen Früchte, die so süß aussehen und so sauer schmecken, entzücken das Auge. Am frühen Morgen hält ein Eselkarren, der Kutscher ergreift eine Blechtrompete und bläst ein Signal, das die Hausfrauen zum Kauf des knusprigen, frischen, noch warmen Brotes ruft. Ein anderer Esel zieht eine Drehorgel aus poliertem Mahagoni und glänzendem Messing, und wehe, wenn man ihm einen aufmunternden Blick zuwirft: man muß bleiben und mit hocherfreuter Miene zuhören, wie der Leiermann eine der zwölf endlosen Melodien herunterspielt, die das Instrument mitführen darf. Und ist man zur vollen Stunde an diesem Platz, so schlägt keine Uhr, so läutet keine Glocke, sondern wir vernehmen die Töne einer Gitarre, elektrisch verstärkt natürlich.

Auf der Avenida del Generalísimo Franco gelangen wir zur Plaza de Colón, an deren Westseite das alte Kloster *Colegio de la Merced* liegt, das ebenfalls Anspruch darauf erhebt, Schauplatz der ersten Begegnung zwischen Isabella der Katholischen und Christoph Kolumbus gewesen zu sein. Der einst würdige Patio ist nun durch einen weißen Anstrich entstellt. In der Nordostecke des Platzes steht die massige *Torre de la Malmuerta* mit dem Torbogen, der sie mit der Stadt verband und der noch immer die von Madrid herführende Hauptstraße überspannt.

Obwohl schon 1404 erbaut, ist die Torre ein Parvenü in dieser Stadt der Kalifen, aber immerhin alt genug, um von drei Sagen umrankt zu sein, die der

etwas makabren populären Etymologie von mala (schlimm) und muerte (Tod)
Rechnung tragen: alle drei stimmen darin überein, daß der Graf von Priego
auf Befehl Heinrichs III. von Kastilien den Turm als Sühne für die Ermordung
seiner Gemahlin erbaute. Es gibt eine halbherzige Version, nach der der Graf
seine Frau aufgrund eines falschen Verdachts tötete. Nach einer anderen kam
er überraschend durch einen unterirdischen Gang, der den Turm mit seinem
Haus verband, heim. Er tötete nicht nur seine Frau, sondern gleich auch zwei
ihrer Liebhaber, und dann aus Zorn darüber, daß man ihn über seine häusliche Misere nicht unterrichtet hatte, einen Diener, zwei Zofen und – da das
Vieh ja hätte sprechen können – seinen Papagei! Obwohl Massenmord damals
nicht ungewöhnlich war, erschien dieser doch dramatisch genug, um Lope de
Vega, der in seinen Stücken von blutigem Schluß eigentlich nicht viel hielt, zu
seiner Tragödie ›Los Comendadores de Córdoba‹ zu inspirieren.

Auf der Südseite der Straße führen Steinstufen zum Eingang
des Turmes, der gewöhnlich verschlossen ist. Er steht heute
verlassen, beherbergte aber einmal einen Astronomen und spä-

ter ein Museum. Vom Tor aus kann man noch die beiden Mu-
déjarfriese im Almohadenstil betrachten, die um den Turm her-
umlaufen; und von der Straße aus sieht man das Wappen
Kastiliens; der Name des Erbauers und das Datum der Errichtung sind nicht mehr zu entziffern.

Geht man von der Plaza de Colón aus in südlicher Richtung
weiter, erblickt man bald die Reste einer Mauer, die die Stadt
in der Maurenzeit zweiteilte. Andere Mauern, von denen sich
keine Spur erhalten hat, gliederten den Komplex wiederum in
fünf Stadtbezirke. Die Osthälfte der Stadt betritt man durch
die Puerta del Rincón, das ›Tor im Winkel‹, und wendet sich dann
sofort rechts, in die Calle de Alfaros, die parallel zur Mauer verläuft. Hier fragt man nach dem Weg zur ›Plazuela de los Dolores‹. Um es in der besten Stimmung zu sehen, wählt man eine
heiße Sommernacht, wenn der Vollmond mit seinem Schein die
Laternen beschämt. Auf dem engen, kopfsteingepflasterten Platz,
umschlossen von glatten, weißen Wänden, die mit den scharfen,
schwarzen Schatten der Fenstergitter kontrastieren, steht der
Cristo de la Agonía, auch *Cristo de los Faroles* genannt. Immer ist
etwas unaussprechbar Ergreifendes in der verlorenen Marmor-
figur am Kreuz, in ihrer winzigen Umfriedung, von dessen Gitter
acht Straßenlaternen wie Blumen herniedernicken; sie gaben
der Gruppe den zweiten, populäreren Namen. Wenn mir nur zwei
Blicke auf Córdoba vergönnt wären, wählte ich das Innere der
Großen Moschee und die Plazuela de los Dolores. Am Ende des
Platzes bildet die weißgetünchte Fassade des *Convento de los Capuchinos* einen vollkommenen Hintergrund zum Kruzifix und den
Laternen, und das geometrische Spitzenmuster seiner Mudéjartür ist eingehender Betrachtung wert, da die unzähligen Farb-
schichten, die es lange überdeckten, kürzlich entfernt worden
sind.

Ein paar Schritte weiter steht das Stammhaus der Fernández de Córdoba,
*dessen Renaissance-Prunk einen scharfen Kontrast zu den schlichten weißge-
tünchten Straßen Córdobas bildet; es wurde im vorigen Jahrhundert restauriert. Sein Portal wird von dorischen Säulen getragen; ein feines Schmiedeisen-
gitter hütet den Zaguán, eine kleine Empfangshalle, und den großen, kahlen*

Patio, dessen Bögen römische Mosaiken rahmen, die unter dem Fundament des
Hauses entdeckt worden sind. Das schlichte, weite Barocktreppenhaus ver-
stärkt den Eindruck von Grandezza, obwohl die braunen Wände und der
gelbliche Teppich wohl nicht jedermanns Geschmack sein dürften. Die ersten
Besitzer waren die Vorfahren jenes berühmten spanischen Feldherrn, Gonzalo
Fernández de Córdoba, dessen Lebensgeschichte sich uns während der Fahrt
durch Andalusien allmählich entfalten wird. Er hatte keine Söhne, aber sein
Familienname lebte weiter, da seine Tochter einen entfernten Verwandten, den
Grafen von Cabra, heiratete, der den gleichen Namen führte. Sie war die Erbin
seines Vermögens und seiner Titel, die seine Siege in Süditalien wiederholten:
Herzogin von Sessa, von Andria, von Sant' Angelo, Fürstin von Venosa und
Markgräfin von Bitonto.

Als nächstes wollen wir einen Patio besuchen, ein Beispiel für
jene intime Gartenkultur, die die Spanier den Arabern verdanken, die sie ihrerseits von den Römern übernommen hatten.
Wenn man einen solchen Patio mit seiner Kühle und Stille an
einem brütend heißen Sommertag betritt, versteht man, warum
dem frommen Moslem ein schattenreiches Paradies verheißen
wurde: »*Es ist von Flüssen bewässert, seine Nahrung ist ewig, und so*
ist sein Schatten; aber der Lohn der Ungläubigen wird Feuer sein.«

Wir kehren zurück zur Cuesta del Rincón am Bailío, von wo
man die Reste der Mauer am besten sieht. Einige Meter östlich
davon liegt der *Convento de Santa Isabel*. Der Eingang befindet
sich in der Ecke, wo die Cuesta del Rincón die Calle de Priego
trifft. Wie jede religiöse Stiftung in alter Zeit war er von einer
vornehmen Familie, den Grafen von Priego, gegründet worden;
viele der Priegos fanden hier ihre letzte Ruhestätte. Der schmucklose unregelmäßige Hofplatz führt zu dem schlichten Renaissanceportal der Kirche, im Tympanon eine skulptierte ›Heimsuchung Mariä‹; rechts daneben die kleinere Barocktür zur Sakristei. Das Innere ist hübsch, aber nicht großartig; die pyramiden-
förmige Kuppel ist etwas überladen, was bei der Üppigkeit spanischer Kunst des 16. Jahrhunderts zu erwarten ist. Die Inschrif-
tenmedaillons informieren uns, daß diese reiche Ausstattung der
Freigebigkeit eines Mitgliedes der Familie der Figueroa zu verdanken ist (ihr Wappen ist großzügig überall im Kloster angebracht), der Ritter des Calatrava-Ordens war. Da das Kloster

unter strenger Klausur steht, kann man die Kirche nur zu bestimmten Zeiten besichtigen.

Hinter dem Kloster liegt die gotische Kirche *Santa Marina*, die
älteste von Córdoba; sie datiert aus der Zeit der Reconquista
1236. Die von Strebepfeilern gegliederte Fassade erinnert an eine
Festung, und sicher diente die Kirche häufig genug diesem Zweck,
aber das Radfenster nimmt ihr einiges von der Grimmigkeit.
Das Nordportal ist bemerkenswert wegen seiner Archivolten
im Übergangsstil, die auf verwitterten Kapitellen mit Menschen-
und Tiermasken sitzen, eine Seltenheit in Südspanien. Das Innere ist nach dem üblichen Schema in ein Haupt- und zwei Seitenschiffe gegliedert, mit einem gotischen Lichtgaden. In der
Capilla de la Virgen del Rosario entdecken wir schöne Gemälde
von Castillo dem Jüngeren, besonders Darstellungen des heiligen Franziskus und Johannes des Täufers, aber auch Fray Juan
del Santísimo Sacramento und Gómez de Sandoval haben gute
Arbeiten beigesteuert. Die Hauptattraktion ist die *Kapelle der
Familie Orozco*, heute Sakristei, deren Eingang ein schönes Beispiel des Mudéjarstils ist, mit seinen kunstreichen Arabesken,
die Wappenschilde mit dem Lilienkreuz umranken; das Ganze
wird von Stalaktitenreihen überwölbt.

*Diese Kirche wird von mehr Touristen besucht als jede andere in Córdoba;
der Grund ist, daß gegenüber dem Westeingang die Statue des beliebten Stier-
kämpfers Manolete steht, der 1947 getötet wurde. Der Manolete-Kult hat in
Córdoba, seiner Geburtsstadt, erstaunliche Ausmaße angenommen, besonders
natürlich in der Pfarrei Santa Marina, der Wiege vieler berühmter Toreros.
Das Haus, in dem Manolete seine Kindheit verlebte, ist ein Volksheiligtum
(Calle de Torres Cabrera 6), und auf der Plaza de la Logunilla steht auf einem
Mosaikboden mit vier eingelegten Stieren ein Manolete-Brunnen mit seiner
Bronzebüste. Der Bronzetorero gegenüber Santa Marina aber, seinen Mantel
dicht vor sich über dem Boden haltend, wird flankiert von Männern und Pferden in Marmor, die an die Dioskuren des Kapitols in Rom erinnern. Auf der
Plinthe hinter ihm tragen Cherubim einen bronzenen Stierkopf, vielleicht den
von Islero, der Manolete tötete. Leider verdirbt die aufwendige Gruppe die
schlichte Architektur des alten Platzes.*

Geht man die Calle de Morales in südlicher Richtung weiter,
kommt man zum *Palacio del Marqués de Viana*, hinter dessen be-

scheidenem Barockportal sich ein phantastisches Privatmuseum
verbirgt. Es darf besichtigt werden, wenn die Familie nicht an-
wesend ist. Hier stand einst ein Palast des letzten Kalifen von
Córdoba, und der Grundriß wurde möglicherweise übernommen. Es heißt, der Kalif habe hier eine seiner Frauen mit einem
spanischen Hauptmann namens Goméz ertappt, den er natürlich sogleich töten und seine Leiche irgendwo im Hof verschar-
ren ließ. Der heutige Palast hat 181 Räume und 13 Patios, acht
davon sind Innenhöfe. Einen Teil der Ausstellungsstücke bilden
Römerfunde von einem etwa 30 Kilometer entfernten Landgut.
Eine Sammlung von Sportwaffen und eine Schwertersammlung
schließen sich an, alte Kohlenpfannen und Truhen, eine sogar
von 1030, und ein Porzellan-Service mit zweitausend Teilen, im
16. Jahrhundert aus China mitgebracht. Und dies ist nur einer
der vielen herrlichen Paläste, die ihre Kostbarkeiten hinter einer
bescheidenen Fassade verstecken; oft kann man durch ein enges
schmiedeeisernes Hausgitter, eine ›Cancela‹, in irgendeiner winzigen Gasse plötzlich drei oder vier Patios erspähen, mit Brunnen, Palmen, Laternen und Statuen, woraus dann hervorgeht,
daß hier wohl ein ganzer Häuserblock die Residenz einer einzigen Familie bildet. Eines dieser alten Häuser enthält nicht nur
ein Museum mit Gegenständen aller Epochen, es zeigt außerdem in seinen Fundamenten die Bodenmosaiken und Grundmauern eines ganzen römischen Hauses; leider kann es nicht besichtigt werden.

Für den Unternehmungslustigen gibt es im Nordostteil der
Stadt noch mehr Kirchen zu besichtigen; außerdem einen Teil
der alten Stadtmauern entlang der Ronda del Murrubial. Da ist
in der gleichnamigen Straße die Barockkirche *San Agustín*, deren gotischer Kern außer in der polygonalen mittleren Apsis
völlig verschwunden ist. Die Fassade der Kirche *San Lorenzo*, die
wir auf einem kurzen Spaziergang in südöstlicher Richtung finden können, mit ihrer großartigen Fensterrose (›Rosetón‹), ist sicherlich die vornehmste in der ganzen Stadt. Das Innere ist vor
allem wegen der Fresken des 15. Jahrhunderts bedeutend, seltenes Zeugnis einer sonst verhältnismäßig sterilen Epoche.

Von hier oder – wenn man den Abstecher nicht gemacht hat – vom Viana-Palast aus kann man leicht die Calle de San Pablo erreichen; wenn man die Straße überquert, steht man vor einer Gruppe interessanter Bauten, die mehr als einen flüchtigen Blick verdienen. Die *Casa de Hernán de Oliva* mit ihrer plateresken Fassade wurde nach dem berühmten Humanisten der Universität Salamanca benannt und gehört heute einer Familie von bedeutenden Silberschmieden, die auf ihre schöne Gemäldesammlung, darunter zwei Murillos und ein Juan de Juanés, stolz ist. In einem Winkel ein paar Meter weiter westlich findet man den besten Renaissancebau von Córdoba, die *Casa de los Villalones*. Oft erschöpft sich die Begeisterung bei der Beschreibung ihrer ungewöhnlich ausgewogenen Proportionen, der Ornamentik des Portals und des darüberliegenden Fensters; wenig erfährt man aber meist über die Loggia im italienischen Stil mit ihren schlanken Säulen und Rundbogen, die einen pikanten Kontrast zum Obergeschoß bildet. In westlicher Richtung weiterschlendernd, stößt man an der ersten Ecke zur Linken auf die *Iglesia de San Pablo;* eine kurze Gasse auf der anderen Seite gab uns grad zuvor den Blick auf das gotische Portal der Kirche Santa Marta frei. Das Archäologische Museum von Madrid besitzt einen irdenen Mudéjar-Brunnenaufsatz, der völlig unversehrt im anliegenden Kloster gefunden wurde. Aber das Innere der Kirche enthält nichts von Interesse.

San Pablo dagegen hält einige Überraschungen bereit. Wenn man von der Calle de San Pablo aus eintritt – das Hauptportal liegt an der Calle Calvo Sotelo –, zeigt die linke Wand einen Mauerverband, der ursprünglich schon von Römern angewendet wurde, dann von den Arabern und schließlich, wie in diesem Fall, von den Mudéjaren übernommen wurde. Die Spanier nennen ihn ›Soga-y-tizón‹; er entspricht ungefähr dem Blockverband mit abwechselnden Läufer- und Binderschichten beim Ziegelbau, nur daß es sich hier um Sandstein handelt. In den spätesten Beispielen aus der Kalifenzeit können bis zu drei Binder auf einen Läufer folgen. – Die Archivolten des Portals sitzen auf Säulen mit Kapitellen aus der Kalifenzeit auf, andere der gleichen Art wurden in den Apsiden entdeckt. Die Kirche ist jedoch keine umgebaute Moschee, sondern wurde 1241 von Ferdinand dem Heiligen für die Dominikaner gegründet. Das orientalische Aussehen hängt damit zusammen, daß maurische Untertanen für die Bauarbeiten verpflichtet wurden und daß die zerstörte, nur wenige Kilometer entfernte Palaststadt Medina Azzahra als ›Steinbruch‹ benutzt wurde. Obwohl die Gesamtanlage der Kirche romanisch ist, findet man sich in dem Wirrwarr ihrer Stile, hervorgerufen durch unzählige Anbauten und Änderungen, kaum zurecht. Das Seitenportal zeigt reichen Barock. Das Schiff hat einen großartigen Artesonado mit geometrischer Mudéjarornamentik. Auch an der Langseite der Sakristei findet sich Mudéjarwerk, ebenso zur Rechten des Altars, wo ein hübscher orientalischer Spitzbogen auf Kapitellen der Kalifenzeit aufruht. Wenn man unter ihm hindurchgeht, sieht man in das Innere einer typisch islamischen Kuppel im gleichen Stil wie beim Mihrab der Mezquita. Die Wände sind sehr reizvoll mit Azulejos und Atauriques, mit spiegelgleichen Paaren kufischer Schriftzeichen dekoriert.

Jetzt bedarf sicher auch der größte Kirchenliebhaber einer Ruhepause, und da einige der Kirchen bereits um 11 Uhr schließen, können wir uns jetzt mit gutem Gewissen für den Rest des Vormittags profanen Dingen zuwenden. Wir gehen auf der Calle Calvo Sotelo außen an San Pablo vorbei und nehmen die linke Gabelung zur Plaza Mayor. Falls Sie Ihren Weg verloren haben oder aus einer anderen Richtung kommen, fragen Sie nach der Plaza de la Corredera oder der Plaza del Mercado; denn spanische Straßen und Plätze lieben es, ihre Besucher zu narren, indem sie ständig neue Namen annehmen. Die Plaza Mayor ist das beste Beispiel einer Platzform, die für die spanischen Großstädte, wie Madrid und Salamanca, typisch geworden ist. Der Platz ist oblong, die Gebäude sind aus hellen Ziegeln errichtet, Arkaden säumen das Areal; die Gesimse sind von größter Schlichtheit, aus den Bogenzwickeln ragen die Arme der Straßenlaternen. Unter den Arkaden befinden sich die Läden und die Eingänge zu den oberen Stockwerken. Drei Geschosse liegen

über den Arkaden, mit großen, strengen Fenstern und einfachen
Eisenbalkonen voller Geranien und Kletterrosen, die sich wohltuend von den hellen Ziegelwänden und den allgegenwärtigen
mattgrünen Jalousien abheben. Vor ein paar Jahren zeigte mir
ein Flickschuster zwei ionische Kapitelle aus der Römerzeit, die
zwischen anderen Steinblöcken in die Wand seines Hinterzim-
mers vermauert waren; sie steckten da seit etwa 1690, als die
Plaza Mayor gebaut wurde. In Córdoba erregen römische Funde
wenig Aufsehen; ich habe einmal eine gedrehte Säule etwas
mehr als drei Meter unter dem Straßenniveau gesehen, als die
Fundamente für ein neues Haus ausgehoben wurden, und erst
kürzlich ist ein vollständiges Bodenmosaik unter dem Platz entdeckt worden, den wir als nächsten besuchen wollen.

Für Jahrhunderte war der Hauptzweck dieser Plätze, die
Szenerie für Stierkämpfe abzugeben, wo Granden und Edle ihre
Geschicklichkeit im Umgang mit den Horntieren vor den Augen ihrer Gefährten zu beweisen trachteten. Wenn die Häuser
ihren Besitzer wechselten, enthielt der Kaufvertrag häufig eine
Klausel, die dem Vorbesitzer die Benutzung der Fenster oder
Balkone während eines Stierkampfes vorbehielt. Die Regeln der
heutigen ›Corrida‹ bestanden noch nicht, die Stiere wurden auf
den Platz gelassen – einer, zwei oder auch mehrere auf einmal –,
und die Kavaliere ritten mit Speeren gegen sie an. Es gab unzählige Variationen, und manchmal ritt man sogar die Bullen
selbst, wie man das in allen Einzelheiten auf Goyas Skizzen im
Prado zu Madrid studieren kann.

Wir verlassen die Plaza Mayor an der gleichen Stelle, an der
wir sie betreten haben, und wenden uns links zur Calle Claudio
Marcelo, die uns zur Plaza de José Antonio führt, auch Plaza de
Cánovas und Plaza Tendillas genannt. Die Gebäude sind modern,
hier sind wir im Viertel der eleganten Geschäfte, und in den Nebenstraßen finden wir die Cafés, wo die Jeunesse dorée von Córdoba sich bei Coca Cola und ›Perritos calientes‹, einer sehr wohl-
schmeckenden Art von Miniaturwürstchen, gütlich tut.

*Das Reiterstandbild in der Mitte des Platzes stellt den ›Gran Capitán‹
Gonzalo Fernández de Córdoba dar, dessen Stammhaus wir schon früher be-*

gegnet sind; die Züge weichen von jenen seiner Figur vom Grabdenkmal in Granada ab, sind aber einem Reliefporträt auf einer 1503 ihm zu Ehren geschlagenen Medaille sehr ähnlich. Der Bildhauer, Mateo Inurria aus Córdoba, nahm einen beliebten Torero, genannt ›El Lagartijo‹, ›die Eidechse‹, als Modell für das Standbild; und wenn man die Medaille kennt (sie ist in Gonzalos Biographie von Lojendio abgebildet), muß man diese Wahl gutheißen.

Gonzalo war ein ergebener Diener der Katholischen Könige Ferdinand und Isabella und spielte eine wichtige Rolle in der Eroberung von Granada. Später focht er gegen die Türken auf den Ionischen Inseln, dann in Italien gegen die Franzosen und beendete seine Karriere als erster spanischer Vizekönig von Neapel. Er reorganisierte die spanische Armee, indem er eine Offiziersschule und Infanterieabteilungen, ›Tercios‹ genannt, gründete; sie blieben fast anderthalb Jahrhunderte der Schrecken Europas. Gonzalo war einer der letzten drei ›Spiegel der Ritterlichkeit‹ in einem Zeitalter, als die Könige selbst das Sprichwort »Honra y provecho no caben en un saco«, »Ehre und Gewinn passen nicht in den gleichen Beutel«, vergessen hatten. Die beiden anderen waren seine Feinde und Bewunderer, Gaston de Foix und der Chevalier Bayard.

Nördlich des Platzes liegt die Kirche *San Miguel,* deren Äußeres einen weiteren reizvollen Kontrast bereithält, wie ihn Córdoba oft zu bieten hat. Die Fassade ist ein Beispiel für die strenge Frühgotik, der Südeingang hingegen zeigt einen Hufeisenbogen mit farblich abgesetzten Wölbsteinen, die alternierend mit Arabesken verziert sind wie bei den Portalen der Großen Moschee. Dreihundert Meter weiter westlich entlang der Calle de Góngora gelangen wir wieder zum Paseo del Gran Capitán; ein Blick nach links zeigt uns den kraftvollen Glockenturm der Kirche *San Nicolás de la Villa,* wo Gonzalo 1453 getauft wurde. Der achteckige Turm hat viel Ähnlichkeit mit einem Minarett, so daß es erstaunt, wenn man hört, daß er erst 1453 vollendet wurde, also gut zweihundert Jahre nach der Reconquista. Natürlich wurde er hauptsächlich von Mudéjaren erbaut.

Die Kirche *San Hipólito* liegt an der ersten Seitenstraße links im Paseo del Gran Capitán, der an der Kirche San Nicolás endet. Alfonso XI. von Kastilien, einer der fähigeren und weniger auf bloße Schaustellung bedachten Monarchen, ließ sie errichten, aber die Arbeit daran ruhte seit der Fertigstellung des gotischen Altarraums und der Vierung; erst 1736, als die sterblichen Reste des

Gründers und seines Vaters, Fernando IV., hierher überführt wurden, wurde der Bau vollendet. Die beiden Sarkophage aus rosa Marmor stehen auf schwarzen Sockeln in Nischen zu beiden Seiten des Schiffes.

Man kann noch einiges von Córdoba am Nachmittag sehen, wenn man sich klarmacht, daß sich die Geschäftszeit je nach der Jahreszeit von 16 oder 17 Uhr nachmittags bis 19 oder 20 Uhr abends erstreckt und daß viele Kirchen dann geöffnet sind. Der Reisende sollte in den heißesten Stunden des Nachmittags besser eine Siesta halten und sich so auf einen Abendrundgang vorbereiten, dann vielleicht zu Abend essen und schließlich noch ein wenig in den Alcázar-Gärten, die bis 1 Uhr morgens, wie wir schon hörten, unter Flutlicht liegen, herumschlendern. Besucher sind oft schockiert, wenn sie Kleinkinder um 2 Uhr nachts in den Parks herumtoben finden: das besagt nur, daß der Spanier das hier herrschende Klima akzeptiert hat. Die Kinder bekommen genauso viel Schlaf wie ihre nördlichen Vettern und wachsen genauso gesund oder ungesund wie jene auf.

An der *Puerta de Almodóvar* im Westen finden wir ein Stück der alten Stadtmauer, mit Graben und Gärten, die sich südlich davon erstrecken. Eine Bronzestatue von Seneca steht vor dem Tor, und in Abständen sind noch andere, weniger eindrucksvolle Tore in die Mauer eingelassen. Seneca, römischer Philosoph, Schriftsteller und Erzieher Kaiser Neros, sein Vater Lucius der Rhetoriker, sein Neffe, der Dichter Lucan, und dessen älterer Bruder, Lucius Gallio, der als Gouverneur von Achaea die Verfolgung des Paulus verhinderte, repräsentieren eine der großen Familien Córdobas, deren Ruhm wohl die Zeiten überdauern wird. In einem anderen Tor steht ein Denkmal für Averroës oder Abu'l-Walid ibn Rushd, ebenfalls Sproß einer bedeutenden Familie der Stadt; er selber hielt in dritter Generation das Amt des Kadi inne, des obersten Richters. Das Almodóvar-Tor – in einem Teil der Mauer, die noch die Stufenzinnen der Almohaden trägt – wird von quadratischen Türmen eingerahmt und von einem späteren, häßlichen Torweg passiert. In der Maurenzeit hieß es Bab al-Yahud, und noch heute wird es häufig Puerta de los Judíos genannt, denn es gibt Einlaß in das alte jüdische Viertel ›Judería‹. Direkt dahinter windet sich eine enge Gasse mit Streifen quadratischer Platten zwischen dem Kopfsteinpflaster nach rechts; sie heißt Judíos, obwohl die Juden vor fünf Jahrhunderten von hier vertrieben wurden. Eine andere Abzweigung führt zum Zoco (arabisch: Suk) oder Markt.

Einbiegend in die Judíos, deren offizieller Name Calle de Maimónides ist, findet man rechts in Nummer 18 die alte und einzige unzerstörte *Synagoge* Südspaniens. Sie wurde nicht in den Tagen der arabischen Emire und Kalifen erbaut, die drei Jahrhunderte lang gegenüber Christen und Juden als ›Völkern des Buches‹ sehr tolerant waren, noch in der Zeit der Almohaden, der letzten Welle nordafrikanischer Eroberer, die wütende Verfolger von Christen wie von Juden waren, ja selbst ihre weniger fanatischen Glaubensgenossen bedrohten und überall Kirchen und Synagogen zerstörten; nein, erst nach der Reconquista wurde sie im Mudéjarstil errichtet. Der Name des Erbauers ist Isaac Mejeb, und das Datum 1315 ist in einer hebräischen Inschrift angegeben. Man tritt durch einen winzigen, tiefer gelegenen Patio ein (das Straßenniveau ist in den letzten sechs Jahrhunderten merklich angestiegen), und ein Mitglied der Familie des verstorbenen Wärters wird die Treppe zur Frauengalerie zeigen; die Trennung der Geschlechter war ja beim jüdischen Gottesdienst unumgänglich. Selbst nach den großartigen Eindrücken in der Moschee müssen wir hier den kunstvollen Stuck bewundern, den Bogen mit Blattwerk, die Reste der einst weite Wandflächen schmückenden Fliesen und den hebräischen Psalmen-Fries. Nach der Vertreibung der Juden 1492 diente die Synagoge als Hospital für Tollwutkranke und wurde 1588 von der Schuhmachergilde erworben. Die Schäden, die durch die ständig wechselnden Besitzer entstanden, wurden zum Teil seit 1885 wiedergutgemacht, als die Synagoge zum Nationaldenkmal erklärt wurde. Im Patio findet sich eine Marmortafel zur Erinnerung an den achthundertsten Geburtstag des Maimónides, des bedeutendsten unter den jüdischen Gelehrten des Mittelalters. Die ehrende Inschrift auf der Tafel lautet: »1135 – 30. März – 1935. Für Spanien ver-

leiht die Regierung des Landes ihrer Verehrung des unsterblichen Genius der Juden Ausdruck. Córdoba, sein Geburtsort,
zollt seinem Andenken Verehrung.«

Weiter die Straße hinab kommen wir zu der winzigen Plazuela
de Maimónides (oder Tiberiades), wo ein Denkmal den großen
Mann in sitzender Haltung mit Turban und Robe zeigt. Hinter
ihm an der Straßenecke ist eine Säule aus der Kalifenzeit sichtbar. Die Inschrift lautet in Spanisch und Hebräisch »Córdoba für
Maimónides« und gibt die Daten 1964 und 5724, entsprechend
den verschiedenen Kalendern, an. Die Maimónides-Verehrung
hat einen festen Platz im Leben Córdobas, das ihn als einen seiner
berühmtesten Söhne betrachtet, von gleichem Rang wie der
Gran Capitáno und nur ganz wenig hinter dem Torero Manolete
zurückstehend.

*Maimónides – Moses ben Maimon – war der Sohn eines überragenden
Arztes und Philosophen und ein Zeitgenosse des Abu'l-Walid ibn Rushd
(Averroës). Beide litten unter der Intoleranz der Almohaden, und in beiden
Fällen blieb nichts als die Emigration; Maimónides floh nach Marokko, wo er
einige Jahre in Fez lebte und seine Religion verhehlte. Später ging er nach Jerusalem und dann nach Kairo, wo er nicht nur der Leibarzt Saladins wurde,
sondern diesem Herrscher auch die Erlaubnis abrang, daß sich in der Heiligen
Stadt jüdische Familien wieder ansiedeln durften. Abgesehen von seinen me-
dizinischen Schriften, die teilweise erst jetzt aus dem Arabischen übertragen
wurden, machten ihn seine Mischnah (-Kommentare und die ›Mischne Thora‹,
›Wiederholung des Gesetzes‹, ein wissenschaftliches Kompendium über die gesamte jüdische Gesetzgebung) in der jüdischen Welt berühmt. Sein lebhafter
Geist gab längst verstaubten, erstarrten Inhalten neue Bildkraft. Seine Initialen (Rabbi Moses ben Maimun) gaben ihm in der jüdischen Welt den Beinamen ›Rambam‹, während christliche Gelehrte ihn gern ›Rabbi Moyses‹ nannten und seine These, daß die Schrift mit den Mitteln der Vernunft auszulegen
sei, viel diskutierten.*

Hinter der Plazuela de Maimónides ändert die Straße ihren
Namen in Calle Tomás Conde und führt zum Haus Luis de
Góngoras (1561-1627), eines anderen Großen von Córdoba. Das
Haus wurde vor langer Zeit erneuert, und nicht einmal eine Ge-
denktafel erinnert mehr an den Dichter, aber in der Nähe steht

sein Bronzedenkmal. Sein dunkler Altersstil wirkte schulbildend, heute wird der Gongorismus als ein eigenständiger lyrischer Stil im Einklang mit der Formenwelt des Barocks betrachtet. Gerald Brenan sagte: »Gesehen durch die zeitliche Perspektive einiger Jahrhunderte, muß er, wenn nicht der größte spanische Poet – diese Bezeichnung ist so vage – so doch der bezauberndste Sprachkünstler dieser Zunge genannt werden.« Góngora ist auf dem Denkmal sitzend dargestellt, sein Kopf nach dem Porträt von Velásquez modelliert. Es entstand, als Velásquez dreiundzwanzig und Góngora einundsechzig Jahre zählten. Das Original des Bildes hängt im Museum of Fine Arts in Boston, eine Kopie im Prado; dort kann man die alternden, aristokratischen Züge sehen, von jener Durchgeistigung, wie El Greco sie in seinem ›Begräbnis des Grafen von Orgaz‹ unsterblich gemacht hat.

Ringsum finden wir enge Gassen mit Durchblicken auf Patios hinter Eisengittern, die noch immer kunstfertig mit der Hand geschmiedet werden. Der Leser mag durch die vielen Wörter für Gitter verwirrt sein; das bekannteste ist ›Reja‹; ein Gitter vor einem Patio nennt man gewöhnlich ›Cancela‹, es kann aber auch, genau wie ein Fenstergitter, als ›Verja‹ bezeichnet werden.

Es gibt hier viele andalusische Restaurants, wo man fast das ganze Jahr über im Patio essen kann, der durch Segeltuchmarkisen, ›Toldos‹ genannt, kühl gehalten wird. Die Toldos werden durch ein raffiniertes System von Seilen und Rollen bewegt; nach einem Regenschauer setzt man sich am besten nicht darunter, da bald ein eifriger Kellner beginnen wird, sie wieder aufzuziehen, mit dem Ergebnis, daß einige Eimer Wasser auf die erstaunte Tischgesellschaft niederregnen. Aber Essen und Wein sind gut, wenn sie nicht gerade auf diese Weise verdünnt werden.

Auf der Plazuela Maimónides wird der Markt abgehalten, der ›Zoco‹, wo einheimische Handwerker ihre traditionellen Leder- und Silberwaren vor einem Hintergrund von Grün und römischen Amphoren ausstellen. Darüber liegt ein Restaurant, wo man ein gutes Mahl einnehmen kann, ehe die nächtlichen Flamencovorführungen im Patio beginnen. Sie sind für gewöhnlich besser und gewiß echter als die Shows, zu denen man in größeren Städten die Touristen gruppenweise führt. Des weiteren findet sich hier ein städtisches Stierkampfmuseum, wo man eine interessante halbe Stunde zwischen Erinnerungsstücken der beliebtesten Toreros von Córdoba verbringen kann.

Wenn man sich vom Zoco linker Hand in die Calle de Averroës wendet, kann man durch eine Einfriedung den Patio der *Capilla de San Bartolomé* sehen. Leider kann er nicht mehr betreten werden, wenn der Besucher keine spezielle Erlaubnis hat, den Eingang vom Hospital in der Calle de Cardenal Salazar zu benutzen. Rechts in dem kleinen Patio mit seinem efeuüberwucherten Palmbaum sind drei Bögen, die auf zwei verkümmerten Säulen ruhen und den Zugang zum Portikus bilden. Der Erbauer dieses Gebildes, das zwar nicht so alt wie die Kapelle, aber dennoch hochbetagt ist, benutzte antike Säulen, ein ionisches und ein hübsches westgotisches Kapitell. Das Hauptportal der Kapelle ist mit einem Zickzackfries wie in den Kirchen Santa Marina und Magdalena geschmückt; ein rein normannisches Motiv, das sich schnell von England aus südwärts verbreitete.

Um die Ecke liegt das Allgemeine Krankenhaus, und in dem kleinen Hof vor dem Portal von 1701 steht eine Bronzestatue des arabischen Augenarztes Al-Gafequí, der um 1165 den Gipfel seines Ruhms erlangt hatte. Da Augenerkrankungen im Nahen Osten sehr häufig sind, ist es nur natürlich, daß deren Studium und Behandlung dort ihre Wurzeln haben. Das erste systematische Lehrbuch zu diesem Thema wurde im neunten Jahrhundert geschrieben, und danach blieb die Augenheilkunde in Al Andalus lebendig, wurde von den Christen aufgenommen und weiterentwickelt; auch Ludwigs XIV. Augenarzt war ein Spanier, und die Hochschule in Barcelona ist heute noch weltberühmt.

In der Calle del Buen Pastor kann man einen weißgekalkten gotischen Torweg sehen und eine Tafel, die mitteilt, daß Johannes vom Kreuz hier 1586 gelebt hat; wir werden seinen Spuren noch oft begegnen. Am Ende der Straße ist die Plaza Angel des Torres, oft Plaza del Indiano genannt nach der berühmten *Casa de los Ceas*, die auch *Casa del Indiano* heißt, die örtliche Schwäche für falsche Namen teilend. Der rechteckige Torweg ist ganz typisch für die Architektur von Córdoba, und die Dekoration des Türsturzes und der Laibung aus dem 14. und 15. Jahrhundert zeigt eine auffallende Ähnlichkeit mit der Puerta del Perdón; beide Bauten sind das Werk von Mudéjaren. Obwohl in diesem Jahrhundert von Inurria restauriert, ist die Fassade, einschließlich des gelappten Zwillingsfensters, authentisch. Das obere Stockwerk mit seiner plateresken Mudéjardekoration der Fenster ist ein Beispiel für die beste Periode dieses Stils (gegen Ende des 15. Jahrhunderts), als große glatte Flächen durch reichornamentierte Einfassung von Türen und Fenstern hervorgehoben wurden.

Ein paar Meter weiter findet man im *Convento de Jesús Crucificado* einen der feinsten Artesonados von Spanien. In einem der Patios kann man eine Sammlung von Kapitellen, darunter römische, westgotische und maurische, besichtigen; ein maurisches ist ›Ahmed ibn Fateh‹ signiert.

In der Calle Barroso, zwei Häuserblocks weiter, steht der arg zerrüttete, aber noch immer schöne Alminar de San Juan. Die Moschee war den Johannitern, den Rittern des Ordens vom Heiligen Johannes von Jerusalem, übergeben worden, die bei der Einnahme Córdobas mitgefochten hatten; das erklärt den Namen des Minaretts. Viele der alten Steine mußten ersetzt werden, und die zerstörte Spitze wurde mit einem häßlichen Dach, das aber immerhin die Reste vor den schlimmsten Wetterschäden zu schützen vermag, gedeckt. Seine Hauptattraktion sind die bezaubernden Zwillingsfenster mit Hufeisenbögen, die sogenannten Ajimeces. Eigentlich ist das Wort nicht ganz korrekt angewendet, aber die Bezeichnung hat sich für diese Fensterform durchgesetzt. Wie der Hufeisenbogen ist auch sie keine maurische Erfindung, sondern kann schon bei westgotischen Bauten beobachtet werden. Schlanke Marmorsäulen sind zwischen die Fensterbögen eingestellt. Die Ajimeces des Alinar gehören zu den ersten maurischen Fenstern von Córdoba; ihre Kapitelle werden in die Zeit Abd ar-Rahmans II. (821-852) datiert. Darüber sieht man noch Reste winziger Säulen, die früher die

Hufeisenarkaden unterteilten, und innen ist eine Wendeltreppe erhalten, auf der der Muezzin hinaufstieg, um fünfmal am Tag vom Turm zum Gebet zu rufen.

In der nächsten Straße, der Calle Ángel de Saavedra, liegt die *Casa del Marqués de la Fuensanta del Valle,* deren Türvolumen und -laibungen mit ›Almohadillo‹, einer Art Waffelmuster, dekoriert sind. Das Haus Nummer 2 an der Calle del Rey Heredia hat eine Fassade mit dem gleichen Muster. Der Palast wurde etwa fünfzig Jahre später erbaut als die ›Casa de los Ceas‹, und man kann erkennen, wie in diesem Zeitraum einheimische Architekten und Baumeister praktisch mit der maurischen Tradition gebrochen hatten, als die italienische Renaissance Spanien in einer großen Welle erfaßte.

Der andalusische Barock ist gut zu studieren in der nahen *Schule der Maristenbrüder,* früher Sitz des Jesuitenordens, gegenüber der Iglesia de la Compañía, die einen ziemlich düsteren Schnitzaltar – teilweise von Pedro Duque Cornejo, von dem bessere Arbeiten bekannt sind – besitzt. Die Schule hat einen feinen klassizistischen Portikus und ein monumentales Treppenhaus aus Marmor mit dunkelgrauer, gelber oder rehfarbener Äderung; der letztere wird in Cabra noch heute gebrochen. Die Zusammenstellung wirkt nicht so grotesk, wie man annehmen möchte.

Der ›Palacio de los Paéz de Quintano‹ beherbergt das *Archäologische Museum.* Am Portal kann man ablesen, wie in der Mitte des 16. Jahrhunderts die klassische Strenge der Renaissance einer Sucht zur Dekoration weichen mußte, dem ›Horror vacui‹, oder wie immer man es nennen will. Das Bauwerk selbst, entworfen von Hérnan Ruiz, einem der tonangebenden Architekten seiner Epoche, ist zahlreichen Änderungen unterworfen worden. Im zweiten Patio findet man Schatten und einen Brunnen, aber auch noch originales Ziegelmauerwerk und Fenster mit den niedrigen Spitzbogen des isabellinischen Stils in den Alfices. Ringsum an den Wänden sieht man schöne, farbige römische Mosaiken und ganz am Ende einen Teich mit einem Bodenmosaik, dessen Muster Fische und in den Ecken Papyrusbüschel zeigt.

Im Museum kann man all die römischen Säulen, Kapitelle und Stelen in Ruhe betrachten. Interessant ist eine Mithra-Skulptur, die den Gott mit phrygischer Mütze darstellt, wie er dem Stier den Todesstoß versetzt; ein Hund leckt das aus der Nackenwunde sickernde Blut, und ein Skorpion umklammert den Phallos, wahrscheinlich um zu betonen, daß der Same unzerstörbar ist. Einen christlichen Sarkophag schmücken alttestamentarische Szenen in Hochrelief; die Entwicklung christlicher Grabkunst läßt sich durch mehrere Säle mit frühchristlichen und westgotischen Grabreliefs verfolgen. Das Museum ist glücklicherweise nicht nur nach wissenschaftlichen, sondern auch nach künstlerischen Gesichtspunkten angelegt. Wenn man die breite Treppe hinaufsteigt, sieht man eine nahezu endlose Folge herrlicher polychromer Mosaiken aus der Stadt und ihrer Umgebung; solange der heutige Baueifer anhält, wird man wohl bei der Aushebung immer tieferer Fundamente noch auf manche Reste aus der Römerzeit stoßen.

In Saal VII befindet sich eine Sammlung von feinen eisernen ›Braseros‹, um deren Rand arabische Inschriften laufen. Die ersten Tonbraseros entdeckte man in jahrtausendealten Hethitersiedlungen; aber in der Türkei, in Nordafrika, auf Sizilien, in Spanien und Portugal kann man sie noch heute in Gebrauch sehen. Ein ›Brasero‹ ist eine flache Schale auf Beinstümpfen, in der man Holzkohle, Olivenkerne, Kameldung oder was sich sonst anbietet, zum Glühen bringt, eine Art Kohlenpfanne also. Dann stellt man es unter den runden Tisch, an dem sich im Winter die Familie versammelt, die Beine unter einem schweren, bis auf den Boden reichenden Tischtuch verborgen. Das ist die einzige Art, wie man in Häusern, die so gebaut wurden, daß sie Kühlung vor der Sommerhitze vermitteln, an kalten Tagen etwas Wärme finden kann.

Eines der schönsten Ausstellungsstücke ist ein emaillierter Bronzehirsch aus dem 10. Jahrhundert aus Medina Azzahra, wo er einen Brunnen beherrschte, den Konstantin VII. Porphyrogenitus Abd ar-Rahman geschenkt hatte. Konstantin war einer der größten byzantinischen Kaiser und beherrschte Diplomatie und Hofkultur bis zur Vollendung. Es ist interessant, wieviele Gemeinsamkeiten es zwischen Byzanz und den muselmanischen Staaten gab, einschließlich der Welle der Bilderstürmerei, die Konstantinopel im 8. Jahrhundert erschütterte. Damit wären wir bei jenem Erstaunen, das die meisten Besucher ergreift, wenn sie dieses Kunstwerk oder andere Tierdarstellungen in der islamischen Kunst finden, nachdem so viele Historiker immer wieder geschrieben haben, daß der Koran solche Bildwerke verbiete. Aber der Koran kennt keine solche Vorschrift; sie findet sich erst in der ›Hadith‹, einer Sammlung angeblicher Aussprüche des Propheten und deren Interpretation, auf mündlicher Überlieferung beruhend. Sie wurde erst hundertfünfzig Jahre später nieder-

*geschrieben, und viele Moslems haben wohl gespürt, daß sie weit hinter der
göttlichen Inspiration des Koran zurücksteht, der die Befehle Allahs an Mohammed enthält.*

Eine kurze Straße führt zur Calle del Rey Heredia; wenn man
links einbiegt, kommt man zum *Convento de Santa Clara*, von Alfonso x. dem Weisen für Franziskanerinnen gegründet. Teile
einer ehemaligen Moschee wurden in den Bau einbezogen, wie
man noch an dem ›Soga y-tizón‹-Mauerverband mit seinen verwitterten, rötlichbraunen Steinen ablesen kann. Der Glockenturm ist das alte Minarett, es erreicht die Höhe der Mauerzin-
nen und hat noch die Muezzin-Treppe, von Schießscharten erhellt, bewahrt; Experten nehmen an, daß es in der letzten Phase
des Kalifats unter Almansor errichtet wurde, sicher aber vor
1010; das entspricht der für diese Zeit typischen Anordnung von
zwei oder drei Bindern auf einen Läuferstein. Die nächste Straße
in Südrichtung wird Badanillas genannt, abgeleitet von ›Badana‹-
Weichleder, eine Erinnerung an eines jener Gewerbe, für die
Córdoba berühmt war. Viele der umliegenden Straßen geben
den Ort an, wo einst die einzelnen Zünfte ihre Werkstätten hatten; in orientalischen Basaren hat sich dieser Brauch bis heute
erhalten.

Gehen wir nach links, so kommen wir in die ›Calle de Cabezas‹, die ›Straße der Köpfe‹. Obwohl schmal, liegen an ihr die Eingänge vieler Adelshäuser, eines der bescheideneren, Nummer 18,
trägt eine Tafel, die den Straßennamen erklärt; daran entlang
läuft eine Gasse, vielleicht einen knappen Meter breit und mit
einem Gitter verschlossen; typisch nordafrikanisch. Sie heißt
›Arquillos‹, nach den vielen Bögen, die die Gebäude zu beiden
Seiten zieren, und die Inschrift auf der Tafel lautet so:

*Zwei berühmte Historiker Córdobas, Aben Hayan und Ambrosio de Mo-
rales, und ein kastilischer Balladensänger erzählen uns, daß im Jahre
974 Gonzalo Gustioz, Herr von Salas, in diesem Hause gefangen war und
daß die Köpfe seiner Söhne, der sieben Prinzen von Lara, getötet auf dem
Schlachtfeld von Soria, auf diesen Bögen zur Schau gestellt wurden. Wahrheit und verehrungswürdige Sage, seit vielen Jahrhunderten in ganz Spanien weitererzählt.*

Diese komplizierte Geschichte führt in die frühen Tage der Reconquista zurück, als García I. nach seinem Abfall von León zweiter Herrscher von Kastilien war. Seine schöne Base Lambra hatte gerade ein Mitglied des Hauses der Lara geheiratet. Während der sieben Wochen andauernden Hochzeitsfestlichkeiten prahlte ihr Vetter Alvar Sánchez mit seiner Unbesiegbarkeit beim Turnier, worauf er vom jüngsten Infanten aus dem Hause Lara vom Pferd geworfen wurde. Der folgende Zank verletzte den kastilischen Stolz der Doña Lambra; am nächsten Tag warf einer ihrer Diener auf ihren Befehl eine in Blut getauchte Gurke auf den Beleidiger, den Infanten Gonzalvico. Wütend über diesen unglaublichen Schimpf – der schlimmste, den man einem kastilischen Edelmann antun konnte – erstach der Infant den unseligen Diener, obwohl er unter Lambras Mantel Schutz gesucht hatte. Doña Lambra brachte ihren Gatten ohne Mühe dazu, ihre Rache an seinen Verwandten zu vollstrecken. Er bat den maurischen Tyrannen Almansor, den Vater in Córdoba festnehmen und köpfen, die Infanten aber vom maurischen Heer überfallen und erschlagen zu lassen. Aber Almansor war zu sehr Edelmann, um seinen Gast zu töten; er hielt Gonzalo nur in leichter Haft und gab ihm seine Schwester zur Kerkermeisterin. Doch als die Köpfe der sieben Söhne auf den Bögen erschienen, brach ihm schier das Herz. Seine maurische Wächterin tröstete ihn jedoch mit solcher Hingabe, daß ihnen ein Sohn geboren wurde, den sie Mudarra nannten. Bald darauf wurde Gonzalo freigelassen und kehrte zu seinem Weib zurück; aber die Diener der Doña Lambra warfen alle Morgen sieben Steine an die Fenster seines Palastes. Mudarra wuchs unter der Pflege seiner Mutter heran, zog gen Norden, rächte den Tod seiner Brüder und ließ Doña Lambra bei lebendigem Leib verbrennen. Dieser schöne Schluß erlaubte es dem Balladensänger, seine Geschichte in einem »… und lebten vergnügt bis an ihr Lebensende« ausklingen zu lassen.

Etwas weiter in der gleichen Straße steht in einer Art Nische die *Casa de los Marqueses del Carpio.* Das Mauerwerk gleicht dem im Kloster Santa Clara, dennoch sind die Gebäude nicht aus der gleichen Zeit, obwohl manche glauben, es sei hier und nicht in Nummer 18, wo man Herrn von Salas als Gefangenen hielt. Die Mudéjaren waren konservativ und behielten ihre arabischen Techniken und anderen Kunstfertigkeiten noch Jahrhunderte nach der Reconquista bei. Im Inneren finden wir einen schönen Patio mit einigen Kapitellen aus der Kalifenzeit, darunter eines vom alten Alcázar stammend mit kufischer Inschrift und datiert: 353 der Hedochra; – wahrscheinlich der einzige Überrest dieses verschwundenen Bauwerks. Leider kann man dieses im Privatbesitz befindliche Gebäude nur sehr selten betreten, aber wenn man sich in die Calle del Cardenal González begibt, kann man einen Blick in den Patio der *Taberna de los Palcos* werfen, wo zwei schöne Säulen der zweiten Hälfte des 10. Jahrhunderts aus Medina Azzahra stehen. Die gerillten Kapitelle zeigen eine Form der Dekoration, die mit dem Untergang des weströmischen Reiches verlorenging, aber in Andalusien mit dem Beginn des 9. Jahrhunderts wiederbelebt wurde.

In der Calle de la Feria, am Nordende der Calle de Cabezas, findet man einen weiteren malerischen Winkel Córdobas, den ›Portillo‹ genannten Torbogen, zweifellos ein Teil der Mauer, die einst die Stadt teilte. Hier findet man den Inbegriff des alten Andalusien: eine Lampe, die in einer Bogenöffnung hängt, eine enge kopfsteingepflasterte Straße mit weißgetünchten Häusern, Rejas und Balkone und niederrankende Blüten. Gegenüber führt eine kurze Straße zur Plaza del Potro, wo eine Inschrift an der Mauer des Museums stolz verkündet, daß dieser Platz von Cervantes »im besten Roman der Welt« erwähnt wurde. Ein Monument des Erzengels Raphael aus dem 18. Jahrhundert verdient nur einen flüchtigen Blick; aber der Brunnen ist eine herrliche Schöpfung. Sein Becken, wo man gewöhnlich Kinder findet, die mit den Händen herumplantschen, gleicht einem frühen Taufstein, und die Mittelsäule wird von dem feingliedrigen Hengstfüllen gekrönt, das dem Platz den Namen gegeben hat.

Gegenüber vom Museum liegt das *Mesón del Potro*, wo Cervantes gewohnt haben soll; aber man darf nicht vergessen, daß man ihm soviele Quartiere andichtet, wie nur je einer großen Persönlichkeit. Sicher ist jedoch, daß der Gasthof zu seinen Lebzeiten wirklich existiert hat, wie sein ehrwürdiges Aussehen vermuten läßt. Es ist ein typisch arabischer ›Fondouk‹, und ›Fonda‹ ist auch eines der spanischen Worte für Gasthof. Er umrahmt mit drei Flügeln einen schmalen Hof, unten die Ställe und Vorratsräume, die Schlafkammern entlang dem Holzbalkon im ersten Stock. (Heute Ausstellungs- und Verkaufsräume.) Ganz in der Nähe, zwischen der Calle Lucano und dem Paseo de la Rivera, liegt ein weiteres Überbleibsel jener Tage, die *Posada de la Herradura*, das *Wirtshaus zum Hufeisen*.

Das *Museo de Bellas Artes*, Museum der Schönen Künste, betritt man von der Plaza del Potro. Es war ursprünglich 1443 als fromme Stiftung und Hospital errichtet worden, aber die Fassade ist modern. Da ist ein reizvoller Patio mit einem plätschernden Brunnen und klassischen weißen Marmorskulpturen, die im hellen Licht vor dunklen Buchsbaumhecken schimmern.

Die Sammlungen des Museums bestehen weitgehend aus Kunstwerken, die 1835 aus dem Besitz von Klöstern erworben werden konnten. Sein Stolz sind die Gemälde der Schule von Córdoba aus dem 17.Jahrhundert. Die Kunst Córdobas erlangte ihren ersten Gipfel unter Agustín del Castillo und seinem begabten Sohn Antonio, ihren Höhepunkt mit Valdés Leal. Wenn die Córdobaner Meister auch nicht mit der Schule von Sevilla zu vergleichen sind, verdienen ihre Bilder doch eingehendes Studium, was hier um so leichter fällt, als man selten durch Touristengruppen gestört wird. Aber man sollte vor Begeisterung über die Gemälde nicht den Saal mit den Skulpturen von Mateo Inurria vergessen; besonders sein sitzender ›Seneca‹ ist der Aufmerksamkeit wert.

Das früheste Gemälde, ein Christuskopf aus einem Fresko von Alonso Martínez, datiert von 1286; es wurde 1890 in der Villaviciosa-Kapelle der Kathedrale entdeckt und sofort, wenn auch mit den besten Absichten, ruiniert. Im Obergeschoss ist die Schule des Pedro de Córdoba, dessen ›Himmelfahrt‹ wir in der Kathedrale bewundert hatten, durch einen ›Heiligen Nikolaus von Bari‹ in farbenprächtigen Gewändern und mit Mitra vertreten; der Reichtum im Detail ist für die gotische Malerei charakteristisch. Aus dem Jahr 1494, als die Renaissance-Einflüsse Bedeutung erlangten, stammt ein monumentales Retabel, Juan de Zamora oder Alfonso de Aguilar, wenn auch mit starken Zweifeln, zugeschrieben, und eine ›Geisselung Christi‹ von Alejo Fernández, einem Córdobaner, der jedoch die meiste Zeit seines Lebens in Sevilla verbrachte.

Eine neue, realistische Strömung offenbart sich bei Juan Zambrano, einem Schüler von Pablo de Céspedes. Des Letzteren ist mit einer Tafel über dem Haupteingang gedacht; seine Schüler malten die frühesten und besten Barockgemälde; seine ›Hochzeit zu Kana‹ kann im Obergeschoß betrachtet werden, ist aber teilweise zerstört. Auch in der Kathedrale haben wir einige seiner Arbeiten gesehen. Francisco Pacheco stand ebenfalls an der Schwelle zum Barock; er war der Lehrer und Schwiegervater von Velásquez, zu dessen Generation Zambrano gehört. Sein ›David als Sieger‹ atmet die Dramatik und das Interesse am Menschen, das die künstlerische Revolution am Ende des 16. Jahrhunderts auszeichnete. Die gleiche Entwicklung in der Technik wie im künstlerischen Ausdruck läßt sich feststellen, wenn man das Dreifaltigkeitsbild des Agustín del Castillo mit der ›Kreuzigung‹ seines Sohnes Antonio, der unter Zurbarán gearbeitet hatte, vergleicht. Antonios zahlreiche Gemälde füllen eine Hälfte des Saals am anderen Ende links vom Eingangskorridor. Einer der Nachfolger Zurbaráns war José de Sarabia, zu Recht gepriesen für seine ländlichen Szenen, unter denen ›Die Anbetung der Hirten‹ das dramatische Chiaroscuro Zurbaráns wiederspiegelt.

Maler aus anderen Städten findet man im nächsten Stockwerk; bei vielen Bildern handelt es sich lediglich um Zuschreibungen: Ribera, Murillo, Zurbarán, Alonso Cano, Ribalta, Giordan (genannt Fa presto) und Anton Raffael Mengs. Man kann bessere Werke dieser Künstler in Sevilla und Granada sehen – aber nur in Córdoba kann man zwei Porträts von Goya wie die von Carlos IV. und seiner Gemahlin María Luisa finden. Der liebenswerte korpulente Bourbonenkönig und seine häßliche, aber leidenschaftliche Frau hatten eine wahre Manie, sich von Goya malen zu lassen, wovon man sich im Prado überzeugen kann, und je nackter er ihre kleinen Seelen darstellte, umso gieriger kehrten sie zu ihm zurück. Man weiß, wie diese rundäugige Ginevra einen Lanzelot aus Manuel Godoy machte, einem fünfzehn Jahre jüngeren Gardeoffizier, und mit ihm zusammen Spanien ruinierte; wenn man Goyas Porträts dieser Mutter von sieben oder acht Kindern studiert, dann muß man widerwillig den Mut respektieren, mit dem Godoy den steinigen Pfad der Standeserhöhung meisterte.

Im obersten Stockwerk ist eine Sammlung von Graphiken und Skizzen, meistens Federzeichnungen, ausgestellt. Am interessantesten sind vielleicht die von Antonio de Castillo, besonders die kühnen Linien und die Ausgewogenheit seiner ›Zwei männlichen Akte‹ sind bemerkenswert. Die Modernen, unter ihnen die Nachfolger Goyas, sind nur lückenhaft vertreten; ein erregtes Gemälde von Eugenio Lucas Padilla (1824–70) zeigt einen Stierkampf in einem offenen Hof. Man trifft immer wieder auf die verwunderte Frage des Fremden, warum ein Stierkampf in einer umschlossenen Arena ›Corrida‹, Rennen, genannt wird; dieses Gemälde gibt die Antwort. Man trieb die Stiere im Galopp durch die Stadt auf ihrem Weg zum ›Toril‹, wo sie die Nacht vor dem Kampf zubrachten, wie es heute noch bei der Fiesta de San Fermín in Pamplona geschieht.

Zurückgekehrt zum Patio kann man eine zweigeschossige Barockfassade, in eine der Wände eingebaut, sehen. Das ist das Museo de Julio Romero de Torres, *in dem Córdoba einen seiner Lieblingssöhne ehrt. De Torres (1880–*

1930) ist der Interpret der andalusischen Landschaft, am erfolgreichsten,
wenn er Frauen und Früchte, Reichtum seines Landes, darstellt. Einige seiner
schlehenäugigen Schönen mit ihrem olivfarbigen Teint brachten ihm immerhin
die Anerkennung ein, auf Briefmarken reproduziert zu werden. Seine ›Vivi-
doras de Amor‹ erregten einst einen Skandal und waren lange Zeit als un-
züchtig verschrien und für alle Ausstellungen gesperrt. Heute hängen sie hier,
unter dem Titel ›Noturno‹ und niemand gönnt ihnen einen zweiten Blick.

Wenn Sie Ihre Zeit gut eingeteilt haben, können Sie noch rasch
einen Blick in die Kirche des gegenüberliegenden *Convento de San
Francisco* werfen, die von 19-20 Uhr geöffnet ist; sie ist schlecht
beleuchtet und weniger wegen der churrigueresken Dekorationen als wegen der Kunstschätze sehenswert. Am bekanne-
sten ist der ›Heilige Andreas‹ von Valdés Leal (1622-90), diesem
barocken Vorläufer der Romantik, in dem die Entwicklung der
Malerei des 17. Jahrhunderts in Córdoba ihre Vollendung erlangte. Allerdings ist der ›Andreas‹ nicht eines seiner Meisterwerke. Die schönste der ausgestellten Statuen ist der ›San Pedro
de Alcantara‹ von Alonso Canos begabtestem Schüler, Pedro de
Mena.

Wir haben jetzt einen guten Überblick über die Stadt, ihre Geschichte und Kultur gewonnen; nur eine letzte Gruppe von Bauten bleibt noch übrig. Wenn wir also noch etwas mehr sehen
möchten, spazieren wir hinunter zum Ufer des Guadalquivir und
halten uns links oder stromaufwärts. Nach ungefähr einem
dreiviertel Kilometer gehen wir wieder links und die Calle Ron-
quillo Briceno entlang. In der zweiten Straße zur Rechten findet
man die *Casa de las Campanas;* eine Seite ihres Patio ist ein seltenes Denkmal islamischer Profanarchitektur: drei Bögen, zwei
davon in einer Spitze endend, ruhen auf antiken Säulen, die von
älteren Bauten stammen. Gegenüber liegt ein Mudéjar-Adels-
haus, erbaut für die Ritter des Sankt-Jakob-Ordens, die *Casa de
los Caballeros de Santiago,* später eine Weinschenke und heute eine
Schule. Einer der Patios hat nicht weniger als zwölf ausgelappte
Bögen, und man kann noch erkennen, wie diese Bögen konstru-
iert wurden: jeder dritte Ziegelstein steht vor und die Ecken
wurden mit Stuck gerundet, um Miniaturbögen zu schaffen;

auch Reste von Stuckarabesken sind erhalten. Fast direkt daneben steht die Kirche *Santiago*, anscheinend sofort nach der Reconquista auf dem Grund einer einstigen Moschee errichtet,
denn ihr Glockenturm ist ein nahezu unberührtes Minarett aus
dem 10. Jahrhundert mit der üblichen Wendeltreppe. Die Kirche
hat eine 1635 von dem Zimmermeister Alonso Muñoz de los
Ríos geschaffene Artesonadodecke, dem dafür 14000 Realen gezahlt wurden, heute ungefähr der Summe von 50000 Mark entsprechend. Wahrscheinlich konnte er so hohe Preise verlangen,
weil Córdoba für diese Arbeiten ein berühmtes Zentrum darstellte.

Auch die *Kirche der Carmelitas Calzadas* nahe der Puerta Nueva
liegt in diesem fast unberührten Ostteil Córdobas. Ein Retabel
mit zwölf schönen Bildern von Valdés Leal (1658) wurde vor
einigen Jahren hier entdeckt, das wahrscheinlich hinter einem
Barockaltar verborgen war; man besichtigt es am besten am
Morgen, da es dann das günstigste Licht hat (sicherer ist es jedoch, vorher eine Zeit auszumachen).

VIERTES KAPITEL

Ausflüge von Córdoba und die Straße nach Sevilla

Im Westen Córdobas

Das nächstgelegene Ausflugsziel ist der Ort, an dem einst *Munyat al-Ruzafa* lag, das Landhaus und der Park Abd ar-Rahmans I., ungefähr 2 Kilometer nördlich der Stadt an einer Straße, die von der ›Carretera del Brillante‹ abzweigt, versteckt zwischen Reihen von Orangenbäumen. Nichts ist mehr übrig von den einstigen Lustgärten des ›Einwanderers‹, wie man den ersten Omajaden von Córdoba manchmal nennt, als ein dürrer Palmbaum, aber es ist interessant, sich daran zu erinnern, daß das Landhaus seit den Tagen seines Gründers häufig wichtige Gäste beherbergte; das heutige Gebäude ist ein Parador. Man erzählt, daß Abd ar-Rahman einen Spaziergang machte und dabei diese Palme sah. Da wurde sein Heimweh so groß, daß er sich entschloß, hier einen Palast zu bauen und in seinen Mußestunden Palmen zu ziehen. Die Geschichte ist hübsch, aber unglaubwürdig. Einmal kann man aus einer Palme allein keine Palmen ziehen, und zweitens gab es überall in Spanien Palmen, worüber Berichte aus den frühesten Zeiten vorliegen; manche sagen, die Palme war in Spanien heimisch, andere nehmen an, daß die Karthager sie mitbrachten.

Die Straße führt nun in ein Gebiet, das seit den frühesten Tagen des Christentums, durch westgotische und maurische Zeiten, von Einsiedlern bevorzugt wurde. Der Bischof von Córdoba, Osilius, hat anscheinend im 4. Jahrhundert die einsam lebenden Klausner zu kleinen Gemeinschaften zusammengefaßt, und Reste ihrer Häuser hat man bei *La Arruzafa* in den Bergen gefunden. Während der Zeit der Herausforderung der Mauren durch die Mozaraber erlitten viele Christen das Martyrium, aber diese

Höhlen und Eremitagen blieben bis zum heutigen Tage bewohnt. Für alle, die einige Zeit in spanischen Städten gelebt haben, wirkt die große Stille der spanischen Landschaft wie ein Magnet, und die meisten Besucher werden der Inschrift über dem Eingang zu *Las Ermitas* willig zustimmen: »O Bendita soledad ... O gesegnete Einsamkeit! Du treibst uns zur Reue, begeisterst zum Ernst, zur Besinnung und zur Enthaltsamkeit. O einzige Glückseligkeit!«

Der Totenschädel spielte im Leben der Eremiten eine große Rolle; manche benutzten sogar als Trinkgefäß eine zersägte Hirnschale. Wenn wir uns zwischen den Zypressen den Zellen nähern, stoßen wir auf ein Kruzifix, in dessen Sockelnische ein Totenschädel ruht, dazu der Vers: »Como te ves yo me vi«; eine grimmige Warnung, daß der Schädel einstmals dir geglichen habe, und daß eines Tages du wie er aussehen wirst; »Denke daran und sündige hinfort nicht mehr«. Man kann die Zellen mit ihrer einfachen Ausstattung besichtigen und die Pfade zwischen Blumen und Büschen entlangwandern.

Sechs Kilometer weiter steht die Kirche *Santa María de Trassierra*, eine umgewandelte Almohaden-Moschee aus dem 12. Jahrhundert innerhalb einer Burgruine.

Die Ruinen von *Medina Azzahra* (Madinat al-Zahra: Stadt der Blume) liegt acht Kilometer westlich von Córdoba an einer Nebenstraße etwas nördlich der C 431. Um sie zu finden, fährt man in westlicher Richtung entlang der breiten Avenida de Generalísimo und wendet sich am Ende der Jardines de la Victoria links; die erste große Abzweigung zeigt die Richtung nach Medina Azzahra (oder Medina al-Zahra) an. Der erste Blick auf die Ruine ist immer enttäuschend, besonders, wenn man viel über die Palaststadt gelesen hat, und manche halten den Abstecher für reine Zeitverschwendung.

Der Bau begann 936 unter Abd ar-Rahman III., dem ersten Kalifen Córdobas. Die Geschichte seiner Entstehung ist eigentlich zu schön, um wahr zu sein, und dennoch haben Dokumente, die erst in diesem Jahrhundert gefunden wurden, sie in jedem einzelnen Detail bestätigt. Eine der Frauen des Kalifen starb und

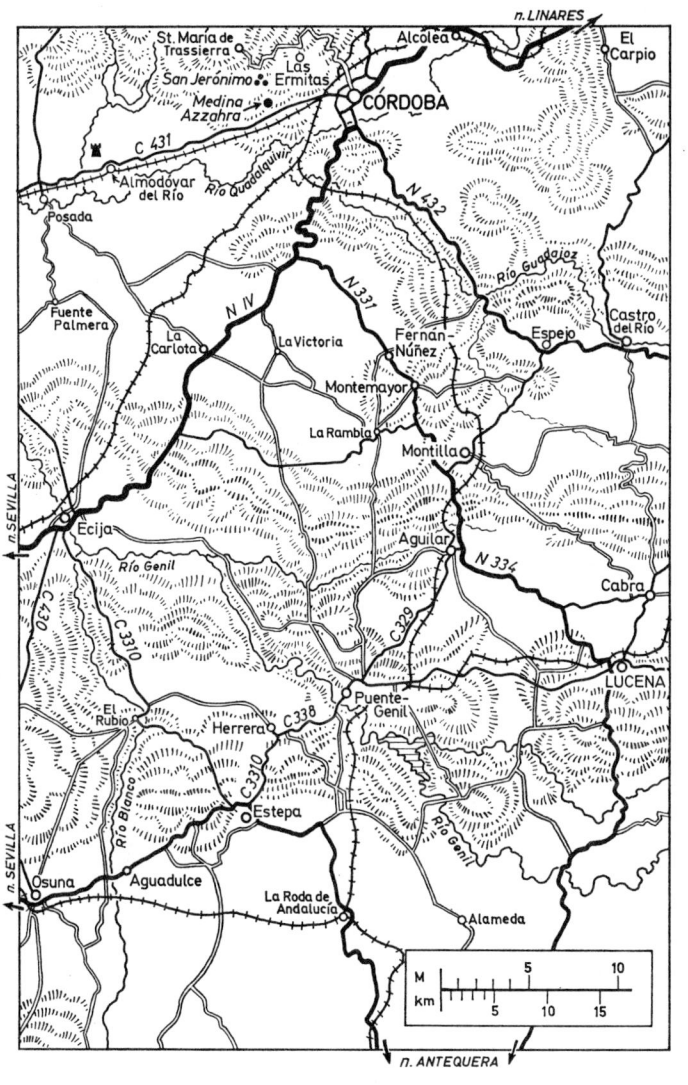

hinterließ ihm ihr ganzes, beträchtliches Vermögen – was einen tiefen Einblick in Sitten und Rechtspraxis der Araber im Abendland gibt –, und der Kalif entschied, daß der ganze Reichtum als Lösegeld für gefangene Mauren in der spanischen Mark, dem unter Karl dem Großen von den Franken eroberten Pyrenäengebiet, aufgewendet werden sollte. Sein Gesandter kam mit der guten Nachricht zurück, daß es keine Gefangenen, die man hätte loskaufen können, gäbe. Da schlug die Lieblingsfrau, genannt ›Die Blume‹, vor, ein neues Verwaltungszentrum, Hauptstadt und Palast in einem, zu errichten. Der Erbe des Kalifen, Prinz Hakam, erhielt die Oberaufsicht über die Bauarbeiten. Nach fünf Jahren war die Moschee errichtet, und wiederum vier Jahre später fand ein großer Empfang, möglicherweise die feierliche Einweihung, statt. Die Stadt wurde nach ihrer Initiatorin ›Blume‹ genannt, und ihre Statue in einer Nische über dem Haupteingangstor aufgestellt – auch das ein absolut unglaubwürdiger Zug, der sich aber bestätigte, als man die Chronik eines anonymen arabischen Autoren in den Bibliotheken von Madrid und Kopenhagen entdeckte; dort wird bestätigt, daß der Almohadenkalif im Jahre 1120 die Anordnung erteilt habe, die Statue über dem Stadttor – sehr zum Ärger der maurischen Einwohner – zu entfernen.

Der Bau war sehr großzügig angelegt, und seine Verwirklichung dauerte vierzig Jahre, gut zehntausend Arbeiter waren dabei ständig beschäftigt. Mehr als viertausend Säulen wurden verbaut: die meisten kamen aus Tunesien, zweihundert hatte der Kaiser von Byzanz als Geschenk gesandt. Soweit man die Kapitelle entdeckt hat, stammen sie aus den Regierungszeiten mehrerer Kalifen. Einige Kapitelle kann man noch in Córdoba sehen, andere wurden weit fort verschleppt, so nach Sevilla und Granada. Der verschwenderische Prachtaufwand des Palastes ist oft und oft beschrieben worden; hier mag es genügen zu sagen, daß er die Bewunderung aller Besucher erregte, selbst jener, die aus dem glanzvollen Konstantinopel kamen, und daß sich zu dem unerhörten Luxus sogar noch ein Vogelhaus und eine Menagerie gesellten.

Hört man von all diesem unermeßlichen Überfluß, ist es tatsächlich erschütternd, wenn man heute den Ort besucht und die
sorgfältigen Bemühungen um eine Restaurierung beobachtet.
Die Stadt wurde im Anfang des 11. Jahrhunderts mehr als einmal
geplündert, und es scheint, als ob die berberischen Söldner ein
teuflisches Vergnügen daran gefunden haben zu zerstören, was
sie nicht fortschleppen konnten. Die Fragmente bearbeiteten
Steins, die ausgegraben wurden, sind so klein, daß die einzige Erklärung in einer planvollen Zerstörung mit Hilfe von Hämmern
liegt. Als dann die Überreste sich mit einer gnädigen Schicht von
Erde und Gras bedeckten, wurde zum Beispiel Córdoba la Vieja,
›Alt-Córdoba‹, als Steinbruch benutzt; so holte man hier alles
Baumaterial für ein nahegelegenes Kloster aus dem 15. Jahrhundert.

Dennoch verspürt man ein melancholisches Vergnügen, wenn
man durch Medina Azzahra wandert. Der überwachsene Aquädukt, der von der Sierra herführte, und an dessen Saum die Ruinen liegen, drang durch Berge und sprang über Gießbäche; die
Moschee, von der nur noch der Grundriß erhalten ist, hält treu-
lich die Gebetsrichtung gen Mekka ein und deutet nicht irgendwo in die Sahara. Ein Saal wird rekonstruiert, und es ist sehr aufregend, sein Wachstum von Jahr zu Jahr zu beobachten; mit
seinen abwechselnd rosa und blauen Säulen, den ornamentierten und teilweise farbigen Hufeisenbögen und den Arabesken
und Atauriques, die an Wänden und Türlaibungen wiederhergestellt wurden, wird er eines Tages das großartigste Beispiel für
die maurische Palastarchitektur vierhundert Jahre vor Sevilla
und der Alhambra abgeben. Die kufischen Inschriften an den
Säulenbasen rufen unseren Respekt für jene, die mit ihrer Ent-
zifferung so viel zur Enthüllung der Geschichte des Palastes getan haben, hervor.

Ein paar hundert Meter den Bergrücken hinauf liegt das
Kloster *San Jerónimo* in der Sierra de Córdoba, jetzt eine Residenz
der Erben des Marqués del Mérito. Die Straße ist schlecht und
steil. Leider kann das Gebäude nicht besichtigt werden, aber da
ist ein gotischer Kreuzgang und eine Brunnenfigur aus Medina

Azzahra in Tierform (ähnlich dem Hirsch im Archäologischen Museum in Córdoba) mit einem oblongen Becken. Als Gonzalo de Córdoba etwa zwanzig Jahre alt war, ersuchte er um Aufnahme im Kloster, wohl wegen des Bruchs mit seinem Bruder, Alonso de Aguilar. Der Abt, Antonio de Hinojosa, verweigerte sie ihm mit den Worten: »Denn Gott hat Dich für größeres bestimmt.« Auch Morales, der Historiograph der Regierungszeit Philipps II., war ein Mitglied dieser Klostergemeinschaft, und seltsamerweise war es ein anderer Morales, der die oben erzählte Begebenheit festhielt.

Auf der C431 fahren wir jetzt 20 Kilometer westwärts, bis wir das Kastell von *Almodóvar del Río* auf einem Hügel vor uns sehen. Es mag überrestauriert sein, aber die riesige Steinmasse, die sich als Silhouette vom westlichen Abendhimmel abhebt, verwandelt allen Skeptizismus in Staunen. Eine gute Straße führt um den Hügel zum Gipfel, wo noch die stämmigen Mauern der maurischen Festung stehen; ›Der Christen Plage‹, wie Abulfeda sie nannte. Pedro der Grausame hat hier angeblich seinen Schatz verwahrt; aber wo immer er ihn auch versteckt hatte, sein italienischer Admiral stahl ihn, während sich Pedro in Bordeaux der Hilfe des englischen Thronfolgers, des heldischen Schwarzen Prinzen, versicherte. Der Blick von hier herab ist begeisternd: erst die bräunlichen Dächer der weißgetünchten Dorfhäuser, dann die langgestreckten, grünen und braunen Felder und schließlich die Windung des majestätischen Guadalquivir auf seinem Weg nach Sevilla.

Es ist besser, einen Rundgang durch das Kastell rechtzeitig zu arrangieren; die Reiseagentur in Córdoba, an der Kreuzung von Paseo de Gran Capitán und Avenida del Generalísimo, wird gerne behilflich sein. Diese Mühe lohnt sich, denn von der Spitze des Turmes hat man durch die beiden pyramidenförmigen Zinnen hindurch einen viel besseren Blick als vom Hof aus.

Das Land südlich Córdobas steigt allmählich zu den Sierras an, die das letzte maurische Königreich, Granada, hüteten. Die Fruchtbarkeit seiner niedrigen Hügel offenbart sich in der Vielzahl von Städten und Landstraßen, die die Karten überwuchern, und ihre Geschichte in den Burgen und Wachttürmen, die fast jeden Hügel krönen. Dies war das alte Grenzland, das umstrittene Territorium zwischen den beiden Religionen, nachdem Ferdinand der Heilige das Tal des Guadalquivir zurückerobert hatte. Die Ausmaße dieses Gebietes lassen sich ablesen an den Städten, die noch den Titel ›de la Frontera‹ tragen; das umgebende Land hat ergiebigen Boden, und ein hohes Gebirge versperrt den Horizont gegen Granada.

Zwei Jahrhunderte lang war dieses Gebiet zerstörerischen Beutezügen, sogenannten ›Razzias‹, unterworfen; die Räuber verbrannten das Getreide und trieben die Menschen als Sklaven und mit ihnen ihre Herden fort. Es war eine Schule für Krieger, und ihre Helden werden noch heute besungen.

Wir verlassen Córdoba auf einer der Brücken über den Guadalquivir und nehmen die N432 nach Granada. Nach 37 Kilometern kommt die massige Burg von *Espejo* in unsere Sicht, von dem kleinen Dorf mit seiner Kirche aus dem 14. Jahrhundert umdrängt. Neun Kilometer weiter, wiederum zur Linken, liegt die Stadt *Castro del Río* hinter einer Mauer verborgen; Burg und Stadtmauern sehen am besten aus der Ferne aus; den schönsten Blick auf sie gewinnt man von Osten, wenn man die Stadt hinter sich gelassen hat. Cervantes saß hier drei Monate gefangen; seine Zelle ist noch im Ayuntamiento zu sehen. Die Ankunft Lope de Vegas, des Königs der Stückeschreiber, zerstörte Cervantes' Karriere als Dramatiker und zwang ihn, sich um einen Lebensunterhalt im Stadtdienst zu bemühen, einer Beschäftigung, die keiner Voraussetzung als des Selbsterhaltungstriebes bedurfte. Genau diese Tugend war es, über die Cervantes nicht verfügte. Er war couragiert, großzügig und genial, lauter Qualitäten, die zu seiner neuen Rolle nicht passen wollten, und besaß,

schlimmer als alles das, ein ganz naives Vertrauen in seine Mit-
menschen. In Castro del Río beging er 1592 das Verbrechen, von
einem Geistlichen eine Weizensteuer zu erheben, ohne sich darüber Gedanken zu machen, daß der Klerus von jeder Besteue-
rung ausgenommen war. Es ist nicht das einzige Mal, daß er im
Gefängnis saß, und wahrscheinlich schlug er sich jedesmal die
Zeit mit Dichten tot. Sicher ist, daß er 1595 einen Preis von drei
Silberlöffeln für einige Verse gewann, und möglich, daß die er-
zwungene Ruhepause dieses Werk entstehen ließ. Ja, vielleicht
könnte Castro del Río mit Argamasilla um den Ruhm rivalisie-
ren, der Geburtsort des unvergleichlichen Don Quixote zu sein.

   Baena liegt 18 Kilometer entfernt auf einem Hügel. Man kann
die Mauern der alten Oberstadt Almedina sehen, während man
sich ihr auf einer engen, aber ganz passablen Straße nähert. Der
Gipfel des Hügels ist kahl, umgeben von uraltem Gemäuer und
Bauten, dazwischen die Ruinen der Burg, die einst Gonzalo von
Córdoba gehörte. Der quadratische Bergfried wird von einer
einzigartigen Kuppel überwölbt, ein Typ, dem man im Orient
und auf Sizilien begegnen kann; Kuppel und Tambour gehen
dabei nahtlos ineinander über.

   Am anderen Ende des Platzes – wenn man ihm einen so hoch-
trabenden Namen geben will – liegt die Klosterkirche *Madre de
Dios;* sie ist nicht geostet; der Hochaltar liegt am Nordende, und
das Hauptportal an der Ostseite. Dieses Portal, ein spätgotisches
Tor mit einem Relief der ›Verkündigung Mariä‹, ist ein Beispiel
dafür, wie gut die spanischen Stile ineinander übergehen können;
denn der Mudéjarbaumeister umgab es mit einem Alfiz, und
der Narthex, der es beschützt, hat eine alte Alfarje-Decke. Der
Stolz der Kirche ist die polychrome Steinstatue der ›Virgen de la
Antigua‹, solange sie sich noch hier befindet, denn sie stammt
aus der Kirche Santa María la Mayor und soll auch wieder dorthin zurückkehren. Sie wirkt archaisch, trägt einen orientalischen
Kopfschmuck und hält eine Birne statt eines Apfels. Auch bei
einer Darstellung des Sündenfalles durch die Bauern wollten
sich keine Äpfel finden, denn es war Frühling – man half sich mit
einer Zitrone, und dieser Brauch lebt heute noch fort.

Mancher Besucher spielt sicher mit dem Gedanken, die Karwoche in Baena zu verleben, um die malerischen Prozessionen
zu sehen. Er sei gewarnt: Von Mittwoch bis Karsamstag werden
unablässig die Trommeln gerührt; selbst vom Ende der Welt
würden Baenas würdige Söhne in dieser Woche nach Hause zurückkehren, nur um dabei zu sein und ihren Teil zum allgemeinen Krach beizutragen.

Hinter der Klosterkirche liegt die Ruine von *Santa María la
Mayor*, ein feiner gotischer Bau, der während des Bürgerkrieges
ausgebrannt ist. Ihre Reja und ihre schmiedeeisernen Kanzeln
sind noch vorhanden und sollen, wie auch der Rest der Kirche,
in Kürze restauriert werden. Unter dem Schutt in einer Ecke
finden sich die Fragmente eines Denkmals für Amador de los
Ríos (1818-78), der durch seine große Geschichte der spanischen
Literatur Ruhm erlangte. Das Haus seiner Familie liegt ein paar
Meter von der Kirche entfernt und trägt eine der üblichen Ge-
denktafeln. Dort stand bis zum Bürgerkrieg auch die Figur, sie
wurde getroffen und tötete beim Sturz ein Kind. Aber auf der
Plaza del Generalísimo Franco in der Unter-Stadt gibt es noch
ein anderes Denkmal des Dichters, das hinter dem zerstörten
kaum zurücksteht.

Hier kann man die Straße nach Granada verlassen und den
Umweg über Doña Mencía nach dem 26 Kilometer entfernten
Cabra nehmen, um eine typisch andalusische Stadt kennenzu-
lernen. Sie hat das unverkennbare Flair einer Marktstadt. Der
Platz, fast am Gipfel des Hügels, liegt an der Seite eines Schulge-
bäudes, das einen massigen mittelalterlichen Turm einschließt:
er ist alles, was von jener Burg übrig ist, in der Gonzalo von
Córdoba (wir werden ihm immer wieder begegnen) wegen eines
Familienstreits von seinem Vetter gefangengehalten wurde. Juan
Valera (1824-1905), einer der besten Romanciers Spaniens im 19.
Jahrhundert, wurde in Cabra geboren. Die dritte berühmte Ge-
stalt dieser Stadt ist die eines blinden Arabers, Mukkadam von
Cabra, der eine besondere Lyrikform, ›Muwassaha‹ genannt,
eingeführt haben soll; den Leser provençalischer Dichtung wird
das interessieren.

Das Schönste von Cabra haben wir uns bis zuletzt aufgespart. Man muß die Kirche *San Juan Bautista* ein wenig suchen; eine kopfsteingepflasterte steile Straße führt zu ihr hinauf. Viele Einwohner kennen ihren Namen nicht einmal, für sie ist sie die ›Iglesia del Cerro‹, die ›Kirche auf dem Berg‹. Am Ende der Straße sieht man die weißgetünchten Mauern des Gotteshauses mit seinen halbkreisförmigen Strebepfeilern. Ihr Inneres ist ganz einfach und vielleicht deshalb so anrührend; ein Glockenrad wird während der Messe benutzt, es ist typisch für diese Gegend, wahrscheinlich brachten es die Spanier von Sizilien mit. Den Anspruch, daß die Kirche von den Westgoten gebaut worden sei, unterstreicht die Inschrift auf einer Art Stele, wonach die ›Baselica‹ (Rechtschreibung gehörte nie zu ihren starken Seiten) im Jahre E 628 (oder 590 nach Christus) geweiht wurde. Das Weihwasserbecken, das sie einst trug, ist heute an der Wand befestigt, es zeigt einen ziemlich verschwommenen Fries mit einem Pflanzenmotiv, das an byzantinische Dekorationen erinnert. Das ist alles; verzweifelt wenig, besonders wenn man bedenkt, daß Cabra (Egabra) in jenen Tagen eines der zehn westgotischen Bistümer von Andalusien (Betica) gewesen ist.

Lucena ist nur neun Kilometer entfernt; seine Anziehungskraft liegt weniger in baulichen oder landschaftlichen Glanzpunkten als in seiner Geschichte begründet. Wie Cabra bietet es Abwechslung von der ewigen Kalktünche, wodurch es einen angenehmen farbigen, wenn auch keinen überwältigenden Anblick bietet. Es ist eine schläfrige Stadt, in der Lampen und die großen ›Tinajas‹ hergestellt werden, in denen man in Spanien den Wein lagert (abgesehen von den Gebieten des Sherry, der natürlich in Eichenfässern reifen muß). Die Burgruine liegt im oberen Teil der Stadt, ein vier- und ein achteckiger Turm haben überlebt. Der letztere heißt *Torre del Moral*, wo Boabdil, letzter König von Granada, nach seiner Gefangennahme durch den Grafen von Cabra in Haft saß.

Hinter den Türmen liegt die Plaza Nueva, in der man die Kirche *San Mateo* findet. Ihr Artesonado ist hübsch, wenn auch nicht großartig, und das Renaissance-Retabel zeigt sechzehn gute

Reliefs mit Szenen aus dem Leben Jesu. Der Sagrario, nicht mit der Sakristei zu verwechseln, wird fälschlich churrigueresk bezeichnet, »fast schon granadisch«, wie ein spanischer Autor schreibt. Es gibt kein Werk in Andalusien, das wirklich als churrigueresk zu nennen ist; die Familie hat fast ausschließlich zwischen Salamanca und Madrid gearbeitet, und üppige Barockdekorationen sind bei weitem nicht immer eine Nachahmung von Churrigueras' Stil. Das Muttergottesbild von Araceli wird jedes Jahr von der vier Meilen entfernten Wallfahrtskirche Nuestra Señora de Araceli mit einem anderen Barockaltar hierhergebracht. An der Außenseite der Kirche ist eine Tafel, die in schöner Umständlichkeit die Erhebung zur Schutzheiligen der Gegend erzählt.

Lucena war lange Zeit eine jüdische Stadt mit Selbstverwaltung, in der die Mauren im ›Getto‹ wohnten. Die friedliche Existenz der Juden war nur einmal bedroht, als im 11. Jahrhundert in Granada unter einem Haus ein Topf mit Gold gefunden wurde. In diesem Haus hatte einst der Schatzmeister des Königs von Granada Abdallah ibn Boloquin gelebt, bevor er nach Lucena gezogen war. Der König sandte nun nach Lucena und lud die Söhne des verstorbenen Juden vor sich. Deren Weigerung führte zu einem Streit und schließlich zu offener Revolte, aber Diplomatie, mit einem Hauch von Verrat, stellte den Frieden wieder her, und die Angelegenheit wurde in zufriedenstellender Weise geklärt – jedenfalls nach Ansicht des Königs, in dessen Memoiren sich die Episode findet.

Von Lucena aus kann man auf der C 334 einen Abstecher nach *Rute* machen (20 Kilometer südöstlich). Seine Hauptattraktion ist eine Brennerei, wo Liköre und Spirituosen aller Art hergestellt werden, mit Hilfe einer Essenz auch Rum, während das ausgepreßte Zuckerrohr der naheliegenden Zuckerplantagen sinnlos verkommt. Niemand kann sagen, was mit der blühenden Rumindustrie geschehen ist, die Vélez-Málaga im 18. Jahrhundert reich gemacht hat.

Fünf Kilometer von Rute entfernt, auf einer schlechten, nach Carcabuey führenden Straße, wo ein gewöhnlicher roter Marmor gebrochen wird, erhebt sich zur Rechten der Straße ein hochaufragender Berg. Auf seinem Gipfel erkennt man einen langen Mauergürtel und zwei Türme, und mit Hilfe eines Fernglases kann man die Ähnlichkeit zwischen seinem Mauerverband und dem des westgotischen Teils der Befestigungen von Carcassonne erkennen. Fünfzehn Kilometer weiter südlich liegt die freundliche, reizvolle Stadt *Iznájar*, die auf das neue große Staubecken des Río Genil hinabblickt. Hier soll der zweitgrößte Stausee Europas entstehen. Das Kastell kann man im Vorbeifahren genießen. Keiner der Einwohner hat den geringsten Zweifel an seinem Alter, am wenigsten der Dorfpfarrer, ein begeisterter Archäologe. Es gibt ein altes Lied, nach dem die Stadt Kaiser Trajan einst einen triumphalen Empfang bereitet habe. Das ist nicht völlig absurd, denn Trajan ist in Spanien geboren und hat später hier ein Kommando geführt. Die Kirche weist keine eindeutigen Zeichen großen Alters auf, aber die Kirchenbücher gehen bis 1528 zurück, eine Tatsache, die jeden Genealogen anderwärts in helle Begeisterung versetzen würde. Die Herkunft des Namens der Stadt ist zweifelhaft.

Verfolgen wir unseren Weg wieder zurück nach Lucena, zuerst entlang dem bezaubernden, von Bäumen gesäumten Río Genil durch die Ebene, die in Kürze ein großer See sein wird – die ersten Überflutungen sind schon zu sehen –, so führt uns die N 331 gegen Nordosten nach *Aguilar de la Frontera*. Wieder begegnen wir dem Namen des großen Gonzalo, denn sein berühmter älterer Bruder, Alfonso Fernández de Córdoba, genannt ›der Große‹, war sechster Herr von Aguilar. Auf dem Gipfel steht die *Torre del Reloj*, der alte Uhrturm, allein zwischen den Ruinen; er ist barock und so heiter, wie dieser Stil nur sein kann, wenn er sich nicht krampfhaft um Heiterkeit bemüht. Alles, was ihm fehlt, ist eine Uhr. Ihm zunächst liegt die *Plaza de San José*, die man unbedingt ansehen sollte, obwohl sie weder historisch interessant ist, noch irgendein architektonisches Meisterwerk besitzt. Friedvoll auf dem Gipfel des Hügels breitet sie sich achteckig aus, von weißgekalkten, dreigeschossigen Häusern umrahmt, mit Bal-

konen und grünen Jalousien. In der Mitte steht ein einziger
Baum, umkränzt von Straßenlaternen. Vier Torwege bilden die
einzigen Zugänge zu dem Oktogon, und die Treppensäule des
Ayuntamiento wird von einem römischen Frauenkopf gekrönt.

Weiter unten in der Stadt liegt die Kapelle des *Convento de las
Descalzas*, der Barfüßerinnen, die vom Boden bis unter die Dek-
ke mit vergoldeten Gesimsen und gewundenen Säulen verziert
ist, und wenn irgendwo eine glatte Fläche erscheint, so ist sie bestimmt mit einem Fresko überzogen, dem Auge nirgendwo einen
Ruhepunkt gebend.

Der Rückweg nach Córdoba auf der N331 ist ohne Schwierigkeiten zu bewältigen; *Montilla* liegt drei Kilometer rechts der
N331 und ist berühmt als Geburtsort des großen Gonzalo. Die
Burg ist völlig vom Erdboden verschwunden, da der undank-
bare König Ferdinand der Katholische, eifersüchtig auf seinen
Heerführer, dessen Stammhaus unter dem Vorwand niederreißen ließ, ein Vergehen von Gonzalos Neffen zu strafen. Montilla
und ihre Nachbarstadt *Moriles* sind heute berühmt wegen ihrer
Weine; der goldene Tropfen von Montilla, seiner Qualität gewiß, spricht nicht durch Werbung, sondern über den Gaumen
zu uns; die Aristokraten von Jerez verfeinerten einst ihr eigenes
Gewächs, den Sherry, mit ihm, und durch den köstlichen Weiß-
wein ›Amontillado‹ wurde die Stadt unsterblich.

Die Burg *Montemayor* liegt rechts der N331, die wir in Nord-
ostrichtung weiterverfolgen; als eine der Residenzen des Herzogs von Frías wird sie ständig für den Fall seiner überraschenden Ankunft für ihn bereitgehalten. Von der Terrasse aus überblickt man die weite Ebene, wo Julius Caesar in der Schlacht von
Munda gegen die Söhne des Pompejus kämpfte. Sein Triumph,
den er in Rom feierte, war unpopulär, denn selbst die römischen
Massen waren unwillig über ein Volksfest, bei dem ein Sieg von
Römern über Römer gefeiert wurde. Vielleicht hat dieser Um-
stand dazu beigetragen, die Opposition gegen Caesar zu stärken
und das Attentat zu ermöglichen. Vier Kilometer weiter liegt
das Dorf *Fernán-Núñez*, dessen Straßenseite mit den üblichen
ländlichen Gips-Nippes geschmückt ist: landwirtschaftliches Ge-

rät, ein Säer, Weinkrüge und Pferdeköpfe, ein Beitrag zu dem
staatlichen Wettbewerb um das hübscheste Dorf – für Touristen,
natürlich. Dann erreichen wir die N IV und fahren zurück nach
Córdoba.

Osuna ist etwas schwierig zu erreichen, obwohl es an der Hauptstraße von Sevilla nach Granada liegt. Am besten fährt man von
Écija aus die C430 nach Süden, das ist die zweite Straße links,
wenn man die Stadt auf der N IV verläßt; sie führt über öde,
aber leicht zu überquerende Ebenen. Man sollte aber sicher gehen, daß sich die Straße in gutem Zustand befindet, sonst ist es
besser, die erste Straße, C3310, nach Estepa zu wählen und von
dort auf der N334 Osuna im Westen zu erreichen. Die Herzöge
von Osuna tragen den Namen Téllez Girón; sie sollen der Familie entstammen, deren berüchtigstes Mitglied niemand anderes war als der erste Marquis von Villena, Don Juan Pacheco.
Die Stadt ist nicht sehr interessant, aber sie hat einen malerischen Marktplatz und einige Renaissance- und Barockfassaden,
die mehr versprechen als sie halten. Das bebaute Gebiet endet,
ehe die Stadt den Gipfel erreicht, und läßt den Besucher in einer
freudlosen Umgebung, wo nur noch ein Rest zerbröckelnder
Ziegel den Ort anmerkt, an dem einst das Römerkastell stand.
Auf dem Hügel liegt ein 1549 gegründetes Stift, heute eine Hochschule. Es hat einen schönen schlichten Patio. Gegründet wurde
es für Studenten mit Universitätsreife, die verpflichtet waren,
das Dogma der Unbefleckten Empfängnis Mariä zu verteidigen.

   Die Stiftskirche (1534–39) gleich neben der Schule beherrscht
das Stadtbild. In der Napoleonischen Ära war sie als Zitadelle und
Magazin der französischen Truppen benutzt worden. Sie ist
groß, aber zurückhaltend; das Westportal mit seiner plateresken Ornamentik, darunter Terracotta-Reliefs, sticht von der
Strenge des Renaissancebaus ab. Der Eingang zu den Kapellen
liegt an der Ostseite, wo ein Führer theoretisch von 10 bis 13.30
Uhr und von 16.30 bis 19 Uhr (im Winter nur bis 18 Uhr) zur Verfügung steht. Der Eingang zum Museum, der Hauptgrund unseres Besuches, liegt an der Ostseite und führt direkt in den rei-

zenden kleinen Renaissance-Patio: Patio del Capellán, reich dekoriert im Platereskstil. Danach wird man durch einen Irrgarten
von Räumen geführt, in denen zahlreiche Schätze zu sehen sind,
darunter ein Christus von Luis de Morales. In diesem Gemälde,
wie in vielen anderen seiner Bilder, kann der Künstler an den
tiefen Schatten identifiziert werden, die er gewöhnlich unter die
Augenbrauen legt. Der Stolz der Sammlung jedoch sind die vier
Gemälde von Ribera. Sie gehören zu den frühesten erhaltenen
Werken von ›Lo Spagnoletto‹, und reiner Zufall führte zu ihrer
Erwerbung. Der dritte Herzog von Osuna war 1616 in Neapel
Vizekönig, als Ribera plötzlich durch ein Gemälde Aufmerksamkeit erregte, das er an den Balkon zum Trocknen gelehnt
hatte, vor dem sich sogleich eine Volksmenge drängte. Auch
der Herzog war beeindruckt, er rief den jungen Ribera zu sich,
gab ihm mehrere Aufträge und verhalf ihm so zum Erfolg. Die
Leinwand, die zum Trocknen aufgestellt war, ist ›Das Martyrium
des heiligen Bartolomäus‹ und nimmt einen Ehrenplatz ein.

Weiter wird ein ›Heiliger Hieronymus‹ von Pietro Torrigiani
gezeigt, dem unglücklichen Florentiner, der auch das Grab Heinrichs VII. in der Westminster Abbey in London schuf. Es heißt, er
habe dieses Thema viermal behandelt, und als beste Version
gilt die Terrakottafigur im Museo de Bellas Artes in Sevilla;
möglicherweise ist sie die einzige echte; Goya nannte sie ein
Meisterwerk der Bildhauerkunst der Neuzeit. Torrigiani liebte
die Engländer nicht, aber auch sein letztes Erlebnis in Spanien
war alles andere als glücklich. Er hatte vom Herzog von Arcos
den Auftrag erhalten, eine ›Jungfrau mit Kind‹ zu schaffen, und
sollte dafür soviel Kupfermünzen als Bezahlung erhalten, wie
zwei Männer tragen könnten. Heimgekehrt, zählte er das Geld
und stellte fest, daß die Summe nur dreißig Dukaten ausmachte.
Wutentbrannt begab er sich zum Herzog zurück, nahm einen
Hammer und zerschlug sein Meisterwerk. Dies veranlaßte die
Inquisition, sich mit ihm näher zu beschäftigen. Sie war der Ansicht, daß Menschen zwar Gottesbilder machen, aber nicht zer-
trümmern dürften, und Torrigiani starb in einem Verlies, wo
man ihn buchstäblich verhungern ließ. – Die Familienkapelle

Santo Sepulchro ist ein kleines Meisterwerk, mit einem Miniatur-
chor mit elf Sitzen in der Mitte des winzigen Schiffes.

Wir nehmen die N334 nach Osten und passieren *Aguadulce*,
einst eine ersehnte Oase zwischen Salzwasserseen. Wenn das
Korn reif ist, breiten Mohn und Ringelblumen sich hier in roten
und gelben Teppichen aus; ähnliches kann man nur noch auf
dem Weg von Cádiz nach Tarifa sehen.

Estepa liegt zwölf Kilometer weiter; die Burgruine auf dem
Hügel hebt sich schwarz vom Himmel ab. Der Aufstieg muß
weitgehend zu Fuß bewältigt werden und ist im Grunde die
Mühe nicht wert, wenn auch die phantastischen Gebilde, zu
denen Wind und Wetter Teile der Mauern geformt haben, und
der massige Bergfried beeindruckend sind. Es ist das antike
Astapa, über dessen heroischen Widerstand gegen Scipio Africanus 207 vor Christus uns Livius berichtet. Wie die Verteidiger
von Saguntum und Numantia wählten die Einwohner lieber Tod
als Unterwerfung und verbrannten sich mit ihren Frauen und
Kindern auf einem riesigen Holzstoß. Die Kirche *Santa Victoria*
hat einen reizvollen Barockturm, und die Fassade des *Palacio de
los Cerverales* ist ungewöhnlich, da sie die Horizontale, nicht die
Vertikale, wie im spanischen Barock üblich, betont.

Eine gute Straße bringt uns nach Herrera, und eine Abzweigung rechts auf der C338 nach Puente Genil, von wo die C329
nach Aguilar und Córdoba führt.

Nach Sevilla

Die Landschaft hinter Córdoba, das wir auf der NIV verlassen,
ist weit, sanft geschwungen und uninteressant. Unser Auge
trifft auf niedrige Hügel mit Olivenhainen, fruchtbare Felder
oder Brachland, während wir vom Guadalquivir fortstreben.
Dann und wann steht eine Gruppe Häuser an der Straße, und
nach etwa dreißig Kilometern stoßen wir auf eine weitere von
Olavides' Siedlungen, *La Carlota*; hier kann man ganz deutlich
den Standard-Haustyp sehen, der für die Kolonisten aus dem

Norden entworfen worden war, mit einem Fenster zu beiden Seiten der Haustüre und darüber eine breite Öffnung mit einem Fensterladen, Heuboden und Gästezimmer in einem, und ein bescheidenes Nebengebäude zur Seite.

Nach etwa 55 Kilometern Fahrt von Córdoba senkt sich die Straße hinab ins Tal des Río Genil, eines Flusses, der in den Schmelzwassern des Mulhacén, des höchsten Gipfels der Sierra Nevada, seinen Ursprung hat, sich an Granada vorüberwindet und nach *Écija* weiterfließt, der heißesten Stadt Spaniens, der ›Bratpfanne von Andalusien‹. Die meisten Reisenden sind derart von dem Wunsche erfüllt, Sevilla zu sehen, daß sie kaum jemals hier anhalten, und doch ist Écija eine der bezauberndsten Städte des Südens, mit ihrem Dutzend hoher spitzer Kirchtürme, die wie schimmernde Speere in den Himmel ragen. Sie scheinen jede Spur barocker Schwere abgeworfen zu haben; mit ihrem sanften Backsteinton und ihren hellfarbigen Ziegeln gemahnen sie eher an eine Märchenwelt als an die Gegenreformation. Nach dem Grund brauchen wir nicht weiter zu suchen. Fast alle Türme wurden im 18. Jahrhundert, und zwar erst nach dem entsetzlichen Erdbeben von 1755 errichtet, dem Lissabon neben anderen iberischen Städten, unter ihnen Écija, zum Opfer fielen. Hier finden wir also einen späten Barock ohne allzu betontes religiöses Programm, weder mit der Drohung des Höllenfeuers noch mit der Seligkeit der Erlösungsbotschaft verquickt, nur noch bereit, das Auge zu vergnügen.

Wir überqueren den Río Genil auf einer angeblichen Römerbrücke, ein Anspruch, der einer ernsthaften Überprüfung nicht standhält, denn die ursprüngliche Brücke wurde 913 von den Mauren völlig zerstört; Écija war damals ein Stützpunkt der Rebellion des Ibn Hafsun. Auch die Befestigungen der Stadt wurden damals zum großen Teil geschleift. Aber man kann noch einige Reste der arabischen Kornmühlen am Fluß ausmachen, und die Namen der Stadttore sind in den Plätzen festgehalten, wo seit zehn Jahrhunderten kein Tor mehr gestanden hat.

An der ersten Straßenkreuzung steht rechts, etwas zurückgesetzt, der *Palacio de Vilaseca*, sein Wappen wird von einem

›Wilden Mann‹ getragen; und gegenüber sieht man die Fassade
des *Palacio de Peñaflor*. Das Portal reicht über zwei Stockwerke;
sein schwerer Barock – im unteren Teil streng, im oberen geradezu bizarr – dominiert über die enge Straße. Wir werden noch
eine Menge dieser zierlich gedrehten Säulen sehen, die ja ein
wesentliches Merkmal vor allem des sevillanischen Barocks
sind. Vom Portal ab erstreckt sich das Gebäude in einem majestätischen Bogen, der der Windung der Straße folgt, mit einfachen Fenstern im Erdgeschoß und französisch anmutenden Fenstern im Oberstock, die sich zu dem längsten Balkon Spaniens
öffnen: er schlängelt sich an der ganzen bemalten Fassade entlang. Man betritt den Palast durch einen kleinen Patio und findet
innen eine sehr vernünftige Raumaufteilung; die Ställe liegen
direkt gegenüber, und ein Aufgang zur Rechten führt in die
Wohnräume und zum Obergeschoß. Über jeder Pferdebox findet man eine Tafel, manche tragen noch den Namen ihres vier-
beinigen Insassen. Der große Patio ist streng, aber schön, das
Treppenhaus monumental, mit einer gerippten Kuppel, einer
›Medianaranja‹ oder ›Halb-Orange‹, über dem ersten Treppen-
absatz. Dort findet man auch einen Altar mit einer Rosenkranz-
madonna.

Die zweite Abzweigung rechts führt zur Plaza de España,
häufiger Plaza Mayor genannt, und der Kirche *Santa Bárbara*,
deren Hauptsehenswürdigkeit ihre großen römischen Säulen
sind, die als Türpfosten dienen. Die Plaza Mayor ist eine der
schönsten Spaniens; von ihren Balkonen über den Arkaden
wuchern Blumen herab. Am anderen Ende des Platzes steht der
Ayuntamiento mit einem noch sehr jungen Museum, dessen
kostbarster Besitz ein polychromes römisches Mosaik mit der
›Bestrafung der Königin Dirke‹ ist, die von Amphion und Zethus
mit den Haaren an die Hörner eines Stiers gefesselt wurde, und
eine gute Kopie des sogenannten ›Sarkophags des San Fulgen-
cio‹.

Hundert Meter vom Südende der einst eleganten Calle de Sor
Angela de la Cruz steht die Kirche *Santiago*, ein edler Bau aus
dem frühen 16. Jahrhundert. Die Tür trägt die Muscheln von

Santiago, des heiligen Jakob mit dem Schwert, des Schutzpatrons Spaniens. Das Ziegelmauerwerk des Außenbaus und der Alfiz eines Fensters sind typisch für den gotischen Mudéjarstil. Das Innere ist geräumig und übersichtlich, es hat einen schönen, schlichten Artesonado, und der geschnitzte goldgefaßte Hochaltar ist ein köstliches Beispiel des spätgotischen Isabella-Stiles aus dem frühen 16. Jahrhundert mit düsteren Gemälden von der Hand eines längst vergessenen Meisters. Die Nordost-Kapelle enthält zwei Kruzifixe, ein schimmerndes von Pedro Roldán und ein ungewöhnlich dunkles, das man den ›Cristo del Gonfalón‹ nennt, nach dem Banner, dem ›Gonfalón de la Victoria‹, mit dem es in Verbindung gebracht wird. Die Pfarrkirche *Santa Cruz*, in der Plaza de Nuestra Señora de Valle, erbaut im 18. Jahrhundert, steht an der Stelle einer älteren Kirche, die ihrerseits über den Fundamenten einer Moschee errichtet worden war, die wiederum auf den Resten einer westgotischen Kirche, Bischofssitz des heiligen Fulgentius, stand. Fulgentius war eines von vier Familienmitgliedern, die alle ohne Ausnahme heiliggesprochen wurden. Die anderen sind der heilige Leander, Bischof von Sevilla, Sankt Isidor, der ›vortreffliche Doktor‹, der ihm folgte, und ihre Schwester, Santa Florentina, die Schutzheilige eines nahen Klosters. Ein Steinsarkophag mit byzantinischer Bildhauerarbeit aus dem 6. Jahrhundert soll die Gebeine des Heiligen umschließen, erwähnt bei Mâle, S. 254; er wird als Altar benutzt und steht an der rechten Seite vom Hochaltar. Aber unser Interesse an dieser wiederaufgebauten Kirche wendet sich mehr dem Patio mit seinem zugespitzten Hufeisenbogen zu, der völlig mit Arabesken und Wappen wie bei der Puerta del Perdón in Córdoba bedeckt ist, eine schöne Mudéjararbeit; eine der verwitterten Säulen, auf denen der Bogen ruht, läßt ihren westgotischen Ursprung erraten.

Die Fassade des freistehenden Glockenturmes erlaubt uns einen Einblick in das Hofleben der Kalifen, denn an ihr finden wir zwei Steintafeln mit arabischen Inschriften; die eine, von 977, erinnert an die Errichtung eines öffentlichen Brunnens auf Wunsch der ›Al-sayida al-kubra‹, der ›Großen Fürstin‹. Sie war die baskische Nebenfrau Al-Hakams II., eines sechsundvierzigjährigen

Mannes, der kinderlos war, als er den Thron bestieg, und sie schenkte ihm, als
einzige Frau seines Harems, zwei Söhne. Natürlich wurde ihr der Titel ›Umm-
walad‹, ›Mutter eines Sohnes‹, verliehen, und der glückselige, verblendete
Kalif gab ihr nach einem alten Brauch aus Bagdad auch einen männlichen
Namen, Chafar, der ihrem eigenen baskischen Namen, Dawn oder Subh, wie
man sie im Arabischen nannte, zugefügt wurde. Es ist nicht bewiesen, daß ihr
neuer Name in Zusammenhang mit ihrer Gewohnheit, Männerkleidung zu
tragen, stand. Durch ihren Einfluß machte sie in ihrer Verliebtheit ihren Rat-
geber, den jungen Abi Amir, bald auch zum Schatzmeister und Vormund des
überlebenden königlichen Prinzen, der später als Hischam II. den Thron be-
stieg. Als der Kalif Hakam starb, übernahm Abi Amir schnell dessen Rolle und
dies nicht nur als Liebhaber. Kalif Hischam stand völlig im Dunkel, während
seine Mutter die Karriere ihres Geliebten förderte: wir sind ihm schon unter
seinem selbst gewählten Namen Almansor begegnet. Nachdem Almansor auch
de facto Kalif war, verlor die ›Ummwalad‹ rasch ihre Macht über ihn, und
alles was ihr blieb, waren ihr Haß und zwei Elfenbeinkästchen, die sich heute
in Madrid und Fitero (Castejón) befinden.

Wieder auf der N IV, bringt uns eine viertelstündige Fahrt
nach *La Luisiana*, und bald darauf zeigt ein Wegweiser zur Linken die Richtung nach *Monclova* an. Die Burg wurde 1910 restauriert, unter Benutzung der Überreste des Convento de la
Merced in Lorca und römischer Säulen aus Córdoba. Heute ist es
ein Landhaus, so hübsch, wie man sich nur wünschen kann.
Durch die schmiedeiserne Cancela kann man den weißen Marmor des Renaissance-Patios mit seiner zweigeschoßigen Arka-
denreihe sehen, und in deren Bogenzwickeln die heraldischen
Zeichen, aus denen sich das Wappen des heutigen Eigentümers,
des Herzogs von Infantado, zusammensetzt. Der Patio ist als
geometrischer Garten um einen Marmorbrunnen in der Mitte
angelegt, und Blumentöpfe schmücken die oberen Arkaden.
Die Kapelle steht außerhalb des Hauses und wird noch wie in den
Zeiten des Feudalismus von Herrschaft, Dienern und Hausge-
sinde in schöner Einmütigkeit benutzt.

Carmona sieht man von der Hauptstraße aus schon einige Zeit,
ehe man es erreicht. Die steilere Seite des Hügels mit den Ruinen
der alten Befestigung grüßt uns über die weite Ebene hin, und
bald kann man in das Tal hinabblicken und sich seine eigene

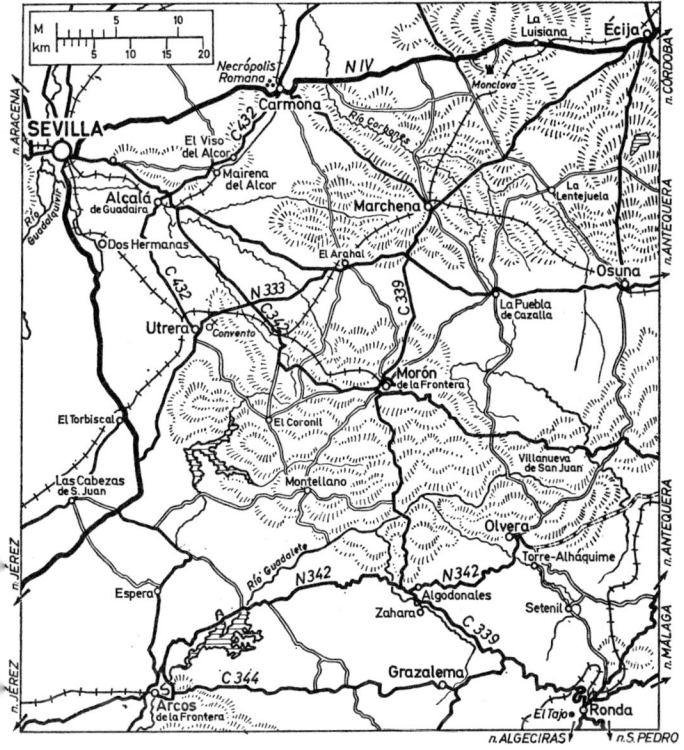

Unwichtigkeit vergegenwärtigen. Die Stadt ist zweifellos uralt; alle Siedlungen, deren Namen mit ›Car …‹ beginnen, sind iberischen Ursprungs, außer wenn die Vorsilbe ›Cart …‹ lautet: das heißt Stadt und führt zu den karthagischen Phöniziern zurück. Das Auto läßt man am besten im Schatten des großen Turmes von San Pedro stehen, denn diese Stadt möchte zu Fuß erobert werden.

Die *Puerta de Sevilla* ist großenteils römisch, ein Doppeltor mit einem Wachthaus, in der Form eines etwa zwölf Meter langen Ganges mit Tonnengewölbe in der Mitte. Es ist Teil des *Alcázar de abajo* (›Alcázar‹ oder ›kasr‹ soll von dem lateinischen Wort ›castra‹ abgeleitet sein) und war unter seinen vielen Eigentümern ständigen Änderungen unterworfen. Der römische Mauerverband mit seinen großen Blöcken, den man auch noch an der Basis von mehr als zwei Kilometern Stadtmauer sehen kann, ist unverkennbar; aber es ist verlockend, die Stellen, an denen westgotische Baumeister Reparaturen durchführten, herauszufinden: sie benutzten kleinere Steine; und endlich findet sich noch das ›Soga y tizón‹-Werk der Mauren. Den oberen Abschluß bildet oft ein reizloser, mittelalterlicher Bauteil; die Hufeisenbogen wurden in der Maurenzeit eingefügt.

Wenn man unten in der steil ansteigenden Calle Domínguez de Asa steht, sieht man den bräunlichen Glockenturm der Kirche *San Bartolomé*, der sich großartig mit den antiken Mauern verträgt, über den Dächern; seine Ziegel sind von Flechten zu einem sanften Grün verfärbt. Der Rest der Kirche wurde rigoros weißgetüncht, innen und außen, bis zu den floralen Kapitellen des gotischen Südportals. In der Sakristei wird der Bestätigungsbrief einer Cofradía aufbewahrt, einer jener Bruderschaften, von denen wir in Sevilla noch hören werden.

Ein kurzes Stück bergaufwärts führt ein Torweg rechts zu einem Marktplatz. Bis zum letzten Jahrhundert war dies das Kloster Santa Catalina; es ging 1836 bei der Auflösung der Klöster in städtischen Besitz über. Vielleicht ist das gut so, nichts könnte jedenfalls das Auge mehr erfreuen als die Berge von Tomaten, grünen Paprikaschoten, Blumenkohlköpfen, Auberginen und Orangen; die Wände sind in strahlendes Weiß getaucht, durch Karmesinverzierung hervorgehoben, und ein unvermeidlicher ›Hauch von Blau‹ soll den ›Bösen Blick‹ abwehren.

An der Plaza Mayor, ganz in der Nähe, fällt ein Haus wegen seiner Azulejos in vielen Blautönen auf, mit denen das zweite und dritte Geschoß gekachelt sind. Sie sehen modern und vulgär aus, sind aber ganz zweifellos aus dem frühen 16. Jahrhundert. In der Ratsstube des nahen *Ayuntamiento* findet man gerahmte Teile eines römischen Bodenmosaiks und im Patio ein vollständiges Mosaik, etwa sieben mal sieben Meter, das nur zirka einen

Meter unter dem Straßenniveau bei Reparaturarbeiten gefunden wurde. Es ist nicht nur wegen seiner Vollständigkeit, sondern auch wegen seines komplizierten Musters der Beachtung wert. Die Efeuumrahmung erinnert an die Mosaiken von Piazza Armerina in Sizilien, durch die man Kaiser Maximianus Herculius als Eigentümer der Villa identifizieren konnte. Die geometrischen Muster sind häufig Vorläufer christlicher Symbole, wenn auch das Medusenhaupt in der Mitte das Mosaik als heidnisch kennzeichnet.

Ein Stück weiter die Straße entlang steht die ziemlich unschöne Barockkirche *El Salvador* und in ihrer Nähe die Kirche *Santa María* aus dem 15. Jahrhundert, auch *Nuestra Señora de Gracia* genannt. Der Patio dieser Kirche, Teil des Orangenhofes der ehemaligen Moschee, macht den langen Aufstieg selbst an den heißesten Tagen lohnend. Sechs Backstein-Hufeisenbogen haben überlebt, und auch jetzt noch werden weitere in den anderen Wänden des Hofes freigelegt. Als wäre ein maurischer Hof für kultische Waschungen allein nicht interessant genug, fand sich eine einzigartige Säule aus westgotischer Zeit mit einem eingemeißelten ›Calendario‹, einer Liste mit den Namenstagen der örtlichen Heiligen.

Um einen bestimmten Ziegelstein an der Südseite rankt sich eine Geschichte. Vor siebenhundert Jahren ging ein Graf, begleitet von seinem Diener, zur Messe. Der Priester, etwas geistesabwesend, bot den Leib des Herrn zuerst dem Pagen. Der Graf schlug ihm, ohne zu überlegen, ins Gesicht, um deutlich zu machen, daß er, wie immer die Rangfolge in der kommenden Welt auch sein möge, hier in Carmona auf der gerade herrschenden bestehe. Die Angelegenheit wirbelte natürlich Staub auf, und verschiedene Bußen und Strafen wurden über den Grafen verhängt; unter anderem mußte er die schuldige Hand in feuchten Ton drücken, der zu einem Ziegel gebacken und in die Kirchenwand eingefügt wurde.

Hinter der Kirche liegt eine große Plaza mit dem *Palacio del Marqués de las Torres.* Er erfreut durch eine eindrucksvolle Fassade, die man für Renaissance mit leichten Barockanklängen halten möchte; aber die dorischen und ionischen Säulen und die Triglyphen weisen darauf hin, daß es sich hier um ein ungewöhnlich frühes klassizistisches Bauwerk aus dem Jahr 1755 handelt.

Von hier aus führt ein Labyrinth kopfsteingepflasterter Straßen mit einstöckigen Häusern zur *Puerta de Córdoba*, die das Ostende des römischen ›Cardo‹, einer der Achsenstraßen, bezeichnet; sie begann an der Puerta de Sevilla, wo wir die Stadt betreten haben. Die Puerta de Córdoba besteht aus einem restaurierten Renaissance-Tor zwischen zwei achteckigen Türmen auf römischen Fundamenten, links und rechts von der Stadtmauer flankiert. Die Restaurierung betont die kraftvollen Proportionen des Tores und damit indirekt die Bedeutung Carmonas. Die Geschichte des maurischen Spanien wird beherrscht von der Rivalität zwischen Sevilla und Córdoba, und mehr als ein Rebell fand in Carmona sicheres Exil. Der Kontrast zwischen dem machtvollen Tor und der bescheidenen, ungepflasterten Straße, die unter ihm hindurchführt, ist auffallend, aber man darf nicht vergessen, daß dies ja die alte Römerstraße nach Córdoba war. Etwa sechs Kilometer von hier liegt eine fünfbögige *Römerbrücke*, auf der die Straße den Río Corbones (oder einen seiner Nebenflüsse) überquerte; sie ist noch immer einen Besuch wert, wenn man sich von dem Fußweg nicht abschrecken läßt. Die Pflasterung der Brücke ist fast ganz verschwunden, aber das ist nicht unbedingt ein Verlust: so kann man die vielen Lagen studieren, aus denen sich eine Römerstraße zusammensetzte.

Auf dem höchsten Hügel Carmonas stehen die Reste des *Alcázar de arriba*, von wo man einen herrlichen Blick auf die fruchtbare Ebene gewinnt. Diese Oberburg war von den Mauren errichtet worden, wurde aber unter Pedro dem Grausamen so stark ausgebaut, daß sie den Alcázar von Sevilla auszustechen drohte. Pedro hielt hier Leonor de Guzmán, die Mätresse seines Vaters, in königlicher Haft, und später besaßen die Katholischen Könige hier eine Lieblingsresidenz. Ernsthaft beschädigt bei dem Erdbeben von 1504, verfiel der Alcázar langsam. Der Weg hinauf führt an bescheidenen Hütten entlang, die aber alle strahlend weißgetüncht sind; wenn die Wände hier und da niedergerissen werden, zeigt sich, daß das Mauerwerk fast immer arabisch ist. Die Ruinen bedecken ein riesiges Gebiet, und einige Teile sind im Lauf der Jahrhunderte unter dem Einfluß von Regen und

Córdoba *Calle de las Flores* 1

Wind zu völliger Formlosigkeit zusammengesunken. Man kann zwei von den Mauren eingeführte Techniken unterscheiden: ›Tapia‹ und ›Hormigón‹. Die erste ist bei uns bekannt als ›Pisé-à-terre‹, das ist Erde, die zwischen einem Rahmenwerk festgestampft wird; bei der zweiten werden Mörtel und kleine Steine ebenfalls in eine Form gegeben. Beide Methoden lassen Mauern entstehen, die fast so hart und widerstandsfähig wie Beton sind; mit ein bißchen Praxis kann man sie leicht erkennen. Das Osttor hat überlebt und besteht aus drei Bögen hinter dem üblichen Hufeisen; kürzlich wurden zwischen den einzelnen Bögen Dekkenfresken entdeckt, möglicherweise gotischen Ursprungs.

Auf dem Weg zurück zur Puerta de Sevilla, die man beim Abstieg nicht verfehlen kann, sollte man sich immer wieder rechts halten, um etwas vom täglichen Leben in einer kleinen Stadt mitzuerleben. Man kann Ziegeltürmchen sehen, mit Moos bedeckt, hier und da auch eine Barockfassade; viel interessanter sind jedoch die ›Casas saladas‹, wie man sie fälschlich nennt, denn eigentlich müßten sie ›Casas cerradas‹ heißen: ›Versiegelte Häuser‹. Sie wurden irgendwann wegen irgendwelcher religiöser Übertretungen verschlossen, und manche haben diesen Zustand bis heute beibehalten. Die älteren Einwohner sind nicht bereit, darüber zu sprechen und geben vor, nichts von dem alten Brauch zu wissen, der mit jenen primitiven Tabus zusammenhängt, die die Inbesitznahme eines Hauses verboten, in dem sich ein Todesfall ereignet hatte. Diese Häuser zeichnen sich durch nichts aus als durch die Tatsache, daß sie Jahr um Jahr unbewohnt bleiben.

Wenn man die Stadt an der Puerta de Sevilla wieder verläßt, kann man noch die Kirche *San Pedro* besichtigen. Abgesehen von dem ungewöhnlich reichen Interieur und einer Anzahl farbig gefaßter Holzplastiken, von denen Südspanien Tausende besitzt, kann man einen irdenen Taufstein mit dem Namen des Töpfers in Relief bewundern. Dies ist ein seltenes Stück, denn die Herstellung von Taufbecken aus Steingut war in Spanien seit dem Ende des 16. Jahrhunderts streng verboten, während solche aus Blei oder aus den Schalen riesiger Muscheln weiter erlaubt blieben. Es braucht sich hier jedoch nicht um eine Übertretung zu handeln, denn die Kirche wurde schon in der zweiten Hälfte des 15. Jahrhunderts errichtet, und der Taufstein kann lange vor dem Verbot vorhanden gewesen sein. Im 17. Jahrhundert wurde die Kirche stark renoviert und umgebaut, und die Kapelle des Sagrario von 1760 ist unsere erste Begegnung mit dem Sevillaner Barock.

Der Begründer dieser Schule war Leonardo de Figueroa, dem zwei Söhne und ein Neffe zur Seite standen. Ihr Werk wird immer wieder als ›Churriguerismus‹ abgestempelt, obwohl diese Familie, wie ich bereits ausführte, ihre Tätigkeit auf Nordwest-Spanien beschränkte. Außerdem war Leonardo de Figueroa etwas älter als José de Churriguera. Man braucht Zeit, um sich an diese barocken Schulen zu gewöhnen, und nur wenn man die ihnen zugrunde liegende architektonische Einfachheit und Majestät erkennt, wird man beginnen, auch den Reichtum an Ornamentik, die prunkvollen Vergoldungen und das schimmernde Glas zu akzeptieren. Wenn man all diesen reichen Dekor in Gedanken abstreift, erscheinen die Linien und Proportionen des Sevillaner Barock für gewöhnlich streng klassisch, und es war eine Art Revolte gegen diese Strenge, die die Figueroa und ihre Nachfolger alle geraden Linien vermeiden hieß, um eine Gesamtkomposition von Licht, Masse und Bewegung zu erreichen.

Die Kapelle des Sagrario war das Werk des zweiten Sohnes, Ambrosio; alle Vorzüge und Nachteile dieses Stils werden in ihr offenkundig.

Man kann in der Stadt in einem der kleinen billigen Gasthäuser wohnen, die früher ›Fonda‹ und heute ›Pensión‹ heißen; sie sind peinlich sauber, und es wird typisch spanisches Essen serviert.

Carmona ist wohl am bekanntesten wegen seiner *Römischen Nekropole*, zu denen ein Wegweiser an einer Abzweigung rechts, kurz bevor wir die Stadt auf dem Weg nach Sevilla verlassen, hinführt. Manche Gräber sind nur einfache Gräben, andere Kolumbarien, in denen die Asche in Wandnischen bewahrt wurde. An den feuchten Wänden haben Spuren von Malerei wunderbarerweise überlebt; eine, mit einer Harfenspielerin, findet sich in dem großen Patio, der ›Grab von Sevilla‹ genannt wird. Das runde, überkuppelte Mausoleum, das einem etruskischen Grab so ähnlich ist, sollte nicht vergessen werden. Eine Gruppe Feigenkakteen gibt dem römischen Hintergrund einen orientalischen Anstrich; um so mehr erstaunt es, zu erfahren, daß dieser ubiquitäre Baum aus Amerika kommt, so daß kein Araber und kein Maure in der Geschichte von Al-Andalus je einen Blick darauf werfen konnte. Die Funde aus diesen und anderen prähistorischen Gräbern, die hier in der Nähe entdeckt wurden, kann man in einem kürzlich erweiterten Museum am Ort besichtigen, manche Stücke sind auch in andere Sammlungen übergegangen.

Von Carmona aus fahren wir auf der N IV durch die gleiche uninteressante Landschaft weiter, die uns zu Beginn der Fahrt umgab, und erreichen nach dreißig Kilometern Sevilla.

FÜNFTES KAPITEL

Sevilla – Die Kathedrale

Herkules erbaute mich,
Julius Caesar umgab mich mit Mauern und Türmen;
und der Heilige König nahm mich ein.

So lautet eine Inschrift über einem der Tore Sevillas; sie nennt nur drei der vielen berühmten Männer, die in dieser Stadt gewirkt haben. Herkules wird als der Gründer vieler spanischer Städte der vorklassischen Zeit genannt, da er ja des Weges kam, als er die Herden des Geryon und später die Äpfel der Hesperiden stahl. Für Cäsars Interesse an der Stadt haben wir bessere Beweise; er gab ihr den Namen Colonia Romula; aber ehe der Heilige Ferdinand sie dann den Mauren abjagte, mußte noch viel Wasser den Guadalquivir hinunterfließen.

Unter den Westgoten gewann die Stadt Bedeutung durch ihre Gegnerschaft gegen die von Vizekönig Hermengild angeführten Arianer. Er wurde von seinem Vater getötet und mußte tausend Jahre auf seine Heiligsprechung warten. Sankt Isidor und Sankt Leander hatten dabei mehr Glück; sie waren Erzbischöfe dieser Stadt; Leander war es auch, der Hermengild dem arianischen Glauben abspenstig gemacht hatte.

Dann kamen die Araber, und Sevilla führte ein recht friedliches Dasein, bis die Wikinger es wagten, vom Meer aus siebzig Meilen flußaufwärts zu segeln, die Stadt zu zerstören und die männlichen Einwohner zu töten. Anscheinend waren die Römermauern damals bereits verschwunden, jedenfalls wurden jetzt neue Befestigungen errichtet. Als später das Kalifat zerbrach, wurde Sevilla ein ›Taifa‹, eines der Splitterkönigreiche, bis die Drohung der christlichen Reconquista Verstärkung aus Marokko brachte. Zwei Wellen islamischer Glaubenseiferer überfluteten das Land, die Almoraviden und die Almohaden, und sie machten den etwas trägen andalusischen Mauren das Leben höl-

lisch schwer. Es waren schließlich mohammedanische Aufständische, die die Almohaden vertrieben und die Stadt 1248 an Ferdinand den Heiligen auslieferten. Die Mauerreste, die heute zu
sehen sind, datieren aus dem 12. und 13. Jahrhundert und stammen vom mindestens dritten Bering der Stadt.

Ferdinand der Heilige grüßt von dem Banner, das im Ayuntamiento ausgestellt ist. Sein Sohn, Alfonso der Weise, gab der
Stadt ein neues Wappen und ein Motto für die Loyalität während der Rebellion seines Sohnes Sancho. Diese Devise hat die
Form eines Rebus und sieht aus wie eine ›8‹ zwischen den Silben ›no‹ und ›do‹. Die ›8‹ bedeutet einen Strang Wolle, ›Madeja‹
genannt: damit kann der Rebus »no m'ha dejado« gelesen werden – »Sie hat mich nicht verlassen«. Darüber hinaus versteckt
sich noch ein weiteres Wort- und Bild-Spiel hinter dieser Devise:
›Nodo‹ heißt Knoten und drückt also zudem das zwischen den
Silben stehende Zeichen in Worten aus. Darüber thronen Alfons und zu seinen Seiten die Heiligen Leander und Isidor. Auch
Karl v. zeigte sich in ähnlicher Weise der Stadt erkenntlich, da
Sevilla ihm während des Comunero-Aufstandes 1520 treu geblieben war; er ehrte die Stadt mit der Devise »Ab Hercule et
Caesar nobilitas, a se ipsa fidelitas«. Pedro der Grausame gab dem
Alcázar, in dem er seine Residenz hatte, die heutige Gestalt; auch
ihm blieb die Stadt während seiner vielen Kämpfe treu, doch sah
der König offenbar keine Notwendigkeit zu einer neuen Devise.

Sevilla ist die Geburtsstadt der Kaiser Hadrian, Trajan und
wohl auch von Theodosius; von vielen Malern wie Velásquez,
Murillo und anderen; von Dichtern wie Fernando Herrera und
Lope de Rueda. Auch einige windigere, aber heiß geliebte Gestalten gewannen hier Leben: Figaro, Don Juan und Carmen.

Es ist eine große geschäftige Stadt, und vielleicht wird man,
wenn man sie zum ersten Mal betritt, unwillig nach ihrer vielge-
priesenen Schönheit fragen, ihren Farben, ihrer Lebensfreude;
im Unterschied zu anderen andalusischen Städten erscheint sie
nicht einmal im blendenden Weiß frischer Tünche. Die Aura
Sevillas entstand zu einer Zeit, als sie Spaniens Hauptverbindung
zur Neuen Welt war, als noch alle Handelsschiffe laut Gesetz den

Flußhafen anzulaufen hatten. Die Bevölkerung solcher Handels-
städte, man braucht nur an Alexandria, Neapel oder Venedig zu
denken, lebte immer ein wenig schneller als anderswo, war
wacher und gerissener. Und Sevilla behielt den alten Ruf, als es
seine Rolle längst an Cádiz abgegeben hatte; das Sprichwort aus
dem 14. Jahrhundert lebte fort: »Si a Sevilla pidiese leche de
pájaro, se encontraría«, »Verlange in Sevilla Taubenmilch und du
wirst sie bekommen!« Die Wunder Sevillas werden einem nicht
in einer Nacht aufgehen, und sie kommen einem auch nicht in
den Straßen entgegen, man muß sich um sie bemühen.

Eine Ausnahme ist die *Kathedrale Santa María*, deren Glockenturm, genannt ›La Giralda‹, das Wahrzeichen der Stadt und
kilometerweit sichtbar ist. Sie steht auf geschichtsträchtigem
Boden; hier gab es bereits einen westgotischen Dom von großer
Pracht. Unter den Arabern blieb dieser Dom weiter dem christlichen Kultus gewidmet, wie es unter den Emiren und Kalifen
nicht ungewöhnlich war; erst die fanatischen Almohaden zerstörten ihn 1172, um eine Moschee zu bauen, die die zweitgrößte
der islamischen Welt werden sollte.

Diese Moschee übergab Ferdinand der Heilige sofort nach der
Einnahme der Stadt am 23. November 1248 den Christen, die nur
im Innern einige Änderungen vornahmen. 1401 war dieser Ziegelbau, der jetzt Santa María de la Sede hieß, in einem so
schlechten Zustand, daß das Domkapitel und der Dekan ver-
merkten: »*Da nun die Kirche von Sevilla infolge eines Erdbebens …
zu zerfallen droht …, sollte man eine andere solche Kirche erbauen und
so schön, daß ihr keine gleichkomme …*« So begeistert und so erfüllt
mit christlicher Demut waren die Domherren, daß sie sich entschieden, von ihrem Einkommen nur soviel zu beanspruchen,
wie für des Lebens Notdurft unerläßlich war. In ihrem religiösen Eifer beschlossen sie: »*Laßt uns eine Kirche bauen, so herrlich
und so groß, daß alle, die sie erblicken, wenn sie vollendet ist, uns für
Wahnsinnige halten.*« Ein altes Sprichwort rühmt denn auch die
Kathedrale von Sevilla ob ihrer Ausmaße, die von Toledo wegen
ihres Reichtums und die von León für ihre Schönheit.

Keinem Architekten allein kann der Entwurf dieser Kathedra-

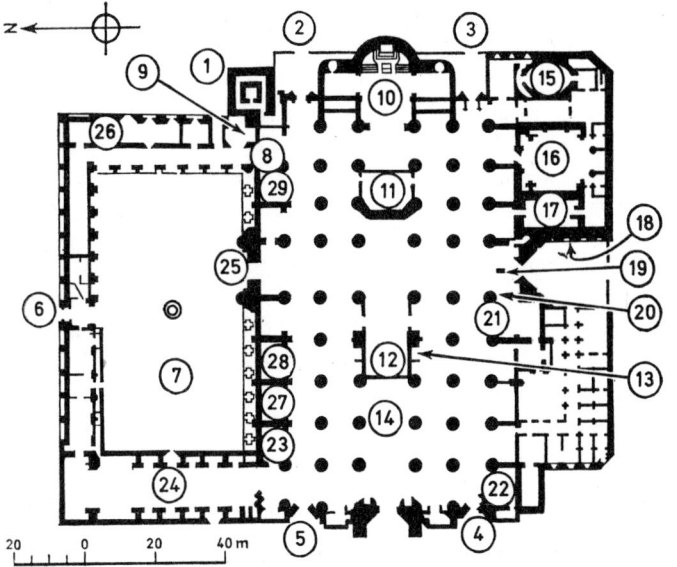

KATHEDRALE VON SEVILLA

1 Glockenturm ›Giralda‹
2 Puerta de los Palos
3 Puerta de las Campanillas
4 Puerta de San Miguel
  (Puerta del Nacimiento)
5 Puerta del Bautismo
6 Puerta del Perdón
7 Patio de los Naranjos
  (Orangenhof)
8 Puerta de Lagarto
9 Capilla de Nuestra Señora de
  la Granada
10 Capilla Real
11 Capilla Mayor
12 Coro
13 Capilla de la Concepción Chica
14 Epitaph des Hernando Colón
15 Sala Capitular

16 Sacristía Mayor
17 Sacristía de los Cálices
18 Christophorus-Fresko
19 Grabdenkmal des Christoph
   Kolumbus
20 Capilla de la Concepción
   (Capilla de la Gamba)
21 Capilla de la Antigua
22 Capilla de San Laureano
23 Capilla del Bautisterio
   (Capilla de San Antonio)
24 Sagrario
25 Puerta de la Concepción
26 Biblioteca Capitular
   Colombina
27 Capilla de Escalas
28 Capilla de Santiago
29 Capilla de los Evangelistas

le zugeschrieben werden: es ist der größte gotische Dom der
Welt und eines der drei größten christlichen Gotteshäuser überhaupt. Wir kennen die Namen mehrerer Baumeister, die an
seiner Errichtung beteiligt waren, darunter zwei Normannen:
die Bauzeit betrug hundertvier Jahre. 1511, vier Jahre nach der
Vollendung, stürzte die große Kuppel samt Laterne ein »mit
einem Getöse, das die ganze Stadt in Schrecken versetzte«; Juan
Gil de Hontañón wurde ausersehen, die Wiederherstellung
durchzuführen; er zeichnet für das jetzige Dach verantwortlich.
Nach der zweiten Katastrophe, dem Einsturz eines Pfeilers und
eines Teils des Daches 1888 wurde der Dom ohne Änderung der
ursprünglichen Konzeption wieder instandgesetzt. Die Kathedrale ist aber nicht nur an Ausdehnung die größte Kirche Spaniens, sie stellt auch den Höhepunkt in der Entwicklung der spanischen Architektur im 15. Jahrhundert dar; bewundernswert
ist die Verschmelzung verschiedenster Stilelemente zu einer
neuen Einheit. Schließlich ist ihre Schatzkammer auch eines der
bedeutendsten spanischen Museen, dank der weisen Voraussicht, die ihre bewegliche Habe vor dem Einmarsch der Franzosen in Cádiz in Sicherheit bringen ließ.

Es ist am geschicktesten, mit der Besichtigung des Äußeren zu
beginnen, beim Eintrittskartenschalter, der außerhalb des Haupt-
baus, nahe der Giralda am Ostende liegt. Der erste Eingang
heißt *Puerta de los Palos*, nach einer hölzernen Einfriedung, die ihn
mit dem einstigen sogenannten Corral de los Olmos, Ulmenhof,
verband, wo Dekan und Kapitel sich versammelten; heute steht
dort der Palast des Erzbischofs. Das Tympanon des Portals zeigt
ein schönes Relief mit der ›Anbetung der Könige‹ (1520), ein Werk
des Franzosen Michel Perrin, das vielleicht durch Bernardino
Luinis Tympanon am Dom von Como angeregt ist. Der dritte
König, Balthasar, ist als Mohr dargestellt, wie es für Deutschland
und Italien typisch, in Frankreich aber höchst selten war, ebenso
wie der Brauch, den ältesten Weisen den Fuß des Kindes küssen
zu lassen.

Weiter nach Süden gehend, stößt man auf die Ostwand der
Capilla Real, dort, wo man eigentlich die Apsis vermuten würde,

und dann kommt die *Puerta de las Campanillas*, nach einem verschwundenen Turm so genannt, dessen Glocke Anfang und
Ende der Arbeitsstunden angab zu jener Zeit, als die Kathedrale
errichtet wurde. Das Relief in der Lunette mit dem ›Einzug
Christi in Jerusalem‹ 1522 ist ebenfalls von Perrin; direkt über
dem Heiland sitzt ein Kind auf einer Palme.

Bevor man das Ostende der Kirche verläßt, sollte man einen
Blick auf die Plaza de Nuestra Señora de los Reyes werfen, um
ihre feinen Proportionen und ihre Würde zu genießen, vorausgesetzt, daß sie um diese frühe Stunde noch nicht mit Autobus-
sen überfüllt ist. Auf der anderen Seite des Platzes steht der
Palast des Erzbischofs (Palacio Arzobispal), sein Portal, ein frühes
Beispiel des Sevillaner Barock, ist von Lorenzo Fernández de
Iglesias (1704), einem Schüler von Figueroa. Es zeigt, wieviel der
spanische Barock den Retabelschnitzern verdankt, denn nichts
könnte einem an die Fassade verlegten Altaraufbau mehr gleichen als dieses Portal. In der Mitte des Platzes steht, wie so häu-
fig in spanischen Städten, eine typische Kandelabergruppe.
Wenn man um die Südostecke biegt, stößt man in einem Winkel
zur Linken auf die alte *Lonja*, die Handelsbörse; ihre grau-rosa
Front bildet einen angenehmen Kontrast zu der großen düsteren
Gesteinsmasse der Kathedrale zur Rechten. Von Süden wirkt die
Kathedrale riesenhaft, doch wird der Eindruck durch Strebe-
pfeiler, Türme, Fialen und Krabben gemildert. Die neogotische
Puerta de la Lonja wurde 1887-95 auf Kosten von Don Francisco
Jiménez Bocanegra errichtet; ihre Bogenwölbung ist noch un-
fertig, die Nischen scheinen auf ihre Heiligen zu warten. Die
Westfassade erhebt sich an Sevillas geschäftiger Avenida de
Queipo de Llano; der mittlere der drei Eingänge, das Haupt-
portal, ist für den Erzbischof und für den König, wenn einer da
ist, bestimmt. Auch diese *Puerta Mayor* mit einer ›Himmelfahrt
Mariä‹ stammt zum großen Teil aus dem späten 19. Jahrhundert;
die 39 Heiligenfiguren schuf der Bildhauer Bellver. 53 Nischen
sind noch unbesetzt, und man fragt sich, ob das Geld oder die
Heiligen ausgegangen sind. Künstlerisch wichtiger ist rechts davon die *Puerta de San Miguel*, nach dem Terrakotta-Relief mit

›Christi Geburt‹ in der Lunette auch *Puerta del Nacimiento* genannt, eine Arbeit von Lorenzo Mercadante, einem in der Mitte
des 15. Jahrhunderts tätigen Bretonen. Seine Schule wird auch
von Pedro Millán repräsentiert, der die kleineren künstlerisch
schwächeren Figuren der Propheten schuf. Das Werk Mercadantes ist einzigartig, selbst jetzt noch, da die ursprüngliche Farbigkeit fast ganz erloschen ist; dafür hat die Terrakotta durch Witterungseinflüsse ein angenehmes, stumpfes Braunrot angenommen. Im Hintergrund links erscheint unter anderem eine Gruppe tanzender Hirten mit glücklichem Lachen auf den bäuerlichen Gesichtern. Das nördliche Seitenportal der Westfassade
wird *Puerta del Bautismo* genannt; es zeichnet sich durch eine
ganze Reihe Sevillaner Heiliger aus, deren Charakteristik wieder
die einfühlsame Meisterhand Mercadantes verrät.

Die Nordseite der Kathedrale erhebt sich über einer Art Treppenhof, bereits von Cervantes erwähnt, und manche der Marmorsäulen stammen von der alten Moschee. ›Las gradas‹, wie
man die Stufen nennt, wurden als eine Art Galerie benutzt, wo
Künstler ihre Werke ausstellen durften und die Menge dann zusammenströmte, um zu kritisieren oder zu bewundern. Viele
Künstler, unter ihnen Murillo, verdanken ihren Erfolg dieser
ungezwungenen Ausstellung. Es gibt heute noch ähnliche Einrichtungen, wie die Via Margutta in Rom.

Die *Puerta del Perdón* bestimmt diese Fassade. Das gleichnamige Tor in Córdoba ist eine Nachbildung dieses Portals, eines
beispiellosen Meisterwerkes der Mudéjarkunst, das seinerseits
einem Torbogen der Almohadenzeit vorgeblendet ist. Bei aller
Ähnlichkeit ist die Puerta del Perdón von Sevilla jedoch viel
feiner durchgebildet. Aber sogar die Bronzetüren mit ihren Koransprüchen in kufischer Schrift und ihren großartigen Türklopfern gleichen sich. Die Türflügel sind aus Lärchenholz gefertigt: Lärche (alerica) wurde von maurischen Zimmerleuten
fast ausschließlich benutzt, um die kunstvollen Alfarje-Decken
und Intarsien für Türen und Fensterläden zu schnitzen, denn
dieses Holz zeigt sich gegen den Zahn der Zeit und des Holzwurms sehr widerstandsfähig. Wie in Córdoba ursprünglich ein

maurisches Tor, führt die Puerta del Perdón auch hier in den
Patio de los Naranjos, den Orangenhof, eines der wenigen Überbleibsel der Almohadenmoschee. Das Tor in seiner jetzigen Form
verdient die Kritik der Stilpuristen: Die Türflügel entstanden
1478, der platereske Stuck des Alfiz von Bartolomé López 1522;
die Reihe der Heiligen stammt von Miguel Florentín, der manchmal mit Perrin verwechselt wird; das Relief darüber ist ebenfalls eine gute Renaissancearbeit und zeigt die ›Vertreibung der
Geldwechsler aus dem Tempel‹.

Der *Patio de los Naranjos* gibt einen Eindruck von Weite, was
auf die lockere Reihung der Bäume zurückzuführen ist, und vermittelt eine Atmosphäre von Klarheit. Morgado, der ihn vor der
Restaurierung von 1618 gesehen hatte, war gefangen von dem
Duft und dem kühlenden Schatten der blühenden Orangen-
und Zitronenbäume, Zypressen und Palmen. In der Mitte befand sich ein kleiner Pavillon, ein orientalischer Kiosk mit einem
achteckigen, aber noch westgotischen Marmorbrunnen, für die
kultischen Waschungen bestimmt; dieser wenigstens hat die
Zeiten überdauert, obwohl zwei Seiten des durch Arkaden ge-
gliederten und mit Zinnen geschmückten Patio längst anderen
Zwecken dienen. An der Ostseite sind sieben originale Hufeisenbögen erhalten, an der Nordseite zwölf.

An einen Arkadenpfeiler angebaut und auf einer Marmorsäule ruhend, findet sich eine historische Kanzel unter einem
kleinen Marmordach; man erreicht sie über eine abgetretene
Treppe an der Seite, von einer Pforte aus, die ursprünglich zur
Moschee gehörte. Sie trägt die Namen verschiedener großer Pre-
diger, die von hier herab sprachen; einige sind weltberühmt:
Francisco de Borja (Borgia), Großneffe Papst Alexanders vi., der
die Vorteile aufgab, die er als Vertrauter Karls v. und als Herzog
von Gandía genoß, um Jesuitengeneral zu werden; ein Mann, den
man in jeder Weise als ›simpatico‹ bezeichnen möchte. Vincent
Ferrer ging ihm fast zweihundert Jahre voraus, er hatte als Mas-
senerschütterer nicht seinesgleichen in einer Zeit, als man das
ewige Leben noch nicht mit Geld kaufen konnte; es ist schwer
zu sagen, ob er mehr Seelen in diesem Leben verbrennen ließ,

als er vor dem Höllenfeuer rettete. Man hat darüber gestritten, ob sein Vater Spanier oder Engländer gewesen sei; erstaunlicherweise reißen sich beide Nationen um ihn.

Von der Arkade hinter der Kanzel aus gelangt man zu einem weiteren Eingang der Kathedrale, der *Puerta del Lagarto*, einem Überbleibsel der Moschee mit gotischen Reliefs, die sich dem zugespitzten Hufeisenbogen gar nicht anpassen wollen. Man sollte nicht vergessen, den Blick nach oben zu richten und den Mudéjar-Artesonado zu betrachten sowie die seltsamen Gegenstände, die von ihm herabhängen; das erstaunlichste ist ein Krokodil, ›Lagarto‹, das seinen Namen nicht nur dem Portal, sondern auch dem Arkadengang an der Ostseite des Patio gab.

Die Chronik Alfonsos X. des Weisen erzählt von einer Gesandtschaft des Sultans von Ägypten, die um die Hand von Alfonsos Tochter Berenguela anhalten sollte. Der Sultan sandte eine Giraffe, einen Elefanten und ein Krokodil, nicht gerade sehr schmeichelhafte Gegengaben. Ob nun Alfonso seine Tochter für anziehender hielt als diese Exoten, oder ob sie sich, wie die Chronik berichtet, weigerte, einen Ungläubigen zu heiraten, ist nicht sicher. Alfonso scheint sich entschlossen zu haben, beides zu behalten, Krokodil und Tochter. Ausgestopft und vor der zur Kirche umgewandelten Moschee aufgehängt, galt das Reptil als Glücksbringer und Mittel gegen den bösen Blick; dem Rüssel des Elefanten, der ihm zunächst hängt, wurden die gleichen schönen Eigenschaften zugesprochen. Irgendwann waren sie verwittert oder zerfallen und wurden durch hölzerne Kopien ersetzt.

Aber damit nicht genug. Wir sehen noch eine Lanze und eine Kandare, die der Babieca, dem Schlachtroß des Cid, gehört haben soll; andere sagen, die Giraffe habe sie getragen. Es gibt diverse Erklärungen für diese bizarre Sammlung; manche geben sich mit der abgedroschenen Erklärung zufrieden, in ihnen Symbole der Klugheit (Krokodil), Kraft (Rüssel), Gerechtigkeit (Lanze) und Mäßigkeit (Kandare) zu sehen.

Die Kapelle *Nuestra Señora de la Granada* liegt direkt zur Linken, wenn man die Puerta del Lagarto passiert hat. Sie ist selten geöffnet, aber durch die Glastür hat man eine ganz gute Übersicht; sie ist klein und dunkel; der Altar ist künstlerisch unbedeutend, aber das Licht fällt auf eine seltene und schöne Gruppe von sechs vollkommen erhaltenen westgotischen Kapitellen. Es ist sehr wahrscheinlich, daß die Kapelle ein Teil der Almohaden-

Moschee war, denn die Mauren benutzten alles, was ihnen an
früherem Baumaterial in die Hände fiel. Zwei der Kapitelle krönen Säulen, die als Türpfosten dienen; die anderen vier sind so
angeordnet, als ob sie ein Ziborium tragen sollten; obwohl sie
alle verschieden gestaltet sind, bilden sie eine einheitliche, anziehende Gruppe.

Durch die Puerta del Lagarto gelangt man praktisch an die
gleiche Stelle der Kathedrale, die man auch durch die gewöhnlich benutzte ›Puerta de los Palos‹ beim Eintrittskartenschalter
erreicht. Bevor man sich den Hunderten von Einzelheiten widmet, sollte man sich zuerst ein wenig orientieren. Die fünf
Schiffe verlaufen von hier im rechten Winkel zu unserer Blick-
richtung; wenn man die äußeren in Kapellen unterteilten
Schiffe mitzählt, sind es sogar sieben. Der weite Raum des Mit-
telschiffes ist durch drei Einbauten gegliedert. Direkt vor uns
links sehen wir die ›Capilla Real‹, die Königskapelle; sie nimmt
den Ostteil des Hauptschiffes und der beiden benachbarten Seitenschiffe ein. Rechts steht die ›Capilla Mayor‹ mit dem Hauptaltar, und der ›Coro‹ erstreckt sich über die beiden an die Vierung anschließenden Joche. Durch diese Dreiteilung ist das
Hauptschiff bestimmt; der Verlust des unverstellten Durch-
blicks wird durch die architektonische Schönheit der Einbauten
ausgeglichen. Die Plazierung eines Coro in der Mitte des Schiffes
erregt ja immer wieder den Unwillen der Kunstfreunde; in vielen Kirchen hat man ihn entfernt. Aber die Kathedrale ist groß
genug, um dadurch kaum an Weite zu verlieren. Bemerkenswert auch die würdevollen, unaufdringlichen Reihen der Bün-
delpfeiler, die die einzelnen Schiffe trennen. Viele tragen schar-
lachrote, goldgefütterte Samtbehänge, ein Geschenk der Kaufherren der Stadt von 1694.

In der Kathedrale von Sevilla erscheint das Licht, das durch
neunzig gotische *Fenster* einfallen kann, ›gefiltert‹: die Fenster
sind mit Glasmalereien geschmückt, viele sind Meisterwerke,
und die Namen großer Glasmaler des Mittelalters sind mit ihnen
verbunden. Restaurierungen und Erneuerungen waren hier und
da nötig. Auch einige seltsame Szenen und Themen lassen sich

ausmachen, und da einige Fenster sehr hoch liegen, sollte man am besten einen Feldstecher benutzen. Das eine zeigt eine Anbetung der Hirten und ist eine Kopie des gleichnamigen Retabels von Luis Vargas in der ersten Kapelle zur Rechten, wenn man die Kathedrale durch die ›Puerta del Nacimiento‹ betritt; das erklärt zugleich deren Namen.

Die *Capilla Real* bietet sich natürlich als geeigneter Ausgangspunkt für einen ausführlichen Rundgang durch die Kirche an. Sie ist Ferdinand dem Heiligen, dem König, der Sevilla zurückeroberte, geweiht.

Ferdinand III. von Kastilien war, wie Ludwig IX. der Heilige von Frankreich, ein Urenkel Heinrichs II. von England und ein Nachkomme des Cid in der fünften Generation. Seine Tochter Eleanore von Kastilien wiederum heiratete König Eduard I. von England. Die beiden Vettern zeigten eine für jene Zeit seltene Menschlichkeit; Ferdinand war voller Güte gegen den maurischen König von Granada, der sich ihm unterwarf und bat, sein Vasall werden zu dürfen. Viele historische Ereignisse haben in diesem Geschehen ihre Wurzel; so muß man die Geschichte der endgültigen Eroberung Granadas auch als Auseinandersetzung zwischen Souverän und ungehorsamen Vasallen sehen. Doch was hier interessiert, ist die Tatsache, daß Ferdinand mit Hilfe des Königs von Granada Sevilla erobern konnte, und daß der Maure sich seiner Rolle schämte.

Die großartige Reja der Kapelle wurde 1771 errichtet, sie zeigt oben, hoch zu Roß, Ferdinand beim Empfang der Schlüssel Sevillas. In der Kapelle selbst führen große, breite Stufen zum Altar, vor dem ein silber- und goldschimmernder Schrein steht. Er stammt aus dem Jahre 1729 und birgt den unverwesten Leichnam des Heiligen Ferdinand. Der Schrein erhebt sich auf einem Sockel, der noch zu dem ursprünglichen Grabmal Ferdinands gehörte und Inschriften in Hebräisch, Arabisch, Lateinisch und Spanisch aufweist, die sein Sohn Alfonso der Weise in Auftrag gegeben hatte.

Die Mitte des Altars nimmt die berühmte ›Virgen de los Reyes‹ ein, eine romanische Statue Marias mit dem Kind, angeblich ein Geschenk Ludwigs des Heiligen von Frankreich an seinen Vetter. Der Kopf ist aus Holz geschnitzt und hat einen sprechenden, für eine Arbeit des 13. Jahrhunderts erstaunlich naturalistischen Ausdruck. Jungfrau und Kind wurden 1904 mit Kronen versehen, was ihnen viel von ihrem Zauber nimmt. Ferdinand hatte dieses kost-

bare Bildwerk in einem prächtigen Wagen in seine Schlachten mitgeführt. Es
wird damals nicht so aufgeputzt gewesen sein wie heute, und sicher trug die
Madonna keine Silberkette mit den spanischen Farben um den Hals; aber wie
die meisten romanischen Figuren strahlt sie dennoch etwas von der Schlicht-
heit und Innerlichkeit aus, die ihr Schöpfer ihr einst verlieh.

Durch einen schmalen Durchgang links vom Altar steigt man in die Königskrypta hinab. Dort stehen die einfachen messing-beschlagenen Särge, in denen mancher König von Kastilien in ewigem Schlummer ruht. Geschichtlich am interessantesten sind vielleicht die von Pedro dem Grausamen und seiner Gelieb-ten, María de Padilla, hier allerdings als seine Gemahlin bezeich-net – ein Anspruch, den er zu Lebzeiten mit einem Fluch abtat. Wenn wirklich ein Ehekontrakt vorgelegen hat, wäre der eng-lische Herzog John of Gaunt, der Onkel König Richards II., durch seine Heirat mit einer der Töchter Marías rechtmäßiger Erbe der kastilischen Krone gewesen, ein höchst interessanter Aspekt.

Der Stolz der Krypta ist die ›Virgen de las Batallas‹, eine unge-fähr vierzig Zentimeter hohe Elfenbeinstatuette, die Ferdinand ebenfalls mit auf das Schlachtfeld zu nehmen pflegte und sie vor sich auf dem Sattel trug, ein im Mittelalter weit verbreiteter Brauch. Diese Figuren haben ihren Ursprung in der Zeit der grie-chischen Kaiser von Byzanz, sie wurden damals ›Sociae belli‹, ›Kampfgefährtinnen‹, genannt. Die Figuren saßen auf einem Thron, unter dem sich eine kleine Öffnung befand, damit man sie auch als Reliquiare verwenden konnte. Viele Kriegshelden, besonders die Spanier, trugen sie mit sich; sie wurden auf einer Halterung, ›Perno‹ genannt, links am Sattelbogen befestigt. Auf diese Weise saß der ›Talisman‹ – denn dazu wurde das Bild – im Schutz des Schildes, sicher festgehalten von dem kleinen Stift, der genau in eine quadratische Höhlung in der Figur paßte.

Zu den weiteren Schätzen der Capilla Real gehören das Schwert Ferdinands des Heiligen, das er bei vielen wichtigen Un-ternehmungen mitführte; seine Sporen, seine Gürtelschnallen und ein Silberreliquiar mit einem seiner Finger. An Gemälden erkennen wir eine gute ›Mater dolorosa‹ und ein schönes Porträt Ferdinands von Murillo sowie kleinere Arbeiten von Pacheco und

Alonso Cano. Auch die liturgischen Geräte, die 1519 bei der ersten
in Mexiko gelesenen Messe von Hernán Cortés benutzt wurden,
sind hier verwahrt, und Schaukästen mit dem Schmuck der
›Virgen‹, darunter zwei goldene Uhren, die allerdings nicht ins
Bild passen wollen. Und schließlich noch ein wahrscheinlich ro-
manisches Elfenbeinkruzifix, ein sehr schönes Stück, aus dem Besitz von Hernán Cortés.

An der einen Wand der Capilla Real ist das Grabmal der
Beatrix von Schwaben, der ersten Gemahlin des heiligen Königs,
und gegenüber das ihres Sohnes, Alfonso des Weisen.

Beide sind gute Beispiele für den hohen Stand der Grabmal-
plastik in der Renaissance; besonderer Betrachtung wert sind
dabei die knieenden Figuren. Es überrascht, wenn wir hören, daß
sich unter den Künstlern eine Frau befand.

Wenn wir die Capilla Real verlassen, stehen wir gerade der
Rückseite der ›Capilla Mayor‹ gegenüber, auch Kapelle des Hochaltares genannt, die seltsamerweise einer Hausfassade im Platereskstil gleicht, deren obere Fenster als Nischen mit Bischofs-
figuren in Terrakotta erscheinen. Wenige Besucher gönnen ihr
einen Blick, was eigentlich schade ist, denn unter all den Meister-
werken ringsum bietet sie ein wenig Erholung. Wir gehen nun
einige Schritte den Weg, den wir gekommen sind, zurück und
gelangen rechts, gleich nach der Capilla Real, zur *Capilla de San
Pedro*, deren Altar von Zurbarán Szenen aus dem Leben des heiligen Petrus zeigt; eines der frühen Werke dieses großen Künstlers. Philipp IV. nannte ihn ›Maler des Königs und König der Maler‹ – und das war zu Lebzeiten des großen Velásquez in der Tat
ein Kompliment.

Die *Capilla Mayor* erweckt durch die schönen vergoldeten Rejas an drei Seiten in uns sofort den Eindruck großen Reichtums.
Über die spanische Architektur, Malerei und Plastik der Renaissance und des Barocks kann man geteilter Meinung sein, aber niemand wird leugnen, daß die Schmiedekunst jener Zeit hier zur
Vollendung gediehen war, und von allen Rejas Spaniens ist die
der Capilla Mayor in Sevilla vielleicht die vornehmste. Man ge-
nießt sie am besten während einer Messe von den Bänken aus,

die vor dem Coro stehen, wenn ihr goldenes Maßwerk sich mit den roten Samtvorhängen glühend von dem dunklen Hintergrund abhebt und wie eine bildhafte Fortsetzung des perlenden Orgelspiels wirkt.

Der große Maestro Bartolomé, dessen Reja in der Capilla Real in Granada ebenfalls zu den vorzüglichsten Spaniens gerechnet werden muß – neben noch einigen anderen: immer erscheint ja das, was man gerade vor sich sieht, das allerprächtigste zu sein –, arbeitete hier unter Sancho Muñoz an den Seitengittern. Das westliche Gitter, sozusagen das Mittelstück, schuf Fray Francisco de Salamanca, ein Kartäusermönch, dessen Name auch außerhalb Spaniens bekannt gemacht werden sollte; es zeigt eine Grablegung Christi. 1518 stiftete Erzbischof Diego de Deza 100 000 Golddublonen für diese Arbeit und für die Vergoldung des Retabels, an dessen unterem Teil darum auch seine Wappen dominieren. Zu beiden Seiten stehen schmiedeiserne Kanzeln mit Flachreliefs, ebenfalls Arbeiten von Fray Francisco, die in einer weniger verschwenderischen Umgebung unsere ganze Aufmerksamkeit gefangennehmen würden.

Das gotische Retabel der Capilla Mayor entzieht sich jeder Beschreibung. Es ist den Ausmaßen nach das größte der Welt, aber nüchterne Zahlen vermögen natürlich über die hohe Kunst und die historischen Bezüge dieses Meisterwerkes nichts auszusagen. Es überragt mit seinen beinahe 23 Metern die Kapelle selbst und mißt ungefähr 20 Meter in der Breite. Über diese Riesenfläche finden sich 45 Nischen mit Szenen aus dem Leben Christi und Mariens verteilt. In den oberen Reihen sind die Figuren größer, damit die Nachteile der Entfernung und die Verzerrungen der Perspektive vom Auge ausgeglichen werden können. Das ganze verschlungene Schnitzwerk und die Hunderte von Figuren würden, jede für sich gesehen, als ebensoviele einzelne Meisterwerke gelten. Es ist umstritten, ob Walnuß, Kastanie oder Lärche das Material abgab. Während der ersten zehn Jahre arbeitete der Flame Pieter Dancart daran, und nach 1492, als man sich entschlossen hatte, die Flügel hinzuzufügen, wurde eine ganze Künstlergruppe beauftragt. Das Fassen, eine Arbeit, die sehr viel Geschick und Erfahrung erfordert, wurde von zwei hervorragenden Meistern, Alejo Fernández und Andres de Covarrubias, vorgenommen und 1526 abgeschlossen.

Auf der Predella finden sich einige sehr interessante Szenen mit Stadtan-

4 Sevilla *Azulejos aus der Casa de Pilatos*

*sichten von Sevilla. In der einen Darstellung mit den Heiligen Leander und
Isidor sieht man die Kathedrale noch vor dem Anbau der Capilla Real und der
Erhöhung der Giralda; die andere zeigt die Schutzheiligen von Sevilla, Justina
und Rufina mit einer Ansicht der Stadt um 1510. Man kann sie mit dem Relief
des alten Minaretts der Mezquita von Córdoba über der Puerta de Santa Catalina vergleichen, das auch auf alten Stadtsiegeln zu sehen ist. Spenden der
Familie Osborne – auch dem Fremden als eine der bedeutendsten Sherry-Fir-
men bekannt – ermöglichten es vor einigen Jahren, das Retabel sorgfältig zu
restaurieren.*

*Am Fuß des Retabels, hinter dem Altar, steht die ›Virgen de la Sede‹, eine
Statue aus dem späten 13. Jahrhundert, nach der die Kathedrale seit ihrer
Gründung benannt wird. Sie besteht aus Zypressenholz, zum Teil silberge-
faßt, zum Teil bemalt. Es heißt, daß Alfonso X. sie in seiner Cántiga 256, geschrieben anläßlich einer Erkrankung seiner Mutter Beatrix von Schwaben,
erwähnt.*

Wenn man alle Schönheiten der Capilla Mayor ganz genießen
will, muß man sie zu verschiedenen Tageszeiten besuchen, bei
wechselndem Licht; die beste Beleuchtung ergibt sich am frühen Nachmittag. Bevor man die Kapelle verläßt, sollte man
durch eine der kleinen Türen hinter dem Altar, die im gleichen
Stil wie das Retabel geschnitzt sind, die *Sacristía Alta* aufsuchen,
nicht zu verwechseln mit den anderen Sakristeien. Dort stoßen
wir auf eine Mudéjartür mit typischen geometrischen Intarsien,
wahrscheinlich aus dem 14. Jahrhundert, die wohl zum alten
Sagrario gehörte. Die Decke ist ein nobler Artesonado im Platereskstil, und außerdem hängen hier drei bekannte Gemälde von
Alejo Fernández: ›Mariä Verkündigung‹, ›Geburt Christi‹ und
›Reinigung Mariä‹.

Der dritte Bau innerhalb der Kathedrale ist der *Coro*, dessen
schöne Reja, ebenfalls ein Werk des Fray Francisco de Salamanca, dem Eingang zur Capilla Mayor gegenüberliegt. Zwischen
ihnen ist die Vierung mit einem ungefähr 45 Meter hohen Gewölbe. Die ›Sillería‹, das Chorgestühl, ist im Stil des Philip Vi-
garny oder Felipe de Borgoña (es ist nicht sicher, ob er wirklich
ein Burgunder war) geschnitzt. Philip vermittelte seine Künste
weiter an Gil de Siloé, Berruguete und andere berühmte Bildhauer, deren Einfluß anhand einer ununterbrochenen Kette von

Lehrern und Schülern verfolgt werden kann. Dies Chorgestühl
gilt in seiner Mischung aus Gotik, Mudéjar- und Platereskstil allgemein als das beste in Südspanien. Es besteht aus 117 Sitzen aus
Eiche und Tanne, ist mit anderen Hölzern eingelegt und, wie gewöhnlich, in die obere ›Sellia‹ für die Kanoniker und die ›Sub-
sellia‹ für die Pfründner unterteilt. Mit Hilfe einer Pfründe war
es zum Beispiel gerade den Künstlern möglich, ein einigermaßen
gesichertes Leben zu führen.

*Jeder Sitz hat verschieden gestaltete Schnitzereien, und unter den Reliefs
und Intarsien kann man auch die Giralda entdecken. 216 holzgeschnitzte Figuren gehören zu dem Gestühl, und der zweite Sitz der Sellia zur Linken trägt
in gotischer Schrift die Signatur »Nufro Sánchez, der Holzschnitzer, den Gott
erhalten möge, machte diesen Coro, vollendet 1478«. Dieser Sitz, gekennzeichnet durch die königlichen Wappen, war für den Herrscher von León und Kastilien bestimmt. Wir haben in der Kathedrale von Córdoba die Sillería des
Duque Cornejo gesehen: wir können seinen Stil jetzt mit dem älteren Meister
vergleichen, denn er hat hier das Orgelgehäuse geschnitzt.*

Auch das Äußere des Coro sollte nicht übersehen werden. Der
Trascoro ist eine pseudoklassische Anhäufung farbigen Marmors
ohne Beziehung zum Coro und zur Kathedrale. Aber seine Seitenkapellen, die *Capillas de los Alabastros*, sollte man sich unbedingt ansehen. Die Alabasterarbeiten in spätgotischem und frü-
hem Platereskstil wie auch die feinen Rejas werden zu oft übersehen. Die *Capilla del Concepción chica* enthält außerdem eines der
besten Werke des andalusischen Bildhauers Montañés; wir werden später seinen Geburtsort besuchen und noch viele seiner
Plastiken sehen, aber keine übertrifft die ›Unbefleckte Empfängnis‹ der Kathedrale von Sevilla. Sie »ist so schön«, schrieb ein
spanischer Kritiker über diese farbig gefaßte Holzfigur, »daß die
Bescheidenheit, Ernsthaftigkeit, Demut und Lieblichkeit ihres
Antlitzes die Seelen aller derer, die es betrachten, erfrischt«.

Der Bildhauer selbst, falsche Bescheidenheit verachtend, beschrieb sie als eines der schönsten Dinge Spaniens und bestes seiner Werke; es war das Vorbild seines hervorragenden Schülers Alonso Cano. Die Sevillaner nannten sie wegen ihrer niedergeschlagenen Augen ›La Cieguecita‹, die ›Kleine Blinde‹; der Hals

zeigt eine selbst für dieses vollendete Werk erstaunliche Zartheit der Form. Eine weitere Besonderheit: sie ist ernst, wenn man sie von links sieht, und scheint zu lächeln, wenn man sie von rechts betrachtet.

Im Marmorfußboden westlich des Coro findet man die *Grabplatte des Hernando Colón*, des jüngeren Sohnes von Christoph Kolumbus oder Cristóbal Colón; Darstellungen von Karavellen kann man noch erkennen, ebenso einen Teil der Inschrift noch entziffern. Der Vers›*A Castilla y a León, Nuebo Mundo dió Colón*‹ war verantwortlich für den Irrtum vieler Schriftsteller der letzten zwei Jahrhunderte, hier läge das Grab des Entdeckers Kolumbus, der ja in der Tat Kastilien und León eine neue Welt geschenkt hat; aber die Gebeine des großen Vaters ruhten bis 1899 in Havanna. Wir werden seinem jetzigen Grab noch begegnen.

Um die Seitenkapellen zu besichtigen, beginnen wir am besten in der Südostecke. Es empfiehlt sich, einen Führer mitzunehmen; nicht nur, weil deren Kenntnisse der einzelnen Schätze erstaunlich sind, sondern auch, weil sie die Lage der Lichtschalter in den einzelnen Kapellen wissen (während des Besuches ist gegen Bezahlung ständig beleuchtet!). Die *Sala de Ornamentos* bietet eine kostbare Sammlung sakraler Gewänder, die, ganz zu Unrecht, nur wenige Besucher interessiert, und einen Perserteppich aus dem 14. oder 15. Jahrhundert, genannt ›Terlitz de la montería‹, weil einige Tiere auf dem Jagdpfad dargestellt sind. Er ist aus Seide und Goldfäden geknüpft und eines der ältesten erhaltenen Beispiele dieser Kunstgattung. Weiter ist ein Banner Ferdinands des Heiligen ausgestellt, das er bei der Einnahme Sevillas mitführte: weiß, purpur und goldfarben in der Nähe der Fahnenstange, zu den Säumen hin zu Rosa und Gelb verblaßt.

Die ovale *Sala Capitular*, das Kapitelhaus der Kathedrale, hat wundervoll harmonische Proportionen, ist aber vor allem bekannt, weil hier Murillos ›Unbefleckte Empfängnis‹ sowie acht Ortsheilige hängen. Das Bild Ferdinands des Heiligen ist ein Werk des Francisco Pacheco, des Gründers der Schule von Sevilla und Lehrer und Schwiegervater von Velásquez.

Die *Sacristía Mayor*, ein weiter Saal im plateresken Stil, dessen

Pracht Philipp II. veranlaßte, den Domherren vorzuwerfen, ihre Sakristei sei schöner als seine Kapelle, bewahrt viele wertvolle Schätze. Die herrlichen Eingangstüren sind von Guillén, einem guten Meister, dessen Werk jedoch neben den Arbeiten solcher Künstler wie Riana, Siloé und Gil de Hontañón gewissermaßen zur Bedeutungslosigkeit absinkt. Nur wenige haben Zeit genug, um diesen schönen Saal zu bewundern, der nach den Worten eines Spaniers »neben der Kathedrale leuchtet wie ein funkelnder Planet in einer Vollmondnacht«. Gleich nach dem Eintreten sieht man zur Rechten den ›Tenebrario‹, einen Bronzeleuchter von Bartolomé Morel (1562). In der Karwoche wird er in die Vierung gebracht, und zwölf seiner Kerzen werden, eine nach der anderen, während des Miserere ausgelöscht, um das Verschwinden der Apostel anzudeuten, während die dreizehnte, die die Jungfrau Maria symbolisiert, weiterbrennt. Der Kandelaber ist fast sieben Meter hoch. Morel schuf 1570 auch den großen ›Facistol‹, das Lesepult im Coro. Links steht als Pendant zu dem gigantischen Kandelaber eine silberne Monstranz von Juan de Arfe (Hans Harfe), die in der Fronleichnamsprozession mitgetragen wird und früher in dem großen hölzernen, während der Karwoche über dem Grab des Hernando Colón aufgestellten ›Monumento‹ ausgesetzt wurde; aber der ›Monumento‹ ist inzwischen so empfindlich geworden, daß man während der letzten Jahre nicht mehr gewagt hat, ihn aufzustellen.

Eine ›Kreuzabnahme‹ des Flamen Pieter de Kempeneer, den die Spanier Pedro de Campaña nennen, wird als das beste Gemälde in der Sakristei angesehen; es ist ein stark realistisches, inniges Bild, das Murillo so sehr bewunderte, daß er verfügte, es bei der Aufbahrung seines Leichnams in der Kirche Santa Cruz aufzuhängen. In der ›Unbefleckten Empfängnis‹ von Pacheco fällt das Licht von hinten auf die Jungfrau Maria: mit dieser effektvollen Komposition bildet sie eine angenehme Abwechslung nach all den Murillos. Wir wissen natürlich, daß Murillo mit seinen religiösen Gemälden seinen Lebensunterhalt verdienen mußte und daß seine Darstellungen der Immakulata sehr begehrt waren; aber man kann sich manchmal des Gedankens nicht erwehren, daß es ihm nicht mehr gelang, sich von seinem eigenen Klischee zu befreien. Seine Heiligen Leander und Isidor zeigen viel mehr Wärme, besonders der letztere, vielleicht auch deshalb, weil sein Modell ein alter Freund war.

Wir können in diesem Rahmen nicht jedem Gemälde gerecht werden, und auch von den anderen Kunstwerken und Schätzen können wir nur eine Auswahl vorstellen. ›Las Tablas Alfonsinas‹, ein Triptychon-Reliquiar auf dem Altar, wurden der Kathedrale von dem gelehrten König geschenkt. Zwei historische Schlüssel sind ausgestellt, die Ferdinand bei seinem Einzug in Sevilla von den Mauren und den Juden überreicht worden sein sollen. Es scheint jedoch, daß diese Geschichte auf einer Legende beruht; es handelt sich wahrscheinlich um ornamental gestaltete Ehrenschlüssel, wie sie häufig zu dem einzigen Zweck angefertigt wurden, Königen als Herrschaftssymbol überreicht zu werden.

In Westrichtung weitergehend, gelangt man durch die Capilla de los Dolores in die *Sacristía de los Cálices.* Hier befindet sich ein anderes Meisterwerk des ›Sevillanischen Phidias‹ Juan Martiñez Montañés, ein überaus realistischer ›Christus am Kreuz‹, außerdem rund vierzig Gemälde berühmter Künstler, darunter eine wunderbare ›Heilige Familie‹ von Murillo, der noch in vier weiteren Werken vertreten ist. Dem Kunstfreund wird es genügen zu hören, daß man Bilder von Valdés Leal, Morales, Zurbarán, de Vargas, Roelas, Pacheco, Tizian und Alejo Fernández findet. Das meiste Interesse verdient eines der wenigen religiösen Gemälde Goyas, ›Justina und Rufina‹; die beiden Schutzheiligen Sevillas waren junge Töpferinnen aus Triana und erlitten unter den Römern das Martyrium, weil sie ein Götterbild zerstört hatten. Sie sind vor der Giralda dargestellt mit ihren Symbolen: Töpferwaren, einem zerbrochenen Idol und Palmzweigen. Ihr einziges Wunder war, daß sie die Giralda stützten, als die Mächte des Bösen einen Wind aufgerufen hatten, sie zu stürzen. Das Bild gehört nicht zu den besten Werken Goyas. Ein anderer liebenswerter Heiliger ist der Mönch Fernando de Contreras, dargestellt auf einem Gemälde von Luis de Vargas; die Datierung 1541 neben der Signatur des Künstlers ist wahrscheinlich nicht authentisch, denn um diese Zeit war Vargas in Italien. Contreras gehörte dem Orden der Barmherzigen Brüder an; er widmete sich der Befreiung christlicher Gefangener in Nordafrika und war von so großem Edelmut, daß selbst die Ungläubigen seinen Stab als Sicherheit für die Zahlung von Lösegeldern annahmen. Kein Wunder, daß er den Titel eines ›Apostels von Sevilla‹ erhielt. Er starb 1548.

Dann kommen wir an das südliche Querschiff und seinen Eingang, genannt *Puerta de San Cristóbal*. In den meisten spanischen Kirchen findet man (bei einem der Eingänge) eine Figur des heiligen Christophorus. Wenn man einen Blick auf den Heiligen geworfen hat, konnte man nämlich, wie man glaubte, an diesem Tage kein gewaltsames Ende finden. Dieses Riesenfresko war das Werk eines Italieners aus Lecce namens Mateo Pérez de Alesio; es ist nicht selten, daß ein Apulier einen spanischen Namen trägt, und auch die Anekdote über ihn, die wir ein wenig später hören werden, klingt italienisch. Hier nun ist das Grabdenkmal des Christoph Kolumbus, ein Werk von 1891. Der Sarkophag wird von vier überlebensgroßen Herolden mit den Wappen der vier spanischen Königreiche getragen: Kastilien, León, Navarra und Aragón. Aus diesem Nebeneinander des Riesen Christophorus, der spätgotischen Tür und der höfischen Leichenwärter ergibt sich eine eigenartig wirkungsvolle Szenerie.

Gleich rechts vom Südeingang kommt man zur *Capilla de la Concepción* oder *de la Gamba*. Der Name hängt mit der Anekdote um den Maler des Christophorus zusammen. Luis de Vargas arbeitete an seinem schönen Retabel, auf dem Maria mit dem Kind mehreren Personen des Alten Testaments erscheint. Komposition, Kolorit und Zeichnung sind hervorragend, und die Züge der Figuren sind, wenn man auch den Einfluß Raffaels und Vasaris nicht ableugnen kann, typisch spanisch. Adam erscheint im Vordergrund, und als Pérez de Alesio für kurze Zeit die Arbeit an seinem Christophorus unterbrach, um Vargas zuzuschauen, rief er beim Anblick des perspektivisch verkürzten Beines Adams begeistert aus: »Più vale la tua gamba che tutto il mio San Cristoforo!« Fast alle Kritiker sind mit ihm der Meinung, daß Adams Bein in der Tat mehr wert ist als sein ganzer Riese; aber die Geschichte ergäbe keinen Sinn, wenn der Maler kein Italiener gewesen wäre, denn im Spanischen bedeutet ›Gamba‹ soviel wie ›Garnele‹. Leider, leider malte Pérez de Alesio seinen Christophorus jedoch erst 1584, sechzehn Jahre nach dem Tode von Vargas ...

Die nächste Kapelle, *Capilla de la Antigua*, ist die größte und

prächtigste aller Seitenkapellen. Das Marienbild, nach dem sie
genannt wird, ist nicht ganz so alt, wie man manchmal behauptet, also weder byzantinisch, noch westgotisch, noch auch mozarabisch; es ist ein Fresko aus dem 14.Jahrhundert, doch möglicherweise hat eine byzantinische Ikone als Vorlage gedient.
Von der Kapelle führt eine kleine Tür rechts in die *Sakristei*, wo
ungefähr dreißig Gemälde bekannter Maler, darunter Ribera,
Valdés Leal und Alonso Cano, aufbewahrt werden; Zurbaráns
›Johannes der Täufer‹ verdient besondere Aufmerksamkeit.
Hinter dieser und den Nachbarkapellen befinden sich ausgedehnte Räumlichkeiten, die verschiedenen Bestimmungen dienen, unter anderem als Archiv. Auch in diesen Räumen hängen
viele bedeutende Bilder, aber Besucher haben keinen Zutritt.
Die nächste Kapelle, die *Capilla de San Hermenegildo*, hat eine feine
Reja und enthält eine meisterliche Skulptur im Stil des Flamboyant, das Alabastergrabmal des Kardinals Juan de Cervantes
(1458) von Lorenzo Mercadante, dessen Werk am Westportal
wir schon bewunderten. Das Porträt des Erzbischofs wird nicht
nur wegen seines Realismus gerühmt, sondern auch wegen des
Ausdrucks unendlichen Friedens auf den zerfurchten Zügen.
Der Hirsch zu seinen Füßen und auf seinem Wappen ist ein wort-
spielerisches Emblem: Cierva – Cervantes.

An der Südwestecke liegt die *Capilla de San Laureano*. Dieser
Heilige soll nach seiner Enthauptung noch gesprochen und einige
Schritte gemacht haben: dieses Wunder kommt hier auch zur
Darstellung. An dieser Stelle war der Grundstein zur Kathedrale
gelegt worden; während der langen Bauzeit hat hier auch der
Gottesdienst stattgefunden.

An der Westseite, direkt an der *Puerta del Nacimiento*, steht der
Altar del Nacimiento, eine ›Geburt Christi‹ mit anbetenden Hirten
von Luis de Vargas. Bevor man den Haupteingang erreicht, sieht
man über dem *Altar del Angel de la Guarda* noch einen schönen
›Schutzengel‹ von Murillo. Hier steht auch die ungeheure Silbermonstranz, die den Platz des alten ›Monumento‹ während der
Karwoche eingenommen hat; was ihr an Geschmack mangelt,
wird durch Umfang und Kostbarkeit ersetzt. In der nächsten

Ecke befindet sich ein Eingang zum Sagrario, der aber nicht sehr bedeutend ist und den man besser von der Straße aus erreicht. An der *Puerta del Bautismo* wenden wir uns zu den Kapellen am nördlichen Seitenschiff. Zur Linken die *Capilla del Bautisterio* oder *de San Antonio* mit der weltberühmten ›Vision des Heiligen Antonius von Padua‹ von Murillo. Zwei Drittel der Leinwand sind von Murillos Cherubim in Anspruch genommen, die auf einer Glorienwolke akrobatische Kunststücke zeigen. 1875 bewies ein Dieb erstaunlich guten Geschmack, als er die Figur des Heiligen herausschnitt und die Engel zurückließ; sie tauchte dann in New York auf und wurde sofort an Sevilla zurückgegeben. Die Spuren der Restaurierung sind noch zu erkennen. Das Domkapitel beschloß daraufhin, in der Nacht Wachhunde anzusetzen, um eine Wiederholung solchen Frevels zu verhindern. Seitdem sind knapp neunzig Jahre verflossen, aber die Sicherheitsmaßnahme ist bislang nicht über den Stand der Planung hinausgediehen ... Obwohl das Licht im Baptisterium nicht gut ist, kann man erkennen, daß dieses Werk von Murillos Spätstil gezeichnet ist, dem ›Vaporoso‹, wo sich alle Konturen in Licht und Schatten verlieren; böse Zungen sagen: weil er so rascher arbeiten konnte. Die Lilienvase, ein Attribut des Heiligen, ist mit äußerstem Realismus dargestellt.

Die nächste Kapelle hat viele Namen, der richtigste ist wohl *Capilla de Escalas.* Hier steht ein reich geschmücktes Grabmal, das 1540 für einen Bischof dieser Diözese bestimmt worden war. Hauptanziehungspunkt ist jedoch ein bemaltes Terrakottarelief aus der Werkstatt eines der della Robbia: manche sagen, es sei von Luca, die anderen behaupten, von seinem Neffen Andrea. Auch die *Capilla de Santiago*, die nächste Kapelle, enthält ein Della-Robbia-Relief und ein Gemälde von Juan de las Roelas (1609): ›Santiago in der Schlacht bei Clavijo‹. Der Künstler stand mit an der Spitze jener Bewegung in Spanien, die sich gegen den Manierismus auflehnte. Die Stilmittel des frühen Barocks verhalfen ihm dazu, einen höchst naturalistischen Ausdruck zu erzielen. Das Thema des Bildes ist das wunderbare Erscheinen von Jakobus dem Älteren in der Schlacht von Clavijo, als er auf seinem Schimmel vom Himmel herabstürmte und tausend Mauren erschlug. Seit damals heißt er in Spanien der ›Maurentöter – Santiago Matamoros‹. Man weiß heute, daß sich diese Legende eigentlich nur auf die Eroberung der kleinen Festung Albelda bezieht, die ein Geschichtsfälscher des 12. Jahrhunderts in eine große Schlacht umdeutete; glücklicherweise hat man das erst kürzlich herausgefunden, so daß sich Santiago nicht davon abhalten ließ, den Spaniern in Mexiko gegen die Azteken beizustehen.

Im Querschiff, zur Linken der Puerta del Concepción, die in den Patio de los Naranjos führt, steht der *Altar de Nuestra Señora de Belén* mit einem sehr typischen Porträt von Alonso Cano. Es heißt, in seinen Gemälden vereinige er weibliche Anmut und Realismus, erziele dabei aber Frömmigkeit eher als mystische Tiefe. Diese Maria wirkt sehr zart, mit den berühmten niedergeschlagenen, ›maurischen‹ Augen. Noch eine andere Kapelle fordert einen Moment Aufmerksamkeit, wenn auch nicht aus künstlerischen Gründen, obwohl sie eine schöne Reja und farbige Cuenca-Fliesen hat. Der Name der Kapelle ist abgeleitet von ›Cofradía‹, Bruderschaft, deren Ziel es war, arme Mädchen (doncellas) auszustatten; wir werden mehr davon hören. Es sind keine Gilden, sie sind auch nicht nur aus den Angehörigen eines bestimmten Pfarrsprengels zusammengesetzt, und sie sind nicht ausschließlich Männersache, denn die Arbeiterinnen der Zigarettenfabrik, die Prosper Mérimée zu seiner Carmen inspirierte, hatten eine eigene ›Cofradía‹. Man kann sie am besten als Gesellschaften, die sich freiwillig für ein religiöses, häufig wohltätiges Ziel zusammengeschlossen haben, betrachten.

An der Nordostecke des Orangenhofes steht die *Biblioteca Capitular Colombina*. Das Treppenhaus, zeigt römische und westgotische Inschriftenplatten. Die Bibliothek entstand durch die Fusion zweier Sammlungen, der des Kapitelhauses und des Nachlasses von Hernando Colón, der nach einem Rechtsstreit mit den Dominikanern von San Pablo erworben werden konnte.

Hier ist es möglich, die romantische Aura, die den Entdecker umgibt, zu durchbrechen; wenn man ein Buch mit Eintragungen von seiner Hand sieht, erlangt er wieder menschliches Maß. Sehr belesen, versah Kolumbus zusammen mit seinen Brüdern Bartolomé und Diego das Werk ›Imago Mundi‹ von Kardinal Pierre d'Aillys mit Anmerkungen. Kolumbus hat auch Seneca, Enea Silvio Piccolomini, den späteren Papst Pius II., Plinius, Marco Polo und Abraham Zacuth, dessen ewiger Kalender von 1496 stammt, gelesen und mit Kommentaren versehen. Seine Marginalien sind manchmal spanisch, manchmal italienisch oder portugiesisch aufgezeichnet. In einer Seneca-Ausgabe von 1510 findet sich eine Notiz von Christophers Sohn Hernando: »Diese Prophezeiung wurde von meinem Vater niedergeschrieben.« Man sollte in der großen Entdeckung dieses Kartographen, Seefahrers und Gelehrten weniger die notwendige Folge einer neuen Entwicklung sehen als vielmehr einen Sieg der menschlichen Vernunft.

Die *Giralda* ging aus dem Minarett der großen Moschee der Almohaden hervor, das 1184 kurz vor dem Tod des Emirs Abu Jakub Jusuf begonnen wurde; die Arbeit ist dann zeitweilig unterbrochen worden; die Wiederaufnahme erfolgte unter seinem Nachfolger Almansor Jakub und ist angeblich am Wechsel von der Haustein- zur Ziegelbauweise zu erkennen. Die Namen zahlreicher Architekten sind bekannt, und man ist heute ziemlich sicher, daß das Minarett von Sevilla von Ahmed ibn Baso entworfen und begonnen, aber von Ali de Gomara vollendet worden ist.

Das Minarett war ursprünglich etwa achtzig Meter hoch, der schlanke obere Teil gekrönt von einer Kuppel mit Azulejos und darauf vier vergoldeten Messingbällen oder ›Äpfeln‹, die zur Spitze hin immer kleiner wurden. Es blieb unverändert, bis ein Erdbeben Kuppel und Spitze am 24. August 1356 zum Einsturz brachte. Danach wurde ein kleiner Glockenturm aus Ziegeln als Abschluß errichtet. Man kann das in der Kapelle der Evangelisten nachprüfen, wo die Heiligen Justina und Rufina mit der Giralda, wie sie 1555 aussah (als der Maler Ferdinand Sturm dieses Altarbild malte), zu sehen sind. 1558 wurde Hernán Ruiz beauftragt, einen eindrucksvolleren Glockenturm zu entwerfen, der das Minarett um etwa zwanzig Meter erhöhte. Barock und maurische Baukunst harmonieren überraschend gut miteinander. Der Name ›Giralda‹ ist von einer allegorischen Kolossalbronzestatue des ›Glaubens‹ abgeleitet; sie wurde 1568 von Morel, der auch den schönen Tenebrario geschaffen hat, gegossen. Die Figur dient zugleich als Windfahne oder ›Giraldillo‹: daher der Name des Turms! Die drehbare Vorrichtung ist technisch und künstlerisch gleichermaßen ein Wunderwerk, das sich bei der kleinsten Brise bewegt. Es heißt, die Statue halte Kaiser Konstantins Kreuzesbanner, aber man sieht nur eine römische Standarte in ihrer einen und einen Palmzweig in der anderen Hand. Die Steine des unteren Teils sind römisch, Reste eines älteren Alcázars als des bestehenden, den wir noch sehen werden. Durch sorgfältige Suche hat man sogar in manchen Steinen lateinische Inschriften entdeckt. Die Ziegel sind von dem gewöhnlichen flachen Typ, den die Römer einführten und mit bewunderungswürdiger Präzision setzten. Im Innern wurde das Muster verputzt, und auf den Putz haben Hunderte von Besuchern ihren Namen gekritzelt. Von außen ist jede Seite des Turmes in drei lisenenartige Streifen gegliedert, der mittlere darüber hinaus durch ›Ajimeces‹ oder Zwillingsfenster samt Balkonen hervorgehoben. Die Mittelsäule jedes Doppelfensters ist aus weißem Marmor, und die Kapitelle stammen aus der Kalifenzeit und wurden von Medina Azzahra hierher verschleppt; einige zeigen noch immer Spuren von Vergoldung. Die beiden seitlichen Streifen tragen ein typisch maurisches Muster, wobei wellenförmige Diagonalen ein spitzenartiges Rautengespinst entstehen lassen, das ›Ajaracas‹ genannt wird und in der islamischen Architektur auch als ›Sebka‹ bekannt ist. Trotz so vieler verschiedener Details, Ziegelmuster, Blendarkaden und anderem mehr wirkt die Fassade nicht überladen, sondern würdevoll; es sind Zeugnisse echter maurischer Kunst, nicht gleichbedeutend mit islamischer Kunst.

Die Glockenstube erreicht man nicht über eine Treppe, sondern über eine Rampe, die sich an der Außenmauer emporwindet. Jede der fünfundzwanzig Glocken hat ihren eigenen Namen, wie San Pedro oder Santa María. Drei weitere Geschosse, sich nach oben verjüngend, folgen; das zweite heißt ›Uhrgeschoß‹, weil hier die Glocke hängt, die die Stunden schlägt. Der Mechanismus wurde im 18. Jahrhundert eingebaut; aber es findet sich auch eine Glocke von der ersten mechanischen Uhr in Spanien, die am 17. Juni 1400 in Gang gesetzt worden ist. Latour, der davon berichtete, erzählt, daß er noch 1848 das von Erzbischof Gonzalo de Mena gesegnete Uhrwerk hören konnte.

Der Blick vom Turm ist natürlich sehr eindrucksvoll und verschafft einen guten Überblick für die anschließenden Stadtrundgänge. Der Guadalquivir fließt in Nordsüdrichtung in einem sanften Bogen durch die Stadt; die Altstadt liegt auf dem linken, der Vorort Triana auf dem rechten Ufer. Hier und dort sieht man noch eines der zwölf arabischen oder Almohaden-Minarette, allerdings in veränderter Form, sich über die dicht gedrängten Dächer erheben. Vielleicht aber sind die weiten Parks im Süden anziehender, die Gärten des Alcázar und die gefiederten Häupter der Palmen, die sich über den kleinen Plätzen Sevillas wiegen.

SECHSTES KAPITEL

Inbrunst und Lebensfreude in Sevilla

Sevilla ist nicht die einzige Stadt Spaniens, in der die Karwoche mit Prozessionen begangen wird, aber hier kann man dieses alte Zeremoniell am besten erleben. Einige Nachteile muß der Reisende zwar in Kauf nehmen; zum Beispiel reservieren die meisten Hotels nur Zimmer, wenn man sich für die ganze Woche anmeldet (wie auch später bei der Feria); dann haben die Prozessionen absoluten Vorrang vor dem Verkehr und machen es nahezu unmöglich, während des Tages und auch während eines großen Teils der Nacht die wichtigsten Straßen und Kreuzungen zu passieren; ferner kann nur der wahre Gläubige eine Erbauung oder der Kunstkenner ein Vergnügen darin finden, daß Stunde um Stunde Christus- und Marienbilder auf Podesten durch die Stadt getragen werden, die man überdies außerhalb der Karwoche in ihren Kirchen viel bequemer betrachten wird. Schließlich kann man die berühmten ›Saetas‹ nur im Umkreis der Kathedrale hören, was stundenlanges Stehen bedeutet, wenn man nicht für die ganze Woche einen Stuhl gemietet hat, oder im Umkreis jener Kirchen, in denen die Bilder sonst stehen. Wenn einen all dies nicht abhalten kann zu kommen, sollte man als erstes ein Programm erwerben, was für das Verständnis der *Semana Santa* und ihres Ablaufs unbedingt notwendig ist.

Jede Prozession wird von einer ›Cofradía‹ vorbereitet; jede Cofradía ist durch eigene Farben für Kutte und Kapuze gekennzeichnet, und jede hat ihre eigenen Gnadenbilder, die sie von deren ›Heimatkirchen‹ zur Kathedrale bringt, wo das Bild gesegnet wird, und wieder zurück – eine Prozession von etwa zehn bis zwölf Stunden Dauer. Jede Cofradía darf ihre Bilder nur einmal in der Woche durch die Stadt geleiten. Es ist nicht weiter schwierig, hier einen Zusammenhang mit heidnischen Bräuchen zu erkennen; aber wir können es uns heute leisten, darin weitherziger zu sein. Wenn man die spanischen Prozessionen und Spanien überhaupt verstehen lernen will, muß man aufhören, sich über diese Art Heiligenkult einfach lustig zu machen. Weder die Heiligenbilder noch ihre barocken Kirchen waren für den empfindlichen Geschmack von Kunstkritikern des 20. Jahrhunderts gemacht und geschmückt, sondern für fromme Analphabeten, denen man eine bestimmte Wahrheit faßbar machen wollte, in einer Zeit, in der es weder Kino noch Fernsehen noch Boulevardzeitungen gab. Es ist daher sinnlos, an dem überbetonten Naturalismus der Figuren Anstoß zu nehmen; sie mußten naturalistisch sein, weil sie als Übermittler einer Botschaft erscheinen sollten.

Die Prozessionen – ihre Anzahl schwankt zwischen vierzig und fünfzig – beginnen an den Pfarrkirchen der verschiedenen Cofradías und nehmen dann ihren Weg zur Kathedrale. Sie alle beenden den ersten Teil ihres Zuges entlang der Calle de las Sierpes, durch die sie zur Plaza de la Falange ziehen, wo Bürgermeister und Stadtrat in langen Reihen auf der Tribüne vor dem Ayuntamiento sitzen. Zehntausende beobachten die Prozessionen von ihren Fenstern aus oder entlang der Straßen. Das dichteste Gedränge herrscht am Eingang der Kathedrale, wo der Kardinal-Erzbischof die Bilder segnet.

Eine Prozession wird gewöhnlich von einer Musikkapelle angeführt, die von der Polizei, von der Guardia civil oder der Armee gestellt sein kann. Die Tracht der Brüder – die Mitglieder einer Cofradía sind weder Geistliche noch Büßer – ist oft beschrieben worden: Die spitzen, das Gesicht verdeckenden Kapuzen, die langen weiten Kutten. Kapuzen und Kutten einer Cofradía haben oft unterschiedliche Farben, so daß man eine größere Zahl Farbkombinationen erhält. Die Bruderschaften bilden die Eskorte der sogenannten ›Pasos‹, das sind Figuren oder Figurengruppen auf flachen, tragbaren Podesten; auf dem ersten Paso, den gewöhnlich eine Gruppe ›Römischer Söldner‹ begleitet,

wird eine Passionsszene zur Schau gestellt; der zweite Paso zeigt
eine der vielen Madonnen Sevillas. Die Pasos sind mit getriebe-
nem Silber verkleidet, an den Seiten hängen Brokate bis zur Erde, unter denen sich die schwitzenden Träger verbergen. Die
Träger werden für ihre Tätigkeit gemietet; dann und wann,
wenn der Paso während einer Rast abgesetzt wird, kommen sie
darunter zum Vorschein. Sie wirken sehr glücklich, wann immer
man sie zu Gesicht bekommt, denn es ist eine gutbezahlte Arbeit; man kann für dieses ›Liebeswerk‹ bis zu 5000 Peseten in der
Woche verdienen. Nach den Pasos kommen weitere Mitglieder
der Bruderschaft, manche tragen Ketten um die Fußknöchel und
schwere Kreuze auf den Schultern. Aber auch sie sind nicht eigentlich Büßer; sie drücken auf diese Weise vielmehr ihren Dank
für die Erhörung ihrer Gebete aus.

Das Marienbild wird innerhalb der eigenen Pfarrei mit leiden-
schaftlichem Enthusiasmus begrüßt, und seine Überlegenheit
über alle anderen Madonnen der Stadt wird lauthals kundge-
macht. Sie haben meist liebliche, aber von Schmerz gezeichnete
Gesichter, diese Madonnen mit ihren naturalistischen Tränen
aus Glas, und sind in goldgesäumte Brokate und Samte gekleidet, die in einer langen Schleppe nachschleifen. Kronen umrah-
men die zarten Gesichter, und Finger wie Hals verschwinden
fast unter der Fülle der Ketten und Juwelen. Weiße Nelken und
brennende Kerzen umgeben sie. Zwei Gnadenbilder erfreuen
sich besonderer Verehrung, es sind die ›Virgen de la Esperanza‹
von San Jacinto in der Triana und ›La Macarena‹.

Die Passionsbilder sind im Gegensatz zu den idealisierten Madonnen realistisch bis zur Grausamkeit. Wiederum sind es zwei,
die besondere Liebe genießen, der ›Jesús del Gran Poder‹ aus der
Kirche San Lorenzo, eines der schönsten Werke von Juan de Mesa, und der weltberühmte ›Santo Cristo de la Expiración‹ aus der
Capilla del Patrocinio in der Vorstadt Triana, 1682 von dem wenig bekannten Bildhauer Francisco Antonio Gijón geschaffen. In
der gleichen Kapelle finden sich zwei Mater-Dolorosa-Figuren;
die den Santo Cristo begleitende Statue ist die ältere, ein Werk
von Cristóbal de Ramos. Der ›Santo Cristo de la Expiración‹

wird als das letzte große Werk der Schule von Sevilla angesehen, und das Volk nennt ihn liebevoll ›El Cachorro‹, nach dem sterbenden Bettler, der Gijón Modell gestanden hat.

Die ›Saeta‹ war ursprünglich eine spontane Lobpreisung Christi oder Mariä, sobald die Träger eine Rast einlegten. Das Murmeln der Zuschauer und das Scharren der Füße wird plötzlich übertönt von einem langen klaren Ton, Schweigen gebietend, und dann kommen die Töne des Gebets, wobei sich die Worte unerträglich dehnen oder überstürzen können. Der Gesang ist ohne Rhythmus und besondere Harmonie; die Melodie ist ganz einfach. Was die ›Saeta‹ auszeichnet, sind die Arabesken aus Vierteltönen, die sich von der Hauptmelodie entfernen und wieder zu ihr zurückkehren, dem Sänger Zeit zum Atemholen verschaffend. Manchmal bricht ein fast animalischer Schrei hervor, unerträgliche Qual ausdrückend. Die Worte sind schlicht genug, können aber mehrfach wiederholt werden. »*Y yo no sé, María, como te vas tu sosteniendo*« – »*Ich weiß nicht, Maria, wie du es weiter ertragen kannst*« heißt das eine, und ein anderes ruft den Sohn an: »*Encorvao' y sin Fuerzas ya*« – »*Niedergebeugt und deiner Kraft beraubt*«. Drei oder vier Sekunden hallen die letzten Töne der ›Saeta‹ noch von den Gebäuden wider, dann unterbricht tosender Applaus die Stille und der Pasos setzt sich wieder in Bewegung.

Natürlich ist die ›Saeta‹ orientalischer Herkunft, mit ihrer arabisch aufgebauten Tonleiter mit ganz kleinen Tonschritten und ihrer Überfülle an ›Fioriture-Verzierungen‹; aber wie meistens bei spanischer Musik und Dichtung gibt es keine Einmütigkeit darüber, ob der Haupteinfluß hebräisch, arabisch, maurisch ist, oder ob Elemente einer primitiven iberischen Kultur vorherrschen. Heute gibt es Plattenaufnahmen dieser ›Saetas‹, gesungen von Spaniern oder Zigeunern, Männern oder Frauen, begleitet von Gitarren oder Musikgruppen; sie haben eines gemeinsam: nirgendwo auf der Welt kann man etwas Ähnliches hören.

Religiöse Tänze sind so alt wie die Religion selbst; sie haben im spanischen Leben seit den frühesten Zeiten einen festen Platz gehabt; seit den Tagen des Bischofs Priscillian, der 385 wegen Ketzerei verbrannt wurde, war der Tanz auch in den christlichen Gottesdienst einbezogen. Um 589, als das Dritte Konzil von Toledo den liturgischen Tanz verwarf, war er offensichtlich allgemein geübt, und während des ganzen Mittelalters, bis tief hinein ins 18. Jahrhundert, berichteten Reisende von Tänzern, die religiöse Prozessionen anführten. Der *Tanz der Sechs*, so genannt, weil er ursprünglich von sechs tanzenden Knaben ausgeführt wurde, wird nur in der Zeit zwischen Fronleichnam und dem Fest der Unbefleckten Empfängnis am 8. Dezember zelebriert. Seine Anfänge liegen im Dunkel der Geschichte: Seit 1508 erst findet man ihn in den Archiven der Kathedrale erwähnt, aber sein Ursprung wird immer wieder in die Zeit der Einführung des Fronleichnamsfestes verlegt.

Heute sind es zehn tanzende und sechzehn singende Knaben. Zuerst waren die Jungen als Engel gekleidet, später als Pilger und Schäfer, und heute tragen sie Kostüme des 17. Jahrhunderts, in denen sie wie Pagen auf den Gemälden des Velásquez aussehen. Der Tanz findet vor dem Hochaltar der Kirche statt, innerhalb der Reja, die den Altarraum schließt, und wird von einem Orchester begleitet, während die Tänzer Kastagnetten schwingen. Auch wenn die Knaben nicht tanzen, kann man in der Schule, auf der sie vorbereitet werden, ihre Kostüme bewundern; sie liegt schräg gegenüber der Kathedrale.

Noch unmöglicher ist es, genau zu sagen, was ein *Flamenco* ist, denn selbst die Experten sind völlig verschiedener Ansicht. Die meisten Spanienreisenden freilich verstehen darunter abendliche Zigeunertänze in den Höhlenwohnungen des Sacro Monte von Granada, meist ein unechtes, auf den Touristengeschmack abgestimmtes Machwerk.

Die Tänze Andalusiens kann man in ›reinen‹ Tanz, das sind Tänze ohne Kastagnettenbegleitung, und in solche, in denen die ›Palillos‹ klappern, einteilen. Ich wähle hier ganz absichtlich das spanische Wort ›Palillos‹, es ist viel gebräuchlicher als ›Castanuelas‹; sie werden oft benutzt, um ein Fingerschnippen, ›Pito‹, anzudeuten. Flamencolieder und -tänze sind verhältnismäßig jung, sie sind Nachfahren des ›Canto jondo‹, des ›Tiefen Liedes‹, das starke Emotionen ausdrücken sollte und kaum noch irgendwo zu hören ist. Flamencos sind weniger schwermütig, aber ihre Durchführung verlangt viel mehr körperliche Kraft, denn sie sind Ausdruck einer Art von Besessenheit – sollten es jedenfalls sein. Woher ihr Name, der sowohl ›flandrisch‹ als auch ›Flamingo‹ bedeuten kann, abgeleitet wurde, ist nicht mit Sicherheit zu sagen. Er mag mit dem umgebenden Ring der Zuschauer oder auch mit den Farben, die die Zigeuner diesem Tanz verliehen haben, in Verbindung stehen. Der ›Flamenco‹ wurde sehr stark von den Zigeunern geprägt, ihr Einfluß läßt sich vor allem im ›Pito‹, dem Fingerschnippen, in der ›Palmada‹, dem Händeklatschen ablesen, und im ›Taconeo‹, einem sehr viel Gewandtheit und Energie verlangenden Schautanz. Nie werden dabei Kastagnetten benutzt, außer im ›Fandanguillo‹, einer vergleichsweise späten Abwandlung des Bolero, Tango, Fandango, Jaleo und der von Männern ausgeführten Farruca, um nur einige zu nennen. Die Anteilnahme der Zuschauer ist ein wesentlicher Bestandteil des Flamenco, und anfeuernde Rufe beflügeln die Tänzer.

Wie sieht die Tänzerin aus, die diesen ›reinen‹ andalusischen Tänzen ihre Schönheit leiht? Nicht einen Spanier, sondern den Dichter Hazim al-Quartachanni muß man zitieren, der schrieb: »Wenn Du sie in all ihrer Schöne beschreiben willst, so gleicht sie dem vollen Mond über einem Zweig über einem Sandberg.« Es ist das Idealbild der Prinzessinnen aus Tausendundeiner Nacht, das die Andalusier von den Mauren übernommen haben, wie schon García Gomez bemerkte: Weidenschlanker Leib über schweren Hüften, rosenhelles Antlitz, Zähne so weiß wie die Blätter von Margeriten, und – seltsamerweise – blondes Haar.

Sevilla ist immer eine bewegte, von spontanem Frohsinn erfüllte Stadt, aber wenn die emotionellen Spannungen der ›Semana Santa‹ abklingen und die *Feria* beginnt, sprüht sie geradezu vor Lebenslust. Die Stadt ist überfüllt, jedes Bett in den Hotels, Pensionen und sogar Privatquartieren ist seit Monaten vorbestellt, jede Bar quillt über vor Lärm und Lachen, und noch immer strömt es herbei von Stadt und Land, in Autos, Lastwagen, Bauernkutschen, Leiterwagen oder hoch zu Roß.

Die Plazas sind erfüllt vom Duft der Orangenblüten, der sogar
über den Benzingestank obsiegt. Hinter der Fábrica de Tabacos
und der Plaza de España, im ›Prado de San Sebastián‹, wächst
jetzt eine neue Stadt empor, aus viereckigen rot- und grüngestreiften ›Casetas‹, Zelten mit Papierrosen an der Decke und
bunten Bildern an den Giebelseiten; Holzböden zum Tanzen füllen sie aus. Laut Plan dürfen ungefähr 450 Zelte aufgestellt werden, einige sind privat, die Besitzer laden hier Freunde ein, und
einige sind ›frei‹, was bedeutet, daß man keinen Eintritt zu entrichten braucht. Aber die Besitzer kommen dennoch auf ihre
Kosten, denn dies ist eine Zeit, in der der Andalusier sich selbst
die Zügel schießen läßt; der Weinverbrauch erreicht phantastische Höhen für dieses nüchterne Land. Jede der Zeltstraßen
ist mit neun Reihen roter und weißer Lampions illuminiert, die
nicht mehr als einen halben Meter voneinander hängen. In der
Nacht ist der Platz fast so hell wie am strahlenden Frühlingstag.
Das einzige, was man vermißt, ist – der Viehmarkt, der eigentliche Anlaß dieses ausgelassenen Vergnügens. Aber auch ihn
kann man mit ein bißchen Glück entdecken.

Um Mittag erscheinen überall in der Stadt kleine Reitertrupps,
die sich nach und nach auf dem Festplatz einfinden. Männer und
Frauen tragen den ›Calañés‹, einen breitkrempigen flachen Hut,
weiße am Hals geknöpfte Hemden ohne Krawatte oder Schleife,
graue oder schwarze Boleros und Halbstiefel mit Sporen. Ihre
Knie sind mit braunen bestickten Leder-Zahones, den Chaparrejos des Westens, bedeckt, und ihre Füße ruhen in eckigen
Steigbügeln, die sich seit dem Einzug der Mauren in Sevilla nicht
um einen Deut geändert haben. Einige der Schönen sitzen mit
unübertrefflicher Anmut im Damensattel. Alte Bauern, junge
Burschen, fünf- und sechsjährige Knirpse, wie die Eltern gekleidet, reiten ihre lebhaften Pferde alle mit der gleichen überlegenen Lässigkeit, der man den geübten Reiter anmerkt.

Nachts steht der Prado in Flammen. Der hohe Torbogen am
Eingang, der der Triana-Brücke nachgebaut ist, wurde seit Tagen von den Elektrikern mit über 20000 Birnen geziert. Die
Lampions entlang der Straßen vor den Casetas hängen so dicht,

daß man das Gefühl hat, unter roten und weißen Schlangen zu
wandeln. Gruppen junger Leute erfüllen die Zeltstadt mit Lärm,
viele Mädchen dabei in hellfarbiger andalusischer Tracht, mit
Blumen im Haar und barbarisch glitzernden Ohrgehängen.
Händeklatschen ertönt, wird erwidert, ein Ring bildet sich, und
über die Köpfe hinweg sieht man, wie sich die Hände der Tanzenden vereinen. Die Zeit verliert alles Maß. Wein wird fässer-
weise ausgeschenkt, und erst wenn das Frühlicht heraufdäm-
mert, trennen sich die Gruppen zögernd, immer noch schwat-
zend, immer noch mit den Händen irgendeinen Rhythmus schla-
gend.

Ungeachtet der steigenden Popularität des Fußballs sind die
Stierkämpfe immer noch Magneten, die an Sonn- und Feiertagen
Riesenmengen anziehen. Die Höhepunkte einer Saison kann man
zwei- bis dreimal in der Woche auf den Bildschirmen verfolgen.
Die *Corrida* bezeichnet, wie ich bereits erzählte, nicht mehr das
›Rennen‹, also das Hintreiben der Stiere in die Arena, sondern
den Kampf selbst. Die Stierkämpfer heißen allesamt Torero,
Hauptkämpfer aber ist der Matador oder Espada, der seine Helfer, die Cuadrilla, hat. Die Saison beginnt Ostersonntag, und während der Feria sind täglich Stierkämpfe angesetzt. Für lächer-
liche 50 Peseten kann man ein Programm erstehen: es enthält
auf dem Umschlag Namen und Lebensdaten aller Matadore und
innen eine dreisprachige Einführung in die Kunst. Der Schreiber,
es ist nicht zu leugnen, steht mit Interpunktion und Orthographie auf dem Kriegsfuß, und das Vertrauen in seinen Wortschatz
ist unerschütterlich; fehlt ihm mal eine ausländische Vokabel,
so hilft er sich flugs mit einer spanischen. Wenn man mit Hilfe
dieses Programms in die Grundregeln eingedrungen ist, kann
man die Arena betreten, eine der berühmtesten Spaniens und
früher auch eine der schönsten; heute ist die Schönheit allerdings unter einer Unzahl Werbeplakate verschwunden. Sevilla
ist eine der Städte, die ihre Stierkampftradition sehr ernst
nimmt; es leidet daran, daß Ronda die ältere Arena hat, tröstet
sich jedoch mit dem Wissen, daß Ferdinand VII. es zum Sitz der

von ihm gegründeten Schule der Tauromachie erwählte. – Die Loge des Präsidenten liegt gegenüber der Einfriedung, aus der die Stiere losgelassen werden. Fremde machen sich oft nicht klar, wie kompliziert das Reglement der Kämpfe ist: Es ordnet alles, von der Anzahl der Aderklemmen im Krankenraum bis zur Schwere der wattierten Decken, die die Pferde der Picadores vor Verwundung schützen sollen. Der Präsident hat über seine Einhaltung zu wachen, aber es erscheint unmöglich, alle Verstöße zu verhindern. Man weiß zum Beispiel, daß einige Züchter ihre Stiere mit einem Kraftfutter versorgen, das sie vorzeitig reif macht; sie können nach Gewicht und Zahnwuchs als Fünfjährige passieren, sind aber noch viel zu schwach, um gefährlich werden zu können.

Der Präsident signalisiert von seiner Loge aus, wenn ein Stier losgelassen werden soll, indem er ein weißes Taschentuch auf den Rand legt, wie einst die römischen Konsuln mit der ›Mappa‹ den Beginn der Spiele anzeigten. Zwei andere Tücher werden in Reserve gehalten: ein rotes, um anzuzeigen, daß schwarze Banderillas benutzt werden sollen; das bedeutet, daß der Bulle unter dem Standard eines Kampfstiers ist und somit eine Schande für den Züchter darstellt. Diese sehr wirkungsvolle Strafe kommt nur selten in Anwendung, noch seltener aber das dritte, das grüne Tuch. Es wird gezeigt, wenn der Stier so hohen Mut bewiesen hat, daß sein Leben geschont werden soll; dieser Fall ist so ungewöhnlich, daß er in Barcelona, wo der Stierkampf seit Generationen betrieben wird, erstmals 1968 verzeichnet wurde.

Das Protokoll regiert, wie gesagt, jede Einzelheit des Kampfes. Beim Einzug der drei Matadore und ihrer Cuadrillas in parallelen Reihen geht der Jüngste immer links, der Älteste in der Mitte. Das Publikum der Feria ist heute nicht mehr so malerisch wie einst, aber die Farbenpracht in der Arena ist unverändert. Noch immer sind die gelbgefütterten Umhänge malvenfarbig, die Strümpfe der Matadore rosa, ihre Röcke bunt, und die ›Muleta‹, ein quadratisches Tuch an einer schlanken Stange, hellrot. Das ist sehr hübsch für die Zuschauer, macht aber wenig Unterschied für den Stier, denn der ist farbenblind. Sein Eindruck ist in jedem Fall armselig, er nimmt nämlich nur Gegenstände in Bewegung wahr. Die statuarische Pose des klassischen Matadors, der seinen Hut niederwarf und während seiner ganzen ›Faena‹ (Solovorstellung) darauf ste-

henblieb, war also lange nicht so gefährlich, wie es aussah. Vom Standpunkt
des Betrachters war das Umkreisen des erstarrten Toreros durch den Bullen
jedoch viel prickelnder als das heutige Getänze und bewegte Ausweichen. Wie
alle Alten wissen, der Stierkampf ist eben nicht mehr das, was er war ...

Der uneingeweihte Besucher wird im meisten, was im Ring vor sich geht,
wenig Sinn sehen. Warum reizt man den Bullen dazu, die Pferde anzugreifen
und die Heldentat zu vollbringen, Pferd und Reiter auf seine Hörner zu nehmen? Warum versucht der Picador, ihn mit Lanzen abzuhalten, die er ihm
immer wieder in die Flanken stößt? Und warum schließlich zähmt der Matador das Untier erst mit einer Serie von Ausfällen, bringt ihn in einen Zustand,
in dem er ihn hübsch töten könnte, und springt dann plötzlich zur Seite und
beginnt das ganze Spiel von vorn? Die Antwort ist, daß es nur eine einzige
Methode gibt, den tödlichen Degenstich anzubringen. Nur zu beiden Seiten des
Rückgrats und an der Innenseite der Schulterblätter gibt es kleine Öffnungen,
durch die ein Stoß bis ins Herz oder die Hauptschlagadern vordringen kann.
Um diese Öffnungen so stark wie möglich zu weiten (sie sind dann immer noch
sehr klein), ist es nötig, daß der Stier die Vorderbeine schließt und den Kopf
senkt. Wenn die Nackenmuskeln schlaff werden, ist das nächste Ziel erreicht.
Die Zuschauer werden bemerken, wie der Matador mit seiner linken Hand die
Muleta niedrig hält und dem Bullen erlaubt, ihr mit dem Kopf zu folgen. Wenn
der Matador, seinen Degen zur Seite schwingend, sich plötzlich abwendet, bedeutet das, daß der Stier eine Bewegung gemacht hat, bei der sich die Vorderbeine wieder geöffnet haben.

Wenn ein Stier im Ring nach zwanzig Minuten mit einem einzigen genau-
gezielten Stoß getötet wird, kann man sagen, er habe ein erfreulicheres Leben
und einen besseren Tod gehabt als die Opfer unseres Sonntagsbratens. Aber
selbst der geschickteste Matador kann das Pech haben, daß er den Stier nur
verwundet und daß sich dieses Mißgeschick beim zweiten und dritten Versuch wiederholt. Dann allerdings sinkt die ›Lidia‹ zur bloßen Schlächterei ab,
und der Stier darf mit einem Spezialdolch, dem ›Verduguillo‹ (kleiner Henker)
ins Jenseits befördert werden. Auch diese Form des Hinschlachtens, ›Desca-
bello‹, erfordert eine gewisse Geübtheit, denn die Waffe muß zwischen die
Rückenwirbel gestoßen werden, während sich der Matador in einer besonders
gefährlichen Stellung befindet, falls der Stier ihn in einem letzten Sammeln seiner Kräfte und Angriffslust noch einmal annimmt. Der ›Verdiguillo‹ hat ein
Stichblatt von genau zehn Zentimetern Länge.

Ein Mitglied der Zuschauermenge bedarf noch der Erwähnung, man nennt
ihn den ›Espontaneo‹. Manch Amateur, der sich schon lange danach sehnt, zur
Elite der Arenen zu zählen, springt plötzlich über die Brüstung und beginnt,

den Stier mit seinem Jackett verrückt zu machen, bis die Wächter ihn hinaus-
befördern. Auch ihn hat das Reglement berücksichtigt: die Strafen sind ver-
schieden streng, aber ein oder zwei Jahre darf er sich auf keiner Corrida mehr
sehen lassen. Und doch werden diese Enthusiasten nicht aussterben, denn es ist
ihre einzige große Chance, die Aufmerksamkeit des Talentsuchers auf sich zu
lenken. Sie stören den Ablauf der Kämpfe, sie können sogar den Matador ge-
fährden, der eben begonnen hat, den Stier zu verwirren, aber viele führende
Toreros haben so begonnen, wie Ortega und El Cordobés, um nur zwei Namen
zu nennen.

Nicht alle Fremden erfassen, was die Corrida für den Spanier bedeutet: Sie war Gegenstand von Rechtsprechung, Prozessen und Verbrechen, sie hat viele Maler, Romanciers und Dichter inspiriert. Vielleicht hat Rubén Dario am klarsten formuliert, wie der Spanier den Stierkampf rechtfertigt:

Stier: *Gestern die Luft, die Sonne; heute der Henker,*
         Was schrecklicher als dies Martyrium?
Ochse: *Impotenz!*
Stier: *Und was dunkler als der Tod?*
Ochse: *Das Joch.*

SIEBENTES KAPITEL

Sevilla – Die nördliche Stadt

Wenn Sie vierzehn Tage in Sevilla verbringen können, Ihre einzelnen Unternehmungen sehr klug einteilen, alle Kirchen im richtigen Moment offen finden, sich nirgendwo damit aufhalten, etwas genau anzusehen – dann können Sie alle Sehenswürdigkeiten ›schaffen‹, die die landläufigen Führer als obligatorisch angeben. Ich möchte mich auf solche Orte beschränken, die irgendeine Besonderheit, eine Seltenheit, etwas Erheiterndes einschließen. Wieviel Respekt wir den großen Meistern auch zollen mögen, so darf man doch nicht übersehen, daß beispielsweise Murillo oder Montañéz zu ihren Lebzeiten Hunderte von Werken geschaffen haben. Wir werden vieles sehen, aber alles sehen zu wollen, ist in meinen Augen nur noch Jagd nach dem Rekord.

Um die nördliche Hälfte der Stadt kennenzulernen, beginnt man am besten bei der Campana, einer geschäftigen Kreuzung an der Plaza del Duque de la Victoria, einst der Privatpark des Herzogs von Medina Sidonia. Der Name Campana, Glocke, erinnert daran, daß an diesem strategisch wichtigen Punkt, dem geographischen Zentrum der City, früher die Feuerwehr stationiert war. Nach Süden verläuft die enge Calle de las Sierpes, eine Fußgängerstraße mit Cafés, Clubs und Handelshäusern. Ihr Name, ›Sierpes‹, Schlangen, wurde wahrscheinlich von einem alten Wirtshausschild übernommen.

Wenn man sich in östlicher Richtung von La Campana entfernt, ist die nächste Abzweigung zur Rechten die Calle de Cuna, Wiegenstraße, wo einst das Findelhaus stand. Reisenden des vorigen Jahrhunderts fiel die unglaubliche Verwahrlosung der kleinen Insassen auf, aber man darf nicht übersehen, daß die

Sterblichkeit in ganz Europa in vergleichbaren Heimen erschrek-
kend hoch war. Gleich zur Rechten liegt der *Palacio de la Condesa
de Lebrija*. Ein kurzer Zaguán führt zu der schönen schmiedeeisernen Cancela, wo man unter besonderen Voraussetzungen
vielleicht die Erlaubnis zum Besuch des Palastes erhalten kann.
Sehen Sie sich den römischen Fußboden unter dem Gitter an,
ein gutes Beispiel für ›opus sectile‹, ein Belag aus geometrischen
Marmorplatten, und die schönfarbigen Fliesen aus dem 18. Jahrhundert, die den unteren Teil der Wand zieren. Im Innern findet man in dem großen Patio und in allen Wohnräumen des
Erdgeschosses römische Bodenmosaiken; sie stammen, ebenso
wie die Büsten und Statuen in allen Ecken, aus der einstigen
Römerstadt Itálica. In Schaukästen sieht man zahlreiche kleinere Antiken, und im großen Treppenhaus kann man den Artesonado und die Mudéjar-Stuckpanele aus dem ehemaligen
Schloß des Herzogs von Osuna in Marchena bewundern.

Auf dem Rückweg zu der Ostwesthauptstraße, der Calle M.
Villa, finden wir rechts in Nr. 3 das Stammhaus der Motilla-
Familie. Sie soll von dem schottischen Ritter Laurence Poore ab-
stammen, der angeblich als Erster nach der Reconquista die
Giralda bestieg. Gleich um die Ecke entdecken wir, daß die
Universidad, das Gebäude der Alten Universität, eine Fortsetzung
dieses Herrenhauses ist; sein Eingang liegt in der Calle Larana.
Die Universität hat seit 1771 das alte Jesuitenkolleg inne, aber
die meisten Fakultäten sind in die Zigarettenfabrik, die uns aus
Bizets Oper ›Carmen‹ vertraut ist, umgezogen. Die Alte Universität ist vor allem wegen ihrer Kirche (1565-79) berühmt,
von dem Jesuitenpater Bustamente erbaut, mit schönen Arbeiten von Roelas, Alonso Cano, Montañés, Juan de Mesa und anderen. Sie ist ›en obras‹, in einem höchst reparaturbedürftigem
Zustand, der sich ohne harte Anstrengung kaum beheben lassen wird; man wird den Verdacht nicht los, daß diese Entschul-
digung immer erst dann vorgebracht wird, wenn Kunstwerke
schon einen Zustand fortgeschrittenen Verfalls erreicht haben;
sicher schreit auch der Rest des alten Gebäudes, in dem die
Fliesen von den Wänden fallen, nach Restaurierung. Im Osten

liegt auf der linken Seite die *Iglesia de San Pedro*; sie ist die Tauf-
kirche von Velásquez (1599); innen findet man ein feines ›Trank-
opfer des heiligen Petrus‹ von Roelas. Etwas weiter entlang der
Straße, die jetzt Juan de Mesa heißt, liegt die Kirche *Santa Catalina*. Das Mauerwerk der Mudéjar-Apsiden mit ihren ausgelapp-
ten Blendarkaden ist bemerkenswert; auch der zinnengekrönte
Mudéjar-Turm, der sich über einem ehemaligen Almohaden-
Minarett erhebt, und eine quadratisch überkuppelte Kapelle, die
sich an ihn anschmiegt, verdienen unser Interesse. Wenn man
sich einem plötzlichen Wandel der Szene gewachsen fühlt, mag
man auch einen vorsichtigen Blick ins Innere mit seiner überladenen Barockdekoration werfen.

Hinter Santa Catalina führt die Calle de Gerona zur Calle de
las Dueñas über eine Querstraße, die nach Doña María Coronel
benannt wurde. Einige behaupten, die Dame sei die Geliebte Pedros des Grausamen gewesen, andere, sie habe ihr Gesicht freiwillig in einer Pfanne mit siedenden Ölküchlein verbrannt, um
diesem Schicksal, ›schlimmer als der Tod‹, zu entgehen. Wenden
Sie sich rechts, um die *Casa del Duque de Alba* (Nr. 5) aus dem
15. Jahrhundert zu finden. Wenn die Familie nicht hier residiert,
kann ein Teil der Räume besichtigt werden. Im vorigen Jahrhundert war der Palast vom Verfall bedroht; er wurde diesem
Ende gerade noch rechtzeitig entrissen und ist heute ein gutes
Beispiel für die Wohnkultur des andalusischen Adels. Man sollte
nicht ein Museum in ihm sehen, sondern ein glückliches Beispiel
für die Verschmelzung aller spanischen Stile seit der Mudéjar-
zeit.

Ungefähr zweihundert Meter westlich liegt die kleine Kirche
San Juan de la Palma. Ihre Kunstschätze sind nicht sehr interessant;
am bekanntesten ist die ›Virgen de la Amargura‹, Madonna der
Bitterkeit, ein Liebling der Prozessionen in der Heiligen Woche,
geschnitzt von La Roldana, der begabten Tochter des Pedro
Roldán. Die Kirche ist jedoch für uns wichtig, weil sie auf den
Grundmauern einer Moschee errichtet wurde, von der man eine
Inschrift (heute im Archäologischen Museum) entdeckt hat. Sie
berichtet in erhabenen kufischen Buchstaben, daß Itimad Al-

Rumaikija, Gemahlin des Al-Mutamid, eines Taifakönigs von
Sevilla, die Errichtung des Minaretts befahl. In der üblichen
Weise lesen sich die Namen wie eine genealogische Tafel, aber
zwischen all den Phrasen, wie ›… den Allah erhalte‹, oder ›Möge
sie (er) vor Allah Gnade finden‹, kann man herausfinden, daß
Rumaikija die ›Mutter eines Sohnes‹ war und daß die Inschrift
um 1085 entstand.

Rumaikija war die Lieblingsfrau des letzten Abbad-Königs von
Sevilla, den man Mutamid den Unberechenbaren nennen
möchte, Poet und Mörder. Ihre gegenseitige Leidenschaft, die
erst mit dem Tod des Königs erlosch – er starb als Gefangener

der Almohaden –, begann wie ein Märchen. Mutamid und der
Wesir Ibn Ammar, sein bester Freund – was ihn nicht hinderte,
ihn später zu töten –, spazierten am Flußufer, nahe der Stelle, wo
heute die Arena steht, entlang. Der Dichterkönig machte einen
Zweizeiler, in der Erwartung, daß sein Gefährte ihn zu einem
Vierzeiler vervollständigen würde. Während Ibn Ammar noch
nachdachte, antwortete ein Mädchen aus der Menge mit einem
angemessenen zweiten Couplet. Der impulsive König befahl
einem Eunuchen, die Schöne in den Palast zu bringen, wo er
herausfand, daß sie Itimad hieß, eine Sklavin war, meistens nach
ihrem Herrn Rumaik Rumaikija genannt wurde und als Maul-
tiertreiberin ihr Brot verdiente. Als er hörte, daß sie noch keinen
Gatten hatte, entschloß er sich, sie zu kaufen und sich mit ihr zu
vermählen.

Hinter dem Palast des Herzogs liegt die Kirche *San Marcos*, oder
besser, deren Fassade und Turm; das ist alles, was nach einem
entsetzlichen Brand übrigblieb. Die Fassade ist in einfachem gotischem Stil gehalten; der Alfiz des Portales hat einen Zickzackfries und ist darüber mit Sebka, einem Rautenmuster, das wir an
der Giralda gesehen haben, ornamentiert. Wie an romanischen
Fassaden findet sich plastischer Figurenschmuck, nur haben die
Statuen hier typisch gotische Baldachine. Dieses seltsame Stilgemisch bildet eines der anziehendsten Kirchenportale, das man
sich nur vorzustellen vermag.

Der *Convento de Santa Paula* liegt am Ende der gleichnamigen
Straße, ein paar hundert Meter weiter. Auch das Portal seiner
Kirche, zu dem man durch einen stillen Garten gelangt, ist aus
einer glücklichen Verschmelzung verschiedenster Stile entstanden. Diesmal wird das Mudéjar-Thema durch die Verwendung
von Backsteinen gesteigert; die Renaissance kommt zu Wort in
köstlichen Fayence-Medaillons und heraldischen Darstellungen,
zum großen Teil das Werk des berühmten Francisco Niculoso
Pisano. Er war es, der der uralten Sevillaner Töpferkunst Re-
naissance-Impulse vermittelte; er gab nicht nur den Pisano-
Fliesen seinen Namen, er führte auch zwei neue Farben, Rosen-
rot und Violett, ein. Dieses Portal wird als eines seiner Meister-

werke betrachtet, obwohl ein Teil der Ehren auch Pedro Millán zukommt.

Im Innern der Kirche interessieren die Artesonadodecke, die gotische Apsis und drei keramische Grabmäler. Die Decke ist ein Werk des spanischen Zimmermanns Diego López de Arenas, der Unsterblichkeit erworben hat mit dem ersten und einzigen Werk über maurische oder islamische Holzschnitzkunst. Diese Abhandlung, ›Carpinteria de lo Blanco‹, hat mehrere Auflagen erlebt und gibt Informationen, die man nirgendwo sonst finden kann, selbst wenn uns der Sinn vieler arabischer Worte und Sätze, die er benutzte, verschlossen bleibt.

Die Grabmäler, die in die Wände zu beiden Seiten des einschiffigen Kirchenraums eingebaut wurden, sind von seltener Schönheit. Ihre Schauseiten bestehen aus in Gruppen angeordneten Azulejos mit Wappen und Inschriften in gotischen Lettern. Zur Linken ruht Doña Isabel Enríquez, die von den Königen von Kastilien und Portugal abstammt, Gründerin und Wohltäterin dieses Klosters war und Gemahlin des Konnetabel von Portugal, der hier neben ihr bestattet ist. Auf der anderen Seite der Kirche ist das Grab ihres Bruders, Don Léon Enríquez; es trägt die einzige originale Inschrift, denn die beiden anderen Grabmäler wurden restauriert. Es ist schwer, ihren Zauber zu beschreiben; die Azulejos bilden Einzelmuster, die orientalischen Teppichen sehr ähnlich sehen. Ihre Farben sind zurückhaltend, das eine zum Beispiel ist ganz in blau, grün und weiß gehalten, einschließlich der Wappenschilde von Portugal und Enríquez.

Nach fünfhundert Metern entlang der Calle de San Luis, die von San Marcos abbiegt, stößt man auf die Fassade der ebenfalls ausgebrannten Kirche *Santa Marina*; auch ihre Fassade zeigt steinerne Heiligenfiguren mit Baldachinen. Beide Kirchen haben Mudéjartürme mit Spitzenmustern und Blendarkaden. Am Ende der Straße liegt die *Puerta de la Macarena*, Teil der Stadtmauer aus der Almohadenzeit, die sich in gutem Erhaltungszustand über einen halben Kilometer weit östlich erstreckt, entlang der großen Ringstraße, die um die Stadt herumläuft, dem Weg der einstigen Almohadenmauern folgend, von denen noch hier und da Spuren zu finden sind. Hier am Tor zeigen sie das typisch almohadische ›Antemuro‹, eine niedrige äußere Mauer, in gleicher Weise wie die Hauptmauer mit Zinnen geschmückt und in unterschiedlichen Abständen verstärkt durch sieben rechteckige Türme und einen oktogonalen Turmbau. Macarena war der Name einer Maurin, Tochter eines der Herrscher der Stadt; nicht nur der ganze Stadtteil, lange Zeit ein Armenviertel, wurde nach ihr benannt, sondern auch die berühmteste aller Madonnen Sevillas, ›La Macarena‹.

Außerhalb der Altstadt, gegenüber der Puerta de la Macarena, liegt das *Hospital de la Sangre* oder *Cinco Llagas*; aber ob es nun ›Blut‹ heißt oder ›Fünf Wunden‹: es klingt gleich unheilverkündend für jeden, der nicht zutiefst mit der katholischen Religion vertraut ist. Es ist ein ansprechendes Gebäude aus dem 16. Jahrhundert, eine Kombination von Renaissance und Barock, und die Kirche enthält den üblichen Anteil an Bildern und Skulpturen; am schönsten aber ist der Spitzturm zu ihrer Linken. Die Tatsache, daß das Hospiz außerhalb der Stadtmauer liegt, läßt uns annehmen, daß es ursprünglich für Seuchen gedacht war. Manchmal kann man über ein Krankenhaus in Sevilla lesen, errichtet für ›Las Bubas‹, die Syphilis-Epidemie, die im 16. Jahrhundert in Europa wütete; man weiß, daß der Dichter Juan de Salinas Oberaufseher dieses Hospitals war, eine lukrative Pfründe. Es ist sehr wahrscheinlich, daß es sich um das Cinco Llagas handelte, wie ja auch das Hospital in Úbeda einst diesen Kranken gedient hat.

Innerhalb der Mauern, gegenüber dem Tor, liegt die Kirche *San Gil*, eine der frühesten christlichen Gründungen in Sevilla, vielleicht über einer früheren Moschee errichtet. Der Name wurde übernommen von der Kirche San Gil in Segovia, von wo der Gründer, Bischof Raymond, das erste geweihte Wasser für seinen Taufstein erhielt. Nur die Apsis ist von der ersten Kirche übriggeblieben, aber sie ist einen Besuch wert, denn ihr geometrisches Fliesenmosaik aus dem späten 13. Jahrhundert stellt einen Meilenstein in der langen Geschichte der Sevillaner Töpferkunst dar. Im linken Seitenschiff führt eine schmale Passage zu der modernen Basilika, die gebaut wurde, um die vom Volk heißgeliebte ›Virgen de la Macarena‹ oder ›Virgen de la Esperanza‹ aufzunehmen. Sie ist eine Dolorosa aus dem 17. Jahrhundert und wird Pedro Roldán oder einem seiner Schüler zugeschrieben; man sagte, daß nur das Mitgefühl einer Frau ein so ergreifendes Werk hervorbringen konnte, und so wird Pedros Tochter Luisa, genannt La Roldana, immer wieder als Schöpferin der Figur genannt.

Wie üblich, ist auch diese Dolorosa viel zu jung, um die Mutter eines Mannes über dreißig zu sein, und die Pracht ihrer Juwelen will für unser Gefühl schlecht zu ihrem Schmerz passen. Aber noch heute leiht die Herzogin von Alba ihren eigenen Schmuck während der Karwoche hin, damit die Aura der Göttlichkeit um die Madonna, die sich ausdrückt in der goldenen Krone, dem goldbesetzten Samtmantel, den silbernen Kerzenhaltern und den Bergen weißer Nelken, die sie umgeben, sich noch vertiefe. La Macarena ist die Beschützerin der Armen, die in ihrem Pfarrbereich ungewöhnlich zahlreich sind, und der Stierkämpfer. Selbst Manolete, der Córdobaner, bereicherte ihren Schatz um einen Satz Kerzenständer, als er von einer Tour durch Mexico unverletzt heimkehrte.

Wenn man durch die engen, sich windenden Gassen dieses reich bevölkerten Viertels zurückkehrt, sollte man einen Blick auf die Kirche *Omnium Sanctorum* werfen wegen ihrer gotischen Mudéjar-Fassade und des Mudéjar-Turmes mit seinem Sebka-Muster. Hinter der historischen Calle de la Feria liegt die *Alameda de Hércules*. Diese Promenade, errichtet an Stelle eines für Verteidigungszwecke angelegten Sumpfes aus der Zeit Philipps II., hat zwei große Säulen an jedem Ende. Die im Süden sind römischen Ursprungs, vermutlich von einem Tempel, und wurden unter Mühen hierhergebracht, die sich den Arbeiten des Herkules vergleichen lassen, wie eine Inschrift beteuert. Sehr passend sind sie mit den Statuen von Herkules und Julius Caesar gekrönt, Arbeiten aus dem 16. Jahrhundert von Diego de Pesquera.

Ungefähr zweihundert Meter westlich liegt das Kloster *Santa Clara*. Sein Eingangspatio, ›Compás‹ im andalusischen Dialekt, ist einer von Sevillas schönsten Plätzen, still, kopfsteingepflastert, mit Orangenbäumen bepflanzt. In den Gärten steht der *Torre de Don Fadrique*; man kann ihn von der Giralda aus erkennen. Er wurde im Übergangsstil von der Romanik zur Gotik errichtet; das stimmt mit dem Datum 1252 überein, das in einem Vers über der Tür erwähnt wird, das Sterbejahr Ferdinands des Heiligen. Fadrique (Ferdinand) war der älteste Sohn Alfonsos X., wurde

aber von seinem Vater von der Thronfolge ausgeschlossen und
soll in diesem Turm von seinem Neffen, König Sancho IV., der
übrigens auch gegen den Vater rebellierte, ermordet worden
sein. Sancho ist nicht der einzige Kastilier, der durch Brudermord
auf den Thron gelangte. – Der Turm hat drei Geschosse; die Rippen des obersten Gewölbes entspringen aus Schlußsteinen in
Form menschlicher Köpfe; das ist wahrscheinlich das früheste
Beispiel mittelalterlicher Bauplastik in Sevilla.

Sie sollten nun zur *Calle de la Feria* zurückkehren, wo seit Jahrhunderten ein Wochenmarkt unter freiem Himmel gehalten
wird. Wenn Sie sich einen Donnerstag ausgesucht haben, können
Sie die gleiche Atmosphäre erleben, in der schon der junge Murillo seine Skizzen anfertigte. Seine bekanntesten Kinderstudien,
›Los Niños de la Concha‹ und ›El buen Pastor‹, beide im Prado,
verkörpern die gleichen engelgesichtigen kleinen Schelme, die
man noch heute in der Calle de la Feria sehen kann.

Wenn wir der Straße in Südrichtung weiter folgen, stoßen wir
auf den einstigen arabischen Palast, der zur Zeit der Reconquista
dem Herzog von Feria übereignet wurde. Es heißt, daß die
Straße ihren Namen von dem Wochenmarkt erhalten hat, den
wir gerade durchstreift haben, aber es wäre auch möglich, daß
sie nach diesem ersten christlichen Eigentümer des Palastes genannt wird. Während des letzten Jahrhunderts gehörte er dem
Grafen von Benamejí, dessen Tochter sich von einem Bandolero
entführen ließ. Der Eingang liegt in der Calle Viriato; der Torweg im Renaissancestil führt in eine schmale ›Gasse‹, die sich
zwischen Hütten durchschlängelt und sogar eigene Straßenlaternen hat, alles innerhalb des alten Palastes; diese Gasse war
einst einer der Hauptkorridore, und der alte Almenado-Fliesen-
fries läuft noch zu beiden Seiten an den Wänden entlang. An
ihrem Ende bringt eine Biegung nach rechts uns in einen malerischen, wenn auch verwahrlosten Patio, dessen Wände ebenfalls noch mit einem Fliesenfries bedeckt sind. Ein Hufeisenbogen, möglicherweise ein Überbleibsel des arabischen Palastes, leider geweißelt, führt in einen größeren, von Hütten umgebenen
Patio. Diesen ziert ein hübsches Mittelstück mit zwei Palmen,

einer Gruppe von Orangenbäumen und einer Straßenlaterne. Ein enger Durchgang am anderen Ende hat viel von seinem Fliesenschmuck am unteren Teil der Wände bewahrt; er führt durch ein modernes Gebäude, das einst eine staatliche Kunstschule beherbergte, zur Calle Gerónimo Hernández. Direkt gegenüber liegt der Hintereingang zum Hauptmarkt. Man muß sich durch Berge von Orangen und Körbe voller Garnelen und Hechtdorsche hindurchschlängeln und kommt dann an der anderen Seite gegenüber der Universidad heraus, nur ein paar Meter von La Campana entfernt.

Das *Museo de Bellas Artes* kann man leicht finden; man geht wieder von La Campana aus, aber diesmal westlich die Calle de Alfonso XII. entlang. Es ist am besten, den Besuch für den Morgen zu planen, denn am Nachmittag hat die Galerie nur eine Stunde geöffnet. Nach fünf Minuten Weg gelangt man in einen kleinen französischen Garten zur Linken der Straße, wo eine Bronzestatue des Murillo steht. Dahinter liegt das plumpe, verschachtelte Museumsgebäude, ursprünglich das Kloster de Nuestra Señora de la Gracia oder de la Merced, zu dessen Insassen im frühen 17. Jahrhundert Tirso de Molina gehörte, der Schöpfer des ersten ›Don Juan‹. Sein Porträt in Madrid zeigt uns das Gesicht eines Sartyrs über dem Gewand eines Mönches. Das Kunstmuseum ist 1838 gegründet worden, zwei Jahre nach der Auflösung der Klöster; sein Kern wird geformt von den Kunstschätzen, die aus den preisgegebenen Konventen geborgen wurden.

Der Eingangskorridor und die meisten Gänge und Patios sind mit Azulejosfriesen aus dem 16. und 17. Jahrhundert gesäumt, die dank der Bemühungen des Dekans Manuel López Cepero hierhergebracht wurden. Der Museumsplan verändert sich ständig, und das ›Obras‹-Gespenst hängt über ihm wie über jedem Gebäude, dessen Mauern feucht sind und dessen Dächer lecken.

Der erste Patio heißt nach dem Brunnen in der Mitte del Aljibe; an einer Wand findet sich ein Fayence-Bild, signiert Cristóbal de Augusta, 1577. Es zeigt eine Art Schutzmantelmadonna, unter ihrem ausgebreiteten Umhang Mönche und Nonnen bergend, ein Thema, zu dem wir später zurückkehren werden. Der erste Raum rechts enthält Werke von Valdés Leal (1630-91), einem Zeitgenossen Murillos, der dessen ›Vaporoso-Stil‹ übernahm, ihn mit einigen venetianischen Tricks, wie dem, die Leinwand rot zu grundieren und dann hellere Farben aufzusetzen, anreicherte und verzweifelt schlechte Ergebnisse damit erzielte. Die meisten hier gezeigten Bilder sind aus seiner späteren, manieristischen Phase, von Ruhelosigkeit gezeichnet; unter seinen geglückteren Werken sind die Szenen aus dem Leben des Ignatius von Loyola zu nennen.

In dem großen ›Camino del Calvario‹ führt Johannes die Madonna und die drei heiligen Frauen; der Ausdruck der Gesichter und die Haltung der vornübergeneigten Figuren erwecken den erwünschten Eindruck drängender Not. Weniger gelungen ist die ›Versuchung des Heiligen Hieronymus‹ durch die vier reizlosesten Frauen, die je auf eine Leinwand gebracht wurden, selbst von den ehrlichsten Porträtisten. Gelungen erscheint das ›Haupt Johannes des Täufers‹, wo das Fehlen der Glieder und das Ungeziemende eines starken Ausdrucks den Maler zwingen, sich auf die Zeichnung und das Chiaroscuro zu verlegen. Auf dem Weg zum großen Patio sollte man den grünen Keramiktaufstein aus dem 15. Jahrhundert mit seinen floralen Reliefs betrachten, ein Werk der Töpfer aus der Triana. Bei dem verglasten Patio (oder Kreuzgang) findet man eine sitzende ›Madonna‹ von Pietro Torrigiani, vielleicht die gleiche, die den Herzog von Arcos wünschen ließ, ihr Ebenbild zu besitzen, was zu dem unseligen Ende des Künstlers führte. Etwas weiter hängt der einzige El Greco in diesem Museum, ›das Porträt eines Malers‹ mit Palette und Pinsel. Die Züge gleichen denen des Anbetenden in El Grecos ›Virgen de la Caridad‹, und da wir sicher sind, daß es sich dort um seinen Sohn Jorge Emanuel Theotocopulo handelt, will man ihn auch in diesem Porträt erkennen.

In der ehemaligen Klosterkirche finden wir die kostbarsten Schätze des Museums, das wiederum zu den wichtigsten Spaniens gehört. Zuerst zwei Plastiken von Montañés, ein ›Heiliger Bruno‹ in Kartäuserkutte und ein ›Heiliger Dominikus‹. Dominikus als Büßer ist wie gewöhnlich kniend, mit einem Kreuz in der Linken und einem Knotenstrick zur Geißelung in der Rechten dargestellt. Ein ›Heiliger Hieronymus‹ von Torrigiano hat starken Einfluß auf andere spanische Bildhauer ausgeübt.

Die Vierung der alten Kirche und der ehemalige Altarraum sind jetzt ausschließlich Murillo gewidmet. Hier finden sich mehr als zwanzig seiner Werke, und wenn auch einige überladen sind, so ist doch keines tadelnswert. Man kann drei Stile unterscheiden. Der erste, ›Frío‹ oder kalter Stil, basiert auf den scharfen Konturen, die er von Zurbarán lernte, und den matten Braun- und Schwarztönen, die er sich bei seinem Meister, Juan del Castillo, aneignete. Das ›Negro de huesco‹ wurde, wie der Name vermuten läßt, aus den Rinderknochen eines Schmortopfes gemacht, ein beliebter Farbzusatz, den die Sevil-

laner Künstler fast bis in die Gegenwart anwendeten. Der nächste Stil, ›Cáli-do‹, war wärmer, widmete den Farben und dem Chiaroscuro mehr Aufmerk-samkeit unter Beibehaltung der harten Umrisse seiner frühen Arbeiten. Einem anonymen Kritiker verdanken wir die originelle Feststellung, daß Murillos Gesichter jetzt wirken wie aus ›Milch und Blut‹. Die Phrase »el rostro bañado de leche y sangre«, »das Gesicht gebadet in Milch und Blut«, hat Tirso de Mo-lina für sein Drama ›Don Juan‹ geprägt, das er schrieb, als Murillo acht Jahre alt war. Der letzte Stil wird ›Vaporoso‹ genannt; durch die Milderung der Töne und Konturen wird ein mehr ätherischer Effekt erreicht.

Über Murillos Darstellungen der ›Immaculata‹, ›Unbefleckten Empfängnis Mariä‹, haben wir bereits gesprochen; es bestand eine unaufhörliche Nachfrage, und man kann es ihm nicht verargen, daß er sie zu befriedigen suchte. Unter den vier Beispielen in diesem Museum befindet sich seine größte und berühm-teste Darstellung des Themas. Vier Cherubim tragen die Jungfrau, die hoch aufgerichtet, mit verschlungenen Händen steht, von ihrem Mantel umflattert.

Unter den anderen Murillos fallen eine ›Dolorosa‹ auf und die ›Virgen de la Servilleta‹. Die Geschichte dieser kleinen, aber bezaubernden Maria mit dem Kind ist sehr hübsch; Murillo soll sie ohne direkten Auftrag gemalt haben. Er hatte im Kapuzinerkloster gearbeitet, und als seine Aufgabe dort beendet war, bat ihn der Laienbruder, der gekocht hatte und ihm seine Mahlzeiten zu brin-gen pflegte, um ein Bild als Freundschaftsgabe. Unglücklicherweise, so besagt die Geschichte, hatte Murillo alle seine Leinwände verbraucht, aber der kunst-sinnige Koch brachte ihm ein Tischtuch, auf dem der Meister dann dieses Bild malte. Die ernste Mutter, stolz und geduldig, und das lebhafte Kind, scheinbar versuchend, sich selbst aus dem Bild zu kollern, sind an Zärtlichkeit und Rea-lismus unübertroffen.

Die meisten Kritiker stimmen mit dem Meister darin überein, daß sein bestes Gemälde – er nannte es gewöhnlich einfach »mi lienzo«, »Mein Bild« – ›Die Barmherzigkeit des Heiligen Thomas Villanueva‹ ist. Thomas, ein Erz-bischof von Valencia, war ein Liebling Murillos; man kann sagen, daß der Maler praktisch den Lebenslauf des Heiligen illustriert hat. Die Figur des Heiligen beherrscht die Riesenleinwand, aber auch jede Figur im Vordergrund ist ein besonderes Studium wert. Da ist ein lahmer, halbnackter Bettler, der Al-mosen empfängt, eine Waise, entzückt mit den Kupfern spielend, die ihm zu-fielen, und eine andere mit einem Grindkopf. Charaktere, die er in der Calle de la Feria wieder und wieder gesehen haben muß. Grind und Flechten waren ein häufiges Motiv Murillos; auch in seiner berühmten ›Heiligen Elisabeth von Ungarn‹, die wir in Caridad sehen werden, gibt er ein genaues klinisches Bild von einem Kinderkopf mit ›tiña‹ (vom lateinischen Tinea, einem nagenden

*Wurm). Aber es ist nichts Morbides daran; die Krankheit muß zu seinen Leb-
zeiten sehr verbreitet gewesen sein, es gab sogar Krankenhäuser, die sich ausschließlich ihrer Behandlung widmeten.*

*Es war wohl das Zusammentreffen von Reichtum und Dekadenz, das die Blüte
der Philosophie und der Künste im letzten Viertel von Spaniens Goldenem Jahrhundert und im ersten Viertel des nachfolgenden 17.Jahrhunderts ermöglichte.
Herrera der Ältere, der Velásquez zu seinen Schülern rechnete, Pacheco, der
sein Schwiegervater wurde, Velásquez selbst, Ribera, Zurbarán, Alonso Cano
und Murillo: sie alle waren im Jahre 1650 tätig, und Werke der meisten von
ihnen können hier und in den anschließenden Sälen betrachtet werden.*

*Herrera el Viejo, so genannt, um ihn von seinem Sohn, el Mozo, zu unter-
scheiden, war eine eigenartige Persönlichkeit: ungestüm, heftig, hochbegabt;
aber sein feuriger Geist half ihm nicht nur, Werke von höchstem Rang zu
schaffen, sondern entfremdete ihm auch seine Familie und seine Schüler, unter
ihnen Velásquez. So verlassen war er eine Zeit, daß er seine Magd bitten
mußte, ihm die Farben mit einem groben Pinsel aufzutragen; auf der Leinwand arbeitete er sie dann nach und gab ihnen die endgültige Gestalt. Sein
Farbauftrag, der den Gebrauch des Spachtels bereits ankündigte, paßt zu dieser Geschichte – wenn sie wahr ist. Er war auch ein geschickter Kupferstecher,
was ihn dazu verleitete, Falschgeld zu machen, wodurch er in eine fatale Lage
geriet. Er floh zu den Jesuiten und bat um Freistatt, und dort malte er das Altarbild mit der ›Apotheose des Heiligen Hermengild‹. Der Vordergrund wird
von den beiden Nothelfern Sevillas, den Heiligen Leander und Isidore, neben
dem gekrönten Sohn Hermengilds in kniender Stellung eingenommen. 1624
besuchte Philipp IV., der große Mäzen der Künstler, Sevilla. Er bewunderte
das Bild sehr, und als er erfuhr, daß Herrera es gemalt hatte, verzieh er ihm.
Er konnte sein Asyl bei den Jesuiten verlassen und nach Hause zurückkehren
und wurde wieder genauso unausstehlich wie zuvor.*

*Wir brauchen hier nicht noch einmal den ungeheuren Einfluß, den Fran-
cisco Pacheco durch seinen Schüler Velásquez auf die spanische Kunst aus-
übte, zu schildern. Aber wir dürfen nicht vergessen, seine berühmte Schrift,
›Arte de la Pintura‹, die er im Alter von 87 Jahren veröffentlichte, zu würdigen. Im nächsten Saal der Galerie hängt sein Bild ›San Pedro Nolasco‹; der
Heilige schifft sich gerade für eine seiner Reisen nach Nordafrika ein, um Gefangene loszukaufen. Als Philipp II. 1598 starb, wurde Pacheco ausgewählt,
den großen Katafalk für die Volkstrauer in der Kathedrale zu malen.*

*Juan de las Roelas, Zurbaráns Meister, ist hauptsächlich bekannt durch sein
Retabel in der Kirche San Isidoro, das ich im nächsten Kapitel beschreiben werde
Hier im Museum ist er durch ein anderes menschenwimmelndes Gemälde ver-*

treten, das ›Martyrium des Heiligen Andreas‹, wo der Körper des Apostels gerade die unselige Horizontale überbrücken kann, die so charakteristisch ist für die spanische Barockkunst. Es wird erzählt, daß Roelas vom Colegio des Heiligen Thomas, für das er das Bild gemalt hatte, ein Honorar von 2000 Dukaten forderte, das Collegium ihm aber nur 1000 bot. Man kam zu keinem Kompromiß, und das Bild wurde zum Schätzen nach Flandern geschickt. Zur Überraschung des Colegios wurde es dort auf 3000 Dukaten veranschlagt, und Roelas bestand auf ihrer Zahlung.

Zurbarán habe ich als Höhepunkt aufgespart, denn niemand wird seine Überlegenheit über die anderen hier vertretenen Künstler bestreiten. Man nannte ihn einmal den »Maler der Mönche, wie Raffael der Maler der Madonnen und Ribera der der Märtyrer war«. Zurbarán soll das Chiaroscuro nicht von seinem Meister Roelas, sondern von Ribera erlernt haben, und Ribera wiederum war ein Schüler Caravaggios. In seinen Porträts überragt er manchmal sogar den Italiener, zum Beispiel in dem Bildnis von Luis Beltrán (oft fälschlich für das von Enrique Suzón angesehen) in Mönchskutte und Kapuze oder den vielen Gesichtern auf der ›Apotheose des heiligen Thomas von Aquin‹. In diesem großen Gemälde sehen wir nicht nur die gewöhnlichen beiden horizontalen Bildebenen, sondern noch eine dritte, höher gelegene, die der Heiligen Dreifaltigkeit, der Madonna, Paulus und Dominikus zugewiesen ist. Es heißt, die Züge des Thomas glichen denen des Don Augustin Abreu Nuñéz de Escóbar, einem Domherrn von Sevilla. Im unteren Teil findet sich ein weiteres Porträt, leicht als das Karls V. zu erkennen; er kniet zur Rechten; direkt hinter ihm sehen wir ein Gesicht, das an Velásquez' Selbstporträt erinnert; es soll eine Selbstdarstellung Zurbaráns sein. Man kann sagen, daß der ›Heilige Thomas‹ Zurbaráns größtes Bild ist, manche Besucher werden andere eher nach ihrem Geschmack finden. Da ist eine ›Prozession heiliger Jungfrauen‹ in herrlichen Gewändern, ursprünglich für das Hospital de la Sangre gemalt. Man kann erraten, daß die Modelle für diese lieblichen Heiligen vom Adel gestellt wurden; denn man sieht Spuren von Rouge, wie es die Damen des Hofes um 1665 benutzten. Da ist die ›Begegnung des heiligen Bruno mit Papst Urban II.‹, ein wenig gestelzt, der Teppich im Vordergrund perspektivisch nicht korrekt; weiter ein ›Heiliger Hugo von Grenoble‹, der Freund und Helfer Brunos, wie er einen Kartäusermönch bei verbotener Fleischmahlzeit erwischt.

Alle diese Gemälde, mit ihrer Betonung von Licht und Schatten, den gesammelten, reichen Farben und ihrer Dreidimensionalität, stellen Zurbarán in die erste Reihe der Maler aller Nationen. Obwohl er Hofmaler war, hat sich nur wenig von seinen offiziellen Auftragsbildern erhalten, und wir sehen in ihm vor allem den Maler religiöser Studien.

Seltsam ist die Geschichte um die › Virgen de las Cuevas‹ in ihrem aprikosenfarbenen Gewand; Cherubim halten ihren weiten blauen Mantel über kniende Mönche gebreitet. Wir haben das gleiche Thema bereits im ersten Patio gestaltet gesehen, und wir werden es im Alcázar wiederfinden. Diese Schutzmantelmadonna geht zurück ins Frankreich des 15. Jahrhunderts, wo man sie häufig findet, gemalt und in Flachrelief. Hier in Spanien heißt sie die › Jungfrau der Höhlen‹, angeblich, weil ihr Mantel wie eine Höhle als Schutzdach dient; es ist aber viel wahrscheinlicher, daß man sie so nennt, weil Zurbarán dieses Bild für die Kartäuser von Santa Maria de las Cuevas in Sevilla malte. Es ist eigenartig, daß diese Kartäusergruppe ihren Ursprung in einer Zisterzienserlegende hat. Im frühen 13. Jahrhundert träumte ein Zisterzienser einen langen Traum, den er seinem Abt erzählte: er war im Himmel gewesen und hatte Christus in seiner Glorie gesehen. Die Propheten waren vollzählig versammelt, und die Apostel und eine unermeßliche Menge von Mönchen; alle waren da – nur nicht die Zisterzienser. Tapfer fragte er die Madonna, warum es denn im Himmel keine Zisterzienser gäbe. Da zeigte sie ihm die Brüder von Citeaux verborgen unter den Falten ihres weiten Mantels: sie wünschte, daß sie dort säßen, weil sie sie am allerliebsten habe. Wir wissen nicht, ob Zurbarán diese reizende Legende kannte; heute scheint sie in Spanien völlig in Vergessenheit geraten zu sein.

Im Obergeschoß hängen die Modernen, aber bevor man sie anschaut, sollte man kurz in einem kleinen Raum innehalten, der Sala Gestoso, die der Keramik und den Waffen gewidmet ist. Dort an der Wand hängt eine gleißende Barbierschale, ein sehr seltenes Stück, wie alle ihrer Art mit einem Segmentausschnitt, um sich besser dem Hals anzupassen beim Rasieren oder beim Aderlaß. Nun, just eine solche Schale, aus Messing gegossen, war es, die Don Quixote einst für den Helm des großen Zauberers Mambrino hielt. Früher hingen sie vor jedem Babierladen als Zunftzeichen.

Mehrere Säle sind den Romantikern und Modernen gewidmet, man findet ein › Sevilla en Fiesta‹ von Bacaresas, eine Explosion von Licht und leuchtenden Farben; und Munoz Degrain, der Lehrer Picassos, ist vertreten mit seinem › Sitzenden Jäger‹. In der Sala de Garcia Ramos hängen zahlreiche Veduten. Ramos lebte in der Calle Fernan Caballero Nr. 14, im gleichen Haus, das › Fernan Caballero‹ selber bewohnt hat. Fernan (oder Ferdinand) war eine Frau, Cecilia Böhl von Faber; ihr Vater war Deutscher, ihre Mutter vereinte irisches und spanisches Blut in den Adern. Obwohl heute niemand mehr die Romane Cecilias liest, verdient sie eine Würdigung wegen ihrer Sammlung andalusischer Coplas, einer Volkspoesie, die sie vor dem Vergessen glücklich bewahrt hat.

ACHTES KAPITEL

Sevilla – Die südliche Stadt

Die Plaza Nueva ist ein guter Ausgangspunkt für einen Rundgang zu den Sehenswürdigkeiten des südlichen Sevilla. Sie wird
auch Plaza San Fernando genannt, weil in der Mitte ihres modernen Palmengartens ein Denkmal des Eroberers von Sevilla
steht. Interessanter war das Steinbild des Komturs, des Kom-
mandanten von Calatrava, das früher hier im Kreuzgang des
Convento de San Francisco zu finden war. Im ›Don Juan‹ von Tirso
de Molina, der ersten Fassung dieses Stoffes von 1630, war der
Name des Komturs Gonzalo de Ulloa. Er wurde von Don Juan
bei dem Versuch, die Ehre seiner Tochter Doña Ana zu rächen,
getötet. Sein Denkmal spielt im zweiten Teil des Titels eine
Rolle: ›El Burlador de Sevilla y el Convidado de Piedra‹; der
Spaßmacher und tolle Kerl von Sevilla ist natürlich Don Juan, und
der Steinerne Gast das Standbild Gonzalos, der Juans übermütige
Einladung zum Diner annimmt, und, am Steinbart gezupft, die
Gesellschaft beendet, indem er seinen Gastgeber zermalmt.

Zweihundert Meter nordwestlich liegt die Kirche *La Magda-*
lena; wir müssen einen kleinen Abstecher machen, wenn wir sie
besichtigen wollen. Der Bau ist typisch Sevillaner Barock, von
Leonardo de Figueroa über dem Grundriß der früheren gotischen Kirche San Pablo errichtet, mit drei Schiffen, Querschiffen
und einer weiten Vierung. Das Innere ist wegen seiner vielen
Fresken bemerkenswert; sie wurden von Lucas Valdés, dem
Sohn des Valdés Leal, geschaffen. Die *Capilla de la Quinta An-*
gustia hat eine Mudéjarkuppel mit dem charakteristischen
Muster einander kreuzender bandartiger Rippen, die in der
Mitte einen Stern bilden; man nennt diese Arbeit ›Lazo‹. Je nach

der Anzahl der Strahlen des Sterns spricht man von ›Lazo de
diez‹, ›Lazo de doce‹ und so weiter; diese Kuppel hat sechzehn.
In der *Capilla Sacramental* zur Rechten hängen zwei schöne Zurbaráns, die seine hohe Meisterschaft in der Behandlung des Lich-
tes, der Farben, der Falten bestätigen. Das eine Bild von 1626 mit
der ›Wunderbaren Heilung des seligen Reginald von Orléans‹
beeindruckt durch die mattvioletten und roten Roben und das
bezaubernde Stilleben auf dem Tisch am Bett des Kranken. In
der Magdalena wurde am 1. Januar 1618 Murillo getauft, und
auch die Investitur des Bischofs Bartolomé de Las Casas, des
Apostels der Indianer, fand hier statt. In Sevilla geboren und für
die Westindischen Inseln als Bischof eingesetzt, kämpfte er gegen die Unterdrückung der Eingeborenen. Obwohl er zweifellos
zu Übertreibungen neigte, waren seine Absichten achtenswert,
und es gelang ihm, das Gewissen des Kardinals Cisneros zu wek-
ken. Es heißt, daß die Ansiedlung von Negersklaven in der westlichen Hemisphäre, die man damals für segensvoll hielt, auf Anregung Las Casas' zurückging.

Zurückgekehrt zur Plaza Nueva sieht man die strenge Renaissance-Fassade des *Ayuntamiento* oder der ›Casas Capitulares‹ vor
sich, größtenteils während der ersten Hälfte des 16. Jahrhunderts
errichtet. Die Ostfassade sieht auf die Plaza de la Falange Española und direkt auf die ›Audiencia‹, das nach einem verheerenden
Brand 1918 wiederaufgebaute Appelationsgericht. Diese unvoll-
endete Ostfassade des Ayuntamiento wird als eines der edelsten
Beispiele des Platereskstils bezeichnet; seine klassischen Linien
erscheinen durch eine Unzahl von Tier-, Pflanzen- und Phanta-
sieornamenten gemildert. Der Eingang liegt an dieser Seite, und
das Innere, besonders das Vestibül, ist im typischen Übergangsstil von der Gotik zur Renaissance gehalten. Die Stadtarchive im
Obergeschoß gehören zu den wichtigsten Spaniens; hier werden
die kostbarsten Dokumente seit der Zeit der Katholischen Könige
aufbewahrt. Hier befindet sich in einem gläsernen Schaukasten
auch das Stadtbanner mit der Gestalt Ferdinands des Heiligen,
in der zweiten Hälfte des 15. Jahrhunderts gefertigt, um das alte,
im Lauf der Zeiten zerschlissene, zu ersetzen.

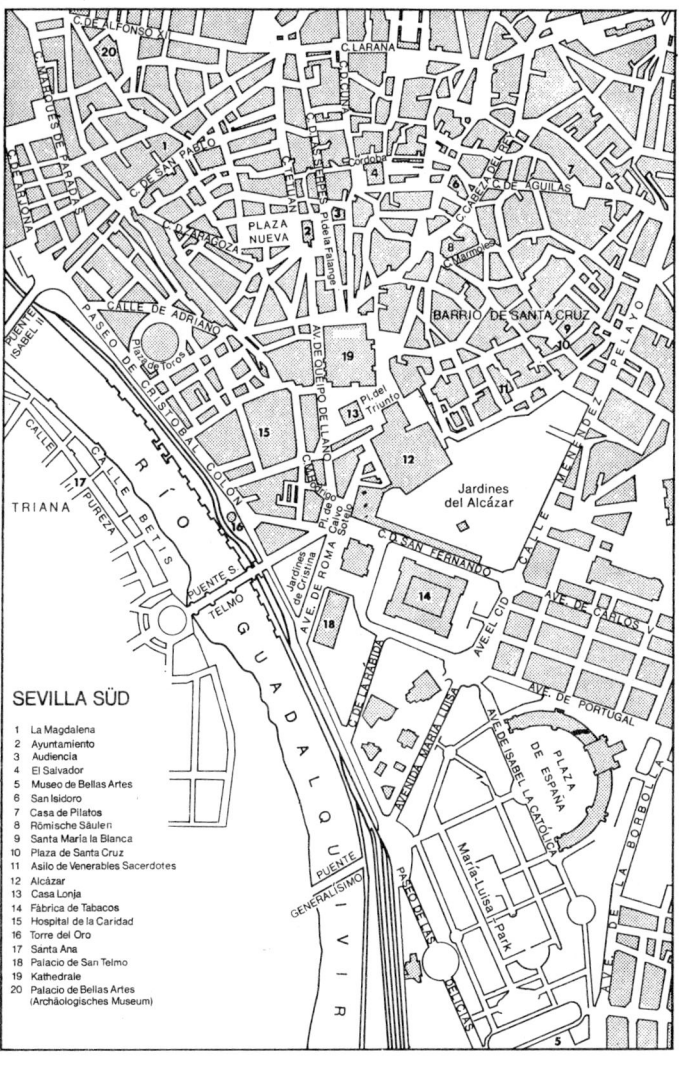

SEVILLA SÜD

1 La Magdalena
2 Ayuntamiento
3 Audiencia
4 El Salvador
5 Museo de Bellas Artes
6 San Isidoro
7 Casa de Pilatos
8 Römische Säulen
9 Santa María la Blanca
10 Plaza de Santa Cruz
11 Asilo de Venerables Sacerdotes
12 Alcázar
13 Casa Lonja
14 Fábrica de Tabacos
15 Hospital de la Caridad
16 Torre del Oro
17 Santa Ana
18 Palacio de San Telmo
19 Kathedrale
20 Palacio de Bellas Artes
   (Archäologisches Museum)

Wenn man auf der Plaza de la Falange Española mit dem Rük-
ken zum Ayuntamiento steht, öffnet sich gleich zur Linken die
berühmte *Calle de las Sierpes* mit ihren hübschen Läden und Cafés. An der Nordostecke führt eine kurze gewundene Straße zur
Kirche *El Salvador*, einer der interessantesten und am wenigsten
bekannten Sehenswürdigkeiten der Stadt.

*Das Äußere mit seinen übertriebenen Voluten wird einen vielleicht an einen
Bahnhof im Gründerstil erinnern, aber das Innere und besonders der Patio
entschädigen dafür doppelt. Man kann ihn entweder von Süden, von der Plaza
del Salvador aus, betreten oder von der Calle de Córdoba an der Nordseite. Der
Patio war der Hof von Sevillas Freitagsmoschee, der des Omar ibn Adabbas,
errichtet unter Abd ar-Rahman II. im Jahre 829. Die älteste arabische Inschrift
auf spanischem Boden, die man im Archäologischen Museum bewundern kann,
erzählt uns diese Fakten in kufischen Lettern. Die Moschee überlebte 844 den
Versuch der Wikinger, sie niederzubrennen, und wurde danach als ein durch
ein Wunder bewahrtes Heiligtum betrachtet. Die immer wiederkehrenden,
jahreszeitlich bedingten Überschwemmungen, unter denen Sevilla litt, bis am
Ende des letzten Jahrhunderts der Fluß endlich richtig eingedeicht wurde,
ließen Schlamm zurück, durch den sich das Bodenniveau hob; 1671 fielen die
Orangenbäume und der Brunnen für die kultischen Waschungen ›Verschöne-
rungsarbeiten‹ zum Opfer. Aber die Mauern des Patio haben überlebt.*

*Die Säulenkapitelle ragen nur dreißig bis sechzig Zentimeter über den Bo-
den; die Basen sollen ungefähr zwei Meter unter dem Bodenniveau liegen. Die
Kapitelle sind römisch und westgotisch (man nimmt an, daß hier bereits eine
westgotische Kirche stand); auf ihnen ruhen die Ziegelbögen, zwischen denen
moderne Häuser gebaut wurden. Das Minarett, heute der Glockenturm, lag in
der Nordmauer des Patio, gleich am Eingang, genau wie in Córdoba. Der
untere Teil ist noch unter dem Kalifat entstanden, mit Ergänzungen aus der
Almohadenzeit, alles in gelbem Sandstein mit dem sprechenden Soga y tizón-
Mauerverband. Er stürzte 1079 bei einem Erdbeben ein, und König Mutamid
(der die Sklavin heiratete) baute ihn in einem Monat wieder auf, wie man auf
der Marmortafel lesen kann, die über dem Weihwasserbecken am Eingang der
Kirche angebracht ist. Über dem maurischen Unterbau erhebt sich der gotische
Turm; die Turmspitze stammt aus dem Barock. Gleich an sie angebaut ist das
Haus des Glöckners; er muß die Wendeltreppe, über die schon der Muezzin
vor tausend Jahren kletterte, benutzen, um zu seiner Haustür zu gelangen.
Wenn man die Kirche vom Patio aus betritt, die Tafel Mutamids zur Rechten,
sieht man ein anderes Weihwasserbecken und darüber ein feines Relief mit
der ›Anbetung der Hirten‹ von Juan de Oviedo, ein Rest des einstigen Hoch-*

altars. Der heutige ist etwas ungeschlacht, wird aber manchem gefallen; interessanter ist wohl der Riese Christophorus zur Linken, das älteste bekannte Werk des Martínez Montañés und eines seiner schönsten dazu.

Rechts steht in einer reichverzierten Nische die ›Virgen de las Aguas‹. Ihr Titel hängt mit einer phantastischen Geschichte zusammen. Ferdinand der Heilige hatte mehrere Bildwerke zur Auswahl bestellt und konnte sich nicht entschließen, welches er haben wollte. Er befand sich also in einem Dilemma – ›entre dos aguas‹, ›zwischen zwei Wassern‹, wie der Spanier sagen würde –, und seine Verlegenheit wurde übertragen auf die Madonna seiner schließlich getroffenen Wahl. An einem Pfeiler des Hauptschiffes auf der Höhe des Sakristeieingangs findet man eine hübsche Gruppe ›Die heilige Anna unterrichtet die Jungfrau Maria‹ von Montes de Oca, der auch viele Figuren in der uns bereits bekannten Kirche La Magdalena geschnitzt hat. Die Figuren der Passion von Montañés und seinem Lieblingsschüler Juan de Mesa sind berühmt; de Mesa schuf den bekannten ›Cristo del Amor‹ mit einer übertrieben dargestellten Dornenkrone. Der Name hängt mit einer Legende zusammen: ein ungläubiger Handwerker träumte, daß eine der langen Dornen sich in seine Brust bohrte und erwachte bekehrt, mit einem Herzen voller Liebe.

Von El Salvador zur Kirche *San Isidoro* geht man ungefähr hundert Meter in östlicher Richtung. Das Südportal unter einem Glockenturm, mit Azulejos gedeckt, ist gotisch; die Archivolten zeigen ein Zickzackmuster. Innen sollte man den ›Tránsito de San Isidoro‹ des Juan de las Roelas anschauen.

Das Wort ›Tránsito‹ bezeichnet den Tod des Heiligen, aber es geschah, daß sein Leichnam von Sevilla nach León gelangte, vierhundert Jahre nach seinem Tod. König Ferdinand I. von León und Kastilien, der den Taifa-König von Sevilla in Abhängigkeit gebracht hatte, schickte eine Gesandtschaft mit dem Ersuchen, den Leichnam der heiligen Justina auszuliefern. Ich habe bereits beschrieben, wie ungeheuer wichtig Reliquien im Mittelalter genommen wurden; es ist also nicht nötig, das Erstaunen zu schildern, das Al-Mutadid mit seinem Bekenntnis auslöste, niemand wisse, wo die Heilige geblieben sei. Aber Bischof Alvito, der Leiter der Gesandtschaft, hatte dreimal hintereinander einen Traum, in dem ihm ein ehrwürdiger Geistlicher erschien und verkündete, daß »nach göttlichem Willen die Stadt nicht ihrer Heiligen beraubt werden soll. Aber Gott in seiner Gnade, der nicht wünscht, daß Du mit leeren Händen diesen Ort verläßt, hat Dir meinen Leib statt des ihren zugedacht.« Mit begreiflicher Vorsicht fragte Alvito die Erscheinung, mit wem er die Ehre habe zu sprechen, und empfing die Antwort: »Ich bin Isidoro, der Gelehrte Spaniens und Bischof dieser Stadt.« Das war nun wirklich eine gute Fügung, denn Isidor nimmt unter den Heiligen einen ziemlich hohen Rang ein. Bei seiner Auffindung ergaben sich die üblichen Phänomene, unter anderem strömten seine Gebeine himmlischen Duft aus. Der Heilige wurde nach León überführt und tat auf dem Weg noch etliche Wunder.

Hinter San Isidoro liegt die Calle Cabeza del Rey Don Pedro. Die Geschichte, warum das Haupt Pedros des Grausamen in Stein an einer der Mauern erscheint, ist zu verwickelt, um hier im Detail wiedergegeben zu werden; der Ablauf war ungefähr folgender:

Pedro hatte auf einem seiner nächtlichen Spaziergänge einen unschuldigen Bürger ermordet und war unerkannt entkommen. Seine Häscher waren nicht in der Lage, einen Mörder zu finden, sehr zum vorgeblichen Ärger des Königs, bis eine alte Frau, die an der Ecke der Calle des Candilejo lebte, erzählte, daß sie gehört habe, wie der Mörder davongeeilt sei, und genau Pedros seltsame Art zu gehen beschrieb. Bekannt als ›Monarca Justiciero‹, mußte Pedro eine Lösung von dieser Schuld finden. Er ließ ein steinernes Abbild von sich machen und übergab es den Stadtvätern zur Hinrichtung, mit der Anweisung, daß der Kopf am Ort des Verbrechens aufgestellt werden sollte.

Die Calle de Águilas bringt uns zur *Casa de Pilatos*, zum ›Haus des Pilatus‹, das nach der Kathedrale und dem Alcázar zum unbedingten Pensum des Touristen gehört. Das marmorne Eingangstor ist ein Werk Genueser Bildhauer, Aprile und Bisoni, von 1533, und zeigt drei gleicharmige Kreuze mit je einem kleinen Kreuz in den vier Winkeln. Das Gebäude wurde 1492 von Pedro Enríquez und seiner Frau Catalina de Ribera begonnen; beider Sohn, Fadrique de Ribera, der den Namen der Mutter führte, vollendete und verschönerte es mit Marmorstatuen aus Italien. Don Fadrique war ein großer Reisender und unternahm 1519 eine Pilgerfahrt nach Jerusalem; darauf beruht die in nichts sonst bestätigte Annahme, daß das Haus dem Praetorium des Pontius Pilatus nachgebildet sei. Diese Annahme führte auch dazu, daß einige Cofradías, deren Prozessionen in der Karwoche eine Zeitlang den Leidensweg darstellten, ihren Weg am Haus des Pilatus begannen. Sie berührten mehrere Punkte, die als Kreuzwegstationen kenntlich gemacht wurden, und beendeten

ihre Prozession am ›Cruz del Campo‹ außerhalb der Stadtmauern. Der Ausgangspunkt der Cofradías ist in der Mauer zur
Linken des Eingangs durch ein eingelegtes Jaspiskreuz bezeichnet; daneben ist eine Tafel, die an die Heiligsprechung Juan de
Riberas, eines Verwandten des Gründers, erinnert.

*Das Innere entspricht dem gewöhnlichen Grundriß mit einem Außenhof und
mehreren Patios. Wieder findet sich eine glückliche Verschmelzung von Mudé-
jar- und Platereskstil. Die zweigeschossige Arkadengliederung und die niedrige Balustrade sind typisch für die Renaissance. Die schlanken Marmorsäulen, die gezähnten Bögen, der reiche Stuck, die Zwillingsfenster mit Alfiz-Um-
rahmung und, mehr als alles dies, die Fliesen rufen die maurische Tradition
wach. Ruhm und Prunk des Hauses sind die Azulejos, die jede Wand bis zu
einer Höhe von vier Metern bedecken, mit Mustern, die an Orientteppiche erinnern. Die Farben sind die gleichen, die von den Almohaden bevorzugt wurden, blaßbraun und honiggelb, grün und dunkles Purpurrot. Die Purpurfliesen
wurden mit Hilfe von gebranntem mangansaurem Salz hergestellt. Die meisten
Azulejos gehören dem Cuenca-Typ an, bei denen Flachreliefmuster aufgeprägt
wurden. Es finden sich aber auch Beispiele der ›Cuerda-seca‹-Technik. Dabei
wurden die Muster mit einer Schnur, die mit Mangansalz imprägniert war,
vor dem Brennen nachgezeichnet, um die einzelnen Farben scharf zu trennen.
Die fertige Fliese zeigte dann dunkle Konturen.*

*In jeder Ecke des Patio steht eine römische Statue, darunter zwei Minerva-
Figuren. Es konnte nachgewiesen werden, daß sie Kopien der berühmten Lem-
nischen Athene des Phidias sind, von denen andere römische Kopien in Bologna
und Dresden zu finden sind. In der Mitte steht ein eleganter Brunnen, dessen
obere Schale von Delphinen getragen wird; die Spitze bildet ein bärtiger Janus-
kopf; das Buschwerk um das untere Becken mildert die Kälte von Marmor und
Stein.*

*Zur Rechten liegt der Salón del Pretorio (jeder Raum im Palast ist nach
einem Ereignis aus der Passion benannt), dessen schöne platereske Rejas genauer Betrachtung wert sind; man kann durch eine davon auf eine andere Reja
im Garten sehen, ein Lieblingsmotiv der Künstler. Die originalen hölzernen
Fensterläden gehören zu den künstlerischsten und besterhaltensten Stücken
der Mudéjar-Zimmerkunst. Die Decke ist ein Wunder an geduldiger Mühe
und betont noch einmal die Vereinigung von Renaissance und islamischer
Kunst. Sie ist im Geschmack der Renaissance kassettiert, und ein Teil der Kassetten zeigt Wappenschilde, aber die meisten sind in exquisiter Alfarjetechnik
mit vieleckigen Elfenbeinintarsien gearbeitet. Hier kann man sehr gut die*

›Racimos‹ oder Trauben betrachten, die von vielen Decken dieser Art herabhängen. Diese ornamentierten Holzkegel sind in verschiedenen Mustern geschnitzt, manche gleichen Tannenzapfen oder Ananasfrüchten, andere haben
ein Mocárabe- oder Stalaktitenmuster, das an Bienenwaben gemahnt. Außerhalb des Saales liegt ein kleinerer Patio mit alten ›Olambrillas‹, das sind winzige
ornamentale Fliesen, die zwischen die Backsteine des Pflasters eingelegt werden,
und Kapitellen von Medina Azzahra. Das Vorgemach der Kapelle heißt Sala
de Descanso de los Jueces: Raum, in den sich die Richter zurückzogen, und
enthält zwei weibliche Statuen, die eine stellt wahrscheinlich Catalina de Ribera dar. Jede kniet auf einem Sockel, der wunderschön mit Azulejos dekoriert
ist. Die Kapelle hat ein überladenes gotisches Gewölbe mit vergoldeten, ornamentierten Rippen und Mudéjarstuck. Die ›Cuerda-seca‹-Fliesen in diesem
Raum gehören zu den schönsten Spaniens. In der Mitte steht eine zerbrochene
Säule, wie es heißt, eine Kopie der Geißelsäule, die in Rom in der Kirche Santa
Prassede bewahrt wird, und ein Geschenk Papst Pius V. Form und Größe sind
die gleichen, aber während die angeblich originale Säule in Rom aus schwarzem
und weißem Jaspis besteht, ist diese hier rehfarben und braun. Von dem Vorgemach führt eine kleine Tür in den Salon de la Fuente, so genannt nach dem
kleinen Bassin in der Mitte; die schöne Mudéjardecke weist Lazo-Werk, Mocárabes und schwer vergoldete Rácimos auf. Im Römischen Saal ist ein kleines
Museum römischer Statuen und Büsten eingerichtet, und dahinter liegt wiederum ein Patio, der ›Jardín grande‹. Im kleinen Arbeitszimmer steht ein häß-
licher Tisch aus dem 16. Jahrhundert mit ›Opus sectile‹, einem Belag aus kleinen
geometrisch geschnittenen Marmorplatten. In schöner Vertrauensseligkeit wird
er von manchen als der Tisch, auf dem Judas die Silberlinge ausbezahlt wurden, hingenommen. Hier und da hat man oberhalb der Fliesenverkleidung unter der weißen Tünche Reste von Fresken freilegen können; wie in anderen
Mittelmeerländern hatte auch hier eine Pestepedemie dazu geführt, alle er-
reichbaren Flächen mit Kalktünche zu überziehen. Damit gelang es zwar,
Kunstwerke auszurotten, aber der Floh, der die Krankheit überträgt, war dadurch auch nicht im geringsten zu beunruhigen. Letztes Prunkstück ist die
Kuppel über dem Treppenhaus, eine ›Medianaranja‹ oder ›Halborange‹; die
Rippen der einzelnen Segmente sind hervorgehoben, das Ganze wird von
höchst phantasiereichem, künstlerischem Holzspitzenwerk mit Marketerie gebildet. Das obere Stockwerk, dessen Räume meistens verschlossen sind, enthält
die Archive mehrerer andalusischer Städte; das ist weithin unbekannt, aber
für den Historiker sehr wissenswert.

Der malerische Barrio de Santa Cruz, das ehemalige jüdische
Viertel, hat am stärksten die Atmosphäre des alten Andalusien

bewahrt. Hier findet man die engen, geschlängelten Straßen mit
weiß- oder gelbgetünchten Häusern, winzigen Patios, die Straßenlampen an Wandarmen, Pflaster aus Ziegeln in Fischgrät-
muster und engbrüstige Erker mit Holzgittern, den direkten
Nachfahren der arabischen ›Mushrabije‹, das den Haremsdamen
erlaubte, das Straßenleben zu verfolgen, ohne selber gesehen zu
werden. Hier kann man Erholung finden vom Lärm der Stadt,
und sich dem verführerischen Duft von Orangenblüten, Lev-
kojen und Jasmin hingeben.

Es ist unmöglich und auch nicht wünschenswert, einer festen
Route durch dieses Labyrinth zu folgen. Die *Calle de Mármoles*
ist uns am nächsten; in ihr finden wir in einer Häuserzeile einen
Graben klaffen; dort wurden Ausgrabungen vorgenommen, und
in der Tiefe ragen drei riesige römische Marmorsäulen auf, wie
der Straßenname andeutet. Sie haben keine Kapitelle mehr, und
die Basen sind nicht zu sehen, da sich Wasser um sie herum ange-
sammelt hat, mit einem hübschen leuchtendgrünen Überzug
aus Entenflott. – Weiter ist da die Kirche *Santa María la Blanca*:
wie ihre gleichnamige Schwester in Toledo war sie früher eine
Synagoge. Sie birgt ein Gemälde von Vargas und ein Murillo zugeschriebenes ›Abendmahl‹. Man kann mehr als ein Dutzend
bezaubernder Plazas finden, am bekanntesten ist die von Santa
Cruz mit einem schönen schmiedeeisernen Kreuz zwischen Orangen und Magnolien. Eine andere, Plaza de las Cruces, ist drei-
eckig und hat drei gleiche Kreuze, auf Säulen gestellt, zumindest
eine davon römischen Ursprungs. Da ist die Calle de la Pimienta,
die Pfefferstraße: ihr Name erinnert an die Zeit, als die Gewürz-
händler ihren eigenen Basar hatten und Pfeffer mehr wert war
als sein Gewicht in Gold. Als Katharina von Bragança König
Karl II. von England heiratete, brachte sie ihm als Mitgift nicht
nur die Städte Bombay und Tanger, sondern auch Pfeffer im
Werte von einer halben Million mit – sicherlich nicht für den
Gebrauch an der königlichen Tafel bestimmt, sondern als sehr
feste ›Währung‹.

Im Zentrum des Barrio gab es ein altes Theater namens *Teatro
Doña Elvira*. In Tirso de Molinas ›Don Juan‹ wird noch keine

Elvira erwähnt, sie taucht erst später irgendwo in der langen
Entwicklung zwischen diesem ersten Don-Juan-Drama und da
Pontes Libretto zu Mozarts ›Don Giovanni‹ auf, und so ist der
Name wohl mehr ein Zufall. 1675 wurde dort auch der *Asilo de
los Venerables Sacerdotes* gebaut, ein Heim für alte Geistliche. Der
tiefliegende Patio aus roten Backsteinen mit Orangenbäumen,
Myrten und Topfpflanzen ist in seiner mönchischen Abgeschie-
denheit besonders reizvoll. Die Kapelle wirkt heiter, ihre Fresken sind von ungewöhnlicher Thematik, so Friedrich Barbarossa
vor dem Papst in Rom und eine Szene aus dem Leben Attilas.
Teil des Retablo mayor ist ein Abendmahl von Roelas. Hier stellen die Cofradías ihre Schätze außer während der Karwoche aus,
und man kann die Kirche leicht finden, wenn man den Wegweisern zum ›Tesoro de las Cofradías‹ folgt.

Gegenüber dem Hospital liegt die malerische *Hostería del Laurel*, ein Wirtshaus, das in Zorrillas' Don-Juan-Bearbeitung als
Haus eines anderen neu eingefügten Charakters, der Inés, vor-
kommt. Es ist ein kühler, würzig und nach Wein duftender Ort;
die Weine reifen hier in großen Fässern, von den Decken hängen
unzählige Schinken herab, und an der Theke gibt es ›Tapas‹,
kleine Appetithappen, die die Hauptnahrung der Sevillaner darzustellen scheinen. Das ›Laurel‹ ist berühmt für seine große
Auswahl an Tapas, wie Garnelen, Trompetenschnecken, Tinten-
fische, Schnecken, Hühnerlebern und Hummerscheren, neben
Schinken und Würstchen. An einem Grill können Kebabspieß-
chen, hier ›Pinchitos‹ genannt, mit einer raffinierten Gewürz-
mischung im Nu zubereitet werden.

Man sollte den Barrio an der entzückenden Plaza de la Alianza
und der Calle de la Alcazaba verlassen. An der Südostseite ist ein
Mauerstück aus der Almohadenzeit erhalten, mit fünf viereckigen Türmen, und dahinter liegt der berühmte Murillo-Park.
Wenn man die Mauer links liegen läßt und um die Ecke biegt,
kommt man schnell zum Haupteingang des *Alcázar*, dem letzten
Stern aus Sevillas berühmtem Dreigestirn. Dieser Festungspalast soll ursprünglich von Julius Caesar gegründet worden sein

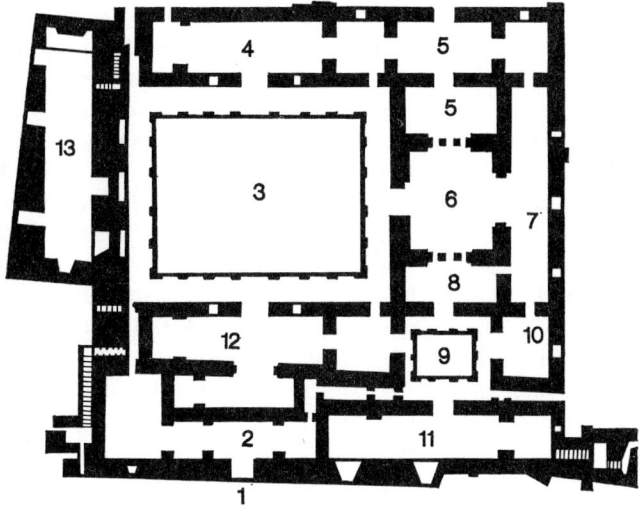

ALCÁZAR VON SEVILLA
Erdgeschoß des Palastes

1 Puerta del León
  (Puerta Principal)
2 Vestíbulo
3 Patio de las Doncellas
4 Salón de Carlos v.
5 Gemächer von María de
  Padilla
6 Salón de Embajadores
7 Comedor (Salón del Techo) de
  Felipe ii
8 Sala (Dormitorio) de Felipe ii
9 Patio de las Muñecas
10 Sala de los Reyes Católicos
11 Salón de los Príncipes
12 Dormitorio de los Reyes Moros
13 Capilla

und wurde von den nachfolgenden Eroberern aller Nationen
weiter benutzt. Wie die meisten spanischen Alcázars ist auch
dieser in die Stadtbefestigung einbezogen, aber anders als die
meisten war er seit fast zweitausend Jahren immer wieder
wenigstens gelegentlich Residenz jedes Staats- oder Provinz-
oberhauptes. Es gibt einige Reste römischen Mauerwerks, aber
der größte Teil der Befestigungsanlagen ist im 12. Jahrhundert
von den Almohaden errichtet worden.

Man tritt ein unter einem Fayence-Löwen, der ein Kreuz und
ein Motto trägt, wahrscheinlich ›ad utrimque‹. Vor uns ist ein
Torbogen in der Mauer, die zu dem einzigen Bauteil aus der
Almohadenzeit führt, der nicht kriegerischen Zwecken diente,
dem *Patio de Yeso*. Er wird Besuchern im allgemeinen nicht gezeigt, aber einer der Kustoden wird gewöhnlich aufschließen,
wenn jemand besonders daran interessiert ist. Viele Reisende
werden den Myrtenhof in der Alhambra von Granada kennen;
dieser Hof ist nach dem gleichen Prinzip angelegt, nur daß die
beschnittenen, ungefähr siebzig Zentimeter hohen Granatapfelbäume den Platz der Myrten einnehmen. Wände und Hufeisenbögen mit ihrer typischen Almohaden-Ornamentik sind gut erhalten, hauptsächlich weil ein Privathaus über diesem Teil der
Burg gebaut worden war.

Von diesem Patio geht die *Sala de Justicia* ab, die Alfonso XI. im
14. Jahrhundert errichtete. Sein Sohn, Pedro der Grausame, ließ
den Großteil des heutigen Palastes erbauen, der ungefähr hundert Meter entfernt von diesem Bauteil liegt und einen völlig
anderen Stil zeigt. Die Wände der Sala de Justicia sind von Stuck-
friesen in zwei Ebenen überzogen, mit dem Rautenmuster, das
wir von der Giralda her kennen, und ›Arcos de colgadura‹, Bo-
gennischen, in denen die durchbrochenen Steinfenster steckten.
Das Gewölbe ist eine achteckige Pyramide, wenn man diesen
Terminus hier anwenden darf, mit Enlacerías und Intarsien,
eines der frühesten Beispiele für den Mudéjarstil. In der Mitte
des Saales ist ein Brunnen mit einem flachen Abfluß zum Patio del
Yeso, und entlang der Wände laufen Bänke aus Ziegeln und
Fliesen. Eine seltsame Note ergibt sich aus dem engen Maschen-
draht, der den Eingang verschließt; er soll Vögel aussperren, die
mit großer Vorliebe in dem Gewölbe nisten, und dabei die kostbaren Alfarje-Arbeiten ruinieren, an denen sie ihre Schnäbel zu
wetzen lieben.

Der große Hof, der vor einem liegt, wenn man die Almoha-
denmauer passiert hat, heißt *Patio de los Leones*, angeblich, weil
er einstmals die Menagerie beherbergte. Der Hof zur Linken ist
der *Patio de la Montería*, der Hof der Jäger von Espinosa; sie stell-

ten für Jahrhunderte die Leibwache des Königs und wurden ursprünglich nur in der kleinen Stadt auf der Hochebene von Kastilien, südlich Santander, ausgehoben. Vor uns liegt nun die Fassade des Palastes Pedros des Grausamen, wir werden uns ihr später zuwenden; zur Rechten nun die *Casa de Contratación*, die von Königin Isabella gegründete Handelskammer, die den Handel mit den neu entdeckten Westindischen Inseln regeln sollte. Zu ihren Lebzeiten gab es die Beifügung ›de las Américas‹ noch nicht, weil der Name Amerigo Vespuccis erst nach ihrem Tode für den neuen Kontinent allgemein benutzt wurde. Eine Tafel am Eingang spricht von ›den Indien‹, und teilt mit, daß die erste Erdumsegelung von diesem Amt aus organisiert worden sei.

Wenn man die Eingangshalle mit den von Francisco de Goya entworfenen Gobelins durchschritten hat, kommt man in den *Audienzsaal* mit einem schönen Artesonado und weiter in den *Cuarto del Almirante* mit dem großen Bild der ›Virgen de los Navegantes‹, der ›Madonna der Seefahrer‹, die ihren Mantel über einige bedeutende Figuren der Weltgeschichte, darunter Karl v., breitet. Dieses populäre Werk malte Alejo Fernández nach 1530, so muß eine Anzahl der sogenannten Porträts seiner Phantasie entsprungen sein. Interessant ist das Bild auch dadurch, daß in seinem unteren Teil die Handwerke jener Zeit erscheinen.

Wenn wir die Casa de Contratación verlassen, führt uns eine Treppe zur Rechten in die *Königlichen Gemächer*. Das Treppenhaus ist, anhand der Fliesen, die die Wände über anderthalb Meter hoch bedecken, leicht zu datieren. Die obere Reihe zeigt abwechselnd die Wappen von Kastilien und León, die drei Türme und den Löwen, und das Wappen Karls v., zwei Säulen mit einem Schriftband: ›Plus Ultra‹. Wir brauchen deshalb nicht zu raten, wann das Treppenhaus seine Dekoration erhielt und wann die Fliesen gebrannt wurden: sie gehören zu den besten Arbeiten Sevillaner Manufakturen des 16. Jahrhunderts.

Der erste Raum am oberen Ende der Treppe heißt *Saleta* und diente als eine Art Vorzimmer. Die Decke ist ein komplizierter Artesonado mit dem Joch und den Pfeilen der Katholischen Könige. Es war in jenen Tagen üblich, daß jeder der Eheleute ein Emblem annahm, das mit dem Anfangsbuchstaben des Namens des anderen begann. So wählten Ysabel (wie sie sich schrieb) die ›Flechas‹ (Pfeile) und Ferdinand das ›Yugo‹ (Joch). An den Wänden hängen flämische Tapisserien, und von den Fenstern aus hat man einen großartigen Blick auf die Kathedrale und die Giralda, über die Höfe und Zinnen des Palastes hinweg. Der nächste Raum ist klein, aber prächtig, fast überreich. Er hat eine Alfarje-Decke, die in der Mitte von zwölf Marmorsäulen mit vergoldeten Kapitellen aus der Kalifenzeit getragen wird.

Die *Kapelle der Königin Isabella*, ein kleiner Raum mit gotischer Decke, ist wegen ihres Fayencealtars (1504) des Francisco Niculoso Pisano berühmt, von dem wir auch im Kloster Santa Paula schon einige Arbeiten gesehen haben. Er hat seine Kunst wahrscheinlich in Faenza erworben, jedenfalls führte er als erster mehrfarbige Fliesen ein, die nicht mehr die dunklen Trennlinien des ›Cuerda seca‹ oder die Rillen des Cuenca-Typs aufweisen. Der Altar ist über und über mit diesen Fliesen verkleidet, die mit Darstellungen in Blau, Weiß und Gelb bemalt sind. In der Mitte befindet sich ein ungefähr anderthalb Meter hohes Bild der ›Heimsuchung Mariä‹, den Rahmen bildet der Baum Jesse. Die übrige Ornamentik des Altars ist typisch plateresk: Pfeile und Joch, mythische Gestalten und Blumenmuster.

Die oberen Gemächer sind nicht so elegant und auch nicht so interessant. Das *Schlafzimmer Pedros* ist nicht so schlimm wie der Rest; es hat einen schönen Artesonado und einige dekorative Inschriften an den Wänden. Über der Tür findet sich ein miserables Gemälde mit fünf Totenschädeln; sie sollen fünf ungerechte Richter, die er enthaupten ließ, symbolisieren. Eine silberne Gruppe stellt Isabella II. mit ihrer Familie dar; ihre Züge gleichen immer noch denen des Porträts, das Vicente López von ihr gemalt hat, als sie noch ein Kind war, aber ihr Körper wirkt aufgeschwemmt, lymphatisch. Unter anderen Porträts finden sich zwei der Schwester Isabellas, María Luisas, der späteren Herzogin von Montpensier, nach der der Park im Norden der Stadt genannt ist. Im *Musikzimmer* befinden sich ein Klavier von 1850 und einige Porträts von Anton Raffael Mengs, dem deutschen

Böhmen dänischer Abstammung. Er entdeckte Velásquez wieder, dessen Werk im späten 18. Jahrhundert der Vergessenheit anheimzufallen drohte.

Wir kommen nun in den Teil des Alcázar, der immer wieder als schönstes Beispiel der Mudéjarkunst angeführt wird. Herabsteigend in den Löwenhof, findet man zur Rechten einen rechteckigen Torweg, flankiert von Blendarkaden und Sebka-Arbeit. Das Mittelstück vereinigt die besten Züge der Mudéjarkunst mit Details, die an Granada, besonders an die Alhambra, gemahnen; das ist nicht erstaunlich, denn Pedro konnte 1362 Mohammed V. wieder zu seinem Thron verhelfen. Mohammed hatte Granada an einen Usurpatoren, Ismail ibn Jussuf, verloren. Ismail seinerseits wurde von Abu Said, einem Mann mit wüstem Charakter – besser bekannt als Mohammed VI. El Bermejo (der Rote) – umgebracht. Nun war es das Volk, das Mohammed V. aufforderte zurückzukehren, und mit Hilfe Pedros gelang ihm die Wiedereroberung seines Thrones. Um König Pedro für seine Hilfe zu danken, schickte er ihm seine eigenen Handwerker für den neuen Palastbau.

Das obere Stockwerk zeigt im Mittelrisalit ein von Zwillingsfenstern flankiertes Drillingsfenster, daran links und rechts anschließend offene Balkone. Unter den Fenstern verläuft ein Fries mit Sebka-Arbeit, wieder darunter eine Reihe Blendarkaden; auch unter dem vorspringenden Dach, von geschnitzten, vergoldeten Balken getragen, ist ein Sebka-Fries zu sehen. Über den Fenstern erkennt man ein eigenartiges Band mit lombardischer Inschrift: »Der sehr hohe und sehr edle und sehr mächtige und sehr eroberungslustige Pedro, durch Gottes Gnade König von Kastilien und León, befahl die Errichtung dieser Alcázars und Paläste und dieser Türen, so geschehen im Jahre eintausendvierhundertundzwei«, was 1364 entspricht. Das Mittelfeld des Bandes besteht aus weißen und blauen Fliesen und bildet scheinbar ein rein geometrisch wirkendes Muster; in Wirklichkeit aber handelt es sich um eine Koranzeile in eckiger kufischer Schrift, die achtmal wiederholt: »Es gibt keinen Eroberer außer Allah.« Das mag seltsam aussehen über dem Palastportal eines christlichen

Königs; aber wir werden diesem Motto der Nasriden noch an viel seltsameren Plätzen begegnen.

Das Innere ist von den allgemeinen Anforderungen an eine Residenz bestimmt. Ein Teil ist offiziellen und geschäftlichen Zwecken vorbehalten; ein anderer dem Privatleben. Die offiziellen Räume sind um den *Patio de las Doncellas* gruppiert; die privaten Gemächer um den *Patio de las Muñecas*. Der erstere ist ein großer Hof mit Galerien, Zackenbögen, getragen von schlanken Marmorsäulen, und viel Sebka-Dekoration. Er wurde von den Hofdamen benutzt: ›Doncella‹ ist eine Dame von Rang, ›Doncel‹ ein königlicher Page. Da der Hof unter den Katholischen Königen stark renoviert wurde, zeigt er heute auch platereske Details; der älteste und schönste Teil ist die untere Wandbekleidung mit Azulejos aus dem 14. Jahrhundert. Der Patio führt zu drei Räumen, deren erster und glanzvollster der *Salón de Embajadores* ist.

Der Haupteingang zu diesem ›Saal der Gesandten‹ liegt hinter feinen Doppeltüren von 1366, die mit Enlacerías im gewöhnlichen geometrischen Muster geschmückt sind. An der Außenseite erkennt man eine arabische Inschrift, die uns den Künstler, einen Toledaner, nennt, und an der Innenseite eine gotische Inschrift mit Auszügen aus dem Evangelium Johannis und dem 53. Psalm. Der Psalm war offensichtlich in einer niedergedrückten Stimmung gewählt worden, was zu verstehen ist, denn in diesem Jahr griff Pedros Halbbruder, der Bastard Heinrich von Trastamara, nach dem Titel des Königs von Kastilien und fiel in Spanien ein. Der Kampf dauerte unter Beteiligung Englands und Frankreichs drei Jahre und wurde durch den Dolch Heinrichs beendet. Pedro hatte also nur noch wenig Zeit, sich seines Palastes zu erfreuen.

Das Innere des Salón de Embajadores lodert in Gold, bemaltem Stuck und feinen Azulejos. Der Saal erstreckt sich über die Höhe von zwei Stockwerken und wird von einer Kuppel gekrönt, die größer und köstlicher als jene in der Casa de Pilatos ist. Das geometrische Muster der Lärchenholzbänder umschließt Einlagen von bemaltem Stuck, und der Übergang vom Viereck des

Raums zum Kuppelrund erfolgt durch einen Achteckstern mit Zellen- und Stalaktitenstrukturen. Unten öffnen sich an drei Seiten arkadierte Eingänge mit drei Hufeisenbögen, die auf Kapitellen aus der Kalifenzeit aufliegen. Darüber sieht man eine phantastische Dekoration von bemaltem Stuck, verzierten Wandfeldern, Bögen, Schlußsteinen und arabischen Inschriften, alles in lebhaften Farben wie Rosa, Gelb und Blau, während die Balkone teilweise vergoldete Eisengitter haben und von Drachen mit vergoldeten Schwingen getragen werden. Philipp II. ließ einen reichen Bildnisfries anbringen, der in Höhe der Balkone rund um den Saal läuft und deshalb auch am besten von diesen aus betrachtet werden kann. Oben läuft ein Schriftband in kufischer Schrift, darunter kommen gotische Nischen mit den Königsporträts. Weder Isabella die Katholische noch ihre Tochter Johanna sind dargestellt. Unter den Bildern stehen Namen, Wappen, Lebens- und Regierungszeit, und darunter wiederum ein Fries mit arabischer Schrift, diesmal Naskhi. Es war in dieser Halle, wo Don Fadrique von seinem Halbbruder Pedro ermordet wurde, und hier fand auch die Hochzeit zwischen Karl V. und Isabella von Portugal statt.

Ein Raum muß noch erwähnt werden, es ist der *Salón del Techo de Felipe II.*, der nach seiner schlichten kassettierten Decke benannt wurde. Die Wände dagegen sind mit einem völlig andersartigen Stuck als dem, den wir bisher gesehen haben, überzogen; er schließt die Konturen von Tieren ein. Eine seiner Türen heißt nach den Pfauen, die zwischen endlosem Weingerank spazieren, ›Puerta de los Pavones‹. Von manchen wird dieses Werk als Toledaner Arbeit angesehen, andere halten es für persisch. Von hier aus betritt man den *Patio de las Muñecas*, benannt nach den winzigen, puppenhaften Gesichtern, die die Zwickel der Arkaden verzieren. Da dies der Mittelpunkt der Privatgemächer ist, erscheint die Dekoration weniger üppig, doch nicht minder qualitätvoll. Die Kapitelle stammen fast alle aus Córdoba, vor allem aus Medina Azzahra; alle sind so verschieden, daß ihr genaues Studium – besonders, wenn man einen Fachmann dabei hat, der jedes einzelne datieren und nach seinem Typ benennen kann –

sehr verlockend ist. Die Appartements sind nicht sehr wichtig, der Besucher sollte sie zu seinem eigenen Vergnügen durchwandern.

Der *Patio de María de Padilla* ist ein fast schwermütiger Hof mit Zypressen und Myrten. María war Pedros Mätresse oder seine Gemahlin; sie scheint eine ebenso gute wie schöne Frau gewesen zu sein, und Pedro betete sie – abgesehen von einigen Anfällen von Untreue – bis zu ihrem frühen Ende an. In den Tagen Marías war der Patio völlig gedeckt, und ein Teil zeigt noch die Fenster, die die Zisternen im Hof, seit Jahrhunderten als die ›Bäder der María de Padilla‹ bekannt, erhellten. Die Geschichte, daß die Höflinge ihr Badewasser tranken, um sich beim König in Gunst zu setzen, ist wohl erfunden worden, um einem überlieferten bösen Scherz mehr Farbe zu geben. Ein Höfling, heißt es, habe sich mit der Begründung geweigert, davon zu trinken: wenn er die Sauce gekostet habe, könne es ihn vielleicht nach dem Rebhuhn selbst gelüsten.

Hinter diesem Patio liegt der *Palast Karls V.*, eigentlich ein gotischer Bau, älter als der Palast Pedros. Die Gobelins hatte Karl v. in Auftrag gegeben, um seine Eroberung von Tunis 1535 zu verherrlichen; er hatte einen Brüsseler Künstler mitgenommen, der die Operationen der vereinigten Mächte beobachten sollte. Sein Name war Jan Vermayen, ungerechtfertigterweise ›Langbart‹ genannt, und er war stolz darauf, sein eigenes Porträt in einer Ecke der Kartons untergebracht zu haben, die er für die Weber anfertigte. Die Ausführung 1554 stammt ebenfalls von einem Flamen, Wilhelm Pannemaker; die Seiden- und Wollgarne wurden ihm aus Granada geschickt, das Gold aus Mailand. Ehe die zwölf Gobelins endgültig nach Spanien geschickt wurden, ließ der Kaiser sie erst noch in London ausstellen; Anlaß dazu war die Hochzeit von Prinz Philipp mit Maria Tudor, seiner englischen Kusine. In jeden Teppich ist die Geschichte des Feldzugs in lateinisch und spanisch eingewoben. Die Gobelinfolge ist ein hervorragendes Zeitdokument, wie man es nur selten findet.

Auch die *Gärten* des Alcázar sind mit Recht berühmt, teils arabisch, teils im Renaissancegeschmack, teils Gartenstile der Moderne repräsentierend. Da ist ein großer Teich mit barocken Rustikamauern, da sind gekachelte Bänke und der berühmte *Pavillon Karls V.* Seine Wände sind bis zu drei Meter Höhe mit Cuenca-Azulejos voll seltsamer und abwechslungsreicher Muster belegt, darüber laufen arabische Inschriften und Stuckarabesken. Der Innenraum wird von einer kassettierten, für die Mitte des 16. Jahrhunderts typischen Kuppel überspannt. Es ist erquickend, auf geschlängelten Pfaden an den Fontänen und Hecken entlangzuwandern, sprudelndem Wasser und dufterfülltem Windhauch zu lauschen, unter Palmen und zwischen Orangenbäumen, die noch Pedro der Grausame pflanzen ließ, auszuruhen; dann an Jasmin und Bambus weiterzuschlendern, vorbei an Buchsbaum- und Myrtenhecken oder einem riesigen Schachbrett aus Rosen. Andrea Navagiero, der venezianische Gesandte am Hofe Karls V., nannte diesen Garten den ruhevollsten Fleck Spaniens.

Wir verlassen den Alcázar bei der Plaza del Triunfo; rechts liegt das alte Gebäude der *Casa Lonja*, der Börse, das heute das ›Archivo General de Indias‹ beherbergt. Es wurde von Juan de Herrera entworfen, dem Architekten des Goldenen Jahrhunderts Spaniens, der die Größe seines Landes im Eskorial in Stein bannte. Man hat versucht, seine ernste Strenge nachzuahmen, aber kein anderer Bau dieser Art hat solche Harmonie klassischer Proportionen erreicht. Die Lonja wurde unter Philipp II. errichtet, um die Kaufherren besser unterzubringen, die mit dem heftigen Wortwechsel ihrer Geschäftsverhandlungen im ›Patio de los Naranjos‹ gewöhnlich den Gottesdienst störten. Wie gut passen Perrins ›Geldwechsler‹ hierher, die über der Puerta del Perdón sitzen, allerdings ganz zufällig, denn das Bildwerk befand sich schon ein halbes Jahrhundert, bevor die Kaufleute lästig fielen, an diesem Ort. Die ›Casa Lonja‹, das ›Lange Haus‹, wurde 1583 bis 1598 erbaut, und fast zweihundert Jahre später richtete Karl III., der bedeutendste spanische Bourbonenkönig, in diesem Gebäude die Archive ein. Die einzelnen Abteilungen erfassen alle Vorgänge in den spanischen Kolonien, von religiösen Dingen bis

zum Finanzwesen. Heute werden sie von der gelehrten und lie-
benswürdigen Señorita Rosario Parra Cala geleitet, einer der vielen Frauen, die, heute wie einst, die Tradition spanischer Kunst
und Kultur bewahren.

Dieses Gebäude sah auch die Eröffnung der Kunstakademie
am 1. Januar 1660, wobei Murillo als Präsident und Valdés Leal
sowie der jüngere Herrera als Mitbegründer fungierten. Bei der
Zulassung hatte jeder Schüler zu sagen »Alabad sea ...«, »Gelobt
sei das hochheilige Sakrament und die Unbefleckte Empfängnis
Unserer Lieben Frau«. Wer hätte wohl einen besseren Präsidenten abgegeben als der Mann, der sie so häufig gemalt hat?

In einer ständigen Ausstellung kann man Originalbriefe von Christoph Ko-
lumbus, Cortés, Balboa und anderen berühmten Entdeckern und Konquista-
doren sehen; einer von Alvaro de Bazán teilt den Sieg von Lepanto mit. Auch
das Testament des Elcano wird gezeigt. Dieser Name ist außerhalb Ibero-Ame-
rikas nahezu unbekannt; er war eigentlich der erste Erdumsegler, denn als Er-
ster Offizier Magellans, der während der Reise auf den Philippinen starb, blieb
es ihm überlassen, die Segler sicher heimzuführen. Auch sein Seemannspatent
und sein Wappen sind ausgestellt, dessen lateinisches Motto: »Ich war der
erste, der die Erde umkreiste« lautet. Das Dankschreiben mit der Dotation
Karls V. schenkt dem großen wissenschaftlichen und kulturellen Wert der
Leistung des Del Cano, wie Elcano sich selbst schrieb, keinerlei Aufmerksam-
keit, erwähnt aber dafür fünfmal die Gewürzinseln und die Ladung Speze-
reien, die er heimbrachte. Ingwer wurde höher veranschlagt als geographische
Erkenntnisse, und ›Curcuma longa‹, (ein Hauptbestandteil des Currypulvers,
auch zur Ingwerfamilie gehörig) war interessanter als Trigonometrie.

Reizvoll sind die ebenfalls ausgestellten Kostümentwürfe, die anläßlich eines
Empfanges an Bord einer spanischen Fregatte 1776 auf den Philippinen ent-
standen sind. Der Ehrengast war ein Sonderbotschafter von dem ›Nabab, Hy-
der Ali Bahader‹. Dieser Analphabet und Abenteurer war die größte Bedro-
hung, mit der die britische Ostindienkompanie fertig werden mußte, und er
war sehr nahe daran, sie zu überrumpeln. Er schlug sich bei dem Tauziehen
um Indien auf die Seite der Franzosen. Die Spanier hatten in jenen Tagen keine
übermäßige Vorliebe für England, das sie in alarmierender Weise langsam aus
ihren Kolonien verdrängte; man darf daraus schließen, daß es sich bei den
Bildern von orientalischen Musikern, Tänzern und Akrobaten für das Fest-
programm um eine Art von Geheimwaffen eines kalten Krieges handelte. In

der Sammlung ist weiter ein Stich von Sevilla von 1878, der die ausgedehnten Veränderungen erkennen läßt, die die Hauptstadt Andalusiens in weniger als einem halben Jahrhundert seither erlebte.

Wenn man die geschäftige Avenida de Queipo de Llano entlang-spaziert, erreicht man in ein paar Minuten die attraktive Plaza de Calvo Sotelo. Diesen Platz kennen viele Besucher deshalb am besten, weil an ihm das großartige Luxushotel ›Alfonso XIII.‹ mit der typischen Fassade in Weiß und Rotbraun steht.

Östlich vom Hotel ›Alfonso XIII.‹ liegt das große eckige Gebäude der *Fábrica de Tabacos,* heute Universität, wo einst Tausende von Frauen arbeiteten. Aber die bekannteste von ihnen war eine Phantasiegestalt von Prosper Mérimée, und ihr Name wurde in der ganzen Welt durch eine Oper berühmt: ›Carmen‹.

Das Gebäude wurde von Militärarchitekten entworfen und errichtet, und es heißt, daß der an drei Seiten verlaufende Graben und die eingebauten Schilderhäuser Ergebnis der Gedankenlosigkeit der Architekten, die seit Jahren nichts als Befestigungsanlagen gebaut hatten, seien. Eine andere Version will wissen, daß man mit Hilfe der Schilderhäuser niemanden am Betreten, wohl aber die Zigarren am unbefugten Verlassen des Gebäudes hindern wollte.

So lukrativ war der Schmuggel mit der unversteuerten Konterbande, daß »die Damen sich beim Verlassen ihrer Arbeitsstätte eine sehr eingehende Visitation gefallen lassen müssen, denn sie haben beim Herausschmuggeln des verdammten Krautes Methoden entwickelt, von denen sich die allerkatholischste Majestät nichts träumen ließ«. An Ausdehnung wird die Manufaktur nur vom Eskorial überflügelt; die Schauseite, obwohl sehr bewundert, ist nur eine unter vielen ähnlich strengen Renaissancefassaden Sevillas.

Was viele auf diesem großen Platz aber übersehen, ist die bezaubernde *Seminarkapelle* des Maese Rodrigo, das einzige erhaltene Gebäude der ersten Universität Sevillas, die eine Ecke der Nordseite einnimmt. Sie hat ein gotisches Mudéjarportal und ein gotisches Fenster in der Seitenwand; der einschiffige Bau von 1506

wird von einem wirklich fein gearbeiteten Artesonado überspannt, und der Altar von Alejo Fernández ist ein sehr gutes Beispiel primitiver sevillanischer Malerei nach byzantinischem Typus in einer gotischen Szenerie. Jetzt werden wir vielleicht auch
schon mit dem anrührenden, wenn auch formelhaften Stil der
sechzehn Gemälde des Retabels vertraut sein, denn die ›Antigua‹
in der Kathedrale und die ›Madonna der Seefahrer‹ im Alcázar
waren vom gleichen Meister. Die Cuencafliesen im Chor verstärken den Reiz dieser Ostpartie der Kapelle. Zur Rechten des Altars ist eine Fliese in die Wand eingelegt, die den Punkt markiert,
bis zu dem 1892 das Hochwasser stieg. Diese Katastrophe brachte
solche Verheerungen über die Stadt, daß man sich endlich entschloß, den Fluß wirksam zu regulieren.

Um das *Hospital de la Caridad* zu besuchen, können wir dann
schräg durch die gegenüberliegende Calle Maese Rodrigo gehen,
um den Weg etwas abzukürzen. Der Weg entlang der breiten
Calle de Queipo de Llano, die zur Kathedrale führt, ist etwas
länger. Zur Rechten ist ein weißgetünchter Hufeisenbogen, in
den ein gotischer Bogen eingebaut erscheint; eine Tafel besagt,
daß dies der ›Postigo‹ sei, ein Ausfallpförtchen des Alcázar, das
auch von Cervantes erwähnt wird. Das Hospital ist schön und gegenüber einem kleinen Garten gelegen, in dem ein Bronzedenkmal des Don Miguel de Mañara steht. Er hält in seinen Armen
einen sterbenden Bettler, von dessen Gürtel die ›Olla‹ und ein
Löffel herabhängen, das Gegenstück zu den Bettelschalen des
Orients. In diesem Garten kann man außerdem die frischesten
Blumen von ganz Sevilla kaufen. Das Hospital hat eine reizende
Barockfassade mit weißblauen Azulejo-Bildern, die angeblich
von Murillo entworfen wurden. Sie stellen Glaube, Hoffnung
und Liebe dar, dazu die Heiligen Rochus und Georg. Diese Themen erscheinen dann auch über dem Hochaltar.

Um den Gründer hat sich eine Legende gerankt. Miguel de Mañara, so
heißt es, wandte sich nach vielen Ausschweifungen einem Leben guter Werke
zu. Der plötzliche Sinneswandel soll durch zwei Erlebnisse ausgelöst wor-
den sein. Er kehrte von einem Zechgelage heim und begegnete einem Leichenbe-
gängnis. Auf seine Frage, wer da zu Grabe getragen werde, zeigte man ihm

sein Ebenbild. Etwas später verfolgte er eine verschleierte Dame; als er ihren Schleier anhob, sah er einen Totenschädel. Aber das sind nur Legenden; nichts spricht dafür, daß Mañara eine Art Prototyp des Don Juan Tenerio gewesen sei; im Gegenteil, denn Molina schrieb sein Stück wahrscheinlich vor 1625, bestimmt aber vor 1638, als er sein letztes Drama veröffentlichte; der ›lasterhafte‹ Mañara aber wurde erst 1626 geboren. Wir wissen von Mañara nur, daß er ein Kalatravaritter war und zuviel über den Tod nachsann. Er wurde im Alter von vierunddreißig Jahren Witwer, und es ist sehr wahrscheinlich, daß ihn der Verlust seiner Frau zu tätigem Christentum, wenn auch von sehr mystischer Art, antrieb. Sein Diskurs über die Wahrheit beginnt mit dem alten lateinischen »Denn Erde bist du, und zur Erde wirst du wiederkehren«, und fährt fort: »Geh zu einem Beinhaus und scheide die Knochen der Reichen von den Gebeinen der Armen, die Weisen von den Närrischen, die Großen von den Kleinen« … »Was ist so schrecklich wie ein toter Mensch?« … »Oh Augenblick, der alles ändert! Oh Augenblick, vom Sein zum Nichtsein« und weiter im gleichen Stil. Worin sich Mañara von Jeremias unterschied, ist seine praktische Menschenliebe: so fand er einmal einen sterbenden Bettler und trug ihn auf seinen Armen zum Hospital. Er rettete das Hospital Sankt Georg vor dem endgültigen Verfall und verwandelte es in ein hervorragendes Krankenhaus unter der Obhut der ›Hermandad de la Santa Caridad‹, der ›Bruderschaft des heiligen Erbarmens unseres Herren Jesus Christus‹, deren Vorsteher er war. Noch heute gibt es Kranken und Alten Zuflucht.

Am Eingang ist der Platz, den er in großer Demut selber für seinen Grabstein wählte, damit jeder ihn mit Füßen treten müsse. Der Grabspruch lautet: »Hier ruhen die Gebeine und die Asche des schlechtesten Menschen, der jemals war. Betet zu Gott für ihn.« Glücklicherweise hatte die Bruderschaft ihre eigenen Ansichten und bettete seine Gebeine sieben Monate nach der Beerdigung neu zu Füßen des Hochaltars.

Der *Patio de Acceso*, direkt am Eingang, hat gute Proportionen, er bildet ein von einem Arkadengang geteiltes Rechteck, das mit dem kreuzgangähnlichen Gesamtplan in Einklang steht. In jeder Hälfte steht ein Marmorbrunnen im Stil der italienischen Renaissance. An den Wänden ist eine Reihe blauweißer holländischer Kachelbilder von de Wet: ›De tien Geboden‹ – ›Die zehn Gebote‹; der Titel bezieht sich seltsamerweise nicht auf den Bildinhalt: Da ist ein Jonas mit dem Wal, Abraham bei der Vorbereitung zur Opferung Isaaks und andere alttestamentarische Szenen, die als Hinweis auf das Evangelium ausgelegt werden.

In der Kirche ist ein Gemälde von Valdés Leal, bei dem es einem kalt über den Rücken läuft. Es stellt ein Totengerippe dar, das unter dem Motto ›In ictu oculi‹ mit weiten Schritten über die Eitelkeiten der Welt hinwegstolziert. Ihm gegenüber hängt das bekannte ›Finis gloriae mundi‹, die kraß naturalistische Darstellung eines toten, von Würmern zerfressenen Erzbischofs und eines Ritters des Kalatravaordens, über die Murillo die Bemerkung anstellte, er halte sich jedesmal die Nase zu, wenn er es anschaue. In dem Mönch, dessen Leichentuch mit dem Ordenskreuz geschmückt ist, soll angeblich Mañara selbst dargestellt sein. Es ist sehr gut möglich, daß es als Illustration zu seinem Satz aus dem ›Diskurs‹ gedacht war: »Was ist so schrecklich wie ein toter Mensch?«

In schreiendem Kontrast dazu steht die 1670 geschaffene, erregte Hochaltargruppe von Pedro Roldán, die alle Mittel des Barocks zur Steigerung des Ausdrucks einsetzt. Die überlebensgroße Szene der ›Grablegung Christi‹ ist sehr angemessen, denn eine der Aufgaben des barmherzigen Ordens war es, hingerichtete Verbrecher zu begraben. Neben anderen berühmten Kunstwerken finden sich mehrere Murillos, die dem großen Kunstsammler Soult wohl entgangen waren. ›Moses schlägt an den Felsen‹ in der oberen Galerie ist im Vaporoso-Stil gehalten und hat, ebenso wie sein Pendant ›Die Speisung der Fünftausend‹, einen für Murillo ungewöhnlich detailreichen Hintergrund. Man beachte die ›Hörner‹ von Moses' Heiligenschein. Die Vulgata berichtet, daß sein Antlitz ›cornutus‹ – ›gehörnt‹ war, als er vom Berge Sinai zurückkehrte; und man nimmt an, daß das hebräische Wort ›keren‹ (scheinend oder strahlend) als ›karan‹ (gehörnt) gelesen wurde, ein verzeihlicher Fehler bei Schriften, in denen nur Konsonanten geschrieben werden. ›Die heilige Elisabeth pflegt die Aussätzigen‹ zeigt ein ganz naturalistisch dargestelltes Kind mit einem Grind; in Wahrheit und Tiefe des Ausdrucks wie auch in dem zurückhaltenden Chiaroscuro kann man es zu den besten Werken des Malers rechnen. Das kleine, von Murillo gemalte Kruzifix soll über Mañaras Bett gehangen haben, und bei seinem Tode hat er es angeblich in den Händen gehalten. Das schmiedeiserne Lesepult und der ›Cristo Implorante‹ von Francisco Antonio Gijón sind gute Arbeiten. Ein Bild des ›Heiligen Johannes des Täufers‹ von Murillo verewigt die Züge Mañaras; zu den plötzlich entdeckten Talenten des letzten gehörte auch die Malerei: er ist mit einer ›Unbefleckten Empfängnis‹ vertreten.

Hinter dem Hospital kann man die enge Treppe sehen, die Mañara bei seinen Besuchen in der Kapelle häufig benutzte, und ein Straßenschild ›Calle del Ataud‹ – ›Sargstraße‹. Hier wurde ein Komplott zur Ermordung Mañaras ausgeheckt, aber, wie es heißt, durch Gottes Eingreifen, der ihn noch für seine guten Werke bewahren wollte, verhindert. Die gotischen Ziegelbögen sind wichtig, denn sie sind alles, was von der ›Atarazana‹ oder Schiffswerft von Alfonso dem Weisen übriggeblieben ist: angeblich 1252 durch Alfonso x. errichtet, aber möglicherweise schon zu dem arabischen ›Das Assina´a‹, ›Haus der Arbeit‹ – gehörig, das drei Jahrhunderte früher genau am gleichen Fleck stand.

Wenn wir das Hospital verlassen, liegt rechts die *Maestranza de Artillería*, eine Artillerieschule, die 1587 gegründet wurde. Vor dem Haupteingang ist ein eigenartiges schmiedeisernes Kreuz mit Lampen. Links erlaubt die Straße einen Blick auf die *Torre de la Plata*, die ebenso wie die *Torre del Oro* einst Teil der Almohaden-Befestigungen war, die vom Alcázar zum Flußufer liefen. Es gab auch einen unterirdischen Gang, eine allgemeine Vorsichtsmaßregel jener Tage. Der ›Silberturm‹ ist weißgetüncht, bewohnt und an seinen Zinnen kenntlich; darüber erhebt sich ein primitives Wetterdach. Der ›Goldturm‹ ist viel beeindruckender, ein zwölfeckiger Bau, von dem aus früher eine Kettenbrücke zum gegenüberliegenden Ufer gespannt werden konnte. Den Namen erhielt er nach den vergoldeten Kuppelziegeln, die in der Sonne funkelten, heute aber ersetzt sind.

Es gibt natürlich zahllose Fabeln und Sagen darüber, denn das kurze Wort ›Gold‹ hat immer das Interesse der Menschen erregt. Falsch ist es, daß Pedros Schatz hier versteckt gewesen sein soll, und auch das Gold, das Kolumbus aus der Neuen Welt mitbrachte, wurde nicht hier deponiert. Kolumbus brachte, um die Wahrheit zu sagen, von seinen Reisen nur sehr wenig Gold heim, wieviele

*Dinge in den Schatzkammern Spaniens und Italiens auch immer vorgeben mö-
gen, aus dem ersten Indianer-Gold, das von der Neuen Welt zu uns gelangte,
gefertigt zu sein. Wohl ebensoviel Wahrheitsgehalt hat die Erzählung, daß
Ferdinand der Heilige befohlen habe, hier einen Wucherer einzusperren, um
eine unzählige Menge Goldstücke unter der Aufsicht eines Dämonen zu zählen. Und wenn Kinder in Sturmnächten ihr Ohr an die alten Steine legten,
hörten sie das Klimpern der Münzen, die Seufzer des Geizigen und die strenge
Stimme des Dämonen, der ständig befehle: »Zähle! Zähle!«*

Heute ist der Turm ein Marinemuseum und zieht Fachleute
wie Liebhaber gleichermaßen an. Man hat einen guten Blick von
dort und kann erkennen, wo der Guadalquivir im Norden, weiter stromaufwärts, reguliert und umgeleitet ist. Der zweite
Stock des Turmes, aus Ziegeln gebaut, ist mit Blendarkaden versehen, einige sind ausgelappt, einige zeigen den leicht zugespitzten Hufeisenbogen neben Sebkamustern. Am interessantesten
ist eine ungewöhnliche Alfiz-Form, fast einzig in ihrem weiß-
grünen Schachbrettmuster aus Fliesen: ein unversehrtes Überbleibsel aus dem 13. Jahrhundert.

Von der Torre del Oro führt die Flußpromenade Paseo de
Cristóbal Colón in Nordrichtung zum Puente Isabel II., den man
für einen Besuch in der Vorstadt Triana überqueren muß. Rechts
liegt die *Plaza de Toros*, und rechts sieht man auch den toten Arm
des lahmgelegten Flusses und die Eisenbahnlinie, die zu seiner
Seite verläuft. Triana ist nicht mehr die romantische Zuflucht
von Zigeunern und Töpfern wie ehedem. Die Burg, die einst die
alte Brücke bewachte und die dort stand, wo heute der Puente
Isabel II. die beiden Ufer verbindet, ist nicht mehr. Zu beiden Seiten erheben sich Apartmentblocks; der Name der Vorstadt, eine
Verdrehung des Namens Kaiser Trajans, ist das älteste, was es
hier überhaupt gibt, und die Sehenswürdigkeiten sind bescheiden: Es sind die *Capilla del Patricinio*, wenn man den ›Cochorro‹,
den ›Sterbenden Christus‹, aus der Nähe betrachten möchte, und
die Kirche *Santa Ana*.

Sie ist wahrscheinlich die älteste Kirche Sevillas und einige
Anzeichen sprechen dafür, daß Baumeister von Burgos, dessen
Kathedrale vor 1250 im großen und ganzen beendet wurde, hier

tätig waren. Es gibt Spuren von Mudéjarwerk aus dem nachfolgenden Jahrhundert und so viele Barockergänzungen, daß dadurch das Gleichgewicht gestört ist. Sie besitzt viele Kunstschätze
von allerdings sehr unterschiedlichem Wert; Alejo Fernández
malte eine ›Madonna mit der Rose‹ und Francisco Niculoso Pisano schuf 1503 ein Fayencegrabmal. Da die Öffnungszeiten etwas kapriziös liegen, ist es sehr wohl zu überlegen, ob man sich
der Mühe der Besichtigung überhaupt unterziehen will, sofern
man nicht fachwissenschaftliches Interesse hat. Wenn man sich
in Nummer 90 in der Calle de Pureza anmeldet, an der Ostseite
der Kirche, ist es leichter, hineinzugelangen; man sollte nicht
vergessen, seinen Dank in klingender Münze auszudrücken.

Die letzten Sehenswürdigkeiten Sevillas, die wir noch nicht besucht haben, kann man jetzt hübsch von einem Fiaker aus genießen. Von den Hotels ›Cristina‹ oder ›Alfonso XIII.‹ führt die
Avenida de Roma links am *Palacio de San Telmo* und rechts an
den bezaubernden *Jardines de Cristina* vorbei. Der Palast war ursprünglich eine Schule für Seeoffiziere und Lotsen und betont
die Rolle, die Sevilla als Verbindung zu Amerika gespielt hat. Es
ist ein sehr einfacher zweigeschossiger Bau in den üblichen Back-
stein- und Sandsteinfarben, und das Portal von 1734, von Puri-
sten stark kritisiert, wirkt wiederum wie ein nach außen verleg-
tes Stuckretabel von den Figueroas. María Luisa Fernanda, die
Schwester Isabellas II. und Herzogin von Montpensier, kaufte
das Gebäude und die zugehörigen ausgedehnten Grundstücke;
sie bestimmte es auf ihrem Totenbett zu einem religiösen Seminar. Der schöne Park, der sich südlich am Flußufer erstreckt,
heißt noch immer nach ihr.

Eine Fahrt durch den *Parque de María Luisa* und den anschließenden *Parque de las Delicias* – er verdient seinen Namen – mit
Palmen, Zitrusbäumen und Hunderten anderer Baumarten ergeben einen guten Ausgleich zu dem lärmenden Gewühl Sevillas.
Die Pavillons, die für die lateinamerikanische Ausstellung 1929
errichtet wurden, zeigen typische Baustile des Mutterlands und
der ehemaligen Kolonien.

Das *Archäologische Museum* ist in dem plateresken *Palacio de Bellas Artes* untergebracht, und zwar genau an dessen anderem Ende an der Plaza de América. Die Sammlung prähistorischer und iberischer Funde hält sich im üblichen Rahmen; sie macht deutlich, daß es phönizische und griechische Einflüsse gab. Der römische Saal enthält zahlreiche Fundstücke, besonders aus Itálica; darunter sind ein griechischer ›Hermes‹, erkennbar an seinen geflügelten Sandalen, hier ›Mercurio‹ genannt, und die ›Büste Trajans‹ von ungewöhnlichem Rang. Das hübscheste Arrangement vereint vier römische Säulen und eine Fontäne mit einer ziemlich vollständig erhaltenen Diana, die nur ihre Hände verloren hat und sich in dem Bassin spiegelt. Der Stolz des Museums und seine letzte große Erwerbung ist der Schatz von El Carambolo, einem wenige Kilometer entfernten Ort. Vorteilhaft beleuchtet und in Vitrinen beispielhaft aufgestellt sind zwanzig Stücke aus purem Gold, darunter zwei riesige Armringe und eine herrliche Halskette, die in einem Gehänge aus sieben ornamentierten pflaumengroßen Tropfen endet. Dieser großartige Fund kam ans Tageslicht, ohne daß man einen Hinweis auf seinen Ursprung hat. Man nimmt an, daß er aus Tartessos stammt, mit dem die Phönizier handelten und das jenes Tarschisch der Bibel ist, woher Salomos Flotte »Gold und Silber, Elfenbein und Affen und Pfauen« brachte.

Das große, halbkreisförmige Gebäude an der Ostseite des Parks, in dem die Capitanía General und andere Regierungsstellen untergebracht sind, ist der *Palacio Español*, ein Werk des Aníbal Gonsalez von 1929. Es kann am besten als ›Renaissance-Barock mit Mudéjarzügen‹ beschrieben werden; das Genie des Architekten zeigt sich darin, daß es keinem anderen Bauwerk in Spanien gleicht und doch durch und durch spanisch ist.

Gegenüber, im *Parque María Luisa*, sind verschiedene Winkel, die den großen Geistern Spaniens gewidmet sind, während die Alleen nach den Entdeckern und Eroberern benannt wurden. Zwei Ruhepunkte verdienen besondere Erwähnung: ein Monument des Gustavo Adolfo Bécquer, und eine Fontäne, die nach den Brüdern Álvarez Quintero benannt ist. Bécquer war ein

großer Lyriker der spanischen Romantik, Sevillaner von Geburt;
Heine hat ihn stark beeinflußt. Die Brüder Álvarez Quintero waren Dramatiker, geboren in Utrera in den frühen siebziger Jahren des vorigen Jahrhunderts. Sie lebten in Sevilla und schrieben
hier ihre leichten, witzigen, ein wenig sentimentalen Stücke.
Beide, Bécquer und die Álvarez Quinteros, werden in einer neuen
und ungewöhnlichen Weise geehrt. Neben dem schattenspendenden Baum des einen und der dekorativen Fontäne des anderen stehen gemauerte Bücherregale, in denen früher tagsüber
die Werke der Dichter aufgestellt wurden. Hier können Sie sich
ausruhen – nichts wird die Stille stören als ein Vogelruf oder das
Plätschern des Wassers – und den Nachmittag sinnend verbringen.

NEUNTES KAPITEL

Drei Ausflüge von Sevilla

Nach San Isidoro del Campo und Itálica

Die kürzeste Tour nach Nordwesten führt durch Triana und ein Stück am Ufer des neuen Laufes des Guadalquivir entlang. In weniger als zwei Kilometern, bei La Panoleta, gabelt sich die Straße und wir haben rechts die N 630 einzuschlagen, bis eine Seitenstraße zum Dorf *Santiponce* führt. Hier liegt das Kloster *San Isidoro del Campo*, ursprünglich 1298 von den Zisterziensern gegründet durch Guzmán den Guten, den Helden von Tarifa. 1431 wurde es dem Orden des heiligen Hieronymus übergeben und blieb in dessen Obhut bis zur Auflösung der Klöster 1836. Als Henry V. Morton die verlassenen Gebäude 1954 besichtigte, fand er einen freiwilligen Hüter, der sie Tag und Nacht bewachte. Inzwischen sind die Ordensbrüder zurückgekehrt, und der hingebungsvolle Wächter, José Mariá Geniz Bazán, hat nun ein offizielles Amt erhalten. Sein liebster Besitz ist ein Exemplar des Buches von Morton, das sich an der Stelle, wo das Kloster beschrieben wird, vom vielen Nachlesen von selber öffnet.

Die kraftvolle Silhouette der Gebäude wird noch strenger durch die befestigten Apsiden der Zwillingskirchen und ihre schweren Strebepfeiler. Der alte Eingang aus dem 15. Jahrhundert wird nicht mehr benutzt, man tritt durch eine unscheinbare Tür, die in die Sakristei führt, ein. Das Kloster hat Klausur, so daß man nicht alle Schätze besichtigen kann, aber die Kirchen sollen wohl in Kürze geöffnet werden. Die ältere war ein rein gotischer Bau, bis im 16. Jahrhundert Restaurierungen nötig wurden, die ihr viel von ihrer schlichten Schönheit raubten. Aber obwohl weiße Tünche und Barock sie beeinträchtigt haben, bezeugen die Proportionen und die Rippengewölbe der Apsiden noch

ihre Zisterzienser-Vergangenheit. Das geschnitzte Retabel wird
als Höhepunkt polychromer spanischer Skulptur betrachtet und
enthält eines der schönsten Werke von Montañés. Die Mittel-
figur, der ›Heilige Hieronymus als Büßer‹, kann abgenommen
und auf Prozessionen mitgetragen werden. Zur Rechten ist eine
›Anbetung der Könige‹, die Figuren bilden zwei Reihen, die Weisen auf der einen, die Madonna, das Kind und der heilige Josef
auf der anderen Seite. Die Haltung und der Ausdruck von Zärtlichkeit sind bezaubernd, und in der Figur des Jesusknaben
stellte Montañés einen bestimmten Typ dar, den er, nach Gu-
diol, selber eingeführt hat und der in Andalusien sehr bewundert wird. Zu beiden Seiten des Altarraumes findet man Grabmäler mit den knienden Gestalten von Guzmán dem Guten und
seiner Frau, ebenfalls von der Hand Montañés'.

Ein Torweg führt zur zweiten Kirche, von Juan Alonso Pérez
de Guzmán, Sohn von Guzmán dem Guten, im 14. Jahrhundert
parallel zur ersten errichtet. Hier ist das Grab des Gründers, ein
für die Sevillaner Plastik vom Ende des 14. Jahrhunderts typi-
sches Werk. Ihm gegenüber, zur rechten Seite des Chors, das
berühmte Grabmal der Urraca Ossorio, Gemahlin des Juan
Alonso, die auf Befehl Pedros des Grausamen lebendig verbrannt wurde. Der Grund für die Greueltat ist nicht ganz klar.
Wahrscheinlich war Pedro verbittert, weil ihr Sohn, Alonso de
Guzmán, es ablehnte, dem König ins Exil zu folgen. Die Inschrift
auf dem Grabmal sieht den Grund darin: »… um ihre Reich-
tümer und Schätze zu stehlen«, und wie manche wissen wollen,
weil sie die Anträge des Königs zurückgewiesen hat. Da sie zu
jener Zeit weit über sechzig war, kann man darin ein Zeichen
beachtlicher Seelenstärke sehen. Die Inschrift berichtet, daß ihre
Kammerfrau, Leonor Dávalos, den Körper ihrer Herrin mit
ihrem eigenen zu schützen suchte, als die Flammen nach ihr
griffen, und dadurch ihr Schicksal teilte; es ist nur gerecht, daß
beider Asche im gleichen Sarg ruht.

Es gibt zwei Höfe, die man heute praktisch nicht mehr betreten kann, der eine, *Patio de los Muertos*, ist ein zweigeschossiger
Kreuzgang. Die Bögen des oberen Geschosses ruhen auf typi-

schen achteckigen Ziegelpfeilern des Mudéjartyps; der andere
Hof, *Patio de los Evangelistas*, läßt sich durch die Alfices der gotischen Fenster ebenfalls leicht als Mudéjar identifizieren, die
Fresken aus dem 15. Jahrhundert befinden sich in schlechtem Erhaltungszustand.

Nicht weit von hier liegen zur Linken der Straße die Ruinen
von *Itálica*, der ersten Römergründung in Andalusien (das damals Baetica hieß), erbaut von Scipio Africanus Major für die
Veteranen des Zweiten Punischen Krieges. Dieser große Heerführer leitete auch die brillante, blitzartige Eroberung von Cartagena, schlug Hasdrubal Barca in Bailén, Hannibal bei Zama
und führte das spanische Schwert in der römischen Armee ein.
Itálica wurde als Geburtsort Kaiser Trajans und des Vaters von
Hadrian berühmt und verfiel erst, als die Westgoten eine Hauptstadt im nahen Flußdorf Hispalis (Sevilla) aufschlugen. Fachleute
können Straßen, Wasserleitungen und Zisternen erkennen, Bäder und ein Gymnasium; aber das einzige, was den unvorbereiteten Besucher beeindrucken wird, sind die Ruinen des großen
Amphitheaters. Wenn man das einzige Dokument von einigem
menschlichen Interesse sehen will, muß man ins Archäologische
Museum nach Madrid gehen; dort wird eine Kupferplatte mit
einer eingravierten Botschaft des Kaisers Mark Aurel aufbewahrt,
die eine Einschränkung der Gladiatorenspiele befahl.

Alcalá de Guadaira – Utrera – Morón de la Frontera – Marchena

Der zweite längere Ausflug führt durch die geschichtsträchtige,
fruchtbare Landschaft südöstlich von Sevilla. Man verläßt die
Stadt an der Puerta de Carmona; gleich zur Rechten sieht man
einige Bögen eines Aquäduktes. Spuren von ihm finden sich
noch in vielen Orten, aber im 17. Jahrhundert war dieser Abschnitt noch lang und beeindruckend, wenn man nach einem
Stich in Latours ›Journal‹ urteilen kann. Es ist nicht sicher, ob
dieser Aquädukt römischen Ursprungs war, denn das westgotische Hispalis war in der Römerzeit noch eine vergleichsweise
unwichtige Stadt; sicher wurde er von den Mauren benutzt. Das

nächste Dorf, das wir passieren werden, bewahrt die ›Caños de Carmona‹ in seinem Namen, *Torreblanca de los Caños*. Ungefähr einen Kilometer von der Puerta de Carmona entfernt liegt ein überkuppeltes Ziegelgebäude mit offenen Seiten. Es beherbergt den ›Cruz del Campo‹, einen alten Kalvarienberg, und wurde

wahrscheinlich zur gleichen Zeit errichtet, als die Ribera die
›Casa de Pilatos‹ in Sevilla bauten. Wie ich bereits erzählte, war er
einst Station bei den Prozessionen der Karwoche.

Die Landschaft ist fruchtbar, aber uninteressant; bis sich nach
zehn Kilometern die Straße gabelt; die rechte Abzweigung führt
nach drei Kilometern nach *Alcalá de Guadaira*. Es ist wert, dort
einen Augenblick Rast zu machen, wo die Straße ansteigt, um
den Río Guadaira zu überqueren: die Silhouette der alten Burg
ist ein großartiger Anblick. Die Burgmauern in ›Tapia‹-Technik
oder ›Pisé de terre‹ (also aus gestampfter Erde) und die Stein-
türme machen den Eindruck, als habe sich hinter ihnen eine
ganze Stadt erstreckt. Auf der Spitze des Hügels liegt die Kirche
San Miguel, so genannt, weil die Stadt am Namenstag dieses Heiligen von Ferdinand erobert wurde. Von hier aus starrte der König einige Tage nach Sevilla hinüber, bevor er sich entschloß, dessen Unterwerfung entgegenzunehmen. Bilder, die ihn hoch zu
Roß zeigen, wie er die Schlüssel der Stadt empfängt, sind eindrucksvoll, aber geschichtlich unhaltbar. Er erhielt die Schlüssel
erst, nachdem die Interessen der Einwohner zu allseitiger Zu-
friedenheit geregelt waren, etwa einen Monat nach dem historischen Moment.

Ein Jahrhundert später schenkte Alfonso XI. die Burg seiner
Mätresse, Leonor de Guzmán. Sie war die Mutter der Bastard-
prinzen, die schließlich ihren Bruder, Pedro den Grausamen, töteten und die Dynastie Trastamara begründeten. Pedro selber
benutzte die Burg als Gefängnis für Trastamara-Anhänger, darunter Diego de Padilla, einen Verwandten seiner Geliebten.
Eine Überlieferung aus dieser blutigen, aufgewühlten Zeit will
wissen, daß Diego mit seinem eigenen Blut Kassiber mit Hilfe-
rufen schrieb und sie an den Schwanz von Ratten band, um so
die kleinen Nager als Postillone zu benutzen.

Die Straße bringt uns über den Fluß, dann hinauf in die Burg
und zur Kirche. Von außen kann man noch Teile der alten Moschee erkennen, und der Glockenturm ist, wie wäre es anders zu
erwarten, ein früheres Minarett. Die gotische Sandsteinapsis mit
Rippengewölbe ist jünger als der Rest des Gebäudes. Am be-

eindruckendsten ist ein schlichter, radförmiger Kandelaber aus Schmiedeisen, der in der Mitte des Schiffes hängt.

Im Retabel sieht man eine der aufgeputzten Madonnen mit einem zu kleinen Kind, wie man sie nur zu oft findet. Sie wird › Virgen del Águila ‹ genannt, weil sie nach dem Abzug der Mauren von einem Adler (und nicht, wie gewöhnlich, von einem Schäfer) entdeckt wurde. Darum auch werden die Lesepulte von Doppeladlern getragen ... Der Habsburger Adler gelangte in das spanische Wappenschild durch Philipp den Schönen, den Gemahl Johannas der Wahnsinnigen und Vater Karls V. Die Habsburger führten ihn, da sie, die Heiligen Römischen Kaiser, sich als Nachfolger der Römischen Kaiser des Byzantinischen Reiches empfanden. Die Byzantiner hatten ihn wie die Mohammedaner von den Persern, und diese über Assyrer und Hethiter von den Babyloniern. Auch die Türken übernahmen das Wappentier, und ihre Überraschung in Lepanto muß gewaltig gewesen sein, als sie ihren eigenen Adler auf dem Banner des Don Juan d' Austria, des natürlichen Sohns Karls V., sahen.

Die Burg ist weitläufig, ganz offensichtlich als Fluchtburg in den Zeiten benutzt, als die häufigen Beutezüge oder Razzias das Niemandsland zwischen christlichem und maurischem Gebiet verwüsteten. Die berühmten Kornspeicher sind verschwunden, aber der Ruf ihres Mehls hat sich in Sevilla erhalten, wo die Stadt noch heute › Alcalá de los Panaderos‹, Bäckerburg, genannt wird. Unkraut und wilde Blumen wachsen in den Winkeln zwischen den Türmen und Mauern und selbst zwischen den Stufen der Wendeltreppe in den Türmen. Weite Aussicht, schattige Winkel, der Duft würziger Blüten und das Summen der Bienen machen sie zu einem der angenehmsten, wenn auch nicht wichtigsten Plätze, die man besichtigen kann.

Einundzwanzig Kilometer weiter entlang der C432 liegt *Utrera*, eine andere wohlhabende Stadt, eingebettet in fruchtbare Felder. Das erste, was man von ihr erkennt, ist der Santiago Matamoros (Sankt Jakob mit dem Schwert), der als › Wetterhahn‹ über der Kirche *Santiago* aus dem 15. Jahrhundert thront. Das Westportal mit Flamboyantdekoration, Eselsrücken und Alfiz erinnert an den schönen Eingang von San Jacinto in Córdoba. Im Innern der engen, himmelstrebenden Kirche ist wenig Interessantes zu sehen: eine Krypta, ein dunkelbraunes und sehr altes Bild der Kreuzigung und doppelte Weihwasserbecken von

sehr ausgefallener Art: jedes ist die Hälfte einer Riesenmuschel
von mehr als einem Meter Durchmesser. Die andere Kirche ist
Santa María de la Asunción, besser bekannt als *Santa María de la
Mesa*. Wenn man fragt, warum sie die ›Heilige Maria vom Tisch‹
genannt wird, erklärt man Ihnen, daß Mesa eine Zusammen-
ziehung von ›Meseta‹, Plateau, ist, aber damit ist man um keine
Spur weiser. Sie wird mit Utreras berühmtem Marienheiligtum
in Verbindung gebracht. Die Reja des Coro im Platereskenstil
ist eine gute Arbeit.

Die Wallfahrtskirche *Nuestra Señora de la Consolación* liegt an
der N 333 am Stadtrand und ist durch eine reizvolle Allee zu erreichen. Die wundertätige Madonna ist Utreras größter Ruhm.
Tausende von Ex votos künden davon. Sie wird überall in Spanien und in weiten Teilen von Iberoamerika verehrt. 1560 begann
sie Wunder zu wirken, als sich eine Lampe vor ihrem Schrein
mit Öl füllte und selber entzündete. Seitdem hat sie immer und
immer wieder denen geholfen, die kamen, um sie anzuflehen.
Bei der Überschwemmung 1962 rettete sie die Stadt, die sie in
treuer Anhänglichkeit zur ›Immerwährenden Bürgermeisterin‹
erhob; die grobe Arbeit versieht natürlich weiterhin ein gewähl-
ter Alcalde.

Die Kirche hat eine einfache Barockfassade, das Gebäude datiert von 1619; seine Hauptattraktion ist – ungeachtet der Kapellen, Juwelen und des Altars – der große Mudéjar-Artesonado
über dem einschiffigen Raum. Durch gelappte Bögen und arabische Inschriften in vergoldetem Stuck oder in Fresko wurde
der Versuch gemacht, eine orientalische Atmosphäre zu erzeu-
gen (vielleicht um die Wirkung des Artesonado zu unterstützen). Es ist nur gut, daß die Kenntnis der arabischen Sprache den
Stadtbewohnern, die der Krönung der Virgen mit Tränen der
Freude und des Stolzes beiwohnten, nicht sehr vertraut ist, denn
sonst hätten sie an den Wänden wieder und wieder lesen können: »Es gibt keinen Eroberer außer Allah.«

Nach neun Kilometern auf der N 333 kann man rechts in die
C 342 nach *Morón de la Frontera* einbiegen. Zur Rechten liegt die
Sierra de Morón, erster Ausläufer der Gebirge, die das Herz An-

dalusiens bilden. Man kann sich leicht vorstellen, wie die massige Burgruine in den Tagen der Grenzkriege gewirkt haben muß, als die Männer ausschwärmten, um die wilden berberischen Räuber aus der Sierra gebührend zu empfangen, während die Frauen und die bewegliche Habe hinter den stämmigen Mauern in Sicherheit gebracht wurden; oder früher, als die Mauren, die die Burg gebaut hatten, gegen die grimmigen christlichen Räuber aus dem Norden kämpften …

Man kann den Wagen in der Nähe des Ayuntamiento parken. Um die Kirche San Miguel zu erreichen, geht man in östlicher Richtung an weißgetünchten niedrigen Häusern entlang. Links sieht man einige interessante Nebenstraßen, besonders die nach Fernando Villalón, dem Stadtpoeten, benannte. Sie besteht aus einer Folge von Stufen, und in der Mitte der Straße verläuft eine Reihe von Miniaturgärtchen in gefliesten Kästen mit einigen ungewöhnlichen Rosenarten, die in dieser Gegend gedeihen. Das Fliesenmuster wird von Auszügen aus den Gedichten des Villalón unterbrochen. Eines davon besingt den ›Sereno‹ oder Nachtwächter, von dem jeder Spanienreisende zu berichten weiß.

Die Kirche *San Miguel* liegt auf dem Sattel zwischen den beiden Hügeln Moróns. Vor dem Hochaltar steht eine herrliche Reja mit geometrischen Mustern, die in den oberen und unteren Abschnitten Enlacerías suggerieren.

Wenn man sich beim Verlassen von San Miguel nach Norden wendet, wird vielleicht Rosenduft verlocken, eine Treppe mit etwa vierzig Stufen hinaufzugehen. Oben aber empfängt uns ein kleiner Rosengarten mit wundervollem Ausblick: die Burgruine in der Ferne und vor sich die fruchtbare Ebene. Auf ein paar Steinbänken sitzen Tag um Tag die Alten und starren auf das Denkmal in der Mitte des Gartens. Vielleicht weiß niemand von ihnen, vielleicht nicht einmal der Parkwächter, der die Kletterrosen beschneidet, die sich um den Sockel ranken, was der Bronzehahn ohne Federn da soll. Er erinnert an eine Bürgerrevolte gegen einen Steuernehmer, den man – selbst für einen Menschen seines Amtes – für über die Maßen gierig hielt. Eines Tages setzte man ihm nach, verprügelte ihn, riß ihm die Kleider vom Leibe und lachte hämisch, als er laut lamentierend floh. Das geflügelte Wort ›sin pluma y carcareando‹ – ›gerupft und krähend‹ – war so angemessen, daß die Stadt den Hahn aufstellen ließ, um ihre lieben Bürger an die Episode zu erinnern.

Wieder heruntergestiegen, wendet man sich bei der ersten
Seitenstraße nach rechts, wo uns einige schöne Barockfassaden
erwarten. In einem der Häuser befindet sich die örtliche Land-
wirtschaftskammer. In der Eingangshalle sieht man die übliche
Wandverkleidung aus Azulejos und auch hier einen Fries, der
verkündet, daß kein Eroberer außer Allah sei; leider hat man
die Fliesen verkehrt, mit jetzt kopfstehenden Buchstaben, eingesetzt.

Von Morón nach *Marchena* sind es nur 25 Kilometer in Nordrichtung auf der C339. Sobald man den Ort erreicht, liegt zur
Seite der Straße eine Häuserzeile, die in die Mauer, auf die Mauer
und mit Steinen der Mauer der alten Araberstadt gebaut ist;
hier und da findet man auch noch Reste der Türme. Gegenüber
einer Nebenstraße zur Linken steht der Hufeisenbogen, der den
Eingang bildet, wie gewöhnlich in einen Winkel zur Mauer gesetzt, so daß Angreifer ihre ungeschützte rechte Seite den Ver-
teidigern beim Eindringen preisgeben mußten. Drinnen ist es
sehr still, voll malerischer Winkel, Rejas, Ziegeldächer; an den
Hausfassaden Straßenlampen, manchmal eine sich wiegende
Palme und viel blendendes Weiß.

Zwei Kirchen gibt es in der Altstadt, *Santa María* und *San Juan.*
Die erste hat Azulejos-Verzierungen am Glockenturm wie viele
andalusische Kirchen und zwei gotische Portale; doch ach, eines
verschwindet praktisch unter weißer Tünche, das andere ist eine
Rekonstruktion. *San Juan* ist eine übergroße gotische Mudéjar-
Kirche, fast erschreckend, wie sie da in ihrem stillen Hof steht.
Zwei Fassaden, mit Alfiz-Dekoration an den Portalen, sind teilweise restauriert. Das Innere mit seinen fünf Schiffen ist grandios,
aber es gibt wenig zu sehen außer dem aus Zedernholz geschnitzten Chorgestühl und der feinen Reja im Coro. Das Retabel enthält flämische Gemälde aus dem 16. Jahrhundert, hauptsächlich
für Kunsthistoriker von Reiz. Falls die Kirche geöffnet sein sollte
(und ›falls‹ ist dabei doppelt unterstrichen!), wird man an heißen
Tagen die Kühle als größte Kostbarkeit zu würdigen wissen. Der
Turm ist mehrstöckig, sein Pyramidendach mit Azulejos gedeckt. Verlieren wir keine Zeit damit, nach dem Palast der Her-

zöge von Arcos aus der Familie Ponce de León zu suchen: An seiner Stelle ist die Bergspitze mit bescheidenen Hütten bedeckt, und die Einwohner, gefragt, wo sie denn lebten, antworten: »Nun: Im Palacio!« Ein Klausur-Kloster schließt sich an, aber man kann es immer fertigbringen, einen Blick in den Patio mit seinen feinen Hufeisenbogen in der rechten Ecke zu werfen.

Ein reizvoller Weg zurück nach Sevilla ergibt sich, wenn man bis Carmona auf der C 339 bleibt. Hinter Carmona gabelt sich die Straße: rechts ist die N IV mit einem Wegweiser zur römischen Nekropole. An der Gabelung steht ein großer Kornspeicher, unser Weg aber führt links vorbei auf die C 432. Es wird viele erstaunen, daß dies die alte Hauptstraße nach Sevilla ist; Reisende des 18.Jahrhunderts beschreiben immer diese Route. Über El Viso del Alcor und Mairena del Alcor führt eine enge, aber erholsame Straße, die man nicht einmal einer Numerierung würdig erachtete, zwischen Hügeln mit wilden Blumen nach Torreblanca de los Canos und zurück nach Sevilla.

Nach Huelva an den Atlantik

Ein dritter Ausflug geht nach Westen und berührt die Atlantikküste. Wenn man diese Route fahren möchte, sollte man eine oder besser zwei Übernachtungen einkalkulieren, für die Rückkehr über Niebla. Man verläßt Triana in derselben Richtung wie bei unserem ersten Ausflug nach Itálica, bleibt aber bei La Panoleta auf der N 431. Schon nach einem Kilometer erreicht man die Hauptstraße von *Castilleja de la Cuesta*, die steil ansteigt, zur Linken das große *Instituto de la Bienaventura da Virgen María*. Wer das nicht auf einmal auszusprechen sich getraut, fragt einfach nach dem *Convento de las Irlandesas*, dem irischen Kloster.

Die meisten Nonnen sind irischer Abkunft, aber die Äbtissin ist Spanierin und spricht hervorragendes Englisch. Cortés starb 1574 hier, vergessen in dem hektischen Taumel der Ereignisse, in dem Spanien sich in seinem Goldenen Jahrhundert befand. Jedermann weiß, daß er Mexiko mit vierhundert Spaniern und ein paar Pferden eroberte; weniger bekannt ist, daß er die Küste von Kalifornien entdeckte und erforschte, daß er in Italien kämpfte und an der unseligen Unternehmung Karls V. gegen Algier teilnahm. Trotz eines gnädigen Willkomms seines Königs wählte er Rücktritt und Vergessenheit; es erstaunt nicht, daß er ein guter Redner und ein blendender Stilist gewesen sein

soll. Sein Pferd ›Estrella‹ wurde hier im Kloster beerdigt, das Grab ist aller-
dings nicht bekannt. Cortés, weniger glücklich, wurde 1556 nach Mexiko über-
führt.

Aber diese Dinge sind nicht in Castillejas Goldenem Buch verzeichnet; dies ist eine Stadt der Pastetenbäcker, und ihre Pro-
dukte, Torten und ›Madalenas‹, ein Gebäck aus Mehl und Eigelb in Schiffchenform, werden in Sevilla gerne verschmaust.Und
wenn der Bürger der Stadt vielleicht auch nicht weiß, daß Cortés
hier starb, so kann er Ihnen bestimmt erzählen, daß der Großvater von Rita Hayworth hier ein führender Konditor war.

Eine enge Straße gegenüber dem Kloster führt zum *Castilleja
de Guzmán,* wo eine Familienburg der Herzöge von Medina Sidonia durch mehrere aristokratische Hände ging, ehe sie das
staatliche ›Colegio de Santa María de Buen Aire‹ für die Studen-
tinnen der Universität Sevilla wurde. Der Eingang trägt noch das
Wappen der Guzmán, die Gebäude sind weiß, mit lichtbraunen
Kanten entlang der Traufen und um die Tür und Fensteröffnungen. Die Kapelle ist neu, und das Fliesenretabel gibt oben die
›Virgen de los Navegantes‹, die ›Madonna der Seefahrer‹ im Alcázar von Sevilla wieder, und im unteren Teil das Oratorium
Isabellas der Katholischen im gleichen Palast.

Von hier aus kann man entweder zur Hauptstraße zurückkehren und die Route fortsetzen, oder man sucht sich den Weg
über ein Labyrinth höchst malerischer Nebenstraßen, die durch
Valencina de la Concepción, Salteras und Olivares nach *Sanlúcar la
Mayor* führen. Mit Wegweisern ist es in dieser Gegend arg bestellt, und über die Ortskenntnis der Einwohner spricht man am
besten gar nicht erst. Die Kirche *Santa María* ist eine ehemalige
Almohadenmoschee, aber der Großteil des heutigen Gebäudes
ist mudéjar. Die Fassade ist besonders üppig und wurde offensichtlich in dem Bestreben restauriert, dem Besucher von allem
etwas zu bieten. Da ist ein gotisches Backsteinportal mit drei
Archivolten, einem Alfíz, gekrönt von einer Reihe Mauerzacken
mit Zickzackornamenten. Dann kommt die glatte, weißgetünchte Front, belebt mit gotischen Backsteinen und Ajimez-
Fenstern in schlichten Ziegel-Alfíces, nur das mittlere hat noch

einen zweiten Rahmen in Form eines Hufeisenbogens: zu schön, um echt zu sein. Um das sinnverwirrende Bild zu vollenden, hat man die Baumstämme im Vordergrund ebenfalls weißgetüncht. Im Innern sind die drei Schiffe der Moschee erhalten, mit ihren in eine Spitze auslaufenden Hufeisenbögen, und ein *Sanktuarium* aus dem 13. Jahrhundert mit römischen Kapitellen. Der Glockenturm ist natürlich ein altes Minarett mit einer Rampe anstelle einer Wendeltreppe wie in der Giralda.

Am anderen Ende der Stadt liegt die Kirche *San Pedro;* es ist zweifelhaft, ob sie jemals innerhalb einer Burganlage stand. Sie hat eine eigenartige Lage am Ende eines Pfades, der sich zwischen Eisengittern, Felsgestein und Feigenkakteen hinschlängelt, und sie wurde offensichtlich gebaut, um einer Belagerung standhalten zu können, mit Stufenzinnen und Lanzettfenstern, schmal wie Pfeilspitzen, in einen Blendhufeisenbogen eingefügt und von einem Alfiz umrahmt. Das Innere besticht mit einer monumentalen Treppe, die zum Hochaltar führt. Dieses typisch spanische Motiv wird hier durch die alten Fliesen betont, die die Setzstufen, also die vertikalen Teile der Stufen, zieren. Einige Fliesen wurden im Laufe der Jahrhunderte ersetzt, so daß der Liebhaber die Entwicklung dieser Kunst durch ein halbes Jahrtausend verfolgen kann. Völlig ungewöhnlich sind auch die drei Altäre im Ostende; die beiden Seitenaltäre stehen auf halber Höhe der Treppe.

Zurückgekehrt auf die N431 hat man glatte Fahrt bis Huelva. Wenn aber die Zeit keine Rolle spielt, sollte man sich erst nach Osten, wieder in Richtung Sevilla, wenden. Nach vier Kilometern bringt uns eine Abzweigung rechts (sie ist angezeigt) nach Umbrete, Benacazón und Aznalcázar. Die große Ziegelkirche von *Umbrete* hat eine schöne Azulejos-Kuppel, und in *Aznalcázar* steht ebenfalls eine Kirche mit Zinnen und gleich hinter der Stadt, auf dem Weg nach Pilas, einem vier Kilometer entfernten, nicht besonders reizvollen Dorf, eine Römerbrücke.

Nach weiteren vier Kilometern, auf der Straße nach *Almonte*, stößt man auf ein typisch andalusisches Gehöft, einen Cortijo,

hinter einer der letzten Mauern des Dorfes verborgen. Die
Wohngebäude liegen an der einen Seite und all die anderen not-
wendigen Baulichkeiten eines mittelalterlichen Gutshofes ringsherum gruppiert. Es gehört jetzt einem Marqués, hatte aber
einst einen Pächter mit ganz großem Namen: Murillo. Seine
Frau, Doña Beatriz de Cabrera y Sotomayor war hier geboren
und lebte mit der Familie auch nach seinem Tod weiter hier.
Eine gute Straße bringt uns nach Almonte, und noch davor zeigen die Wegweiser *El Rocío* an.

In dieser Gegend finden im Laufe des Jahres drei große Volksfeste statt, und
wenn man die Semana Santa und Fronleichnam versäumt hat, so kann man
vielleicht am letzten Maisonntag hier sein, um die ›Romería de Nuestra Señora
del Rocío‹ zu sehen, die Pilgerfahrt zu ›Unserer Lieben Frau vom Morgentau‹.
Ihr Wallfahrtsort liegt an der Nordgrenze der großen Marismas, der Sümpfe,
die den Guadalquivir auf seinem letzten Wegstück begleiten, nahe dem Rocina.
Das Bild ist bekannt als ›La Blanca Paloma‹, und das ist nur ein Indiz, das uns
an den Astartekult denken läßt, der im Süden Europas so viele neue Formen
angenommen hat. Zu Pfingsten strömen die Cofradias herbei, traditionsgemäß
auf zweirädrigen Planwagen, von Ochsen gezogen; die Männer reiten an der
Seite, gekleidet wie bei der Feria. Nachts werden Lagerfeuer entzündet, und
man hört das fortwährende rhythmische Händeklatschen, das Zupfen der Gi-
tarren und das Klappern der Kastagnetten.

   Die Stadt selbst ist eine ausgedehnte Ansammlung verstreut liegender Hüt-
ten und Häuschen um einen riesigen – mit Ausnahme einer kleinen Baum-
gruppe – kahlen Platz, der in der Sonne brütet. Die Einwohnerzahl beträgt
dreihundert und über Pfingsten 20000; jede Cofradia hat ihre Schenke, mit
dem Namen der Heimatstadt bezeichnet. Die Feierlichkeiten dauern wenigstens
zwei Tage und drei Nächte, und während dieser ganzen Zeit ist nicht an Schlaf
zu denken. Der Weg der ›Virgen‹ ist der Höhepunkt der Pilgerfahrt, und die
Rivalität zwischen den Cofradías um die Ehre, sie ein Stück weit tragen zu
dürfen, läßt pausenlos Mord und Totschlag befürchten. Aber irgendwie voll-
endet sie immer ihren Rundgang, unbeirrt durch ein paar Quetschungen, und
die Verwundeten wandern tapfer in der Menge mit. Pilger, die ein Gelübde
abgelegt haben oder auf eine Wunderheilung hoffen, dürfen ihren Paso berüh-
ren – und dann kehrt sie für ein Jahr wieder in die Kirche zurück.

   Die umgebende Landschaft ist zum Teil den Sümpfen abge-
rungen, und reiche Eukalyptuspflanzungen stehen auf den Fel-

dern Schildwache; der Eukalyptus ist ein sehr durstiger Baum.
Naturfreunde, die das Vogelschutzgebiet kennenlernen möchten
und das Tierleben der Marschen, können von El Rocío nach Coto
Doñana weiterfahren; vorher läßt man sich vom amtlichen
Fremdenverkehrsbüro in Sevilla eine Erlaubnis der Estación Bio-
lógica de Doñana besorgen. – Von nun an kann man auch immer
öfter Weinberge sehen, die den ständig wachsenden Bedarf der
Sherry-Kellereien zu befriedigen haben.

Zurück nach Almonte fährt man in Nordrichtung weiter und
erreicht bei La Palma del Condado die Hauptstraße N 431. Wenn
man sich jetzt rechts wendet, in Richtung Sevilla, gelangt man
nach fünf Kilometern nach *Villalba del Alcor*, der ›Weißen Stadt auf
dem Berge‹. Man sollte diesen Abstecher nur machen, wenn man
noch nach Huelva will, um dort eine oder zwei Nächte zu bleiben
und dann über die Riotinto-Minen zurückzukehren.

Wenn man die steile Hauptstraße in Villalba herunterkommt,
liegt links die Kirche *San Bartolomé*, heute ein Nationaldenkmal,
ein wenig abseits der Straße. Die Fassade ist ein seltsames Gemisch
aus einem gotischen und einem barocken Portal sowie einem
vermauerten Hufeisenfenster, ein Überbleibsel der Almohadenmoschee. Auch der Turm, dessen unterer Teil in Soga-y-tizón-
Technik gemauert ist, gehörte bereits zur Moschee. (Das Haus
des Küsters liegt gleich gegenüber.) Im Innern entdeckt man, daß
die gotische Kirche im rechten Winkel zur Moschee angelegt ist.
Das Schiff hat sieben gotische Ziegelbögen, wie auch das übrige
des Inneren aus Backsteinen errichtet ist; die Kuppel ruht auf
Trompen, ein orientalischer Zug. Die Bögen des Schiffes tragen
das Gewölbe dagegen mit Hilfe recht unentwickelter Pendentifs,
eine anspruchsvollere Methode, am besten an der linken Seite zu
erkennen, wo das einzige Seitenschiff liegt. Rechtwinklig zum
Altarraum ist zur Linken eine Kapelle; auch sie ein Teil der
Moschee, mit Hufeisenbögen und einem Rippengewölbe. Das
frühere Minarett kann von der Kirche aus bestiegen werden, ein
Rest der alten Wendeltreppe ist erhalten.

Wenn man auf der N 431 wieder westwärts fährt, gelangt man
nach 16 Kilometern zu der zweifellos edelsten Ruine, die jemals

die Sinne der Romantiker entzückte. Man sieht die nebeligen Umrisse einer Stadt auf einem Hügelrücken; die Nebelhaftigkeit ist dabei reiner Zufall, denn wenn *Niebla* auch Nebel heißt, so ist dieser Name doch entstanden aus Ilipula (römisch), Elelpla (westgotisch) und Lebla (arabisch). Der erste Graf von Niebla war jener Guzmán, der Beatriz, Tochter Heinrichs von Trastamara, geheiratet hatte, aber das verlieh der Stadt beileibe nicht die erste Weihe. Hier schlug schon Scipio die Lusitanier, die Westgoten machten Elelpla zum Bischofssitz, und nach dem Zusammenbruch des Kalifats von Córdoba wurde Niebla die Hauptstadt einer kleinen, aber unabhängigen Taifa.

Wenn man sich der Stadt nähert, überquert man erstmals den Río Tinto. Das felsige Bett des Flusses, dessen Wasser nicht so tief dunkel ist, wie der Name vermuten ließe, hat eine helle Goldfarbe durch die Metalloide, die sich hier seit Jahrtausenden abgelagert haben. Der Weg führt über eine Römerbrücke in gutem Zustand, und nach ein paar Minuten liegen linkerhand die in Tabia-Technik erbauten Mauern mit ihren sechsundvierzig Türmen und steinernen Befestigungen. Durch ein Loch in der Mauer nahe dem eigentlichen Stadttor führt ein enger Eingang; das Loch ist nicht so groß, um García Gomez' Feststellung, daß Niebla die einzige spanische Stadt mit einer vollständigen maurischen Stadtmauer sei, ins Wanken zu bringen.

Die alte *Puerta de Socorro* hat einen Hufeisenbogen, seinen Proportionen nach westgotisch, und führt durch eine Wachstube und einen rechtwinklig verlaufenden Gang (die übliche Vorsichtsmaßregel) in die Stadt. Auf der Plaza, auf die man so gelangt, steht isoliert ein Stück Mauer mit Hufeisenbogen; dort kann man bequem im Schatten parken. Ein anderer Rest römischen Mauerwerks zur Linken dient heute als Eingangstreppe eines Hauses.

Gleich geradeaus, also genau südlich, steht ein faszinierender Glockenturm mit Ajimez-Fenstern an allen vier Seiten, stark restauriert und teilweise mit Ziegelsteinen nachgemauert, aber noch immer deutlich seinen westgotischen Ursprung verratend. Darüber ein modernes Zifferblatt und wiederum ein Rundbogenfenster, durch das man die großen Glocke sehen kann; die

kleineren Glocken hängen ein Stockwerk tiefer. Auf dem Dach
wächst ein kleiner Garten wilder Blumen, eine gute Bekränzung
des uralten Baus. Hinter ihm steht die Kirche *Santa María de la
Granada;* sie wurde wiederaufgebaut, nachdem sie im Bürgerkrieg fast völlig zerstört worden war. Stein und Ziegel sind in
abwechselnden Lagen vermauert, und der kleine Eingangspatio
war einst der Orangenhof der Moschee. Da sind ein paar Reste von
zwei Arkadenreihen, auch mit Hufeisenbögen, aber es ist unmöglich zu sagen, ob sie vor, während oder nach der Maurenzeit
errichtet wurden. Reste römischer Säulen und Kapitelle und eine
steinerne Geschoßkugel liegen herum. Die Nordwand der Kirche
zeigt einen Bogen mit Laubmaßwerk, und neben ihm finden wir
ein kostbares westgotisches Überbleibsel, ein Drillingsfenster mit
primitiver Ornamentik, aus einem einzigen Stein gemeißelt,
flach in die Wand einbezogen. Das Innere ist enttäuschend, aber
da ist noch ein maurisches Zwillingsfenster mit einer eingestellten westgotischen Säule aus weißem Marmor mit typischem
Flachreliefmuster.

Das Osttor der Stadt, die *Puerta de Sevilla,* ist römisch; man
kommt hügelabwärts, vorbei an schlichten einstöckigen Häuschen, zu ihr; kaum ein Dach kann wohl über die Mauern schauen.
Das Südtor, *Puerta de Agua,* ist ebenfalls über einen steilabfallenden Rasen zu erreichen und sieht auf den Fluß hinaus. Hier sollen
einst die Frauen zum Wasserholen gegangen sein, das erklärt
zwar den Namen, ist aber sehr unwahrscheinlich, denn das Wasser des Río Tinto ist ungenießbar und wird auch nicht zum
Wäschewaschen benutzt. Hier war jedoch vor langer, langer
Zeit, als noch Schiffe, mit Eisenerz beladen, flußabwärts nach
Huelva geschickt wurden, ein Schiffsanlegeplatz. Das letzte Tor
ist im Westen – die Stadt hält sich in der Tat an einen rudimen-
tären römischen Grundriß – und wird *Puerta del Buey,* Ochsentor,
genannt. Es ist ebenfalls ein maurisches Tor, mit Hufeisenbogen,
Alfiz und einer Blendarkade aus Ziegeln. Von hier aus hat man
einen wunderbaren Blick auf den Fluß und die Landschaft; das
leuchtende Grün im Frühling wird gemildert durch das schimmernde Grau der Ölbäume.

Das ist fast schon alles. Die Kirchenruine *San Martín* lohnt eigentlich keinen Besuch, und das alte Hospital *Nuestra Señora de los Ángeles* gegenüber dem Glockenturm ist zum größten Teil heute ein Laden, nur ein Teil vom alten Patio hat überlebt. Wer hier die Fahrt abbrechen will, kann jetzt gemütlich nach Sevilla auf der N431 zurückkehren, es sind nur ungefähr sechzig Kilometer.

Unsere Straße aber führt weiter nach *Huelva;* 28 Kilometer noch, und dann liegt es vor uns, dort, wo der Río Tinto in den Río Odiel mündet. Es ist gegen den Atlantik geschützt durch die Saltes-Insel, die vor Zeiten abwechselnd von Schmieden und Wikingern gehalten wurde; immer, wenn sich die Räuber aus dem Norden nur aus der Ferne zeigten, verließen die Einheimischen rasch das gastliche Eiland. Huelva ist die Heimat des ›Fandango‹, der Mittelpunkt des längsten Sandstrandes Spaniens, der Costa de la Luz, und die Vaterstadt vieler kulinarischer Spezialitäten, kurz, ein reizvolles Standquartier für viele Ausflüge und Besichtigungen, aber auch nicht mehr. Eine nette Stadt ohne nennenswerte Baudenkmäler, die sicher eines Tages ein Badeort erster Kategorie sein wird.

Unbedingt sollte man die Fahrt von ungefähr drei Kilometern entlang dem Paseo del Conquero machen; sie enthüllt ein phantastisches Panorama der beiden Flüsse und Lagunen und führt zur Wallfahrtsstätte *Nuestra Señora de la Cinta.* Als Kolumbus von seiner ersten Reise auf der Karavelle Nina heimkehrte, da sein eigenes Flaggschiff gestrandet war, geriet er in eine Folge von Stürmen, die den gesamten Seehandel Europas lähmten. Mit leeren Masten treibend, jeder Fetzen Segel festgepullt, wurde die Nina am 3. März 1493 von einem neuen Sturm überfallen. In seinem Tagebuch schreibt Kolumbus: »Er [der Admiral] warf Lose aus, einen Pilgrim zum Heiligtum der Santa María de la Cinta in Huelva zu entsenden, der in seinem Hemd gehen sollte, und das Los fiel auf den Admiral.«

Die ›Madonna vom Gürtel‹ war seit jeher eine Schutzheilige der Seefahrer, auch schon bevor Kolumbus sie berühmt machte. Eine Legende, festgehalten in frühen christlichen Schriften, berichtet, wie der heilige Thomas es nach der Auf-

erstehung und Himmelfahrt Mariä ablehnte, die durch das leere Grab bestä-
tigten Geschehnisse zu glauben, worauf Maria, erzürnt über diesen resoluten
Zweifler, ihren Gürtel vom Himmel hinabwarf. Man kann den Ursprung der
Legende bis in den Nahen Osten verfolgen zu Astarte und ihrem griechischen
Äquivalent Aphrodite, der römischen Venus. Der magische Gürtel der Aphro-
dite war in der ganzen klassischen Welt bekannt. Die Aphrodite von Eryx,
dem heutigen Erice auf Sizilien, und vor ihr Astarte, schützten die Seefahrer,
und diese trugen ihren Kult in jeden Winkel der mittelmeerischen Welt und
weit darüber hinaus. Aber die offizielle Legende verläuft anders. Alle heidni-
schen Göttinnen waren ja längst in der einen, höchsten Mutter Gottes ver-
schmolzen, und die Geschichte, wie sie jetzt erzählt wird, mag man in den
blauweißen Kachelbildern im Innern des Heiligtums verfolgen. Sie lautet so:

Da war einmal ein armer Schuhmacher, der hieß Juan Antonio. Er hatte keine
eigenen Kinder, aber sein Weib Lucia gab denen der Armen an jedem Christ-
fest ein paar Schuhe. Eines Tages, als er sich auf dem Lande aufhielt, wurde er
von Leibschmerzen gequält, gegen die er die Hilfe der Jungfrau Maria anrief.
Einen Gürtel anlegend, den er plötzlich in seiner Hand fand, wurde er wunder-
bar geheilt. Aus Dankbarkeit baute er eine kleine Kapelle, und bat einen
Freund, der Künstler war, die Jungfrau darzustellen, und zwar mit einem
Granatapfel in der Linken und mit der Rechten das auf ihrem Knie sitzende
Kind umschlingend. Er wollte auch, daß der Jesusknabe Schuhe tragen müsse,
und einen Gürtel sollte er in der Hand halten. Das wurde getreulich ausgeführt,
und das Bild erfreute sich großen Rufes; während der Maurenzeit wurde es
fünf Jahrhunderte gut verborgen und von einem Schäfer im Jahre 1400 auf
wunderbare Weise wiederentdeckt.

Um die anderen so eng mit der Geschichte des Kolumbus ver-
knüpften Orte zu besuchen, folgt man der Avenida de los Pin-
zones etwa fünf Kilometer, entlang dem Ufer des Río Odiel. So
gelangt man zur Punta del Cebo, wo uns eine Fähre über den
Tinto zum *Monasterio de la Rábida* übersetzen wird. Auf der nahen
Spitze steht die 36 Meter hohe Kolossalstatue des Kolumbus von
Gertrude V. Whitney aus Granitblöcken geschaffen und 1929 errichtet. Über den Fluß leuchtet das Kloster mit seinen weißen
Gebäuden unter Palmen, Mimosen und Schirmpinien, die in dem
Sandboden gut gedeihen. Von der Anlegestelle der Fähre aus
führt ein Pfad durch einen hübschen Garten, in dem ein unvoll-
endetes Monument an den vierhundertsten Jahrestag der Ent-
deckungsfahrt erinnert, zum Portal des Franziskanerklosters mit

seinen achteckigen, eingebundenen Backsteinsäulen, die in einem zweiten Patio wieder auftauchen und beweisen, daß hier Mudéjarbaumeister am Werk waren.

Den meisten wird die Szene aus dem Leben des Kolumbus geläufig sein, wie der weißhaarige Fremde 1484 mit seinem kleinen Sohn Diego im Kloster ankam, wie er die Mönche für seinen Plan, zum Fernen Osten zu segeln, interessierte, und wie sie für seinen Sohn sorgten und sein Ziel förderten. Es ist sehr verständlich, daß das Kloster heute ein Museum wichtiger Erinnerungsstücke an Kolumbus birgt und daß hier jährlich Vorträge in einer sogenannten ›Universität von Santa María de la Rábida‹ stattfinden. Viele bisher unbekannte Einzelheiten des großen Abenteuers sind erst jetzt ans Licht gekommen. Es kann natürlich längst nicht alles beschrieben werden, was hier zu sehen ist. Eine Alabaster-Madonna aus dem 13. Jahrhundert, ›Nuestra Señora de la Rábida‹, soll von Palos de la Frontera herübergebracht sein; sie wäre also dieselbe, vor der Kolumbus im Gebet kniete, bevor er seine Fahrt begann. In der Kapelle finden wir eine Kreuzigung aus dem 14. Jahrhundert, ein bei Prozessionen mitgeführtes Kruzifix, und ihr gegenüber ist ein Hufeisenbogen, der in einen Patio führt, Zeugnis für das hohe Alter des Baues. Es wird häufig angenommen, daß er über einem arabischen Wachtturm errichtet wurde, wie der Name Rábida andeutet.

Das Zimmer, in dem Kolumbus und der Abt ihre Unterredungen führten, kann besichtigt werden; ebenso der Mudéjar-Patio, über dem er während seines halbjährigen Aufenthaltes schlief; Modelle von den drei Schiffen der Reise, Porträts der wichtigsten der an dem Unternehmen Beteiligten – zum größten Teil natürlich Phantasie – und verschiedene Gegenstände aus der Neuen Welt, wie eine Dose aus Jacarandaholz, gehören zu den interessantesten Ausstellungsstücken. Auch ein wenig bekannter Wohltäter, Mariono Alonso Castillo, Gouverneur von Huelva, der 1851 das Kloster vor dem Abbruch bewahrte, findet Erwähnung. Ein kürzlich entdecktes Dokument soll die spanische Abstammung Kolumbus' beweisen; ein patriotischer Glaube, der mit der allgemein unwidersprochenen Tatsache, daß er in Genua geboren wurde, nicht in Einklang zu bringen ist. Salvador de Madariaga stellte die Hypothese auf, daß Christoph der Sohn eines spanischen Converso gewesen sei, eines Juden, der sich zum Christentum bekannt habe und nach Genua übergesiedelt sei. Das würde ihn in gewisser Weise zum Spanier machen, aber man muß berücksichtigen, daß die Vermutung in Oxford aufgestellt wurde, das allzu oft schon Ausgangspunkt vager Thesen war. Das einzige authentische Porträt des Kolumbus befindet sich auf einer von dem Italiener Guido Mazzoni entworfenen, 1505 geprägten Bronzemedaille. Das Original wird in Deutschland verwahrt, aber die Gipsform hier bestätigt die Converso-Theorie in nichts.

Die wenig bekannten Städte *Palos de la Frontera* und *Moguer* liegen an der neuen Straße, die uns wieder nach Huelva zurückbringen soll. Beide sind schäbig und nur noch Schatten ihrer großen Vergangenheit. In der Kirche *San Jorge* in Palos wurde die königliche Bewilligung der Expedition des Kolumbus bekanntgemacht; das eiserne Lesepult, von dem aus sie verlesen wurde, wird noch gezeigt. Vor dem Mudéjar-Portal, der *Puerta de los Novios,* ist ein kleiner Hof, in den die Bewohner von Palos zusammengerufen wurden, um aus ihnen die Mannschaft für die beiden Karavellen auszuwählen, die Palos der Königin zwangsweise zur Verfügung stellen mußte. Ein anderer historischer Ort ist der heute schändlich vernachlässigte maurische Brunnen, wo die Mitglieder der Expedition ihr Wasser für die Fahrt aufnahmen.

Auch *Moguer* ist eine vernachlässigte Stadt, Geburtsort des Nobelpreisträgers Juan Ramón Jiménez. In seinem Haus ist jetzt ein kleines Museum eingerichtet. Seine vielen Gedichte sind weniger bekannt als sein Prosapoem ›Platero und ich‹. Platero ist ein Esel, Juan Ramón ist sein eigenes scheues, zurückhaltendes, sensibles Ich, und das Werk die frischeste, natürlichste, lichteste und tiefste Darstellung des Lebens in einer andalusischen Kleinstadt.

San Juan del Puerto erreicht man nach fünf Kilometern; acht Kilometer weiter, auf der Straße nach Sevilla (N 431), sieht man rechts eine ›Venta‹, und ein paar Meter weiter einen privaten Feldweg nach La Lobita. Das ist eine Hacienda, wo die ›Toros bravos‹ brüllen, und wo man sie ganz aus der Nähe studieren kann; passen wir aber gut auf, daß wir die Stacheldrahttore – es sind sechs – nach dem Passieren immer wieder gut schließen. Vor den Bullen braucht man keine Angst zu haben; solange sich keine Kühe in der Nähe aufhalten, sind sie vollkommen zahm. Schließlich kommen wir an ein Landhaus,

*das üblicherweise verschlossen ist und nur einmal im Jahr für eine Woche zum
Leben erwacht, wenn nämlich der Besitzer kommt, um die Zuchttiere für das
nächste Jahr auszuwählen. Jedermann weiß, daß nicht ein Stier wie der andere
ist, am besten der Züchter; und man nimmt an, daß Angriffslust und Mut
weitgehend von den Muttertieren vererbt werden; so sucht der Züchter die
Kühe nach diesen Tugenden sehr sorgfältig aus. Dazu gibt es eine winzige
Arena mit drei Sitzreihen, einem ›Toril‹ und ›Burladeros‹, Holzgittern, die
dem Mann, aber nicht den Stieren, das Entkommen ermöglichen. In diesem
›Tentadero‹, wie der Ring genannt wird, werden die Kühe getestet; nur die
mutigsten behält man als Zuchttiere, der Rest ist Schlachtvieh. Im Geist der
Züchter ist das matriarchalische Prinzip so lebendig, daß die Mutter eines
Stieres, der seinen Torero umbringt, getötet wird.*

Zurück in San Juan del Puerto nimmt man die N 435 nach *Val-
verde del Camino*. Das Land ist jetzt nur spärlich besiedelt; wenn
man den Fuß der Sierra Morena erreicht, sind weite Strecken mit
›Cistus‹ bepflanzt, einem wilden Busch. Seine großen weißen
Blüten haben fünf Blütenblätter mit rostroter Zeichnung, von
denen sich die gelben Stempel scharf abheben. Die Blüten duften
nicht, aber wenn man sie abbricht, geben die Stengel einen dick-
flüssigen, wohlriechenden Saft ab. Die Bauern nennen es ›Láb-
dano‹: Harz; das Wort geht über Latein und Griechisch zurück
ins Persische, eine wohlbekannte Variante ist ›Laudanum‹. Der
klebrige Saft gelangt allerdings nicht ins Labor des Apothekers,
sondern in die Parfumfabriken. Dann wird fruchtbarer Boden
selten; Korkeichen und immergrüne Eichen nehmen den Platz
der Felder ein. Die Korkeichen haben eine dicke Rinde, die alle
neun Jahre bis in Mannshöhe abgeschält wird; die Eicheln der
immergrünen Bäume werden als Schweinefutter geschätzt;
Hunderte von Quadratkilometern der Landschaft, durch die wir
jetzt fahren, sind mit diesem Baum bepflanzt. Die romanischen
und frühgotischen Kalendarien zeigen immer wieder als Okto-
berbild, wie die Eichbäume mit Knütteln geschlagen werden und
die Schweine sich darunter hoffnungsvoll versammeln.

Zalamea la Real hat die steilen Straßen, die in diesem Gebiet
zum Stadtbild gehören, und der Spitzturm der Backsteinkirche
ist mit Azulejos gedeckt. Wenn man eine Bergwerkstadt sehen
möchte, so ist *Riotinto* in der Nähe. Seit den Tagen der Phöni-

zier hat man nach und nach den ganzen Hügel abgetragen, und
in den Riesenstufen, die das große Loch umkreisen, zeigen die
dunklen Mündungen der Schächte, wo man den Erzadern nach-
schürfte. Die älteren bedecken sich langsam wieder mit Vegetation, und auf den ganz alten wachsen bereits Pinien. Der Río
Tinto ist hier nur ein schmaler, heller Bach.

Eine gute, aber sehr gewundene, ermüdende Straße führt nach
Aracena, beliebtem Ziel der Sonntagsausflügler von Huelva,
Sevilla und Südportugal. Sie kommen, um die *Gruta de las Mara-
villas* zu sehen, Tropfsteinhöhlen, in denen kristallklare Wasser
die magischen Farben der Mineralien reflektieren: smaragdgrün
die eine Höhle, die andere rubinfarben und eine weitere türkis-
blau leuchtend.

Den Hügel krönt die Ruine einer Almohadenburg, und eine
Templerkirche, *Nuestra Señora de los Dolores*, erhebt sich über
dem Grundriß einer ehemaligen Moschee. Sie ist gotisch, die drei
Schiffe sind durch viereckige Pfeiler und Säulen mit Blattkapitel-
len gegliedert. Die Kirche hat einen ›Coro en alto‹, wahrschein-
lich eine spätere Ergänzung, denn er kann nicht der gleichen
Epoche angehören wie die Westfassade im Übergangsstil von der
Romanik zur Gotik. Es handelt sich um eine Eigenart, die erst
am Ende des 15.Jahrhunderts voll ausgebildet war; eines der
schönsten Beispiele ist in der Kirche ›San Juan de los Reyes‹ in
Toledo. Zur Linken des Altarraumes, hinter einer sehr schönen
Reja mit knienden Figuren, liegt das Grabmal des Priors Pedro
Vázquez von 1500 in glasierter Terrakotta, die auf den ersten
Blick wie Alabaster wirkt. Es ist ein Werk von großem Charme
und künstlerischem Empfinden.

Das Schönste habe ich bis zum Ende aufgespart: den *Glockenturm* der Templerkirche, auf den Grundmauern des Almohaden-
turms errichtet, in warmem roten Backstein, mit Zackenbogen
und dem vertrauten Sebka-Werk, bekrönt vom Templerkreuz.

Eine Stunde Fahrt durch Eichenwälder und Heiden bringt uns
auf der Hauptstraße von Portugal (N433) nach Sevilla zurück.
Am Wege locken Händler mit Büscheln wilder Blumen und
Bergspargel, und in der Ferne erhebt sich die Giralda.

ZEHNTES KAPITEL

Von Sevilla bis Jerez

Wir verlassen Sevilla jetzt endgültig und folgen dem Paseo de las Delicias, der breiten Straße, die am Ufer des Guadalquivir entlang gen Süden führt. Wenn man dann die ganze uninteressante Strecke von rund hundert Kilometern auf der NIV zurücklegt, läßt sie sich in ungefähr einer Stunde schaffen. Es ist aber viel hübscher, am Rand der Marismas entlangzustreifen, dem Schwemmland des Unterlaufs des Guadalquivir, und wir sollten deswegen bei dem Dorf *El Torbiscal*, etwa vierzig Kilometer hinter Sevilla abbiegen und die C441 rechts einschlagen. Auf dem Wege kommt man vorher noch an *Dos Hermanas* vorbei; der Name der Stadt läßt sich bis ins 12. Jahrhundert zurückverfolgen, aber das einzige, was sich von diesem Ort erzählen läßt, ist die Verführung Amintas durch Don Juan auf seinem Weg nach Lebrija.

Die erste Stadt, die uns auf der C441 begegnet, *Las Cabezas de San Juan*, zeigt wie gewöhnlich lauter weißgetünchte Häuser, diesmal auf einem einsamen Hügel. Sie war eine befestigte Station auf der Römerstraße von Sevilla nach Cádiz und wird seitdem hier und da in den Chroniken erwähnt. Da sie Mittelpunkt eines fruchtbaren Gebietes ist, erscheint es nur natürlich, daß sich diese Erwähnungen hauptsächlich auf ihren Beitrag zu den Kriegsanstrengungen gegen Granada beziehen. Die Einwohner ziehen eine Art von Befriedigung aus dem wortspielerischen Motto ›El Rey no puede hacer nada en su Consejo sin Las Cabezas‹ – ›Der König kann im Rate nichts tun ohne Köpfe‹. Der heilige Johannes im Namen der Stadt ist der Täufer, denn er ist der Schutzpatron der ›Parroquia‹; die Köpfe kamen durch ein Mißverständnis in den Namen, der eigentlich lautete: ›San Juan del Cabezo‹ – ›Sankt Johannes vom Hügel‹; die Verwechslung eines einzigen Buchstabens, cabezo zu cabeza, führte allmählich zur Sinnänderung des ganzen Namens.

Der *Ayuntamiento* steht am Ende eines kleinen, unbedeutenden Hofes, dessen andere Seite von der steilen Hauptstraße eingenommen wird. Der Balkon eines sonst unscheinbaren Hauses, das auf den Platz schaut, sah 1820 den Colonel Riego, der hier sein ›Pronunciamento‹ verlas. Das war der Beginn von Spaniens vielen Auseinandersetzungen zwischen meineidigen Politikern und verlogenen Königen.

Ferdinand VII., der sich die Langeweile seiner Gefangenschaft in Frankreich damit verkürzt hatte, Napoleon zu seinen Siegen zu gratulieren, wurde von seinen ergebenen Landsleuten wieder auf den Thron gebracht; er schwor, die liberale Verfassung von 1812, die von der Widerstandsbewegung in Cádiz verkündet war, unangetastet zu lassen. Der König brach sein Wort. Die Truppen, die sich eingeschifft hatten, um in den amerikanischen Kolonien die Ruhe wiederherzustellen, weigerten sich, unter Segel zu gehen. Riego wurde das Werkzeug der Freimaurer, die sowohl König wie Kirche bekämpften. Die Revolutionäre zogen sich nach Cádiz zurück, den König mit sich führend, und Frankreich sandte die ›hunderttausend Söhne von St-Louis‹, denen wir bereits in Andújar begegneten, um den Status quo wiederherzustellen. Genug der Politik; die Gedenktafel, die dieses Haus bezeichnete, wurde 1936 entfernt.

Etwas weiter hügelaufwärts liegt die recht junge Kirche *San Juan Bautista,* die einiges Interessante beherbergt. ›Die heilige Anna lehrt die Jungfrau Maria das Lesen‹ wurde von einem anonymen Künstler ausgeführt; der Stil erinnert an Juan Montes de Oca, ist aber sensibler und ausdruckskräftiger. Weiter hängt hier eine Kreuzigung von Juan de Mesa und ein bezauberndes ›Pesebre‹ von La Roldana, der Tochter des Pedro Roldán. Miniaturkompositionen der Szenen um Christi Geburt waren eine Zeitlang sehr beliebt, vor allem in den ehemaligen spanischen Gebieten von Süditalien und Sizilien findet man noch viele Beispiele. Im Genrestil des 18. Jahrhunderts vermitteln sie uns viele Informationen über Bräuche und Kostüm der Zeit. Das beste Bild dieser Art in Spanien findet man in Murcia.

Lebrija ist der nächste Halt auf dieser Straße; die Stadt ist reiz-

voller, als man vermuten würde. Die Pfarrkirche heißt *Nuestra
Señora de la Oliva* und zeigt ganz deutlich ihre Herkunft von einer
Almohadenmoschee, und der Glockenturm übernahm das Erbe
des Minaretts, besonders in den unteren Teilen. Die Kirche hat
innen zu jeder Seite drei Hufeisenbögen, um das Hauptschiff von
den Nebenschiffen zu trennen. Jedes der Seitenschiffe trägt vier
Kuppeln mit verschiedenen Rippenmustern; wenn man sie vom
Hügelgipfel aus sieht, wirken sie wie die Dächer einer Moschee
mit angeschlossenen Medresen (theologische Schulen). Das Retabel hat eine interessante Geschichte. Miguel Cano hatte den
Auftrag für einen neuen Hochaltar erhalten, zum verabredeten
Preis von 3000 Dukaten, starb aber 1630, bevor er das Werk abschließen konnte. Sein Sohn Alonso vollendete es 1636 so erfolgreich, daß ihm 250 Dukaten extra bezahlt wurden – eine Groß-
zügigkeit, die bei einem Klerus, der nur zu oft seinen Vorteil
wahrzunehmen wußte, in Erstaunen setzt. Alonso Cano zählt
zu den größten Künstlern Spaniens, und das Retabel in Lebrija
war sein erster Triumph. Es zeigt vier gute Skulpturen; oben
eine Kreuzigung, darunter Statuen von St. Peter und St. Paul und
ein Marienbild im Camarín hinter dem Altar. Diese wunderschöne Statue, aus einem einzigen Ölbaum geschnitzt, verdient
all das Lob, das reichlich über sie ausgeschüttet wurde; sie verbindet spanische Strenge mit italienischer, raffaelischer Zärtlichkeit. Sehr kühn für einen jungen Anfänger, bezog er Konsolen-
schnecken in den Gesimsfries ein; diese Art von Neuerung war
zuletzt vor über einem Jahrhundert von Pedro Machuca versucht worden.

Die kopflose römische Statue, die unter dem Namen Mare-
quita del Marmolejo, korrekter Marmolena, hier eine Zeitlang
als Maria verehrt worden ist, wurde 1902 in das Archäologische
Museum von Cádiz gebracht.

Alles, was von dem *Kastell* noch übrig ist, sind ein paar form-
lose Brocken, die einstmals Mauern waren. Die angeblich mozarabische Burgkapelle ist im Mudéjarstil erbaut und so wunderbar weißgetüncht, daß kein Mauerwerk mehr ausgemacht werden kann. Haupt- und Seitenschiffe sind durch Hufeisenbogen

getrennt, was allein schon genügt, die mozarabische Legende zu
entlarven. Die Einwohner lieben eine Christusfigur mit beweglichen Armen; sie liegt für die meiste Zeit des Jahres in einem
Glassarg; aber zu besonderen Gelegenheiten kann sie an einem
Kreuz befestigt werden, indem man Nägel durch Hände und
Füße steckt. Die Datierung ins 5. oder 6. Jahrhundert ist absolut
unglaubwürdig.

Von Lebrija führt eine rauhe Straße nördlich in die *Marismas,*
wo Reis gepflanzt wird, und wo man Kampfstiere züchtet. Der
Vogelfreund kann weiße Reiher und Kronenreiher, Adler und
Eulen und hundert andere Arten beobachten, und in der Ferne
kann manchmal ein wildes Kamel gesehen werden. Sie sind hier
seit dem 18. Jahrhundert, als man sie für öffentliche Arbeiten
brauchte, möglicherweise in den weiten Arenas Gordas näher
der Flußmündung. Sie waren nicht die ersten nach Spanien im-
portierten Höckertiere; schon bei der Barbareninvasion im 6.
Jahrhundert gab es Unruhen, weil man die Kirchen für Kamele
und andere Reittiere als Ställe benutzte, und während der Maurenzeit wurden die Wüstenschiffe zum Lastentragen beim Bau
von Medina Azzahra gebraucht.

Der Guadalquivir hat einen sich manchmal verlagernden Lauf,
und die Kanalsysteme der Menschen wirkten ebenfalls land-
schaftsverändernd. Die *Isla Menor,* nördlich gelegen, war einst
eine Trutzburg der Wikinger, die dort 844 ihr Hauptquartier aufgeschlagen hatten, von wo aus sie das umliegende Land zu ihrem
Vergnügen brandschatzten. Ihre Schreckensherrschaft endete,
als die disziplinierten und gut geführten Truppen Abd ar-
Rahmans II. sich ihrer aller auf einmal entledigten. Nur eine Ab-
teilung, die umzingelt war, wurde verschont, unter der Bedin-
gung, daß sie sich zum Islam zu bekehren habe. Sie siedelten in
den Marismas, wurden gute Rinderzüchter und verstanden viel
von der Milchwirtschaft, ihre Käse waren bis Córdoba berühmt.

Die C 441 führt weiter nach *Sanlúcar de Barrameda,* einer alten
Stadt, die am Südufer des Guadalquivir liegt. Sie sah die Abreise
Magellans und seines Ersten Offiziers Elcano zu ihrer ersten
triumphalen Erdumseglung und die des Kolumbus bei seiner

dritten Reise. Noch heute überraschen einige ihrer Schätze den
Besucher. Der große, rechteckige Block des *Colegio de San Francisco*, ein Seminar, war früher ein Krankenhaus für englische Seeleute, von Heinrich VIII. gegründet; ein Beweis dafür, wie eng
damals die Handelsbeziehungen zwischen England und den
spanischen Weinhäfen gewesen sein müssen, gefördert vielleicht
durch Heinrichs Ehe mit Katharina von Aragón. Der Gedanke,
ein Seemannshospital zu errichten, war gar nicht so weitherge-
holt; es existierte auch eines nur für Landarbeiter. Die Fassade
von San Francisco ist reiner Barock, im Sommer durch Schwal-
ben- und Storchennester aufgelockert; aber die weite Renais-
sancekuppel kann sehr wohl Teil des ursprünglichen Baukörpers
gewesen sein.

Die Pfarrkirche *Nuestra Señora de la O* ist einen Besuch wert,
sie ist dem Palast der Herzöge von Medina Sidonia eng benach-
bart. Wenige Spanier sind verwundert über den Titel der Madonna, aber niemand scheint seine Herkunft zu kennen; selbst
die Priester haben den seltsamen Beinamen ohne Nachdenken
akzeptiert, und spanische Nachschlagewerke beschränken sich
auf die Bemerkung, daß er mit ›Unserer lieben Frau von der
Hoffnung‹ identisch sei. Auch wird behauptet, daß das ›O‹ für
Oktav steht und die Woche bedeutet, deren erster Tag der 18. Dezember ist, an dem das Fest ›Unserer lieben Frau von der Hoffnung‹ stattfindet. Überzeugend scheint die Erklärung, daß das
›O‹ eine Umschreibung für ›Ei‹ ist; eine Frau, die ein Ei hält, ist
ein altes Fruchtbarkeitssymbol. Auch die Madonna ist manchmal so dargestellt: auf Murillos ›Sagrada Familia del Pajarito‹
im Prado oder auf Piero della Francescas ›Madonna del Ovo‹.

Die Kirche hat eine eindrucksvolle Fassade mit einem restaurierten gotischen Portal in einem erstaunlichen Alfiz, dessen
oberster Fries aus Kragsteinen mit eingemeißelten sehr verwitterten Gesichtern besteht. Danach kommt ein Streifen mit
Sebka-Dekoration über einem Band enggestellter Säulen, und
darunter sind zwei von Löwen gestützte Wappenschilde und
verschiedene geometrische Ornamente. Haupt- und Seitenschiffe
haben schöne Artesonados, und ein privates Chorgestühl nahe

dem Chor ist mit einem kunstvoll geschnitzten Holzgitter geschützt, das zum benachbarten Palast hin fortgesetzt wird. Hier
haben wir das genaue Gegenstück zum ›Pasadizo‹ der Emire
und Kalifen von Córdoba, das sie benutzten, wenn sie die Moschee
besuchten. – Oberhalb der Kirche sieht man das alte Kastell, unterhalb die verwitterte gotische Fassade eines Palastes, der einst
dem Herzog von Montpensier, dem Schwager Isabellas 11., gehörte.

Godoy hatte nahe Sanlúcar einen Hof und zeigte sich als (selten
genug in jenen Tagen) großartiger Gutsherr und geborener Far-
mer, obwohl er von edler, wenn nicht hochadliger Geburt war.
Sein Titel, ›Fürst des Friedens‹, wurde getadelt, und Fremde
meinen, er habe sich eine Würde angeeignet, die einzig Christus
zustehe. Das ist Unsinn; der Titel wurde ihm 1795 beim Abschluß
des Friedensvertrages mit dem revolutionären Frankreich verliehen, so wie ein Graf von Haro ihn aus ähnlichem Grund ein
Jahrhundert früher erhalten hatte.

Pedro der Grausame beobachtete in Sanlúcar 1356 den Thunfischfang, als
die Katalanische Flotte von Aragón hier vorübersegelte, um England anzu-
greifen. Der Thunfang ist entlang der ganzen Atlantikküste noch immer ein
großes jährliches Ereignis, aber die hiesige Hauptdelikatesse ist der sogenannte
›Langostino‹. Sanlúcar liegt am Südufer des Guadalquivir und hat eine lange
Bucht mit einem Sandstrand, genannt Bajo de Guía, und an ihrem Rand liegen
Bars, die sich auf die Zubereitung dieser Garnelen spezialisiert haben. Für
empfindliche Nasen riecht die Bucht zu sehr nach Fisch, und manche Besucher
gehen ein, zwei Kilometer nach Westen, wo sauberer Sand und atlantische
Winde das Baden reizvoller machen. Diese Langostinos nun sind sehr schmack-
haft, aber es bedarf eines Zoologen, um sie von den vertrauteren ›Gambas‹ zu
unterscheiden, die in jedem Winkel Spaniens millionenweise als Tapas ver-
speist werden, oder eines Geizhalses, denn wenn man nicht auf der Hut ist,
kann man für eines dieser kümmerlichen Tierchen als Leckerei zehn Peseten
loswerden. Der traditionelle Apéritif der Gegend ist ein Manzanilla, ein
trockener Sherry. Man kann ihn überall in Spanien bekommen (muß aber auf-
passen, daß einem nicht der gleichnamige Kamillentee serviert wird); er
kostet allgemein zwischen fünf und zehn Peseten per Glas, nur hier, in seiner
Heimat, ist er zwölf Peseten wert.

Im Mündungsgebiet ist die Region der Arenas Gordas genann-

ten Sanddünen und des ›*Coto de Doñana Nature Reserve*‹. Unser
Weg führt in westlicher Richtung weiter zu der Stelle, wo der
verbreiterte Guadalquivir wirklich ins Meer mündet. Dort liegt
Chipiona, ein wachsender Erholungsort, dessen Typ wir an der
Küste Südspaniens wieder und wieder begegnen werden. Da ist
ein Luxushotel mit feinem Badestrand am Rande eines verstreu-
ten, nicht sehr attraktiven Dorfes, dessen einziger Beitrag zu
einem glanzvollen Nachtleben ein kleines Kino ist, wo man so
wertvolle Filme wie ›Diamantenjimmy‹ mit spanischen Unter-
titeln sehen kann. Man sollte noch erwähnen, daß das Wetter
nach Ansicht der Gäste unzuverlässig ist, außer von Juli bis September; die Hotelangestellten sind entgegengesetzter Meinung.

Rota liegt südlich an der Küste und ist als amerikanisch-spani-
scher Stützpunkt von Häusern im kalifornischen Stil umgeben
und hat herrliche Zufahrtstraßen. Es gibt ein gutes Hotel, wo
noch schmackhaftes spanisches Essen serviert wird, und einen
ausgezeichneten Badestrand mit viel feinerem, sauberem Sand,
als man in den meisten Mittelmeerorten finden kann, ein Resul-
tat der Gezeiten des Atlantik. Von Rota aus wird seit jeher Meß-
wein nach England verschifft.

Eine neue Straße führt jetzt durch das Mündungsgebiet eines
der zahlreichen spanischen Flüsse namens Salado nach *Puerto de
Santa María*, an der Mündung des Guadelate. In der äußeren
Bucht des Hafens von Cádiz gelegen, blickt der reizvolle Ort zu
der funkelnden Provinzhauptstadt auf ihrer Halbinsel hinüber.
Puerto de Santa María ist ein bekannter Ferienort, eine Wein-
stadt, ein Fischereihafen, und außerdem hat er noch ein berühmtes geschichtliches Museum. Viele ziehen ihn Jerez vor, und sicherlich ist er für den Feriengast attraktiver, mit seinen schönen
Stränden und der Möglichkeit eines täglichen Bootsausfluges
nach Cádiz.

Seine Geschichte beginnt mit dem Hafen von Menestheus, von
dem einige schäbige Überreste in der Burg San Marcos, einem
ehemaligen Römertempel, zu finden sind. Die Mauren bauten
sie zu einer starken Festung aus, und 1264 wurde sie von Alfonso
dem Weisen belagert. Sie steht im Zentrum nahe dem Stadt-

haus der Herzöge von Medinaceli, die in diesem Gebiet mit fast absoluter Macht herrschten. Durch ein weibliches Mitglied der Familie gelangte die Burg in die Hände des De la Cerda-Zweiges, deren Wappen noch an der Fassade zu sehen ist, über dem leeren Raum, wo einst das der Medinaceli prangte. In einer Nacht während der Belagerung träumte Alfonso, daß ihm Maria erschienen sei und ihm ein glückliches Ende der Unternehmung verheißen habe. Die Ecke, in der das geschehen sein soll, wird noch immer gezeigt. Ein solches Wunder rief danach, von späteren Generationen verehrt zu werden, und so nannte man die Pfarrkirche denn ›Nuestra Señora de los Milagros‹, und Alfonso widmete ihm einige seiner ›Cantigas‹. Die Kirche hat ein eindrucksvolles Südportal im Platereskenstil; darüber steht die Figur der Maria auf einem Turm.

Den Fischereihafen besucht man am besten am Morgen, wenn die Boote ihre Last abladen, alles auf flachen Kisten, säuberlich sortiert und arrangiert, während der Rückfahrt von den Fischgründen. Hier findet man einen großen, weichen, blassen Fisch ohne Geschmack, den seltsamerweise viele Hoteliers als Schmuck der internationalen Speisekarte empfinden. Wenn man auch gerne schmeckt, was man ißt, gibt es Seeaal, Meerbarbe, Hechtdorsch und ein Dutzend Sorten kleinerer Fische zum Aussuchen, alle auf zerstoßenem Eis angeboten.

Das *Castillo de San Marcos* ist ohne Zweifel das bedeutendste Bauwerk in Santa María. An einer der Mauern aus rotem Stein ist eine Tafel angebracht, die es als zeitweiligen Wohnort von Kolumbus und Juan de la Costa ausweist; Juan war Steuermann auf Kolumbus' Flaggschiff Santa María und der erste Kartograph der Neuen Welt. Auch andere berühmte Entdecker lebten hier in den Tagen, als Santa María größer war als Cádiz, und die alten Häuser, die man überall sieht, haben vielleicht schon Pedro de Villa oder Amerigo Vespucci, der seinen Namen dem bis dahin noch unbenannten Kontinent gab, beherbergt. Leider ist San Marcos in Privatbesitz; es gehört der Caballero-Familie, die es von den Medinaceli erwarb. Aber die Caballeros besitzen eine der drei Bodegas in der Stadt, und Don Luis, der Direktor der Firma, ist manchmal so liebenswürdig, einen Diener mit den

Schlüsseln mitzusenden, wenn er das Gefühl hat, daß ein Besucher ehrlich interessiert ist. Vielleicht haben die vorigen Besitzer etwas zu viel Wert auf eine durchgreifende Restaurierung der alten Burg gelegt, aber ist man einmal drinnen, so fällt es nicht schwer, mit Hilfe der Phantasie die Zeit zu überlisten und sich ins Mittelalter zurückzuversetzen. Der höchste Turm soll das Minarett der Moschee gewesen sein; er ist mit einem kleinen Glockentürmchen gekrönt, auf dem Störche nisten. Die fast unzerstörte Moschee, heute natürlich eine Kapelle, ist das Glanzstück der Burg, sie hat auch einen eigenen kleinen ›Patio de Naranjos‹.

Der Eingang ist gotisch und führt geradenwegs in die Sakristei, die an einer der Wände eine kufische Inschrift zeigt. Die Kapelle selbst hat drei Schiffe und sieben Joche; die dreiunddreißig Hufeisenbögen ruhen auf verschieden gestalteten Stützen, darunter auch einige Römersäulen. Der Barockaltar steht vor dem mit keinem Finger berührten Mihrab, einem oktogonalen Gebilde im gleichen Stil wie der in Córdoba, mit Fresken anstelle von Mosaiken; im Innern hat er ein winziges Kreuzrippengewölbe. Zu beiden Seiten des Altars steht ein kleines Bord auf Stützen mit Mocárabes, Stalaktitenmuster; und dahinter, links und rechts des Mihrab, findet man einen Schmuck, der vielleicht einzig in Europa ist. Auf den ersten Blick werden Sie vielleicht an ungeheuer lebhafte und gut erhaltene Gobelins denken, doch dann erkennen Sie, daß es sich um eine gepunzte Lederverkleidung handelt, vergoldet und bemalt. Kamelhäute sind das Material, denn im Mittelalter hielt man in Spanien von Rindleder nicht viel, weil es nicht besonders haltbar sein soll. Dieses Kunsthandwerk war eine arabische Spezialität, ›Guadamacilería‹ genannt; die Handwerker, die es ausübten, hatten in Córdoba eine eigene Straße, die Calle Placentines. Der wohl älteste Bericht über dieses Handwerk in Spanien findet sich im ›Poema de mio Cid‹.

An der Nordseite liegt die Kapelle des Sagrario, verschlossen mit einer herrlichen vergoldeten Reja mit einer Kreuzigung. Darin steht die romanische Statue der Virgen de la Granada, auch Virgen de España genannt; sie hält in der rechten Hand einen Granatapfel und trägt das Kind auf dem linken Arm. Zwei

Fenster mit Glasmalerei im Westende zeigen Illustrationen zu den ›Cantigas‹ Alfonsos des Weisen und Bilder von ihm und Maria. Eine arabisch wirkende Tür, mit Enlaceria an der Innenseite und außen mit Bronzeplatten verkleidet, führt zu dem kleinen Patio, in dem noch immer Orangenbäume blühen; die Fontäne des abgestuften Bassins in der Mitte ist dagegen lange schon trocken gelegt.

Vielleicht haben Sie nicht darauf geachtet, aber auf dem Wege hierher sind Sie durch viele Weingärten mit weißem, sandigem Boden gekommen, und auf der Straße nach Jerez werden Sie noch viele andere passieren. Auf diesem armseligen Boden gedeihen die weißen Trauben am besten, und wenn ›Sherry‹ sich auch eigentlich nur auf den Wein, der wirklich in Jerez gemacht wird, beziehen sollte, kann man doch den Manzanilla von Sanlúcar und die Weine von Puerto de Santa María in den Begriff miteinbeziehen. An diesem Ort gibt es drei Bodegas von großem Ruf, und vielen Besuchern macht es mehr Spaß, sich hier herumführen zu lassen als in den großen Kellereien in Jerez. Wenn man nur das geringste Interesse zeigt, wird man alles über die Sherry-Produktion erfahren können. Man erzählt dem Besucher hier nur allzu gerne, wie die Trauben reifen und wie der Boden gepflegt werden muß, wie man die Beeren pflückt, den Saft preßt, wie der Wein bereitet und gelagert wird; selbst in der korrekten Art, wie man einen Sherry trinkt, wird man ihn unterweisen, bei welcher Temperatur er serviert wird, wie man ihn einschenkt und in welche Gläser, zu welchen Zeiten des Tages und zu welcher Art von Gespräch und Gesellschaft man ihn kredenzt, und natürlich auch, wie das Glas zu halten sei.

Es gibt hier natürlich einige edle Weine, die die Zunge des Kenners und ein gewisses Ritual verlangen, aber sie sind selten. Die meisten sind angenehm aromatisch, trocken genug, um den Gaumen auf ein gutes Mahl vorzubereiten, oder süß genug, ein Dessert zu begleiten, aber ohne sich stärker voneinander zu unterscheiden als ein gepflegter schottischer Whisky vom andern. Jeder Schritt in der Herstellung des Weines hat einen Grund; das Ziel dabei ist, einen Wein zu machen, dessen Qualität nicht von Jahrgang zu Jahrgang variiert. Unter den verschiedenen Rebenarten ist die Palomino die gewöhnlichste und die Pedro Ximénez die süßeste. Die Beeren dieser Rebe werden bis zum Austrocknen am Stock gelassen, wie man am Rhein eine Spätlese behandelt. Ihren Namen soll sie von einem spanischen Soldaten aus der Zeit Karls V. erhalten haben, der sie als Setzling aus dem Rheintal mitbrachte. Im 18. Jahrhundert war Pedro Ximénez Sherry so beliebt, daß man ihn in großen Mengen unter dem Namen Pérochimelle als Dessertwein nach Frankreich exportierte.

Bei der Weinernte werden die Trauben nicht mehr mit Spezialholzschuhen zerstampft; Maschinen sind an ihre Stelle getreten. Wenn die Fässer in der Bodega eintreffen, muß sichergestellt sein, daß jedes den Most von einer halben Tonne Beeren enthält. Wenn der Most ausgetobt hat, wird er vom ›mosto‹-Schuppen in die Bodega gebracht, nicht in die Keller, weil dort die Luftzirkulation nicht ausreichen würde. Das Solera-System, der Inbegriff der Stetigkeit, fördert die ›Erziehung‹ des jungen Weines, wobei er in immer neue Fässer gefüllt wird, ›Criaderas‹ genannt. Der treibende Mechanismus dabei ist eine Hefe, die im Wein arbeitet und einen ›Flor‹ bildet. Dieser Flor ist außerordentlich empfindlich und verlangt eine präzise Alkoholbildung von 14–15 %, um zu überleben. Die Fässer werden in drei übereinanderliegenden Reihen angeordnet; die der untersten, oder Soleras (suelo heißt Fußboden), enthalten den ausgereiften Wein. Niemals wird mehr als die Hälfte ihres Inhaltes auf Flaschen gezogen, und der Verlust wird augenblicklich ersetzt aus den Fässern der ›Criadera No. 1‹, der Reihe direkt darüber, und diese werden wiederum sogleich aufgefüllt durch ›Criadera No. 2‹. Die Operation wird mit Hilfe von Druck durchgeführt; das Ansaugen heißt ›Llamar al vino‹, das Rufen des Weines.

Branntwein ist ein Nebenprodukt; er wird aus Wein, der sich schlecht aufführt, destilliert. Das Ergebnis heißt ›Holandas‹, wahrscheinlich, weil das Verfahren der Gin-Herstellung sehr ähnlich ist; man läßt ihn ruhen, bis schädlicher Alkohol sich verflüchtigt hat. Seine Farbe bezieht er, wie schottischer Whisky, von den Eichenfässern, in denen er gelagert wird; wenn die Fässer wieder für jungen Wein benutzt werden sollen, müssen sie sorgfältig geschwefelt werden. Acht Jahre braucht es, bis ein Wein hier ausgereift ist, und der Winzer widmet ihm die Erfahrung seines ganzen Lebens.

Jerez de la Frontera bedeutet für verschiedene Menschen völlig verschiedene Dinge.

Für die meisten Leute ist sie nur die Sherry-Stadt par excellence; für einige ein Schatzhaus architektonischer und künstlerischer Denkmäler, für die dritten ein Zentrum der Zucht edler Reitpferde, das zu Recht das ›Goldene Pferd‹ des Ministeriums für Information und Tourismus empfing. Die ruhmreichen Grauen der Kartäuser sollen zu den Ahnen der Lippizaner der Spanischen Reitschule in Wien zählen, und der Hispano-Anglo-Araber, der einen guten Tropfen Berberblut in seinen Adern hat, gehört zu den besten Zuchtpferden überhaupt.

Das ›Rejoneo‹, der vom Pferderücken aus geführte Stierkampf,

ist der letzte Überrest der ursprünglichen ›Corrida‹ und noch
immer weitgehend ein Sport des Adels. Die gutdressierten Pferde von Jerez, jedem Schenkeldruck gehorchend, erwarten den
Stier ganz ruhig, während der geübte Reiter, in jeder Hand eine
Banderilla, ihn sicher und kraftvoll zu treffen weiß. In Jerez
heißen eine Straße und ein Platz nach Domecq: Dieser Name ist
nicht nur mit den berühmten Bodegas verbunden, Álvaro Domecq war einer der größten Rejoneadors aller Zeiten, und als er
sich aus dem Ring zurückzog, wurde er Bürgermeister der Stadt.

Jerez wurde von Ferdinand dem Heiligen 1251 erobert und
ging unter der Regierung seines Sohnes Alfonso wieder an die
Mauren verloren. Die letzten Verteidiger waren Garcí Gómez
Carrillo und Fähnrich Fortún de Torres; ihre Tapferkeit war so
ungeheuerlich, daß die Belagerer versuchten, sie nicht zu töten;
den unbezwinglichen Garcí Gómez holten die Mauren schließlich
mit Enterhaken von der Mauer; seine Wunden wurden gepflegt,
und nach der Genesung wurde er ins christliche Lager zurück-
geschickt. Ort dieser Vorgänge war der Alcázar, ein weithin
sichtbares Wahrzeichen der Stadt in ihrer linken Ecke; er wurde
häufig restauriert. Der oktogonale Turm geht vermutlich in die
Almohadenzeit zurück, andere Teile wurden im 15. Jahrhundert errichtet. Im Innern gibt es einiges Interessante, aber das
Gebäude ist, obwohl Nationaldenkmal, in Privatbesitz; zur
einen Seite hin ist ein Hotel angebaut, und man kann es nicht
mehr besichtigen.

Von hier bis zur Kirche *San Miguel* ist es nur ein kurzer Weg.
Ihr Name erinnert an eine Schlacht, einen der vergessenen Siege
im langwährenden Krieg zwischen Christen und Mauren, in dem
die Christen schließlich gewannen, weil St. Jakob, ihr Patron
Santiago, an ihrer Seite kämpfte und neben ihm der Erzengel
Michael. Als Jerez schließlich erobert war, erhielt der Erzengel
aus Dankbarkeit für seine Mithilfe ein Heiligtum außerhalb der
Stadt. Die Westfront ist ein eindrucksvolles spätgotisches Schaustück mit dem üblichen stilisierten Spitzbogen in einem stark
ornamentierten Alfiz und viel Mudéjardekoration. Das Innere
ist ein eingehendes Studium wert. Die Pfeiler wechseln von

schlichter zu Spätgotik, und die Netzgewölbe der sechs Joche,
des Chors, der vier Kapellen und der Apsis sind alle verschieden;
viele der Motive sind geometrisch und erinnern an orientalische
Muster. In der Kapelle Nuestra Señora del Socorro finden sich
außerdem paarig angeordnete groteske Figuren in Flachrelief
zwischen den Gewölberippen; eine kürzlich entdeckte Tafel
nennt den Namen eines unbekannten Künstlers und das Jahr
1547.

Das riesige Retabel war häufig ein Streitobjekt, und viele Namen wurden im Zusammenhang mit diesem Werk genannt.
Die meisten berühmten Meister der Zeit waren, wie man heute
weiß, befragt worden, solange das Retabel geplant wurde; Martínez Montañéz war der schließlich ausgewählte Künstler, und
als er die Sechzig bereits überschritten hatte, machte er sich an
die Ausführung. Der Gesamtentwurf ist von ihm; die Ausführung der Flügel überließ er einem weniger bekannten Künstler,
José de Arce, und seiner Frau María. Es braucht schon das Auge
eines Experten, um die Unterschiede zu entdecken; auch die Flügel sind mit allergrößter Sorgfalt geschnitzt. Die Mittelreliefs –
der Kampf der Engel, Verklärung und Himmelfahrt – und die
freistehenden Figuren von St. Peter und St. Paul sind von Montañéz. Weiter kann man in der letzten Kapelle zur Linken eine
erschreckend realistische Kreuzigung sehen und zur Rechten
in der Capilla de Pavón (ein Familienname) ein Zurbarán zugeschriebenes Gemälde, ›Schweißtuch der Veronika‹.

Von San Miguel sind es nur hundert Meter zur *Plaza de los Reyes
Católicos*. Dort steht ein Denkmal des Generals Miguel Primo de
Rivera, der in Jerez geboren war. Flachreliefs mit seinen Siegen
in Marokko schmücken den Sockel neben allegorischen Figuren,
die wohl als Anspielung auf die Jahre 1923-30, in denen er die Ge-
schicke seines Landes lenkte, verstanden werden müssen. Das
Ganze spricht mehr von Begeisterung als Kunst.

Geht man die Calle de Calvo Sotelo entlang, stößt man auf die
Plaza Escribanos, auch Plaza de la Asunción genannt. Wenn Jerez
auch größer als die Provinzhauptstadt Cádiz ist, ist es doch verwunderlich, wie wenig Charme die Innenstadt aufweist, man

hält sich am besten nur kurz hier auf. Die Südseite des Platzes wird von der Renaissancefassade der *Casa del Cabildo vieja* mit der Stadtbibliothek und dem Archäologischen Museum gebildet. Die Bibliothek enthält 25 000 Bücher, einige sehr seltene Exemplare darunter, und das Archäologische Museum, obwohl nicht groß, viele Gegenstände von Interesse.

Da ist ein griechischer Helm aus dem 7. Jahrhundert vor Christus, im Ufersand des Río Gudalete gefunden. Ob die Griechen wirklich hier waren – einige Forscher glauben, daß hier eine griechische Kolonie namens Xera bestanden hat –, ist nicht sicher; dies ist das einzige Zeugnis, das sie hinterlassen haben, obwohl man ausgedehnte Ausgrabungen im Gebiet des nahegelegenen Asta Regia machte. Asta Regia war eine Römersiedlung, möglicherweise über den Ruinen des halbmythischen Tartessus errichtet. Ein anderes reizvolles Ausstellungsstück ist eine Marmorinschrift in kufischen Buchstaben, die einst über einem der verschwundenen Tore der Stadtbefestigung angebracht war. Die wenigen erhaltenen Mauerreste, mit Ausnahme des Alcázar, sind nicht wert, aufgesucht zu werden. Das vielleicht kurioseste Museumsstück ist der Kopf eines römischen Mädchens mit der damals modischen spanischen Frisur, mit kleinen einwärtsfallenden Löckchen an den Schläfen, wie man es heute noch bei Zigeunerinnen in dieser Gegend findet, ›Nene‹ genannt. Eine Mode zu verfolgen, hat einen eigenen Reiz, und selbst der ernste heilige Isidore untersuchte in seiner Etymologie die Veränderungen römischer Ohrringe, Ketten und Broschen während der westgotischen Epoche.

Die Ostseite des Platzes wird von der Kirche *San Dionisio* eingenommen; sie wurde wie üblich nach dem Heiligen benannt, an dessen Namenstag die Stadt von den Mauren zurückerobert wurde. Das Äußere ist ein seltsames und fesselndes Stilgemisch, Mudéjar und Gotik herrschen vor. An der Südseite ist ein kleiner Patio; Orangen und Zitronenbäume verleihen ihren Duft dem stillen Ort und setzen sich noch auf dem Gehsteig der Kirche, zu dem sich der Patio öffnet, fort. Die Kirche folgt dem üblichen Grundplan mit zwei Seitenschiffen. Ein großes Rokokoretabel, fast zwanzig Meter hoch, wurde zur Zeit der Vertreibung der Jesuiten aus dem Kloster Santa Ana übernommen. Die Stützen, paarig gestellte schlanke Säulen, erinnern an die italienische Romanik, nur daß sie hier nicht in skulptierten Kapitellen enden, sondern in Doppelreihen von arabischen Stalaktiten. Nahe der

Kirche ist ein Mudéjarturm, *Torre de la Atalaya* oder auch *de la Vela* genannt, nach seiner Funktion als Träger von Rauch- oder Feuerzeichen, als er noch ein Glied in der Kette der Grenztürme und Burgen bildete. Jede Seite hat eine eigene Dekoration, ein reizvolles Gemisch aus Ajimez-Fenstern, Bögen mit Blattmaßwerk und Alfiz-Einfassungen über Bögen im Isabellstil.

Die *Stiftskirche San Salvador* ist über den Fundamenten der ehemaligen Freitagsmoschee errichtet, die, natürlich christlichem Gottesdienst geweiht, noch bis ins 17. Jahrhundert stand; sie war zum Schluß sehr verfallen. Sie ist die Hauptkirche, wenn auch nicht in künstlerischer Hinsicht; ihre starke Wirkung bezieht sie vor allem aus der monumentalen Treppe, die an ihrer Westfront zum Portal hinaufführt. Neben dem freistehenden Glockenturm kauert die Kirche; je nach dem Wetter, eine goldene oder graue Steinmasse, mit einer Kuppel gekrönt und ziemlich überflüssigen fliegenden Strebebogen verziert. Ein Blick ins Innere gibt Ihnen einen Vorgeschmack auf die neue Kathedrale in Cádiz, erbaut vom gleichen Architekten, der diese Kirche vollendete, Torcuato Cayón de la Vega. Obwohl der Bau schon 1562 begonnen wurde, war er 1755 noch nicht einmal zur Hälfte fertig, und um dieselbe Zeit verursachte das große Erdbeben, dem Lissabon zum Opfer fiel, solche Schäden, daß man Cayón de la Vega berief, die Bauleitung zu übernehmen. Vielleicht war es die Furcht vor einer Wiederholung des Bebens, die ihn dazu bewog, das Strebewerk in seinen Plan einzubeziehen, das so gar nicht zu einem Barockbau passen will.

Von allen Kunstwerken, die hier stolz gezeigt werden, ist vielleicht Zurbaráns schlafende Maria als Kind das berühmteste; vielleicht weil es hier kaum echte Konkurrenz hat. Die Haltung – eingeschlafen auf den Knien, dabei gegen einen Stuhl gekuschelt, auf dem ihr einer Ellbogen ruht – ist sowohl unnatürlich als auch unbequem, aber die Blumenschale im Hintergrund ist meisterlich gemalt. Auch einige auf Kupfer gemalte Bilder kann man sehen, und eine Schwarze Madonna, wie es in dieser Gegend viele gibt; sie haben ihren Ursprung wahrscheinlich in Byzanz und sind bis nach Rußland verbreitet. Der Historiker wird begeistert sein von einem Ausstellungsstück in der Kirchenbücherei, den chiffrierten Briefen des Kardinals Cisneros an einen Geistlichen in Toledo samt dem Schlüssel. Die Briefe wurden 1516 geschrieben und geben einen guten Einblick in die dunklen Zeiten, denen sich der Kardinal-Regent nach dem Tode Ferdinands des Katholischen gegenübersah.

Die imposanten Treppen vor dem Mudéjar-Glockenturm und der Stiftskirche sind die Szene für das Erntedankfest, die ›Vendimia‹. Dann wird der Schutzpatron der Winzer, Ginés de la Jara, hierhergebracht. Wenn auch die ganze Zeremonie, die Kostüme, die Blumenspiele, die Bulerías (eine lokale Abwandlung des Flamenco), mit einem Blick auf den Folklore-Liebhaber inszeniert werden, hat sich das Fest doch genug Natürlichkeit bewahrt, um dem Besucher im September ein willkommenes Schauspiel zu bieten.

Fünf Kilometer von Jerez entfernt liegt auf der Straße nach Medina Sidonia (C 440) das berühmte Kartäuserkloster, *La Cartuja de Nuestra Señora de la Defensión.* Die Kartause besaß reiche Kunstwerke, aber bis zur Ankunft der Franzosen auch noch einen Schatz von gängigerem Wert: das Gestüt. Noch kurz vor Auflösung der Klöster klagte 1835 der Abt über die Plünderungen durch die Truppen Napoleons. Zwar waren die Bilder glücklicherweise in Cádiz in Sicherheit gebracht worden, wo man noch jetzt viele sehen kann, die Pferde aber, das berühmte Gestüt, die Grauen der Kartäuser, waren in alle Winde verstreut, eine Tragödie, die nicht wiedergutzumachen war. 1949 konnten die Mönche zurückkehren, aber die Pferde blieben verschwunden. Zur Zeit ist das Kloster in Klausur, aber auch der Eingang ist sehenswürdig, und sicher werden eines Tages wieder Besucher zugelassen.

Wenn Sie ungefähr einen Kilometer weiterfahren, kommen Sie an eine bucklige Brücke von 1581, die über den Guadalete führt, von wo aus Sie die fruchtbaren, buschbewachsenen Uferhänge überblicken können, die das Ende der Westgotenherrschaft sahen. Zweifellos ist ›Guada‹ das arabische ›wadi‹, Fluß; aber der Rest des Namens ist viel älter.

Es gibt eine Sage, die berichtet, wie Decius Brutus an der Eroberung Spaniens teilnahm, und wie seine Truppen sich weigerten, den Fluß ›Lethe‹ zu überqueren, weil sie fürchteten, daß er mit dem Unterweltstrom, dessen Wasser Vergessenheit bringen, identisch sei. Hier ist auch ein kleiner Hügel, den manche noch den ›el real de Don Rodrigo‹ nennen; dort soll König Roderich sein

*letztes Zelt vor der unseligen Schlacht aufgeschlagen haben, in der er ver-
schwand. Das Geheimnis, das seinen Tod umgibt, hat die Spanier immer wieder
gefesselt; eine Legende entwickelte sich, nach der die Verführung der jungen
Florinda, einer Tochter des Grafen Julian, den König ins Verderben gestürzt
habe. Julian hatte seine Tochter an den Hof geschickt, damit sie dort in allem,
was einer jungen Dame von Stand zu wissen notwendig war, ausgebildet
werde, wie es zu jener Zeit üblich war. So wurde der Verrat der Westgoten,
ihr verächtliches Geschacher mit den Mauren hinwegdiskutiert, vergessen, und
die legendäre Florinda erhielt so viel Leben, daß noch Walter Scott sie besingen
konnte. Doch wenden wir uns wieder dem unseligen Geschehen am Guadalete
und seinen Folgen zu. Roderichs Schlachtroß Orelia wurde am Ufer des Flußes
gefunden, und die mysteriöse Abwesenheit des Reiters führte zu einem Schwarm
von Legenden, wie sie sich um den Tod vieler großer Könige und Feldherren gebildet haben, von Friedrich Barbarossa bis Marschall Ney. Vielleicht sind Sie
an Roderichs angeblichem Grab in Calaña, zwischen Huelva und Aracena,
vorbeigekommen. Die Dienerin in ›Don Quixote‹ weiß darüber eine Geschichte
zu erzählen. Danach ist, wie es auch Scott erzählt, der ›feile Verführer‹ zum
letzten Mal in einem unterirdischen Verlies, das er mit Schlangen und Kröten
teilte, gesehen worden, wo er verzweifelt stöhnte.*

ELFTES KAPITEL

Von Jerez bis Cádiz

Die niedrigen Berge, über und durch die sich die N 342 von Jerez aus windet, sind eine angenehme Abwechslung nach all dem flachen Land seit Sevilla. Nach zehn Kilometern erhebt sich ein alter Turm auf einem steilen Hügel, und eine kurze Fahrt den Feldweg hinauf bringt uns zum *Castillo de Melgarejo*. Da ist ein kurzer Abschnitt zinnenbewehrter Mauer mit einem spitzzulaufenden Hufeisenbogen und gleich daneben ein grauer Sandsteinturm; auf quadratischem Grundriß erhebt sich der Unterbau und wird dann achteckig fortgeführt, mit einem Pechnasenkranz; es ist aber nur wenig von den oberen Teilen erhalten. In seiner Nordmauer kann man noch das Gespenst eines Ajimezfensters erkennen, vor Jahren schon zugemauert. Zu beiden Seiten setzt sich dieses Stück Ruine als weißgetünchte Mauer eines Cortijo, eines Gutshofes, fort; der Hof ist der alte ›plaza de armas‹, der Waffenhof. Die Burg gehört wahrscheinlich zu der Kette der Grenzbefestigungen, als noch die Botschaft eines maurischen Grenzüberfalles alle Rauch- oder Feuerzeichen in Gang setzte.

Arcos de la Frontera liegt 21 Kilometer weiter; die Altstadt krönt einen steilen Hügel am Nordufer des Guadalete. Am besten nehmen wir die linke Gabelung, wenn wir in die Stadt einfahren, und folgen dann den steilen, immer enger werdenden Straßen, deren Beschilderung zum Parador des amtlichen Fremdenverkehrsbüros weist. Unter einem Torbogen durchführend, endet die Straße in der Plaza de España mit dem modernen und wirklich empfehlenswerten Hotel. Der Parador steht links; gerade vor uns liegt ein Aussichts Balkon, von dem aus wir den

großartigen Blick bis Ronda haben. Unten windet sich der stille
Fluß mit seinen Inseln und Sandbänken, begleitet von einem Re-
gulationskanal, der unter dem Hügel verschwindet, auf dem die
Stadt steht. Geradeaus liegen niedrige Hügel, Weizenfelder und
Olivenhaine; Weingärten sind rar hier, denn die Winter sind
streng.

In der Südwestecke des Platzes liegt der winzige *Ayuntamiento*,
dem bald alle Gebäude an der Westseite eingegliedert werden
sollen. Er hat zwei gute Artesonados, die einen Besuch lohnen.
Gleich rechts daneben führt ein Torbogen zu einer kopfsteingepflasterten Straße, die am Eingang der Burg endet; leider ist sie
die Residenz der Marquésa de Tamarón, und nur ihre Freunde
können durch das gotische Portal mit seinem Alfiz und den zwei
Wappenschilden gelangen. Aber von dem Plateau zur Westseite
kann man noch einen Blick auf diese alte Maurenfeste erhaschen.
Die langen, mit niedrigen Zinnen versehenen Mauern umspan-
nen den Kamm eines abfallenden Hügels, an dessen Abhang der
braunrote Fels durch einen Mantel von Büschen und Wildblu-
men hindurch sichtbar wird. Palmen heben sich schattenrißartig
von den Mauern ab.

Zur Nordseite der *Plaza de España* steht eine der beiden Pfarrkirchen; jede der Zwillingsturmspitzen von Arcos hat ihren
eigenen Heiligen, und die Rivalität zwischen ihnen ist noch sehr
lebendig. Die Kirche *Santa María de la Asunción* war ursprünglich
eine westgotische Gründung, aber die ältesten Bauglieder der
heutigen Kirche stammen aus dem 16. Jahrhundert, mit Ausnahme der Außenseite der Apsis, wo noch ein bißchen Mudéjar-
mauerwerk in den verschlungenen Backsteinblendarkaden überlebt hat. Der Uhrturm erhebt sich über der Barockfassade, mit
einem Azulejos-Muster an dem krönenden Campanile; der
Westeingang wird durch eine Treppe an der Nordwestecke erreicht; er ist in bewegtem Isabellenstil gehalten, aber leider so
plaziert, daß man nicht weit genug zurücktreten kann, um ihn
zu bewundern.

Im Innern zeigt sich derselbe Stil in den überornamentierten Gewölberippen
und Schlußsteinen. Die tragenden Pfeiler greifen in das Gewölbe über; das

früheste Beispiel für diese Palmbaum-Gewölbe in Spanien findet man in der Kirche San Baudel de Berlanga in Soria Province, wo acht Hufeisenbögen von einem Mittelpfeiler ausstrahlen. Am bekanntesten sind die Palmengewölbe der Lonjas von Valencia und Palma de Mallorca, ungefähr in der gleichen Zeit entstanden wie hier in Arcos. Die ›Virgen de las Nieves‹ steht in der zweiten Kapelle zur Rechten; sie wird ›Unsere liebe Frau vom Schnee‹ genannt, weil sie ein weißes Kleid trägt. In der nächsten Kapelle ist die ›Virgen del Rosario‹, die 1936 als Schutzheilige von der Madonna vom Schnee entthront wurde; niemand will wissen, warum. Es war das Jahr des Bürgerkrieges.

Der Taufstein enthält, wie oft in den katholischen Ländern, salziges Wasser; denn es ist Brauch, etwas Salz auf die Lippen des Täuflings zu legen, um ihn vor Übel zu bewahren – vielleicht weil Salz auch Nahrung vor dem Verderben schützt –; Öl, Symbol der Gnade Gottes, schwimmt ebenfalls oft auf dem Taufwasser. Da ist ein schlechtes Gemälde mit einer ›Virgen de la Leche‹; ein längst vergessener Priester hat vor langer Zeit die bloße Brust der nährenden Mutter übermalen lassen; nun saugt das arme Kind an der Leinwand ihres Hemdes.

Von der Architektur des mittelalterlichen Bauwerks blieb nichts erhalten, doch fand man, als ein Retabel von der Wand des linken Seitenschiffes entfernt wurde, ein Temperabild in byzantinischer Manier, eine Krönung Mariens aus dem 13.Jahrhundert. In der Sakristei befindet sich ein Montañéz zugeschriebenes Elfenbeinkruzifix. In der einen Mauer ist ein Loch; während der napoleonischen Kriege hat man die wertvollen Gegenstände in einer Höhe dahinter versteckt. Über das Loch wurde eine ›Unbefleckte Empfängnis‹ aus der Schule Murillos gehängt, und ob nun absichtlich oder mit ein bißchen Zufallshilfe, erwischte man das Bild eines ungewöhnlich schlechten Schülers, durch das nicht einmal die Franzosen sich zu einem Diebstahl angereizt fühlten.

Rund um die Pfarrkirche San Pedro ist alles, was man von Andalusien erwartet, zu finden. So oft hat man hier die weiße Tünche frisch aufgetragen, daß alle Umrisse und Ecken gerundet und gemildert sind, und die schmalen, ovalen Kopfsteine sind so kunstvoll gelegt, daß das Regenwasser dazwischen abfließen kann, während sie wie surrealistische Muster wirken. Antike Säulen betonen die Straßenecken, winzige Bögen spannen sich über enge Gassen, Blumen und Blüten tropfen über die Wände herab, gotische und platereske Backsteinportale bezeichnen die Eingänge zu Palästen längstvergangener Tage. Die alte ›Puerta de Metrera‹ mit ihrer Keramikmadonna, der María Auxiliadora, überwölbt eine der steilsten Straßen, wo das flirrende Weiß aufgelockert ist durch Grasbüschel zwischen den Straßensteinen und Moos auf den Ziegeln und den winzigen Zinnen, die den Rest der Stadtmauer bewehren.

Es kann geschehen, daß man Sie in einen der Patios lädt, den sich vielleicht eine ganze Anzahl von Familien teilen, und der ohnehin nur ein Bruchteil, vielleicht ein Achtel eines einstigen Renaissance-Hofplatzes ist. Alles, was von den Tagen des Glanzes noch überlebt hat, sind zwei oder drei Marmorböden auf schlanken Marmorsäulen, die einen wackeligen Holzbalkon stützen. Der geziegelte Fußboden fällt sanft zum Brunnen in der Mitte ab, und ringsherum stehen Blumentöpfe oder Miniaturgärtchen in kleinen ziegelummauerten Würfeln oder sogar ein Orangenbaum. Schwalben flitzen zu ihren Lehmnestern unter den Traufen und wieder fort, von singenden Kanarienvögeln in ihren Käfigen traurig beobachtet. Es ist nicht verwunderlich, daß diese Stadt ihre Dichter und Künstler gehabt hat. Die Frau eines Vogelmalers war es, die die Burg von Herzog Osuna kaufte; sie hinterließ sie ihrer Nichte, der Marquésa von Tamarón.

Das Mauerwerk der Kirche San Pedro macht deutlich, daß sie einst Teil der arabischen Befestigung war. Über dem Eingang zum nördlichen Querschiff hängen zwei maurische Banner, durch Alfonso den Weisen am Salado erobert, wo er die Mariníden vernichtend schlug, die Nachfolger der Almohaden und letzte marokkanische Dynastie, die Spanien zu einem Schauplatz des Heiligen Krieges machte. Hinter dem Hochaltar ist ein gotisches Retabel aus ungefähr der gleichen Zeit, 1347, das dringend gereinigt werden müßte. Zwei Pachecos und einige Zurbaráns hängen sehr hoch an der Nord- und Westwand. Zwei mumifizierte Heilige stellen Vitus und Fructuosus dar, aber es ist sehr unwahrscheinlich, daß es sich um die echten Überreste handelt, da auch Westfalen sowie noch andere Orte der iberischen Halbinsel behaupten, ihre Reliquien zu besitzen.

In der offenen, kahlen Plaza de la Caridad liegt ein Altenheim gleichen Namens, ›Para los viejos desamparados‹. Alte Leute werden im allgemeinen in Spanien von ihren Angehörigen gut gepflegt, aber hier und da findet sich doch ein armer verlassener Mensch, und für diesen tun die Kleinen Schwestern der Armen ihren edlen Dienst ungehört und ungesehn, wenn sie nicht leise um Almosen bitten. Alte, die nicht gelähmt sind, haben ihre kleinen Aufgaben; eine Greisin kann noch die Kuh melken, alte Männer jäten im Garten oder umwinden Krüge mit Stroh. Viel Geld ist nicht vorhanden, aber eine ausgezeichnete moderne

Küche liefert gutes, schmackhaftes Essen und ein-, zweimal die Woche ein Glas Wein. Da ist auch eine kleine Apotheke mit einem Vorrat moderner Heilmittel und eine Rokokokapelle.

Wir bleiben für 37 Kilometer auf der C343, die uns über den Salado führt und zwischen Ölbaumhainen zu einem Berg, auf dem die alte Stadt *Medina Sidonia* steht. In dem Namen steckt die Erinnerung an die Phönizierstadt Sidon und an das vergleichsweise ›moderne‹ arabische Madinah, erst zwölfhundert Jahre alt. Wenn man in die Stadt einfährt, beherbergt ein kopfsteingepflasterter Hof zur Linken die einzige Tankstelle der Stadt. An der anderen Seite des Hofes verlieren sich die Kopfsteine in einer steilen, grasbewachsenen Straße, an deren Ende der *Arco de la Pastora* steht, das Stadttor mit seinem doppelten Hufeisenbogen aus der Maurenzeit. Eine leere Nische im Innern zeigt noch, wo die ›Hirtin‹ stand, die Jungfrau in ihrer Rolle als Beschützerin der Herden.

Der Name der Stadt ist uns vertraut durch den Titel des Admirals der Unbesieglichen Armada, Alonso Pérez de Guzmán el Bueno, Herzog von Medina Sidonia. Unfähig, sich der schrecklichen Verantwortung des Kommandos zu entledigen, und behindert durch die Fehler des künftigen Admirals, des tapferen, aber zögernden Marquis von Santa Cruz, gehorchte der Herzog den Befehlen seines Souveräns wie ein spanischer Edelmann und richtete seine Hoffnung auf Gott. Unglücklicherweise waren Schiffe und Vorräte verrottet, das Unternehmen schlecht geplant, und als er schließlich den Rest der Flotte zurückgeführt hatte, war er so schwach, daß man ihn in Santander von Bord tragen mußte.

Oberhalb der Stadt, zu erreichen über eine sehr steile kopfsteingepflasterte Straße, liegt die *Parroquia de Santa María Coronada*. Ihr zunächst steht der einzige erhaltene Turm der alten Burg, in dem Blanche von Bourbon auf Befehl ihres Gatten Pedro des Grausamen ermordet wurde. Im gleichen Kastell verbarg sich Leonor de Guzmán, die Mutter der Bastarde Alfonsos XI., der Halbbrüder Pedros, da sie ebenfalls die Hand des Mörders fürchtete, die sie 1351 auch erreichte. Der Ermordung Blanches durch den Bogenschützen Pérez de Rebolledo wird auf einer Erinnerungstafel an einer der Mauern gedacht.

Das geräumige Innere der lichten Kirche ist aus schönem, elfenbeinfarbigem Sandstein, errichtet im Übergangsstil von der Gotik zur Renaissance. Das große Retabel, über dessen Meister keine Einigkeit unter den Fachleuten erzielt werden kann, zeigt Szenen aus dem Leben Christi, die obere Reihe ist besonders eindrucksvoll. Zum Ende des rechten Seitenschiffes ist ein Montañéz zugeschriebenes Bild mit einem Franziskaner und das Porträt eines alten Mannes von Ribera. Der Chor liegt ungewöhnlich weit hinten, ein erfreulicher Unterschied von der gewöhnlichen Praxis, und davor stehen einige alte Bänke, die bei großen Anlässen von den Mitgliedern des Inquisitionsgerichtes benutzt wurden. Einer der Plätze zeigt ein Wappen mit Kreuz, Schwert und Palmwedel, nicht aber das Motto: ›Steh auf, Herr, und verteidige deine gerechte Sache!‹, und der nächste das einfache Kreuz der Dominikaner. Dies müssen die Sitze der Mächtigen gewesen sein, denn die Dominikaner, oder ›Domini canes‹, ›Jagdhunde des Herrn‹, wie man sie im Scherz nannte, waren das Hauptinstrument des Heiligen Gerichts. Über dem Eingang zum Baptisterium ist eine Teufelsmaske in Stein gemeißelt, die Satans sprichwörtliche Abscheu vor gesegnetem Wasser darstellen soll.

Aus Medina Sidonia führt die C346 nach *Chiclana de la Frontera*, einem hübschen, aber unbedeutenden Ort, und von dort die N340 nach *San Fernando*, einer modernen Stadt, in der sich die spanische Admiralität befindet. Dann gleitet die Straße ununterbrochen über kleine Inseln, die zusammen die Halbinsel Cádiz bilden. Zur Rechten erstreckt sich das weite Becken des inneren Hafens, und bald kommen wir links zur *Playa de la Reina Victoria*, zwei Meilen goldenen Sandes, wie es ihn kaum irgendwo in Europa schöner gibt, ein idealer Fleck zum Baden, wenn man die hohen Brecher des Atlantiks liebt. Hinter dem Strand sind nur der Damm und die Eisenbahnlinie zu finden. Die City von Cádiz nimmt das äußerste Ende des Vorgebirges ein; sie ist nur 46 Kilometer von Medina Sidonia entfernt.

Cádiz hat einen Charme, der sich nur schwer beschreiben läßt. Poeten haben es mit vielen Beinamen geschmückt: ›Aireario‹

sagte Juan Ramón Jiménez, der uns in Moguer begegnet ist;
›Salada Claridad‹, schrieb Manuel Machado, Bruder eines noch
berühmteren Dichters. Byron sprach von der ›Sirene des Oze-
ans‹, die Einwohner selber nennen sie ›Kleiner Silberbecher‹,
und José Maria Pemán, der berühmteste lebende Bürger der
Stadt, bezeichnete seinen Geburtsort als ›Señorita del Mar, Novia
del Aire‹, ›Geliebte der Luft‹, das ist ein passendes Kompliment
für den weißesten, saubersten Seehafen Spaniens.

Die Stadt, auf einem engen, meerumspülten Gelände, hatte
kaum Platz, sich auszudehnen, und so ist die Chance, Zeugen des
Altertums auf ihrem Boden zu finden, gering. Aber ihr Name,
wie der von Medina Sidonia, trägt uns über Jahrtausende zurück,
zu den Phöniziern, die ›Gadir‹ als Konkurrenz für Tartessos
gründeten. Das war die fernste Siedlung der bekannten Welt,
Umschlagplatz für Zinn und Bernstein aus dem wolkenum-
hangenen, unbekannten Norden. Wie weit auch Gaddri von den
Bereichen der Zivilisation für damaliges Gefühl entfernt lag, beweist eine Inschrift auf einem hier gefundenen antiken Grab:
»Heliodoros, ein Wahnsinniger aus Karthago, bestimmte in seinem Testament, in diesen Sarkophag gelegt zu werden, am
fernsten Ende der Welt, damit er sehen könne, ob einer oder
mehrere kommen würden, ihn zu sehen, noch wahnsinniger als
er selbst.«

Herkules kam hierher in Erfüllung seiner Arbeiten, um die Herde des Geryon
zu stehlen, die auf der Isla de León geweidet wurden, und sein Tempel stand
an der Spitze des Vorgebirges. In den Tagen der Römer war Gades noch im-
mer eine wichtige Stadt; sie ist die Vaterstadt des Lucius Cornelius Balbus, des
ersten nicht im Lande geborenen Konsuls Roms. Sein Neffe, der den gleichen
Namen und später auch den gleichen Rang führte, baute seine Vaterstadt wie-
der auf und stattete sie mit Docks und einem Theater aus. Viele der Reich-
tümer Iberias wurden von hier nach Rom verschifft, Silber, Kupfer, Wein,
Wolle, gesalzener Fisch, für den Gades ein Monopol besaß, und Tänzerinnen.
Diese ›puellae Gaditanae‹ waren eine berühmte Attraktion bei Festgelagen im
ersten nachchristlichen Jahrhundert. Da Cádiz den Anspruch erhebt, die
Heimat des Flamencos zu sein, ist es interessant, wenn man in Juvenal von den
›testarum crepitus‹ liest; das kann sowohl Händeklatschen als auch das Klap-
pern der Kastagnetten bedeuten, beides wesentliche Elemente spanischer Tänze.

Die Stadt, wie wir sie heute sehen, geht zum größten Teil auf das 17. und 18. Jahrhundert zurück; denn die Zerstörung 1596 durch den Grafen von Essex führte natürlich zu einem ausgedehnten Wiederaufbau in den folgenden Jahrhunderten. Eine Ringstraße wurde um die Stadt gelegt, und dort, wo andere Straßen sich in scharfen Winkeln auf sie öffnen, wirken die Eckhäuser wie ein Schiffsbug. Die Häuser haben flache Dächer und die meisten einen kleinen Turm, auf dem früher die Einwohner die Heimkehr der Flotte beobachteten. Von diesen Dächern aus lauschten die Bürger von Cádiz dem Kanonendonner der Schlacht von Trafalgar, unter ihnen die Familie Böhl von Faber mit ihrer damals achtjährigen Tochter Cecilia. Ein paar Jahre später erlebte Cádiz die größte Krisis seiner Geschichte: es hörte auf, die alleinige Marine- und Handelsbasis für die Verbindung mit Lateinamerika zu sein; ihre Tochterstädte wurden plötzlich Schwesterhäfen.

Man sollte auch Cádiz zu Fuß oder in einer offenen Chaise und vor allem ohne Hast erobern. Das Hotel Atlantico mit seinem reizenden Garten ist ein guter Ausgangspunkt. Wenn wir der Ringstraße in Südrichtung folgen, die einmal genau innerhalb der Befestigungen verlief, werden wir an der ersten Kurve zur Rechten die Festung *Santa Catalina* sehen und weiter draußen, ihr gegenüber, die von *San Sebastián*, mit der Stadt durch einen Damm verbunden. Die Bucht zwischen ihnen heißt La Caleta, was ein spanischer Diminutiv des arabischen Wortes für Hafen ist. Badekabinen, ein Restaurant und Aussichtsterrassen wurden gebaut, und von Juli bis September kann man hier angenehm baden; das gilt übrigens für die gesamte Atlantikküste in diesen Breiten. Eine örtliche Spezialität ›Sopa caletera‹ ist nach diesem alten Fischereihafen genannt, eine Fischsuppe mit Reis und Schinken.

Hinter La Caleta wendet sich die Straße nach Osten; links liegt eine große psychiatrische Klinik, in die jetzt die Kirche *Santa Catalina* oder *de los Capuchinos* einbezogen ist.

Wie die meisten Gebäude in Cádiz hat sie feste Öffnungszeiten, was man nach dem Durcheinander in den kleinen Städten als sehr angenehm empfinden

wird. Die Kapelle ist vor allem interessant, weil man hier die ganze Schaffens-
spanne Murillos gut verfolgen kann. Zur Linken hängt seine erste ›Immacu-
lata‹, die er als Achtzehnjähriger gemalt hat. Im Sagrario zur Rechten ein reifes
Bild: ›Der Heilige Franciscus empfängt die Stigmata‹; hervorragend die Ver-
kürzung der rechten Hand. Das große Retabel wird von einer ›Mystischen
Hochzeit der heiligen Katharina‹ gekrönt; als Murillo an seiner Vollendung
arbeitete, stürzte er auf den Altar und erlitt schwere Verletzungen, denen er
bald darauf in Sevilla erlag. Das Retabel wie auch andere in Arbeit befind-
liche Gemälde wurden von seinem Schüler Meneses Osorio zu Ende gemalt. –
Die erste Kapelle zur Rechten enthält einen virtuosen ›Kalvarienberg‹, in dem
die Mater Dolorosa dominiert; Francisco Salzillo hat ihn aus einem einzigen
Holzblock geschnitzt. Wir werden das Hauptwerk des Künstlers später in
Murcia sehen; doch ist dies eine sehr edle Arbeit.

Wir gehen weiter in Ostrichtung und haben plötzlich die ku-
bische Masse der *Neuen Kathedrale* mit ihrer flachen Kuppel, in
all ihrer grauen, festen Geschlossenheit, vor uns. Sie wirkt wie
eine symbolische Insel, seit Jahrtausenden Sturm und Wellen
trotzend. Errichtet wurde sie im 18. Jahrhundert, entworfen
schon 1720 von Vicente Acero, aber es dauerte über hundert
Jahre, bis der Bau abgeschlossen war. Steht man dicht vor der
Fassade, sieht man, daß sie nicht aus grauem, sondern eher einem
bräunlichen Stein besteht; das spätere, klassizistische weiße
Obergeschoß verdirbt viel von der Wirkung. Der Aufriß wirkt
von den Seiten irgendwie vertraut, und wenn man eintritt, versteht man auch warum: hier finden wir ein sehr ähnliches Interieur wie das der Stiftskirche von Jerez, 1753 entworfen vom
selben Architekten, Torcuato Cayón. Es ist die einzige wirkliche
Barockkirche Spaniens, so seltsam das auch klingt, und wenn
man auch nicht das edelste Material genommen hat, so ist der
Gesamteindruck doch von beherrschter Großartigkeit.

Der Plan verdankt Diego de Siloé viel, die Ähnlichkeiten mit
der Kathedrale von Granada sind mehr als nur oberflächlich.
Auf den massigen Pfeilern mit vorgelegten kannelierten Säulen
korinthischer Ordnung lasten Rundbögen; vier von ihnen tragen
mit Hilfe von Pendentifen die Kuppel über dem Chor. Eine Flut
von Licht fällt auf den freistehenden Altar und betont das Spiel
von Licht und Schatten, das für die Barockarchitektur so wesent-

lich ist. Die Krypta ist ein Meisterwerk, ihre dunkelgrauen Stein-
quader sind so präzise behauen, daß für ihre Errichtung ursprünglich kein Mörtel benötigt wurde. Sie hat ein Bogengewölbe und eine ganz flache Kuppel mit einer Scheitelöffnung wie das
Pantheon in Rom. Ganz schlicht, vermittelt sie eine ernste Stimmung; die Akustik ist ungewöhnlich: ein Echo wird fünfzehn
Mal wiederholt. Hier ruhen, unter einer Platte aus granadischem
Granit, die Gebeine Manuel de Fallas, eines der größten Komponisten Spaniens, die aus Argentinien, wo er gestorben ist, überführt wurden. Er ist vor allem durch seine Ballette bekannt geworden, ›Der Dreispitz‹ und ›El Amor Brujo‹ (Die Liebe des
Zauberers). Mit seinem Werk ›Nächte in spanischen Gärten‹ hat
er der spanischen Volksmusik einen großen Dienst erwiesen. Eine
Mauer der Krypta stößt ans Meer, dessen Brecher an Sturmta-
gen unheimlich an das Gemäuer schlagen, im Innern wohl zu hören. Das ist ein angemessener Ruheplatz für den Musiker, der
über der Arbeit an seiner großen Kantate ›L'Atlántida‹ starb. Die
Bürger der Stadt sind stolz auf Plinius' Annahme, daß Gades der
einzige Teil des untergegangenen Atlantis sei, der die Katastrophe überlebt hat. Fallas Grabschrift lautet, auf sein Begehren:
›Solo a Dios el honor y la gloria‹, ›Gott alleine gebührt Ehr und
Ruhm‹.

*Die Schatzkammer ist unvorstellbar reich und läßt uns begreifen, warum
Aufständische in Spanien immer mit der Plünderung der nächsten Kirche ihre
Rebellion eröffnet haben. In diesem Fall wäre der Verlust in finanzieller Hinsicht wahrhaft gewaltig. Da ist eine Monstranz aus purem Silber, die bei den
Corpus Christi-Prozessionen mitgeführt wird; sie ist über sechs Meter hoch
und wiegt entsprechend, zum Glück kann sie auf Rädern bewegt werden. In
diese Silberhülle ist das goldene Sakramentskästchen des Enrique de Arfe eingebettet, ein schönes Beispiel flämischen Flamboyantstils; es ist bekannt als ›el
cogollo‹, weil es in dem silbernen Riesenspielzeug sitzt wie ein Salatherz in den
Blättern. Enriques Sohn Juan ist durch ein goldenes Prozessionskreuz vertreten, und von Benvenuto Cellini stammt ein goldener Abendmahlskelch. Auch
eine moderne goldene Monstranz ist da, die die Fassade der Kathedrale von
Barcelona darstellen soll und ganz eindrucksvoll ist, wenn man die Kathedrale
nicht kennt. Als Beispiel modernen spanischen Kunsthandwerks findet sich auch
eine Arbeit in Silber und Gold von Cabella Baeza. Der Kustode wird Sie eilig*

vor den Dorn aus der Dornenkrone Christi in einem Reliquiar aus Gold und Glas zerren und vor das Prozessionskreuz, worin das goldene Schwertheft Alfonsos X. eingeschlossen sein soll. Hauptschaustück ist die ›Custodia del Millón‹, so genannt, weil sie auf den ersten Blick mit wenigstens einer Million Edelsteine besetzt zu sein scheint. Diese überladene Monstranz wurde 1721 von Miguel Calderón de la Barca, Vizekönig von Mexiko, geschenkt; die Geschichte schweigt sich darüber aus, wer in Wirklichkeit bezahlen mußte.

Unter den Kunstwerken – um eine Abgrenzung zum Kunsthandwerk und zum bloßen Schaugepräge zu schaffen – fallen ein Elfenbeinkruzifix von Alonso Cano und eine gemalte Kreuzigung vom gleichen Künstler auf. Der ›Ecce Homo‹ von Zurbarán ist nicht unter seine besten Arbeiten zu rechnen, aber eine ›Heilige Familie‹ von Morales macht deutlich, warum dieser Künstler ›el Divino‹ genannt wurde, und auch eine Passionsszene von Alejo Fernández ist bemerkenswert. Schönstes Ausstellungsstück ist eine ›Maria Magdalena‹ von Murillo.

Wenn wir die Kathedrale verlassen und die breiten Stufen zur Plaza Pio XII. hinabsteigen, sehen wir das durch eine Gedenktafel kenntlich gemachte Sterbehaus des Admirals Gravina an der Ecke der Calle Prim. Er erlag der Wunde, die er bei Trafalgar davongetragen hatte, fünf Monate nach der Seeschlacht. Obwohl er der Kommandeur des spanischen Geschwaders war, empfing er nicht die gleiche Verehrung wie sein rangnächster Offizier, Admiral Churruca, der während der Schlacht getötet wurde. Und doch hätte Frankreich sich, wenn man Gravidas Rat gefolgt wäre, seine größte Niederlage sparen können – bis Moskau. Villeneuve, der die vereinigten Flotten befehligte, hatte strikte Anweisung zu segeln, komme was wolle, von Napoleon selbst. Während Churruca und Alcalá Galiano, ein anderer spanischer Admiral, vor einem Auslaufen der Schiffe warnten, war es dann doch Gravina, der sich wider sein besseres Wissen überzeugen ließ. Es heißt, Villeneuve habe absichtlich den spanischen Stolz ins Spiel gebracht, und als Gravina als einen der Gründe, warum man besser im Hafen abwarte, angab, daß das Barometer falle, antwortete Villeneuve: »Oh nein, es ist Ihr Mut.« Gravina zahlte in gleicher Münze zurück, Villeneuve dessen Feigheit vor Finisterre vorhaltend; es kam zu einem scharfen Wortwechsel. Am Ende befahl Gravina zornig, am nächsten Tag Segel zu setzen. Möglich ist es natürlich auch, daß Churruca der beliebtere Held ist, weil Gravida ein Sizilianer war. Sein Tod verlangt Respekt; als er das Ende nahe fühlte, sagte er zu seinem englischen Arzt, Dr. Fellows, er ginge, um Nelson zu treffen, »den größten Mann, den die Welt hervorgebracht hat«.

Die alte Kathedrale, heute die Pfarrkirche von *Santa Cruz*, ist hundert Meter entfernt. Sie war einst ein schöner Bau, wurde aber von Essex völlig ausgeplündert. Als Drake 1587 den Bart des Königs von Spanien ein wenig ansengte, indem er ihm siebenunddreißig Segel entführte oder verbrannte, setzte er keinen Fuß an Land. An Zivilpersonen kamen nur 25 Frauen und Kinder zu Schaden, die auf der Flucht in die Burg, wo alles Zuflucht suchte, zu Tode gedrückt wurden. Essex hatte es nicht so eilig, er blieb 14 Tage mit seinen Engländern; eine von Cervantes' Novellen, ›La española inglesa‹, ›Eine Spanierin in England‹, erzählt von einem kleinen spanischen Mädchen, das gefangengenommen und in einer crypto-katholischen Familie in London erzogen wurde.

Die Calle Prim führt zu der hübschen *Plaza de Emilio Castelaar*; er war ein republikanischer Führer aus der Zeit Isabellas II. Palmen und Zypressen erheben sich über Büschen und Blumenbeeten, und der bronzene Staatsmann mit seinem bronzenen Schnurrbart steht in der Pose eines Komturs im Frack auf seinem Sockel. Die *Plaza de San Juan de Dios* mit ihren hohen Palmbäumen sieht direkt auf die Kais, sie ist die lebhafteste Ecke der Stadt. Es ist immer eine Art Schock, wenn man eben die Kathedrale und den Atlantik auf der einen Seite gelassen hat, und hier gleich wieder die großen Dampfer im Hafen liegen sieht: daran wird deutlich, wie schmal das Vorgebirge wirklich ist. Gerade um die Südostecke herum liegt das *Hospital de San Juan de Dios* mit zwei wunderschönen Patios, deren Mauern ihre dreihundert Jahre alten Azulejos zur Schau stellen. Der Klang der spanischen Glokken ist nicht übermäßig musikalisch, aber das Geläut des Carillon dieses Hospitals macht eine löbliche Ausnahme. Der klassizistische Ayuntamiento trägt die Titel der Stadt ›muy noble ...‹ an der Fassade; er nimmt die Rückseite des Platzes ein.

Wenn man das Hospital de San Juan de Dios hinter sich gelassen hat, kommt man in das Viertel *Santa María*, wo man in einer ›Freiduría‹ Spezialitäten aus dem Meer probieren kann. Die Atlantikküste von Portugal bis Tarifa ist für ihre Fischgerichte berühmt, sei es nun ›raya en pimentón‹ (Rochen in Paprikasauce), ›almejas a la marinera‹ (ein appetitliches Muschelgericht aus ›Uferschnecken‹), ›atún con tomate‹ (Thunfisch mit Tomaten)

oder, sehr beliebt in Spanien, ›Sopa al cuarto de hora‹. Man muß
sehr vorsichtig sein, wenn man diese Suppe bestellt, am besten
sieht man auf die Uhr, denn der Witz an der Sache ist, daß die
Fische wirklich nur eben fünfzehn Minuten in der Suppe ziehen
dürfen, bis sie ihren Geschmack angenommen hat. Man kann
eine gleich starke, aber viel weniger reizvolle Suppe herstellen,
indem man halbsoviel Fische doppelt so lange kochen läßt. Viele
der Fische, die hier gegessen werden, sind uns gar nicht vertraut,
aber der Feinschmecker sollte sich den ›Choco‹ nicht entgehen
lassen, dessen Vetter der Tintenfisch des Mittelmeeres ist.

Wenn man zum Kai herunterschlendert, ist die letzte Straße
links die Calle del Duque de la Victoria. Unter dem Straßenschild ist eine keramische Platte mit einer Kutsche angebracht,
aus den Tagen, als Cádiz als eine der ersten Städte Einbahnstraßen eingeführt hatte. Nach einem kleinen Stück Weg ändert
die Straße ihren Namen in San Francisco; im fünften Block zur
Linken liegt die Kirche *San Agustín*, die Sie von der linken Parallelstraße aus betreten. Ihr Prunkstück ist der ›Cristo de la Buena
Muerte‹ von Montañés im rechten Querschiff. Da ist auch ein
klassizistisches Retabel mit der ›Virgen de la Correa‹ in einem
Camarín, der beleuchteten Kammer hinter spanischen Altaraut-
sätzen, die den Vorzug hat, daß Besucher auch während der
Messe die Statue betrachten können, ohne selber gesehen zu
werden.

Zurückgekehrt in die Calle de San Francisco gehen wir weiter
in nordwestlicher Richtung. Man kann durch Nummer 11 in der
Calle de San Francisco das Oratorium von *La Santa Cueva* betreten, obwohl der Haupteingang in der Parallelstraße ist. Das Oratorium ist kreisrund, mit fünf Lünettenbildern nach biblischen
Themen; drei davon hat Goya gemalt; es gibt nicht viele religiöse Werke von ihm, und diese zählen zu seinen besten. Das
Abendmahlsbild, das auf einer Zeichnung Poussins basieren
soll, ist besonders interessant; die Personen sind liegend dargestellt, wie sie auch sicher das jüdische Passahmahl eingenommen
hätten; aber seltsamerweise wurde Fisch gegessen, nicht Lamm,
und das Brot ist keine Matze, sondern ein Laib, wie er noch heute

in Andalusien gebacken wird. Am Ende der Straße liegt der Eingang zum *Patio San Francisco*, bemerkenswert wegen der Mudéjardecken im Kreuzgang und seiner reichen Flora. Aus den weißen Wucherblumen erheben sich Aprikosen und Magnolien, und hoch über ihnen allen wiegt sich eine von Efeu umhüllte Palme. Hinter diesem Block liegt ein anderer reizender Hof, die Plaza del Generalísimo Franco; in einem ihrer Häuser wurde der Komponist Manuel de Falla geboren.

Hier ist auch das *Archäologische Museum*, das eines Tages sicher wieder geöffnet wird; zur Zeit ist es in einem so schlimmen Zustand, daß es kriminell wäre, Ausstellungsgegenstände der Gefahr, fortgeschwemmt zu werden, auszusetzen. Aber die erfahrene, sehr liebenswürdige Direktorin fährt inzwischen mit der Klassifizierung der Funde fort, so daß jedes Stück innerhalb einer Minute greifbar ist. Hier können sie die kopflose Mariquita aus Lebrija sehen, auch María Piña genannt, als sie im vorigen Jahrhundert noch in der Ecke eines Hauses stand; niemand kann sagen, warum. Drei Römerköpfe sind da, die identifizierten Porträts von Augustus, Tiberius und Claudius gleichen, der letztere könnte allerdings auch Germanicus sein. Alle drei tragen Koteletten, ›Patillas‹, die in Spanien nie aus der Mode gekommen sind, mit Ausnahme der Periode der Spitzbärte im 16. Jahrhundert. Das Kapitell einer phönizischen Säule aus dem 7. vorchristlichen Jahrhundert hat Widderhorn-Voluten, die später durch die ionischen Kolonien in Kleinasien Eingang in die klassische Kunst fanden, also ein ursprünglich orientalisches Motiv sind; es ist der stolzeste Besitz des Museums.

Gleich daneben ist die Academia de Bellas Artes, die das *Museo de Pinturas* beherbergt, eine Gemäldesammlung. Im ersten Saal (1) hängen unter anderem Bilder von Morales; sein Triptychon, ›Ecce Homo‹ (No. 332) ist wunderbar expressiv, man ist immer wieder überrascht über den gleichbleibend hohen Standard seiner Bilder.

Murillos ›Ecce Homo‹ hängt auch hier, kann den Vergleich aber nicht aushalten. Die flämische Kunst ist gut vertreten, zu den besten Bildern gehören die ›Kreuzabnahme‹ von Campana und ein Triptychon von Rogier van der Weyden

(No.103). Raum IV hat eine kleine, aber berühmte ›Heilige Familie‹ von Rubens,
Saal V enthält die Neuzeit; einige Bilder sind sehr attraktiv, besonders die der
Romantiker. Auch Saal VI ist interessant; dort hängen die Porträts Carlos IV·
und Maria Luisas von Antonio Carnero, einem Schüler Goyas; er war takt-
voller als sein Lehrer, möchte ich sagen. Aber selbst ihm konnte es nicht gelin-
gen, viel Intelligenz in das Gesicht des gehörnten Königs zu legen oder die
Königin anders als abstoßend erscheinen zu lassen. No.404 zeigt Mendizábal,
stehend, wie er den Erlaß zur Auflösung der Klöster unterzeichnet, das
›Proyecto de desamortización‹. Er war ein gutaussehender, dunkler, hochge-
wachsener Mann. Seine Finanzpolitik half dem Staat für einige Zeit auf die
Beine durch die Konfiskation von Kirchengut ebenso wie dadurch, daß er
Tausende von Drohnen zwang, für ihren Lebensunterhalt zu arbeiten.

Immer wieder war Cádiz mit Spaniens mühevollem Ringen um Freiheit,
Gleichheit und Brüderlichkeit verbunden. Mendizábal war hier geboren; Cortes
formulierte die erste liberale Verfassung während der napoleonischen Kriege in
Cádiz, und Colonel Riego, dem wir in San Juan de las Cabezas begegnet sind,
wo er vom Balkon herab sein ›Pronunciamento‹ verkündete, hielt die Fahne der
Freiheit über Cádiz, bis Angoulême und seine französischen Truppen kamen,
um Ferdinand VII. zu ›befreien‹.

Im gleichen Raum ist ein Gemälde von Rodrigues Barcaza, ›Die Amtsein-
führung des Parlaments in Cádiz‹; man fragt sich, warum es bei der Aus-
stellung in Paris 1867 einen ersten Preis erhielt – sicher nicht für sein künstle-
risches Verdienst. Viel reizvoller ist das Selbstporträt der begabten Victoria
Martín de Campo (No.181), die an der städtischen Kunstschule Malerei lehrt.
In Raum VII hängt Zurbáráns ›Vision des heiligen Franziskus‹. Zurbáráns ist
immer am besten, wenn er kleine Gruppen oder Einzelfiguren darstellt, wie in
der Prozession der weiblichen Heiligen in Sevilla, was sich in den über zwanzig
Bildern in Raum VIII bestätigt. Neun, davon drei mit Darstellungen des heili-
gen Bruno, wurden aus der Cartuja von Jerez übernommen, als sie 1836 auf-
gelöst wurde; man hofft, daß sie nie wieder dorthin zurückkehren, wo sie vom
Licht des Tages und der Bewunderung der Schauenden ausgeschlossen wären.
Unter den imaginären Porträts der großen Kartäuser ist auch eines vom heili-
gen Hugo von Lincoln mit einem Schwan, seinem Symbol.

Von der Plaza del Generalísimo Franco aus führt die Calle San
José südlich durch das geographische Zentrum der Stadt. An der
fünften Kreuzung kommen wir in die Santa Inés, und hier stoßen
wir auf ein anderes Zeugnis der Geschichte des 19. Jahrhunderts.
Das Oratorium von St. Philippus Neri ist ein Barockbau, der später
der als Sitz Cortes, einer Deputiertenkammer, während der

Belagerung von Cádiz 1811-12 diente. Die Wände sind mit Erinnerungen an dieses Ereignis bedeckt, und die Treppe des Nachbarhauses (heute eine Schule) war Schauplatz derVerkündung der neuen Verfassung von 1812.

Man nimmt häufig an, daß Cádiz durch die Belagerung bis zum Damm hin vom Meer abgeschnitten war. In der ersten Zeit war zwar tatsächlich die ganze Küste von den Franzosen besetzt, und sie beschossen die Stadt sogar vom Trocadero-Vorgebirge aus, waren aber bald gezwungen, sich weiter zurückzuziehen; für die nächsten beiden Jahre zogen sich ihre Linien von Rota bis Chiclana de la Frontera hin, ohne Puerta de Santa María, Puerto Real oder die Trocadero-Halbinsel zu besetzen. Das war sehr wichtig, denn Cádiz hatte kein eigenes Wasser und war weitgehend auf die Unterstützung von Puerto de Santa María angewiesen.

Die liberale Verfassung, die während der nächsten fünfzig Jahre für viele europäische Länder vorbildlich wurde, war ihrem Konzept nach großartig, aber zum Scheitern bestimmt. Der spanischen Demokratie fehlten immer die Kapitalisten, die sie zu ihrem Vorteil hätten benutzen können. Während das Parlament in Cádiz Spaniens Zukunft plante, bereitete die Geschichte die Reaktion vor. Ihr makabrer Witz: Es war der König, für den die Revolutionäre kämpften, der sie verriet; es waren die Massen, deren Emanzipation sie planten, die sich gegen sie stellten; und es waren die französischen Alliierten ihres Königs, die sie niederwarfen, gegen die sie um seine Befreiung aus der Gefangenschaft in Paris gekämpft hatten!

Die Halbinsel Trocadero, mit ihrem Fischerdorf und ihrem Fort, spielte eine Hauptrolle in dem endgültigen Erwachen aus dem liberalen Wunschtraum. Wir haben erlebt, wie Ferdinand 1823 die französische Armee ins Land holte, und wie das Proletariat, das sich an ein Leben ohne Fesseln nicht gewöhnen mochte, die ›Hunderttausend Söhne von St-Louis‹ begeistert begrüßte. Die einzigen Schwierigkeiten machte das Fort von Trocadero, wo dem Einmarsch mutiger Widerstand entgegengesetzt wurde; nachdem man diesen überwunden hatte, wurden der dort gefangene König und Colonel Riego den ›Rettern‹ ausgeliefert, ein Beispiel punischer Treue in der einst phönizischen Trutzburg. Die große Waffentat wurde in Frankreich in der Umbenennung eines kleinen Hügels in Passy, eines Palastes, später einer Métrostation, eines Platzes und eines Aquariums gefeiert.

Doch zurück zum Oratorium St.Philippus Neri. Es ist ein hüb-

scher, kleiner Bau, der eine ›Immaculata‹ Murillos und einen
Kopf Johannes des Täufers in Terracotta von Pedro Roldán enthält. Die neue Verfassung wurde am St. Josephs-Tag verlesen,
daher erhielt die Kapelle den Beinamen ›La Pepa‹, das ist ein Diminutiv für Josefina. So wurde ›Viva la Pepa‹ zur Parole der Kon-
stitutionalisten.

Das Gebäude nebenan beherbergt ein *Historisches Museum*, vor
allem eine Sammlung über die Jahre, über die wir gerade gesprochen haben. Da ist ein genaues Modell der Stadt, wie sie im
18. Jahrhundert aussah; man kann daran erkennen, daß jedes
Haus seinen Patio und jeder Patio seinen Brunnen hatte, in dem
das Regenwasser von den Dächern gesammelt wurde. Weiter
einige historisch interessante Bilder ohne künstlerisches Verdienst; eines zeigt die Verlesung der Verfassung, neben den
Wappen Spaniens sieht man die königlichen Farben Englands
und Irlands.

*Vier Porträts von Ferdinand VII. stellen ihn zwischen Selbstgerechtigkeit
und kalter Intoleranz schwankend dar, aber keines bringt die schlaue Unauf-
richtigkeit zum Ausdruck, wie Goya sie zu gestalten wußte. Da ist weiter ein
rohes Gekleckse, das den fallenden Admiral Churruca, seinen Degen schwingend, zeigt; klugerweise ist der Maler anonym geblieben. Seltsamerweise gibt
es in ganz Cádiz kein Porträt von Gravina; aber ein Spiegel aus seinem Hause
ist ausgestellt. Von Joseph Bonaparte, ›El rey intruso‹, ist eine treffende Kari-
katur da, mit besonderer Betonung seiner angeblichen Liebe zum Wein. Er hält
eine Tablett mit Gläsern und Karaffe; Weingläser sind auf seinen Rock, Pokale
auf seine Pantalons gemalt, und er sitzt auf einer Gurke. Das ist eine Anspielung auf seinen Spitznamen Pepe, dessen Diminutiv ›Pepino‹ auch Gurke bedeutet. Der zugehörige Spottvers – denn Satire nahm in jenen Tagen kein Blatt
vor den Mund – beginnt:*

> *»Botellas, copas, pepino*
> *Son los títulos, José ...«*

*»Flaschen, Gläser und Gurke sind deine Titel, Joseph ...« Ob nun ein Trun-
kenbold oder nicht – in jedem Fall wußte ›Pepino‹ die Weine von Jerez zu
schätzen.*

Wenn man das Museum verläßt, geht man am besten die Calle
Santa Inés in östlicher Richtung entlang bis zum Ende dieses
Blocks und biegt dann rechts in die Calle de General Queipo de

lana, eine enge Hauptverkehrsader der Halbinsel ein. Die zweite bbiegung nach links bringt Sie direkt zum Hospital de Mujeres der Nuestra Señora del Carmen (nicht mit der gleichnamigen irche zu verwechseln in der Calle Obispo Calvo y Valero). Das lte Hospital ist jetzt Teil der bischöflichen Residenz, aber der atio ist einen Besuch wert wegen der ›Olambrilla‹-Arbeit an en Wänden aus dem 18. Jahrhundert. Jede der kleinen Palmen n Hof wächst aus einem gekachelten Blumentopf hervor, und ne schöne zweiarmige Marmortreppe führt in das Oberge- choß. In der Rokokokapelle hängt einer der wenigen El Grecos in ndalusien, eine ›Verzückung des heiligen Franziskus‹, die man nwillkürlich mit der Behandlung des gleichen Themas durch Murillo in der Kapelle Santa Catalina vergleicht. Die Farbgebung ier ist so dunkel, daß eine schwarz-weiße Zeichnung nahezu en gleichen Effekt haben müßte; und es ist deutlich, daß es El Greco, dem ernsten Wahlkastilier, nicht möglich war, sich mit er lichten Gläubigkeit des Franziskus zu identifizieren. Es ist brigens auffallend, daß uns in Cádiz nicht eine einzige Spur der mmerhin fünfhundertjährigen Maurenherrschaft zu Augen ge- ommen ist. Es mag mit der Lage der meerumgürteten Stadt usammenhängen, die es nicht erlaubte, Denkmäler der Ver- angenheit zu erhalten.

Der Parque Genovés verläuft parallel zum Hafenbecken. Pal- men erheben sich über den gestutzten Hecken, Kinder spielen ntlang der breiten Wege; Soldaten aus dem Fort, wo noch im- ner eine Garnison liegt, und Kindermädchen sprechen über das ralte, unerschöpfliche Thema wie eh und je. Ein Freilichtthea- er verspricht für Sommerabende charmante Unterhaltung; und ie Stadt hat ihre großen Söhne in Denkmälern verewigt. Hier ann man Celestino Mutis, den Botaniker, sehen, der einen ihm ukommenden Platz unter den seltenen Pflanzen des Parks ein- immt. Dort steht zum Beispiel ein schönes Exemplar des Dra- cena draco, des Drachenbaumes; von den vielen Pflanzen mit em Beinamen ›Drache‹ ist dieser der einzige, der rotes Harz usschwitzt, das echte ›Drachenblut‹. Auch José María Pemán, em Dichter, kann man begegnen; seine Züge kommen dem

römischen Stil der Darstellung entgegen, die der Bildhaue
wählte.

Wenn wir entgegengesetzt dem Weg zur Kathedrale und zu
Santa Catalina weitergehen, können wir einen hübschen Spazie
gang machen. Zuerst passiert man den Genovés-Park, dan
stößt man auf die Candelaría-Batterie, deren Kanonen niema
eine Drohung für die vielen Räuber waren, die Cádiz terrorisie
ten. Hinter der alten Befestigungsanlage ist die Kirche *Nuestr
Señora del Carmen*, ein Barockbau, der sich von allen anderen, d
wir bisher gesehen haben, unterscheidet. Um diesen Unterschie
voll zu verstehen und zu würdigen, sollte man tatsächlich Mitte
oder Südamerika kennen, denn dort findet man von Valparais
bis Mexiko die gleiche Anpassung des Barock. Genau so, wie di
Mudéjaren die Gotik abwandelten und mit Unterstützung de
christlichen Eroberer in ihren eigenen Dekorationsstil einbeze
gen, gaben die Indianer dem Barock einen exotischen Anstrich
Und so, wie Sitten und Bräuche sich oft lange in Kolonien erha
ten und dann eines Tages, leicht verändert, ins Mutterland zu
rückkehren können, wo sie längst aus der Mode geraten sind, s
kehrte die Architektur des spanischen 16. Jahrhunderts nach zwe
hundert Jahren in die iberische Heimat zurück, vollgesogen m
indianischen Elementen; denn die eingeborenen Mexikaner un
Peruaner waren geschickt in der Bildhauerei und Schnitzkuns
lange ehe die Spanier erstmals Fuß auf diesen Boden gesetzt ha
ten. Und so bewahrt die Kirche der Carmen etwas Exotisches i
ihrer Fassade, den kraftvollen Einfluß einer unterdrückten Z
vilisation, ferne Andeutung eines Aztekentempels.

Von der Nordpromenade, der *Almeda* oder Apodaca, kann ma
das Ein- und Auslaufen der großen Schiffe beobachten, die in
mer noch die Verbindung zwischen Spanien und ihren einstige
Töchtern aufrecht erhalten; vielleicht tragen sie manchm
Kampfhähne an Bord, von der Sportwelt in Caracas angeforder
Die Lastschiffe bringen immer noch Mahagoni, obwohl bereits j
des Pult, jede Wandverkleidung, jeder Stuhl und jeder Schrank
Cádiz aus diesem Holz besteht. Mahagoni mit Messinggriffe
das ist eine der stärksten Eindrücke, den die Stadt hinterläßt.

ZWÖLFTES KAPITEL

Von Cádiz bis Ronda

Es gibt nur eine Landstraße, die nach Cádiz hineinführt, wir müssen also entlang dem schmalen Vorgebirge von San Fernando den gleichen Weg zurückfahren. Danach bringt uns die N340 in südlicher Richtung weiter. Zu beiden Seiten des Weges sieht man die Salinen, eine antike Methode zur Gewinnung des lebenswichtigen Minerals, das in der orientalischen Gastlichkeit eine so besonders starke Rolle spielt. Die flachen, teichartig abgeteilten Salzwasserbecken erzählen von einer langen Reihe heißer Sommertage, denn das Salz, gewonnen durch Verdunstung von Meerwasser, ist zu glitzernden Pyramiden angewachsen; sie sind nicht einmal, wie in Sizilien, mit losen Ziegeln geschützt: ein einziger Regensturm könnte die Arbeit eines ganzen Monats hinwegwaschen.

Wenn wir San Fernando verlassen, überqueren wir die tief einschneidende Bucht *Santi Petri*, und bei *Chiclana de la Frontera* (das wir schon auf der Fahrt von Medina Sidonia gesehen haben) bringt eine Abzweigung uns rechts zum acht Kilometer entfernten Kastell Santi Petri. Es ist heute nur ein Leuchtturm, der sich aber über den Ruinen der Burg erhebt, die wiederum über den Resten des weithin berühmten Tempels des Herkules errichtet wurde. Der Römerbau soll seinerseits ein Nachfolger des phönizischen Tempels sein, der dem Gott Melkart (dem bei den Griechen Herkules entsprach) geweiht war. Vom Römerheiligtum finden sich noch jetzt Reste; die Fischer haben immer wieder einmal eine Statue im Netz, und Römermünzen von Gades werden ebenfalls dann und wann ausgegraben. Arabische Schriftsteller haben den eindrucksvollen antiken Leuchtturm und den

Tempel mit der Kolossalstatue des Herkules, in der linken Hand
einen Schlüssel, mehrfach beschrieben.

*Die Araber waren zumindest ebenso abergläubisch wie ihre christlichen
Nachbarn, und die Legende, daß der Bau mit Goldstaub gefüllt und unter den
Fundamenten ein Schatz vergraben sei, wurde nicht einmal angezweifelt. Als
daher der Admiral Ibn Maimun 1145 gegen die Almoraviden revoltierte, war
sein erstes Unternehmen eine Schatzsuche. Er ließ die Fundamente unter-
höhlen; den Oberbau stützte er während der Zeit mit Holzbohlen. Diese
fingen Feuer, und Tempel, Herkules und Leuchtturm stürzten ein.*

*Der Einsturz war ein Unfall, aber genau nach dieser Methode brachte man
im Mittelalter belagerte Mauern und Türme zu Fall. Alles was die Ruinen
hergaben, war das vergoldete Kupfer des Herkules-Standbildes und die Blei-
krampen, die die Steine zusammengehalten hatten. Ein weiterer Aberglaube
lautete, daß jeder, der den Tempel zu zerstören trachte, einen gewaltsamen
Tod finden würde: das erfüllte sich prompt.*

Die Straße führt nun durch eine angenehme, aber uninteressante Landschaft, die nur selten einen Blick auf das Meer frei
gibt, obwohl sie parallel zur Küste verläuft. Die französische
Blockade von Cádiz 1810-1812 hatte hier ihre südliche Basis. Die
Schlacht von Barrosa, die die Spanier die Schlacht von Chiclana
nennen, war ein Versuch, die Einkreisung zu unterbrechen. Die
Entsatztruppen, 17 000 Mann stark, schlossen viertausend Briten
unter Grahams Führung ein. Sie wurden von dem kommandie-
renden spanischen Befehlshaber La Peña preisgegeben, schlugen
sich aber tapfer und retteten den Tag, indem sie französische
Kanonen, Generäle und Regimentsadler, in der vorgeschriebenen
Reihenfolge, eroberten.

Die Küste hat an dieser Stelle mehr als zehn Kilometer ununterbrochenen Sandstrand; die Pinienwälder kommen bis ans
Meer herabgestiegen, und bisher ist kein Projekt aufgetaucht,
die herrliche Ruhe zu stören. Neunzehn Kilometer hinter Chiclana zweigt eine Straße rechts ab nach *El Conil de la Frontera*, der
selbsternannten ›Perle des Atlantik‹, mit schönem Strand und
etwas kühlerem Klima als an der Costa del Sol.

Vejer de la Frontera liegt elf Kilometer weiter, die wir auf der
N 340 zurücklegen. Diese sehr alte Stadt, unter dem heiligen

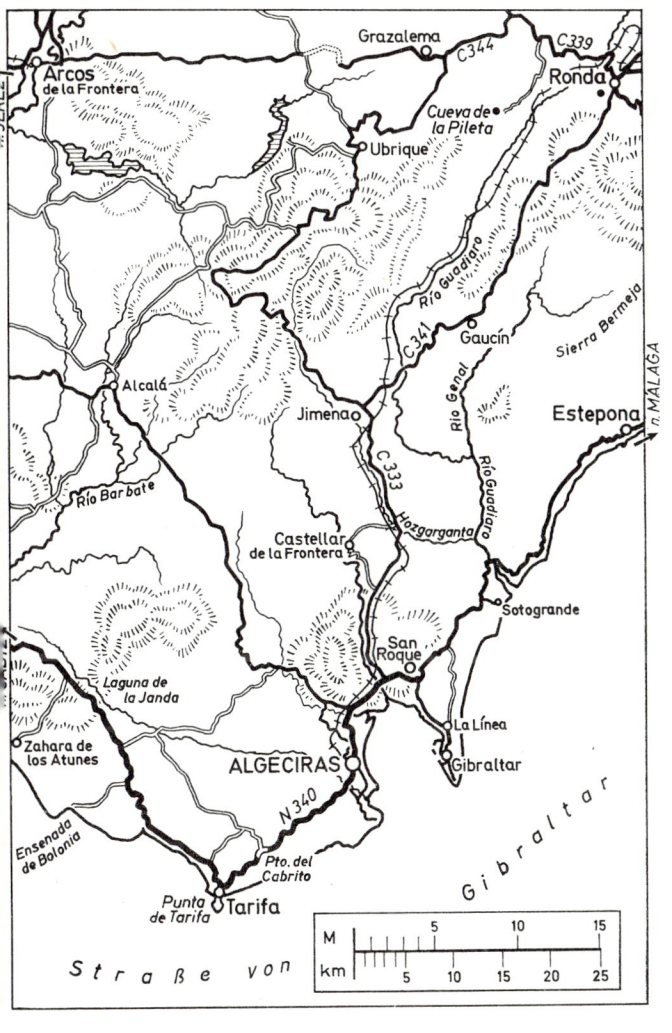

Ferdinand kurze Zeit von den Christen besetzt, hat eine sehr wechselvolle Geschichte gehabt. Sie wurde endgültig durch Sancho IV., El Bravo, zurückerobert, und bildete einen Teil des Hausguts der Guzmán-Familie, von der wir noch hören werden. Später haben die Herzöge von Medina Sidonia versucht, die von Ferdinand zugestandenen Privilegien der Stadt anzutasten; die Reaktion der Bürger war so heftig, daß sie unter dem Namen ›Hazas de suerte‹ wieder hergestellt werden mußten, eine Formel, die das Gesicht wahrte. Die Herzöge führten Bienenzucht und Thunfischerei ein; ihnen gehörten die Hunderte von Bienenkörben, für die Vejer berühmt war. Die blendend weiße Stadt, auf einem Hügel mit Blick auf Trafalgar, Marokko und die Sierra de Ronda, ist eine Freude für jeden Reisenden, aber künstlerisch nicht besonders wichtig.

Die moderne Stadt liegt am Fuß des Hügels, und ein steiler Weg hinauf führt durch einen Torbogen mit einem Balkonfenster und gibt uns einen guten Einblick in andalusisches Leben. Maultiere und Esel setzen zierlich ihre Hufe auf die Steinstufen, jedes beladen mit Stroh oder Behältern für Milch, Wein oder Wasser. Die Wasserbehälter entsprechen noch den Vorschriften für Wasserhändler von 1516; sie müssen ein Mindestgewicht haben und sollen »von runder Gestalt sein, nicht wie die maurischen, die lange Tüllen haben«; jeder ›Cántaro‹ muß mit einem Korken verschlossen werden. Obwohl die Frauen sich in nichts von denen in anderen kleinen Städten unterscheiden, wird eifersüchtig das Gerücht gepflegt, daß sie ›noch gestern‹ die ›Cobijada‹ trugen, eine Art Schleier mit Augenschlitzen. Es soll eine malerische Erinnerung an die Maurenzeit sein, ebenso wie in Mojácar; es ist jedoch möglich, daß es nur eine List der Frauen in ihrem Bemühen war, die Haut vor Wind und Sonne zu schützen.

Sie sollten nach dem *Convento de la Monjas* fragen, seit langem von den Nonnen verlassen, dessen verwitterte Bögen und Pilaster den Anspruch stützen, daß es einst ein römischer Tempel war. An seiner Seite läuft ein Gäßchen, von vier Bögen überspannt, das zu einem Belvedere führt, von wo aus man den nächsten grünen Hügel sehen kann, von einer Windmühle gekrönt.

Die Burg *wurde zum großen Teil wiederaufgebaut, aber auch ein originaler Turm ist noch vorhanden, und einer unten in der Stadt, den man durch den Patio eines einstigen Adelshauses betreten kann. Von diesen Türmen aus kann man den Fluß Barbate sehen, der sich am Fuß des Hügels vorüberwindet, und fünf Meilen weiter südlich das Schlachtfeld von Guadavicea, wo Westgoten und Vandalen aufeinanderstießen. Eine der vergessenen Schlachten der Weltgeschichte, in deren Netz sie dennoch einen Knoten bildet. Wenn die Vandalen nicht gezwungen gewesen wären, sich nach Tunesien zu wenden, würde Justinian vielleicht niemals Belisarius geschickt haben, um Nordafrika zu erobern, und nie hätte es dann einen byzantinischen Exarch, Graf Julian, in Ceuta gegeben; die Verführung seiner Tochter führte zur islamischen Invasion Spaniens, wovon in Kürze die Rede sein wird.*

Ein Besuch der Wallfahrtskirche *Nuestra Señora de la Olivia* nimmt uns nur wenig Zeit. Von der ursprünglichen westgotischen Kapelle hat sich nichts erhalten, auch nicht von der frühen Statue. Über dem Eingang stehen die Worte: »Quasi oliva speciosa in campis«, ein Zitat aus dem apokryphen Buch des Ecclesiasticus, das uns vielleicht den Schlüssel zu ihrem Namen, ›Unsere Liebe Frau zum Ölbaum‹, gibt. Die Passage ist ein Preis der Weisheit, und da die Weisheit in allen Kulturen weiblich ist, konnten ihre Attribute mühelos auf Maria bezogen werden.

Die jährlich am 7. Mai stattfindende ›Romería‹ ist wie viele andere in Spanien, aber sehr viel typischer als die überorganisierte in El Rocío. Schwitzende Polizisten versuchen, in der wirbelnden Menge eine Gasse für die Busse, Autos, Motor- und Fahrräder freizuhalten, damit es den Ankommenden möglich wird, zu parken und auszusteigen. Wie überall in Spanien verkaufen auch hier die Zigeuner Kupfer- und Zinngerät. Sie waren einst für dieses Handwerk berühmt, aber heute werden die Waren für sie in großen Städten in Massenproduktion hergestellt. Eisverkäufer werben brüllend um ihre Kunden; jedermann ist glücklich, der Lärm ist unüberbietbar; auf dem Dach des Heiligtums ist ein Lautsprecher angebracht, der mit größter Lautstärke und wenig Klangfarbe Flamencos schmettert. Jede Seele im Umkreis von Meilen ist hier herbeigeeilt; und es macht einer Frau mit einem Baby auf dem Arm und drei, vier Kleinkindern am Rockzipfel überhaupt nichts aus, von Vejer mehr als fünf Kilometer herüberzuwandern, darauf vorbereitet, den Rückweg hügelaufwärts bei Nacht machen zu müssen. Denn erst am Abend beginnt das eigentliche Fest: Freudenfeuer, Flamencotanzen, Lärm und immer mehr Lärm, Pinchitos (Spießchen) frisch vom Holzkohlenfeuer des Verkäufers, Weinschläuche

*wandern von Hand zu Hand; der dünne Strahl wird geschickt in den Mund
gelenkt, ohne daß ein Tropfen verlorengeht. Paare verschwinden in die Nacht,
sich leise aus der Menge lösend. Der Gottesdienst hat keine starke Anziehungskraft, auf zwanzig Beter in der Kapelle kommen die zweitausend feiernden
Menschen draußen davor. Das übliche Völkergemisch – Blonde, Rotköpfe,
bräunliche Mauren und Menschen mit negroiden Zügen – erzählt die Geschichte des spanischen Südens.*

Die Hauptstraße führt uns weiter, bis wir an eine Kreuzung kommen, wo ein Gasthof namens ›Venta El Cruce‹ viel von Lastwa-
genfahrern aufgesucht wird, also zu empfehlen ist. Die Straße
rechts bringt uns nach *Zahara de los Atunes*, einem Fischerdorf, das
nur in der Thunfangzeit aus seinem Dornröschenschlaf erwacht.
Überall an der Küste wird der Thun noch nach der uralten Methode in einem Labyrinth von Netzen gefangen und dann durch
Stiche oder Keulenschläge getötet, wie am Mittelmeer.

*Aber wie verträumt der Ort auch sein mag, er hatte seine Vergangenheit.
Cervantes reihte ihn unter den ihm bekannten Diebsburgen gleich hinter dem
Zocodover von Toledo ein, dieses ›finis terrae‹ der Banditen und ihrer Opfer,
die er so gut zu beschreiben wußte. In seiner Novelle ›Die vornehme Küchen-
magd‹ nennt er es die Akademie der Thunfischer. Hier in der Nähe schlug Alfonso XI. 1340 die vereinigten Armeen von Granada und Fez; die Afrikaner
wurden von Abu'l Hassan, dem ›Schwarzen Sultan‹ der Mariniden, befehligt.
Man nimmt an, daß die Moslems Kanonen mitführten; das wäre dann deren
erste Anwendung in Europa.*

Zurück auf der Hauptstraße sehen wir bald die *Laguna de la
Janda* zu unserer Linken; obwohl sie entwässert wird, liegt im
Winter noch immer der größte Teil unter Wasser, aber im Sommer bietet sie bereits eine riesige Weidefläche für Rinder, darunter die ›Toros bravos‹, die Kampfstiere, vom Gut der Medina
Sidonia. Im Frühling erstreckt sich ein Teppich von Wiesenblu-
men bis zum Horizont; da jede Art für sich blüht, ist der gen
Osten langsam ansteigende Wiesengrund mit großen Flecken in
Violett, Karmin, Gelb und Weiß übersät. Der Küstenstreifen
zwischen Lagune und Meer ist sehr schmal, wenn man bedenkt,
wieviele Schlachten sich hier abgespielt haben. Es ist der natürliche Landeort für eine Invasionsarmee von Afrika, und darum

nimmt man auch an, daß das erste Treffen zwischen der kleinen berberischen Macht des Tarik und der großen westgotischen Armee unter Roderich hier stattfand. König Roderich wurde von der Partei Witizas als ›Usurpator‹ beschimpft und mit noch weniger glimpflichen Titeln belegt; es muß hier gewesen sein, daß die ungeschickterweise den Söhnen seines Vorgängers Witiza anvertrauten Flügel seiner Armee zum Feind übergingen.

Über die Vorteile der Reiterei im Krieg ist viel diskutiert worden; lange nahm man an, daß die Westgoten den Berbern in diesem Punkt überlegen gewesen wären. Heute weiß man, daß die Westgoten nur wenige Berittene hatten, während sich die Völker des Islam auf zahllose Reiterschwärme stützen konnten. Zum andern schloß die orientalische Taktik immer die leichtbewaffneten, beweglichen Reiter ein, im Gegensatz zu den langsameren, geharnischten der Christen. Auch der Reitstil war gegensätzlich; die Christen benutzten den hohen Sattelkorb und lange Steigbügel; man ritt ›a la brida‹, während die Araber einen leichten Sattel und kurze Steigbügel einführten; ihr Stil heißt ›a la jineta‹, das entspricht etwa dem modernen Sitz. Später behielten die Spanier beide Stile bei; gut reiten hieß, in beiden Sätteln gerecht zu sein.

Die Straße windet sich nun zwischen niedrigen Hügeln durch das Moorland, und nach 68 Kilometern finden wir zur Rechten die verlassene Kapelle San Juan del Valle, wo ein Rekrutierungszentrum untergebracht ist. Die neue Straße führt hinter dem Berg Silla del Papa vorüber und senkt sich nach acht weiteren Kilometern zu einem Fischerdorf, *Bolonia*, noch nach seinem römischen Vorgänger genannt, dessen Überreste jetzt Baelo heißen. Es liegt sehr schön in einer unberührten Bucht mit goldenem Sandstrand, am Horizont sieht man die Küste von Marokko. Selbst wenn man kein archäologisches Interesse hat, ist der Ort die Fahrt wert durch seine Lage, die Aussicht und die gute Bademöglichkeit.

Die römischen *Ruinen von Baelo* sind auf den ersten Blick enttäuschend; es ist leicht, an ihnen vorüberzufahren, ohne sich über ihre Bedeutung klarzuwerden. Aber der Enthusiasmus des Don Isidoro Otero Rodríguez, der im Dorf eine Bar unterhält, bringt wieder Leben in die tote Stadt, und er ist sehr stolz auf seinen wahrscheinlich unbezahlten Posten als ›Hüter der Ruinen von Baelo‹. Auch wenn Sie kein Spanisch verstehen, wird er

Ihnen gerne die ›templos‹, das ›teatro‹ und andere leicht zu be-
zeichnende Einzelheiten zeigen.

*Da ist ein kaum noch erkennbares Forum, und dann, auf der Erhebung da-
hinter, drei Tempel Seite an Seite, jeder mit eigenen Fundamenten. Sie waren
Juno, Jupiter und Minerva geweiht. Das Theater zeigt noch Spuren von Großartigkeit, vielleicht, weil es in seinem jetzigen Zustand halb überwachsen ist;
eine Restaurierung wird seinen Zauber wohl zum Teil zerstören. Zum Strand
hinunter ragen Straßenecken aus dem Sand hervor, und man kann noch die
Tröge erkennen, in denen Fische eingesalzen wurden; ihre Bestimmung konnte
daraus gefolgert werden, daß Tausende von Fischgräten, die meisten von
Thunfischen stammend, entdeckt wurden. Dieser 1966 gemachte Fund stimmt
mit unserem Wissen überein, wonach Cádiz in der Römerzeit ein Monopol
für gesalzenen Fisch hatte. Die Ausgrabungsstücke befinden sich heute zum
größten Teil in Paris, da das Archäologenteam vor allem aus Franzosen bestand; aber einige verstümmelte Statuen sind auch nach Madrid gelangt.*

Tarifa, das an der Punta Marroquí liegt, ungefähr 18 Kilometer entfernt von der Abzweigung, an der wir die Hauptstraße
verlassen hatten, ist die südlichste Stadt in Spanien und liegt
Afrika am nächsten, denn hier ist die Straße von Gibraltar nur
acht Meilen breit. Hier ist auch das Ende der Costa de la Luz,
dieses fast ununterbrochenen Strandstreifens, dem wir seit Huelva, seinem nördlichen Ende folgen. Jetzt vertauschen wir die
Gezeiten, die rollenden Wogen und das Tosen der Brandung gegen die matten Küsten des Mittelmeers.

*Tarifa wird erstmals im Zusammenhang mit der Invasion der Mohamme-
daner erwähnt. Es wurde nach einem Berber, Tarif ibn Malluk, genannt, der
oft mit Tarik ibn Ziyad verwechselt wird, dem Sieger von Guadelete, der König
Roderich schlug. Mit Hilfe arabischer Chroniken, die erst vor dreißig Jahren
entdeckt wurden, hat man festgestellt, daß die Sagen, die sich auf die Jahre 709-
11 beziehen, mehr als nur ein Körnchen Wahrheit enthalten. Es gab einen Grafen Julian, der Gouverneur von Ceuta und Vasall der arabischen Herrscher von
Nordafrika war, es ist nur noch nicht sicher, ob er byzantinischer Exarch war,
ein Westgote oder ein getaufter Berber, vielleicht sogar ein Sohn König Witizas.
Die Geschichte von der Verführung seiner Tochter erscheint in allen Berichten;
in Spanien wird sie noch immer ›La Cava‹ genannt, nach einem arabischen
Wort für Prostituierte, was zweifellos ungerecht ist. Julian wandte sich an
seinen Herrn, Musa ibn Nusayr, der in Kairouan, der religiösen Hauptstadt
von Tunis, lebte, um ihm eine Invasion Spaniens vorzuschlagen. Musa war*

vorsichtig, er befahl Julian, erst einen Erkundungszug zu unternehmen, was 709 geschah. Nach einigen Tagen kehrte er mit Beute und Gefangenen von der Bucht von Algeciras zurück. Jetzt wandte sich Musa um Erlaubnis zum großen Schlag an den Beherrscher der Gläubigen, den Kalifen in Damaskus aus dem Hause der Omajaden, der ihm jedoch riet, erst weitere Raubzüge zu unternehmen, um das Land besser kennenzulernen, und unter keinen Umständen die Moslems den Gefahren einer erregten See auszusetzen.

Den neuen Raubzug unternahm jetzt Tarif, ein berberischer Offizier, der mit vierhundert Mann, darunter hundert Reiter, in vier von Julian zur Verfügung gestellten Schiffen im Juli 710 auf einer Insel vor der heutigen Stadt Tarifa (die nach ihm Gizirat Tarifa getauft wurde) landete. In verschiedenen Ausfällen machten sie viel Beute und erstaunlich schöne Gefangene. Als Musa seinen Anteil erhalten hatte, gab er Befehl zur Invasion. Die wurde nun von Tarik ibn Ziyad, einem Freigelassenen Musas, wahrscheinlich einem Perser, befehligt. Im Frühling 711 überquerte er die Meerenge und schlug sein Hauptquartier auf dem Monte Calpe, der später Jebel Tarik hieß, auf; der Berg Tarik ist jetzt Gibraltar. Als er seine Armee übergesetzt hatte, machte er eine kleine Insel im Westen zur Basis seiner Operationen, die er Grüne Insel, ›al-Gezira al-khadra‹ nannte; sie wiederum gab ihren Namen der Stadt Algeciras; die Insel wird noch immer Isla Verde genannt.

Im Sommer läßt es sich gut in den Hotels wohnen, die an der Hauptstraße, ein paar Kilometer vor Tarifa, errichtet wurden. Das an der Ostseite, an der Straße nach Málaga, liegt hoch in der Sierre del Cabrito zwischen Farn und Korkeichen; nachts sehen diese weiß und unheimlich aus, wenn die Rinde entfernt wurde. An einem schönen warmen Tag, wenn der Levantewind nicht weht, kann man von hier aus die ganze marokkanische Küste von Ceuta bis Tanger überblicken, eine gezackte Gebirgslinie mit dem Jebel Musa im Osten; denn beide Säulen des Herkules heißen nun nach moslemischen Eroberern. In weiter Ferne erheben sich im Süden die Schneehäupter des Atlas.

Der einzige Weg in die Stadt Tarifa führt durch den spitzen Hufeisenbogen in der Stadtmauer, dort, wo die Hauptstraße eine scharfe Biegung nach Ost macht. Die *Puerta de Jerez* öffnet sich zwischen Blumenbeeten und Palmen. »Die sehr edle, sehr treue und sehr heldenhafte Stadt Tarifa wurde unter der Regierung Sanchos IV. El Bravo den Mauren genommen, am 21.Sep-

tember 1292«, kann man auf einer Tafel an der Stadtmauer lesen;
und damit man es auch tut, hat man rings um sie den dichten
Efeubewuchs, der die ganze Mauer in einen Mantel hüllt, etwas
gelichtet. Es gibt in der Stadt nicht viel zu sehen, aber wenn man
durch die sauberen weißen Straßen wandert, weiß man plötzlich,
auch ohne die Karte zu Rate zu ziehen, daß man hier nur ein paar
Seemeilen von Marokko entfernt ist. Alle Straßen führen hügelabwärts, aber wenn man irgendeine der links abbiegenden Gassen nimmt, gelangt man immer zu der spätgotischen Kirche, die
über den Resten der ehemaligen Hauptmoschee errichtet wurde.
San Mateo heißt sie, denn der 21. September ist das Fest des heiligen Matthäus. Der Glockenturm ist wohl über dem Fundament des Minaretts errichtet; schön sind die kunstvoll durchbrochenen Steinfenster an der Nordseite und der Kontrast der
Barockfassade in grauem Sandstein zu den Ziegelmauern. Im
Innern ist wenig Interessantes; das Rippengewölbe ist übertrieben reich, und alles wirkt durch eine unglückliche Farbwahl fin-
ster. Die Kirche ist berühmt wegen einer westgotischen Tafel aus
dem Jahre 674, die in dem mehr als fünf Kilometer entfernten
Hügel vom Pfarrer entdeckt wurde und jetzt außen am Sagrario
(der letzten Kapelle zur Rechten) befestigt ist.

Die Burg war ursprünglich unter Abd ar-Rahman errichtet
und im April 960 vollendet worden; wie auch die von Marbella
geplant, um die ägyptischen Fatimiden, die das westliche Mittelmeer bedrohten, abzuschrecken. Eine kufische Inschrift über
einem der alten Stadttore gibt das Datum an, und, wenn man
den verwitterten Schluß genau studiert, den Namen des Wesirs
Ibn Badr, der mit der Überwachung der Bauarbeiten betraut
war. Es ist ein imposanter Bau; heute liegt hier Militär, aber man
erhält jederzeit eine Erlaubnis zur Besichtigung unter Führung
eines Angehörigen der Garnison; Kameras muß man am Eingang hinterlegen. Von dem ausgedehnten Weg entlang der Zinnen hat man einen schönen Blick auf die Stadt und kann den
Umkreis ihrer Mauern gut ausmachen. An der dem Meer zuge-
kehrten Seite liegen die Hafenbecken; das Ende der Mole ist mit
einer überlebensgroßen Christusstatue geschmückt. Dahinter

liegt die einst ›Tarifa‹ genannte Insel, die jetzt ›Isla de las Palo-
mas‹ heißt; sie ist mit dem Festland durch einen Damm verbunden und für die Öffentlichkeit gesperrt. Zwischen dem Hafen
und dem Damm liegt ein schmaler, aber geschützter und gut be-
suchter Strand; vielleicht ritt Alfonso VI. 1082 hier sein Pferd ins
Meer, um auszurufen: »Ich habe die Grenze des Landes Andalusien erreicht.«

*Oben auf der Doppelmauer, die die Burg mit dem Vorwerk, einem oktogona-
len Turm, Torre de Guzmán genannt, verbindet, läuft ein schmaler Weg entlang. Es ist angeblich der Turm, durch den Alonso Pérez de Guzmán zu
hohem Ruhm gelangte. Zwei Jahre nach der Einnahme von Tarifa wurde Süd-
andalusien erneut von den Mauren überrannt und die Burg heftig bedrängt.
Der Seneschall, Alonso Pérez de Guzmán, hatte drei Jahre als Söldner im
Heer des Königs von Marokko gedient, was nicht übel angerechnet wurde, da
er nicht gegen seinen eigenen König gekämpft hatte. Aber einer der Brüder
König Sanchos stritt auf Seiten der Mauren gegen ihn – das gibt einen guten
Begriff davon, wie wenig ernst man es damals mit der Loyalität nahm – und
hatte einen der Söhne Guzmáns in seiner Macht, der ihm möglicherweise als Page beigegeben war. So geschah es, daß Guzmán auf die Mauer gerufen und vor
die Wahl gestellt wurde, die Stadt oder seinen Sohn zu opfern. Er warf seinen
Dolch herunter und wandte sich ab. Es gibt sehr verschiedene Berichte über
diese typisch spanische Geste, die 1936 während der Belagerung des Alcázars
von Toledo wiederholt wurde. Einmütigkeit besteht nur über Guzmáns Rückkehr auf die Zinnen nach der Ermordung seines Sohnes, und seine theatralische
Reaktion: »Ich fürchtete nach dem Aufschrei, der Feind sei eingedrungen.« Alle,
die an der tapferen Verteidigung Tarifas beteiligt waren, wurden mit Be-
lohnungen überschüttet. Ein paar Monate nach dem Geschehnis erhielt Guzmán einen Brief von König Sancho, in dem dieser ihn mit Abraham verglich
und verfügte, daß er und alle seine Nachkommen in Zukunft den Titel ›El
Bueno‹ führen sollten. Der König, der kein Sprachgelehrter war, konnte nicht
wissen, daß Guzmán, ein westgotischer Name, die gleiche Bedeutung hat:
›guter Mann‹. Unter den germanischen Stämmen waren ›gute Männer‹ mit
bestimmten Rechtsfunktionen betraut; die spanischen ›hombres buenos‹ haben
noch bis heute eine festumrissene Aufgabe im Zivilrecht. Drei Jahre danach verlieh Ferdinand IV., der seinem Vater Sancho auf den Thron gefolgt war, dem
Guzmán Burg, Stadt und Domäne von Sanlúcar de Barrameda. Später erhielt
die Familie noch die Herzogswürde von Medina Sidonia, und 1588 übernahm
ein anderer Alonso Pérez de Guzmán el Bueno, Herzog von Medina Sidonia,
die Führung der Unbesiegbaren Armada.*

Auch vom *Ayuntamiento* hat man einen weiten Blick, und in der Nordostecke der Stadt sieht man ein besonders gut erhaltenes Stück der Befestigung, das heute *Boquete de la Cilla* heißt; es war einst ein Speicher für Lebensmittel. Am Ayuntamiento kann man das Stadtwappen bewundern, drei Schlüssel, die die drei Tore der alten Stadt symbolisieren: Wir sind durch die Puerta de Jerez hereingekommen; die verschwundene Puerta del Retiro war an der Seite, wo 1811 während der französischen Belagerung eine Bresche geschlagen wurde, und die *Puerta del Mar* gehört zur Burg; sie trägt die kufische Inschrift, von der wir schon sprachen. – Weiter findet man im Rathaus eine wunderbare Sammlung von Originaldokumenten, die die Privilegien der Stadt bestätigen. Die Ostmauer ist praktisch unberührt, bis auf jene Bresche von 1811. Laval, der französische Kommandeur, schickte einen Gesandten, der die Übergabe der Stadt verlangte, und der spanische Stadtkommandant, Oliver Copons, ließ ihm antworten, er würde ihn an der Bresche in der Mauer an der Spitze seiner Truppen erwarten, um die Angelegenheit mit ihm zu regeln. Die heroische Verteidigung der Spanier, unterstützt durch einen Wolkenbruch und englische Hilfstruppen, führte zum Rückzug der Franzosen nach beachtlichen Verlusten und zu einem neuen Sprichwort in Spaniens unerschöpflichem Vorrat: »A Tarifa la guerrara, no se toma ahí como quiera«, »Du kannst das heldische Tarifa nicht einfach nehmen, wie es dir gefällt.«

Westlich der Burg ist eine ziemlich deprimierende Alameda mit Palmen statt Pappeln und einer Statue von Guzmán el Bueno in weißem Marmor, eine Hand am Dolch. Dahinter ist der schmale Damm, der zur Insel führt, mit dem geschützten Strand zur Ostseite und der Playa de los Lances im Westen.

Das ist ein Sandstreifen, der noch zum Atlantik hin liegt, mehr als zwei Kilometer lang, an dessen äußerstem Ende man gute Badegelegenheit findet. Heute lebt die Stadt vor allem von ihrer Fischereiflotte.

Eine letzte Attraktion dieses reizvollen Ortes ist ein gutes französisches Restaurant, eines der wenigen in Spanien. Es werden hauptsächlich spanische Gerichte serviert, aber alle mit jenem gewissen Etwas, das sich nicht definieren läßt. Dazu kommt in diesem Familienbetrieb eine unverwechselbare Bistro-Atmosphäre, unterstützt durch die Einrichtung und die gewürfelten Tischtücher.

Wir folgen jetzt auf der N340 den Wegweisern ›nach Málaga‹, um Alicante zu erreichen, und von dort wollen wir die Küste in Ostrichtung bis Barcelona verfolgen. Wir überqueren nach acht Kilometern Fahrt die Sierra del Cabrito; die Korkeichen, die nachts so geisterbleich schimmerten, sehen bei Tag mit ihren nackten schwarzen Stämmen und darüber den grauen verrunzelten Ästen ganz anders aus. Der Blick auf die Straße von Gibraltar und die Nordküste Marokkos ist atemberaubend; wir haben ihn schon früher genossen, wir werden auch noch ein paar weitere Blicke auf Afrika erhaschen, wenn wir über die Berge landeinwärts fahren, aber nie wieder wird sich uns das Panorama so großartig darbieten wie an dieser Stelle. Ceuta liegt links, dann kommt die gewaltige Masse des Jebel Musa und die ganze faltenreiche Küste bis Tanger und Kap Espartel.

Bergwärts gehts nach *Algeciras*, das wir nach zehn Kilometern Fahrt erreichen. Jemand hat einmal behauptet, das einzige, was man hier tun könne, wäre, sich Fahrkarten nach Cádiz zu besorgen, und wem es nur um historische Denkmäler oder andalusische Atmosphäre zu tun ist, wird dem zustimmen. Man hat einen guten Blick auf den Felsen von Gibraltar, es gibt ein paar nette Hotels, am bekanntesten das María Cristina, kurz, es ist ein guter Ferienort. Aber von der großen Vergangenheit ist nichts mehr zu finden. Die Isla Verde ist ganz und gar bebaut und durch einen häßlichen Pier mit dem Festland verbunden. Kein Stein findet sich mehr von den dicken Mauern, die 1344 Alfonso XI. berannte und stürmte; es ist unmöglich, sich ihre Stärke vorzustellen. Und doch errangen hier die zwölf Kämpen von Úbeda unsterblichen Ruhm, verewigt in der Gestalt von zwölf Löwen im Wappen ihrer Stadt. Nicht einmal über die Wunden, die die ersten eisernen Kanonenkugeln in der Geschichte Europas der Stadt schlu-

gen, können wir meditieren; sie haben so wenig Spuren hinterlassen wie der Schwarze Tod, der 1350 nicht nur die Bewohner
eines ganzen Stadtviertels, sondern auch König Alfonso während
der Belagerung von Gibraltar dahinraffte, so in die Geschichte
eingreifend.

Jetzt umrandet die Straße die Bucht von Algeciras, um *San
Roque* zu erreichen, eine verhältnismäßig moderne Stadt; sie
wurde erbaut, um die Flüchtlinge von Gibraltar aufzunehmen,
als der Felsen 1704 in britische Hände fiel. Die Stadt nennt sich
noch immer ›Gibraltar im Exil‹; sie hat keine Sehenswürdigkeiten, die einen Aufenthalt lohnen würden. So biegen wir ab, noch
ehe wir es erreichen, und nehmen die C333 nach Ronda. Unser
erstes Ziel ist *Castellar de la Frontera*, auf das wir nach einer Abzweigung zur Linken, ungefähr zehn Kilometer nach Verlassen
der N340, stoßen; der Wegweiser ist unter den Zweigen eines
Baumes halb versteckt und kann leicht übersehen werden. Die
Anfahrt zur Burg hinauf ist steil, und da wir schon so viele Burgen gesehen haben, überlegt man vielleicht, ob man sich die
Mühe machen soll. Die Überraschung kommt erst, wenn man in
die Burg eindringt, denn sie enthält jetzt ein ganzes kleines Dorf,
mit winzigen, weißgetünchten Häusern und geschlängelten,
kopfsteingepflasterten Gassen, die nur selten einen Blick auf die
zinnengekrönten Umfassungsmauern freigeben. Es ist schwierig,
die wenigen Läden zu erkennen, die sich bescheiden hinter gewöhnlichen Hausfronten mit Gittern und Blumentöpfen verstecken; einer von ihnen macht das einzige Zugeständnis der
Stadt an den Tourismus: er verkauft Postkarten. Niemand, nicht
einmal der Bürgermeister, kennt die Geschichte der Stadt oder
Burg; beide gehören der Witwe, ›en secondes noces‹, des Herzogs
von Medinaceli. Schön ist die Aussicht westwärts über die stillen
Wasser des Pantano del Guadarranque, und der kleine ›Mirador‹,
ein Belvedere, erlaubt uns noch einen, schon sehr fernen Blick
auf den Felsen von Gibraltar.

Eine weitere Nebenstraße ermöglicht es uns, die C333 wieder
zu erreichen, wo sie den Fluß Hozgarganta überbrückt, dem
man dann 13 Kilometer stromaufwärts folgt bis *Jimena de la*

Frontera. Man fährt die steilen Straßen zur Burg hinauf, so weit es nur möglich ist; den Rest muß man jedoch zu Fuß gehen. Den Einwohnern scheint der Anstieg nichts auszumachen; alte Frauen klettern bis zum Gipfel, um ihre Wasserkrüge zu füllen, denn, wie sie bereitwillig erklären, das Wasser vom wandernden Händler kostet 10 Peseten für jeden ›Jarra‹. Die riesige Burg erzählt ihre Geschichte, wenn man nur lesen kann. Da ist ein dreifaches Tor mit Hufeisenbogen, in das römische Grabsteine verbaut wurden, und innen ist ein weiter Platz, wo in Kriegszeiten Flüchtlinge und ihre Herden sich unter die Soldaten mischten. Die unterirdischen Vorratskammern sind jetzt teilweise freigelegt, die parallelverlaufenden Tonnengewölbe werden von Bogenpfeilern gestützt. Am Nordende liegt der städtische Friedhof, wie man es häufig findet, um den leeren Raum innerhalb der Burgmauern zu nutzen; die Toten ruhen dort mit mehr Pracht, als ihnen zu Lebzeiten gegönnt war. Gen Westen sieht man das wilde Panorama der grauen Granitbrüche durch die Korkwälder und nach Süden Gibraltar und Nordafrika, wenn man von einem runden Turm herabsieht, dessen Plattform einem Schiffsbug gleicht.

Wir verlassen Jimena, nehmen die rechte Gabelung zur C 341 und erreichen nach 15 Kilometern *Gaucín*. Hier starb Guzmán el Bueno an Wunden, die er sich in einer kleinen Grenzstreitigkeit geholt hatte, angeblich von einer Arkebuse erschossen. Da diese Waffe 1305 noch nicht eingeführt war, handelt es sich wohl um eine Verwundung mit der ›Arbalest‹, also einer Armbrust. Hier erwischen wir einen letzten Blick auf Afrika, und dann steigt die Straße über verschiedene Bergkämme, bis wir die Serranía de Ronda erreichen und die Stadt Ronda sich in der Mitte ihrer fruchtbaren Ebene erheben sehen.

DREIZEHNTES KAPITEL

Ronda und Umgebung

Die Serranía de Ronda heißt so nach den Sierras, die das Hochplateau rundum umgeben, in dessen Mitte Ronda liegt. Hier gedeiht im Osten der Stadt, in der Sierra de las Nieves, noch ein vorgeschichtlicher Baum, der ›Pinsapo‹; es ist sein letztes Reservat in Europa. Auch das Gegenstück aus der Tierwelt treibt sich hier herum; es ist die scheue Capra hispanica oder pyrenaica, für deren Erlegung man eine Lizenz, viel Energie und wenig Mut benötigt.

Wir erreichen *Ronda* durch die Vorstadt San Francisco; sie soll aus Gründen der Zollersparnis, um nicht zu sagen: Hinterziehung, erbaut worden sein. Das ist verständlich, da ein großer Teil der Güter, die über Gibraltar ins Land kommen, diesen Weg nahmen. Weitere Stationen auf dieser ›Dunkelstraße‹ sind Montejaque und Benaoján im Westen, danach verliert sie sich nördlich in der Sierra Morena. Montejaque ist berühmt wegen seiner im Schnee haltbargemachten Schinken, was dazu führte, daß aller Schinken in Südspanien natürlich ›serrano‹ ist, eine ebenso trügerische Bezeichnung wie bei uns nur zu oft der ›westfälische Katenrauch‹. Ronda würde einen hübschen Hintergrund für ›Carmen‹ abgeben, an Schmugglern war nie Mangel.

Ronda steht auf einem geneigten Plateau, fast herzförmig angelegt, wobei die südliche Spitze von dem größeren Mercadillo durch einen fürchterlichen Abgrund, den Tajo, getrennt ist. Dieser Teil, die alte Ciudad, ist so isoliert mit ihren nackten Felswänden, daß sie durch einen Sturmangriff nicht zu nehmen gewesen wäre. Das erste, was man von ihr sieht, ist ein Stück Stadtmauer, das sich über den einzigen landschaftlich zugänglichen

Teil erstreckt; dort ist die *Puerta de Almocabar* mit einem Hufeisenbogen zwischen restaurierten Bollwerken und einem späteren, barocken Torweg an der westlichen Flanke.

*Es war das alte Tor, durch das Ferdinand der Katholische einzog, um die
maurische Ciudad nach der Belagerung von 1485 in Besitz zu nehmen. Er
leitete die Übernahme so, wie es während der Reconquista zur Routine werden
sollte. Zuerst wurde die Standarte mit dem Kreuz, ein Geschenk des Papstes
Sixtus IV., auf dem höchsten Turm aufgepflanzt, während die Menge kniete
und Priester das Te Deum sangen; dann wurden die Fahne des heiligen Jakob
mit dem Schwert entrollt und zum Schluß das königliche Banner, während die
ganze Armee rief: »Kastilien! Kastilien!« Dann erfolgte die Befreiung christlicher Gefangener; ihre Fesseln wurden nach Toledo gesandt, wo sie noch heute
an der Außenseite der Apsis der Kirche San Juan de los Reyes hängen. Die
Kirche wurde als Mausoleum für Ferdinand und Isabella errichtet, aber nach
der Eroberung von Granada änderten sie ihre Anordnungen. Dann folgte die
›Reinigung‹ der Hauptmoschee und ihre Umwandlung in eine christliche
Kirche. In Ronda wurde außerdem auch eine neue Kirche gebaut, nahe dem
Almocabar-Tor; den Grundstein legten die Katholischen Könige am 22. Mai
1486, dem Fest des Heiligen Geistes, was der Kirche ihren Namen, Santo
Espiritu, gab. Sie ist nicht sehr interessant, nur ein weiteres Beispiel spanischer
Spätgotik mit überreichem Rippengewölbe.*

Ronda hat mehrere gute Hotels; im Reina Victoria haben Alfonso XIII. mit seiner englischen Gemahlin Victoria Eugenia und
der Dichter Rainer Maria Rilke gewohnt. Rilkes Raum, mit ein
paar Büchern und anderen Erinnerungsstücken, blieb erhalten,
und im Garten ist sein Denkmal. Es leugnet die Spuren seines
Lungenleidens nicht und steht da, wo er selber wohl gerne
weilte, einsam zwischen Rosen und Palmen in seinem Mirador,
mit einem Blick zum Doppelgipfel des Dos Hermanas.

Man kann Ronda ganz gut in einem Tag besichtigen. Wir gehen vom Reina Victoria entlang der Calle de Jerez, passieren die
Iglesia de la Merced, und kommen rechts direkt zur *Alameda*,
zum Stadtpark. Er führte früher denselben Namen wie die
Kirche, heute heißt er nach José Antonio Primo de Rivera. Zwischen den Rosenbüschen und blühenden Gewächsen stehen Kas-
sienbäume, Kastanien und Zedern, und vor dem Abhang kann
man vom Geländer den gleichen Blick genießen wie die Hotel-
gäste. Ein wenig weiter kommt man zu der berühmten Stier-

kampfarena von Ronda, 1785 erbaut. Die *Plaza de Toros* ist eine
der ältesten in Spanien; sie wurde von der Maestranza als eine
Vorführmanege gegründet; zu ihr gehört der Picadero de Maestranza, ursprünglich für die Dressur der Pferde bestimmt, heute
eine Roßschmiede. Die Arena, angeblich die größte Spaniens, ist
aus grauem Stein errichtet, mit zwei Reihen dorischer Säulen, und
einzig darin, daß sie zwei Stockwerke hat, jedes mit einem eigenen Dach. In keiner anderen Stierarena ist das Tor des ›Toril‹,
des Stierstalles, unter der Präsidentenloge, sondern immer gegenüber; hier ist es so eng, daß man sich fragt, wie ein schöngehörnter Stier sich da durchzwängen kann. Die Geistlichkeit hat
ihre Loge gleich neben der des Präsidenten; sie sucht sie auf,
wenn der Gottesdienst, dem auch die Toreros beiwohnen, beendet ist. Eine Kapelle ist obligatorisches Zubehör einer Stierkampfarena; in den offiziellen Regeln wird sie zwischen dem
Stand des Schlachters und der Bar aufgeführt ...

*Ronda hält an seinem Anspruch, die Heimat der Corrida zu sein, fest; es erinnert den Besucher gerne daran, daß es die Wiege der modernen Form des
Stierkampfes, in der der Matador nicht beritten ist, war. Bis zum Ende des
18.Jahrhunderts wurden die Stiere, wie wir bereits gesehen haben, in einem
öffentlichen Platz losgelassen und dann vom Pferderücken aus von Mitgliedern des Adels angegriffen. Als dem Sport dann die königliche Gnade entzogen wurde, rettete ein Rondeño namens Pedro Romero ihn vor der Vergessenheit und paradoxerweise auch die Rasse der Kampfstiere vor dem Aussterben,
indem er sie, auf seinen eigenen Füßen stehend, tötete. Pedro war nur einer aus
einer großen Torerofamilie, gleichermaßen bemerkenswert für ihre Geschicklichkeit wie für ihre Langlebigkeit, wobei die letztere natürlich mit der ersteren
in unmittelbarem Zusammenhang stand. Pedro veranstaltete die erste unberittene Corrida 1786, als er zweiunddreißig Jahre alt war, und versetzte in
der Folge fünftausend Stieren den Todesstoß, ohne sich selbst verletzen zu lassen; er beschloß seine Karriere achtzigjährig, als er auf einer Wohltätigkeitsveranstaltung einen Stier tötete. Er prägte den Aphorismus: »Für den Stierkampf braucht es einen Mann – die Furcht schlägt mehr Wunden, als die
Stiere.« Sein Denkmal steht in der Alameda, und es wird gesagt, daß alle die
kleinen Häuser mit einem Kreuz auf dem steinernen Türsturz in diesem Teil
der Stadt ihm gehörten. Er wird jedes Jahr am 9.September durch eine Corrida
öffentlich geehrt, wobei die Teilnehmer in den Kostümen des frühen 19.Jahrhunderts erscheinen, die wir von Goyas Bildern so gut kennen. Andere Mit*

glieder dieser erstaunlichen Familie waren Pedros Sohn Juan, der hundertund-
zwei Jahre alt wurde, und José, der sich 1803 zurückzog, aber wie ein altern-
der Opernsänger nach einem Come back dürstete und als Dreiundsiebzigjähri-
ger noch einmal vier Bullen tötete. Hemingway gehörte zu den regelmäßigen
Besuchern dieser Arena, häufig wurde er dabei von seinem Freund Antonio
Ordóñez, einem gefeierten Torero, begleitet. Beim Verlassen der Arena sollten
Sie einen Blick zurückwerfen auf die monumentale Barockfassade mit ihrem
ausladenden Balkon, dessen Baluster mit schmiedeeisernen Stierhäuptern ge-
schmückt sind.

Das nächste Gebäude ist das *Teatro Espinel*. Vincente Espinel
war 1551 in Ronda geboren. Fälschlich wird ihm zugeschrieben,
die fünfte Saite für die Guitarre eingeführt zu haben. Bei seiner
Geburt hatte das Instrument noch vier Saiten, ein unbekannter
Musiker fügte irgendwann die fünfte hinzu, und später wurde
auch noch eine sechste aufgezogen. Aber Espinel komponierte
sehr schöne Musik für dieses Instrument – neben seinen vielen
anderen Berufen als Soldat, Priester, Poet, Schriftsteller, gelehrter Lateiner. Seine ›Abenteuer des Marcos Obregón‹ sind das Ur-
bild von Le Sages ›Gil Blas‹. Er blieb einem Ortsbrauch treu in der
Erreichung biblischen Alters.

Die Straße – auf der Höhe des Stadtparks ändert sie ihren Namen in Virgen de la Paz – führt jetzt zur Plaza de España und
zum *Puente Nuevo*, einem interessanten Beispiel für die Ingenieurskunst des 18. Jahrhunderts. Er überspannt den über hundert Meter tief abfallenden Tajo, dessen Wände so nackt sind,
daß die Brückenpfeiler auf Fundamenten im Bett des Guadalevín errichtet werden mußten, der sich auf dem Grund dieser
Kluft hinschlängelt. Der Architekt, ein Aragonier namens José
Martín de Aldehuela, stürzte sich zu Tode, als die Brücke praktisch vollendet war. Der Blick von ihr aus ist großartig. Gen Osten
wird die Schlucht immer enger, bis sie sich in einer scharfen Biegung den Blicken entzieht; zum Westen weitet sie sich ganz allmählich, und am Südhang kann man ein altes Tor mit einem
Hufeisenbogen und die Ruinen der alten arabischen Mühlen erkennen. Der Wasserfall sprudelt nur noch spärlich, denn der
Hauptzustrom wurde gezähmt, er fließt heute durch einen Tunnel und treibt die Turbinen eines Kraftwerks.

In dem Brückenbau war ein Gefängnis untergebracht, das man über eine Treppe vom Ayuntamiento aus erreichen kann; es ist heute in ein Mesón típico umgewandelt, ein Restaurant, bewußt im alten Stil mit einem leicht befangenen Charme. Die Decke ist ein Tonnengewölbe, und ein großer ›puchero‹ oder Schmortopf hängt im Kamin. Das Essen ist vom Besten, ohne Zugeständnisse an den Geschmack von Ausländern, und der Serrano-Schinken wird in traditioneller Weise vor Ihren Augen vom Stück geschnitten, das Bein noch nicht von Borsten und Klauen befreit. Schinken und Eier spielen eine große Rolle in Spaniens Dorfküchen, ja man sagt, daß diese wohlschmeckende Kombination von Rittern des Schwarzen Prinzen aus Spanien mit nach England gebracht worden sei, wo sie heute ja als ›Ham and Eggs‹ das Nationalgericht schlechthin bildet.

Wir verlassen nun den Mercadillo, überqueren die Brücke und betreten die einstige Ciudad der Moslems, die sich nach einwöchigem Bombardement von der anderen Seite der Schlucht aus König Ferdinand ergeben mußte. Man benutzte eiserne Kanonenkugeln und primitive Granaten, die aus Werg, Pech, Öl und Schießpulver hergestellt wurden; sie verwandelten die enge, übervölkerte kleine Stadt in einen Feuerofen. Das ist einer der Gründe, warum sich kaum Gebäude aus jener Zeit erhalten haben; aber die Straßen sind, wenn wir von den Fenstern absehen, noch immer typisch afrikanisch; und die Türen fanden die Beachtung von Kennern wegen der unendlich vielen Variationen ihrer ornamentalen Beschläge.

Wenn wir uns nach rechts wenden, erreichen wir rasch die *Plaza del Campillo*; sie ist ein ruhevoller Garten, hoch am Rand des Felsens gelagert. Man übersieht von hier oben das Tal des Guadalevín; auf der anderen Seite erheben sich die kahlen Wände des Mercadillo. Auf einem Fußpfad kann man hinabsteigen; zwar sind das Tor, die Mühlen und das Kraftwerk, die in diesem üppigen Tal liegen, leichter von der Landstraße her zu erreichen, doch schon der Anblick des Tajo und der Brücke von unten machen den Weg der Mühe wert. Hinter der Plaza del Campillo liegt das *Kloster Santa Teresa*, wo sich 1812 die französische Garnison verschanzte, nachdem sich der damalige Generalstabschef der napoleonischen Armee in Spanien, Soult, Herzog von Dalmatien, aus Andalusien zurückziehen mußte. Niemand überlebte.

Ein paar Schritte in Südrichtung bringen uns zur Casa de *Mondragón*, ursprünglich im 8. Jahrhundert für den spanischen Gouverneur erbaut und später für die Katholischen Könige wieder instandgesetzt; er hat einen schlecht erhaltenen maurischen Patio. Einen schönen Hof hingegen hat die Casa del Gigante, wo Hufeisenbögen, Stuckarabesken und ein Artesonado erhalten sind. Einige Reste von Azulejos-Mosaiken der ältesten Art wurden gerahmt an die Wände gehängt. Dies ist noch das einzige Haus in Ronda mit einem Rest maurischer Atmosphäre, nur leider ist es nicht zu besichtigen. Unter dem Hinterhof wurde kürzlich ein Keller entdeckt; er enthielt eine Steinbank, Hand- und Fußfesseln eines längst vergessenen Gefangenen und einen ausgestopften Geier.

Wenn man all den aufgehäuften Schutt und Plunder dieses Stadtteils näher untersucht, kann man zerbrochene Ziegel und Fliesen aller möglichen Epochen finden, mittelalterliche Backsteine und Fragmente römischer Mosaiken. Wenn man private Häuser aufsucht, ist es üblich, ein Trinkgeld zu geben, unter der stillschweigenden Voraussetzung, daß es sich um einen Diener und nicht den Hauseigentümer handelt, der einen herumführt.

Entfernungen sind in Ronda unwesentlich, zur *Plaza de Trinidad Scholtz*, früher Plaza de la Duquesa de Parcent, sind es nur ein paar Meter. Der Platz war nach der Herzogin benannt, da sie sehr viel für die Restaurierung der Stadt getan hat. In der Mitte steht ein Denkmal für Vicente Espinel; an der Nordseite liegt die Kollegiatskirche *Santa María la Mayor*, einst die Freitagsmoschee, und daher die erste, die christianisiert wurde. Der Glockenturm ist natürlich das alte Minarett, auf quadratischem Grundriß errichtet, mit einem oktogonalen, von Rundbogenfenstern durchbrochenen Turmaufsatz; die Spitze erinnert entfernt an die Giralda. Von dem seltsamen Anbau aus, einer Art doppelter Galerie, wurden wohl einst die Stierkämpfe beobachtet. Das Innere ist ein unentschiedenes Stilgemisch, halb Gotik, halb Renaissance. Das vergoldete Retabel am Westende läßt den Unvorbereiteten unwillkürlich zusammenzucken, denn seine Säulen sind so überkrustet mit geschnitzten Pflanzenmotiven, als ob sie seit Jahren

auf dem Grunde der See gelegen hätten. Am schönsten ist der
Mihrab, der vor einigen Jahren von dem gegenwärtig amtieren-
den Kirchendiener entdeckt wurde. Er hat natürlich einen Hufeisenbogen, und die Dekoration der Gewölbelaibung erinnert an
die spiraligen Farnmuster der alten Synagoge, Santa María la
Blanca, in Toledo. Delikate Stuckarabesken kann man finden,
Naskhi-Inschriften und zwei wie Kapitele geformte Konsolen,
die an den Abbassidenstil gemahnen. Es ist interessant, die ionischen Voluten zu betrachten und sich wieder einmal klar zu
machen, daß ihr Ursprung altorientalisch, das heißt vorgrie-
chisch, ist. Ein Jammer, daß so viel von der Dekoration unter
weißer Kalktünche halb verschwunden ist; aber man darf auch
nicht vergessen, daß eine Kirche nun einmal in erster Linie ein
Ort des Gebets und nicht eine archäologische Fundgrube ist.

Wenn wir uns nach Osten wenden, kommen wir zum *Alminar*,
dem Minarett einer Moschee, die später in eine christliche Kirche,
San Sebastián, umgewandelt wurde, und heute Mietwohnungen
beherbergt. Der untere Teil des Alminar wurde gut restauriert;
er besteht aus Stein und zeigt eine ›Schlüsselloch‹-Tür, einen Alfiz und ein Fächergewölbe mit Resten von Azulejos zwischen den
Rippen. Der obere Teil besteht aus verwitterten Backsteinen und
hat nur noch einen Schmuckfries.

Geht man nördlich, so stößt man auf die *Casa del Marqués de
Salvatierra*, 1786 erbaut, in einer späten Anwendung, um nicht
zu sagen Wiederbelebung, des Platereskenstils. Die grotesken
Figuren an der Fassade sollen aztekisch sein und wie der überladene Balkon aus Mexiko stammen. Der Palast hat einen hübschen Patio und eine Marmortreppe mit weißen, roten und
schwarzen Stufen. Die Gemäldegalerie fesselt mehr wegen der
Thematik ihrer Bilder als durch künstlerische Qualität; wir finden ein Porträt des unglücklichen Erbauers der Brücke, Aldehuela, und die Kopie eines Bildnisses von Vicente Espinel mit
Schnurr- und Spitzbart; es fällt nicht schwer, sich ihn als Helden
seines eigenen pikaresken Romans vorzustellen.

Gleich nebenan liegt die *Casa del Rey Moro*, das Haus des Mau-
renkönigs, Rondas Prunkstück. Sie soll 1042 erbaut worden sein,

aber heute nimmt man an, daß es sich um einen jüngeren Bau auf den alten Fundamenten handelt; die Herzogin von Parcent, deren Residenz sie ist, ließ sie vorbildlich restaurieren. Sie soll der Palast von Badis, dem Taifakönig von Tacorona (Ronda) gewesen sein, einem Ungeheuer an Lasterhaftigkeit und Grausamkeit, wenn wir der Überlieferung glauben wollen. Andere behaupten, er sei von Almonated (der Al-Mutadid, der Herrscher von Sevilla gewesen sein könnte) errichtet worden. Aber wer immer auch der Bauherr war, ist nicht so wichtig; die Geschichte, die der Kustode erzählt, gipfelt darin, daß der König aus den juwelengeschmückten Schädeln seiner Opfer zu trinken pflegte. Badis zeigte, wie manche anderen Schurken auf dem Thron, Symptome von Wahnsinn; er entriß Frauen ihren Gatten, junge Mädchen ihren Eltern, drang schamlos in fremde Harems ein und machte seine Tante zu seiner Geliebten.

Das Innere der Casa del Rey Moro ist nicht besonders anziehend, aber man findet an Decken und auf den Böden noch einige gute Fliesen, und mehrere alte Rondateppiche verraten, daß ihre Muster ursprünglich von der anderen Seite des Kaspischen Meeres stammen. Der Garten liegt hoch oben am Rande des Tajo, fast zweihundert Meter über dem Fluß; am äußeren Ende der Schlucht steigt der nackte Fels auf, nur in seinem oberen Teil mit einer schwachen Vegetationsschicht von Gras, Mohn und Feigenkakteen bedeckt. Der Portikus zeigt, wie manche der Nachbarhäuser, die auf den Tajo hinausschauen, einen Hufeisenbogen. Im Garten findet man Lorbeerbäume, Palmen und Feigen, und zur Zeit ihrer Blüte schenken ihm Glyzinien einen zusätzlichen Zauber. Im Marmorbrunnen wächst Papyrus, allerdings nicht die ägyptische Art. Er hat eine achteckige Brunnenschale, sein Mittelteil wirkt wie eine durchbrochene Laterne, ganz und gar mit kufischer Schrift und an Córdoba erinnernde Muster geschmückt.

Hier findet man den Eingang zur *Mina de Ronda*, einer in das Innere des Felsens gehauenen Treppe, die zu einem Stauwasser des Flusses führt. Dort soll die Königin gebadet haben. Sie müßte eine äußerst energische Frau gewesen sein, wenn es wahr wäre,

denn es sind immerhin dreihundert Stufen mit einer Durch-
schnittshöhe von wenigstens vierzig Zentimetern. Diese von
christlichen Gefangenen gebaute Treppe hatte nur den Sinn, das
Flußwasser in Krügen hinaufzubringen; daher das Sprichwort:
›Dios me guarde del zaque de Ronda‹, ›Gott bewahre mich vor
den Wasserkrügen von Ronda‹. Die Belagerung von 1485 soll angeblich zum Ziel geführt haben, weil die Christen einen weiteren
Tunnel bauten, der an dem Stauwasser endete und es den Be-
lagerern ermöglichte, die Wasserzufuhr zu unterbinden – nur
leider muß dieser Tunnel noch gefunden werden.

Die Straße östlich der Casa del Rey Moro windet sich in steilen
Schwüngen hügelabwärts und führt an einer rohbehauenen
Steinbank vorbei, die ›El Sillon del Moro‹, Sitz des Mauren, genannt wird. Ihr zunächst ist ein Tor aus dem frühen 18. Jahrhundert und direkt dahinter die Capilla de San Miguel, von der man
annimmt, daß sie einst die Synagoge beherbergte; sie ist heute
eine Sammelstation für Museumsstücke. Von hier aus können
wir zwei Brücken sehen, zur Linken den auf römischen Fundamenten errichteten Puente San Miguel oder Las Cortadurias, und
die Araberbrücke mit einem Hufeisenbogen, Puente Viejo, zur
Rechten. Der obere Teil dieser Brücke wurde ebenfalls restauriert. Die tiefe Schlucht hat eine nicht zu leugnende Faszination,
mit dem dunklen Fluß, der sich unten seinen Weg zwischen den
Felsen sucht, den rauhen, ausbuchtenden Wänden mit braunen
und purpurnen Schatten und den schwärzlichen Brücken. Die
nähergelegene kann auch von den arabischen Bädern am Flußufer aus gesehen werden, die kürzlich entdeckt wurden; sie liegen in einem wilden Garten, wo sich Zypressen zwischen Rosenbeeten emporrecken, Flieder und Iris und bis in den Mai hinein
die Mandelbäume blühen.

Wenn man zur Ciudad emporschaut, kann man jetzt ihre alten Mauern und einige der Türme erkennen, einer von ihnen unterscheidet sich von den andern, obwohl er die gleiche Form und
Farbe hat; er besteht nämlich aus rein römischem Mauerwerk
mit viereckigen Hausteinen. Die *Bäder* bilden einen großen Raum
mit drei Schiffen, geteilt durch oktogonale Backsteinsäulen, die

sechzehn Hufeisenbögen tragen. Der Hohlraum unter dem Fußboden wurde teilweise freigelegt, um zu zeigen, wie die Heiß-
luft von dem anstoßenden Ofen hierher geleitet wurde. Die
Schiffe sind tonnengewölbt und haben sternförmige Öffnungen
für den Dampf, wie sie für das orientalische Hamam traditio-
nell sind; auch einige der ursprünglichen Schnitzereien mit dem
rötlichen Schimmer des Pinsapoholzes haben überlebt. Der Garten hat eine rauhe, überwachsene Seitenmauer, die zu einem tiefen Brunnen am Ufer des Flusses führt. Der Brunnen hatte einen
Schraubenantrieb, der durch Tiere oder Sklaven in Bewegung
gesetzt wurde, um das Wasser aus zehn Meter Tiefe zu holen.
Es wurde in die Rinne, die noch immer auf der Mauer entlang
führt, geleitet und so zu den Bädern gebracht.

Um an den Ausgangspunkt zurückzukommen, überqueren
wir den Puente Viejo, nehmen an der Gabelung die linke Straße
und stoßen dort auf die ›Posada de las Ánimas‹, von der nur noch
die Fassade steht. Es war das erste hier errichtete Gasthaus, etwa
um 1500 erbaut, das unter anderen Cervantes zu seinen Gästen
zählte; 1845 war es noch geöffnet, aber seit 1882 wird es in alten
Reisehandbüchern nicht mehr erwähnt. Im Torweg steht noch
der Stein, der nach einer reichlichen Mahlzeit oder einem feucht-
fröhlichen Gelage zum Aufsitzen benötigt wurde. Der Name der
Schenke leitet sich möglicherweise von den beiden das Vordach
tragenden Pfeilern der alten Galgenstätte mit der Kapelle de los
Dolores her, die aus den realistisch verzerrten Leibern von je
vier Erhängten gebildet werden, verlorenen Seelen. Ein Bild aus
dem 18. Jahrhundert in der Nähe des Gasthauses zeigt die Erlösung von Seelen aus dem Fegefeuer, für die jeden Abend um
halb neun Uhr beim Glockenläuten Gebete gesprochen werden;
und das bringt uns auf eine andere Deutung des Namens, denn
dieses Abendläuten heißt ›Las Ánimas‹, und wie das Angelus
gibt es zugleich die Zeit an, so daß der Spanier sagen kann ›Ich
kam beim Ánimas heim‹. Auch daran, daß Reisende in alten Zeiten ihre Sicherheit vor Räubern den Heiligen Seelen, die ebenfalls ›Las Ánimas‹ genannt wurden, anvertrauten, sollten wir uns
erinnern.

Die Straße, die ich schon früher erwähnte, entlang der Ruine des *Arco Árabe*, dem einzigen Überrest einer Verteidigungsanlage, und dem zerbröckelnden Gemäuer der maurischen Mühlen, führt uns an einen ganz anders wirkenden Guadalevín, der zwischen grasbewachsenen Ufern, über kleine Wasserfälle und Steinstufen fließt. Wieder mit den Wassern vereinigt, die die Turbinen getrieben haben, wird er ein ansehnlicher Fluß; bald nennt er sich Guadiaro, und bei Gibraltar fließt er ins Meer, die westlichste Spitze der Costa del Sol bezeichnend. Doch schon, wenn er Ronda verläßt, kann er auf eine bewegte Geschichte zurückblicken: Er hat Dampf für Araberbäder hergegeben, ein Schwimmbad für eine Königin, Wasser, das Christensklaven die schreckliche Treppe hinauftragen mußten, hat Kornmühlen getrieben und schließlich eine moderne Stadt mit Strom versorgt. Aber wenn man zurückschaut, sieht man nur einen dünnen Faden, der sich zwischen Felswänden hindurchschlängelt unter der Brücke, wo Aldehuela triumphierte und starb.

Zahlreiche Ausflüge bieten sich von Ronda aus an, und fast alle haben eines gemeinsam: man muß mit schlimmen Straßenzuständen rechnen. Die können sich fortwährend ändern; ein schlechter Feldweg kann plötzlich ausgeglättet sein, und ein gestern noch annehmbarer heute durch Sturm oder andere Wettereinwirkung aufgerissen. Ronda la Vieja, das antike Ronda, enthält die Überreste der einstigen Römerstadt Acinipo, die sich wiederum auf iberischen und phönizischen Fundamenten erhob. Die Vandalen haben sie zerstört, und die Mauren benutzten sie als Steinbruch. Sie liegt 12 Kilometer nordwestlich von Ronda in der Sierra, und die Reste des Theaters machen den Weg kaum der Mühe wert.

Ein guter Tagesausflug führt in das Gebiet östlich von Ronda. Ich beschreibe hier eine kleine ›Rundreise‹, aber man kann auch einen Teil davon mitnehmen, wenn man nach Málaga weiterfährt, und einen weiteren auf der Fahrt nach Granada über Antequera. Ich muß noch dazu sagen, daß kein Ort von großer Wichtigkeit an dieser Route liegt; sie ist vor allem reizvoll, weil sie uns einen Einblick in das Hinterland von Andalusien gibt, ein Gebiet, daß seit tausend Jahren ein Dorado der Schmuggler, Banditen und Rebellen war.

Nach zwei Kilometern entlang der C344 stößt man auf einen Aquädukt, der bis auf kurze Unterbrechungen, dort, wo die Straße und die Bahnlinie hindurchgelegt wurden, noch unversehrt ist. Angeblich römisch, läßt die Hufeisenform der Bögen auf maurischen Ursprung schätzen. Die Straße klettert nun in die Sierra zum *Puerto del Viento*, einem über tausend Meter hoch gelegenen, zu Recht ›stürmisch‹ genannten Paß. Nach 25 Kilometern Fahrt erreichen wir *El Burgo*, wohl eine ehemalige maurische Festung, zwischen deren weißen Häusern wir noch den Umkreis der einstigen Mauer mit ihren Wehrtürmen entdecken können. Jetzt geht es über einen weiteren Paß, den ›Las Abejas‹ (Die Bienen), und nach 35 Kilometern, von Ronda aus gerechnet, erreichen wir Yunquera. Der Atalaya zur Rechten bewachte die Stadt einst vor Überfällen von Räubern aus dem Gebirge. In *Alozaina* müssen wir uns entscheiden, welche Route wir nehmen wollen; wir haben die Wahl zwischen einer gemächlichen Fahrt über Coin, Alhaurín el Grande, Caratama mit seinem phönizischen Namen und Pizarra oder einer guten, nicht numerierten Straße, die uns direkt nach Pizarra bringt, von wo wir über die C337 nach etwa sieben Kilometern Álora erreichen. Die längere Strecke führt durch eine abwechslungsreiche Landschaft und reizvolle Dörfer, ist aber kaum der Mühe wert, wenn man die Rundfahrt in nur einem Tag schaffen möchte. *Álora* war ursprünglich ein weiteres ›Alhairín‹; seine herrliche Vegetation und sein frisches Sommerklima haben viel zu seiner schnellen Entwicklung als Ferienort beigetragen. Hat man die längere Route gewählt, wird es der Höhepunkt einer Fahrt sein, wo jeder Hügel einen Ölbaumhain trägt und jedes Tal ein Obstgarten ist, stets begleitet vom Hintergrund der hohen, grauen, zerklüfteten Felsen.

Álora liegt auf einem Bergsattel, der einen flachen Hügel mit dem Gebirgsplateau verbindet. Auf dem Hügel erhebt sich eine stattliche Burg, heute der städtische Friedhof; diese Lösung war

uns bereits in Jimena aufgefallen. Der Alcalde zählt die Begrü-
ßung von Touristen zu seinen Pflichten; in seiner Amtsstube
findet sich ein Pergament von 1566, das ›Privilegio‹, das Álora die
Freie Gerichtsbarkeit verlieh und so unabhängig von Málaga
machte. Die Illuminationen sind wunderschön koloriert, ein
Porträt Philipps ii. zeigt ihn mit etwas verwundertem Ausdruck,
anders, als man den ersten, bigotten König sonst meist dargestellt
sieht.

El Chorro ist eine zwölf Kilometer entfernte Bahnstation an
einer Straße, die zumindest am Anfang ganz passabel ist. Hinter
dem Bahnhof erstreckt sich eine riesige Felsenmasse das Tal entlang. Durch den Fels hat sich eine Schlucht den Weg gebahnt,
neben der El Tajo von Ronda ein Graben ist, aber trotzdem hat
man den Fels für die Bahnlinie untertunnelt. Es gibt auch einen
schmalen Wanderpfad für Fußgänger, vorausgesetzt, daß man
keine Furcht vor Schwindel oder weiten Entfernungen hat. Durch
die Schlucht fließt der junge Río Guadalhorce, entlassen durch
die Schleusentore des Staubeckens, der noch Felder und Wiesen
bewässern muß, ehe er das Mittelmeer bei Málaga erreicht.

Auf dem linken Berg liegt das fast unzugängliche *Bobastro*. Obwohl eine neue Straße gelegt wird, sollte niemand den Aufstieg
ohne Führer wagen, denn als ich zum letzten Mal dort war, endete die Straße plötzlich und ohne Warnung am Rande eines Ab-
grunds. Den Führer sollte man sich aus Álora mitnehmen, denn
wer hier in der Nähe lebt, weiß meistens nicht, wie man diese
Trutzfeste erklettert. Die steilen, nackten Abgründe, die kaum
eine versprengte Ziegenherde tragen könnten, haben ihre eigene
Schönheit. Die Monotonie von Braun und Grau wird durch die
hellgelben Blumen und das farnähnliche Laub des wilden Fen-
chels belebt, der hier, wo sonst nichts wachsen will, gedeiht.

Die Ruinen der Stadt und der Festung können wenig bieten,
aber man kann hier eine der beiden einzigen noch in Spanien erhaltenen mozarabischen Kirchen sehen. Mozarabische Kirchen
sind Kirchen, die von Christen, die unter maurischer Herrschaft
lebten, gebaut wurden, nicht aber Gotteshäuser, die christliche
Flüchtlinge in christlichem Gebiet im Norden errichteten. Ihre

Reste haben nur Reiz für jemanden, der sich wirklich für frühchristliche Kirchenbaukunst interessiert. Die Wichtigkeit dieses
Adlernestes wird selten erkannt, aber die Kirche ist ein sichtbares
Zeugnis einer Unabhängigkeit, die dem Emirat von Córdoba ein
halbes Jahrhundert zu schaffen machte. Zu den größten Schwä-
chen der Maurenherrschaft in Spanien gehörte es, daß die Füh-
rungsschicht nur aus Arabern, Syrern, Iraken und Yemeniten
bestand, während Berber und ›Muladíes‹ nicht anerkannt wurden, was zu weitverbreiteter Unzufriedenheit führte. Das gleiche wiederholte sich achthundert Jahre später, als Altchristen
– wie Sancho Pansa – auf die zum Christentum übergetrete-
nen Juden und Mauren herabschauten. Die ›Muladíes‹ waren
Christen, die sich zum Islam bekehrt hatten, und ihre Nachkommen waren häufig überzeugte Moslems; die Berber waren noch
nicht viel länger treue Anhänger des Propheten als sie.

*Omar ibn Hafsun war der Sohn eines Gutsbesitzers bei Ronda, dessen Nach-
name ›Hafs‹ durch die spanische Nachsilbe ›ón‹ Bedeutung erlangt hatte; man
findet sie in den Namen vieler spanischer Mauren in ›-un‹ verwandelt, so zum
Beispiel bei Ibn Jaldun, einem von Omars Biographen. Sein Urgroßvater war
zum Islam konvertiert; die Familie soll von einem westgotischen Grafen namens Alfonso abstammen. Omar, ein Rebellenführer, hatte eine theatralische
Karriere, der iberischen Guerilla-Tradition getreu, die in der Römerzeit mit
Viriatus begann. Er wechselte die Fronten, wie es ihm gefiel, stellte Geiseln und
opferte sie bedenkenlos, wenn er wieder einmal die Fronten tauschte. Als er auf
dem Höhepunkt seiner Macht stand, erstreckte sich seine Herrschaft fast über
ganz Andalusien, einschließlich der Städte Jaén und Écija. Er war ein schlechter Heerführer und ein noch schlechterer Staatsmann; seinen Fall beschwor er
herauf, als er die Religion seiner Vorväter wieder annahm, da er sich dadurch
die Mauren in seiner Armee entfremdete. Er starb 917 als Rebell; die letzten
Tage hat er in der Kirche von Bobastro verbracht, in deren Nähe er auch begraben wurde, nach christlichem Brauch auf dem Rücken liegend, mit gekreuzten Armen und das Gesicht gen Osten gewendet. Seine Söhne setzten den Kampf
noch für zehn Jahre fort, aber Bobastro war keine Bedrohung mehr; der Emir
Abd ar-Rahman III. konnte sich nun zum Kalifen und Nachfolger des Propheten ernennen und seine Aufmerksamkeit äußeren Feinden zuwenden. Er ver-
säumte jedoch nicht, Bobastro zu besetzen und sich am Fall des größten Fein-
des seiner Dynastie zu weiden; er ließ die Leichen von Omar und dessen Sohn
aus den Gräbern reißen und nach Córdoba bringen, wo sie öffentlich am Gal-*

gen gehängt wurden. Nur die Mozaraber betrauerten Omars Tod und formten die Legende von Omar, dem Verteidiger des Christentums, die auf sehr unsicheren Füßen steht. Man hat gesagt, die Reconquista hätte sechshundert Jahre früher stattfinden können, wenn Alfonso III. von León den Bündnisvorschlag Omars angenommen hätte, aber Alfonso der Große muß genug über Omars Opportunismus und Treulosigkeit gewußt haben, um auf einen solchen Bundesgenossen weislich zu verzichten.

Interessant ist ein Vergleich zwischen Omar ibn Hafsun und José María el Tempranillo, einem berühmten Schmuggler. Er lebte nur achtundzwanzig Jahre, aber in dieser Zeit war er als Geächteter so erfolgreich, daß nur noch die 1832 ausgesprochene Begnadigung ihn anhalten konnte. Wie Omar hatte er eine beachtliche Autorität. El Tempranillo wird noch heute in den ›Coplas‹ seiner Heimat gefeiert, eines lautet so:

> *»Por la Sierra Morena*
> *va una partía,*
> *Y al capitán le llaman*
> *José María«*
> *Es schlich eine Bande*
> *Durch die Sierra Morena,*
> *Deren Häuptling man nannte*
> *José María ...*

Das war in den dreißiger Jahren des 19.Jahrhunderts; die Tradition setzte sich noch bis zum Bürgerkrieg fort, und viele alte Leute sprechen sehnsüchtig von den Zeiten, »als Gibraltar uns gehörte«. Sie meinen damit die Jahre vor 1936, als sie im Freihafen von Gibraltar Schmuggelgut kauften.

Die Kirche von Bobastro leidet unter zwei Mängeln: sie ist nie vollendet worden und zum Teil eingefallen. Dennoch, die drei Schiffe aus Haustein mit Hufeisenbögen und die Apsis über hufeisenförmigem Grundriß sind ein gutes Beispiel für eine westgotische Basilika; die Mozaraber hielten zäh an dem Gesamtplan fest, den ihre Ahnen von den Römern abgesehen hatten, und am Hufeisenbogen, den dann die Moslems wahrscheinlich von ihnen übernahmen und ihrem eigenen Stil anverwandelten. Ein paar Meter von der Kirche entfernt ist ein viereckiges Loch im Boden; angeblich das Grab Omars, entweiht von den Mächtigen, denen er so erfolgreich getrotzt hatte.

Von El Chorro führt eine Allwetterstraße – das bedeutet, eine Straße, die bei jedem Wetter gleich abscheulich ist – zu einem

Knotenpunkt, wo sie sich in mehrere Richtungen gabelt. Zur Rechten bringt uns eine Abzweigung zu einem Guadalhorve-Staubecken und zur Linken führt sie entlang dem größeren, neuen Stausee oder Pantano nach Ardales. In diesem 6 Kilometer entfernten Ort kann man Schwefelbäder nehmen. Elf Kilometer nördlich, in der entgegengesetzten Richtung, liegt Peñarrubbia, wo wir auf die C 341 stoßen und uns links nach Ronda wenden. Nach fünf Kilometern Fahrt senkt sich die Straße, um den Río Almargen zu überbrücken, und direkt danach, neben einem Bauernhaus rechts der Straße, führt ein guter, aber bescheidener Weg nach *Teba*. Die Burgruine thront auf einem niedrigen Hügel, Ausläufer des anschließenden Gebirges, und sieht auf die fruchtbare, gewellte Ebene hinab. Man kann den Weg zur Burg nur zu Fuß zurücklegen, und das ist sie eigentlich nicht wert. Diesem Dorf verdankt Kaiserin Eugénie von Frankreich einen ihrer Titel, Gräfin von Teba.

In dieser Ebene von Teba spielt die Ballade ›Das Herz von Douglas‹, die der junge Moritz Graf Strachwitz schuf. Es war 1330, als Lord James, der Schwarze Douglas, wie er genannt wurde, das Herz seines Königs Robert Bruce, das er im Heiligen Land begraben sollte, in die Reihen der Mauren schleuderte, damit es ihm wie bisher im Kampf vorauszöge; er wollte ihm folgen oder fallen. Man fand nach der Schlacht den Leichnam Lord James' über der Kapsel mit dem Herzen des Königs ausgestreckt; und da ja der Tod auf einer Pilgerfahrt alle Sünden abwäscht, überführte man den Douglas und das Herz von Bruce wieder nach Schottland.

Ein anderer Ausflug von Ronda, kürzer und weniger ermüdend, beginnt auf der C 341, aber gleich darauf muß man links abbiegen, nach Setenil. Die Straße ist schlecht, wird aber ungefähr fünf Kilometer vor *Setenil* besser, wenn man die Provinz Cádiz erreicht hat. Diese malerische Stadt ist entlang des gleichnamigen Flusses angelegt, und viele ihrer Häuser sind von einer überhängenden Felswand geschützt, so daß in einigen Fällen nicht einmal ein richtiges Dach gebaut zu werden brauchte. Wenn man den Fluß überquert hat, fährt man die steile, enge Hauptstraße zum Platz auf dem Hügel hinauf, wo man parken darf, wenn man die Burgruine ansehen will. An geschäftigen Tagen kann man sechs

Maultiere vor sich haben, die von ihren Führern noch immer mit dem arabischen ›arré!‹ angetrieben werden. Man passiert den niedrigen Torbogen, wendet sich sofort nach links und gelangt auf einer schönen Straße zu einem Knotenpunkt, von wo man auf einer nördlichen Abzweigung in elf Kilometern nach Olvera gelangt. Eine Kuriosität, neun Kilometer von Setenil entfernt, ist das auf einem steilen Hügel gelegene Dorf *Torre-Alhádquime*; man hat das Gefühl, daß nur die Reste der Stadtmauern es davon abhalten, in den Guadalporcuna abzugleiten.

Den besten Blick auf *Olvera* hat man von der Puerta Cabañas, bevor man in die Stadt selbst einfährt. Von hier aus kann man die Pfarrkirche und die Schloßruine auf ihrem Abhang sehen und ihnen gegenüber auf einem Doppelgipfel eine jüngere Wallfahrtsstätte. Selbst unter so vielen schneeweißen Städten verdient Olvera es, für ihren Zauber Lob einzuheimsen. Der Hügel mit der Ruine des Burgfrieds, der Mauer und dem Turm wacht über die Reihen niedriger Häuser, gedeckt mit einer unendlichen Vielzahl verschiedener arabischer Fliesen, hell und dunkel und schwarzbraun. Die Hausfronten sind ausnahmslos weiß, mit schwarzen Balkonen und Straßenlampen, die den Ernst des rechteckigen Musters von Türen und Fenstern brechen. Olveras Ruhm gründet sich jedoch auf seine eigene Einstellung zu Recht und Gesetz: Es war einst eine Station auf der Schmugglerstraße von Ronda; nächstes Glied in der Kette war Morón de la Frontera, ebenso übel beleumundet. Es heißt im Sprichwort »Mata al hombre y vete a Olvera«, »Töte deinen Gegner und flieh nach Olvera«. In den Napoleonischen Kriegen lernten die Franzosen es kennen, wie hunderte andere dieser kleinen Orte. Als die Franzosen einmal wieder requirieren kamen, händigte man ihnen als ›Kalbfleisch‹ getarntes Eselsfleisch aus, und seit damals lief ein geflügeltes Wort in der Armee des großen Korsen um: »Vous avez mangé de l'âne à Olvera.«

Olvera liegt an der N342, der wir durch Kornfelder und Ölbaumhaine bis Algodonales folgen, wo in der Maurenzeit Baumwolle angebaut wurde. Eine scharfe Kurve zur C339 bringt uns zum Ufer des Río Guadelete, der uns von dem Hügel trennt, auf dem *Zahara de los Membrillos* liegt; ›Quittenblüte‹ ist ein schöner Name für eine liebliche Stadt, möchte man sagen: aber Zahara ist sicher vom arabischen ›sakhr‹, Felsen, abgeleitet, das wir auch in ›sahra‹, für Festung, wiederentdeckt haben. Aber eine schöne Stadt ist es schon, mit der Burg auf dem steilen Felsenhügel, den man in zwanzig Minuten besteigen kann. Was an Mauern noch erhalten ist, zeigt abwechselnde Lagen von Haustein und Backstein, wie die Araber es von den Byzantinern übernommen und den Mudéjaren hinterlassen hatten. Ein Turm ist noch da, teilweise restauriert; alt sind die sich überkreuzenden Spitzbögen. Der Blick über den sich windenden Fluß, Wiesen, Kornfelder und Ölbaumhaine im Vordergrund ist zauberhaft. Fern im Osten wirkt die Landschaft herber, der Horizont ist verstellt mit den steilen, gezackten Gipfeln der Sierra de Grazalema.

Obwohl selten aufgesucht, ist Zahara eine interessante kleine Stadt mit mehr als einem Hinweis auf ihre bedeutsame Vergangenheit. Alfonso X., der Weise, kam 1282 hierher, um den König von Granada um Hilfe gegen seinen rebellierenden Sohn Sancho el Bravo zu bitten. 1481 war die Stadt christlicher Grenzort und wurde eines Nachts in einem überraschenden Angriff erobert; die Einwohner wurden erschlagen oder unter empörenden Maßnahmen in die Gefangenschaft geführt. Wahrscheinlich war Verrat im Spiel, aber es ist auch möglich, daß die Mauren von dem Verlangen der christlichen Könige gehört hatten, der Papst möge einen neuen Krieg gegen Granada offiziell zum Kreuzzug erklären. Es wird gesagt, der Überfall auf Zahara habe die Eroberung von Alhama durch die Christen zur Folge gehabt, und diese wiederum leitete die endgültige Reconquista ein, die 1492 mit der Eroberung von Granada endete. Es ist aber unwahrscheinlich, daß die Mauren die alleinigen Aggressoren waren; sie waren die Verlierer, und das ist schlimm genug. Die Eroberung Zaharas 1483 durch Rodrigo Ponce de León wurde ihm gelohnt mit dem Titel ›Marqués de Zahara‹ zu seinen vielen anderen, und die Stadtwappen, eine Burg und eine Leiter, erinnern an das schwierige Unternehmen, die Stadt von der Felsenseite her zu umzingeln.

Der *Ayuntamiento* bewahrt die maurische Standarte aus roter Seide mit ornamentalen kufischen Schriftzeichen, die zur Zeit der Reconquista über der Burg geflattert haben soll. Die Pfarrkirche Santa María de la Mesa, ein Werk des Neffen von Leonardo Figueroa, Antonio Matías, enthält reiche und prunkvolle

Schätze, trotz zweier nächtlicher Einbrüche. Hier wird das Corpus Christi Fest besonders inbrünstig gefeiert; die ganze Stadt wird mit Bäumen und Zweigen aus der umliegenden Landschaft geschmückt. Es scheint, als ob es sich um ein Weiterleben uralter sommerlicher Fruchtbarkeitsriten handelt wie beim Laubhüttenfest der Juden.

Ronda liegt nur 37 Kilometer entfernt auf der C339, und zwei Abstecher nach Westen sind lohnend. Der erste führt nach *Grazalema* und *Ubrique*, und man fragt besser vorher nach dem Straßenzustand (C344 und 333); selbst wenn die Wege für Busse noch passierbar sind, können sie für kleine Wagen recht unangenehm sein. Die erste Stadt ist wegen ihrer Webereien berühmt, die ›Mantas‹ von Grazalema werden als Schals oder als zeremonieller Bettüberwurf benutzt; sie gehören bei einer örtlichen Hochzeit dazu; einige haben Muster, wie sie auch bei den Berbern in Marokko beliebt sind. Es ist ganz klar, daß diese Art Weberei, ebenso wie die Töpferei und die Herstellung von Kacheln und Lederwaren, von den Mauren übernommen wurden. In Ubrique blüht die letztgenannte Kunst, dort kann man eine gute Abart marokkanischen Leders sehen und kaufen. Diese Industrie hat sich hier so ausgebreitet, daß Häute, einschließlich von Krokodilen, importiert werden müssen.

Wenn man zur C339 zurückkehrt, findet man ungefähr 25 Kilometer von Zahara entfernt eine Abzweigung nach rechts, die durch die alten Schmuggler-Schlupfwinkel Montejaque und Benaoján zur *Cueva de la Pileta* führt. Die Straße ist ganz passabel, wenn auch rauh, solange kein Schnee liegt, und teilt sich nach 14 Kilometern; der rechte Arm führt zu einem toten Ende. Dort wendet man den Wagen und bedient die Hupe; unten im Tal wird sich eine winzige Figur bemerkbar machen und einer der drei Brüder, denen das Bauernhaus gehört, wird den steilen Abhang hochklettern und nach einer Viertelstunde etwa oben ankommen. Er geleitet uns einige Steinstufen hinauf zu einer weiten Höhle, in der im Paläolithikum, vor 25000 Jahren, Menschen lebten. Die Höhlenmalereien sind natürlich nicht so ein-

drucksvoll wie die in Altamira. Sie wurden mit einer Mischung von Ocker und Tierfett gemalt; wir können die Beobachtungsgabe, Erinnerungskraft und Darstellungstechnik unserer Ahnen nur bewundern. Da sind ein Hengstfüllen, leicht an seinem Nakken erkennbar, eine trächtige Stute und kämpfende Stiere zu sehen. Viel schwerer sind die Serien aufrechter und waagrechter Linien zu deuten, Pfeile und andere primitive Muster. Daneben kann man sich auch an den Stalaktiten und Stalagmiten erfreuen und darüber nachsinnen, daß diese Naturgebilde schon alt waren, als die ersten Höhlenbewohner hier siedelten.

In Ronda und seiner Umgebung können wir Spaniens Entwicklung von früheren Erdzeitaltern bis heute nachvollziehen: die Faltungen der Erde haben in El Tajo und El Chorro ihre Zeichen hinterlassen; prähistorische Menschen lebten in der Höhle von La Pileta; Iberer, Phönizier und Römer in Acinipo, das von den ersten eindringenden germanischen Stämmen zerstört wurde. Mehr als genug erinnert uns an die Maurenzeit und an die Reconquista; Musik und Dichtung zeigen Spuren beider Welten; Johannes vom Kreuz kam durch die Mystik des Ibn Abbad indirekt mit den Sufis in Berührung; Cervantes' Spuren finden sich am Wege. Hier wurde die moderne ›Corrida‹ geboren, hier stand wieder und wieder die Wiege großer Rebellen, seien es nun Freiheitshelden oder Schmuggler.

VIERZEHNTES KAPITEL

Von Ronda nach Málaga und Granada

Wir verlassen nun Ronda auf der C 339 und überqueren in einer endlosen Kletterei die Sierra Bermeja, die Roten Berge. Sie sind nicht rot, sondern grau und nackt, mit Ausnahme der steilen Abhänge, die wieder mit Pinien aufgeforstet wurden; dort, wo sie sich bereits willkürlich weitergepflanzt haben, wachsen sie sogar aus Felsenspalten hervor. Es ist eine ausgezeichnete Straße, ein edler Sieg der Ingenieurskunst. Nach 28 Kilometern Fahrt erblicken wir weit unten das Meer und, kaum zu glauben, ein Stück afrikanischer Küste. Wir erreichen San Pedro de Alcántara nach 52 Kilometern und wenden uns rechts zur N 340, der Hauptverkehrsader der Costa del Sol.

Die *Costa del Sol* ist als Erholungsgebiet erst vor fünfzehn Jahren entdeckt worden. Einst eine Reihenfolge von Stränden, durch felsige Landspitzen voneinander getrennt, deren Wahrzeichen die alten Wachttürme waren, wurde sie durch eine nicht abreißende Kette neuangesiedelter Hotels, Apartmentblocks, Motels, Restaurants und Souvenirläden zu einem Ferienparadies für Ausländer und Spanier, das die schwachen Anstrengungen der italienischen und französischen Rivieren bereits ausgestochen hat. Werbeplakate finden immer beschränkteren Raum zwischen den sich türmenden Wohnblocks, bis sie ganz zusammengewachsen sind. Wir haben hier das moderne Äquivalent einer Goldgräberstadt, mit allen Zügen der großen Massenbäder im Süden und im Norden, die nicht jedermanns Geschmack sind. Andererseits sind die meisten Urlauber gesellig, und was hier geschieht, entspricht den Wünschen von Millionen Badegästen; wenn jeder seine Abgeschlossenheit haben wollte, wäre die Sahara noch zu klein.

Die Güte der Strände wechselt von Ort zu Ort und auch von
Zeit zu Zeit, wenn man bedenkt, daß zum Beispiel der goldene
Sand für manche hergebracht wird, genau wie die Blumen auf
vielen Promenaden aus Holland eingeflogen werden. Es gibt
auch noch weite Strecken, die nicht überlaufen sind und doch
nahe genug an den bekannten Vergnügungsorten liegen, aber
auch sie werden nach und nach verschluckt. Die auf der N 340
hin- und herflitzenden Wagen und die in der ganzen Umgebung
an Sonntagen stattfindenden Stierkämpfe sorgen für eine ständig
erregte Atmosphäre. Aber es ist wahrscheinlich der beste Gegen-
wert, den ein Urlauber für sein Geld erwarten kann, mit dem
fast gleichmäßig schönen Wetter, sicheren Badestränden, eindrucksvoller Landschaft, schmackhaften Fischgerichten und süf-
figen Weinen. Dem Komfort der Ausländer dienen englische
Bars, deutsche und französische Restaurants, Cocktailbars,
schwedische Cafés, Imbißstuben, – und hier und da sogar eine
richtige Taverne für Spanier und Südamerikaner. ›Caelum non
animam mutant, qui trans mare currunt‹.

Die meisten Spanier genießen diese kosmopolitische Invasion,
nicht so sehr wegen der finanziellen Vorteile, sondern weil sie
eine Illusion von Welt und modernem Leben mit sich bringt.
Sie sind im allgemeinen sehr ehrlich, und wenn auch die Preise
in der Saison natürlich etwas ansteigen, ist der Besucher doch
nicht der schamlosen Ausplünderung unterworfen wie in manchen anderen Ländern.

Und für den Fremden, der von seinem Urlaub etwas mehr
haben möchte, gibt es genug interessante Orte zu besichtigen.
Wenn man in San Pedro de Alcántara ankommt und dann nach
rechts auf der N 340 weiterfährt, gelangt man rasch zu zwei neuen
Urlaubsstädten, ›Linda Vista‹ und, horribile dictu, ›Play Boy‹
(ausgesprochen Plei bo-ie). Dort liegt in einem Eukalyptushain,
direkt am Strand, die frühchristliche Basilika von *Vega del Mar,*
deren Mauern noch ungefähr einen Meter hoch stehen. Sie entstand in der zweiten Hälfte des 4. Jahrhunderts, erlebte also noch
die letzte Epoche der Römerherrschaft mit. Hauptsächlich interessiert ihr Grundriß mit je einer Apsis an beiden Enden; euro-

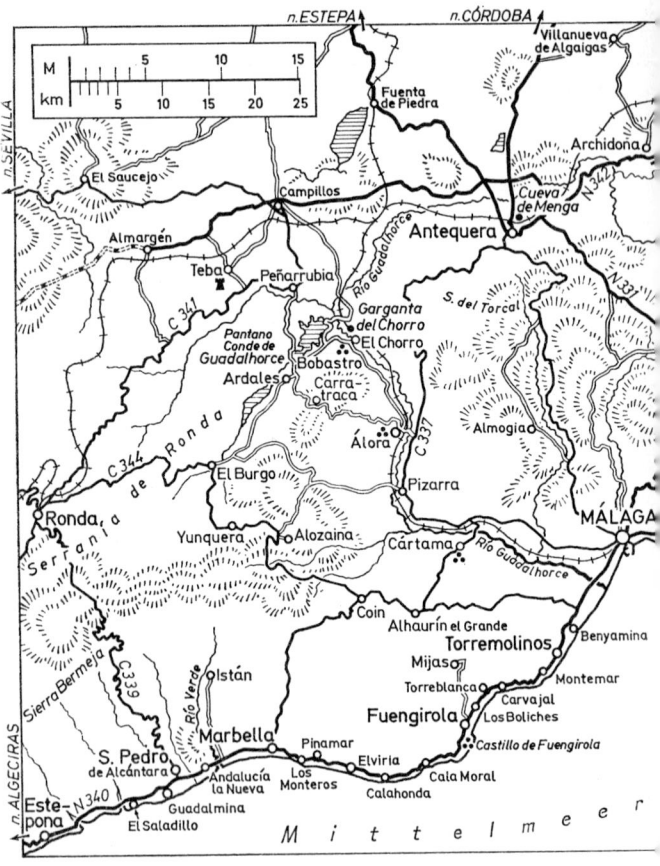

päische Beispiele mit solchem Plan sind sonst nur die winzige
Kapelle in Alcaracejos, nördlich der Sierra Morena, eine Kirche
in Saloniki und eine in Grado. Aber in Nordafrika ist dieser Plan
häufig, was uns daran erinnert, welche Rolle er in der frühen
Entwicklung des Christentums spielte durch Clemens von Alexandria (Titus Flavius), Tertullianus, Donatus, Augustinus und

andere Kirchenväter. Selbst unser Wort ›Papst‹ kommt aus Karthago, dessen Priester ›Papa‹ genannt wurden, und Tertullianus, der erste, der es auf die Nachfolger Petri anwendete, sprach von ihm als ›haec Africana vox‹.

Die Basilika wurde 365 nach Christus durch eine Flutwelle zerstört, neuerrichtet und, wiederum durch eine Flut, 526 völlig eingerissen. Danach wurde sie von den Westgoten als Nekropolis benutzt; ihre flachen Gräber liegen regellos in und um die Basilika, die meisten natürlich am Altar; denn die frühen Christen wetteiferten post mortem um die nächste Nähe zu den heiligen Reliquien, wie die Juden gerne nahe dem Tempel ruhten. Die Grabschätze sind über mehrere Museen verteilt, und man fragt sich, wie lange sich dieses antike Monument wohl noch zwischen all den rings aus dem Boden schießenden Bungalows halten kann. Am anderen Ende des Altars liegt das Baptisterium mit dem originalen kreuzförmigen Taufbecken, zu dem Stufen hinabführen, weil noch das völlige Untertauchen praktiziert wurde; daneben liegt ein kleiner, viereckiger Taufstein für Kinder.

Wenn man der Küstenlinie westlich für 200 Meter folgt, kommt man zu den Kasernen der Guardia Civil, mit einem Atalaya neben sich, einem von Hunderten von Wachttürmen, mit denen die Küste einst gesichert war. Das nächste Gebäude, ein schönes Herrenhaus, enthält die Überreste eines römischen Bades, heute eine reizvolle Grotte. Obwohl auf Privatgrund gelegen, gilt es als nationales Baudenkmal. Ein paar hundert Meter weiter enthüllt uns eine sorgfältige Suche im hohen Gras einen viereckigen Brunnenkopf und einige Fundamente: die einzigen Überreste der Römerstadt *Silniana*. Mosaiken, eiserne Gefäße und römische Münzen sind hier gefunden worden; die spätesten Münzen stammen aus der Regierungszeit von Valens und Valentin I. (321–375), was die Theorie unterstützt, daß die Stadt durch die Flutwelle von 365 ausgelöscht wurde. Valens wurde nahe Konstantinopel von den Westgoten getötet, die später hier siedeln sollten.

Die Straße nach *Estepona* führt an zahlreichen Stränden vorbei; die von Estepona sind gut, im Vergleich zu den meisten anderen steinigen Stränden in dieser Gegend. Was als ›Grober Sand‹ in den Werbeprospekten angepriesen wird, kann Kiesel bis zur Größe von Enteneiern enthalten. Estepona ist das eigentliche (wenn auch nicht geographische) westliche Ende der Costa del Sol. Das ursprüngliche Fischerdorf ist seiner Bestimmung noch nicht ganz entfremdet; die Schiffe bringen glitzernde Sardinen, Boquerones und Chanquetas heim. Die Sardinen werden nächtlich am Strand an Spießen gegrillt; der Wein, den man dazu trinkt, versetzt einen in die richtige Stimmung für die leisen Töne einer Gitarre oder einer gewisperten Malaguena, bis von irgendwoher aus dem Nichts eine Plattform da ist und der Tanz auch hier beginnt, bestimmt so gut wie alles, was man in den Nachtlokalen oder ›Salas de fiesta‹ sehen kann. Boquerones sind Anschovis; sie können frisch gegessen werden, sind aber nicht so schmackhaft wie Sardinen. Chanquetes erinnern an Weißfisch, sie können genau so kroß gebacken werden; man erhält sie heute in jeder Bar, in der Tapas serviert werden. Die Erinnerung hat nur eine Anekdote aus Esteponas Geschichte aufbewahrt: es wurde 1630 von den Mauren überfallen, konnte aber verteidigt werden. Man hatte nur ein Menschenleben zu beklagen: Ein Spanier hatte geglaubt, die Stadt sei verloren, und sich sicherheitshalber als Maure verkleidet …

Wenn wir jetzt unserem Weg nach Osten folgen, werden wir bald den Arroyo de Nagüeles kreuzen, der mit einer ursprünglich römischen Brücke überspannt ist, und nach fünf weiteren Kilometern erreichen wir unser Ziel, *Marbella*. Es ist mehr als ein Urlaubsort, erfüllt mit geschichtlichen Erinnerungen. Sein Name soll von Königin Isabellas Ausruf »que mar tan bella« herrühren, als sie hier zum ersten Male das Meer sah, und der Antwort eines Höflings: »Majestät, von diesem Augenblick an wird die Stadt Marabella genannt.« Aber auch diese Geschichte ist nur ein Märchen, denn schon in den Tagen der Maurenherrschaft, Jahrhunderte früher, hieß die Stadt Marbella. Hier haben sich Stücke der alten Stadtmauer erhalten und ein großer Teil der Burg, die unter dem Kalifat 960 erbaut wurde. Das macht sie gleichaltrig mit der Burg von Tarifa; beide wurden errichtet, um die ägyptischen

Fatamiden an einer Invasion zu hindern. Dem Besucher wird der
Wechsel von Ziegel- und Sandsteinlagen auffallen, die schlechte
Qualität des Mörtels, den die Jahrhunderte hinweggewaschen
haben, und die Verwendung von römischen Hausteinen und
ionischen Kapitellen. Man kann auch noch einiges vom Mauerwerk des ursprünglichen, römischen Baues ausmachen, mit den
Krampenspuren in der oberen Hälfte der Steinblöcke, geradeso,
wie man sie niedergestellt hat. Andere haben diese Spuren an
der Seite oder unten, woran man erkennt, daß sie von den Mauren bewegt wurden. Das ›Soga-y-tizón‹-Mauerwerk mit abwechselnd einem Binder zu einem Läufer, unterstützt die Datierung,
denn Ende des 10. Jahrhunderts kamen, wie wir früher gesehen
haben, auf einen Läufer bereits zwei oder mehr Binder.

Die alte Stadt hat dem Tourismus nicht erlaubt, ihre Atmosphäre zu zerstören. Sie ist auf ihre Baudenkmäler so stolz wie auf
ihre Neuerungen. Marbella wird, trotz der städtebaulichen Änderungen, die vor allem für den Vorort Andalucía la Nueva geplant sind, noch lange ein angenehmes Reisezentrum sein mit
seinen guten Verbindungen nach Málaga, Ronda und anderen
im letzten Kapitel beschriebenen Orten. Viele Besucher werden
schon genug Freude daran finden, durch die engen, typisch
andalusischen Straßen zu wandern; andere werden den Brunnen vor dem *Ayuntamiento* bewundern, der 1504 gebaut
wurde, und das Cruz del Humilladero, beide im Zusammenhang mit der Reconquista entstanden. Das Kreuz bezeichnet
den Akt der freiwilligen Demütigung, dem sich die Katholischen
Könige häufig bei Eroberungen einer Stadt unterzogen, wie in
Granada. Im Innern des Ayuntamiento finden wir im ersten
Stockwerk interessante Fresken, die sich jahrhundertelang unter
einer Schicht Kalktünche erhalten haben. Sie zeigen eine Kreuzigung mit den Katholischen Königen unter der Zuschauermenge,
den königlichen Wappen sowie Santa Justina und Santa Rufina,
die als Schutzheilige Sevillas das Rebus ›NO 8 DO‹ als Attribut
haben.

Nach Málaga weiterfahrend, kommen wir an vielen hübschen
Stränden vorüber, zwar nicht mit dem feinsten Sand, aber die

schattenspendenden Pinien steigen bis ans Wasser herab. Es gibt
kurze Abzweigungen, die zu Parkplätzen führen; außer in der
Hauptsaison ist es hier relativ ruhig. Nach 30 Kilometern erreichen wir *Fuengirola*: Hier steht eine alte Burg an der Straßenseite,
um die gewöhnlichen modernen Anbauten bereichert, und die
Promenade sieht auf einen recht steinigen Strand hinunter, auf
dem die Urlauber mit dem Stoizismus von Fakiren liegen. Marbella ist eine britische, Fuengirola eine deutsch-schwedische En-
klave. Eine Straße bringt uns sieben Kilometer landeinwärts nach
Mijas; die auf den Feldern arbeitenden Frauen versuchen auch
hier, jede Spur von Sonnenbräune mit allen Mitteln zu unterbinden. Das Dorf ist ein Schaustück und sich dessen bewußt; ein Ort
für Leute, die ihre Trauben gerne geschält essen oder keine Zeit
haben, ein weniger gekünsteltes Stück Andalusien aufzusuchen.

Wir sind jetzt in einer dicht besiedelten Gegend, was bis Málaga anhält. Auf dem Weg kommen wir noch durch *Torremolinos*, ein einstiges Fischerdorf mit einem guten Strand, einem Parador und einem Golfplatz. Es gibt wenig spanische Städte, in
denen der interessierte Reisende nicht irgendetwas entdecken
könnte; Torremolinos gehört dazu.

Málaga war lange ein populärer Ferienort und besonders beliebt
bei britischen Rentiers. Das Klima ist relativ gleichmäßig, außer
wenn der Terral weht, der durch einen Tunnel in den Bergen
eindringt, die die Stadt vor dem schlimmsten Wetter schützen.
Er weht heiß im Sommer und kalt im Winter; geschneit hat es
hier jedoch während der letzten hundert Jahre nur zweimal.
Málaga ist noch immer typisch andalusisch im privaten Leben,
das sich hinter der Schauseite: Hotel – Autobus – Nachtclub verbirgt. Der Andalusier lacht über die These vom Adel der Arbeit; Arbeit ist etwas, was geheimgehalten wird. Darum, so
schreibt Fernández del Valle, verbirgt er häufig sein Handwerk
im innersten Patio, wie die Mauren ihre Weiber im Harem ver-
steckten. Muße und Vergnügen sind wichtiger als Geschäft; aber
es ist immer das Vergnügen des noblen Herrn, auch wenn der
Trödelhandel mit Schuhbändern einem leider einiges von der

Zeit stiehlt... Es ist selten, daß diese geistige Integrität offen zur
Schau gestellt wird, aber tief in seinem Bewußtsein fühlt der Andalusier, was León Felipe so glücklich ausdrückt:

> *»Para cada hombre guarda*
> *un rayo nuevo de luz de sol ...*
> *y un camino virgen*
> *Dios«*

»Für jeden Mann hält Gott einen neuen Lichtstrahl der Sonne
bereit und einen unbetretenen Weg.«

*Das Schlimmste, was einem Besucher passieren kann, ist es, eine Werbeschrift
ernst zu nehmen, die die Attraktionen der Stadt anpreist: »Wein, Stiere und
olé« werden geboten. Man wird ihn durch die stark besuchten Stätten spontanen
Überschwanges führen, damit er den tanzenden Geist, die Heiterkeit, die
›Duende‹ von Andalucía erlebe; er kann sogar, ohne Extrabezahlung, zwei
Drinks erhalten, und, wenn er Wert darauf legt, ein Diplom als Matador. Viel
mehr Spaß hat man aber, wenn man sich morgens um halbzehn Uhr zu einem
Haarschnitt oder einer Rasur in einen der Barbierläden im Stadtinnern setzt.
Dort hört man ein Babel von Stimmen, Friseure und Kunden wetteifern darin,
sich verständlich zu machen, die letzteren fieberhaft den Schaum von den Lippen blasend, wenn er sie in der Redefreiheit einengt. Der große Finanzier, der
Behördenangestellte, der Figaro – sie alle müssen ihre Geschichte los werden.
Was sind die Themen in diesem Wortgewitter? Hauptsächlich Fußball, auch
die Stiere, hier und da ein spontaner Witz, denn ein Spaßvogel ist immer dabei,
aber nie Frauen und nie die Politik. Denn, so sagt man in Spanien, »con la po-
lítica va la alegría«, »Bei der Politik endet der Spaß«. Solange der Andalusier
genug für Brot, Wein und Öl verdient, empfindet er die Politik als langweilig.*

Am Hafeneingang, wo die Schiffe fast in die Hauptstraße ein-
zudringen scheinen, ist die *Plaza de Queipo de Llano*. An einer Seite
erstreckt sich der Parque, und an der anderen führt die Alameda
del Generalísimo Franco westlich zum Río Guadalmedina, der
als ein Bächlein oder als reißender Strom, ganz nach Jahreszeit,
durch die Stadt fließt. Kurz davor ist eine Abzweigung zum *Mercado*, zum Hauptmarkt (es gibt noch vier weitere Märkte), dessen
Eingang, die Puerta de la Atarazanas, einst zu der maurischen
Werft führte. Es ist ein großer, eckiger weißer Marmorbau mit
eingebundenen Hufeisenbögen und kleinen Fenstern zu allen
Seiten, ebenfalls hufeisenförmig, mit eingestellten Säulen. Die

Werft war in der ersten Hälfte des 14. Jahrhunderts für Jussuf I.,
König von Granada, errichtet worden; sein Wappen und das
Motto seiner Dynastie schmücken die Enjutas des Alfiz. Gegenüber ist ein Terrassencafé, wo man sitzen kann, um das Nasriden-
monument und die Straßenhändler zu bewundern, die Gemüse
und Obst, den Überschuß des Marktes, verkaufen.

Wenn man sich nach Osten wendet, an der Nordseite der Plaza
de Queipo de Llano die Straßencafés umgeht und sich dann links
hält, sieht man die *Kathedrale* vor sich. Bis dahin geht man fast
die ganze Zeit auf Marmorpflaster, und sogar in den Nebenstraßen, wo das Geld nicht für Marmorplatten gereicht hat,
prunken wenigstens die Kantsteine mit ihrem edlen Material. –
Die Baugeschichte der Kathedrale ist von Streitigkeiten, Un-
schlüssigkeit und Geldmangel bestimmt. Alles begann mit Ent-
würfen der größten Baumeister der Zeit: Pedro López, Enrique
Egas, Diego de Siloé und Diego de Vergara folgten einander in
rascher Reihenfolge. Aber es dauerte dann beinahe zweihundert
Jahre, ehe das Westende und die Zwillingstürme begonnen wurden, und auch dann wurde nur der Nordturm vollendet, der
andere blieb ein elender Stumpf, genannt ›La Manquita‹, der
›Unvollständige‹.

Das Innere, eine Hallenkirche mit drei gleichhohen Schiffen und einem Chor-
umgang, scheint sowohl Granada als auch Cádiz beeinflußt zu haben, obwohl
es schwer zu sagen ist, wieviel jede von ihnen Toledo schuldet. Es hat sich ein-
gebürgert, sich bei ihrer architektonischen Gestalt nicht weiter aufzuhalten, von
einem Hinweis auf die graeco-römischen Renaissance-Elemente abgesehen,
und sich über die Schönheit ihres Coro auszulassen. Das Chorgestühl bean-
sprucht, wie üblich, die Mitte der Kirche; von den 103 Sitzen wurden etwa
vierzig von Pedro de Mena, dem berühmten Schüler Alonso Canos, geschnitzt.
Cano übergab ihm das Werk, mit Ausnahme der Figur des San Juan de Dios
nahe der Südwestecke. Die Arbeiten Canos und seines Schülers können selbst
von Liebhabern leicht von denen ihrer weniger talentierten Kollegen, Luis Ortiz
und José Micael, unterschieden werden, obwohl auch diese durchaus fähige
Meister waren.

Der Freund religiöser Ikonographie mag seine Freude daran haben, die ver-
schiedenen Heiligen zu identifizieren, die mit ihren Attributen die Hauptdeko-
ration des Chorgestühls darstellen. Der zweite rechts vom Altar zeigt Santiago,
den heiligen Jakob, in seiner Rolle als Pilgrim mit breitem Hut, Stab und Mu-

schelschalen. Der siebzehnte ist Sankt Antonius. Auf seinem Kleid ist ein großes ›T‹, angeblich der erste Buchstabe von Theos, Gott; das macht jeden, der auch nur die Anfangsgründe des Griechischen beherrscht und weiß, daß das TH ein einziger Buchstabe ist, lächeln; es handelt sich vielmehr um eine Krücke, denn die Mönche seines Ordens pflegten im Mittelalter Kranke. Sein Emblem waren Schwein und Glocke: Hinweise auf das Privileg der Schweinezucht seines Ordens sowie auf seine Funktion als Helfer gegen die Pest. Auch als König Philipp August von Frankreich und die Stadtväter es den Antonius-Brüdern erlaubten, ihre Schweine die Straßen in Frankreich säubern zu lassen, trugen diese Schweine Glocken, damit man sicher sein konnte, daß sie mit dem ihnen zukommenden Respekt behandelt würden.

Oft trägt der Heilige auch Flammen, die sein Gefeitsein gegen jede Versuchung demonstrieren. Nummer 25 ist San Roque, der heilige Rochus, der sein Leben den Pestkranken geweiht hatte. Hier sehen wir ihn, wie er sich, selber mit der Krankheit geschlagen, in einen Wald zum Sterben zurückgezogen hatte; er wurde von seinem Hund am Leben erhalten, der ihm täglich Brot brachte. Eine sehr einfühlsame Darstellung jener Art von Legenden, die man freudig glauben möchte. Das sind nur einige der vielen einzelnen Schnitzwerke, die ein näheres Studium verdienen und um derentwegen man wenigstens eine leichte Kenntnis der Heiligenleben haben sollte. Darüber hinaus sind die Kostüme des 16. Jahrhunderts so meisterhaft wiedergegeben, daß sie für den Kulturgeschichtler eine unschätzbare Quelle sind. Das Material der Schnitzarbeiten sind Zeder, Lärche, Walnuß und Granadillo; dieses amerikanische Holz hat eine rötliche Farbe, die es einst bei den Schnitzern besonders beliebt machte.

In der ersten Kapelle zur Rechten steht eine Holzfigur, die Ferdinand der Katholische in der Schlacht mitgeführt haben soll; da sie über neunzig Zentimeter hoch ist, muß man staunen, wie er dabei im Einzelkampf bestanden haben kann. Zu beiden Seiten der Statue knien die Katholischen Könige; die Figuren werden abwechselnd Pedro de Mena und José de Mora zugeschrieben. Da die Herrscher bereits über anderthalb Jahrhunderte tot waren, als ihre Ebenbilder geschnitzt wurden, ist es nicht so schrecklich wichtig; aber wer immer der Schnitzer war, er machte den Fehler, Königin Isabella schwarzes Haar zu geben, obwohl sie rotgoldenes hatte, wie so viele Mitglieder des königlichen Hauses von Kastilien.

Beim Verlassen der Kathedrale sollte man sich das Nordportal im Isabellstil ansehen; es ist fast immer geschlossen, ein Überbleibsel der gotischen Kirche, die auf den Resten der Moschee errichtet wurde. Die Calle San Augustín führt zum Palacio de Buenvista, gewöhnlich beschrieben als Mudéjarbau, aber mög-

licherweise schon vor der Reconquista errichtet. Hier ist das
Museo Provincial de Bellas Artes untergebracht; für den Besucher,
der sich bei seinem Aufenthalt auf Málaga und die Costa del Sol
beschränkt, ist hier genug zu sehen, um ihm eine gute Einführung in die spanische Kunst zu gewähren.

*Im ersten Raum findet man eine Dolorosa und einen Ecce Homo von Morales;
in beiden ist die transzendente Kraft des recht frühen Meisters lebendig. Er
wird heute oft nicht hoch genug eingeschätzt und mit der Phrase ›nur ein weiterer Manierist‹ abgetan. Aber der unbefangene Betrachter wird in den Arbeiten von ›El Divino‹ mehr finden als nur eine oberflächliche Schönheit. Wir
wissen wenig über ihn, aber anscheinend besaß er eine große Schlagfertigkeit.
Bei seiner ersten Begegnung mit Philipp II. tadelte ihn der König wegen des
Reichtums seiner Kleidung, worauf Morales antwortete, er habe all sein Geld
dazu verwendet, auf der Audienz würdig zu erscheinen. In seinem hohen Alter
lebte er in ungeheurer Armut, als der König ihn in Badajoz wiedersah, seiner
Heimatstadt. Philipp ließ ihm daraufhin eine Jahrespension von 200 Dukaten
aussetzen, »für euer Mittagsmahl«, sagte er. Morales fragte schnellzüngig:
»Und fürs Abendbrot, Sire?« Der König, der nicht ohne Sinn für Humor war
(was nicht überrascht, wenn man sein Miniaturbildnis von Alora kennt),
lächelte und erhöhte die Pension um 100 Dukaten. In seinen hier hängenden
Gemälden erkennt man die Vorläufer von El Grecos überlängten Figuren und
spürt eine religiöse Inbrunst, die sich im Hochbarock verlieren sollte. Morales'
Gestalten zeigen einen eigenartigen Zug: ihre Ohren sind im Profil dargestellt,
auch wenn ihre Köpfe uns im Vollporträt zugewendet sind. Das ist ein archaisierendes Element; es geht zurück auf die Diptychen der Konsuln im späten
römischen Kaiserreich und die entsprechenden frühchristlichen Elfenbeinschnit-
zereien, und erscheint zum Beispiel in unserer Zeit wieder als frühe Form von
Pablo Picassos Versuchen, seine Charaktere gleichzeitig von mehreren Seiten
darzustellen.*

*In Raum IV fällt eine ›Anbetung der Hirten‹ von Antonio de Castillo auf;
man kann sie mit dem Bild gleichen Themas von José Sarabia im Museum von
Córdoba vergleichen; beide Künstler waren ja Schüler Zurbaráns. Ich glaube,
die Bilder zeigen sehr deutlich, daß Umgebung und Erziehung eine wichtigere
Rolle als Vererbung oder natürliches Talent ausüben, in der Malerei ebenso wie
in vielen anderen Manifestationen der menschlichen Seele. Ein ›Franziskus‹ von
Murillo enthält wieder den dunkelbraunen Farbton, der mit Hilfe des Schmortopfes hergestellt wurde, und ein ›Johannes Evangelist‹ von Alonso Cano ist in
eine rosa-violette Robe gekleidet, die an die Lieblingsfarben von El Greco erinnert. Arbeiten von Zurbarán und Ribera findet man in den Räumen V und VI.*

Die Treppe, die zu den Ausstellungsräumen mit den Modernen hinaufführt, hat einen schönen Artesonado, und auch die Galerie um den Patio hat eine kunstvolle, allerdings restaurierte Decke. An den Wänden der ›arabischen‹ Patio-Galerie findet man eine Serie von Bildern von der ›Romería del Rocío‹ von Bilbao aus Sevilla, die mehr über dieses malerische Volksfest aussagt, als jede Beschreibung es könnte. Viele der Modernen sind der Beachtung wert; ich empfehle den Blumenmaler Nogales in Raum xi besonders. Der größte Teil des Obergeschosses ist dem Stolz Málagas gewidmet: Picasso, der 1881 im Haus Nr. 6 der Plaza de la Merced geboren wurde. Hätte er den Namen seines Vaters gewählt, würden wir ihn als Ruiz kennen, aber Spanier dürfen frei entscheiden, ob sie den Namen des Vaters oder der Mutter annehmen wollen, oder sogar den der Großmutter mütterlicherseits; so sprechen wir denn von Velásquez und nicht von Da Silva, und von Murillo statt von Esteban oder Pérez. Die Möbel aus dem Hause Picassos wurden hier in einem eigenen Raum gesammelt; sie sehen ungemütlich aus, Gründerzeitstil. Der Raum xiv ist für die Werke von Muñoz Degrain reserviert; als Lehrer Picassos in den 90er Jahren des 19. Jahrhunderts ist er nicht immer genügend gewürdigt worden. Aber auch wegen seines eigenen Werkes verdient er Beachtung; in Spanien weiß man seine Behandlung von Licht und Farbe zu schätzen. Viele seiner Arbeiten sind impressionistisch, von einer starken Neigung für das Phantastische durchzogen. Höhepunkt des Besuches ist der Picasso-Saal (xv), der verschiedene Originalwerke enthält. Einige Zeichnungen und ein Porträt seines Lehrers mit einer Widmung hat Picasso als erst Vierzehnjähriger geschaffen. Dieses Bildnis ist in der Tat ein vollendetes Kunstwerk, und wir können den Anspruch des Malers, er habe mit zwölf Jahren gezeichnet wie Raffael, wohl verstehen. – Im Patio kann man römische Mosaiken in der üblichen Tradition bewundern.

Die Calle de la Victoria mit dem ärmlichen Zigeunerviertel zur Rechten führt zur Kirche *Santa María de la Victoria*, errichtet über dem Standort des Zeltes König Ferdinands des Katholischen während der Belagerung von Málaga 1487. Die Verteidigung der

Mauren war so hartnäckig, daß die Belagerung fast aufgegeben
wurde; daher waren die Bedingungen bei der Übergabe wohl so
ungewöhnlich hart. So maßlos war die Summe, die als Lösegeld
für die Einwohner verlangt wurde, daß die unglücklichen Mauren nur einen Bruchteil davon aufbringen konnten. Die Katholischen Könige steckten kaltlächelnd ein, was zusammengekom-
men war, und versklavten dann die Einwohner mit der Begründung, daß die Summe nicht vollzählig gewesen sei. Es ist tröst-
lich zu wissen, daß der Einzug in die eroberte Stadt dennoch unter göttlichem Schutz erfolgte, mit dem gewöhnlichen Te Deum.
der Statue der Siegesmadonna und der barfüßigen Königin Isabella. – Das Retabel zeigt Szenen aus dem Leben des Sankt Franziskus von Paola, dessen Orden im Hause nebenan, heute ein Mi-
litärkrankenhaus, lebte.

*Der Camarín, eine hohe Kammer hinter dem Altar, den Schutzheiligen der
Kirche beherbergend, ist verschwenderisch mit Stukkaturen geschmückt, kleinen
Cherubim und überflüssigen Ornamenten; wir werden nur in Priego de Córdoba einen noch überladeneren sehen. Die Madonna wird als ›Dolorosa‹ beschrieben, was schwer zu verstehen ist, da sie ein Kind hält; irgendwo wurde
das Werk mit einem halbverhungerten Fasan verglichen; ich kann nur ein
dralles junges Weib mit einem winzigen Kind entdecken. Sie wurde dem königlichen Paar, dem sie beim Einzug nach Málaga vorausgetragen wurde, von
Erzherzog Maximilian von Österreich geschenkt; sein Sohn, Philipp der
Schöne, wurde der Gemahl Johannas der Wahnsinnigen, der Tochter von Ferdinand und Isabella. Diese Madonna wirft also die ersten Schatten der zweihun-
dertjährigen Habsburger-Herrschaft in Spanien voraus. Die Krypta wurde für
die Buanavista-Familie entworfen; sie hat einen Fries mit Totenschädeln und
gekreuzten Knochen und eine Decke mit der gleichen Dekoration, besser geeignet für ein Piratenschiff. Wenn man nur wenig Zeit hat, kann man die
Kirche La Victoria gut auslassen; selbst die Rejas, aus den Ketten christlicher
Sklaven, die 1487 befreit wurden, angefertigt, sind ohne künstlerischen Wert.*

Der *Gibralfaro,* in dessen Hostería man gut speist, ist
unser Ausgangspunkt zu den übrigen Sehenswürdigkeiten von
Málaga. Der Name bedeutet ›Hügel des Leuchtturms‹, denn auf
der Insel Pharos vor Alexandria wurde von dem zweiten Ptolo-
mäer ein Leuchtturm errichtet, der als eines der Weltwunder
galt. Das Wort war nicht nur den Arabern geläufig, sondern auch
in allen romanischen Sprachen bekannt, wo man es heute auch

für Autoscheinwerfer benutzt. Ein guter Anfang ist es, mit dem Bus oder dem Taxi den Hügel hinaufzufahren; der Rest der Tour führt dann bergabwärts oder auf ebener Straße weiter. Hier standen nacheinander eine phönizische, griechische und römische Burg; ihre heutige Form erhielt sie unter Jussuf I., dem Nasridenkönig, für den auch das Werfttor errichtet wurde. Die hohen Mauern stehen noch, teilweise gekrönt von pyramidenförmigen Zinnen, und von ihnen aus kann man das ganze Land ringsum in Vogelperspektive überblicken. Gen Norden erstreckt sich eine Ebene, über die sich die Stadt weiter und weiter ausbreitet, begrenzt durch die abrupt ansteigende Sierra im Hintergrund, die den Horizont verdeckt und so diesen Fleck Spaniens vor allen kalten nördlichen Winden schützt. Nach Südwesten liegt Torremolinos, heute durch ein Industriegebiet mit der Stadt verbunden, dann kommen die verzweigten inneren und äußeren Hafenanlagen mit ein oder zwei Dampfern, die aussehen, als ob sie sich im Park verlaufen hätten, der sich am Ufer ausbreitet. Näher liegen die hängenden Gärten und die Alcazaba; dahinter erhebt sich der einsame Turm der Kathedrale. Direkt im Süden sieht man die Stierkampfarena und von dort aus weiter die eleganten Vororte El Palo und El Limonar, ihre Dächer unter Bäumen versteckt; sie verlaufen in östlicher Richtung, wo die vielen Vorgebirge und Strände das Auge zum fernen Horizont lenken.

Früher führte zwischen einer Doppelmauer ein Pfad von hier zur *Alcazaba*, aber obwohl die Mauern noch stehen, darf er nicht mehr benutzt werden. Ein anderer angenehmer Weg windet sich hinter der Südmauer der Burg herab durch die Pinienwälder, die jetzt den ganzen Hügel bedecken, zwischen Akanthus-Dickichten hindurch. Man passiert die hängenden Gärten und biegt zum Eingang der Alcazaba ab, wo sich die Festung in einem Wirrwarr von kubisch übereinandergeschichteten Mauern und Türmen erhebt. Vor dem Eingang steht eine römische Säule, von ihrem Kapitell strecken vier Straßenlampen die Arme aus, und auf ihr steht ein Eisenkreuz: ein typisch spanischer Zug. Gleich im Norden des Eingangs liegt ein kleiner Ziergarten entlang einer ›Alcazabilla‹ genannten Straße, an deren Ende vor einiger Zeit ein Teil eines römischen Theaters freigelegt wurde; der Rest liegt unter den Fundamenten eines Regierungsgebäudes begraben. Dieses Theater zeigt durch seine Lage an, wie stark der Stadtgrund sich in den letzten zweitausend Jahren gehoben hat.

Es besteht kein Zweifel daran, daß die einander ablösenden Eroberer ihre Festungen auf diesem Grund errichtet hatten, und in der Zeit des Kalifats befand sich hier die feste Residenz des Gouverneurs. Unter den Nasriden wurde die Feste restauriert und teilweise völlig neu errichtet, und dann bis 1933 allmählichem Verfall anheimgegeben, bis kaum noch irgendetwas in dem großen Ruinenhaufen erkennbar war. Damals wurde unter Ricardo de Orueta eine sehr weitgehende, gründliche Restaurierung eingeleitet; heute können wir die Atmosphäre der alten Zitadelle wieder spüren. Der Arco del Cristo, ein Hufeisenbogen in gemischter Sandstein- und Backsteintechnik, führt zu einem Irrgarten aus moosüberwachsenen Ziegelpfaden, vorüber an römischen Marmorsäulen, ein oder zwei Grabsteinen, einem prähistorischen iberischen Eber und einem frühchristlichen Taufstein. Hecken von Myrten und Zypressen umgeben die vielen Patios auf dem berganführenden Weg; das Plätschern der Fontänen erhöht den Zauber der Rosen, Weinstöcke, Jasminbüsche und Geißblattranken. Der oberste Patio ist gerahmt von Arkaden mit Hufeisenbögen, die auf Kapitellen aus der Kalifenzeit ruhen. Hier lag die im 8. Jahrhundert von einem mit Abd ar-Rahman I. befreundeten Syrer errichtete Moschee. Der Stuckmihrab steht noch, trägt aber, als ob man böse Einflüsse fernhalten wolle, einen Keramikkrug mit einem Kreuz und den Buchstaben IHS. Da ist auch ein kleines archäologisches Museum mit Funden aus der Cueva de la Pileta, aus den Dolmen von Antequera und Photographien von vielen römischen Mosaiken, die in der Provinz freigelegt werden konnten.

Von der Alcazaba gehen wir an dem imponierenden Zollhaus und dem Postamt vorbei zum ›Parque‹, wo eine reiche Auswahl der zweitausend Pflanzenarten, die es in Málaga gibt, üppig gedeiht. Ein breiter Pflastersteig aus schwarzem, weißem und rotem Marmor wird rein und schimmernd gehalten; riesige Platanen erheben ihre Häupter über Palmen und Bambus, und Kioske mit Eisentischen und -stühlen stehen zwischen den Blumenbeeten. Der Park hat ein Vogelhaus und einen Schwanenteich, wenn auch nicht so reizvoll wie in Lissabon, und am östlichen Ende findet man den Brunnen, den Karl v. von Genua mitgebracht hat; er war für seinen Palast in Granada bestimmt.

Eine eigenartige Gestalt in der Geschichte Málagas ist ein Schotte oder ein Mann schottischer Abstammung namens Kirkpatrick of Closeburn, Weinhändler und Konsul der Vereinigten Staaten von Amerika in Málaga. Er heiratete eine Spanierin und deren Tochter, María Manuela, einen spanischen Granden, Don Cipriano Guzmán y Palafox, Herzog von Peñaranda, Graf von Teba und später Graf von Montijo. Es ist reine Bosheit, wenn behauptet wird, daß María Manuela ihres Vaters Gästen den Wein ausschenkte und daß Don Cipriano ihr in betrunkenem Zustand sein Wort gegeben habe; kein Adeliger würde sich am Morgen nach einer durchzechten Nacht eines unpassenden Verlöbnisses entsinnen – wenn ihm nicht an dessen Einhaltung gelegen wäre.

Don Cipriano hatte während der napoleonischen Kriege auf Seiten der Franzosen gekämpft wie eine Reihe anderer spanischer Edelleute auch, die ihre Dienste Joseph Bonaparte angeboten hatten. María Manuela schenkte ihm zwei Töchter, deren eine sie Eugenia nannten; sie wurde 1826 in Granada geboren. Als sie ein Kind war, hatte sie Stendhals Erinnerungen an Napoleon gelauscht, und als junges Mädchen war sie häufig in der Gesellschaft Prosper Mérimées zu finden, des französischen Dichters, der so stark von Stendhal beeinflußt war. Er hing an María Manuela und ihrer Tochter Eugenia, die sich nach dem Vater Gräfin von Teba nannte; von ihr soll er die Geschichte der andalusischen Zigeunerin Carmen gehört haben. Es war wohl auf seine Anregung, daß die mit ihren beiden Töchtern nach Paris übersiedelte, und dort heiratete Eugenia 1853 Kaiser Napoleon III. in der Kathedrale Notre-Dame. Bald danach wurde Mérimée Senator – mit seinem gewöhnlichen Glück starb er, ehe die Preußen Frankreich eroberten und ehe seine ›Carmen‹ als Oper in Paris durchfiel. Von jetzt an spielte die Enkelin des Weinhändlers ihre Rolle in der Weltgeschichte. Sie befürwortete, wenn sie nicht überhaupt die Anregung gab, die französische Unterstützung des Vatikanstaates gegen Garibaldi und den Risorgimento. Um das napoleonische Interesse an Ägypten zu unterstreichen – als sei der Traum vom Ruhm von 1798 niemals mit dem Untergang des 1. Kaiserreiches verblichen –, fuhr Eugénie (wie sie sich jetzt nannte) im Jahre 1869 den eben feierlich eröffneten Suezkanal mit dem ersten Konvoi hinab. Sie fungierte mehrere Male als französische Regentin; nach der Katastrophe von Sedan lebte sie mit ihrem Mann in Chislehurst in England. Sie starb während eines Besuches bei ihrer Patentochter, Victoria Eugenia von Battenberg, Spaniens letzter Königin, im Alter von 94 Jahren in Madrid.

Eine Rundreise von etwa 120 Kilometern über ausgezeichnete Straßen erlaubt uns, Antequera und Loja aufzusuchen und später eine weniger bekannte Route nach Granada einzuschlagen.

Wir verlassen Málaga auf der N321 und erreichen bald hinter
Colmenar die Gabelung zur N331 nach Antequera. Die ganze
Strecke beträgt etwa 55 Kilometer. Kurz bevor wir in die Stadt
einlenken, führt die Straße uns an zwei berühmten *Dolmen* vorüber, megalithischen Gräbern, in denen mehrere Personen bestattet wurden; ein dritter Dolmen, der Romeral, liegt weiter von
der Straße entfernt und ist schwerer zu erreichen. Denen, die
vielleicht kein besonderes Interesse an der Vorgeschichte haben,
gibt die *Cueva de Menga* einen guten Eindruck von den erstaunlichen Leistungen der Baumeister vor 4000 Jahren. Dieses Kam-
mergrab ist im Grunde genommen ein Gang, der an seinem inneren Ende weiter wird, einzig aus ineinandergreifenden Stein-
platten errichtet, von denen die fünf, die, teilweise von Stein-
säulen gestützt, das Dach bilden, ein Durchschnittsgewicht von
180 000 Kilogramm haben. Interessant ist es, daß man diese langgestreckten Kammergräber von Spanien zum östlichen Mittelmeer und von dort bis nach der Bretagne und dem Westen der
Britischen Inseln verfolgen kann. Es ist ziemlich sicher, daß die
Baumeister der Bronzezeit ihre abenteuerlichen Reisen auf dem
Meer zurücklegten, und zwar wahrscheinlich in lederüberzo-
genen kleinen Booten; ein Wagnis, neben dem Kolumbus' Reisen zu einem Picknickausflug zusammenschrumpfen.

Antequera hat nur wenig Bauzeugnisse seiner Vergangenheit
bewahrt, aber wohl seine Geschichte und seine Legenden. Es
wurde den Mauren bereits 1410 entrissen nach einer Belagerung,
bei der angeblich erstmals Schießpulver verwendet worden sein
soll (doch das wird auch von anderen Orten berichtet). Die Eroberer waren der Infant Ferdinand von Kastilien, späterer ge-
wählter König von Aragón, ›El de Antequera‹ genannt. Die Belagerung war schwierig, da von Granada eine Entsatztruppe eingesetzt wurde; aber sie wurde geschlagen und die Schlüssel der
Stadt von dem Wali Al-Karmen ausgehändigt. Das Emblem der
Stadt, eine Vase mit Lilien, ist ein Attribut der Jungfrau Maria,
kam aber in ihr Wappen als das Ordensabzeichen des Infanten,
des ersten Militärordens Spaniens.

Die untere Stadt ist nicht sehr interessant; die Kollegiatskirche

San Sebastián hat einen der eleganteren Barocktürme mit einer Wetterfahne in Form eines Trompeters. Es heißt, die Reliquien der heiligen Euphemia wären hier verborgen, aber niemand weiß wo. Innen ist das Grab des Rodrigo de Narváez, berühmter Gouverneur der Stadt bald nach der Reconquista. Es gibt eine einzigartige Anekdote über ihn: Seine Leute nahmen einen jungen maurischen Adeligen gefangen, der gekommen war, um die Herausgabe seiner Braut zu fordern; Narváez glaubte ihm, und als das junge Paar verbunden war, gab er ihn frei und entließ die beiden mit Geschenken und einer Eskorte.

Liebe spielt, direkt oder indirekt, eine große Rolle in der Geschichte von Antequera. Es gibt eine alte Eremitage des heiligen Zoilus, deren Errichtung von den Katholischen Königen unter seltsamen Begleitumständen befohlen wurde. Ihr einziger Sohn Juan starb sechs Monate nach seiner Verheiratung an einem Fieber, das die Ärzte einer zu eifrigen Wahrnehmung seiner Ehepflichten zuschrieben. Andere dagegen, darunter der Prinz selbst, glaubten an ein Nierenleiden und flehten den heiligen Zoilus an, der für diese Erkrankungen zuständig ist. Der junge Mann starb trotz allem Beten und Flehen, dennoch benutzten seine Eltern sein Vermächtnis, um dem Heiligen zu Ehren eine Eremitage errichten zu lassen. Es ist interessant, daß schon die nahegelegene Römerstadt Nescania für ihren ›Fons Divinus‹ bekannt war, dessen Wasser bei Nierensteinen und Nierengries Erleichterung brachten. Der heilige Zoilus war ein frühchristlicher Märtyrer, dessen Nieren man in einen Quell bei Córdoba geworfen hatte, dessen Wasser seitdem Wunder wirkte. Der Maler Ruiz de Iglesias erbat zum Beispiel ein wenig davon, und seine Nierenentzündung wurde auch auf der Stelle geheilt. Später ließ er sich einen Vorrat davon nach Madrid bringen. Als er einen Tropfen davon kostete, fiel ihm der Ambrageschmack auf, und bei einer Befragung fand er heraus, daß ein unachtsamer Kurier den Krug mit dem Wasser des heiligen Zoilus zerbrochen und ihn durch einen gleichen mit Amberwasser ersetzt hatte.

Die *Burg* hat einen Turm, und auch Teile von zwei Mauern sind noch erhalten. Der Turm wird ›Torre Mocha‹ genannt, ›Stümpflein‹, obwohl er heute durch einen Barockaufsatz gekrönt wird. Besser bekannt ist er unter dem Namen Papabellotas, weil angeblich der Kaufpreis eines ganzen Hains von Bergeichen (bellota – Eichel) für seinen Bau verwendet wurde. Andere sagen, er empfing diesen Namen wegen der dicken Bronzeglocke, die in ihm hängt; ihr Mechanismus befindet sich im Erd-

geschoß: Sie soll so eingerichtet sein, daß sie die Viertelstunden
mit einem großen Hammer schlägt, was sie jedoch nicht tut. Von
hier aus kann man die Umgebung der Burg überblicken, zur
einen Seite bedeckt mit Weizenfeldern, in denen Mohn blüht,
zur anderen leuchten die bräunlichen Dächer der unteren Stadt
herauf, wo Pedro Roldán 1624 geboren wurde. Auch Dr. Solano
lebte hier, der eine neue Epoche der Medizin einleitete, als es
ihm gelang, die Krisis der Krankheiten aus dem Puls abzulesen,
so daß der lebenerhaltende Aderlaß genau in der kritischen Minute durchgeführt werden konnte.

*Im Nordosten erhebt sich eine große Felsenspitze wie ein zweites Gibraltar;
sie wird ›Peña de los Enamorados‹ genannt, ›Gipfel der Geliebten‹. Viele Legenden gibt es, die den Namen erklären sollen, am bekanntesten ist die von Leila
und Manuel. Ein christlicher Ritter und seine maurische Geliebte wurden vom
Troß ihres Vaters verfolgt; auf der Klippe umfingen sie sich in einer letzten
Umarmung und sprangen gemeinsam in den Tod.*

Wir verlassen die Burg durch den Arco de Gigantes, wo wir
auch eintraten, und wenden uns nach Osten. Bald stehen wir vor
der Kirche *El Carmen*. Ihr edler Artesonado ist vielleicht das
Schönste in Antequera überhaupt. Es ist wohl nur ein Zufall, daß
die Virgen del Carmen den Bezirk beschützt, der die alte Burg,
deren Gouverneur Al-Karmen genannt wurde, einschließt. Man
leitet Carmen meistens ab von Karmel, dem Gebirgszug in Is-
rael, aber ich glaube, es muß noch eine einleuchtendere Erklärung geben.

Wenn man von der Burg aus nach Westen geht, kommt man
an der Rückseite des Hügels heraus, wo die alte maurische *Puerta
de Málaga* mit ihrem Hufeisenbogen steht, heute die Ermita de
la Virgen de la Espera. Etwa 12 Kilometer südlich von Antequera
ist die Region des ›El Torcal‹, eine riesige Anhäufung von roten
Kalksteinblöcken von unheimlichster Gestalt. Wie Stalaktiten-
höhlen, Wasserfälle und andere Naturphänomene zieht auch
dieser Dschungel zauberischer Felsformen nur wenige Bewunderer an.

Wenn man Antequera auf der N342 verläßt, sieht man bald
Archidona mit seinem mittelalterlichen Mauergürtel zur Linken,

der die auf dem höchsten Gipfel stehende Burgruine umfängt.
Nach 34 Kilometern erreichen wir *Loja*, dessen weiße Häuser sich
auf einem sanften Anhang erheben, oberhalb des Río Genil, und
sich plötzlich teilen, so daß man den burggekrönten Felsen auftauchen sieht. Hier lebte der von Ferdinand dem Katholischen
betrogene und verstoßene Gonzalo von Córdoba während der
letzten Jahre seines Lebens als glanzvoller Edelmann. Unbe-
kümmert um seines Herren Undankbarkeit hielt er hier Hof und
trug Sorge für seine Anhänger, fast alles alte Soldaten, vom Krieg
gebrochen; niemand, der unter ihm in den Tagen seines Ruhmes
gedient hatte, wurde je davongejagt.

In Loja gibt es nur wenig zu sehen, aber auch hier nisten viele
Erinnerungen. Es wurde 1486 erobert, sechs Jahre vor dem Fall
von Granada. Die Kirchen Santa María (mit einer im Barock renovierten Fassade) und San Gabriel sind im 16. Jahrhundert errichtet worden; San Gabriel hat einen guten Artesonado. Unterhalb der Stadt liegt die Schlucht, durch die sich der Fluß seinen
Weg erzwingt, sehr phantasievoll ›Los Infiernos‹ genannt. In
einem Hof nahe der Santa María steht ein Denkmal von General
Narváez, der die eigenwillige vielgeliebte Königin Isabella II.
durch die Carlistenkriege und manche häuslichen Krisen rettete.
Man nannte ihn das ›Große Schwert von Loja‹; er mußte äußerst
rücksichtslos vorgehen, um das Königreich zusammenzuhalten,
und faßte einmal die Weisheit seiner Regierungskunst in dem la-
pidaren Satz zusammen: »Ich ließ einige erschießen und andere
erhängen.« Er starb 1868, und ein paar Monate später dankte Isabella ab. Ihr derzeitiger Liebhaber war ein fetter italienischer
Schauspieler, Sohn eines Kochs und völlig verschieden von den
jungen Offizieren, die sie sonst bevorzugte. Sie verlieh ihm den
Titel eines Marquis von Loja.

Der direkte Weg von Loja nach Granada führt durch die fruchtbare Ebene des Genil. Es gibt auch die Möglichkeit, Granada
über die Küste zu erreichen. Wir fahren von Málaga aus entlang
der Costa del Sol und erreichen Granada über eine ausgezeichnete, interessante und wenig befahrene Straße, die N 340. Jetzt

kann man sich der Costa del Sol mit mehr Freude zuwenden, denn wir haben die überlaufenen Urlaubsorte hinter uns gelassen, und vor uns liegt ein abwechslungsreicher Abschnitt von Landzungen und Buchten. Die Vorgebirge tragen im allgemeinen Atalayas, die Buchten beherbergen meistens malerische Fischerdörfer. Von hier bis Almería kann man blauen Himmel und noch tiefer leuchtendes Meer genießen, fern der ›Vergnügungsstätten‹, aber keineswegs von allem Komfort abgeschnitten. Hinter dieser Kette von Buchten erheben sich Hügel und Berge und schützen die bezaubernde Küste, einige bewachsen, die meisten nackt und zerklüftet.

Arabischer Einfluß läßt sich an den Namen der Dörfer entlang der Küstenstraße ablesen: Cala del Moral (Cala bedeutet soviel wie Ankerplatz), La Caleta, ein Diminutiv von Cala, gleich außerhalb Torre del Mar, und dann La Caletilla, ein doppelter Diminutiv – bei Nerja, dem äußersten Punkt auf unserem Abstecher. Für die, die rasch nach Granada möchten, führt die C335 von Torre del Mar über Vélez-Málaga. Aber der kleine Abstecher bis Nerja, eine Entfernung von 21 Kilometern auf der Küstenstraße, lohnt sich schon. Die Stadt liegt hoch oben auf der Klippe, und ein geschützter, arkadenumkränzter, weißgetünchter Aussichtsplatz unter Palmen erlaubt einen großartigen Blick auf die Küste. Unter den Hotels befindet sich auch ein Parador.

Die Geschichte von Nerja ist nicht sehr ereignisreich, sie folgte dem üblichen Muster: östliche Zivilisation, mit Maulbeerkulturen für die Seidenraupenzucht, Weingärten, deren Produkt von den verschlagenen Mauren ›Zabib‹ (Rosinen) statt ›Hamra‹ (Wein) genannt wurde, Feigen und Zuckerrohr. Eine friedliche Unterwerfung während der Reconquista wurde mit dem üblichen Vertragsbruch belohnt, und die gewaltsame Konversion oder Emigration der Moslems zog eine Wiederbevölkerung mit Siedlern aus dem nördlichen Spanien nach sich. Keines der Baudenkmäler der Stadt ist vor dem 18. Jahrhundert errichtet, mit Ausnahme einer kürzlich entdeckten Höhle, die einige zehntausend Jahre früher mit Höhlenmalereien im Stil von Pileta und Altamira bedeckt wurde. Zu ihr gehört auch ein kleines Museum, das für den Fachgelehrten interessant ist. Der Besucher wird unter den Klängen klassischer Musik durch die Höhlen geleitet, immerhin ein Fortschritt gegenüber der Offenbachschen ›Barcarole‹, die sie in den Höhlen von Mallorca spielen.

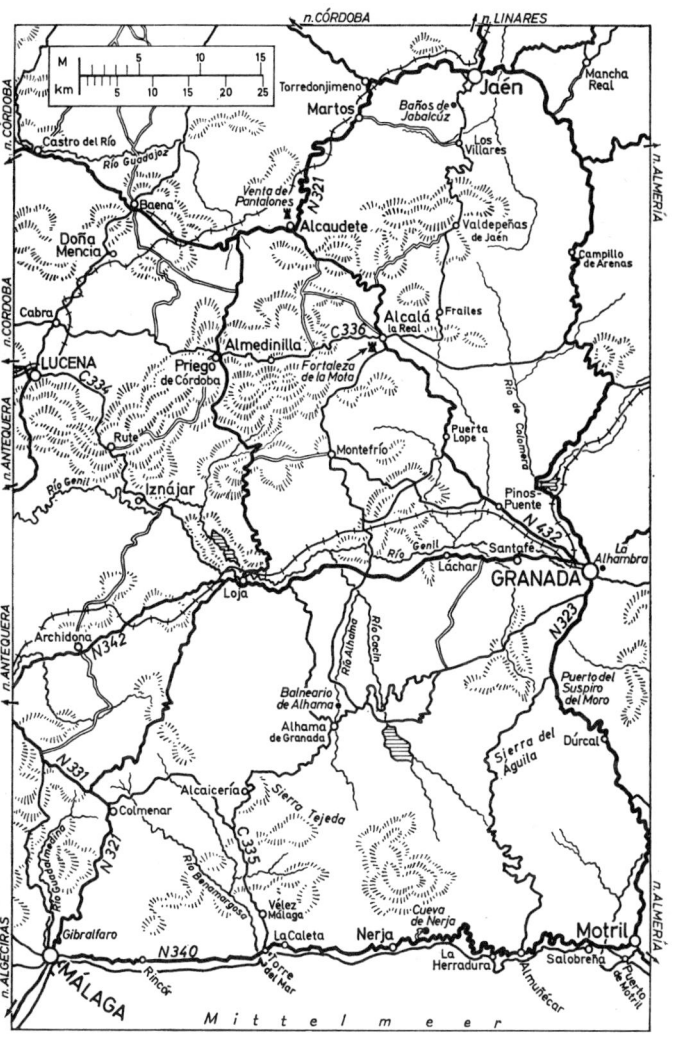

n. CÓRDOBA   n. LINARES

Mancha
Real

M 5 10 15
km 5 10 15 20 25

Torredonjimeno   JAÉN

Martos   Baños de
Jabalcúz
Los
Villares

n. CÓRDOBA

Castro del Río   Valdepeñas
de Jaén

Río Guadajoz

Baena   Venta de
Pantalones   Campillo
de Arenas

Doña   Alcaudete
Mencia

Cabra   Alcalá   Frailes
la Real

Almedinilla   C 336

LUCENA   Priego   Fortaleza
C 334   de Córdoba   de la Mota

Rute   Montefrío   Puerta
Lope

Río de Colomera

Río Genil   Pinos-
Iznájar   Puente

N 432

La
Alhambra

Río   Santafé
Genil   GRANADA

Lóchar

Loja   N 323

Río Cacín

Archidona   N 342

Puerto del
Suspiro
del Moro

Río Alhama

Balneario
de Alhama   Sierra del
Aguila   Dúrcal

N 331   Alhama
de Granada

Río Guadalhorce

N 321   Alcaicería   Sierra Tejeda

Colmenar   C 335

Río Benamargosa

Vélez   Cueva
Málaga   de Nerja

Gibralfaro   N 340   La Caleta   Nerja   Motril

Torre   La
del Mar   Herradura   Salobreña

Río   Almuñécar   Puerto
Rincón   de
Motril

MÁLAGA

n. ALGECIRAS

n. ANTEQUERA

n. ALMERÍA

M i t t e l m e e r

Wir kehren jetzt nach Torre del Mar zurück und fahren auf der C335 landeinwärts. Nach vier Kilometern erreichen wir *Vélez-Málaga*. Es ist eine altmodische, konservative Stadt; noch am Ende des 18.Jahrhunderts sagte man hier »Vaya Usted con la Virgen« statt des verbreiteten »Geh mit Gott«. Und noch immer fragt man an der Haustür, wenn man wissen möchte, ob die Einwohner daheim sind: »Ave María purísima«, und die richtige Antwort lautet nicht ›Treten Sie ein‹, sondern »Sin pecado concebida«. Ähnlich grüßte man in manchen Gegenden Bayerns: Dem »Gelobt sei Jesus Christus« des Eintretenden tönte entgegen: »In Ewigkeit! Amen.«

Gegenüber dem Karmeliterkloster führt eine rechte Abzweigung entlang einem schmalen Hofe hügelaufwärts zur Plaza de España, wo die Pfarrkirche San Juan Bautista steht. Es ist ein spätgotischer Bau mit einigen großartigen, farbig gefaßten Figuren von Pedro de Mena, der, wie Sie sich erinnern werden, auch Teile des wunderschönen Chorgestühles in Málaga ausführte. Der berühmte Cáliz de las Esmeraldas, angeblich ein mit 365 Edelsteinen besetzter Abendmahlskelch, ist nur zum Fronleichnamsfest hier, für den Rest des Jahres wird er im Karmeliterkloster in der Klausur aufbewahrt, und man bekommt den Kelch nur mit Hilfe einiger Finessen zu Gesicht. Er ist aus Gold und ungefähr 15 Zentimeter hoch; die Juwelen sind Rubine und Smaragde, weniger als hundert; und ihr Schliff zeigt, daß es sich um eine Arbeit aus dem frühen 17.Jahrhundert handelt. Sie sollten die Plaza de España durch einen Torbogen aus den 1590er Jahren (die letzte Ziffer der Inschrift ist unleserlich geworden) verlassen, über einige Steinstufen, zu deren Häupten sich der nach dem Bürgerkrieg errichtete Marienschrein befindet. Sie wird offiziell ›La Virgen de los Combatientes‹ genannt, heißt aber hierherum ›La Virgen de los Mamparados‹, Madonna der Stubenhocker. Durch das Tor gelangt man in die obere Stadt und zu der zweiten Pfarrkirche. Im allgemeinen sind die Oberstädte arm, die Häuser bloße Hütten ohne Patios, aber hier sind die Straßen sauber, die weißgetünchten Wände blenden die Augen, und das tägliche Leben spielt sich in geruhsamen Bahnen ab.

Am Ende des steilen Aufstieges liegt die Kirche La Encarnación oder einfach *Santa María*. Ihre Wände sind aus abwechselnden Ziegel- und Sandsteinlagen errichtet, mit einer Arkade aus
achteckigen Backsteinpfeilern und Hufeisenbögen, von Mudéjaren erbaut. Die Decken sollte man sorgfältig betrachten, es
sind ausgezeichnete Mudéjararbeiten, besonders die Alfarje-
Decke des oktogonalen Altarraumes mit ihrem hängenden
Schlußstein mit Stalaktitendekoration. Der Rest des Interieurs
ist schlicht und weißgetüncht, und die berühmten silbernen Meß-
geräte, wenn sie noch vorhanden sind, werden nicht so bereitwillig vorgeführt wie der Kommunionkelch. Sie sollen Ferdinand
dem Katholischen gehört haben, dem sie nach der Eroberung
der Stadt geschenkt worden waren. Während der Schlacht tötete
der König eigenhändig einen der Verteidiger; dies Geschehnis ist
im Stadtwappen festgehalten. Aber der Körper zu Füßen des
Pferdes ist nicht der Leichnam des Mauren, sondern des Königs
treuer Reitknecht, der seinen Herrn mit dem eigenen Leibe beschirmt hatte. Die Ermita de San Sebastián, wo dieser unbekannte Held begraben liegt, wurde errichtet, um an seinen selbst-
losen Tod zu gemahnen. Es ist nicht schwer zu erkennen, daß die
alte, mit Abbruch bedrohte Kirche einst die Hauptmoschee der
Stadt war, obwohl das meiste, was wir heute als orientalisch empfinden, erst von den Mudéjares errichtet wurde.

Vélez-Málagas Reichtum war einst die Zuckerherstellung, die
nach der Vertreibung der Morisken auszusterben drohte, bis sich
ein Franzose namens De Valois ihrer annahm. Er war auch der
erste, der hier die Rumdestillation einführte; dieser Erwerbs-
zweig wurde inzwischen wieder aufgegeben.

Von Vélez-Málaga folgen wir dem Lauf des Río de Vélez; unsere
Straße führt leicht bergauf, bis wir die Sierra Tejeda erreichen.
An den Flußufern blüht rosa Oleander, und eine spanische
Ginsterart zaubert goldene Kleckse auf die Hügel und verleiht
an heißen Tagen der Luft ihr Aroma. In den Gärten sieht man
Margeriten und Geranien in reicher Fülle, die selten genug ein
Touristenauge entzücken, denn die Straße ist, wie ich bereits

sagte, sehr wenig befahren. Nach dem winzigen Weiler Alcaicería oder ›Seiden-Bazar‹ sehen Sie sich bitte nach dem Meilenstein 37 um und fahren nach der nächsten Kurve ihren Wagen an
den Straßenrand. Wenn man jetzt durch den lichten Pinienwald
zur Rechten wandert, erreicht man einen Bergrücken, von dem
aus man den ersten und großartigsten Blick auf die Sierra Nevada, Spaniens einziges ›Schneegebirge‹, gewinnt. In der Klarheit
eines sonnigen Morgens bildet es einen festen Hintergrund für
die ausgedehnten Ölbaumpflanzungen mit seiner langhingezo-
genen Silhouette; ein Anblick, wie es an der ganzen Costa del
Sol keinen schöneren gibt.

An der Provinzgrenze zwischen Málaga und Granada ändert
die Straße ihre Namen und wird zur C 340, bleibt aber auch weiterhin gut, auch noch nach unserem nächsten Ziel, *Alhama de
Granada*. Der Name leitet sich vom arabischen Hamam, Heiß-
luftbad, her; die Römer übernahmen diese Form der Erfrischung
von den Griechen und gaben sie weiter an die Byzantiner, diese
wiederum an die Araber. Für die Gläubigen des Islam wurde ein
Besuch im Hamam zu einem Teil des Tagesablaufes, aber auch
fester Bestand zeremonieller Gegebenheiten. Von den Arabern
schauten es wiederum die Türken ab, nach denen wir es noch
heute als ›Türkisches Bad‹ bezeichnen.

*Nach der Reconquista starben die Bäder in Spanien rasch aus; Schmutz galt
als Vorstufe der Heiligkeit, und die heißen Bäder hatten einen Anstrich von
Glaubensabfall. Königin Isabella soll ein Gelübde abgelegt haben, ihr Hemd
nicht zu wechseln, bis Granada erobert wäre; sie hätte es dann zehn Jahre zu
tragen gehabt. Diese Geschichte ist jedoch nicht korrekt; sie bezieht sich auf
eine andere Isabella, die Tochter Philipps II., Ururenkelin der Katholischen Königin. Es ging um die Eroberung von Ostende, und die wurde schon nach zweieinhalb Jahren erzwungen; Duftwasser waren damals in Hülle und Fülle vorhanden und Bäder sowieso noch nicht wieder à la mode, und der Sieg war das
Opfer schließlich wert: Die Franzosen haben eine Farbe nach dem Ereignis benannt; ›couleur Isabelle‹ ist ein gedämpfter Gelbton bei Pferden, aber auch bei
Modewaren.*

*Alhamas Schicksal beruht weitgehend auf seiner Eroberung durch Rodrigo
Ponce de León, späteren Herzog von Cádiz, der in der Folge auch Zahara de
los Membrillos zurückgewann. Der Überraschungsangriff gegen diese Feste*

durch die Mauren rechtfertigte den kühnen, erfolgreichen Gegenangriff auf
Alhama, eine der Schlüsselpositionen in der Verteidigung Granadas.

Die Stadt liegt romantisch am Rand eines Tajo wie ein Ronda
›en miniature‹. Ein Mirador steht nicht fern der Pfarrkirche.
Obwohl Enrique de Egas und Siloé der Jüngere an ihrer Errichtung beteiligt waren, ist das Ergebnis unharmonisch; der miß-
lichste Zug ist das Renaissanceportal an der Südseite, nur wenige
Schritte von einem ausgezeichneten gotischen entfernt. Das Innere hat einen schlichten, aber gutgearbeiteten Artesonado mit
vertieft gelegten Paneelen und achtgliedrigen Lazos. Eine Neuerung für die damalige Zeit ist der emporenartige Coro, der auf
niedrigen Bögen über dem Westeingang ruht. In der Sakristei
kann man wunderbar mit biblischen Szenen bestickte Gewänder sehen; sie werden der Katholischen Königin zugeschrieben,
es ist nicht ausgeschlossen, daß es sich um Arbeiten von ihrer
Hand handelt, denn man weiß, daß sie sich in ihrer Muße gerne
solchen weiblichen Kunstfertigkeiten widmete.

Die Bäder, die der Stadt ihren Namen gaben, liegen an einer
engen Straße in der Schlucht des Flusses; es wurden verschiedene
Versuche unternommen, ein ›Alhama‹ wieder instand zu setzen. Von der Brücke oder den Uferseiten aus hat man einen reizvollen Blick. An einer Stelle stürzt eine heiße Quelle in den eisi-
gen, raschströmenden Fluß; sie brach 1884 nach einem Erdbeben auf, dem der alte Aquädukt und andere mittelalterliche
Reste zum Opfer fielen. Einer der wenigen malerischen Züge des
Ortes sind die Frauen, die mit ihren amphorengleich geformten
Cántaros – heute allerdings oft ersetzt durch häßliche Plastik-
eimer – zum Ufer kommen, um heißes Wasser für die große
Wäsche zu schöpfen. Die arabischen Bäder sind heute in ein modernes Hotel einbezogen; in ihren Kellern stehen zwei Hufeisenbögen mit den Basen im warmen Wasser. Ein älteres Bad, wahrscheinlich aus der Römerzeit, liegt ein wenig weiter und soll wohl
ganz geschlossen bleiben – vielleicht, um Kunden in das neue
Hotel zu ziehen.

Von Alhama führt eine ausgezeichnete Straße nach Norden
und stößt auf die N342, gerade westlich von Láchar. In diesem

kleinen Dorf steht ein Märchenpalast, dessen Entstehungszeit schwer zu datieren ist. Wenn man sich ihm westlich von der Hauptstraße her nähert, zeigt er ein burgähnliches Äußeres, und wenn man von der linken Seite der Hauptstraße kommt, betritt man einen Hof mit Palmen und Hufeisenbögen. Auf den ersten Blick erkennt man, daß sich der Boden um etwa anderthalb Meter gehoben hat, seit das Schloß erbaut wurde, und das bedeutet im allgemeinen eine Unterbrechung der Bauarbeiten von mehreren Jahrhunderten. Wilder Wein rankt über die Wände, an allen Seiten findet man Bogenfenster, die Mauern tragen Stufenzinnen. Alles ist mit einer Tünche, deren Farbe zwischen Ocker und Kastanienbraun spielt, überzogen, wie man sie außer in Rom selten sieht. Eine Tafel in der Eingangshalle erzählt, daß Graf Julius das Schloß für seine Tochter Florinda als Zufluchtsort errichtet habe; diese Geschichte wird überall wiederholt, sogar in Cervantes' ›Don Quixote‹. Nach dem Repartamiento wanderte es von einer Hand in die andere. Mit ›Repartamiento‹ wird die Belohnung der Spanier mit Grund und Boden nach der Reconquista bezeichnet; die ausländischen Söldner wurden mit Kriegsbeute, oder im Fall der Schweizer auch mit harter Münze, abgefunden.

Die Datierung ist, wie gesagt, nicht einfach, weil der Bau von dem Konnetabel Álvaro de Luna vor der Schlacht von Higuerela 1430 erobert und niedergebrannt wurde, ein Vorspiel zur endgültigen Eroberung der Stadt durch die Katholischen Könige. Das Schloß heißt ›Alachar‹, das ist das arabische Wort für ›Zuflucht‹. Sein Inneres ist traurig vernachlässigt; vor einigen Jahren waren die Fußböden bedeckt mit Stapeln von schönen Cuenca-Kacheln, die von den Wänden gefallen waren. Sie wurden jetzt gesammelt und nach Granada geschafft. Diese Kacheln können nicht vor 1550 angebracht worden sein, denn die Cuenca-Technik wurde erst damals eingeführt; aber die Azulejo-Friese in einigen Räumen mit der Nasriden-Inschrift ›Es gibt keinen Eroberer außer Allah‹ können kaum später als 1492 entstanden sein, als Granada fiel. Man darf natürlich dabei nicht vergessen, daß eine Dekoration nichts über das Alter der Wand selbst aussagt, und daß Hufeisenbögen ebenso wie Nasrideninschriften auch jüngeren Datums sein können, wie im Heiligtum von Utrera. Das halbe Gebäude wird als Aushilfsunterkunft für Angestellte des Ministeriums für Landwirtschaft benutzt, deren Feldbetten neben den riesigen Spitzbögen der Kamine und den arabischen Schriftbändern fehl am Platz wirken.

Wir fahren in östlicher Richtung weiter über die fruchtbare Ebene, die schneebedeckten Gipfel der Sierra Nevada vor uns. Nach zehn Kilometern lenkt die Straße nach *Santafé* ein. Es ist eine der wenigen Städte auf der Welt, die im Mittelalter genau nach dem Plan eines römischen Castrums angelegt wurden, und diesen Grundplan durch die Jahrhunderte unberührt hindurchgerettet haben. Es ist also eine viereckige Stadt mit einem Schachbrettmuster. Die Hauptstraßen (Decumanus und Cardo Maximus) schneiden sich in der Kirche; von ihrem Schnittpunkt aus kann man alle vier Tore sehen, drei davon sind noch immer mit einer Kapelle gekrönt. Die Stadt wurde während der Belagerung von Granada errichtet, nachdem das aus Zelten errichtete Hauptquartier der Katholischen Könige niedergebrannt war, weil eine Kerzenflamme im Zugwind die Vorhänge im Pavillon der Königin in Brand steckte. Dies wäre für die Moslems der richtige Moment zum Zuschlagen gewesen, aber sie fürchteten, daß das Feuer eine Falle sei, und sofort darauf wurde eine berittene christliche Schutzmacht von 3000 Mann aufgestellt, um die Ebene zwischen Santafé und Granada abzuriegeln. Mit charakteristischer Energie wurde jetzt in achtzig Tagen ein festes Lager errichtet: Santafé, wie wir es heute sehen. Die Pfarrkirche Santa María de la Encarnación steht, wie gesagt, am Schnittpunkt der Achsenstraßen. Über dem Dach am Westeingang sehen wir eine schmiedeeiserne Lanze, geschmückt mit zwei Federn und einem Streifen Pergament, das Ganze erhebt sich über einem turbangeschmückten Haupt. Damit ist eine lange Geschichte verknüpft.

Ferdinand der Katholische hatte sich entschieden, Granada nicht im Sturm zu nehmen, sondern es durch eine Belagerung zur Übergabe zu zwingen in der Hoffnung, daß die ständig uneinigen Mauren ihm durch ihre Zwistigkeiten die halbe Arbeit abnehmen würden. Einzelkämpfe, die die Ritter beider Seiten täglich ausfochten, griffen die Kraft des Heeres unnötig an und wurden daher vom König verboten. Die Mauren, deren ritterlicher Ehrenkodex dem der Christen entsprach – in Friedenszeiten hatte man sogar häufig christliche Jünglinge an den maurischen Hof gesandt, damit sie dort ihre Erziehung vervollständigten – konnten nicht verstehen, warum ihre Herausforderungen ignoriert wurden. Sie nahmen daher die Gewohnheit an, heranzugaloppieren und Speere, mit Herausforderungen und ihren Farben geschmückt, ins Lager zu werfen. Ein Riese von Kerl, Atarfe genannt, trieb es noch übermütiger; er sprang mit seinem Pferd über die Einfassung des Lagers (damals noch das Zeltlager) und pflanzte seinen Speer genau vor den königlichen Pavillon. Zum Ärger des Hofes war der herausgeforderte Ritter – die Königin selbst.

Hernán Pérez del Pulgar, genannt ›El de las Hazañas‹, etwa mit ›der Heldenhafte‹ zu übersetzen, entschied sich jetzt, seine größte Tat zu vollbringen. Er schwor, daß er die Alcaicería, den Seidenmarkt von Granada, in Brand stecken wolle, und die Freitagsmoschee, die zukünftige Kathedrale, formell in Besitz nehmen werde. Er rüstete sich mit einem großen Pergament, worauf ein Ave Maria, ein Paternoster, ein Credo und ein Salve standen, einer Rolle mit imprägniertem, leicht entflammbarem Tau, einer Lunte und fünfzehn todesmutigen Begleitern aus. Darunter befand sich ein granadischer Moslem, den er gefangengenommen, freigelassen und zum Christentum bekehrt hatte; dieser Mann, der getauft Pedro Pulgar hieß, wurde sein Gefährte. Unter der Führung des Renegaten drangen die Sechzehn entlang des Bettes des Flusses Darro bis zur letzten Brücke in die Stadt ein, wo sie sich teilten. Einige blieben bei den Pferden, die anderen stahlen sich durch die stillen Straßen zur Moschee. Dort wurde das Pergament mit einem Dolch an das Hauptportal geheftet, wo heute der Eingang zur Capilla Real ist. Das leicht brennende Tau wurde durch den Seidenmarkt gelegt – und dann stellte man fest, daß einer von ihnen die Zündschnur in der Moschee vergessen hatte. So sollte das große Feuer erst dreieinhalb Jahrhunderte später stattfinden. Aber es gelang ihnen, sicher zurückzukehren.

Die nächste Runde in diesem ritterlichen Hin und Her fand statt, als die Königin unvorsichtigerweise einen Blick auf Granada zu werfen begehrte. Sie näherte sich der Stadt auf fünf Kilometer bis zu dem Dorf Zubia im Süden. Sie ritt in großer Begleitung und fand sich plötzlich als Zeugin eines Kampfgewühls, Folge einer Herausforderung, der die Christen, die sich bis dahin von Einzelkämpfen so standhaft zurückgehalten hatten, nicht mehr widerstehen konnten: der gerüstete Riese Atarfe ritt seelenruhig an den Linien der Christen entlang, das Pergament von der Moscheepforte an den Schwanz seines Pferdes gebunden, während die Reihen der Moslems vor Lachen barsten. Garcilaso de la Vega, der Vater des berühmten Dichters, erbat Erlaubnis, diese Frechheit zu bestrafen, und nach einem aufregenden Zweikampf gelang es ihm, den Herausforderer zu erschlagen. Damit ist die Gruppe über der Kirche erklärt: Kopf und Lanze des Atarfe, das Ave-Maria Pergament und die Federn, mit denen es beschrieben wurde.

In Santafé wurde auch die Kapitulation von Granada unterzeichnet, ein langes Dokument mit 47 Klauseln, und einem Geheim-Codizill von sechzehn

weiteren Punkten, darunter eine Zahlung von 30000 Goldstücken an den Mau-
renkönig. Boabdil, König von Granada, hätte wissen müssen, daß einem Ver-
trag, unterzeichnet im Schatten von Santa Fé, dem ›Heiligen Glauben‹, nicht
zu trauen war. Kaum eine der dreiundsechzig Klauseln wurde erfüllt. In der
gleichen Stadt unterzeichneten die Katholischen Könige ihr Abkommen mit
Kolumbus, die neue Welt zu entdecken, und auch dieser Kontrakt wurde
schmählich gebrochen.

FÜNFZEHNTES KAPITEL

Granada – Die südliche Stadt

>»Quien ne ha visto Granada
>No ha visto nada.«

So antworten die stolzen Einwohner des letzten maurischen Königreiches in Spanien ihren Rivalen in Sevilla, die ›Maravilla‹ auf den Namen ihrer Stadt reimen. Für die meisten Besucher ist Granada identisch mit der Alhambra, und natürlich gehört sie zu ihm wie die Akropolis zu Athen. Granada ist ein Höhepunkt bei jeder Reise in Spaniens Süden, obwohl die Hotelsuche immer ein wenig abenteuerlich ist. Wem es nicht möglich war, rechtzeitig im Hotel des staatlichen Fremdenverkehrsbüros ein Zimmer zu reservieren, wohnt am gemütlichsten in einer Pension, die zu klein ist, um Reisegesellschaften aufzunehmen.

Von Granadas Geschichte gebe ich hier nur das Skelett – wenn wir durch die Stadt wandern, werden wir genug erleben, um die Knochen mit Fleisch zu umhüllen. Die Stadt war zuerst nur ein Zufluchtsort für Einwohner aus benachbarten Städten, so dem untergegangenen Elvira. Als Ferdinand der Heilige 1227 Baeza eroberte, wurden die Flüchtlinge in Granada aufgenommen. 1410 fiel Antequera, und viele Einwohner zogen sich ebenfalls nach Granada zurück, das sprunghaft anwuchs, als letztes Bollwerk des Islam in Spanien. Die Bevölkerung bestand also ursprünglich aus dem hispano-römischen Grundstock von Al-Andalus mit einigen westgotischen, berberischen und arabischen Einwanderern. Man konnte nicht eigentlich von Mauren sprechen, obwohl sie in den Mariniden maurische Verbündete hatten, die sie gegen die Kastilier in einem riskanten machtpolitischen Poker ausspielten.

Nach dem Sieg von Las Navas de Tolosa, der Südspanien von der marokkanischen Herrschaft befreite, drangen jetzt die Christen in maurisches Gebiet ein. Ferdinand der Heilige belagerte 1246 Jaén, als dessen undurchsichtiger arabischer Herrscher aus Arjona herbeieilte und sich selbst und seine Untertanen der Krone von Kastilien als Vasallen antrug. Ferdinand nahm an, weil er dem rebellischen Adel von Kastilien so einen Riegel vorschob, und errichtete den machtvollen Staat von Granada unter Mohammed I., dem Gründer der

Nasriden-Dynastie. Der Nasridenstaat bestand bis 1492; sein Zusammenbruch
bezeichnete den Höhepunkt der Reconquista. Wir vergessen zu oft, daß das
Königreich von Granada ein Vasall der Könige von Kastilien war; die erste
Pflicht, die von Mohammed I. oder Ibn Alahmar, ›Sohn des Roten Mannes‹, ge-
fordert wurde, war es, die Christen bei der Eroberung von Sevilla zu unter-
stützen. Nachdem er sich dieser Mission erfolgreich entledigt hatte, fand er bei
seiner Rückkehr die Straßen von Granada geschmückt, und die begeisterte Be-
völkerung begrüßte ihn mit dem Titel ›ghalib‹, Eroberer. Ohne Zweifel war es
eine schmerzliche Stunde für ihn, in der er die Umstände verfluchen mußte,
die ihn getrieben hatten, den Christen bei der Unterdrückung seiner Glaubens-
gefährten beizustehen. Er murmelte: »Wala ghalib il ' Allah«, »Es gibt keinen
Eroberer außer Allah«; der Satz wurde zum Wahlspruch der Nasriden.

Die Stadt wird im Süden vom Río Genil begrenzt. Zum Osten
liegen drei Berge; die beiden höheren sind durch den Río Darro
getrennt, der heute seinen Weg unter der Hauptstraße hindurch
finden muß, ehe er sich mit dem Genil verbindet. Wo er die
Stadt erreicht, fließt er von Ost nach West unter der Calle de los
Reyes Católicos hindurch, und diese bildet eine gute Nordab-
grenzung zu dem Teil der Stadt, den wir als erstes besichtigen
wollen. Das nächste Kapitel soll alles umfassen, was nördlich dieser Straße liegt, mit Ausnahme der Alhambra und des Albaicín,
die ich einzeln darstellen werde. Die Viertel, die in diesen beiden ersten Kapiteln behandelt werden sollen, sind ein wenig langweilig und vergleichsweise modern; aber sie enthalten doch noch
mehr als eine Spur der Maurenzeit, denn vor der Reconquista
zogen sich die Paläste der reichen Granader vom Fuß der Alhambra bis zu der fruchtbaren, künstlich bewässerten Vega hin,
der Ebene, durch die der Genil seinen Lauf findet.

Viele der hier geborenen Dichter haben versucht, die ›Seele‹ Granadas darzu-
stellen, mit sehr verschiedenen Ergebnissen, die hauptsächlich in ihrem be-
schränkten, aber grenzenlos begeisterten Patriotismus übereinstimmen. Es gibt
nicht nur ein Granada. Es gibt Barockgranada und Renaissancegranada, da
ist der geheimnisvolle Albaicín, das alte Maurenviertel mit engen, sich schlän-
gelnden Gassen und ummauerten Gärten, da ist die Alhambra und an der
Straße zum Sacromonte liegen die Höhlen der Zigeuner. Das einzige, was sie
alle gemeinsam haben, ist der Anblick der Sierra Nevada im Südosten, mit

*den weißen Gipfeln des Mulhacén und La Veleta. Aus dieser Richtung weht
ein kühlerer Hauch, manchmal schwach durchzogen von Föhren- und Myrten-
duft. Der maurische Poet Ibn Zamrak, dem wir noch begegnen werden, gibt
uns ein Bild vom Wesen der Stadt, wie sie im 14. Jahrhundert war und wie sie
noch heute erscheint:*

> » ... *so komm und schau:*
> *Die Stadt ist eine Dame, ist eines Berges Frau.*
> *Gürtelgleich umspannt ein Fluß ihres Leibes Schimmern;*
> *Blumenhaft an ihrem Halse die Juwelen flimmern.*«

*Granada lächelt zu jeder Zeit des Jahres, und während der sengenden Hitze
im Juli und August bildet es einen erfrischenden Gegensatz zu Córdoba. Die
schönste Zeit für einen Besuch ist von September bis November; aber auch der
Frühling ist bezaubernd, und das Musik- und Ballett-Festival im Juni schenkt
dem Gast Nächte von unvergeßlicher Schönheit in den Gärten des Generalife.*

Die *Puerta Real* ist ein guter Ausgangspunkt für die erste Besichtigung der südlichen Stadt. Sie, der lebhafteste Fleck Granadas, markiert den Punkt, wo der Darro seinen unterirdischen
Lauf ändert; bis hierhin floß er unter der Calle Reyes Católicos,
jetzt wendet er sich scharf nach Süden und fließt weiter unter
dem Embovedado und der Acera del Darro, bis er in den Genil
mündet. Wie so viele andere Tore ist auch die Puerta Real nur
noch dem Namen nach vorhanden; sie war erst nach der Eroberung durch die Christen errichtet worden. Im 16. Jahrhundert
entstand hier eine neue Vorstadt, von einer eigenen Schutzmauer
umschlossen. In dieser Ecke gab es früher einen Trödelmarkt,
›el rastro‹, und darum wurde das neue Tor ›Puerta del Rastro‹
genannt; erst ab 1624 hieß es dann Puerta Real, weil Philipp IV.
hier in die Stadt einzog. Schon 1610, nach Austreibung der Morisken, war ein Neubau nötig gewesen. Hier hängte man das Haupt
des Ibn Abu auf, des hingerichteten Anführers der ersten Moris-
kenrevolte, und auch ein kleines Oratorium wurde 1640 an dieser
Stelle errichtet, um Reisenden die Möglichkeit zu einem Gebet
zu geben, wenn sie die Stadt betraten oder verließen. Das Chri-
stusbild aus dieser Kapelle wurde später in das Hospital von St.
Johannes gebracht.

Die Reyes Católicos ist heute nur noch eine Hauptstraße und
ein elegantes Einkaufszentrum, sie hat viel gewonnen, seit die

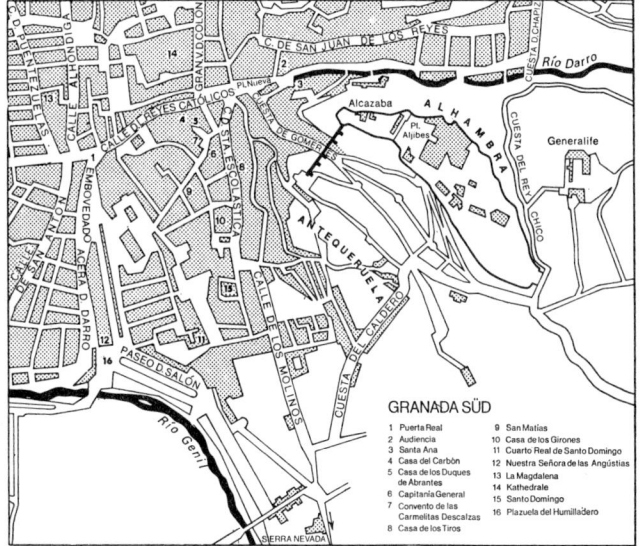

GRANADA SÜD

1 Puerta Real
2 Audiencia
3 Santa Ana
4 Casa del Carbón
5 Casa de los Duques
 de Abrantes
6 Capitanía General
7 Convento de las
 Carmelitas Descalzas
8 Casa de los Tiros

9 San Matías
10 Casa de los Girones
11 Cuarto Real de Santo Domingo
12 Nuestra Señora de las Angústias
13 La Magdalena
14 Kathedrale
15 Santo Domingo
16 Plazuela del Humilladero

Straßenbahn nicht mehr hindurchfährt. Auf halber Höhe wird sie von der breiten Gran Via de Colón gekreuzt, die einen ehemaligen Dschungel von malerischen und unhygienischen Straßen durchschneidet. Dort, wo die beiden Hauptstraßen sich kreuzen, entstand ein offener Platz, der das Stadtzentrum bezeichnen soll. Die Bronzegruppe von 1892, die Isabella und Kolumbus darstellt, wurde erst kürzlich von ihrem alten Platz nahe am Fluß hierher gebracht. Sie und auch die Flachreliefs an ihrem Sockel sind das Werk Mariano Benlliures.

Die Calle Reyes Católicos mündet im Osten in die *Plaza Nueva*. Sie wurde vor Jahrhunderten für Stierrennen benutzt, für ›Cañas‹, eine typisch maurische Turnierform, für die Hinrichtung von Verbrechern und anderen Zeitvertreib. Eine kleine Kapelle bei der Galgenstätte enthielt eine Geißelung Christi und diente wohl dem frommen Zweck, den Verurteilten die Reise in die andere Welt zu erleichtern. Obwohl heute stark verändert, trägt die Plaza Nueva noch den Stempel der Vergangenheit, so in dem würdigen Bau der *Audiencia*, dem Appellationsgericht (der ehemaligen Kanzlei). Rechts ist der steile Weg zum Alhambra-Hügel, genannt Cuesta de Gomeres, ein langweiliger Aufstieg in eine Feenwelt. Die Plaza Nueva wurde im letzten Jahrhundert, als die Darro-Brücken überflüssig wurden, nach Osten bis zur Plaza de Santa Ana erweitert, an der die Kirche *Santa Ana* sich hinter einer Gruppe von Zypressen und Straßenlaternen erhebt. Ihre Fassade verkörpert für mich etwas vom Geist Granadas, die Überbrückung der Kluft zwischen maurischem Wesen und dem Geist der Renaissance. Ihr Westportal ist im Platereskenstil er-richtet, überragt von Heiligen in Nischen, während die abwech-selnden Hau- und Backsteinlagen, der Turm mit seinem Ajimez, den Alfices und vorkragenden Traufen unter einem flachen Dach orientalische Bauideen beschwören. Ihre schlichte Schön-heit ist ohne alles Gepränge; die weißen und blauen Azulejos ver-stärken den Eindruck von Zurückhaltung, das Siegel großer Künstler. Diego de Siloé und José de Mora, ein Schüler Alonso Canos, haben den Bau geprägt. De Mora schnitzte auch eine der Madonnen in den Kapellen und im Auftrag der Fakultät der Ärzte und Chirurgen einen heiligen Pantaleon.

Hinter der Santa Ana verschwindet der Darro in einem Tunnel. Dieser Fluß, der in der Sierra Nevada entspringt, war jahrhundertelang ein Mekka der Goldsucher, und früher wurde er von vielen großartigen Brücken über-spannt; die aus der Maurenzeit waren mit Läden bebaut, wie der Ponte Vec-chio in Florenz. Außerdem nutzte man die Wasser des Darro zur Berieselung von Gärten und zum Antrieb der Mühlen. Man muß auch recht viel Gold dort gewaschen haben, denn als 1526 Karl V. Granada besuchte, überreichte man ihm eine Krone, die aus dem Schwemmgold des Flußes gefertigt war. Der Fluß-name ist vom arabischen Hodarro abgeleitet, ›Irdisches Paradies‹; noch im 18.Jahrhundert nannte man ihn auch Valparaiso, denn, wie der arabische Dichter sagt, die drei lieblichsten Laute auf der Welt sind die Stimme der Ge-liebten, das Plätschern des Wassers und der Klang des Goldes. Eine andere Etymologie, die den Namen auf ›dat aurum‹, goldgebend, zurückführen wollte, ist falsch.

Wenn wir zur Reyes Católicos zurückkehren, kommen wir an einem Brunnen oder ›Pilar‹ vorbei, der nach dem Stierhaupt, das

ihn krönt und aus den Nüstern Wasser spritzt, ›del Toro‹ genannt
wird. Er soll die letzte Arbeit des Renaissancearchitekten Diego
de Siloé sein, der Granada so viele schöne Bauten geschenkt hat.
Wir gehen an der Cuesta de Gomeres vorbei und sehen in der
nächsten Seitenstraße zu unserer Rechten, der Calle de Cuchil-
leros, Straße der Messerschmiede, die Casa de los Pinedas; ihr
Portal ist ebenfalls ein Werk Siloés. Die Straße führte einst zur
Alhambra.

In der Reyes Católicos führt eine Passage hundert Meter westlich der Kreuzung Gran Via de Colón in wenigen Schritten nach
Süden zur *Casa del Carbón*, schräg gegenüber in der kleinen Straße
Mariana Pineda. In Granada, behaupten die Einwohner stolz, sei
nichts unmöglich – und hier haben wir nun eine alte Karawanserei, einen ›Khân‹ oder ›Fonduk‹, mitten in einer modernen Stadt.
Diese ›Alhóndiga gidida‹, ›Neues Warenhaus‹, der Araber wurde
1330 erbaut und ist das einzige vollständige Beispiel einer Karawanserei in Spanien. Sie war ursprünglich nur ein primitiver Sta-
pelplatz, wo Kaufleute ihre Waren lagern konnten und zugleich
Unterkunft für sich selbst und ihre Tiere fanden. Nach der Reconquista übergaben die Katholischen Könige sie Sancho de
Arana, ihrem ›Mozo de espuelas‹, das ist der Diener, der in den
Prozessionen das Pferd der Königin am Zügel führte. Man sieht
ihn häufig auf Gemälden, die die Übergabe der Schlüssel von
Granada zeigen. Arana hinterließ keine Erben, und sein Eigentum wurde das Heim der Holzkohlenbrenner, deren Kohlen in
der Stadtwaage gleich nebenan gewogen wurden. Im 16. Jahrhundert machte man aus der Karawanserei ein Theater, wozu
sie gut geeignet war, und einige der Dramen Lope de Ruedas
wurden hier erstaufgeführt. Noch später sank sie zu einer Miets-
kaserne ab, wurde dann 1933 vom Staat erworben und von Torres
Balbás, einem Architekten, der sehr viele Erneuerungen glän-
zend durchgeführt hat, renoviert.

*Der Eingang besteht aus einem Tor mit einem Hufeisenbogen, aus Backstei-
nen errichtet; über dem Bogen finden sich ein Alfiz, Ataurique-Dekoration und
ein sehr schönes Zwillingsfenster, flankiert von zwei Blendbögen mit spitzenartigem Maßwerk. Die Inschrift in kufischen Lettern liest sich wie eine strenge*

Abweisung der christlichen Gottesidee: »Gott ist einzig, Gott ist allein. Er
wurde nicht gezeugt, noch zeugte er, noch hat er einen Gefährten.« Im Innern
des Tores ist über der Eingangstür mit ihrem schweren Sturz ein zweites
Ajimez-Fenster; dahinter liegt der Hof. Die Decke des Torwegs zeigt Stalakti-
tendekoration, und an den Seiten stehen Steinbänke. Der Hof ist quadratisch
und von dreigeschossigen Laubengängen mit Ziegelpfeilern gerahmt. In der
Mitte ist ein Trog, den man sich leicht als Tränke der Maultiere einer Kara-
wane denken kann, und genug Buschwerk und wilder Wein, um einen Eindruck
nachlässiger Würde hervorzurufen.

Nur ein paar Meter weiter östlich der Casa del Carbón steht
die *Casa de los Duques de Abrantes* aus dem frühen 16. Jahrhundert. Sie wurde in der Gotik völlig umgebaut, hat jedoch einige
Spuren arabischer Kunst bewahrt, so die Türen mit hölzernem
Spitzenwerk und die Alfarje-Decke über dem Treppenhaus.

Das Herzogtum von Abrantes wurde erst unter Napoleon für
General Junot geschaffen, den Wellington bei Vimeiro schlug.
Er war einer der Sündenböcke des Kaisers nach dessen katastro-
phaler Niederlage in Rußland und jagte sich schließlich selber
eine Kugel in den Kopf. Kehrt man zu der Plaza mit dem Isabel-
la-Denkmal zurück, findet man die Calle San Matías. Sie verläuft
in südwestlicher Richtung zwischen der Capitanía General und
dem Kloster der Carmelitas Descalzas. Das Kloster ist das Heim
der Karmeliterinnen, deren Orden die heilige Theresia reformiert
hat. Früher stand hier das Haus des Gonzalo von Córdoba, wo er
am 2. Dezember 1515 starb. Nur eine Tafel an der Klostermauer
erinnert noch daran: »... der christliche Held, ruhmreiche Besie-
ger der Mauren, Türken und Franzosen, zu dessen erlauchtem
Gedächtnis die Kommission für die historischen Denkmäler der
Provinz Granada diese Inschrift anbrachte. 1874.«

Zur anderen Seite der Capitanía ist die *Casa de los Tiros*, so genannt nach den Musketenmündungen, die durch die Mauerzak-
ken blitzen. Ursprünglich war sie ein Fort, Teil der Befestigungs-
mauer, die das Viertel der Töpfer, den ›Barrio de los Alfareros‹
umgab. Sie wurde sehr verändert, wie man feststellen kann,
wenn man sie von dem kleinen, ihr gegenübergelegenen Hof aus
betrachtet. Man kann die Anbauten aus dem 19. Jahrhundert

über den Zinnen sehen und die fünf Figuren an der Mauer, die
wie Augen auf einer Spielkarte angeordnet sind; sie stellen Herkules, Theseus, Jason, Hektor und Merkur dar; der letzte als
Herold gekleidet mit dem Wappen der Familie Venegas auf
seinem Mantel. Ahnherr der Familie war ein spanischer Hidalgo,
dessen Tochter den Enkel des Arabers Sidi Yahya heiratete; das
Haus blieb bis 1921 im Besitz der Familie und fiel dann an den
spanischen Staat. Ihr Wahlspruch war: »El corazón manda«,
»Das Herz befiehlt.«

Das Haus beherbergt heute das örtliche Büro des Amtes für
Fremdenverkehr (so gut geführt wie alle Zweigstellen dieser hervorragenden Organisation) und ein Heimatmuseum. In dem
für die Proportionen des Hauses zu kleinen Patio sind Reste arabischer Säulen und Kapitelle auf der Treppe aufgestellt, die im
vorigen Jahrhundert vor Verfall und Vernachlässigung gerettet
wurden. Der einzige originale Saal ist im zweiten Stockwerk;
seine Decke ist in einzelne Felder unterteilt; einige davon sind
mit grobgeschnitzten und bemalten ›Porträts‹ spanischer Helden geschmückt, die anderen mit Berichten über ihre Taten; jedes beginnt mit den gleichen formelhaften Worten: »(Name),
neben vielen anderen von ihm vollbrachten Heldentaten…«.
Von Alarich dem Großen, der hier ›der Spanier‹ genannt wird,
bis zur Frau des Gouverneurs von Martos, die diese Stadt drei
Tage mit ihren Kammerfrauen verteidigte, sind alle versammelt.
Die Decke ist wohl vor 1539 entstanden, da einer der Texte die
Kaiserin Isabella, Gemahlin Karls v., als lebend erwähnt, die in
diesem Jahr starb.

Besonders interessant sind zwei, berühmten Personen gewidmete Räume;
der eine erinnert an den amerikanischen ›Entdecker‹ der Alhambra, Washing-
ton Irving, den späteren Botschafter der Vereinigten Staaten von Amerika; der
andere an die in Granada geborene Kaiserin Eugénie. Der Boden dieses Rau-
mes wurde vom Generalife hierher verbracht; er ist eine vollkommene arabische
Komposition, eine geometrische ›Enlacería‹ mit einem vielzackigen Mittelstern.
Bis das Haus an die Regierung fiel, war sein kostbarstes Besitztum ein reich
ornamentiertes arabisches Schwert, das König Boabdil geführt haben soll; es
ist heute in Italien, aber ein ähnliches, das angeblich auch einmal Boabdil ge-
hörte, kann man im Museum von San Sebastián bewundern. Die Sammlung

*von Gemälden, Keramik und Stichen ist etwas zusammengewürfelt, enthält
aber viel Interessantes, so eine Photographie der Alten Münze von Sevilla, die
1843 zerstört wurde. Die Fox-Talbot-Methode der Photographie war erst 1841
eingeführt worden, so daß dieses Bild, das keine Daguerreotypie ist, ein ungewöhnlich frühes Beispiel darstellt. Ein Paneel über der Tür auf der Photographie zeigt eine stilisierte kufische Inschrift, die der über dem Eingang des
Alcázar von Sevilla gleicht.*

Wenn man die Plaza del Padre Suárez überquert, kann man
leicht den Weg zur Kirche *San Matías* finden. Ihr Retabel ist ein
gewaltiges, um nicht zu sagen einschüchterndes Beispiel granadischen Barocks. Unter seinen Skulpturen befindet sich jedoch
ein großartiger ›San Juan de Dios‹ von José Risueño, der in seiner
Kunst die Stilmittel Alonso Canos mit flämischen Zügen vereinigte, obwohl in seiner Lebenszeit (1665-1732) der Realismus im
allgemeinen barocker Übersteigerung geopfert wurde.

Da es am Wege liegt, können Sie kurz in die Ancha de Santo
Domingo hineinschauen, wo die *Casa de los Girones* steht; sie gehörte der Familie Tellez Girón; Zweige dieses Hauses sind die
Herzöge von Villena und Osuna (vgl. Seite 86, 87, 411). Das heutige Gebäude ist alles, was von einem maurischen Palast übrigblieb; er gehörte einer Schwester König Boabdils. Ein einziger
Saal enthält noch Stuck mit kufischen Inschriften und Nischen in
den Türlaibungen, eine davon noch mit originalen Boden-Azule-
jos. Ungewöhnlich sind die Reste von blauer und roter Farbe auf
einigen der Arabesken, eine große Seltenheit.

Die Straße mündet in die Plaza de Santo Domingo, auf der ein
Bronzestandbild des Dominikaners Fray Luis de Granada steht.
Die Kirche *Santo Domingo*, die früher zum Kloster Santa Cruz la
Real gehörte, ist von den Katholischen Königen errichtet worden.
Kloster und Kirche hatten eine wechselvolle Geschichte; sie ste-
hen auf einem Grundstück, das früher der Mutter König Boab-
dils gehörte, die abwechselnd Aischa, Fátima oder La Horra, die
Keusche, genannt wird. Diese Gegend war Teil des alten Viertels
der Töpfer, das sich ungefähr von der Casa de los Tiros bis zum
Bib Alachar der Maurenzeit hinzog. Die Kirche hat ein anziehendes Portal mit drei Bögen auf einfachen, schlanken Säulen;

in den Bogenzwickeln zeigt es die Sinnbilder des Joches und der Pfeile neben den Initialen der königlichen Begründer. Im Narthex finden wir einige verblaßte Fresken, und das Interieur überwältigt als eine Apotheose granadischen Barocks.

Wir sind jetzt im Herzen der *Antequeruela*, dem Stadtteil, der von den maurischen Flüchtlingen aus Antequera bevölkert wurde, als diese Stadt 1410 in die Hände des Infanten Ferdinand fiel. Bis jetzt sind wir nur durch Straßen gegangen, viele ärmlich, keine besonders großzügig, aber hier im Osten und Süden findet man an den Hügelabhängen stille, ummauerte Gärten, die in Granada ›Cármenes‹ genannt werden, ein Name, der vom Arabischen abgeleitet ist. Einer von ihnen gehörte dem Komponisten Manuel de Falla, dessen Grab wir in der Kathedrale von Cádiz gesehen haben; es ist nicht schwierig zu erraten, wo er die Inspiration zu seinen ›Nächten in spanischen Gärten‹ fand. Sein kleines, gepflegtes Haus sah die größten Denker und Künstler des Jahrhunderts. Zuloaga, dessen berühmtes Porträt von Falla den seelischen Konflikt des Musikers zum Ausdruck bringt, Gallego Burín, García Gómez und Bermúdez Pareja, Historiker und Orientalisten trafen sich dort ebenso wie in der Casa de los Tiros.

Es ist nicht schwer, sich in die Antequeruela zu verlieben, denn sie versteckt ihre Schätze eifersüchtig, und nie wird man hier einer Reisegesellschaft begegnen. Baron Davilier schrieb ein Buch über Spanien, das genauso wie sein Autor längst vergessen wäre, hätte nicht Gustave Doré es mit dreihundert Stichen illustriert, darunter einem mit dem Titel ›Une soirée près de l'Antequeruela‹; er zeigt eine Gruppe von Frauen in Mantillas, die einem Gitarrenspieler lauschen. Der Hintergrund hat keine Ähnlichkeit mit Antequeruela, aber Doré ist es gelungen, den Geist dieses Winkels in Granada darzustellen.

In Antequeruela liegt der *Cuarto Real de Santo Domingo*, ein Palast, in den sich die Maurenkönige angeblich während des Ramadan, des Fastenmonats, zurückzogen; boshafte Zungen behaupten, um dort heimlich zu essen. Die Katholischen Könige kauften ihn von den Nasriden, um ihn in ein Kloster zu verwandeln, und im 19. Jahrhundert ging er in den Besitz der Familie Ponce de

León über. Von dem alten Palast ist nur noch ein einziger Turm übrig, der Rest des Bauwerkes ist modern; das Ganze steht in einem weiten, zauberhaften Garten. Den Eingang zum großen Saal im Erdgeschoß des Turmes bildet ein herrlicher Bogen mit Arabesken und originalen sehr alten Fliesenverkleidungen an den Gewölbelaibungen mit kufischen und Naskji-Texten. Der Saal, der über sechzig Quadratmeter mißt, zeigt schimmernde Fliesen mit Blattmustern in Weiß, Blau und Gold, denn die Araber entdeckten, daß sich für die Technik dieser ›Lüsterkeramik‹ ihre Lieblingsfarben, schwarz, grün und gelb, wenig eigneten. Wir finden alkovenartige Nischen mit Bögen, Felder mit Mosaikfliesen und darüber kunstvollem Stuck. Oben läuft eine Reihe von zwanzig kleinen Hufeisenfenstern mit Mushrabijes entlang. Am anderen Ende des Saales werden drei Balkone mit Türen aus verschlungenem hölzernen Spitzenwerk verschlossen; ihr Muster wiederholt sich in der wundervollen Alfarje-Decke.

Die Möbel sind kostbar und geschmackvoll wie der ganze Saal, der einen unvergeßlichen Eindruck erzeugt. Bedeutsam ist, daß keine der Inschriften das nasridische »Wala ghalib«-Motto wiedergibt; es ist also anzunehmen, daß der Bau vor der Mitte des 13. Jahrhunderts errichtet wurde. In einem Aspekt ist er der Alhambra überlegen: er hat niemals eine Restaurierung benötigt; man sieht hier eines der ganz wenigen Beispiele originaler arabischer Innendekoration in Europa. Der Palast ist in Privatbesitz und nicht immer für Besucher zugänglich; aber wenn die Familie abwesend ist, kann man es mit ein wenig Takt ermöglichen, daß man diesen Raum anschauen darf. Vielleicht sind Ihnen beim Eintritt die Türpfosten entgangen; jeder trägt eine Kachel mit einer Inschrift, zur Rechten ›Cuarto Real‹, Königliches Appartement, zur Linken ›Dar al-melek‹, das gleiche auf Arabisch.

Von hier bis zum *Paseo del Salón* ist es nur ein kleiner Weg. Der Paseo ist ein Teil der Alameda am Nordufer des Genil; wir folgen ihm in Westrichtung bis zum Puente Genil. Vor der Brücke ist die Plaza del Humilladero, dort sanken die Katholischen Könige und ihr Gefolge am 2. Januar 1422 in die Knie, als sich über der Torre de la Vela auf der Alhambra das Kreuz und die christlichen Standarten erhoben. Wir überqueren die Brücke und wenden uns nach rechts. Etwa für einen halben Kilometer folgen wir der Straße nach Armilla; sie biegt dann nach links ab, und wir sehen zur anderen Seite einen Baum, dessen Schatten meistens von Ziegen aufgesucht wird.

Darunter steht die winzige Eremitage *San Sebastián*, wo König Boabdil die Schlüssel der Stadt an König Ferdinand übergab. Es ist ein quadratischer Bau mit einem Hufeisenbogen; früher war es ein ›Murabit‹, eine islamische Kapelle. Das Wort, das oft auch ›Marabut‹ geschrieben wird, bezieht sich auf einen moslemischen Heiligen oder sein Grab; er rief den Kult jener fanatischen Kriegersekte Marabut hervor, die zur Dynastie der Almoraviden führte. – Das Innere ist weißgetüncht, die Rippenkuppel ruht auf Trompen. Eine Inschrift an den Wänden berichtet von der Restaurierung 1615; die Marmortafel, die an die Übergabe der Stadtschlüssel erinnert, ist an der Mauer außen angebracht.

Hundert Meter weiter liegt rechts ein Landhaus, einst der verschwenderische *Alcázar Genil* der Mutter Boabdils; sie verkaufte auch diesen Besitz den Katholischen Königen. Ein Saal stammt noch aus dem 14. Jahrhundert, mit Zwillingsbögen und der üblichen Ataurique-Dekoration im Alfiz. Der Artesonado wird von einem Stalaktitengesims getragen. Das Portal ist jüngeren Datums, und die Teiche, auf deren einem früher Wasserspiele stattfanden, sind stark verändert. Das Haus ist meistens ab 4 Uhr nachmittags geöffnet, und man besucht es deshalb am besten am Ende des Rundgangs.

Wir gehen jetzt zurück, überqueren wieder den Puente Genil und gehen die breite Acera del Darro entlang, die auf die Calle de los Reyes Católicos stößt und ebenfalls zu den Straßen gehört, die den Darro überdachen. Die Calle San Isidoro läuft fast parallel zu ihr; in Haus Nummer 7 wurde, wie eine Tafel erzählt, Mariano Álvarez de Castro geboren, der 1809 Gerona heroisch verteidigte. Die Spanier übernahmen den maurischen Brauch, ihren Städten Titel zu verleihen, wie »sehr getreue« oder »heldenhafte«; manche solcher Orte haben fünf oder sechs solcher Ehrenbezeichnungen; Gerona, deren Mut und Ausdauer nicht einmal von Saragossa überboten wurde, hat nur einen: »Unsterbliche«.

Zur anderen Seite der Acera ist die Kirche *Nuestra Señora de las Angustias*. In dieser Kirche im Stil des granadischen Barock hat das Retabel eine reizvolle Geschichte. Es war ursprünglich nur eine ›Soledad‹, eine aufrechtstehende Figur mit über der Brust gekreuzten Armen. Diese Gestalt der Jungfrau Maria, angeblich in

Toledo hergestellt, wurde von Unbekannten nach Granada gebracht, und ihre Ankunft wurde bald als Wunder gewertet. Nach einiger Zeit wurde ihr der tote Heiland zu Füßen gelegt; hinter ihr wurde ein Kreuz errichtet; ihre Arme wurden entfernt, dafür erhielt sie dann eine blaue, weißgefütterte Tunika und ein Brustkreuz aus Edelsteinen, einen gestickten Mantel und eine goldene Krone. Duque Cornejo führte die Operation durch, und der Erzbischof Rios y Guzmán schenkte die Juwelen. Man kann die Figur von der Innenseite des Camarín aus gut betrachten, auch während der Heiligen Messe, ihr Antlitz ist ausnahmsweise das einer alternden Frau mit schmerzerfüllten Zügen. Der Camarín ist mit örtlichem Marmor in allen Farben und Formen dekoriert: da schweigt des Sängers Höflichkeit …

Gehen Sie weiter die Calle de San Antón entlang, ohne das Kloster des Schutzengels aufzusuchen, denn der Engel konnte die armen Nonnen weder vor einem Rechtsstreit, zweimaligem Wechsel ihrer Heimstatt, dem Diebstahl all ihrer Habe unter Napoleon noch der Inbesitznahme eines Hauses, für das die Bank von Spanien kein Interesse mehr hatte, bewahren. Auch die Kirche San Antón können Sie getrost auslassen, denn ihre Kunstschätze sind fast alle nur Zuschreibungen und Werkstattarbeiten. Um die Ecke lag ein Haus für gefallene Frauen und weibliche Verbrecher; dort litt auch die unglückliche Mariana Pineda, die hingerichtet wurde, weil sich in ihrem Besitz eine gestickte Fahne der Liberalen fand – ein Beispiel bourbonischer Gerechtigkeit. Die Straße heißt ›de Recogidas‹, ›der Büßerinnen‹, sie ist mit einer anderen namens Magdalena verbunden – damit keine Zweifel aufkommen können. Es war vielleicht hier, wo der französische Dichter Dumas Gassendirnen beobachtete, die vor der Madonna Kerzen entzündeten und die Jungfrau anflehten, sie möge ihnen das für ihr Gewerbe nötige Feuer verleihen …

Ein kleiner Abstecher in die Calle de Recogidas und eine Wendung nach rechts in die *Magdalena* bringt Sie zur gleichnamigen Kirche, *La Magdalena*, an der Ecke der Calle de Gracia. Die Fassade mit ihrem Drillingsbogen läßt an Alonso Cano denken; da er 1667 starb, die Kirche aber erst von 1677 bis 1694 errichtet wur-

de, kann er allenfalls für den Entwurf verantwortlich sein. Die
eckigen Fenster der Kirche wirken wie die eines Profanbaus. Im
Innern findet man, wie bei vielen granadischen Gotteshäusern,
eine prunkvolle Ausstattung, die aber häufig für den Frommen
anziehender ist als für den Kunstkenner. Hier finden sich jedoch
einige Werke Pedro de Menas, darunter ein ›Johannes Evangelist‹ und ein ›San Antón‹. La Magdalena erhielt erst im vorigen
Jahrhundert den Status einer Pfarrkirche; in ihrer Vorgängerin
wurden 1643 Juan de Sevilla getauft und 1826 Kaiserin Eugénie;
das Geburtshaus der illustren Enkelin eines Weinhändlers liegt
gegenüber, Nr. 12 in der *Calle de Gracia*. Es hat die üblichen flachen Erkerfenster und schlichten Gitter eines Wohnhauses des
Mittelstandes; die Erinnerungstafel wurde angebracht, als Eugénie noch Kaiserin der Franzosen war. Die Fassade ist mit Medaillons und stark verblaßten Fresken geschmückt, denn noch im
vorigen Jahrhundert war die Quadraturmalerei mit ihren Trom-
pe-l'oeil-Effekten in Granada weit verbreitet, wie wir aus einer
Beschreibung Victor Hugos wissen.

Von der Calle de Gracia biegen wir in die Calle Párraga ein,
wo in Nr. 3 der französische Romancier Theophile Gautier lo-
gierte. Sein Raum öffnete sich auf einen Patio, geschmückt mit
Balkonen, die auf weißen Marmorsäulen mit maurischen Kapitellen ruhen. Von hier aus sind wir mit ein paar Schritten wieder
bei unserem Ausgangspunkt. Viel hat sich hier geändert seit den
Tagen Gautiers, doch der Albaicín und die Alhambra, die dunklen Zypressen und die Schneehäupter der Sierra sind geblieben.

SECHZEHNTES KAPITEL

Granada – Die nördliche Stadt

Im westlichen Winkel zwischen der Gran Via de Colón und der Reyes Católicos finden wir in einem Dschungel enger Gassen die Kathedrale. Dies ist einer der ältesten Teile der Stadt; einst standen hier die Basare, um die Freitagsmoschee gedrängt, und die Straßennamen bewahren noch eine leise Erinnerung an die damals hier ausgeübten Gewerbe. Westlich der Gran Via de Colón führt die zweite Abzweigung links uns zur oktogonalen Apsis der Kathedrale. Das ehemalige Kapitelhaus zur Linken wurde später Rathaus und beherbergt jetzt Geschichtsstudenten; damit ist es seiner ursprünglichen Bestimmung wieder sehr nahe gekommen, denn es war in maurischer Zeit die Medrese, die der Moschee angeschlossene Theologieschule. Bis vor kurzem hatte sich in einem Raum noch eine originale Alfarje-Decke erhalten.

Wenn man die Calle de Officios verfolgt, erhebt sich zur Rechten die schwere Masse der Kathedrale, und ein Platz gibt uns den Blick auf die gotische Fassade der Capilla Real frei. Im Westen wird diese kleine Plaza von der *Lonja*, der einstigen Börse, begrenzt, gegründet von einem Genueser Bankhaus und entworfen von Enrique Egas. Jedes der beiden Geschosse zeigt vier von Säulen getragene Bögen mit einem Spiralmuster; ihre Harmonie wird durch eine Balustrade im unteren Geschoß leider gestört. Das Gebäude war für seinen Zweck bald zu klein; heute werden im Erdgeschoß Eintrittskarten für die Capilla Real verkauft, im Obergeschoß befindet sich der Kapitelsaal der Kathedrale. Hier spürt man den nordischen Einfluß sehr stark. Um die Mitte des 15. Jahrhunderts kam Jan van Eycken als einer der vielen fremden Künstler aus Brüssel, um als Architekt in Spanien zu Ansehen

zu gelangen. Hier nannte man ihn Annequin de Egas. Sein Sohn,
Enrique de Egas, wie er hier hieß, trat als Baumeister in die Fuß-
stapfen des Vaters und sollte ihn schon bald an Ruhm übertref-
fen. Er entwarf nicht nur die Capilla Real und die Lonja, sondern
wahrscheinlich auch den gotischen Baukörper der Kathedrale.
Nach und nach ging die Verantwortung für den Kathedralbau
dann an Diego de Siloé über, der ebenfalls der Sohn eines Einwanderers war.

Die *Capilla Real*, die wir von der Plazuela de la Lonja aus sehen,
hat ein platereskes Portal, das erst einige Jahre nach Vollendung
der Kapelle eingefügt wurde, da der eigentliche Eingang, von der
Kathedrale aus, sich als unzweckmäßig erwiesen hatte. Der obere
Teil entspricht noch dem Entwurf von García de Pradas, der untere ist eine schlechte Restaurierung von 1733. Das Portal und die
benachbarte Lonja kontrastieren mit dem Flamboyant des übrigen Entwurfs; die königlichen Initialen F und Y (für Ferdinand
und Isabella) erscheinen wieder und wieder im Steinfiligran der
Balustraden, der Wasserspeier und den mit Krabben besetzten
Miniaturfinialen. Die Katholischen Könige befahlen die Errichtung der Kapelle zwölf Jahre nach der Eroberung Granadas als
Mausoleum für sich und ihre Familie, eine Ehre, die ursprünglich San Juan de los Reyes in Toledo zugedacht war. Die Königin
starb zwei Monate nach Erteilung des Bauauftrags, aber mit
ihrer bekannten Sorgfalt im Detail hatte sie bestimmt, daß sie
im Kloster San Francisco in der Alhambra ruhen wolle, bis die
Kapelle bereit sei, ihren Leichnam zu empfangen.

Der ursprüngliche Eingang zur Kapelle liegt, wie oben erwähnt, in der Kathedrale, dort, wo man eigentlich ein Querschiff
erwarten würde. Dieses Innenportal ist ein schönes Beispiel isabellinischer Gotik. Zu beiden Seiten stehen Statuen der Schutzheiligen der Kapelle, Johannes der Täufer und Johannes Evangelist; die Ornamentik, eine Fülle königlicher Wappen und Initialen mit den gekrönten Emblemen Pfeile und Joch, wird im
Innern der Kapelle wiederholt. Die vier Seitenkapellen enthalten Gemälde und Skulpturen; zwei von ihnen sind mit Rejas aus
dem 16. Jahrhundert verschlossen, sehr schön in ihrer Art, aber

durch die schönste aller spanischen Rejas in ihrer Wirkung beeinträchtigt: Sie teilt die Kapelle in zwei Teile, und man kann
wohl behaupten, daß sie die köstlichste Arbeit dieser Art auf der
Welt überhaupt darstellt. Das goldene Netz ist vor der Vierung
durch das Gebäude gespannt, also mehr zur Mitte verschoben,
als es sonst bei Chorschranken der Fall ist, um die königlichen
Grabdenkmäler gegen das Schiff hin abzuschirmen; die schlichten Särge selbst befinden sich in der Krypta. Aus Schmiedeeisen
geformt, reich vergoldet und kunstvoll bemalt ist das Gitter in
drei übereinanderliegende Abschnitte eingeteilt. Der unterste,
dessen Stäbe durch ein ornamentales Spitzenwerk verbunden
sind, hat korinthische Säulchen, die einen Schmuckfries tragen;
in der Mitte des zweiten Teiles sieht man das königliche Wappen, von Löwen gestützt; Engel und Laubwerk umgeben es in
reizvoller Anordnung. Oberhalb des dritten Teiles erhebt sich
das Meisterwerk der Eisenskulptur: zehn Episoden aus dem Leben Jesu, das Martyrium der beiden Johannes und in der Mitte,
alles überragend, die Kreuzigung. Die Harmonie dieser Reja beruht wohl auf dem Nebeneinander von horizontalen und vertikalen Linien sowie komplizierten Mustern, die an Atauriques und Sebka gemahnen. Das Meisterwerk ist an der rechten
Seite des Frieses, unter der Figur Sankt Peters signiert: ›Maestro
Bartolome me fecit‹. Es ist schmerzlich zu denken, daß dieser
Künstler, dessen Werke wir schon in Andújar und in der Kathedrale von Sevilla sahen, bei Karl v. eine Bittschrift um 1600 Dukaten einreichen mußte, da das Domkapitel nicht bereit war,
den abgemachten Preis zu bezahlen, und er und seine Familie in
tiefe Not geraten waren. Rund um die prächtige Kapelle läuft
ein Band mit goldenen gotischen Lettern, das vom Sieg der Katholischen Könige über die Mauren und deren Vertreibung berichtet. Der Vertrag, den die Herrscher mit ›Yo el Rey‹ und ›Yo
la Reina‹ unterzeichnet hatten, enthielt genau die Namen und
Anzahl der Besitztümer, die den Mauren, ihren Erben, Nachfolgern und Enkeln nach Recht und Gerechtigkeit in alle Ewigkeit
zugesichert waren: Für Machiavelli muß Ferdinand der Katholische ein rühmenswertes Beispiel für den Sieg des Opportunis-

mus über die Moral gewesen sein, besonders in dem geschickten Gebrauch, den er von der Religion zu machen wußte, wenn es darum ging, seine Ziele zu verfolgen. Aber wir sollten ihn wohl nicht zu hart anklagen, weil er größeren Erfolg als gewöhnlich mit perfiden Methoden erzielte – es entsprach dem Denken der Zeit, und kaum einer der Mächtigen dieser Epoche kann als ehrenhaft gepriesen werden.

Das *Grabmal der Katholischen Könige* wurde von dem Genueser Domenico Fancelli geschaffen. Man hat lange Zeit angenommen, daß es sich um das Werk eines Spaniers handele, wegen der Bemerkung des venezianischen Botschafters Navagiero, der schrieb: »assai belle per Spagna«, »sehr schön für Spanien«. Auch der große Torrigiani, der in London so erfolgreich mit dem Grabmal für Heinrich VII. in der Westminster Abbey gewesen war, kam nach Spanien, um sich um den Auftrag zu bewerben; er fand jedoch nicht den erhofften Ruhm, sondern den Tod in den Verließen der Inquisition. – Die Gesichter der liegend dargestellten Figuren sind einander leicht abgewandt; Isabella trägt das Santiago-Kreuz, und Ferdinand die Halskette mit dem Heiligen Georg des Hosenbandordens: das Grabmal wurde fertiggestellt, ehe der englische König Heinrich VIII. seine Gemahlin, Katharina von Aragón, die Tochter Ferdinands, verstoßen und sich mit ihrem Neffen, Karl V., überworfen hatte.

Das andere, im gleichen Stil gearbeitete Grabdenkmal gilt Johanna der Wahnsinnigen und Philipp dem Schönen von Burgund, den Nachfolgern der Katholischen Könige. Der Bildhauer, Bartolomé Ordóñez, war Spanier; er starb kurz vor Vollendung des Werkes in Carrara. Karl V., zu Lebzeiten seiner geistesgestörten Mutter Regent von Spanien, gab das Denkmal 1519 in Auftrag; Johanna sollte aber noch 36 Jahre weiterleben.

Der *Hochaltar* ist eine Arbeit Felipe de Vigarnis, wie sein spanischer Name lautet, ursprünglich kam er aus Langres in Burgund. Man rechnet das Retabel zwar noch zum Übergangsstil, doch ist es ein nahezu reines Renaissancekunstwerk. Alle Teile sind meisterhaft geschnitzt, aber drei Szenen sind historisch von besonderem Interesse. Ungefähr in Bankhöhe ist eine ›Anbetung

der Könige‹ in der Mitte zu sehen, deren jüngster Kaiser Karl v.
erstaunlich ähnlich sieht. Noch aufregender ist das Flachrelief
rechts unten, das die gewaltsame Bekehrung der Mauren darstellt, die begann, als beide Unterzeichner des Vertrages noch
lebten. Beachten Sie, daß die Frauen ihre langen Gewänder mit
dem schönen Faltenwurf gewöhnlich an einer Ecke anheben, um
ihr Gesicht und ein Auge zu verschleiern. Dieser Brauch, alles bis
auf ein Auge zu bedecken, kann noch heute in einigen abgelege-
nen Gegenden Südspaniens beobachtet werden.

Zur Seite des Retabels sieht man die Katholischen Könige in
betender Haltung, ein idealisierendes, aber technisch hervorragendes Werk von Diego de Siloé. Die Wichtigkeit der Figuren
wird durch ihre Schutzheiligen Georg und Jakob betont, deren
Ordensabzeichen sie auch auf den Grabmälern tragen, und dadurch, daß Ferdinand der Darstellung der Eroberung von Granada zunächst, Isabella bei der Szene mit der Maurentaufe stehen.
Kapelle und Sakristei enthalten eine kleine ›Gemäldegalerie‹;
aber ehe wir uns den Bildern widmen, wollen wir das isabelli-
nische Portal betrachten, das die beiden Bauten verbindet. Jacobo Florentino el Indaco soll es geschaffen haben, angeblich ein
Schüler Michelangelos. Das zarte Rippenmuster seines Gewölbes
ist bewunderungswürdig, besonders neben den vielen recht
durchschnittlichen, die wir gesehen haben. – Die Königin hatte
eine Vorliebe für die flämische Schule, die im 15. Jahrhundert
eine Blüte erlebte; Rogier van der Weyden repräsentiert die
erste Hälfte des Jahrhunderts, und unter dem Einfluß der van
Eycks (die nicht mit der Egas-Familie verwechselt werden dürfen) entstanden viele der Werke, die wir hier sehen, unter anderem von Dirk Bouts und Hans Memling.

*Kleinod der Sammlung ist zweifelsohne Bouts’ ›Passionstriptychon‹, eine
Kreuzabnahme, flankiert von der Kreuzigung und der Auferstehung. Es wird
manchmal verwechselt mit dem Triptychon, das die Königin auf ihren Reisen
mit sich trug, zusammen mit dem vergoldeten Silberreliquiar, das oft fälschlich als ihre Schmuckkassette angesehen wird. Von ihrem tragbaren Triptychon
hat sich nur das Mittelstück, eine ›Anbetung der Könige‹ von einem anonymen
Künstler, erhalten. Weiter finden wir hier eine ›Geburt Christi‹ von Rogier*

van der Weyden, von dem gleichen Künstler eine ›Pietà‹ und zwei Flügel eines Triptychons, dessen Mittelteil sich im Metropolitan Museum in New York befindet. Von Bouts sieht man einen ›Kopf des Heilandes‹ und eine ›Maria mit dem Kind und Engeln‹; Memling ist reich vertreten mit zwei Marienbildern, das eine davon mit Heiligen, einer ›Geburt Christi‹, einer ›Kreuzabnahme‹, ›Die drei Frauen am Grabe‹ und einem ihm zugeschriebenen ›Johannes der Täufer‹.

Eine Reihe von Werken anonymer Künstler der flämischen Schule, oft ebenso anziehend wie die der Meister, hängen hier neben weniger erfolgreichen Versuchen der Spanier, diese Schule zu imitieren. Pedro Berruguete verbrachte einige Jahre in Italien und arbeitete eine Zeitlang unter Joos van Wassenhove; sein ›Heiliger Johannes auf Patmos‹ hebt sich wohltuend von den Arbeiten der Künstler ab, die nicht gereist sind. Die Italiener sind mit Peruginos ›Christus am Grabe‹ und Botticellis ›Gethsemane‹-Bild vertreten. Wenn man die Naivität dieses unzweifelhaften Meisterwerkes mit der dramatischen Gestaltung des gleichen Sujets ein Jahrhundert später durch El Greco (sein Bild hängt heute in Andújar) vergleicht, wird deutlich, welchen Entwicklungsprozeß die Malerei in dieser Zeitspanne durchlaufen hat. Ein Gemälde Juan de Sevillas zeigt die ›Umarmung Boabdils durch König Ferdinand‹; wir, die wir den Verlauf der Geschichte kennen, möchten ergänzen ›Der Judaskuß‹.

Zu den in der Kapelle gehüteten Reliquien gehört ein Splitter vom wahren Kreuz und der rechte Arm Johannes des Täufers; die größten historischen Schätze sind das Schwert Ferdinands und Krone und Zepter Isabellas. Auch der in eine Monstranz umgewandelte Spiegel der Katholischen Königin ist hier, und die königlichen Banner stellen einen großen Wert dar. Gestickte Gewänder und ein Missale mit Illuminationen von 1496 vervollständigen die Liste.

Direkt gegenüber der Capilla Real führen zwei kleine Passagen zur Reyes Católicos. In der einen ist das Restaurant Sevilla, wo man ausgezeichnete granadische Spezialitäten bekommen kann. In der nahegelegenen Placeta de Sillería wohnt ein Gitarrenmacher; sein Handwerk ist vom Aussterben bedroht. Die Herstellung dieses Instruments ist komplizierter als der Geigenbau, für den Cremona berühmt ist; die Hölzer wechseln nach dem Typ des Instruments.

Die *Alcaicería* steht noch am Ort des alten Seidenbazars; sie gleicht einer engen orientalischen Straße; Marmorsäulen trennen in kurzen Abständen einen Laden vom anderen. Die Eingänge zu den Läden bilden Hufeisenbögen, jeder von einem Ajimez gekrönt. Stuckarabesken, Mushrabije-Fenster und Fensterläden mit Alfarje-Arbeit lösen einander ab; und in der Mitte der Straße stehen alle paar Schritte Blumenschalen oder Laternen. Es ist alles ein bißchen zu schön, um ganz echt zu sein; man kann nicht vergessen, daß dies ordentliche kleine Viertel nach 1843 wieder aufgebaut wurde, als der alte Seidenbazar durch ein in einer Streichholzfabrik ausgebrochenes Feuer völlig zerstört wurde. Der Name ›Alcaicería‹ wird in der ganzen islamischen Welt für Seidenbazar verwendet; er soll von dem Wort ›Caesar‹ abgeleitet sein. Man nimmt an, daß das mit dem ›Caesar‹ Justinian i., einem der byzantinischen Kaiser, zusammenhängt, der den Seiden-markt unter seine Kontrolle bringen wollte und einigen Arabern die Herstellung von Seidenstoffen übertrug.

Von fast jeder Straßenecke im Bazar hat man einen guten Blick auf die Kathedrale; wenn man sich seinen Weg hindurchsucht, gelangt man auf die Plaza de Alonso Cano und sieht rechts den Eingang zum Sagrario und links den zur Kathedrale. Vor dem Sagrario steht das Bronzedenkmal Alonso Canos. Der Künstler wurde 1601 in Granada geboren und vollendete sein erstes Hauptwerk, das sich heute in Lebrija befindet, im Alter von neunundzwanzig Jahren. In Sevilla arbeitete er zusammen mit Velásquez als Lehrling bei Pacheco und dann unter Martínez Montañés. Im Gegensatz zu seinen gemalten und modellierten Porträts mit ihrer heiteren Stille hatte Alonso eine stürmische Karriere und ein heftiges Temperament. Mit sechsunddreißig Jahren schlug er sich mit dem liebenswerten Maler Sebastián de Llanos y Valdés; der Grund des Duells ist längst vergessen; aber er verwundete seinen Kontra-henten schwer und mußte nach Madrid fliehen, wo Velásquez und der all-mächtige Olivares, Philipps IV. Minister (dessen von Velásquez gemaltes Bildnis wir im Prado sehen können), ihn schützten. Eines Nachts kehrte Alonso heim und fand den Leichnam seiner Frau, von Dolchstichen durchbohrt. So erzählte er jedenfalls und blieb auch bei seiner Aussage, als er verdächtigt und auf die Folter gespannt wurde. Er hatte nur darum gefleht, daß man seine rechte Hand von der Tortur aussparen möchte, da er als Künstler ohne sie hilflos wäre – eine Bitte, der stattgegeben wurde. Er mußte wegen Mangels an Beweisen freigesprochen werden. Später verschaffte ihm der König eine kleine Pfründe an der Kathedrale, um ihm ein Einkommen zu sichern; daher nannte man ihn ›Racionero‹; seine Werkstatt im ersten Stockwerk des Turms kann noch besichtigt werden.

Sein Selbstporträt (es hing lange im Louvre) bringt sein wildes Tempera-ment zum Ausdruck: die Adlernase, die eingesunkenen Augen und die Wespe,

*einen feindlichen Zeitgenossen symbolisierend, die an seinem Ohr summt. Er
hatte jedoch einen mildtätigen Charakter; bat ihn jemand um ein Almosen,
wenn er selber gerade kein Geld hatte – was meistens der Fall war –, so machte
er im nächsten Laden eine Skizze, gab sie dem Bettler und erklärte ihm auch,
wo und für wieviel Geld er sie verkaufen solle. Sein anderer menschlicher Vorzug war ein ausgeprägter Sinn für Humor. Einmal suchte der Bischof beim
Nahen einer Flut Zuflucht auf dem Orgelchor und sagte, es wäre besser, zermalmt zu werden als zu ertrinken. Meinte Alonso: »Wenn wir hier verschwinden sollen, macht es wenig Unterschied, ob als Verlorenes Ei (›estrellados‹, zerschlagen) oder weichgekocht (›pasados por agua‹) untergetaucht.« Vor allem
aber war Alonso ein hervorragender Lehrer, aus dessen Schule mehrere große
Bildhauer hervorgingen; sein Lieblingsschüler war Pedro de Mena, andere
zum Beispiel José de Mora, Pedro Antanasio Bocanegra und Juan de Sevilla.
Sein Einfluß ist noch bis ins 18. Jahrhundert spürbar.*

*Die ursprüngliche Kathedrale war die geweihte Moschee, von der Her-
ndn Pérez de Pulgar so dramatisch Besitz genommen hatte (siehe Seite 302).*

*Als das Gebäude zu klein wurde, erbaute man die heutige Kathedrale; die
ehemalige Moschee wurde als Sagrario neuerrichtet. Der Originalentwurf für
die Kathedrale wurde 1518 von unbekannter Hand gezeichnet; 1521 wurde
Enrique Egas der Bau anvertraut. Er wurde bald von Diego de Siloé abgelöst,
der bis zu seinem Tode 1563 die Leitung behielt; ihm folgten dann verschiedene
andere Baumeister. Hier haben wir ein weiteres Beispiel dafür, wie sich ein
gotischer Plan beim Bau in Renaissance verwandelte. Man hat den Riesen-
bau eine architektonische Tragödie genannt, und es ist wahr, daß die Pfeiler
mit ihrem schwerfälligen Unterbau der oberen Pilaster wenig anziehend
sind. Die Kuppel, die anstelle der geplanten Apsis trat, um dem Altarraum
möglichst viel Licht zu geben, wird mehr aus technischen denn aus ästhetischen
Gründen bemängelt, wir kennen diese Lösung bereits aus Cádiz und Málaga.
Die fünf breiten Schiffe und der geräumige kreisförmige Altarraum unterstützen in keiner Weise das Gefühl heiliger Scheu, sondern rufen bestenfalls
kalte Bewunderung hervor. Die einst blendend weiße Tünche wurde inzwischen zu einem Elfenbeinton abgeschwächt, was dem Raum wenigstens einiges
seiner oft kritisierten Steifheit nimmt.*

Da ist an der Nordseite ein Platareskenportal von Siloé, mit
seinen Initialen am Fuß einer der Nischen; die zweifellos edlen
Proportionen dieser Puerta del Perdón werden durch die Figuren
von Glaube und Justitia über dem Bogen verdorben. Das Haupt-
oder Westportal von Alonso Cano zeigt große Originalität; in
seiner Form gemahnt es an einen römischen Triumphbogen mit

dem hohen Mittelteil und den niedrigen flankierenden Neben-
eingängen. Für die Barockarchitektur ist es ungewöhnlich frei
von unnötiger Ornamentik, und die kühn vortretende Masse erzielt den gleichen Chiaroscuro-Effekt, den Cano auch mit dem
Pinsel so gerne hervorrief. Ein Detail ist so gut wie eine Signatur
des Künstlers: die Kapitelle der Pilaster sind durch Reliefmedail-
lons ersetzt; seine Schüler übernahmen dieses Stilelement. Der
Skulpturenschmuck wurde weitgehend von Verdiguier und
seinem Sohn geschaffen.

Im Innern wird unser Blick zuerst zum Hochaltar im Rundbau
der *Capilla Mayor* gezogen; die Capilla ist durch sieben Öffnungen zwischen den Pfeilern mit dem Chorumgang verbunden.
Über den Lesepulten zu beiden Seiten sieht man die knienden
Figuren der Katholischen Könige, ein Werk Pedro de Menas. Darüber stehen in Nischen Alonso Canos berühmte Büsten von
›Adam und Eva‹, die er nicht mehr selber gefaßt hat, worauf er
sonst so großen Wert legte; Juan Vélez de Ulloa hat sie nach dem
Tode des Meisters bemalt. Die Gesichtszüge verraten den Einfluß des italienischen Cinquecento; man hat die Büsten oft mit
Michelangelos Gestaltung des jugendlichen Renaissancetypus
verglichen. – Die Capilla Mayor steigt geschoßartig auf; der
zweite Abschnitt zeigt einen Gemäldezyklus von Alonso Cano,
›Die sieben Freuden Mariä‹. Die prachtvollen Glasmalereien
von vierzehn der darüberliegenden Fenster wurden in Flandern
von Theodor von Holland ausgeführt, für einige der anderen hat
Diego de Siloé die Entwürfe gemacht. Der Hochaltar, der früher
im Mittelschiff stand, ist seit 1926 hier untergebracht.

Bei unserem Rundgang durch die *Seitenkapellen* muß ich mich
auf die wesentlichsten Kunstwerke beschränken. Beginnen wir
rechts vom Eingang mit dem kleinen Kathedralen-Museum; es
enthielt viele, auch sehr gute Werke, aber kaum etwas von überragender Bedeutung. Die dritte Öffnung zur Rechten ist der Eingang zum *Sagrario*, der Kirche, in der die Sakramente ausgeteilt
werden. Sie dient als Pfarrkirche dieser Gegend und steht genau
an der Stelle der alten Moschee, an deren Tür Hernán Pérez de
Pulgar sein Ave Maria heftete; aus diesem Grund gestattete

Karl v. dem Helden dieses Abenteuers eine eigene Grabkapelle; sie liegt in einer Passage zur Linken, die als Durchgang zur Capilla Real errichtet wurde. Es ist nur eine der Ehren, mit denen die Nacht des 18. Dezember 1490 belohnt wurde; zu den anderen Privilegien der Familie des Pérez Pulgar gehörten ein Sitz im Chor und die Erlaubnis, in der Kathedrale den Hut aufzubehalten. Im Sagrario findet sich außerdem ein schöner marmorner Taufstein von 1522 aus Italien. Da der 18. Dezember das Fest der Santa María de la O ist, wurde ihr der Sagrario geweiht.

Als nächstes kommt die Capilla de la Trinidad, deren Retabel, ein Dreifaltig-keitstriptychon, von Alonso Cano stammt. Es war der Entwurf für ein viel größeres Werk, das vom Kloster Sankt Anton erworben, 1836 vom Provinz-Museum übernommen und prompt gestohlen wurde. Die Studie zu einem Bild, das vielleicht nie wieder ans Licht kommt, wird ›Chanfaines‹ genannt, nach einem Kaldaunengericht, für das Alonso es eingetauscht haben soll. Es folgt das geschmacklose Barockretabel des Altars de Jesús Nazareno mit vier Gemälden von Alonso, einem El Greco zugeschriebenen, und vier weiteren von Ribera. Ein ›Paulus‹, Gegenstück zu seinem ›Petrus‹, wurde 1844 entwendet; Granada war schon immer wegen seiner skrupellosen Kunstsammler verrufen.

Die verschlossene Tür, die zur Capilla Real führte, haben wir schon betrachtet; danach kommt der Altar des Santiago. Hauptstück ist eine Reiterstatue des heiligen Jakob, die Cean Bermúdez, ein bedeutender Kunsthistoriker, Alonso de Mena zugeschrieben hat, dem Vater des großen Pedro; das Pferd ist gut. Ein zierliches Madonnenbild wurde Isabella der Katholischen 1491 von Papst Innozenz VIII. zugleich mit dem Gnadengeschenk der Goldenen Rose gegeben; es diente als Altaraufsatz während der ersten Messe, die in der neueroberten Alhambra gelesen wurde.

Wir kommen jetzt zur Sakristei, die wir von rechts betreten. Hier befindet sich eine schöne ›Kreuzigung‹ von Martínez Montañés, ein Gemälde von Alonso Cano, ›Mariä Himmelfahrt‹, und das vielleicht anrührendste Werk in der ganzen Kathedrale, eine kleine geschnitzte Immaculata von dem gleichen Meister. Sie sollte ursprünglich auf dem Lesepult im Chor stehen, wurde dann aber als zu kostbar für diesen Zweck erachtet. Selbst wenn man gefaßte Holzskulptur nicht liebt – in diesen Breiten das Übliche – wird man von der Zartheit dieses Werkes entzückt sein; sie erregt dieselben Emotionen wie die ›Cieguecita‹ des Montañés in der Kathedrale von Sevilla (siehe Seite 115).

Wenn wir im Chorumgang weiter gehen, kommen wir zur Capilla de Santa Ana, in der wir eine Variante des bekannten Motivs finden: eine heilige Anna mit ihrer Tochter Maria auf dem einen und dem Jesusknaben auf dem anderen

*Knie. Die Kapelle der Santa Lucie zeigt die Heilige in der bekannten Weise.
In der Capilla de la Antigua ist eine restaurierte gotische Madonna mit Kind;
sie soll aus Deutschland stammen und von Söldnern, die bei der Befreiung
Granadas kämpften, mitgebracht worden sein. Sie wurde der Kathedrale von
den Katholischen Königen geschenkt und ist heute das Mittelstück eines großen,
bewegten Retabels in blühendem Barock. Wenn wir jetzt durch das linke Seitenschiff zurückgekehrt sind, kommen wir zum Schluß an den einzigen Turm.
Neben der Treppe zum Turm liegt der Eingang zur Schatzkammer, dem ehemaligen Kapitelhaus, wo wir die beiden letzten Statuen Alonso Canos bewundern können, die ›Virgen de Belén‹ und eine überlebensgroße Paulus-Büste, der
hier einmal nicht völlig kahl ist, wie gewöhnlich in der mittelalterlichen Kunst.*

Gegenüber dem Haupteingang der Kathedrale liegt der Palast des Erzbischofs und dahinter die *Plaza de Bibarrambla.* Der
Name, ›Bab ar-raml‹, bedeutet Sandtor; die Plaza liegt nämlich
über dem einstigen Uferstreifen des Darro. Solche Flußufer
oder auch die sandigen Sohlen von Trockentälern, wurden einst
als Promenaden benutzt, daher der Begriff ›Rambla‹. Das Tor
lag ein paar Meter weiter westlich und war Teil der Stadtmauer;
es wurde im vorigen Jahrhundert niedergerissen. In einem ungewöhnlichen Bergungsunternehmen wurden die abgetragenen
Teile ins Archäologische Museum überführt und dann 1935 von
Torre Balbás nahe der Alhambra wiedererrichtet.

*Im Volksmund hieß das Tor ›Orejas‹ (Ohren), und das wird auf eine un-
glaubliche Begebenheit zurückgeführt. 1621 soll bei einer Fiesta die Plattform
in der Plaza de Bibarrambla zusammengebrochen sein, und in dem entstehen-
den Durcheinander schnitt man den Damen die Ohren ab, um ihre Ohrgehänge
zu stehlen. Die Geschichte ist weit verbreitet, wird aber dadurch nicht wahrer.
Denn schon ein Jahrhundert zuvor wurde das Tor ›Puerta de las Orejas‹ genannt, und ihr anderer Name lautete damals ›Puerta de las Manos‹ (Hände).
und man weiß, daß hier die abgehauenen Hände oder Ohren von Verbrechern
zur Schau gestellt wurden. Die Legende wurde wahrscheinlich erdacht, um
noch einen weiteren Namen zu erklären, Puerta de Cuchillos, Tor der Messer;
aber so wurde sie genannt, weil hier die Cuchillería, das Viertel der Messerschmiede, lag.*

Der längliche Platz ist mit Bäumen und einer grotesken Nep-
tun-Fontäne geschmückt. Er wurde zu manchen Zeiten als Stierkampfarena und für andere ›Fiestas‹ benutzt, wie zum Beispiel

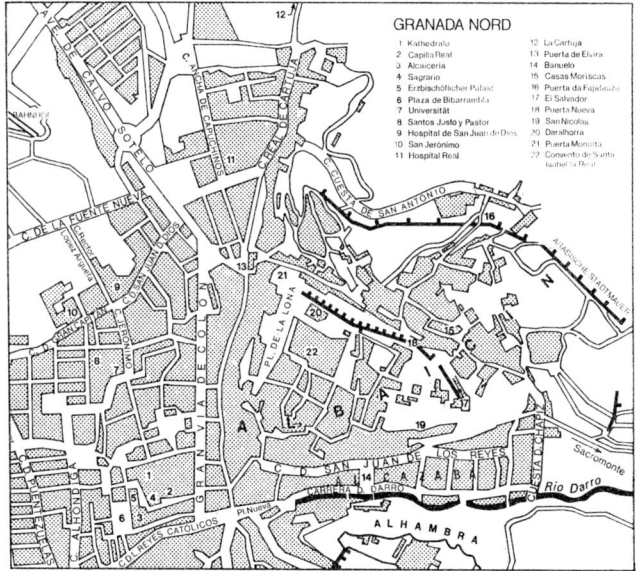

GRANADA NORD

1 Kathedrale
2 Capilla Real
3 Alcaicería
4 Sagrario
5 Erzbischöflicher Palast
6 Plaza de Bibarrambla
7 Universität
8 Santos Justo y Pastor
9 Hospital de San Juan de Dios
10 San Jerónimo
11 Hospital Real

12 La Cartuja
13 Puerta de Elvira
14 Bañuelo
15 Casas Moriscas
16 Puerta de Fajalauza
17 El Salvador
18 Puerta Nueva
19 San Nicolás
20 Daralhorra
21 Puerta Monaita
22 Convento de Santa
   Isabel la Real

die Verbrennung der unschätzbaren arabischen Manuskripte durch Kardinal Jiménez de Cisneros, den Gründer der Universität von Alcalá de Henares. Obwohl ein bißchen heruntergekommen, ist der Platz noch immer anziehend, auch durch die Blumenstände an der einen Seite, die ihm Farbe verleihen. An jedem 3. Mai feiert ganz Granada ein Fest, zu dem jeder Pfarrsprengel ein Blumenkreuz errichtet; zur gleichen Zeit werden die Hausfassaden mit den schönsten Teppichen, Kissen, Schals und Blumenarrangements geschmückt, und fast alle Einwohner tragen andalusische Tracht. Dieses Viertel und der Albaicín sind dann besonders reizvoll für den Besucher.

Wenn wir zur Kathedrale zurückkehren, finden wir in einigen Metern Entfernung die Calle de la Carcel und, an der Seite dem Turm gegenüber, das Colegio de Niñas Nobles, eine Schule für junge adelige Mädchen, ursprünglich den Familien der Gründer vorbehalten. Das platereske Portal und ein Fenster sind ein eingehendes Studium wert. Wenn man dann in nördlicher Richtung weitergeht, kommt man zur Calle de Santa Paula; eine Tafel erinnert daran, daß Alonso Cano im Haus Nr. 10 gestorben ist; er hat es von 1663 bis zu seinem Tod 1667 bewohnt.

Die meisten der *Universitätsgebäude* liegen etwa hundert Meter weiter westlich; es ist am besten, an der Plaza de la Universidad zu beginnen, wo eine Statue Karls v., die Kopie einer anderen in Madrid, auf einem schwerfälligen Sockel steht. Dieses Viertel und einige seiner Bauten haben viel erlebt, seit Karl v. den ›Colegio Imperial‹ gründete; er sollte eigentlich nur der Ausbildung von Lehrern dienen, die sich der Bekehrung der Mauren, oder besser gesagt, der Morisken, widmen wollten. Diese Aufgabe wurde später von den Jesuiten weitergeführt, die an einer Seite der Plaza ihre eigene Kirche errichteten. Als der Orden 1767 ausgewiesen wurde, zerstörte man einen Teil der Gebäude, um Raum für einen kleinen botanischen Garten zu schaffen, der Rest wurde der heutigen Universität zugewiesen.

Die Iglesia de los Santos Justo y Pastor zeigt die typischen Züge einer spanischen Jesuitenkirche mit den übertriebenen, schweren Voluten und kreuzblumenartigem Zierat. Das Haupt- und das Ostportal wirken wie Altäre, die der glatten Fassade vorgeblendet wurden, was an den Sevillaner Barock der Figueroa denken läßt. Innen finden wir gegliederte oder stuckierte Tonnengewölbe, kannelierte Säulen, eine weite Kuppel, durch deren Tambour das Licht einfallen kann, Statuen und Gemälde, kurz, die ganze Erregtheit, die so häufig eine Barockkirche durchzieht.

Wenn wir der Calle de San Jerónimo folgen, kommen wir an der typisch granadischen Fassade des Colegio Mayor de San Bartolomé y Santiago mit ihrem herrlichen Portal vorbei und finden uns dem *Hospital de San Juan de Dios* gegenüber. Es war das erste Krankenhaus der Hospitaliter, nachdem sich San Juans in Privathäusern untergebrachte Pflegestätten als ungeeignet für die Behandlung der Kranken erwiesen hatten.

Das Leben des San Juan de Dios ist ein einziges großes Abenteuer gewesen. In seiner Jugend war er Schäfer, Soldat, Rinderhirte, Wanderbuchhändler. Er

kam aus Portugal und folgte der kaiserlichen Armee bis Ungarn, um am Feld-
zug gegen die Türken, die unter Suleiman dem Prächtigen Wien sehr nahege-
rückt waren, teilzunehmen. Später ließ er sich hier in Granada nahe der Puerta
Elvira nieder. Das Studium frommer Traktate hatte auf ihn einen ähnlichen
Effekt wie das Lesen von Ritterromanen auf Quixote: er mußte das Gelesene
in die Tat umsetzen. Er und seine Anhänger, die Barmherzigen Brüder vom
heiligen Johann von Gott, reisten immer mit einem Schäferstab und einem Bet-
telkorb ausgerüstet herum, daher nannte man sie auch die ›Brüder vom Korbe‹.
Die Kosten für ihre wohltätigen Einrichtungen brachten sie durch Betteln auf;
die Formel des Heiligen wurde in das Ordensabzeichen aufgenommen: »Quien
hace bien para sí mismo?« pflegte er zu fragen, »Wer möchte gerne sich selbst
ein wenig Gutes tun?« Die Tugend des Almosengebens ist eine der fünf religiö-
sen Gebote des Islam und in Spanien noch heute sehr lebendig.

Das Hospital hat einen wunderschönen Renaissancehof, der
untere Teil ist mit Valencianer Kacheln verkleidet; eine kleine
Kapelle im Eingang beherbergt die Christusfigur von der Puerta
Real, und das Treppenhaus prunkt mit einer originalen Alfarje-
Decke. Es war zu Beginn des 16. Jahrhunderts für die Hierony-
miter erbaut worden, und die Katholischen Könige hatten verfügt, daß die Steine des maurischen Elvira-Tores dazu verwendet
werden sollten; aber schon bald siedelten die Mönche in ein anderes, heute noch von ihnen bewohntes Kloster über.

Es gibt noch viele Renaissance- und Barockbauten, aber wir
wollen uns auf zwei weitere beschränken. Folgt man der Calle
del Gran Capitán bis zur nächsten Ecke und biegt dann rechts in
die Calle Rector López Argüeta ein, sieht man sich dem Eingang
zum ehemaligen Kloster *San Jerónimo* gegenüber. Es wurde von
den Franzosen geplündert und nach der Auflösung 1836 vernachlässigt und als Kavalleriekaserne und Reitschule benutzt.
Ein erster Restaurierungsversuch wurde 1916 unternommen,
und vor kurzem wurden einige wertvolle Werke wieder zurückgegeben; es heißt, die Mutter Oberin der Hieronymitinnen im
Kloster Santa Paula in Sevilla habe sie bezahlt. Diese Dame, die
in sich die Eigenschaften einer Äbtissin und einer guten Fee Granadas verkörpert, ist die Tochter des Herzogs von Infantado;
eines ihrer Besitztümer, die sie der Öffentlichkeit zur Verfügung
gestellt hat, ist die *Carmen de los Mártires* nahe der Alhambra. Der

kleinere Patio der Abtei hat sein oberes Stockwerk verloren, wird
aber eines Tages zu seiner alten Eleganz erwachsen. Hier lebte
einige Zeit Kaiserin Isabella, die Gemahlin Karls v., da ihr die Lage
mehr zusagte als die der Gemächer des Kaisers in der Alhambra.

Der Hauptpatio mit seinem Orangenhain ist ein superber Bau.
Die untere Arkadenstellung hat sechsunddreißig Bögen und sieben großartige skulptierte Torwege, das Werk Diego de Siloés.
Die obere Galerie zeigt eine gotische Steinbalustrade und überall die Initialen der Katholischen Könige und Wappen, darunter
die des gütigen Hernando de Talavera, des ersten Erzbischofs
von Granada. Seine sanften Versuche, die Mauren zu bekehren,
hatten nur mäßigen Erfolg, und so wurde die Aufgabe dem ge-
walttätigen Kardinal Jiménez übertragen, der die arabischen
Handschriften in der Bibarrambla verbrannt hat. Talavera hatte
gewünscht, die Bibel ins Arabische zu übertragen, wurde aber
von Jiménez überstimmt, der kalt erklärte, »Hebräisch, Griechisch und Lateinisch sind die einzigen Sprachen, die dem Worte
Gottes angemessen sind«. Das ist völlig absurd, denn sogar die
von ihm selbst besorgte Bibelausgabe, die Komplutenser Poly-
glotte (1514-17), enthielt auch eine aramäische Version (Targum
Onkelos).

Die Kirche San Jerónimo wird nicht mehr benutzt und ist nicht
eigentlich eine Schönheit, obwohl sie manchen ansprechen wird.
Ihre besten Züge, die Bogenarkaden zu den Kapellen und die
flache Bogenwölbung, auf der der Coro en alto ruht, werden
übertönt von dem üblichen Kassettengewölbe und den ziemlich
schwachen Fresken, die jedes erreichbare Fleckchen Wand bedecken. Die Steinmetzarbeiten und die meisten Figuren sind von
Jacobo Florentino el Indaco und Diego de Siloé; Arbeiten Inda-
cos werden wir auch in der Kathedrale von Murcia sehen. Das
große Retabel ist ein imponierender Anblick; es entstand im
Übergangsstil von der Renaissance zum Barock unter ständigen
finanziellen Streitigkeiten. Es wurden im Laufe der Jahre so viele
Kontrakte über Ausführung, Vergoldung und Fassung unter-
schrieben und gebrochen, daß man nicht mehr bestimmen kann,
welcher Künstler für welches Detail zuständig ist. Jedenfalls

stellt es eine Art Zusammenfassung der christlichen Religion dar : verschiedene Tugenden und Heilige, Bildnisse und Episoden.

Die Decke der Querschiffe ist in Hochrelief mit den Figuren Caesars, Hannibals, Pompejus' und anderer antiker Heroen, Judiths, Deborahs, Penelopes und weiterer Heldinnen geschmückt. Sie sind als Ehrenbezeigung für den Gran Capitán Gonzalo Fernández de Córdoba und seine zweite Frau, Doña María Manrique, gedacht. Die Kirche war ursprünglich nichts als eine Erinnerungsstätte an den Feldherrn, dem wir nun von seinem Geburtsort Montilla an bis hierher, zu seinem Grabmal, gefolgt sind. Seine kniende Statue aus polychromem Holz ist zur linken Seite des Altarraumes, die seiner Witwe zur rechten; die Züge sind idealisiert und zeigen keine Ähnlichkeit mit den wenigen Porträts, die zu seinen Lebzeiten entstanden sind. Es ist fast ein Wunder, daß sie überhaupt erhalten ist, da sein Grab von napoleonischen Truppen aufgebrochen und geschändet worden war; vielleicht, weil er so häufig auf großen Erinnerungstafeln als der ›Schrecken der Franzosen und der Türken‹ gepriesen wurde. Sein Schwert wurde gestohlen, anscheinend für die paar Münzen, die der reine Silberwert einbringen mußte. Natürlich verschwanden zur gleichen Zeit auch alle anderen tragbaren Schätze, die schönen Rejas wurden eingeschmolzen für Munition.

Gonzalos Abenteuer endeten nicht mit dem Tod. Seine Überreste wurden nach der Grabschändung an verschiedenen Plätzen verborgen, bis sie auf Befehl Isabellas II. an Granada zurückgegeben werden mußten. 1870 entschied man sich, ein nationales Pantheon in Madrid zu errichten, und erbat dafür die Gebeine des Feldherrn. Aber sie wurden nach kurzem an Granada zurückgegeben und ruhen jetzt in der Krypta dieser Kirche; eine Marmortafel zu Füßen der knienden Figur trägt die Inschrift, daß er sich den Namen des ›Magni Ducis‹, des Gran Capitán, verdient habe. Hier wollen wir uns von ihm verabschieden.

Die Calle de San Juan de Dios führt uns nun in nordöstlicher Richtung zu einem kleinen Park, zwischen dessen Rosen sich das Monumento a la Immaculada oder Virgen del Triunfo erhebt. Der Kampf um das Dogma von der Unbefleckten Empfängnis erreichte einen Höhepunkt, als der Papst, der die Kirche nicht zwingen konnte, es zu akzeptieren, wenigstens alle Publikationen entgegengesetzter Meinung auf den Index setzen ließ. Dies Monument wurde ein Jahr später errichtet, und zugleich wurden Medaillen geschlagen, die an den Beschluß des Papstes erinnerten. Ein weniger bekanntes Denkmal in Form einer Säule mit einem Kreuz erinnert an die unglückliche Mariana Pineda, die als Verräterin erschossen wurde. Man nimmt heute an, daß sie die unselige Freiheitsfahne selber gestickt hat, aber es wird auch behauptet, daß ein abgewiesener Liebhaber sie aus Rache in ihr Haus geschmuggelt habe.

Hier liegt auch das *Hospital Real*, ein schöner Bau, von Enrique Egas begonnen und den gleichzeitigen Hospitälern in Toledo und Santiago de Compostela sehr ähnlich. Im 16. Jahrhundert entstanden, vereinigen sie die besten Elemente des platteresken Stils in sich: den klassischen Ernst der Renaissance, gemildert durch die reizvolle Dekoration von Türen und Fenstern. Bei diesem Hospiz ist allerdings das Hauptportal sehr viel später im Barockstil errichtet worden. Der Grundriß der drei Hospitäler ist identisch, sie zeigen alle ein eingeschriebenes griechisches Kreuz; die Quadrate zwischen den Kreuzarmen werden jeweils von einem Patio eingenommen (hier wurde allerdings nur einer der Patios vollendet). Das obere Geschoß hat besonders schöne Mudéjardecken in jedem der Flügel. Der Altar sollte in der Vierung unter der lichtspendenden Kuppel Platz finden, damit er von den Kranken in allen Teilen des Hauses gesehen werden konnte. Heute ist alles kahl und leer, nur der Holzkäfig, in den San Juan de Dios eingeschlossen wurde, wenn ihn der Irrsinn überfiel, ist noch zu sehen. Er enthält einen kleinen Schrein und eine Statue des Heiligen mit einem Kruzifix. Man siedelt zur Zeit die Ausstellungsstücke des Archäologischen Museums allmählich nach hier um; inzwischen könnte man mit der Einrichtung eines provisorischen Museums wohl beginnen, mit römischen, frühchristlichen, westgotischen, maurischen Funden, auch einigen späteren Stücken. In dem einzigen vollendeten Patio, im Stil der italienischen Renaissance erbaut, findet man wieder überall die königlichen Wappen und Initialen; da die Kette Navarras fehlt, kann man annehmen, daß das angegebene Datum 1511 als Baujahr zutreffend ist, denn Navarra wurde erst 1515 Spanien angegliedert.

Das Archäologische Museum wird die derzeit letzte Funktion des alten Gebäudes sein. Es war für die Betreuung von Pilgern und bedürftigen Kranken gegründet worden. Bald teilte es sich mit einem Krankenhaus auf der Alhambra in die Wundarzneikunst, und mit einem weiteren, von Karl V. errichteten, in die Pflege von Wahn- und Schwachsinnigen. Später spezialisierte es sich auf die Behandlung der Syphilis und nahm Fälle auf, die ihm aus ganz Spanien zugewiesen wurden. Unter den Bourbonen wurde ihm ein Waisenheim angegliedert. Noch bis ins letzte Jahrhundert widmete man sich hier auch der Pflege von Geisteskranken, dem hohen Ruf Spaniens auf diesem Feld der Barmherzigkeit getreu. Man weiß längst, daß die verständnisvolle Behandlung von Irren ihren Ursprung im Orient hat und von den Muselmanen schon ausgeübt worden ist, lange bevor sie im Christentum bekannt war. Ob ein Ideenaustausch zwischen Mauren und Christen stattfand, ist umstritten; sicher ist jedoch, daß das erste Asyl für Geisteskranke im christlichen Europa 1409 von dem Mönch Joffre in Valencia gegründet wurde und daß noch im gleichen Jahrhundert ähnliche Heime in Saragossa, Sevilla, Valladolid und Toledo folgten.

La Cartuja wird meistens als unabdingbare Sehenswürdigkeit bezeichnet; ich finde, daß man gut darauf verzichten kann, wenn die Zeit knapp ist. Die Gebäude aus dem 16. Jahrhundert sind architektonisch belanglos, und die Interieurs der Kirche, der Sakristei und des Sagrario muten an wie die vereinten Bemühungen überspannter Barockbaumeister und toll gewordener Zuckerbäcker. Zwischen den weißen, stucküberkrusteten Wandpfeilern finden sich phantastisch eingelegte Schränke mit Ebenholz-, Schildpatt- und Elfenbeinintarsien; eine fast meterhohe Wandverkleidung aus braunem, geädertem Marmor trägt zu dem überladenen Eindruck bei.

Die Sammlung von Gemälden des Fray Juan Sánchez Cotán übt größere Anziehung aus, aber selbst hier muß man vorsichtig mit dem Urteil sein. Cotán war ein Vorläufer, jünger zwar als El Greco, aber eine Generation vor Zurbarán und Velásquez; er war vor allem ein Meister des Stillebens oder ›Bodegón‹. Sein berühmtestes, in San Diego in Kalifornien, legt mehr Ausdruckskraft in einen Kohlkopf als manche anderen Maler in ein Heiligenbildnis. In der Kirche der Cartuja schirmt ein das Schiff unterteilendes Gitter die Plätze der Mönche gegen die der Laienbrüder ab. Daran hängen zwei Gemälde Cotáns; eines ist seine bekannte ›Flucht nach Ägypten‹. Maria, Josef und das Kind sitzen unter einem Baum, darüber schweben Engel, und ihr frugales Mahl haben sie auf einem weißen Stück Linnen auf einem Felsen ausgebreitet. Wie sehr man die Figuren und den Hintergrund preisen mag, die Behandlung des Lichts, die Komposition: der Künstler zeigt sich für mein Empfinden darin, wie hier Brot und Käse gemalt sind. Obwohl er erst spät ein Kartäuser wurde, ist das Leben des Sánchez Cotán fleckenlos, und um das zu bezeugen, so wird erzählt, kam die Himmelskönigin selbst herniedergefahren, um dem Maler zu sitzen. Für die Cartuja hat er eine Serie von Bildern katholischer Märtyrer in England gemalt, und dabei hat sein religiöser Eifer einen Sieg über sein künstlerisches Können davongetragen. Die Bilder hingen lange in dem schönen Patio, den protestantischen Reisenden die Freude verderbend, die sich vorgestellt hatten, daß die Katholiken das alleinige Monopol über Folter und barbarische Hinrichtungsmethoden innehätten.

Andere interessante Werke von Cotán schließen ein Retabel in einem der Säle und vier Gemälde in der Apsis ein. Noch zwei andere Künstler, Bocanegra aus der Schule des Alonso Cano und Vicente Carducho, sind reich vertreten. Carducho war ein Italiener, dessen Vater von Philipp II. während der Errichtung des Escorial berufen und dann kurz vor Velásquez Hofmaler wurde. Die Geschichte des Kartäuserordens war sein Hauptinteresse, und hier wetteiferte er mit Cotán in der Darstellung der Verfahren und Tribunale gegen die Mönche. Carducho war nach Granada gekommen, um Sánchez Cotán zu treffen, dessen Bilder er sehr bewunderte, und er erkannte ihn angeblich sofort an der Ähnlichkeit, die zwischen dem Meister und seinen Werken bestand. Es ist richtig. daß Cotáns gütiges Antlitz die innere Glut seiner Geistigkeit reflektierte. Was man nicht so oft erfährt, ist, daß er ein Mann war, der in einem Kloster abgesehen von seiner Kunst willkommen sein mußte: er war nämlich ein geschickter Uhrmacher und Klempner. Im Chor sieht man einen Christuskopf, in dem man ein Werk des Morales erkennen möchte; er soll aber von einem anonymen Künstler in seinem Stil gemalt worden sein. Darunter ist eine Rosenkranzmadonna von Bocanegra, die auch aus der ersten Periode von Murillo sein könnte.

Wir gehen die Calle Real de Cartuja zurück und gelangen an die *Puerta de Elvira*, ursprünglich das bedeutendste Tor der Maurenstadt. Der Name wurde von Medina Elvira abgeleitet, der Stadt, die die arabischen Invasoren über den Ruinen des römischen Iliberis errichteten, aus dem mühelos ›Elvira‹ wurde. Von dem massigen Bau mit seinen Türmen und einer Barbakane ist heute nur ein riesiger zinnengekrönter Hufeisenbogen übriggeblieben. Alles andere wurde abgetragen, zuerst, um das Hospital de San Juan zu errichten, dann, weil die ›Norias‹ in der Nachbarschaft die Fundamente zerstörten, später, weil die Ruinen Unterschlupf für Wegelagerer boten, dann erneut während der französischen Besatzung und schließlich noch einmal im Jahre 1879 ohne ersichtlichen Grund durch die Stadtverwaltung. Wenn man auf das ragende Fragment schaut, braucht man nicht viel Phantasie, um sich den Rest vorzustellen; das Tor war eine Festung in sich selbst.

In kurzer Entfernung lag im Südwesten ein weiteres Tor, das Bab Alkuhl, vom arabischen ›Kohl‹ oder Spießglanz. Antimonsulfid (oder Spießglanz) wurde schon im alten Ägypten von den Frauen zum Färben der Augenlider verwendet, und von den Ägyptern haben es die Araber übernommen. Später bezeichnete man mit ›Kohl‹ alle Antimonverbindungen, und das Tor erhielt seinen Namen von dem Bleiantimoniat (antimonsaures Bleioxyd), das die Töpfer zum Glasieren des Scherbens, aber auch zur Herstellung der gelben Farbe (Neapelgelb) benötigten und das durch dieses Tor in die Stadt gebracht wurde.

In der Calle de Elvira war auch der berühmte ›Pozo Ayron‹, ein Schacht, den die Araber gebaut hatten, um der Luft zu erlauben, aus dem Innern der Erde zu entweichen, um dadurch die Erdbebengefahr herabzusetzen. Granada liegt in einem Bebengürtel; das soll einer der Gründe sein, warum die Gemahlin Karls V. die Alhambra mit festerem Grund zu vertauschen strebte. Auf halbem Weg stoßen wir auf die Kirche Santiago, wo Pedro de Mena getauft und Diego de Siloé begraben wurde. Der Schädel Diegos wurde im letzten Jahrhundert ›gerettet‹ und von dem Kunsthistoriker Jiménez Serrano, seinem Freund Enríquez Ferrer übergeben, der den Sarg Mariana Pinedas entwarf. Wenn man beginnt, mit den Überresten von Künstlern Kult zu treiben wie mit Reliquien, dann hat die Kunst wohl wahrhaftig ihren Zenit erreicht. – Die Inquisition hatte ihren Sitz in dem Kaninchenbau verschachtelter Straßen westlich der Kirche, der verschwand, als die Gran Vía de Colón gebaut wurde. Nach der Aufhebung der Inquisition 1830 wurden die Archive im Patio des Klosters San Augustín verbrannt, und so schließt sich hier der Kreis, der mit der Bücherverbrennung in der Plaza Bibarrambla seinen Anfang nahm.

SIEBZEHNTES KAPITEL

Granada – Die Alhambra

»Es gibt keinen Eroberer außer Allah«

Der Berg, der sich keilförmig am südlichen Ufer des Darro im Osten der Stadt erhebt, wurde nach dem Festungspalast, der ihn krönt, Alhambra genannt. Er trennt das Darrotal vom Assabicatal, südlich dessen der Monte Mauror aufragt, auf dem die Torres Bermejas stehen. Auf dem sanft ansteigenden Hang des Alhambrahügels liegt dann der ›Generalife‹, ein märchenhafter Park, dahinter finden wir die ›Cuesta del Rey Chico‹, den ›Hügel des kleinen Königs‹, wie man den letzten Nasridenkönig, Boabdil, nannte. Auf ihm breitet sich die ›Silla del Moro‹ aus, das Fort, in dem El Rey Chico über seine rebellische Stadt brütete. Zum Glück ist es für uns nicht nötig, die maurische Geschichte Granadas in allen Einzelheiten zu kennen, denn sie ist kompliziert und umstritten. Was wir wissen müssen, erzähle ich während unseres Rundgangs.

Für die meisten Reisenden, besonders, wenn sie nur an einer Führung teilgenommen haben, ist die Alhambra gleichbedeutend mit dem Palast. Das ist zwar der eindrucksvollste Teil, aber es gibt sehr viel anderes, was man sich nicht entgehen lassen sollte; die Befestigungen zum Beispiel. Warum nannte man sie ›rot‹? Denn Alhambra oder sal-hamra bedeutet einfach ›das Rote‹. Man ist versucht, den Namen mit den Nasriden in Verbindung zu bringen, die den Palast bauten, weil der Gründer der Dynastie, Ibn Alahmar, ›Sohn des roten Mannes‹ genannt wurde; aber man weiß, daß die Alhambra schon lange vor den Nasriden diesen Namen trug; die Chronisten sprachen auch von den ›Torres Bermejas‹, den ›Roten Türmen‹.

Am einfachsten findet man sich zurecht, wenn man sich daran

erinnert, daß die Alhambra aus drei Teilen besteht; der älteste
ist die Alcazaba auf der Spitze des Keils; dann folgt der königliche Palast und schließlich der ›Población‹, eine Art Palast-
Vorstadt, am Fuß des Keils. Wenn wir diesen Komplex architektonischen Wachstums und Verfalls besichtigen, dürfen wir nie
vergessen, daß Restaurierung und Zerstörung sich seit Jahrhunderten abgelöst haben. Die ständigen Bürgerkriege der Maurenzeit hatten dem Fort bereits das Zeichen der Vernachlässigung
aufgeprägt, als die Katholischen Könige Granada eroberten. Sie
und ihr Enkel, Karl v., taten ihr Bestes, das großartige Baudenkmal zu erhalten und auszubauen; für zwei Jahrhunderte bleibt
es der Stolz der spanischen Könige. Die zweite Periode des Verfalls begann unter den Bourbonen, denn Philipp v. entließ den
Erbgouverneur, einen Nachfahren der Grafen Tendilla, weil er
im Spanischen Erbfolgekrieg auf der falschen Seite gestanden
hatte. Zur Vernachlässigung gesellte sich Zerstörung, als die
Franzosen unter Sebastiani einen Teil der Befestigungen in die
Luft jagten, weil Wellingtons Sieg bei Salamanca sie zum Verlassen Granadas zwang.

*Um 1820 herum begann man mit Restaurierungsversuchen, die häufig un-
sachgemäß waren; der plötzliche Eifer wurde genährt von dem Interesse, das
die Öffentlichkeit nach Erscheinen von Washington Irvings ›Tales of the Alhambra‹ wieder an dem Palast nahm. Jedoch hatte man bereits ein Jahr vor
Irvings Ankunft mit den Arbeiten begonnen. Die Bemühungen dauern heute
noch an, und jedes Jahr wird – seit langem unter der fachgerechten Leitung von
Archäologen, Künstlern und Architekten – mehr von der Schönheit des alten
Bauwerks freigelegt. Die Alhambra hat nichts Statisches, sie blüht und verwittert abwechselnd; aber noch nie wurde ihr solche Aufmerksamkeit gewidmet wie von unserer Generation.*

*Der Zugang wurde vor kurzem erleichtert, und Sammelkarten werden aus-
gegeben, so daß man jeden Teil für sich betrachten kann; wenn man eine Ab-
teilung betritt, wird der für sie bestimmte Kartenabschnitt durch die Wärter
ungültig gemacht. Es ist deshalb am besten, wenn man einen Teil wirklich
gründlich betrachtet, ehe man zum nächsten übergeht; man bevorzugt diszi-
plinierte Besucher, die nicht gegen den Strom zurückkehren. Die Alhambra ist
täglich von 10 Uhr bis 19 Uhr geöffnet, und die Hauptgebäude des Palastes
sind dienstags, donnerstags und samstags bis Mitternacht angestrahlt, Ab-*

gesehen von diesen Abenden besucht man den Palast – wenn man dem größten
Gedränge entgehen will – am besten zwischen 13.30 und 15.30 Uhr.

Man beginnt an der Plaza Nueva, die man an der Ostseite über
die Cuesta de los Gomérez verläßt. Man spart Zeit, wenn man
mit dem Wagen fährt, aber viele Besucher ziehen es dennoch
vor, den steilen Aufstieg zu Fuß zurückzulegen; einerseits, um
die friedliche Waldatmosphäre zu genießen, zum andern, um
den vielen Einbahnstraßen zu entgehen. Nach einer Steigung
von etwa zweihundert Metern führt die Straße durch einen
Torbogen, die *Puerta de las Granadas*. Sie hat den Platz eines älteren Tores in der Mauer eingenommen, das die Torres Bermejas zur Rechten mit der Alcazaba der Alhambra zur Linken
verband. Die Puerta ist ein Renaissancebau mit schwerer Rustika,
von drei aufgesprungenen Granatäpfeln, die ihre Samen zeigen,
gekrönt; Pedro Machuca, dessen Namen wir hier noch oft begegnen werden, hat sie 1536 errichtet. Wie seine meisten Arbeiten harmoniert auch dieses Tor nicht mit den maurischen Bauten.

Hinter dem Tor gabelt sich die Straße in drei Stränge; den
rechten Zweig sollte man nehmen, wenn man mit dem Auto
hinauffährt oder wenn man die *Torres Bermejas* sehen möchte,
die man über die erste Abzweigung rechts erreicht. Die Türme
sind wiederaufgebaut und nicht besonders interessant, aber die
Fundamente enthalten eine römische Abflußleitung und römische Bögen. Es wäre auch erstaunlich, wenn ein strategisch so
wichtiger Hügel wie der Mauror nicht von den Römern für ein
Fort genutzt worden wäre. Die erhaltenen arabischen Tapia-
Mauern sind rot, daher also der Name ›Bermejas‹, ›Zinnober‹;
die Backsteine, die für die Restaurierung verwendet wurden,
sind aus dem gleichen Lehm gebrannt und fast noch röter.

Der mittlere Weg führt durch die Ulmenpflanzung, die die
südlichen Abhänge bedeckt; ein reizender Spaziergang für einen
heißen Tag. Die großen Ulmen wurden laut Überlieferung von
dem Herzog von Wellington gepflanzt. Aber schon im 17. und
18. Jahrhundert gab es Berichte von Reisenden, die die Ulmen-
haine der Alhambra preisen. Anscheinend hat bereits der Mar-

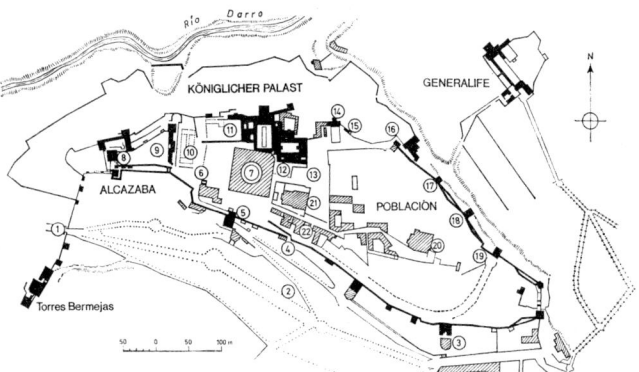

DIE ALHAMBRA
Plan der Gesamtanlage

Plan des Königlichen Palastes
siehe Seite 347

1 Puerta de las Granadas
2 Puerta de la Bibarrambla
3 Torre de los Siete Suelos
4 Puerta de los Carros
5 Puerta de la Justicia
6 Puerta del Vino
7 Palast Karls v.
8 Torre de la Vela
9 Plaza de Armas
10 Plaza (Patio) de los Aljibes
11 Patio de Machuca
12 Torre de la Rauda
13 Jardines del Partal

14 Torre de las Damas
15 Torre del Mihrab
16 Torre de los Picos
17 Torre del Candil
  (Torre del Cadí)
18 Torre de la Cautiva
19 Torre de las Infantas
20 Parador
  (ehem. Kloster San Francisco)
21 Santa María la Real
  (oder: de la Alhambra)
22 Ladenstraße
  und Restaurant

quis von Mondéjar 1625-1641 die Neuanpflanzung der alten arabischen Parks angeordnet. Wenn man auf diesem Weg bleibt,
stößt man links auf die wiedererrichtete *Puerta de la Bibarrambla*;
sie wird von den meisten Besuchern übersehen, da sie von Bäumen verdeckt wird. Sie ist ein schönes Beispiel für ein Stadttor
und brauchte nur wenig Restaurierung; die Muscheln über dem
inneren Bogen sind das Abzeichen von Spaniens Schutzheiligem
Santiago, waren aber schon bei den Mauren, Römern und Griechen als Fruchtbarkeitssymbol verbreitet.

Wo sich die drei Pfade wieder vereinigen, ist die Haltestelle für die halbstündig verkehrenden Stadtbusse (es ist manchmal gut, das zu wissen) und das Hotel ›Washington Irving‹, das wohl bald seine Hundertjahrfeier erleben dürfte. Gegenüber liegt die Torre de los Siete Suelos, die ich später beschreiben werde. Hier beginnt der Mauermantel in all seiner Grandiosität aufzuwachsen, nur wenige Meter von der Straße entfernt. Wenn man sich jetzt nach Westen wendet, hat man die Burgmauern zur Rechten. Bald gabelt sich der Weg wiederum, der rechte Arm führt zu der verhältnismäßig späten Puerta de los Carros, durch die angeblich die großen Steine während des Palastbaus Karls v. hereingeschafft wurden. Die etwas längere linke Abzweigung endet an der *Puerta de la Justicia*, dem traditionellen Eingang; man kann ihre mächtigen Proportionen schon von einer Wegbiegung aus in sich aufnehmen. Den Wagen kann man hier parken, wenn man ihn nicht noch bis zur Puerta de los Carros mitnehmen will. Direkt unterhalb des Tores steht links der Pilar de Carlos Quinto, ein von Machuca entworfener prunkvoller Brunnen. Vielleicht ist er für unser Empfinden mit zuviel klassischen Allegorien belastet, aber möglicherweise paßt er auch einfach nicht in diese Umgebung.

Wenn man vor der Puerta de la Justicia steht, sieht man links eine Lichtung mit einer verhältnismäßig modernen Geschützstellung. Der Washington-Irving-Brunnen wurde erst 1959 errichtet, um an den hundertsten Todestag des Dichters zu erinnern. Irving, in dem sich Romantik und Zartheit des Gefühls in seltener Weise verbanden, hat uns in seinen Alhambra-Geschichten ein magisches Gewebe aus Historie und Phantasie hinterlassen; sie haben viel dazu beigetragen, das Bauwerk vor dem Ruin zu sichern. Darin unterscheidet er sich wohltätig von anderen ›Romantikern‹ seiner Zeit, die sich damit begnügten, ihre Namen auf die Fresken aus dem 16. Jahrhundert zu kritzeln. Auf dem Platz vor dem Tor wurden früher gelegentlich Hinrichtungen durchgeführt, und der Kadi, der maurische Richter, empfing hier an Freitagen die Bittsteller, wenn der König nicht selber dieses Amtes im Mexuar waltete. Das Mauerwerk ist an vielen

Stellen ausgebessert worden, aber von jetzt an muß sich der Besucher grundsätzlich auf diese Restaurierungen einstellen. Das Portal mit seinem Hufeisenbogen in einem schlichten Alfiz und einem kleinen Schlüssellochfenster oben in jeder Ecke ist bedeutend. Der Schlußstein zeigt eine geöffnete Hand, das universale Symbol gegen den Bösen Blick. Durch den Bogen gelangen wir in einen rechteckigen Raum, an dessen Ende ein zweiter Hufeisenbogen mit zahlreichen arabischen Inschriften steht. Eine der Inschriften datiert das Bab Asshariya, das Tor der Gerechtigkeit, auf das Jahr 1348. Über diesem Bogen ist ein skulptierter Schlüssel mit einem hängenden Band; man kennt die Bedeutung nicht genau, aber anscheinend bezieht sich dies Sinnbild auf das Königreich Granada. Ein alter Aberglaube besagte, daß das maurische Reich in Spanien untergehen würde, wenn die Hand nach dem Schlüssel greift, und ein anderer, daß dann die Nasriden wiederkehren werden ... Über dem inneren Torbogen ist eine Nische mit einer Maria und Jesuskind, flankiert von Joch und Pfeilen, woran man erkennt, daß sie von den Katholischen Königen in Auftrag gegeben war. Darunter verläuft ein Band ausgezeichneter Azulejos in Blau und Grün in jenem Stil, der uns in Persien so häufig begegnet. Dann folgt ein Gang mit vier Wendungen im rechten Winkel, ehe sich das Tor zu den Gärten der Alhambra öffnet. Die äußeren Türen sind unter dem zweiten Bogen und haben noch ihre originalen Zapfen, Riegel, Eisenbeschläge und Knäufe: wenn sie bei einem Angriff fallen würden, gäbe es an jeder der scharfen Biegungen immer noch genug Verteidigungsmöglichkeiten. In der letzten der Gangkammern ist eine gotische Inschrift, die von einem anderen Ort hierhergebracht sein muß. Sie erinnert an die Bestallung des Grafen von Tendilla, gibt aber als Namen des Königs nicht Boabdil, sondern Muley Hassan, also den seines Vaters, an, und aus dem Wortlaut geht hervor, daß die Tafel für einen Brunnen gedacht war. Ihr zunächst steht ein Altar, wo an jedem 2. Januar, dem Jahrestag der Übergabe Granadas, ein Gottesdienst abgehalten wurde.

Wenn man die Puerta de la Justicia verläßt, folgt man einem Pfad an der Innenseite des Mauermantels; die Mauer zur Linken ist eine Rekonstruktion, in die maurische Grabsteine von dem verlassenen Friedhof im Assabicatal verbaut wurden. Bald wendet man sich nach rechts und kommt bei der *Puerta del Vino* heraus, die man besichtigen kann, nachdem man seine Eintrittskarten im großen Renaissancepalast Karls v. erstanden hat. Wenn Sie die Pforte hinter sich haben, schauen Sie nach den machtvollen Türmen der Alcazaba aus und gehen an der Puerta vorüber auf sie zu. Bevor Sie sie erreichen, werden Sie an einer efeuüberwucherten Mauer zur Linken eine Marmortafel finden, die den Heroismus des José Garcia während der französischen Belagerung 1812 feiert. Er durchschnitt unter Lebensgefahr die Zündschnur, die die Franzosen um die Befestigungen gelegt hatten; wenn wir die Ruinen der damals bereits in die Luft gesprengten Türme sehen, wissen wir, was wir ihm verdanken!

Die Puerta del Vino ist im Grunde eines der ältesten Gebäude der Alhambra; nur ihre Fassaden sind spätere Zufügungen. Die östliche enthält eine Inschrift zu Ehren Mohammeds v., der der Verbündete Pedros des Grausamen war; er regierte von 1354 bis 1391. Das Tor, heute nicht mehr mit den Mauern verbunden, die diesen Bereich abtrennten, hat nahezu alles, was wir mit nasridischer Baukunst verbinden: Hufeisenbogen, den skulptierten Schlüssel, den Alfiz, die arabischen Inschriften und unter dem flachgeschwungenen, geziegelten Dach ein Ajimez-Fenster. Innen findet man einen zweiten Bogen, an dem die Torflügel hängen, dann folgt eine rechteckige Wachtstube mit seitlichen Nischen und schließlich der westliche Bogen. Er ist ungefähr in der gleichen Weise errichtet, aber besonderer Beachtung wert wegen der kostbaren Cuerda-seca-Fliesen in den Enjutas mit Rosetten und anderen ungeometrischen Mustern. Mit ihren blumenähnlichen Arabesken und den sanften Grün-, Blau- und Gelbtönen könnte man sie mit Isnik-Keramiken aus Kleinasien vergleichen.

Der Name, ›Weintor‹, klingt seltsam für eine maurische Zitadelle, selbst wenn wir wissen, daß die spanischen Muselmanen das Gebot des Propheten häufig übertraten. Einige nehmen an, daß der Name erst nach der Reconquista entstand; es gibt Dokumente, die die Privilegien der örtlichen Weingartenbesitzer genau festlegen. Andere weisen dagegen auf frühere Erwähnungen einer ›Bab Alhamra‹ hin, und so könnte das Weintor also sehr wohl das ›Tor der Alhambra‹ gewesen sein, denn die arabischen Wörter ›Hamra‹, Rot, und ›Khamra‹, Wein, unterscheiden sich in der Schreibung nur durch ein Häkchen.

Wenn man sich jetzt nach Westen wendet, ist der offene Platz rechts die Plaza de los Aljibes, benannt nach den Zisternen, die hier nach der Reconquista gebaut wurden; der Hauptweg zum Palast verlief früher niedriger. Die drei östlichen Türme der Alcazaba sind durch eine Mauer verbunden; der rechte oder ›Turm der Huldigung‹ ist der Bergfried; näher liegt uns der ›Antemuro‹, eine Einrichtung, die wir bereits von den Almohaden-Befestigungen in Sevilla kennen; sie bezeugt, daß die Alcazaba älter ist als die Nasridendynastie. Der Eingang links führt zum *Jardín de los Adarves*, einem Terrassengarten. Er ist ein langer, enger Vorsprung, geschmückt mit Buchs- und Myrtenhecken, Blumenbeeten und einem Brunnen mit einem seltsamen Relief, das an die Kapitelle des Palastes erinnert und an viel frühere aus der Abbasidenzeit im Irak. Zur Linken sieht man den Abgrund, zur Rechten erheben sich die nackten Festungsmauern, jetzt angenehm hinter Jasmin und Geißblatt verborgen. Der Blick ist großartig; von hier aus kann man die Torres Bermejas auf dem Mauror sehen und die Bögen auf dem östlich verlaufenden Kamm, wahrscheinlich der Bering der ehemaligen unterirdischen Magazine der Maurenzeit. Man kann auch den Verlauf der einstigen Mauer, die sich in das Assabicatal niederschwang, um die Torres Bermejas mit der Alcazaba zu verbinden, gut erkennen; an ihrem niedrigsten Punkt ist die Puerta de las Granadas, durch die wir eintraten. Es ist verführerisch, in diesem hängenden Garten lange zu verweilen, den Duft der Myrten zu atmen, dem Brunnen zu lauschen, aber wer hat schon soviel Zeit?

Am Ende des Gartens ist die *Torre de la Pólvera*, und an ihrer Mauer liest man eine ›Copla‹, einen Vierzeiler des mexikanischen Dichters Icaza:

> *Dale limosna, mujer,*
> *que no hay en la vida nada*
> *como la pena de ser*
> *ciego en Granada.*

Schenkt ihm einen Pfennig, Frau,
Denn nichts in meinem Geist ich find,
Wie sein Geschick elend und rauh:
In Granada zu sein und – blind.

Danach kann ich mir wohl sparen, das Panorama zu beschreiben.

Von den übrigen fünf Türmen der Alcazaba besichtigen die meisten Besucher nur den nächstgelegenen, der zugleich der höchste ist, die *Torre de la Vela*, ›Wachtturm‹. Er wird von der späten aufgesetzten Glockenstube für die große Glocke gekrönt, die hier aufgehängt wurde, nachdem die alte 1882 von einem Blitzschlag getroffen war. Sie wurde 1773 gegossen und hat seit damals geholfen, die Berieselung der Vega während der Nacht zu regulieren, wenn das Wasser in regelmäßigen Abständen in neue Kanäle geleitet werden muß. Es gibt einen ganzen Code von Signalen, die mit der ›Toque de Ánimas‹ um 20 Uhr beginnen und mit der ›Toque de Modorra‹ enden; das entspricht den nautischen acht Glasen (= vier Stunden) in der Mittelwache, wenn der Schlaf am tiefsten ist. Auch am 7. Oktober wird die Glocke geläutet, um an die Schlacht von Lepanto zu erinnern, und den ganzen Tag lang am 2. Januar, dem Jahrestag der Eroberung Granadas.

Vom Adarve-Garten wenden wir uns scharf nach links, wo man ein grünes Drahttor finden kann; wenn es verschlossen ist, wird der Kustode des Gartens es gerne für Sie öffnen und sein Trinkgeld mit einer geübten Geste und der Gravität des geborenen Herrn entgegennehmen. Die Tür öffnet sich auf die *Plaza de las Armas*, einen Paradeplatz, der über maurischen Häusern und Bädern angelegt wurde; ihre Fundamente und unteren Stockwerke konnten von den Archäologen freigelegt werden. Gleich zur Rechten sieht man die flaschenhalsartigen Öffnungen der *Mazmorras*, der Verliese, in die Christensklaven nachts an Stricken hinabgelassen und am Morgen wieder heraufgezogen wurden. Schlimme Geschichten über ihre Leiden werden erzählt, während die gefangenen Mauren bei den Christen vergleichsweise gut behandelt wurden. Der Grund für diese unterschiedliche Behandlung lag natürlich darin, daß die meisten

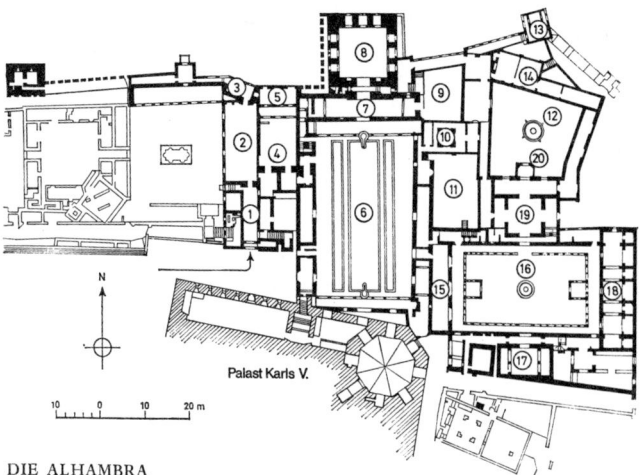

DIE ALHAMBRA

Königlicher Palast

Plan der Gesamtanlage siehe Seite 341

Mauren Künste oder Handwerke beherrschten, die sie ihren Herren wertvoll machten, was umgekehrt nicht oft der Fall war.

In der äußeren rechten Ecke führt ein Hufeisenbogen zu einem Gang durch die Torre de las Armas und hinaus zu dem steilen Berghang durch die *Puerta de las Armas*, einem der ältesten und einst geschäftigsten Eingänge in die Alhambra. Von hier führt ein Zickzackpfad durch die Wälder hinab zur Brücke des Kadí über den Darro. Wenn man entlang der Nordmauer zurückschaut, kann man den ›Cubo‹ erkennen, eine weitere, halbmondförmige Geschützstellung, die um einen der originalen quadratischen Türme angelegt wurde. Man erreicht sie über den geschützten Gang in der Alcazabamauer, der sich um den ganzen Bering herumzieht und der Besatzung der Feste erlaubte, sich rasch von einem Mauerende zum anderen zu begeben. Was wir bisher gesehen haben, scheint zu bestätigen, daß nur niemals nachlassende Wachsamkeit und unüberwindliche Mauern es den immer rascher in Dekadenz versinkenden Nasriden ermöglichten, zweieinhalb Jahrhunderte das Königreich Granada zu beherrschen.

Wenn wir die Plaza de los Aljibes von Süd nach Nord überqueren, folgen wir, ohne es zu gewahren, dem versunkenen Weg, der den Eingang von der Puerta de la Justicia mit dem königlichen Palast verband. Zwei Türme sieht man vor sich: die *Torre de Mohammed* oder *de las Gallinas* zur Linken steht dem originalen Eingang zum Alhambra-Palast gegenüber; hier vereinigte sich unser Weg früher mit dem von der Puerta de las Armas. Der andere, die *Torre de Machuca*, ist nach Pedro und Luis Machuca genannt; die beiden, Vater und Sohn, waren die Architekten des Palastes Karls v. Gegenüber der Nordwestecke dieses Palastes ist eine Mauerbrüstung, und wenn man sich darüber lehnt, hat man den besten Blick auf den *Patio de Machuca*, der nur noch Spuren seiner einstigen Grandezza zeigt, aber den eigenen Zauber leichter Vernachlässigung besitzt: Niedrige Buchshecken umschließen einen runden Brunnen in der Mitte des Hofes, dann kommen Orangenbäume und höhere Zypressenhecken. Er ist selten geöffnet und gehört nicht zum Programm der Führungen.

Heute ist der Eingang zum Alhambra-Palast weiter nach rechts verlegt, ein Gang führt direkt in den ›Mexuar‹. Das ist die alte Audienzhalle, die durch den Einbau eines zweiten Stockwerks 1840 radikal verändert wurde. Viele der Stukkaturen entstanden nach der Reconquista, ebenso die Wandfliesen, die jedoch hübsch und interessant sind. Hier findet man die Wappen der Nasriden und ihr Motto »Es gibt keinen Eroberer außer Allah« und Karls v. Säulen des Herkules in friedlichem Nebeneinander; dazu die Wappen der López de Mendoza, Grafen von Tendilla und Erbgouverneure der Alhambra. Der Rest der unteren Wandverkleidung besteht aus geometrischen Mudéjar-Azulejos; sie ist wohl ein Werk des sevillanischen Töpfers Juan Pulido aus dem 16. Jahrhundert.

Am anderen Ende des Mexuar gelangt man in das maurische *Oratorium*, einen kleinen, engen Raum, dessen Außenwand eigentlich aus einem langgezogenen Balkon besteht, in drei Zwillingsfenster gegliedert. Der Mihrab steht in Gebetsrichtung; er ist als Hufeisenbogen angelegt, reich ornamentiert und trägt arabische Inschriften, von denen nur eine dem Ort entspricht: »Sei nicht unter den Nachlässigen. Nahe dich im Gebet.« Auch von diesem Raum aus hat man einen großartigen Blick auf den Albaicín und die Berge.

Vom Mexuar aus gelangt man in den kleinen, schlichten *Patio del Mexuar*, der keine Ähnlichkeit mehr mit dem Ort hat, den Irving in seinen Geschichten beschrieb. Das Ziegelmauerwerk ist wieder anständig unter geometrischen Fliesenmosaiken versteckt, der Balkon und der Stall wurden abgebrochen und die Maultiertreiber durch beamtete Fremdenführer ersetzt. Gemusterte Fliesen fassen die Türen ein, deren eine in den Cuarto Dorado führt; sie hat einen ausgezackten Hufeisenbogen, der auf schlanken Säulen mit Stalaktitenkämpfern ruht. Die oberen Fenster sind zum Teil vom Ajimez-Typ, mit hölzernen Sonnenblenden, und hier und da lockern in den Alpujarras gewebte Vorhänge in leuchtenden Farben das vorherrschende blasse Elfenbein und Violett der Wände etwas auf. Der Boden ist mit weißen Marmorplatten belegt, und in der Mitte spielt eine Fontäne über einer flachen muschelförmigen Schale aus dunklerem Marmor. Sie ist die genaue Kopie der ursprünglichen, die jetzt dem größeren Brunnen im Patio de Lindaraja einverleibt wurde. Im Norden liegt der *Cuarto Dorado* (goldene Wohnung), ein kleiner Raum, den man durch eine Reihe von drei Bögen betritt; er liegt auf gleicher Höhe wie das Oratorium, praktisch hinter dem Mihrab, und mit dem gleichen schönen Ausblick.

Wir nehmen die linke der beiden rechteckigen Türen im Patio del Mexuar und gelangen nach zwei Wendungen in den *Patio de los Arrayanes*, den Myrtenhof, auch Patio de la Alberca,

Hof des Teiches genannt. In der engen Passage, durch die wir ihn erreichen, wurde kürzlich eine Decke im arabischen Stil eingezogen; Hölzer, Schreinerarbeit und Farben sind absolut korrekt und fordern unsere Bewunderung; den heutigen Kunsthandwerkern ist diese Neuschöpfung hervorragend gelungen. Im Patio mit seinem Marmorboden, den niedrigen Myrtenhecken, den Orangenbäumen und dem flachen Goldfischteich spürt man erstmals wirklich etwas vom Geist der Alhambra; man hat zwar die gleichen Dinge auch schon in anderen Räumen gesehen, aber hier sind sie zu einer Komposition von harmonischer Eleganz verschmolzen. Die Luft wird durch die beiden Fontänen gekühlt. Türen und Fenster der lichtbraunen Seitenwände mit ihren Alfices kontrastieren mit den Arkaden, deren weiße Marmorsäulen von Kapitellen mit Flachrelief, Stalaktiten und ornamentalen arabischen Schriftzeichen gekrönt werden. Die Wände sind unten mit Kacheln verkleidet, ein Fries mit arabischen Inschriften ist in Stuck gearbeitet; Atauriques und Sebkadekoration bedecken die Fassaden und das Innere der Arkadengänge, und über allem spannt sich der sanfte blaue Himmel aus.

Der Alhambra-Palast spiegelt die letzte Phase einer dekadenten Kunst, die man das maurische Rokoko nennen kann; auch seine Dekoration ist Ausdruck des Horror vacui. Hinter undurchdringlichen Mauern, beschützt von ihrer dunkelhäutigen Leibwache, lebten die letzten Maurenherrscher von Granada ein Leben der Sinnenfreude; infolge der Bürgerkriege unter Pedro dem Grausamen und des Chaos, zu dem sie führten, auch der Bedrohung durch Kastilien ledig. In einem irdischen Dasein, das die Freuden des versprochenen Paradieses vorwegnahm, widmeten sie sich Jagd und Beiz, Festen und Frauen, umgeben von Poeten, Musikern und Gauklern.

Der hervorragende Dichter Ibn Zamrak, der Wesir Mohammeds v., war der Vollender einer großen Tradition. Keines anderen Lyrikers Werk hat je eine verschwenderischere ›Ausgabe‹ erhalten: seine Gedichte schmücken Mauern, Decken und Brunnen des Alhambrapalastes! Schon im Patio de los Arrayanes bilden die dekorativen arabischen Schriftzeichen, die uns auffielen, eines der Gedichte des Ibn Zamrak, häufig unterbrochen von Lobpreisungen Allahs, Koranzitaten, dem Nasridenmotto und frommen Wünschen auf die Gesundheit verschiedener Nasriden-

herrscher, die zum Teil von unachtsamen Restauratoren eingefügt wurden. Von der Südwestecke des Patios gelangte man zu
einem Teil des Palastes, der abgerissen wurde, als Karl v. den
seinen errichtete; es ist jedoch nicht wahr, daß es sich bei dem
geopferten Trakt um den Winterpalast der Nasriden gehandelt
hat. Heute kann man durch den gleichen Eingang in das Unter-
geschoß des Renaissancepalastes gelangen.

Eine Galerie über der Südarkade erlaubt uns einen großartigen Blick auf den Patio und den Turm an seinem Nordende, die
Torre de Comares. Der Bogen in der Mitte der Nordwand führt
in die *Sala de la Barca*, angeblich so genannt, weil ihr Artesonado
einem Boot gleicht; wahrscheinlicher ist es jedoch, daß es sich
um die Verfälschung des arabischen Wortes ›Baraca‹, Segen, handelt, das mehrere Male an den Wänden erscheint, zusammen mit
dem Nasridenmotto und den königlichen Wappen. Die Nischen
in den Türlaibungen am Eingang sind mit Fliesen ausgekleidet,
dort standen Blumenvasen und Weihrauchgefäße; es gibt keine
Beweise dafür, daß Besucher ihre Schuhe hier ablegen mußten,
ehe sie den Thronsaal betreten durften; die Bezeichnung ›Ba-
bucheros‹, die manchmal auf die Nischen angewendet wird, ist
inkorrekt. Am schönsten in diesem Raum ist der Artesonado;
seine gerundeten Ecken ruhen auf Stalaktitenzwickeln. Die Sala
de la Barca war 1890 ausgebrannt und konnte erst in diesem Jahr-
zehnt wieder völlig hergestellt werden.

Die *Sala de Embajadores* nimmt das ganze Erdgeschoß der
Torre de Comares ein; sein Eingang bildet einen Doppelbogen.
Es ist der machtvollste der Palasttürme; seinen Namen erhielt
er nach den Farbfenstern, die noch heute im Orient ›Kumarija‹
heißen. Zwischen den beiden linken Bögen liegt der Eingang zu
den oberen Räumen, die nichts von Interesse enthalten; rechts
lag früher das private Oratorium der Maurenkönige. Die Laibungen des zweiten Bogens werden von den üblichen Nischen
eingenommen, die von sehr bezeichnenden Inschriften umgeben
sind: »Beschütze Jussuf vor allen Gefahren des Bösen Blicks mit
fünf Worten – sage ›Meine Zuflucht ist in dem Herrn der Mor-
genröte. Allah sei Dank‹!« Die Sala de la Barca wurde mit Recht

›Vorzimmer des Himmelreichs‹ genannt, denn die Sala de Embajadores, der Saal der Gesandten, gleicht nun wirklich einem irdischen Paradies; er ist der kostbarste im ganzen Palast, wie ja auch im Alcázar von Sevilla. Ungefähr 12 m im Quadrat und über 20 m hoch, nimmt er etwa die Hälfte des Turmes ein.

In jede der drei Außenwände sind alkovenartige Erker mit Fenstern eingebaut; das mittlere ist ein Ajimez. In dem Erker gegenüber dem Eingang, noch reicher geziert als die anderen, stand der königliche Thron. Die Inschrift in seinem Alfiz lautet: »Hilf mir, Allah, der den Teufel überwindet... Errette mich vor dem Zorne Allahs und vor Satan, der die Hölle gähnen läßt.« Man beginnt sich zu fragen, wie sicher sich die Tyrannen trotz all der Vorsichtsmaßregeln gegen ihre sterblichen Feinde eigentlich gefühlt haben?

Der Estrich des Saales, einst mit Marmorplatten belegt, ist heute mit Ziegeln gepflastert. Die Wandgestaltung, mit verschlungenen Arabesken, Atauriques, Inschriften in Neschi und kufischer Schrift, mit Sebka und geometrischem Spitzenwerk über einem Fliesenmosaik, entzieht sich detaillierter Beschreibung. Hoch oben verläuft zwischen zwei Reihen mit Inschriften ein Band mit ›unendlichen‹ Linien, das sogenannte ›Sonnendurchbruchsmuster‹, ursprünglich aus dem ›Lazo de doce‹, einer zwölfzackigen Sternfigur, entwickelt. Dieses orientalische Labyrinth wird als Sinnbild für das morgenländische Denken angesehen: statt von der festumrissenen Polis des klassischen Griechenland bestimmt von der Grenzenlosigkeit der Wüste; statt der geschlossenen Figuren der griechischen Geometrie das Konzept der Infinitesimalrechnung in der arabischen Algebra.

Schön sind die durchbrochenen Stuckfenster und ungewöhnlich die rotblauen Mozárabes-Friese, die die Decke stützen. Stalaktiten werden wir im Palast in jeder Ecke finden, sie sind charakteristisch für die Nasridenkunst in Spanien und in den früheren Bauten der Omajaden und Almohaden nicht zu finden. Sie stammen wahrscheinlich aus Kleinasien, waren bei den seldschukischen Türken im Westen sehr beliebt und besonders im 13. Jahrhundert stark verbreitet, noch ehe sie in den Moscheen von Kairo (Sultan Hassan und Kait-Bey) auftauchten. Die Decke selbst ist eines der köstlichsten Beispiele orientalischer Kunst mit

ihren zierlich durchbrochenen Zypressenpaneelen, die mit Perl-
mutt in sternenförmigen Mustern ausgelegt sind.

In den Tagen, als der Saal der Gesandten noch wirklich, wie es
an den Wänden heißt, das ›Herz des Palastes‹ war, stand man
praktisch in einem Würfel, dessen sechs Seiten gleichermaßen
entzückten. Der Boden bestand aus weißem Marmor, mit kostbaren Teppichen bedeckt, die Decke mit ihrem glitzernden
Sternenmuster rivalisierte mit dem Nachthimmel. Drei reich
ornamentierte Bögen rahmten den Ausblick in den Myrtenpatio,
dessen äußere Arkadenstellung von dem stillen Teich in völliger
Schwerelosigkeit reflektiert wurde. Da der Turm eine Bastion
ist, haben auch die drei anderen Seiten alle einen besonderen
Ausblick. Von den Westfenstern, heute mit Glasflügeln verschlossen, sieht man die nackte Nordmauer mit der Torre de
Machuca und Las Gallinas, dann die Alcazaba und dahinter die
ferne Stadt bis zum Hospital Real; die Kathedrale kann man nicht
erkennen. In der anderen Richtung erhebt sich der Turm des
Abul Hachach mit den zarten Säulen des Balkons vor dem An-
kleidezimmer der Kaiserin, und dahinter sieht man die bewalde-
ten Hänge, die zum Generalife führen. Vom Thronerker aus
sieht man den ganzen Hügel des Albaicín vor sich, seine Glocken-
türme und Zypressen, die die horizontalen Linien der Dächer
unterbrechen, während weiter nach rechts die arabischen Außen-
mauern von der Kapelle San Miguel aus hinunterführen. Selbst
aus dieser Entfernung kann man die Straße nach Sacromonte mit
den geweißelten Türen und Fenstern der Zigeunerhöhlen zwischen dem Dickicht von Aloe und Feigenkakteen erkennen.
Karl v. soll hier lange gestanden und schließlich gesagt haben:
»Unselig war der Mann, der alles dies verlor«, um hinzuzufügen,
Boabdil hätte besser bis zum Tod um sein Reich kämpfen sollen.

*Unter den Geschehnissen, die in diesem Saal stattgefunden haben, ist das
dramatischste und unwahrscheinlichste die Gefangennahme des Prinzen
Boabdil und seiner Mutter Aischa. Der König Muley Hassan hatte in Isabel de
Solis, der Tochter des spanischen Gouverneurs aus der eroberten Stadt Martos, eine neue Favoritin gefunden. Die als Kind gefangengenommene Isabel ist
als Muselmanin erzogen worden und erhielt, vielleicht wegen ihrer ungewöhn-*

lichen Schönheit, den Namen Zoraya. Haremsintrigen waren in Granada nichts Neues, und es gelang Zoraya, ihren alternden Gebieter so weit zu bringen, daß er sich vor seiner Gemahlin Aischa und seinem Sohn Boabdil zu fürchten begann. Sie wurden in der Torre de Comares gefangengehalten, von wo aus Boabdil in einem Korb in Sicherheit gebracht wurde, der an den zusammengeknoteten Schals seiner Mutter und ihrer Damen hinuntergelassen wurde. Diese Geschichte würde, wenn sie wahr wäre, allerdings erklären, warum Muley Hassan später von seinem Sohn entthront wurde.

Hier soll auch der letzte Thronrat vor der Übergabe der Stadt an Ferdinand und Isabella abgehalten worden sein; Aischa soll ihren Sohn dabei vor eines der Fenster geführt und gesagt haben: »Dies alles, seht es Euch an, wollt Ihr preisgeben. Und bedenkt auch, daß alle Eure Vorfahren als Könige von Granada gestorben sind!« Im gleichen Saal, so will es die Überlieferung, haben später die Katholischen Könige den Vertrag mit Kolumbus unterzeichnet – wir haben gesehen, daß auch Santafé diese Ehre in Anspruch nimmt. Auch die Geschichte, daß hier Isabella ihren Schmuck für die Kosten der Kolumbus-Expedition verpfändete, ist absolut unglaubwürdig; die aufzuwendende Summe belief sich nur auf knapp 70000 Gulden, weit weniger, als allein die unglückseligen Mauren aus Málaga an Lösegeldern aufbringen mußten.

In der Südostecke der Sala de Embajadores ist eine Öffnung, hinter der man durch einen kurzen Gang, dessen Marmorsäulen frühe Nasridenkapitelle zeigen, in den *Patio de los Cipreses* oder Patio de la Reja gelangt. (In der letzten Zeit wurde allerdings die Führungslinie geändert und die im Folgenden beschriebenen Räume werden heute im Anschluß an die Sala de las Dos Hermanas [S. 361] gezeigt.) Von hier aus führen verschiedene Flure zu den Kellern der umliegenden Gebäude und zu dem Gang in der Umfassungsmauer, von dem wir bereits ein Stück bei der Alcazaba gesehen haben. Die Bäder liegen nach Süden, ihre Anordnung entspricht der bei den klassischen römischen Anlagen. Zuerst gelangen wir in die farbenprächtige *Sala de Camas*, die auch die dominierende Idee der Gemächer spiegelt: leichte, zerbrechlich wirkende Bauten, die auf schlanken Säulen ruhen. Ihre Schlußsteine sind vergoldet oder bemalt; in der Mitte des Bodens ist ein aus ornamentalen Mosaikfliesen eingelassenes flaches Becken; die Galerie, die um den Raum herumläuft, wird von vier Säulen getragen, und alles wird gerahmt von einem Überfluß

goldenen und weißen Stucks, der unermüdlich das Nasridenmotto wiederholt. Zu allen Seiten finden sich tiefe, gefliese Nischen, in die man sich nach den Anstrengungen des Bades zurückziehen konnte; sie und der Estrich zeigen die ältesten Azulejos,
die anderen sind erst nach der Reconquista entstanden.

Die Galerie war früher mit Holzgittern verschlossen, an der
einen Seite saßen die Musiker, und von einer anderen aus konnte
der Sultan auf die Badenden hinabsehen: Wir sind hier im Harem, im privaten Teil des Palastes. Einem Reisenden, der zwei
Jahre nach der Reconquista in Granada weilte, erzählte der Gouverneur, daß von dieser Galerie aus der Sultan der Schönen, die
er in der Nacht zu beglücken gedachte, einen Apfel zuwarf. Das
zeugt für eine große Treffsicherheit des Königs, denn schon eine
geringe Unachtsamkeit hätte ihn eine seiner Schwiegermütter
erwischen lassen können. Die *Baños* selbst betritt man durch
einen Torweg; sie sind einfach bezaubernd. Die Kacheln stammen vorwiegend aus dem 18. Jahrhundert, wie wir aus dem
oberen Fries erkennen können; das ›PV‹ steht für die Regierungszeit Philipps V. Sein Besuch, bei dem er von seiner schönen Frau,
Elisabeth von Parma, begleitet wurde, war anscheinend die letzte
Gelegenheit, bei der die Alhambra noch einmal für königliche
Ansprüche hergerichtet worden ist. Die sternförmigen Öffnungen im Dach sollen einst mit farbigem Glas ausgefüllt gewesen
sein, aber dann hätten sie dem Dampf nicht erlauben können zu
entweichen. Im anschließenden Raum sind die beiden großen Zisternen für das Tauchbad, und durch ein Loch in der Wand kann
man die ganze Heizanlage sehen. – Zurückgekehrt in die Sala de
Camas sehen wir, daß sich in jeder Ecke eine kleine Tür befindet:
durch die eine sind wir eingetreten, eine andere öffnet sich zum
Myrtenpatio, eine dritte, heute verschlossene, führte zu einer
Latrine, und wir gehen jetzt durch die vierte, um den *Patio de Daraxa* oder *Lindaraja* zu erreichen. Er wird im Süden von der Halle
der beiden Schwestern begrenzt, darüber ist der Mirador de Daraxa. An der Nordseite stehen die Bauten Karls V., sie schirmen
jetzt den Mirador gegen die bergige Landschaft ab.

Sicher möchten Sie die Geschichte der anmutigen Lindaraja

hören? Die südlichen Gemächer waren die Residenz der ›Sultana dar Aischa‹ (die Favoritin im Rang der Sultana wurde immer Aischa genannt, nach der Frau des Propheten), und aus ›dar Aischa‹ wurde Daraxa oder Daraja. Der Mirador war ›Al ain dar Aischa‹, ›das Auge des Hauses der Aischa‹; und die arme Lindaraja ist nichts als ein Phantom, um den verballhornten Namen zu erklären. – Es ist ein wunderbar stiller Garten mit Buchsbaumhecken und Zitronenbäumen, Zypressen und Akazien, die den Brunnen aus dem 17. Jahrhundert umstehen. Seine Schale ist die originale aus dem Patio del Mexuar, deren Kopie wir dort sahen. Aber hier ist ihr Rand mit einem Gedicht Ibn Zamraks geschmückt, ein Selbstlob der Fontäne und somit indirekt des Königs, der sie in Auftrag gab. Unter dem Mirador ist einer der Keller der Sala de las Dos Hermanas, die ich später beschreiben will; er wird Sala de los Secretos genannt und nur wegen seines Flüster-Echos gezeigt. Der Flüstereffekt ist jedoch rein zufällig: hier wurden einst nur die Kleider der Badenden aufbewahrt.

Man kehrt jetzt über den Patio der Zypressen zurück, geht die Treppen hinauf und entlang der Galerie, die unter Karl v. gebaut wurde, verziert mit Säulen und maurischen Kapitellen; sie führt zum Tocador (oder Mirador oder Peinador) de la Reina. Der Ankleideraum, der für Kaiserin Isabella, die Gemahlin Karls v., hergerichtet wurde, ist einfach in die Spitze der bereits bestehenden Torre del Abul Hachach eingebaut worden, bemerkenswert wegen der edlen Kolonnade der umführenden Galerie mit ihrem großartigen Ausblick. Rechts vom Eingang sieht man im Fußboden eine sechzehnfach durchlöcherte Marmorplatte, durch die Parfumgeruch von unten in den Raum einströmen konnte: ein arabischer Luxus. Die Wände sind mit Fresken aus dem 16. Jahrhundert bedeckt; am besten ist ein Zyklus, in dem der erfolgreiche Feldzug Karls v. nach Tunis dargestellt wird. Unglücklicherweise wurden sie jahrhundertelang »mit den unwichtigen Namen überheblicher Reisender vollgekritzelt«, wie Washington Irving schrieb. Von allen Romantikern, die die Alhambra aufsuchten, blieb er am längsten und verdarb am wenigsten. Aber hier konnte man die Namen von Chateaubriand, Byron und

Victor Hugo finden, die so viel Schönes schufen und doch, besessen von ihrem eigenen Wert, nicht davon abstehen konnten, das Schöne, das sie sahen, zu beschädigen. Der erste Vandale, der auf diese Weise seine mangelnde Erziehung dokumentierte, ließ seine Unterschrift 1664 hier zurück, und auch ein Offizier der ›Hunderttausend Söhne von St-Louis‹ unterschrieb sich 1823. Die unschätzbaren Fresken sind jetzt von einem ganzen Künstlerteam und unter Zuhilfenahme aller modernen Errungenschaften, wie infrarotes Licht, restauriert worden. Man kann nun die Gemächer Karls v. ansehen, die der Kaiser nie bewohnte, wohl aber Washington Irving, und dann zum Myrtenpatio zurückkehren.

Der Rest des Alhambra-Palastes gehört zu einem andern Komplex. Es ist nicht ganz einfach, wenn man hier herumwandert, jeden Sinn für Ort und Zeit verlierend, sich daran zu erinnern, daß eigentlich drei verschiedene Paläste aus drei verschiedenen Epochen da sind. Der Mexuar war das administrative Gebäude, und der Cuarto de Comares der unter Jussuf I. erbaute Teil. Zu ihm gehörte alles, was wir nach dem Mexuar gesehen haben, mit Ausnahme der Gemächer Karls v. Als Mohammed v. 1354 auf den Thron gelangte, beendete er nicht nur den Bau seines Vaters, also den Comares-Komplex, sondern errichtete auch einen völlig neuen Palast, den *Cuarto de los Leones,* dessen Hauptachse, der Patio, im rechten Winkel zum Myrtenhof liegt. Dort wollen wir wiederum beginnen, denn nahe seiner Südostecke ist die moderne Passage, die die beiden Komplexe verbindet. Wir treten ein durch die enge *Sala de los Mozárabes,* den einfachsten aller Räume in diesem feenhaften Palast, denn er wurde 1590 teilweise zerstört. Die Hälfte der Decke ist original, und drei Stalaktitenbögen mit hängenden ›Racimos‹ ruhen auf Halbsäulen mit Inschriftenkapitellen. Er ist ein wenig versprechender Beginn des Rundgangs durch den Cuarto de los Leones, der den Höhepunkt der nasridischen Kunst darstellt und an Schönheit und Dekadenz alles übertrifft, was wir bisher gesehen haben. Im Kontrast zu dem abstrakten und fast mathematischen Geist des Cuarto de Comares hat der de los Leones alle Beschränkungen beiseite geschoben und bezieht die Natur und ihre Formen in die Architektur mit ein. Die uns so vertraut gewordenen schlanken Säulen nehmen die Gestalt eines Säulenwaldes an, der Stuck wird durchsichtig, jeder Effekt ist gegen den Hintergrund von Himmel, Landschaft oder wenigstens Fassade abgesetzt.

Mittelpunkt dieses Märchentraums ist der *Patio de los Leones*, ein Arkadenhof, der jeden Besucher zu Superlativen verführt. Der moderne Reisende ist natürlich durch Filme und Publikationen aller Art darauf vorbereitet, dennoch ist die Wirklichkeit überwältigend. Zu oft haben wir die Worte großartig, hinreißend, phantastisch, märchenhaft mißbraucht: jetzt fehlen uns die beschreibenden Adjektive. Wie soll man die Vielfalt der hundertzwanzig schlanken Säulen schildern, die einzeln oder doppelt, in Gruppen zu dritt oder viert die Arkaden bilden und die Pavillons zu beiden Seiten tragen? Wie die Kühnheit, mit der das Bassin der Mittelfontäne den Rücken von zwölf stilisierten Löwen aufgebürdet wurde? Um seinen Rand läuft ein Gedicht Ibn Zamraks, das ausdrückt, dieser Garten sei ein Werk, dessen Schönheit selbst Allah nichts gleichzusetzen wünsche. Dumas schrieb entzückt:»Ein Traum, zu Stein geworden durch den Stab eines Zauberers.«

Man sollte den Patio in Gegenuhrzeigerrichtung umrunden. In der Mitte der rechten Seite sind schöne Doppeltüren, man betritt den Raum dahinter, die *Sala de los Abencerrajes* durch zwei hintereinanderliegende Bögen; schön sind die Azulejosnischen in den Laibungen des ersten. Die Banu Sarraj sind uns aus Andújar vertraut; wir hörten, daß der einst mächtige Stamm sich zum Christentum bekehrt und mit den Katholischen Königen verbündet hatte, weil seine Edlen in Granada enthauptet wurden. Ort des grausigen Geschehens war dieser Raum; auf Befehl des Sultans sind sie einer nach dem anderen hineingerufen und geköpft worden. Wir wissen nicht genau, von wem, wann und warum diese Hinrichtung stattfand, aber für die Leichtgläubigen werden die Rostflecke im Becken des Brunnens als Spuren des Blutes der Abencerrajes gedeutet. Die ursprüngliche Geschichte machte wie üblich Boabdil zum Erzbösewicht; er soll seine Lieblingsfrau Morajma in den Armen des Anführers der Abencerra-

jes, Hamet, gefunden haben, unter der Ciprés de la Sultana.
Doch solch blutige Rache entspricht unserem Bild von Boabdil
in keiner Weise; es ist viel wahrscheinlicher, daß er sich errötend
entschuldigt hätte, gestört zu haben. Zwei andere Versionen basieren auf der Feindschaft zwischen den Stämmen der Abencerrajes und der Zengis. Die Zengis hatten das Ohr des Königs
– entweder Mohammed der Lahme oder Muley Hassan –, und
dieser ordnete den Mord mit der gleichen Hinterlist an, mit der
Bertrand du Guesclin und Heinrich von Trastamara Pedro den
Grausamen töteten.

Obwohl die Azulejos und der Stuck aus dem 16. Jahrhundert
stammen, basieren sie doch auf älteren Vorbildern; ein Teil ko-
piert sogar ein Gedicht Ibn Zamraks aus einem der anderen
Räume. Die Kapitelle gehören zu den besten in der Alhambra,
ihre Kämpfer tragen den Text:»Es gibt keine größere Hilfe, als
die da kommt von Allah, dem Erbarmenden und Mitleidvollen.«
Die Kuppel ist das Glanzstück des Raumes; Stalaktiten bilden
ihre sternartig ausstrahlenden Pendentife. An jeder der acht Seiten des Tambours sind zwei durchbrochene Stuckfenster, die
ein diffuses Licht in den Saal werfen. Auch das Innere der Kuppel bildet ein Gewebe von Stalaktiten, einer riesigen Honigwabe
vergleichbar, durch die Beleuchtung in ihrem Relief betont. Über
der Sala de los Abencerrajes finden wir die wenigen Reste der
Harems-Wohnräume; ihr Merkmal sind die schwarzen Marmor-
kapitelle im Stil des Almansor-Baus der Moschee in Córdoba,
möglicherweise also aus dem 11. Jahrhundert. Sie wurden offensichtlich von einem anderen Ort hierhergebracht.

Wenn man den Rundgang fortsetzt, findet man, daß die ganze
Ostseite des Patio de los Leones von der langen schmalen *Sala de
los Reyes*, auch de la Justicia genannt, eingenommen wird. Da
sie innerhalb der Privatgemächer des Königs liegt, sind die Namen Erfindungen, die sich auf irgendwelche Geschichten oder
auf eines der Gemälde beziehen. Der Saal ist unterteilt; die Eingänge, einer an jedem Abschnitt, und die verbindenden Passagen findet man in Stalaktitenbögen verborgen. Ich wiederhole
nicht mehr die immer wiederkehrenden Details, die Fliesenver-

kleidung, die Sebka-Dekoration, die Inschriften, die Bögen und die Kapitelle mit ihren eigenartigen Kämpfern, die endlosen Waben- und Filigranverzierungen. Alle diese Wunder waren für das Auge eines einzigen Mannes geschaffen, denn eine Einladung in den Harem wäre als der Gipfel des Unziemlichen empfunden worden, selbst wenn die Frauen sich verschleiert hätten.

Die Sala de los Reyes hat eine Eigenart, die uns im maurischen Spanien nur ein einziges Mal begegnet: in drei Alkoven an der Rückwand sind auf Leder gemalte Bilder in die Decke eingelassen. Sie wirken fremdartig, und man hat ihr Geheimnis noch nicht entschlüsselt; es ist aber ziemlich sicher, daß sie von einem Christen, und nach ihrer Ähnlichkeit mit Gemälden in einem Palast in Florenz wohl von einem Toskaner, gemalt wurden. Manche zeigen Jagdszenen mit eindeutig westlichem Hintergrund und westeuropäischer Szenerie, und auf einem ist ein Reiter dargestellt, der einen Waldunhold mit dem Speer durchbohrt. Der wilde Mann trägt eine Dame, die wiederum einen schlafenden Löwen an der Kette führt. Das Mittelbild zeigt zehn Mauren, die man für die zehn Nasridenkönige (zwei Usurpatoren ausgenommen) hält, die bis etwa 1400 regiert hatten. Einige haben rote Bärte, die anderen schwarze, aber das besagt nichts, da man Bärte entweder mit Henna rot oder aber schwarz färbte, damit sie eindrucksvoller wirkten. Man sieht zum Beispiel Boabdil manchmal mit schwarzem, dann wieder mit blondem Bart abgebildet. Die Kapitelle in diesem Saal sind interessant, da sie noch Spuren blauer Farbe zeigen, mit der sie einst kunstvoll verziert waren. Das Blei, mit dem Säulen und Kapitelle verbunden wurden, ist an den Nahtstellen herausgepreßt: So schwerelos die Oberbauten auch wirken mögen, haben sie doch einiges Gewicht. Einer der marmornen Türpfosten hat sich im Laufe der Jahrhunderte merkbar geneigt, und als der tausendste Besucher den Kustoden fragte, wie es dazu gekommen sei, antwortete er erbittert: »Weil man ihn grün geschnitten hat.«

An der Nordseite ist die *Sala de las Dos Hermanas*; die ›beiden Schwestern‹ sind riesige Platten aus weißem Marmor, die einen Teil des Bodenbelages bilden. Wie in der gegenüberliegen-

den Sala de los Abencerrajes fließt von der Mittelfontäne ein
Rinnsal in den Hof, und die Wabenkuppel ist noch vollkomme-
ner. Auch ein originaler holzgeschnitzter Sonnenschutz ist erhalten, und ein ganzes Gedicht Ibn Zamraks formt einen Fries
oberhalb der Azulejosverkleidung. Für allen Lobpreis, den der
Dichter seinem Herrn und Sultan widmete, wurde ihm als Dank
auf Befehl eines Nachfolgers seiner ruhmreichen Herren ein Messer zwischen die Rippen gestoßen. Der Eingang zum Saal hat die
üblichen hintereinanderliegenden Bögen, durch einen Gang verbunden; die Pforte zur Linken führt zu einer Latrine, die sehenswert ist, da sie zeigt, wie geschickt fließendes Wasser angewendet
wurde, um den religiösen Vorschriften Genüge zu leisten. Die Passage zur Rechten führt zu einer Treppe und den oberen Räumen.
Da die Sala de las Dos Hermanas wohl die Residenz der Sultana Aischa war – und dafür sprechen gute Gründe –, dürfte sie mit ihren
Damen und Dienerinnen in diesen Räumen gewohnt haben.

Gegenüber dem Eingang ist der Torbogen, der zur *Sala de los
Ajimeces* führt, so genannt nach den Zwillingsfenstern, die nach
Norden blicken. Zwischen ihnen ist der Eingang zum *Mirador de
Lindaraja*, ein würdiger Abschluß unseres Rundgangs. Es ist nicht
verwunderlich, daß romantische Erzählungen um diesen so poe-
tisch klingenden Namen gesponnen wurden! Alles, was wir vorher beschrieben haben, ist hier in Miniatur wiederholt; die Fliesenverkleidung der unteren Wände in Schwarz, Weiß und Gelb
übertrifft alles an Schönheit, was wir bisher gesehen haben. Der
Blick aus den Fenstern wird gefesselt von der anmutigen Bewegung der Baumwipfel im Patio de Daraxa; die Bauten Karls V.
an der anderen Seite rauben uns leider die Aussicht auf die Hügel und Berge, die einst den dramatisch gesteigerten Hintergrund
bildeten. In der Maurenzeit, als der Blick noch unverstellt war,
mochte der jähzornige Sultan wohl angesichts der Großartigkeit
der Landschaft hier seine Ruhe wiederfinden, oder, wenn selbst
das nicht verfing, Heiterkeit und Trost in den Versen suchen, die
die Wände bedecken. Eine Zeile erklärt uns noch einmal den
Namen Lindaraja, ›Al ain dar Aischa‹: »*Ich bin ein Auge in diesem
Garten voller Glückseligkeit.*«

ACHTZEHNTES KAPITEL

Die Umgebung der Alhambra – Der Generalife
Die Alcazaba – Der Albaicín

Eine Tür in der Südostecke des Löwenhofes führt zu einem Backsteinturm, gewöhnlich *Torre de la Rauda* genannt, den man früher für das Grabmal mehrerer granadischer Könige hielt. Möglicherweise beschützte es den Eingang zum königlichen Friedhof, der hinter der Sala de los Abencerrajes lag. Seine Fundamente können besichtigt werden; man kann noch die länglichen
Gräber erkennen, die so angelegt waren, daß ein Leichnam, auf
der rechten Seite liegend bestattet, sein Gesicht Mekka zuwandte.
Den Namen Rauda, den die Torre seit dem 16. Jahrhundert trägt,
verdankt sie dem Garten, der sie einst umgab.

Von hier aus oder von einem Durchgang zum Patio de Daraxa
kann man in die *Jardines del Partal* gelangen. Myrten, Zypressen
und Lorbeerbäume, Rosen, Nelken und Veilchen wachsen in
wechselnden Reihen, gesäumt von moosigen oder efeuüberwucherten Mauern und überall von Wasser umspielt. Die heutigen
Gärten sind Reste eines ausgedehnten Parks, der die königlichen
Paläste umgab und sich im Patio de Daraxa fortsetzte.

Die meisten unter uns werden die Legende gehört haben, daß die ehemaligen
Wüstenbewohner in Spanien mit dem Wasser Kult trieben; aber es ist zu ein-
fach, in den Nasriden gewissermaßen seßhaft gewordene Beduinen zu sehen!
Es war sehr wenig arabisches Blut in ihnen übrig, und außerdem entstammte
die afrikanische Bevölkerungsschicht des islamischen Spanien ja gerade Län-
dern in Nordafrika, die sich über zuviel Regen beklagten! Und warum sollte
die Vorliebe für Brunnen und Teiche, Wasserspiele und Quellen, Rinnsale und
Fontänen in Andalusien mit seinen heißen trockenen Sommern denn überhaupt
umständlicher Erklärungen bedürfen? Spaniern und Arabern ist ja auch die
ungewöhnlich starke Liebe zu Blumen gemeinsam; in Spanien kann man alte
Männer stundenlang mit einer Rose zwischen den Zähnen in der Aprilsonne

*sitzen sehen, und der Dichter Don Pedro Antonio de Alarcón machte 1860 im
Marokkanischen Krieg eine interessante Beobachtung: Gerade wie man in
Spanien, schrieb er, jeden Menschen auf der Straße anhalten kann, um ihn um
Feuer für eine Zigarette zu bitten, so nähert sich der Afrikaner jedem, der
einen Blumenstrauß trägt, riecht daran und entfernt sich wortlos.*

Es ist nicht schwierig, sich diese Gärten in ihrer Glanzzeit vorzustellen, als noch die Landhäuser der reichen Hofbeamten die
Hänge zierten. Eines hat sich erhalten, die *Torre de las Damas*, die
sich an die Festungsmauern anlehnte. Ein großer, rechteckiger
Teich spiegelt die imposante Fassade mit dem fünfbogigen Portal. Dieses Detail gab auch dem Garten den Namen, denn ›Partal‹ ist die arabische Adaption unseres Wortes ›Portal‹. Zypressen
umgeben den Teich und Palmen rauschen im leisen Wind. In den
äußeren Ecken bewachen ihn steinerne Löwenpaare, die ursprünglich für das Maristan, das maurische Asyl für Geisteskranke, bestimmt waren; die Widmungstafel, die zu ihnen gehörte, befindet sich im Alhambra-Museum.

Die Azulejos des Saales weisen ein ungewöhnliches Muster
auf: Während die Kachelmosaiken des Rautentypus üblicherweise aus weißen, sich kreuzenden und so das Grundmuster bestimmenden Streifen bestehen, zwischen denen die farbigen
Rhomben, hier in Grün und Blau, eingesetzt sind, ist die Farbgebung bei einem der Felder gleich an der Tür gerade umgekehrt: die Rhomben sind weiß, und das unterlegte Gittermuster
bunt.

Die an das Landhaus angegliederten kleinen Araberhäuser
mit ihren Schlüssellochfenstern sind die Reste von wenigstens
einem Dutzend ähnlicher; in ihnen wohnte hauptsächlich die
Dienerschaft. In den oberen Räumen des nächstgelegenen sieht
man Reste eines ›Freskos‹, eines der wenigen Zeugnisse der bildenden Kunst der spanischen Mauren. Für die Umrisse wurden
Schablonen benutzt, um einen Wiederholungseffekt zu erzielen;
dann erfolgte, mit Hilfe von Eigelb als Bindemittel, die Ausmalung. Die drei Streifen zeigen Jagdszenen, Musizierende, Sänger
und eine kriegerische Expedition mit Kamelen und Pferden. Die
Entdeckung eines Merinidenbanners legt die Vermutung nahe,

daß es sich um die Haushaltung eines marokkanischen Häuptlings während seiner Pilgerfahrt nach Mekka handelte. Wichtig ist, daß wir hier ein islamisches Gemälde aus dem 14. Jahrhundert vor uns haben, was wiederum darauf hinweist, daß das Verbot, Menschen darzustellen, nicht Teil der islamischen Religion war, jedenfalls keine Koranvorschrift; und die Hadith, die Korankommentare, haben weniger Autorität. Wenn man die kämpfenden Reiter dieses Bildes betrachtet, wird man an persische Miniaturen des 13. Jahrhunderts erinnert und fragt sich, ob sie nicht vielleicht von Wanderkünstlern ausgeführt wurden.

Wenn Sie nun innerhalb der Mauern in Uhrzeigerrichtung weitergehen, finden Sie ein paar Meter weiter die *Torre del Mihrab*, eine Privatkapelle der Eigentümer der Torre de las Damas. Die Dekoration ist im Stil der übrigen Bauten gehalten; der Mihrab gleicht zeitgenössischen in Nordafrika. Der nächste Turm ist die *Torre de los Picos*, nach ihren pyramidenförmigen Mauerzacken genannt; zahlreiche Details ihrer inneren Struktur weisen auf gotische Einflüsse hin; man hat angenommen, daß es sich um das Werk eines christlichen Architekten, möglicherweise eines Gefangenen, handelt. Es war der Zweck des Turmes, den Eingang zum Generalife, die *Puerta del Arrabal*, zu bewachen; ein unwegsamer Pfad führt uns zu diesem Tor mit Hufeisenbogen und anschließenden Quartieren für die Wachmannschaft. Es ist jetzt gewöhnlich verschlossen. Der nächste Turm wird meist *Torre del Candil* genannt, aber sein korrekter Name lautet Torre del Cadí; es ist der einzige, durch den der Laufgang hinter den Zinnen hindurchführt, und nicht, wie bei den anderen Türmen, draußen herum. Im Innern der Mauer ist der versenkte Gang, auf dem sogar Reitertrupps oder größere Heeresabteilungen rasch zu einer gefährdeten Stelle vordringen konnten; in Friedenszeiten wurde er von Beamten und Besuchern auf ihrem Weg vom und zum Palast benutzt.

Dann kommen wir an die *Torre de la Cautiva*. Ihr Name, ›Turm der Gefangenen‹, wird von der unbestätigten Annahme abgeleitet, daß die schöne, als Kind von den Mauren entführte Isabel de Solis, die Favoritin Muley Hassans und Feindin der Sultana

Aischa, dort gelebt habe. Der winzige Patio enthält reizvollen
Stuck und Stalaktitendekoration. Es ist der einzige der Türme,
der ein original maurisches Bauwerk ist, abgesehen von den Dek-
ken und Bodenbelägen; und daß diese fehlen, geht zu Lasten der
Armee Napoleons. Ihr Verlust scheint in hohem Maße bekla-
genswert, wenn man den vielen Gedichten glaubt, die die Wände
bedecken: »Dieser Bau entstand, um die Alhambra zu zieren.
Er ist ein Wohnort der Friedliebenden und der Krieger«, heißt es
da, oder: »Ihr könnt sagen, wenn Ihr es erblickt: ›Schauet, eine
Festung oder auch ein Lusthaus.‹ In dieser Feste scheinen in
gleicher Schönheit die Decke, der Boden und die vier Wände.
Herrlich sind der Stuck und herrlich die Fliesen, aber es übertrifft sie an Anmut die kostbar geschnitzte Decke …« Der Mo-
saikfries überrascht doppelt, denn nicht nur zeigt jedes Fliesen-
feld eine in sich abgeschlossene Komposition, wie die Muster
mancher orientalischer Stoffe um ein Mittelstück gruppiert,
sondern es wurde auch eine sonst nicht verwendete Farbe zwischen Rosa und Fliederblau eingeführt.

An der Ostspitze des Berings steht die *Torre de las Infantas*, oft
beschrieben als das vollkommene Modell eines vornehmen arabischen Hauses. Eine alte Legende ist mit ihm verknüpft, die
Washington Irving unter dem Titel ›Die drei schönen Prinzessinnen‹ erzählt hat. Wenn man alle diese bezaubernden Orte
gesehen hat, ruft seine Geschichte von Zayda, Zorayda, Zorahay-
da und ihren christlichen Geliebten auf jeder Seite Erinnerungen
wach. Einmal sind die Ritter im Vermilion-Turm gefangen, und
dann wieder arbeiten sie in der tiefen Klamm am Fuße des Turmes der Prinzessinnen. Wir wollen uns Irvings Beschreibung dieses aristokratischsten aller Türme borgen:

*Das Innere des Turmes war in kleine, elfenhafte Gemächer unterteilt,
wunderschön geschmückt in dem lichten arabischen Stil, um einen hohen Saal
angeordnet, dessen Gewölbe fast bis in Spitze des Turmes aufragte. Die Wände
und Decken des Saales waren geziert mit Arabesken und Spitzenwerk, schimmernd von Gold und farbenfunkelnd. In der Mitte des Marmorbodens war
ein Alabasterbrunnen, gerahmt von aromatisch duftenden Sträuchern und
Blumen, mit einer hochaufsprühenden Fontäne, die den Raum kühlte und ein-
schläfernd vor sich hin sang.*

Vom nächsten Turm blieben nur die Ruinen. Er stand am Ende der einstigen Hauptstraße zur Alhambra, die an der Hauptwasserleitung entlangführte. Irgendwo hier herum war es, daß José García die von den Franzosen gelegte Zündschnur zerschnitt, da die Sprengladungen sonst die ganze Alhambra zerstört hätten, nachdem die meisten Türme an der Südseite schon in die Luft geflogen waren.

Sie kommen jetzt zum höchsten Punkt des Alhambrahügels, wo der Fluß mit Hilfe einer modernen Fußbrücke vom Generalife über die Schlucht geleitet wird; wenn man auf der Brücke steht, kann man fühlen, wie das Wasser unter den Füßen dahindonnert. Am anderen Ende ist eine der gewölbten ›Aljibes‹ oder Zisternen, in denen verschiedene Zuflüsse zusammengefaßt werden, ehe sie zur Alhambra weiterströmen. Wenn man zurückschaut auf das einst *Población* genannte Gebiet, den letzten der drei Abschnitte, in die wir die Alhambra eingeteilt haben, kann man sehen, wieviel hier zerstört wurde; Ruinen oder nackte Fundamente, für den Laien so rätselhaft wie die Überbleibsel einer neolithischen Siedlung, sind häufig alles, was noch da ist.

Der Rest der Umfassungsmauer ist langweilig; es ist überflüssig, die Ruinen, die die napoleonischen Truppen hinterließen, aufzusuchen; die *Torre de los Siete Suelos*, der ›Turm der Sieben Stockwerke‹ (die angeblich unterirdisch angelegt waren) nicht ausgenommen. Die Überlieferung will, daß König Boabdil hier die Alhambra verlassen hat, um die Schlüssel zu übergeben. Er soll darum gebeten haben, daß dieses Tor vermauert würde: Ein Bild aus dem 16. Jahrhundert zeigt es mit dem Namen ›Porta castri granatensis semper clausa‹. In der Maurenzeit lag hier ein Haupteingang zur Alhambra, noch wichtiger als die Puerta de la Justicia; er wurde von den Franzosen zerstört und erst kürzlich restauriert. Die Geschichte von den sieben unterirdischen Stockwerken ist natürlich reine Phantasie und gab Nahrung für Legenden wie die vom ›Belludo‹. Dieses Phantom lebte angeblich in dem Turm, um die Schätze eines maurischen Königs zu bewachen; nachts spukte es ohne ersichtlichen Grund in Gestalt eines Pferdes ohne Kopf, von sechs Hunden gefolgt, durch Granada.

Wir wenden uns jetzt von den Mauern ab und gehen stracks nach Westen, zu der Ruine des Población. Das erste größere Gebäude ist das ehemalige Kloster San Francisco, heute Parador und eines der besten Hotels Granadas. Es war ursprünglich ein maurischer Palast, von dem nur wenig übrig ist, und das meiste davon jüngeren Datums und diverse Male umgebaut. Im Nordwestteil hat sich der kleine Mirador erhalten, in dem die sterblichen Überreste der Katholischen Könige ruhten – dem Wunsch der Königin getreu – bis die Capilla Real vollendet war. Eine schlichte Marmorplatte markiert den Ort.

Geht man weiter nach Westen, so kommt man in die einzige Straße auf der Alhambra, mit Souvenirgeschäften und einer bescheidenen Gaststätte zur Linken. Die Läden sind recht gut, die Eigentümer nicht gierig, und das Restaurant hat einen hübschen Patio. Ihm gegenüber liegt die Kirche *Santa María de la Alhambra*, die den Platz der einstigen Moschee einnimmt. Davor steht eine Säule, die von der unglaublichen Tapferkeit zweier Franziskaner berichtet, die sich zu Zeiten, als die Gläubigen beider Seiten gerade einigermaßen miteinander auskamen, auf die Stufen der Moschee stellten, um von dort aus eine christliche Missionspredigt zu halten; sie erlitten natürlich das Martyrium. Zu den Schätzen der Kirche gehört ein marmorner Taufstein, der ganz offensichtlich die Schale eines maurischen Brunnens gewesen ist, und drei Figuren von Alonso de Mena. Die westgotische Tafel, die hier früher über der Tür der Sakristei angebracht war, ist heute im Museum der Alhambra.

Der *Palast Karls* v. ist einer der edelsten Profanbauten der Renaissance auf der ganzen Welt und in Spanien völlig singulär. Doch muß man bei seinem Anblick an Bourgoings Bonmot über den Sohn des Kolumbus denken: »Er wäre ein großer Mann gewesen, wenn er nicht der Sohn eines großen Vaters gewesen wäre.« Der Palast hätte in Madrid oder selbst in der Stadt Granada alle Augen auf sich gezogen, aber in dieser Nachbarschaft fordert er natürlich den Vergleich mit den maurischen Palästen der Alhambra heraus. Aber für einen Architekten der Hochrenaissance war es wohl undenkbar, daß orientalische Baukunst jemals mit der seinen verglichen werden, ja sie ausstechen könnte.

Ich möchte zuerst einige geläufige Unrichtigkeiten klarstellen. Man wird Ihnen vielleicht erzählen, daß der Palast preisgegeben wurde, weil Erdbeben den Alhambrahügel unsicher machten oder anderer Gründe wegen. Das Projekt wurde aber keineswegs aufgegeben, wenn es auch fast die ganze Zeit an Geldmangel krankte (Karl V. und sein Sohn Philipp II. zeichnen für einige der berüchtigsten Bankrotte der Weltgeschichte verantwortlich); im Schneckentempo schritten die Bauarbeiten durch die Jahrhunderte fort und sollen angeblich 1957 abgeschlossen worden sein. Ich kann dazu nur sagen, daß man 1968 noch dabei war, in der oberen Galerie eine Decke einzuziehen. Eine andere Lieblingsgeschichte der Führer lautet dahin, daß der Palast nur für Empfänge und administrative Zwecke und nicht als Residenz geplant worden sei. Auch das ist falsch, denn die Chroniken bestätigen, daß Karl, der für seine periodischen Besuche in Granada eine königliche Residenz benötigte, den Alhambrapalast zu vollgestopft und zu kalt fand, obwohl einige der Gemächer extra für ihn eingerichtet wurden. Man kann leicht verstehen, daß ein junger Mann, der in den festen Burgen Flanderns und Burgunds mit ihren großen Kaminen aufgewachsen war, den Schutz des maurischen Palastes unzureichend finden mußte, und die arabische Methode, sich mit dem ›Brasero‹ unter dem Tisch warm zu halten, eine ›Camilla‹ über die Knie gebreitet, völlig indiskutabel. Auch das war wohl einer der Gründe, warum Karls junge Frau während der Flitterwochen ihre Residenz im Kloster San Jerónimo aufschlug.

Der Bau wurde 1526 in Angriff genommen, als der Gouverneur der Alhambra, Graf Tendilla, einen Mann aus seinem Gefolge, Pedro Machuca, als Architekten vorschlug. Machuca war in Italien unter Michelangelo ausgebildet worden; einige sagen, er sei auch Schüler Raffaels gewesen, und er arbeitete damals als Maler und Retabelschnitzer. Es ist sehr wahrscheinlich, daß Tendilla diesen Vorschlag machte; und es ist auch möglich, daß die starke Betonung mythologischer Themen in der Dekoration des Palastes nicht so sehr auf den Einfluß der italienischen Renaissance, sondern auf Tendillas Bruder, Diego Hurtado de Mendoza, einen der großen Humanisten seiner Zeit, zurückgeht. Er war in den Klassikern wohlbelesen, hatte Aristoteles übertragen und

kommentiert und schrieb eine gute Geschichte der Eroberung Granadas. Machuca, ein Edelmann aus Toledo, war ein vielseitig begabter Renaissancekünstler. Außer diesem Palast entwarf er die Puerta de la Granada und den Pilar Karls v., die wir beide schon gesehen haben. Er bewies auch als Maler Talent; eines seiner Gemälde hängt in der Capilla Real, wo es von besseren Arbeiten in den Schatten gestellt wird, aber seine ›Kreuzabnahme‹ im Prado kann jeden Vergleich aushalten.

Die Kosten des Palastes sollten zum Teil durch Steuererhöhungen für die Mauren aufgebracht werden, eine erpreßte Abgabe, die der in Santafé unterzeichnete Übergabevertrag verbot. Man behauptete kühn, es habe sich um eine freiwillige Leistung gehandelt aus Dank für die Erlaubnis, den Turban tragen zu dürfen; das ist schwer zu glauben, da der Turban schon zur Zeit des Falls von Granada außer Mode war, und nur noch von Cadís und Alfaquís, maurischen Richtern und Theologen, getragen wurde.

Das Erdgeschoß des Palastes zeigt Rustikagliederung und Pilaster mit Löwen- und Adlerköpfen im florentinischen Stil, die schwere Bronzeringe tragen. Die Fenster sind streng klassisch, über jedem befindet sich ein kleines Rundfenster. Die Mittelrisalite sind reicher gestaltet und zeigen Halbsäulen: im Erdgeschoß dorisierenden (mit Basen!), im Obergeschoß dagegen ionischen Stils. Der kreisförmige Innenhof, eine Überraschung nach dem rechteckigen Außenbau, wird von einer zweigeschossigen Kolonnadenstellung umfangen. Die Säulen sollten ursprünglich aus Marmor sein, aber die finanziellen Lasten des Kaisertums zwangen den Bauherrn, sich mit einem marmorartigen Stein zu begnügen. Obwohl hochpoliert, wirkt dieses Material unangemessen; es trägt den spanischen Namen ›piedra pudinga‹.

Während der ersten zwei Jahrhunderte seines Bestehens hat man den Palast anscheinend hauptsächlich für Festlichkeiten benutzt, besonders für Stierkämpfe. Die Mauren hatten sich diesem ›Sport‹ schon vor der Reconquista hingegeben und bereits den Trick eingeführt, den Bullen mit Hunden müde zu hetzen, ehe seine menschlichen Widersacher ihr Leben riskierten. Unter den Toreros finden wir Mauren; sie begannen mit dem Stierkampf, sobald sie nach Spanien kamen, und angeblich gehen auch die Banderillas auf sie zurück.

11 Sevilla *Festfreude zur Feria-Zeit*

Goyas Kupferstichserie im Britischen Museum in London ist ein eingehendes
Studium wert; ein Blatt zeigt Karl V., wie er in Valladolid einen Stier mit der
Lanze berennt. Aber man wird krampfhaft leugnen, daß der Palast auf der
Alhambra jemals zu solchen Zwecken mißbraucht worden sei, und richtig ist
immerhin, daß der runde Patio zu Lebzeiten Karls nicht vollendet wurde. Auch
über die skulptierten Stierköpfe rund um die Galerie kann man keine präzisen
Informationen erlangen; vielleicht waren sie nur eine Wiederbelebung des alten
iberischen Totems.

Ich muß hier, selbst auf die Gefahr hin, mich zu weit von der Alhambra zu
entfernen, die Dorfprozessionen am Sankt-Markus-Tag erwähnen, bei denen
ein bekränzter Stier vom Priester gesegnet, von den Frauen liebkost und da-
nach folgerichtig von Amateurtoreros getötet wird. Das ›Fest des Stiers des
heiligen Markus‹ – der nichts mit dem Symbol des Heiligen, einem geflügelten
Löwen, zu tun hat – ist eine Fortsetzung alter Fruchtbarkeitsriten, ein Weiter-
leben des prähistorischen Frühlingsfestes, das im alten Ägypten und in Kreta
gefeiert wurde.

Der Palast beherbergt zwei Museen überdurchschnittlichen
Ranges. Im Erdgeschoß finden wir neben dem Patio das *Museo*
Nacional de Arte Hispano-Musulman; es wird auf Verlangen ge-
öffnet. Der Direktor ist ein bekannter Gelehrter, Señor Don
Jesús Bermúdez Pareja. Obwohl das Museum nur klein ist, findet man hier eine erstaunliche Menge guter Ausstellungsstücke,
aber man sollte möglichst vorher wissen, was man sehen möchte.
Der Wärter ist bestens informiert und sehr hilfsbereit. Gleich am
Eingang sieht man zwei Inschriftentafeln; die kleinere ist westgotisch und stammt von der Sakristeitür in Santa María de la
Alhambra. Obwohl stark verwittert, kann man noch die Namen
von Guila, dem edlen Gründer, und drei Heiligen, Stefan, Johannes und Vinzenz, entziffern, und am Ende die Zeile SANCTO PAULO
ACCITANO PONTF ... Aus dieser Wendung kann man schließen,
daß die Tafel von einem Bischof Paul von Guadix geweiht wurde.
Sie wurde in den Fundamenten der Moschee gefunden, als die
heutige Kirche errichtet wurde; daraus schließt man, daß die
Mauren, wie üblich, ihre Moschee über einer westgotischen Kirche errichtet haben. – Die andere Tafel ist aus Marmor und war
1367 über der Tür des Maristan angebracht. Die Inschrift in einem
Hufeisenbogen berichtet kurz, daß das Gebäude für Geistes-

kranke bestimmt war, und gibt uns den Stammbaum Mohammeds v. sowie eine Lobrede auf ihn. Da er ein Verbündeter Pedros des Grausamen war und sah, wie der alte Gegner Kastilien
durch die irrwitzigen Bürgerkriege geschwächt wurde, hat er
vielleicht einige Sympathien für Wahnsinnige entwickelt.

*Obwohl der dem Museum zur Verfügung stehende Raum begrenzt er-
scheint, enthält es eine überraschende Menge interessanter Ausstellungsstücke;
königlich-maurische Grabsteine, Keramik, Glas, geschnitzte und vergoldete
Holzarbeiten, arabische Kohlenpfannen in Stein und Marmor – die Urahnen
jener Braseros, die heute noch in Gebrauch sind – Spuren von Metallschmuck,
Stuckreste und skulptierte Kapitelle vom 11. bis zum 13.Jahrhundert. Der
Durchschnittsbesucher wird wohl vor allem die Prunkstücke sehen wollen:
Ein aus dem 15.Jahrhundert stammendes Ölgemälde zeigt zwei Ritter in
christlicher Rüstung (die allerdings, einem Gedicht Ibn Al-Khatibs nach, auch
von Mauren getragen wurde) in einen Kampf verwickelt; um den Rand läuft
mehrfach das Nasridenmotto ›Solo Dios es vencedor‹. Warum es hier in Spanisch steht, wird ein unlösbares Rätsel bleiben. Weiter findet man ein großes
marmornes Bassin für religiöse Waschungen mit vier Löwen, die vier Hirsche
zerreißen, an der Front und heraldischen Adlern mit allerlei Getier an den
Seiten. Alle diese Reliefs sind charakteristisch für die späte Omajadenzeit in
Córdoba, aber die Inschriften zeigen einen viel späteren arabischen Schreibstil
und sind ein Lobpreis auf Mohammed III. von Granada. Daraus wird geschlossen, daß das Becken einige Zeit nach dem Fall des Kalifats hierhergebracht
wurde und daß man zu Beginn des 14.Jahrhunderts die Inschrift änderte.*

*Das letzte der bedeutenden Stücke ist eine der berühmten Alhambravasen,
ein einzigartiges Beispiel granadischer Töpferkunst. Zusammen mit den anderen wurde sie im Palastbezirk gefunden, nach dem Volksglauben mit Goldstücken gefüllt, und bis ins 17.Jahrhundert waren sie im Jardín de los Adarves
der Alcazaba ausgestellt. Eine sprang entzwei, und die Scherben wurden von
erinnerungsgierigen Reisenden fortgeschleppt; eine andere verschwand, ohne
daß man erst abgewartet hat, ob sie vielleicht auch zerbrechen würde. Die Vase,
die wir hier sehen, ist eine hinreißende maurische Arbeit aus dem 14.Jahrhun-
dert, und obwohl ihr ein Henkel fehlt, gibt es nur eine andere, wahrscheinlich
in Málaga hergestellte, die ihr zu vergleichen wäre, heute im Museum von
Palermo auf Sizilien. In Form, Muster und Farbgebung ist das hiesige Stück
unerreicht; mit dem weidenschlanken Hals, der aus dem bauchigen, unten
amphorenhaft-spitzzulaufenden Krug aufwächst, gemahnt sie an das arabische
Schönheitsideal. Ihr Muster zeigt stilisierte Blätter in Blau und Blaßgold auf
weißem Grund; Gazellen erscheinen zwischen dem Laub, und eine Inschrift*

wird auf dem Bauch endlos wiederholt; ihre Oberfläche ist eher matt. Die Vase bringt uns auch die Nasridenpaläste ein wenig näher; wir wissen, daß die Möbel auf ein Minimum beschränkt waren: eine Truhe, ein niedriger Tisch, Teppiche, Vorhänge und Kissen (noch bis ins 18.Jahrhundert liebten es die spanischen Frauen, mit gekreuzten Beinen auf Kissen zu sitzen, um ihren Kaffee oder ihre Schokolade an niedrigen Tischen zu genießen). So können wir uns die künstlerische Wirkung dekorativer Krüge, Lampen und Räuchergefäße in diesen Räumen gut vorstellen.

Einige werden sich auch für eine restaurierte Skulptur einer Hand interessieren von der Art, wie wir sie bei der Puerta de la Justicia sahen; doch ist hier der Schlüssel in den Unterarm eingeritzt. Weiter eine Kopie des Schwertes von Boabdil, das sich im Original im Museo de San Telmo in San Sebastián befindet; hohle, an einer Stange aufgereihte Kupferkugeln von einem Minarett in Granada, ähnlich der einstigen Giraldabekrönung, oder wie man sie heute in Marokko noch sehen kann; und schließlich Fußblöcke, in die einst Verurteilte geschlossen wurden, mit verschiedenen Öffnungen: die größeren waren für beide Füße, die kleineren nur für einen gedacht. Sie sind sehr ökonomisch gemacht, gleich für mehrere Verbrecher auf einmal.

Im oberen Geschoß liegt das *Museo de Bellas Artes*, hauptsächlich für Werke heimischer Künstler gedacht, einschließlich solcher, die hier arbeiteten, obwohl sie in anderen Städten geboren waren, wie Pedro Machuca und Sánchez Cotán. Cotáns ›Anbetung der Hirten‹, die man gleich beim Eintritt sieht, ist berühmt wegen der meisterhaften Darstellung des Lammes im Vordergrund. Ich habe bereits erwähnt, daß dieser Meister vor allem wegen seiner Stilleben berühmt ist. In Saal 1 hängt das großartige ›Triptychon des Gran Capitán‹, eine superbe Emailarbeit von Nardon Penicauds aus Limoges. Es ist in sechs Felder untergliedert; das Mittelstück zeigt eine ›Kreuzigung‹ und die beiden größeren Seitenflügel ›Kreuzweg‹ und ›Pietà‹. In dem kleinen ›Jüngsten Gericht‹ haben alle Figuren mit Ausnahme von Petrus (oben links) goldenes Haar. Die gähnenden Kiefern des Leviathan zur Rechten der Seite der Verdammten bedürfen keiner Erklärung, da das Untier ja seit den Tagen des heiligen Gregor mit Satan identifiziert wird. Ein humorvoller Zug wird durch zwei Priester mit Tonsur erreicht, von denen sich der eine bei den Seligen, der andere bei den Verdammten findet.

Dann sieht man am Ende des Saales eine hervorragende ›Grablegung‹, eine
Plastik von Jacobo Florentino el Indaco aus dem Kreuzgang von San Jerónimo,
ursprünglich für das Grab des Gran Capitán entworfen. Die Einfassung der
Gruppe ist eine Kopie der im Kloster verbliebenen Originale. Im gleichen Saal
ist eine schöne gotische ›Madonna‹ aus Deutschland, die früher über dem inneren Tor der Puerta de la Justicia stand, und von Diego de Siloé eine geschnitzte ›Maria mit Kind‹ in Flachrelief; der Ausdruck der Figuren ist
meisterhaft.

In den nächsten Saal geht man dann durch das gut rekonstruierte Portal der
Kirche San Gil von Diego Siloé und seinen Schülern, und innen sieht man das
Chorgestühl aus dem ehemaligen Kloster Santa Cruz la Real; Juan de Orea hat
die ersten sechzehn sehr fein gearbeiteten Sitze geschnitzt.

Saal III wird die Bewunderer von Sánchez Cotán anziehen; hier hat man die
beste Möglichkeit, seine Stilleben und seine meist weniger geglückten Figuren-
bilder zu vergleichen. Es heißt, seine ›Vision des heiligen Hugo‹ werfe einen
Schatten der Kunst Zurbaráns voraus, aber der Schatten ist sehr lang und sehr
dünn. Doch über sein hervorragendes ›Bodegón del Cardo‹ wird man nur ein-
hellige Zustimmung hören; es ist eines seiner besten Stilleben.

In Saal V ist Alonso Cano gut repräsentiert, mit Werken, die teilweise mit
Hilfe des Pedro de Mena ausgeführt wurden; wieder fällt uns auf, wieviel
Zärtlichkeit er in seine Figuren legen konnte. Von seinem Schüler Pedro Ata-
nasio Bocanegra sieht man eine fade ›Immaculata‹ und eine ›Kreuzigung‹ in
Saal VII. Dieser aggressive, prahlerische Maler zerrte in solchem Maße an den
Nerven seiner Kollegen, daß man ihn zweimal zu einem Duell mit Pinseln forderte; er lehnte das erste ab, war aber gezwungen, sich dem zweiten mit Teo-
doro Ardemans zu stellen. Die Aufgabe bestand darin, das Porträt des anderen zu malen; Ardemans vollendete das seine in einer Stunde, Bocanegra arbeitete sich viel länger ab und konnte dann nur eine wertlose Kleckserei vorzei-
gen; das Bild von Ardemans hängt heute im Palast des Erzbischofs. Bocanegra
starb bald darauf, ohne Zweifel an seinem Ärger.

Das 19. Jahrhundert und die Modernen sind gut vertreten und lohnen ein
eingehendes Studium. Impressionisten der spanischen Schule, Romantiker und
Art-Nouveau-Künstler hängen durcheinander, man sieht viele großartige
Werke, nur zwei große Namen sind vertreten, Mariano Fortuny und Muñoz
Degrain. Fortunys ›Schwertfeger von Toledo‹ ist ein schönes Beispiel des Spät-
barock. Den Namen Vázquez Díaz sollte man sich merken; hier sieht man seine
Bleistiftporträts von den wohl berühmtesten Granadern seit König Boabdil:
dem Komponisten Manuel de Falla, dem Dichter García Lorca und dem Ar-
chäologen und Kunstkritiker Gómez Moreno.

Der Generalife erstreckt sich entlang der Straße, die zum Hotel
›Washington Irving‹ führt; man wird mit der Sammelkarte für
die Alhambra eingelassen, sonst muß man fünf Peseten zahlen.
Es war der Sommergarten der Könige von Granada, und zwar
ihr Privatgarten, also völlig verschieden vom Typ der repräsen-
tativen Hofgärten, wie ihn beispielsweise Versailles verkörpert.
Was verlangten die Könige von Granada, wenn sie sich in ihre
Gärten zurückzogen? Einsamkeit, Blumen, Düfte und den Klang
des Wassers. García Gómez – man kann nicht lange über Granada schreiben, ohne ihn zu erwähnen – zitiert ein Gedicht des
Mauren Ibn Luyun (der vielleicht spanischer Abstammung war,
wenn Luyun eine Adaption von León ist). Thema ist die Anlage
eines Gartens, und der Generalife wirkt, als sei er nach den Lehren dieses Gedichtes gebaut. Der Pavillon mit seinem Ausblick,
die Bäume, die Blumenbeete, der Aquädukt, Teiche und Fontänen: alles ist da. Gómez vergleicht ihn mit noch existierenden
marokkanischen Gärten, aber obwohl orientalisch in der Idee,
ist der Generalife doch dem spanischen Temperament verwandt;
vielleicht ist der Patio römisches Erbteil, geboren aus dem Atrium?

Der Generalife (›Gennat Alarif‹: der ›Garten des Architekten‹)
liegt im Nordosten, an den Hängen des Cerro del Sol, oberhalb
der Alhambra, auf die er uns einen herrlichen Blick erlaubt,
ebenso wie auf das Darrotal und den Albaicín. Man erreicht ihn
über eine Zypressenallee oder, wenn man den rechten, oberen
Weg nimmt, unter zurechtgestutzten Oleanderbögen. Unser
erster Blick fällt auf das *Teatro de Verano*, das Freilichttheater;
es wurde vor nicht langer Zeit eingerichtet. In jedem Juni werden hier ausgewählte Musik- und Ballettaufführungen gegeben.
Der Zuschauerraum wird von niedrigen Hecken in Ränge unterteilt und ist klein genug, um die Intimität zu wahren, die ein
Kammermusikabend verlangt. ›La Música, para quien la en-
tienda‹, heißt das Sprichwort, ›Musik ist für den, der sie versteht‹; aber viele haben schon an der herrlichen Kulisse Freude
genug. Wie Ibn Zamrak schrieb: »Granada ist eine Braut, deren
Krone und Juwelen und Roben Blumen sind; ihre Tunika ist der
Generalife, ihre Ohrgehänge sind die Tropfen des Morgentaus.«

Der Kanal in der Mitte wird von allen Seiten aus zahllosen Fontänen gespeist; die Zypressenhecken formen Bögen, und die Pfade verlaufen zwischen Rosenbeeten; am äußeren Weg laden Bänke und die Aussicht zur Rast, und überall hüllt uns Schatten ein und der Singsang der Fontänen.

Die *Carmen de los Mártires* bezeichnet den Platz, wo in der Maurenzeit die Vorratsräume und Verliese lagen, wie auch das Feld, auf dem Turniere und Paraden abgehalten wurden. Dieser Park ist ein Ort für jene, die sich nach mehr Einsamkeit, nach weniger vorgezeichneter Schönheit sehnen in all dem Überfluß. Er ist während der gleichen Stunden für Besucher geöffnet wie die Alhambra, und sein Landhaus wird während der Sommermonate als Restaurant benutzt. Man findet schöne Baumgruppen, darunter gab es eine Eiche, die von der heiligen Therese gepflanzt worden sein soll, leider war sie nie in Granada. Die angeblich von Johannes vom Kreuz gepflanzten Zypressen sind noch da. Hinter dem Haus dehnt sich ein Landschaftspark mit einer großen Vielfalt von Baumarten: Kastanien, Magnolien, Platanen, Pappeln, Zypressen, Eichen, Ulmen, Linden, Lorbeerbäumen, Palmen und Pinien, viele von Efeu völlig umrankt. Wasser, über einen alten maurischen Aquädukt hergeführt, sprüht in Kaskaden über moosige Felsen und rinnt zwischen Buchs- und Myrtenhekken dahin. Auch dieses Gelände gehörte der Mutter Oberin des Klosters Santa Paula in Sevilla und wurde von ihr der Stadt geschenkt.

Weiter hügelaufwärts finden wir die *Silla del Moro*, die wir schon früher erwähnten, wo jetzt die alte Burg rekonstruiert wird. Von dem Weg vor ihrer Front hat man einen Blick auf jeden Teil Granadas, mit Ausnahme des Generalife, der von Bäumen versteckt wird. Man kann sogar die verschiedenen Kirchen auf dem Albaicín erkennen und ganz rechts die Kollegiatskirche *San Cecilio* auf dem Sacromonte, nahe der Höhle, wo 1594 düstere Dokumente gefunden wurden, 25 Blätter mit detaillierten Beschreibungen frühchristlichen Märtyrertums in Spanisch und Arabisch. Ihre Authentizität wurde jahrhundertelang bezweifelt, aber man hat dessen ungeachtet die Abteikirche errichtet und

ihr Museum reich ausgestattet. Es scheint keinen Zweifel mehr
zu geben, daß es sich um Fälschungen handelt und daß die Fäl-
scher selbst es waren, die ihre ›Entdeckung‹ der ›Dokumente‹
dem Erzbischof mitteilten. Ein großer Etymologe des 17. Jahrhunderts, Bernardo Alderete, ist fast zum Scheiterhaufen verurteilt worden, weil er darauf hingewiesen hatte, daß die spanische
Sprache im 1. Jahrhundert nach Christus überhaupt noch nicht
existierte; er mußte eine gehetzte Erklärung abgeben, daß San
Cecilio natürlich in Kastilisch geschrieben habe, weil er in seiner
Weisheit voraussah, daß diese Sprache zum Zeitpunkt der Auffindung in Gebrauch sein würde; die Erklärung wurde akzeptiert …

Man kann die alte Alcazaba und den Albaicín nördlich des Darro-
tals als eine Einheit behandeln; es ist ein Viertel mit engen, stillen,
kopfsteingepflasterten Gassen und geweißelten Häusern, mit
hohen Mauern, die weite Gärten umfangen. Córdoba gab
uns eine Idee islamischer Frömmigkeit; die Alhambra einen Einblick in die hohe Kultur eines arabischen Hofes, hier nun können wir eine gute Vorstellung maurischen Stadtlebens gewinnen.
Ich werde den Kirchen und ihren Kunstwerken auf diesem Rundgang weniger Aufmerksamkeit schenken (die bedeutendsten
haben wir bereits gesehen), denn so können wir, in echt andalusischer Weise, dem ›Soso y aburrío‹, dem faden Überdrusse, der
dem südspanischen Temperament so zuwider ist, aus dem Wege
gehen.
    Zuerst möchte ich wiederum ein weitverbreitetes Fehlurteil
über den Albaicín zurechtrücken; diese Vorstadt ist nicht das
Zigeunerviertel. Zwar gibt es einige hauptsächlich von Zigeunern bewohnte Straßen, aber sie liegen außer Sicht, an der Nordseite des Hügels, die Zigeunerhöhlen nun gar erst an der Straße
zum Sacromonte im Osten, hinter den Grenzen des Albaicín,
dessen Mauern man am besten von der Alhambra aus überblik-
ken kann: sie verlaufen in einer kontinuierlichen Linie von der
Eremitage San Miguel, einem einstigen Verteidigungsturm, bis
ins Darrotal. Weiter nach Osten, rechts von ihnen, sieht man die

weißgetünchten Eingänge zu den Höhlen der Zigeuner, kühl im Sommer, mollig im Winter, und oft mit überraschendem Luxus ausgestattet.

Haupteinnahmequelle ihrer Bewohner sind die sogenannten ›Flamenco‹-Vorführungen für Reisegesellschaften. Nun ist es zwar richtig, daß die Zigeuner zu den besten Flamencotänzern gehören, besonders wenn es sich um den kunstvollen ›Zapateados‹ handelt, aber den werden wir hier nicht sehen, ebensowenig wie den ›Canasteros‹, obwohl er dem reinen Zigeunertanz am nächsten kommt. In der gelassenen Atmosphäre der geweißten Höhlenwände mit ihren Kupferpfannen und -töpfen (Telephone und Fernsehen diskret unter spanischen Schals verborgen) zeigt man fast nur einen ›Zambra‹ genannten Tanz. Sein Ursprung ist nicht klar; vielleicht ist der Name von dem arabischen Wort für Flötenspieler abgeleitet. Die Zambra wird unter Kastagnettengeklapper und Händeklatschen in spielerischer Leidenschaft mit kunstvollen Tanzfiguren zelebriert, Höhepunkte sind die Pirouetten, bei denen die Volants wirbeln und schlanke Beine sehen lassen (längst nicht mehr so aufregend wie noch im vorigen Jahrhundert). Es handelt sich um ein schwer bestimmbares Gemisch, aber die Touristen haben es gerne so und genießen auch das Glas Wein, das gewöhnlich kostenlos gereicht wird.

Die Tour durch den Albaicín macht man am besten zu Fuß, denn die Straßen sind für Wagen mörderisch und neigen dazu, plötzlich in einer Treppenflucht zu enden; ein Führer ist eine große Hilfe, da viele der interessanten Orte auf keinem Stadtplan zu finden sind. Man kann auch viele Auskünfte von den Einwohnern erhalten; am besten fragt man jedoch die uniformierten Hüter des Gesetzes. Eine andere, sehr brauchbare Methode ist es, ein intelligentes Kind aus der Gegend für eine entsprechende Belohnung auf dem Rundgang mitzunehmen; diese flinkfüßigen ›Führer‹ kennen gewöhnlich die kürzesten Wege von einem Ort zum nächsten. Wir beginnen an der Plaza de Santa Ana (die wir aus Kapitel 15 kennen), wo wir zur Linken das Haus sehen, in dem San Juan de Dios seine Unglücklichen betreute und wo er 1550 starb. Die *Casa de los Pisas* ist noch heute ein Hauptsitz des von ihm gegründeten Hospitaliter-Ordens der Barmherzigen Brüder des Johann von Gott; der Raum, in dem der Heilige starb, ist in ein Oratorium umgewandelt worden, das man von der Calle del Aire aus betreten kann, zunächst der Audiencia. Die Fortsetzung der Plaza ist die *Carrera de Darro*, eine der ältesten und malerischsten Straßen Granadas mit bunten Häusern zur Linken und dem schmalen Flußlauf mit seinen vielen Fußbrücken zur Rechten und dahinter die ragende Klippe, auf der die Alcazaba der Alhambra horstet. Sie werden sich erinnern, daß von dort ein an der Puerta de las Armas beginnender Pfad herabführt. Früher kreuzte er den Darro ein paar Meter weiter straßauf, und zur anderen Seite des Flusses können Sie noch heute den Ansatz eines Hufeisenbogens sehen, die ursprüngliche ›Puente del Cadí‹ des 11. Jahrhunderts.

Gegenüber dem zerbrochenen Bogen finden Sie in Nr. 37 in der Carrera de Darro den *Bañuelo*, eines der besterhaltenen Araberbäder in Spanien. Die verschiedenen Räume wurden nur leicht restauriert, denn sie lagen Jahrhunderte gut geschützt unter Erde und Trümmern, da über ihnen ein Haus errichtet worden war. Am wichtigsten sind die Backsteinhufeisenbogen, getragen von Marmorsäulen mit einer großen Vielfalt von Kapitellformen, unter denen man zwei römische, ein westgotisches und einige wenige aus der Kalifenzeit entdecken kann. In den Tonnengewölben der Decke findet man die üblichen sternförmigen Abzugslöcher, und an der einen Seite sieht man den Raum für die Heizungsvorrichtungen. Hinter den Bädern liegt der Convento de la Concepción. Auf der Plaza davor stand einst das Maristan, das maurische Irrenhaus; seine Gründungstafel haben wir im Alhambramuseum gesehen. Später war hier die Münze der Katholischen Könige.

An der nächsten Ecke der Carrera de Darro ist die *Casa de Castril*, genannt nach einem der Lehen der Nachkommen des Hernando de Zafra. Seine Unterschrift findet sich sowohl im offiziellen als auch im Geheimvertrag über die Übergabe von Granada hinter der seiner Könige. Es ist ein Eckhaus mit einer schönen platteresken Fassade; in dem an sich ziellosen Dschungel von Skulpturen fällt die Darstellung der Torre de Comares auf, die Hernando in Anerkennung seiner Dienste bei der Ausarbeitung der Vertragsklauseln als weiteres Wappenbild zugestanden wurde.

Der Eckbalkon des oberen Stockwerkes entspricht dem Typus, den wir aus
Úbeda kennen, mit einer eingestellten schlanken Marmorsäule zur Betonung
der Ecke. Darüber steht in großen römischen Buchstaben ESPERÁNDOLA DEL
CIELO. *Eine falsche Übersetzung ist schuld an zwei Versionen der gleichen Le-*
gende: Einer der Zafras entdeckte einen Pagen in der Schlafkammer seiner
Tochter; vergebens beteuerte der Jüngling, daß ihr Hilferuf ihn dorthin ge-
führt habe. Als er am Balkon gehängt werden sollte, flehte er um Gnade und er-
hielt die mitleidlose Antwort: »Hoffe darauf im Himmel.« Man sollte anneh-
men, die Tochter hätte einiges Licht in die Aussage des jungen Mannes bringen
können, aber sie schwieg. Die dramatisch korrektere Version lautet, daß der
Page ausrief: »Ich erwarte sie vom Himmel!«, und, um eine Erklärung gebeten,
was er meine, hinzufügte: »Die Gerechtigkeit, die mir auf Erden verweigert
wird!«

Dieses Adelshaus war einst sehr bekannt, denn es beherbergte
sowohl das Archäologische als auch das Kunstmuseum von Granada. Das Archäologische Museum ist jetzt im Hospital Real untergebracht, das Museum der Schönen Künste im Palast Karls v.
Alles, was man innen noch bestaunen kann, sind die hübschen
Patios, der zweite ist geschmückt mit schön geschnitzten Holz-
säulen. Eine Erinnerung an alte Zeiten hängt auch an dem Namen
der Kirche *San Juan de los Reyes;* man erreicht sie über die Calle
de Zafra zur Linken. Diese erste Kirche, die in Granada auf Befehl Isabellas und Ferdinands am 5. Januar 1492 geweiht wurde,
war ursprünglich eine Moschee aus dem 13. Jahrhundert und
diente den christlichen Renegaten. Der Glockenturm besteht zum
größten Teil noch aus den Mauern des alten Minaretts; mit seinen Blendarkaden, der Sebka-Dekoration und der gewendelten
Rampe erinnert er stark an die Giralda. Unter dem Kloster hinter der Kirche hat man Reste einer Römerstraße und auch römische Gräber sowie Teile der Befestigungen der Alcazaba entdeckt.

Ein bißchen weiter hügelaufwärts liegt die *Aljibe del Trillo,* eine
Zisterne, die selbst hier, wo es so viele arabische Aljibes gibt, Be-
rühmtheit erlangt hat. Die Fassade ist aus Backstein erbaut, und
die Enjutas des Hufeisenbogens sind mit neueren (anstelle der
originalen) Azulejos geschmückt. Diese alten Zisternen sind
nicht nur von archäologischem Interesse; viele von ihnen die-

nen noch immer der regulären Wasserversorgung und wurden zu diesem Zweck mit völlig unpassenden Messinghähnen versehen.

Wenn Sie zum Darro zurückkehren und sich ostwärts halten, werden ihnen Straßennamen wie ›Calle del Horno de Vidrio‹ oder ›Horno de Oro‹ auffallen; dort standen einst die Glashütten und die Werkstätten, in denen das Gold geschieden wurde. An der letzten Brücke, von wo aus eine Straße durch den Wald zum Generalife führt, biegen Sie links ab zur Cuesta del Chapiz, die ungefähr die Grenze des Albaicín bezeichnet. Der ›Peso de la Harina‹ zeigt den Platz an, auf dem im 17. Jahrhundert das Mehl öffentlich ausgewogen wurde, und zur Rechten liegen in einem reizvollen Garten die *Casas del Chapiz*. Diese arabischen Landhäuser wurden nach einem ihrer Besitzer, dem Morisken Lorenzo el Chapiz, genannt; ursprünglich hießen sie ›Dar Albaida‹, ›Weißes Haus‹; sie waren wohl das größte Bauwerk in diesem Viertel, dem *Rabad Albaida*. Man hat sie sorgfältig restauriert; heute sind sie bewunderungswürdig ihrem neuen Zweck angepaßt, denn in ihnen ist das Seminar für Arabische Studien untergebracht, ein Zweig der Universität von Granada. García Gómez, einer der Gründer, hat beschrieben, mit wieviel Enthusiasmus und wie wenig Geld man das Projekt in Angriff genommen hat, wie Torres Balbás die Bauten vor dem Ruin rettete, wie man die Gärten mit Zypressen und Myrten neu bepflanzte, die Granatapfelbäume ausschneiden mußte, die Wände und Mauern tünchte. Wir können heute die Räume und Höfe im Moriskenstil dank dieser Sorgfalt wieder bewundern; das Institut ist schon zu einem Zentrum hispano-arabischer Forschungen geworden.

Die Straße führt zur Plaza Albaida, wo eine Abzweigung rechter Hand sich ihren Weg zwischen den Höhlen hindurch zum Camino del Sacromonte windet, der bei der Casa del Chapiz in unser Blickfeld kam. In Reichweite der Plaza Albaida sind verschiedene *Casas Moriscas*, womit man die ursprünglich maurischen Häuser meint, und nicht, wie der Name besagt, nur die Häuser von Morisken, also zwangsbekehrten Mauren. Die Straße setzt sich unter dem Namen Calle de San Luis fort; in Nr. 27 haben sich Spuren des alten Gebäudes erhalten; die Galerien werden von hölzernen Konsolen getragen, in den Fluren und einem Raum findet man schöne Alfarjes, und Wandgemälde mit Vögeln und Tieren wechseln mit den üblichen Dekorationen ab. Ein anderes sehenswertes Haus ist Nr. 2 in der Calle de Yanguas, die von der Calle San Martín abbiegt, mit einem kleinen Brunnen inmitten des Patios, geometrischen Fliesen und ebenerdigen Galerien, sogenannten ›Cenadores‹ an zwei Seiten des Hofes sowie einer eigenen Aljibe mit einem Hufeisenbogen.

Der Unternehmungslustige kann nun die Straße zur *Puerta de Fajalauza* einschlagen, etwa einen halben Kilometer entfernt, wo ein tunnelartiges, zinnengekröntes Tor mit einem gotischen Rippengewölbe durch die äußere Stadtmauer in das Viertel der Töpfer führt. Hier wird noch heute die blauweiße Fajalauza-Töpferware hergestellt; es scheint, daß man seit der Reconquista ohne Unterbrechung in diesem Stil gearbeitet hat: wenn man die Beispiele in den Museen zum Vergleich heranzieht, so zeigen einige der Stücke im Archäologischen Museum von Madrid den doppelköpfigen Habsburger Adler, obwohl sie erst lange Zeit nach dem Untergang der spanisch-habsburgischen Dynastie hergestellt wurden. – Die äußeren Befestigungen machen hier einen großen Bogen gen Süden, den man von der Alhambra aus erkennen kann. Dieser Mauerabschnitt heißt *Cerca de Don Gonzalo*, nach Gonzalo de Zúñiga, dem Bischof von Jaén, von dessen Lösegeld er angeblich errichtet wurde. Eine wahrscheinlichere Geschichte besagt, daß ein früherer Bischof, Pedro Pascual, die Mauer aus seinem Lösegeld errichten lassen sollte, aber, als alles so weit war, seinen Entschluß änderte, und statt seiner dreihundert in den Augen der Mauren weniger bedeutende Christen freikaufte; er selbst starb 1300 als Gefangener. Bischöfe hatten ihren Preis in jener Zeit…

Wenn man von der Puerta de Fajalauza zurückkehrt zur Calle de San Luis, erreicht man die *Casa de los Mascarones*, so genannt nach zwei grotesken Steingesichtern, die die Fassade schmücken. Es war das Haus eines heute fast vergessenen Dichters, Pedro Soto de Rojas, eines Schülers Góngoras. Er war Domherr der nahen

Kirche El Salvador, wo er auch begraben liegt, und sein bekanntestes Gedicht hat seinen schönen Garten als Hintergrund: »Paraiso cerrado para muchos, jardines abiertos para pocos.« Heute ist dieses Haus die Kaserne der Guardia Civil, in der wohl kaum jemand noch ein »Paradies« erkennen wird, »der Menge verschlossen, einen Garten, offen für wenige«.

Die Calle del Pardo liegt an der Rückseite des nächsten Blocks, und in Nr. 32 finden wir eine weitere Casa Morisca. Sie ist fast vollständig erhalten und kommt einem Haus aus der Zeit vor der Reconquista so nahe, wie man nur wünschen kann. Da sieht man Friese mit geometrischen Fliesen, Zackenbögen und Stuckarabesken. An den Wänden des Patios mit dem üblichen Mittelbrunnen eines wohlhabenden Hauses findet man schmiedeeiserne Ornamente und Fliesen vieler Art, darunter die leicht erkennbaren Fajalauza-Arbeiten und ungewöhnlich schöne Alfarjes. Bei kürzlich durchgeführten Ausgrabungen hat man das alte Leitungssystem entdeckt, durch das dieses Haus von der Sierra Alfácar aus mit Wasser versorgt wurde, und einen Tunnel, der in den wirren Zeiten gegen Ende der Nasridenherrschaft wohl als Fluchtausgang dienen sollte; er führte wahrscheinlich zur nahen Calle de Minas.

Die Kirche von *El Salvador* wurde über der Freitagsmoschee des Albaicín errichtet, deren Patio erhalten blieb, mit einer Aljibe in der Mitte, die heute allerdings nicht mehr in Betrieb ist. Aber die aus Backstein errichteten, originalen Doppelarkaden mit Spitzbögen zu beiden Seiten haben sich erhalten. In der Kirche gibt es nichts anzusehen; sie wurde bei einem Erdbeben beschädigt und brannte 1936 bei den Unruhen aus. Interessant zu wissen ist jedoch, daß sie eine der beiden Kirchen Granadas war, die Asylrecht besaßen, das heißt, sie konnten den von der weltlichen Justiz Verfolgten Zuflucht gewähren. Die Calle de Panaderos führt zur Plaza Larga, wo die *Puerta Nueva* mit dem üblichen Hufeisenbogen und einem rechtwinkelig geführten Verteidigungsgang steht. Nach Westen verlaufen die Reste der massigen Mauern der alten Alcazaba, im 13. Jahrhundert auf den Fundamenten der römischen errichtet; dieser Bergrücken bil-

dete nämlich die nördliche Grenze von Iliberis. Die Puerta Nueva wird auch Puerta de las Pesas genannt, weil durch sie die
Bauern der Umgebung hereinkamen, um ihre Erzeugnisse auf
dem Markt anzubieten. Zu den Pflichten des Marktaufsehers
gehörte es, die benutzten Gewichte auf ihre Richtigkeit zu prü-
fen, damit die Bauern nicht übers Ohr gehauen werden konnten.
Fehlerhafte Gewichte wurden am Tor aufgehängt – man
kann noch einige davon sehen –, und der Kaufmann konnte von
Glück sagen, wenn man seine abgehackte Hand nicht daneben
nagelte. Der Marktaufseher war ein Beamter von hohem Rang,
und im Córdoba der Kalifenzeit hatte er eine Zeitlang sogar das
Recht, Übertreter zur Verstümmelung, ja sogar zur Hinrichtung am Kreuz zu verurteilen, ohne höhere Instanzen einschal-
ten zu müssen.

Im Tor erklimmen Sie ein paar Treppen und wenden sich
am Ausgang scharf links in die Callejón de San Cecilio. Das
weißgetünchte Oratorium des Märtyrers liegt zwischen den
Häusern an der linken Straßenseite. Dieser Bau mit seinen
schweren Mauern läßt uns vermuten, daß wir es mit den Resten
des *Hizna Román*, dem einstigen Römerfort, zu tun haben,
wenn auch einige sagen, der Name sei durch eine Verballhornung des Namens Hernan Román entstanden, dem ein benach-
barter Obstgarten gehörte. Am Ende der Straße ist die breite
Plaza der Kirche *San Nicolás*. Der Bau entstand vor nicht langer
Zeit, denn sein Vorgänger aus dem 16. Jahrhundert wurde bei
den Wirren 1932 niedergebrannt. Aber der Weg lohnt sich,
weil man von der Terrasse einen herrlichen Blick nach Süden
genießen kann, ein weitgespanntes, von der Sierra Nevada ab-
geschlossenes Panorama.

Am Ende der Straße, die sich zwischen typischen ›Carmines‹
herabwindet, liegt die *Cuesta de María de la Miel*. Sie bezeichnet
die östliche Grenzlinie des Forums und der Basilika der Römersiedlung, die sich von der Puerta Nueva bis zur Kirche San Miguel im Westen erstreckte. Im 18. Jahrhundert waren die Aus-
gräber voreingenommen durch unechte, ›angelegte‹ Römerfunde, so daß lange Zeit auch die authentischen Überreste an-

gezweifelt wurden. Die Grabungstunnel, die die Archäologen an-
legten, gaben der Placeta de las Minas, der wir uns jetzt zuwenden wollen, ihren Namen. Die Straße María de la Miel wurde nach einem Aljibe benannt, dessen Wasser so kalt und süß
war, daß die Mauren ihn ›Honigquell‹ tauften, was dann von den
christlichen Eroberern buchstabengetreu übernommen wurde.
In der Nähe sind auch die Reste eines ursprünglich während der
Regierungszeit des letzten Zeiriden-Königs angelegten Aquäduktes, der das Wasser vom Alfácar zur Westseite der Alcazaba
leiten sollte. Er wurde als die arabische ›Ain Al-adamar‹, die
›Fontäne der Tränen‹, identifiziert.

Wir wenden uns rechts entlang der Cuesta de María de la
Miel, bis wir auf die *Placeta de las Minas* stoßen, direkt an der
Puerta Nueva. Von der Puerta aus führt eine Straße links ent-
lang der Innenseite der Alcazabamauer nach Westen. Es lohnt
sich, hier Erkundungsgänge auf eigene Faust zu machen, so zum
Beispiel entlang dem ehemaligen Maultierpfad, der durch eine
Pforte (wohl ein ehemaliges Ausfalltor) in den gewaltigen
Mauern führt. Ein anderer Weg bringt uns zu einer Mauerecke,
wo die Nr. 15 der Straße Carmen del Aljibe del Rey einen Garten hat, von dem aus man einen hervorragenden Blick auf den
ganzen Mauerabschnitt gewinnt. Noch weiter westlich führt die
Callejón del Ladrón del Agua – was für phantastische Verbrechen wir uns bei diesem Namen, ›Straße des Wasserdiebes‹, vorstellen können! – am *Daralhorra-Palast* vorüber, einer weiteren
Residenz der Mutter König Boabdils, die auch La Horra, die Keusche, genannt wurde. Er gehört zum Kloster Santa Isabel la
Real, das wir von der anderen Seite aus besuchen wollen, und
hat viel von dem ursprünglichen Bau aus dem 15. Jahrhundert
bewahrt, vor allem die dekorativen Bögen zwischen den einzelnen Räumen und die bemalten Holzdecken, besonders in den
Arkaden des Patios.

Dies ist das Herz des ältesten Teils von Granada, denn der
Palast ist über den Fundamenten des großen Kastells des Zeiri-
denkönigs Badis errichtet; es blieb zweihundert Jahre lang die
einzige Festungsanlage in Granada, bis Mohammed ibn Alahmar

begann, die Alhambra zu bauen. Diese Gegend hat jenes Flair,
wie man es von der Umgebung eines königlichen Palastes erwartet, verstärkt durch die hohen Mauern und den Anblick sie
überragender Baumwipfel.

Wenn wir den Mauern weiter nach Westen folgen, kommen
wir bald zur *Puerta Monaita*, eine Verballhornung von Bibabonaidar, Dreschtenne; auch ihr anderer Name, ·Puerta de la
Era (vom lateinischen area, Dreschboden) wird noch benutzt.
Einst hieß der Bezirk ›Las eras de Cristo‹, und diesen heiligen
Namen wählte man auch für eine Taverne. Das Tor ist wichtig,
weil es das erste in Spanien war, von dem wir wissen, daß seine
kleinen Wachstuben den ·rechtwinklig angelegten Verteidigungsgang hatten. Wir gehen zurück zum *Callejón del Gallo*, wo
noch bis in die Zeit der Reconquista ein Turm des verschwundenen Alcázar des Badis gestanden hatte, der damals den Namen ›La Casa del Gallo‹ erhielt.

*Der ›Hahn‹ war eine Wetterfahne in Gestalt eines bronzenen Mohren hoch
zu Roß mit Lanze und Schild, versehen mit einer arabischen Inschrift, die
ins Spanische übertragen so lautet: ›Dijo Badis Aben Habus, Así ha de ser el
Guardián del Andalus‹. Washington Irving erzählt, daß der alte König Badis,
von Furcht vor einer Invasion aus jedem möglichen Winkel geschüttelt, einen
arabischen Astrologen um Rat bat. Der erzählte ihm von einer Wetterfahne
in Form eines Bronzewidders und eines Hahnes, die er in Ägypten gesehen habe;
bei der Annäherung von Feinden würde der Hahn zur Warnung krähen und
der Schafbock sich drehen, um die Richtung, aus der die Gefahr nahe, anzuzeigen. Aber der alte König und der greise Zauberer stritten sich wegen ihrer
Liebe zu einer Frau; der Magier siegte, indem er das Mädchen nahm und mit
ihm in die Erde verschwand, wo er vorsorglich einen Zauberturm errichtet
hatte. Auf diesem befand sich ein Talisman, eine Hand mit einem Schlüssel.
Badis war eine historische Persönlichkeit und Großvater des Letzten der Zeiriden, Boloquin, den wir schon durch seinen Streit mit den Juden von Lucena
kennen; an dem Zauberer zu zweifeln ist gestattet.*

Wir biegen in die hübsche *Plaza de San Miguel* ein, deren dramatischer Effekt, wie so oft im Süden Spaniens, durch ein Kruzifix und einige Straßenlaternen erzielt wird. An der Ostseite ist
eine gemauerte Aljibe mit einem Hufeisenbogen, der eigentlich
zur Mauer der Kirche gehörte. Die Kirche ist fast immer ge

schlossen; Bocanegra wurde hier getauft. Die Südgrenze des römischen Forums muß über diesen Platz verlaufen sein, und auch Spuren einer frühen maurischen Burg hat man gefunden.

Hinter der Kirche liegt links an der westlich verlaufenden Straße der *Convento de Santa Isabel la Real*. Schon die Gründungsgeschichte ist interessant, denn die Katholische Königin hatte verfügt, daß er auf der Alhambra errichtet werden solle. Schwierigkeiten tauchten auf und machten das Vorhaben unmöglich; so ordnete Isabella denn an, ihn an den heutigen Ort zu verlegen, in einen alten Palast der Maurenkönige von Granada. Dieser war aber bereits ihrem Sekretär Hernando de Zafra versprochen worden, der nun mit einem anderen Landhaus abgefunden werden mußte, und zwar dem am Ufer des Darro, über dessen Balkon wir die Inschrift *Esperándola del cielo* lasen. In den Klosterkomplex ist, wie wir sahen, auf der anderen Seite der Daralhorra-Palast einbezogen.

Die Klosterkirche erreicht man über einen kopfsteingepflasterten, stillen Hof mit Schatten spendenden Kassias und Schwarzpappeln. Ihr Portal ist eines der schönsten Beispiele des isabellinischen Stils, das wir sehen werden; es gemahnt an San Jacinto in Córdoba; die Reliefs der Embleme Joch und Pfeile sind in die Enjutas eingehauen. Das Schiff hat einen besonders reizvollen Artesonado und die Kapelle des Hochaltars eine spätere, aber ebenso anziehende Decke mit hängenden Schlußstücken, die an die englische Hochgotik erinnern. Die große Kapelle zur Linken hat eine Inschrift von 1628, die angibt, daß sie als Grabstätte für Pedro de la Calle und seine Erben bestimmt sei, ›*beinte y cuatro desta ciudad*‹. Der wunderliche Titel ›Vierundzwanziger dieser Stadt‹ bezieht sich auf Pedros Amt als Angehöriger des Stadtrates.

Das große Gebäude gegenüber der Straße war Teil des Erbes, das Pedro de la Calle seinem Sohn José hinterließ. Dieser wiederum gründete ein Krankenhaus für Menschen, die an den damals so verbreiteten Flechten, vor allem am Grind, litten, das ›Hospital de la Tiña‹, und zwar in einem ehemaligen Königspalast der Mauren, heute *Orfelinato de Nuestra Señora del Pilar* genannt. Hier wurde Boabdil, in dessen Regierungszeit sich häusliche Streitigkeiten, innere Wirren und Bedrohungen von außen ablösten, ein zweites Mal zum König proklamiert, als er, vor seinem Vater Zuflucht suchend, in die alte Alcazaba kam.

In dem Kampf um die Krone zwischen Vater und Sohn, der das Ende des maurischen Königreiches so tragisch beschleunigen sollte, waren der Albaicín und die alte Alcazaba treue Anhänger von ›El Rey Chico‹, wie Boabdil genannt wurde. In einem der Säle kann man noch Reste der aristokratischen Vergangenheit des Gebäudes finden, einige Stuckarabesken und eine Wandverkleidung aus alten Azulejos. Eine lateinische Inschrift über der Tür erinnert an die Zeit, als dieser Palast, der einem König Schutz gewährt hatte, seine neue Bestimmung fand: die Inschrift befiehlt jenen, die eintreten, für die Kranken und Armen zu sorgen und sich nicht abstoßen zu lassen von den ›Scabiosi‹ oder ›Leprosi‹. Man sollte einen Blick in den Patio werfen, wo zwischen den Marmorsäulen mit Nasridenkapitellen Waisenkinder spielen: Krankheiten kommen und vergehen, aber Waisen gibt es immer, und nur in wenigen Ländern des Abendlandes vereinigen sich Kirche und Staat so verantwortungsvoll mit fast schon orientalischer Hingabe in der gemeinsamen Sorge um diese Kleinen wie in Andalusien.

Die Kirche *San José* wurde am 7. Januar 1492 geweiht, man hat also keine Zeit verschenkt. Sie war die Moschee der ›Marabut‹, der nordafrikanischen Sekte kämpferischer Eremiten, die man für die Vorläufer der Templer und anderer streitbarer religiöser Orden hält, und aus der sich die Almohaden-Dynastie entwickelte. Der untere Teil des Minaretts ist alles, was noch von dem Bau des 9. Jahrhunderts übrig ist und angeblich das einzige, was noch aus der Zeit vor der Invasion der Almoraviden im 11. Jahrhundert stehen soll. Córdoba mit seinem Alminar de San Juan wird sich gegen eine solche Behauptung zu wehren wissen. Es lohnt sich, das Minarett zu besteigen, um den Hufeisenbogen in der Südwand zu sehen, von dem aus der Muezzin die Gläubigen zum Gebet rief. Zu seinen Füßen ist eine Zisterne, ohne Zweifel für den Wasservorrat zu religiösen Waschungen bestimmt. Die achteckige Mudéjarkuppel mit ihrem vergoldeten Alfarje über dem Hauptaltar ist das eine Prunkstück der Kirche; das andere ist eine ›Kreuzigung‹ von José de Mora.

Von hier aus kann man entweder in südlicher oder westlicher Richtung in die Stadt hinuntersteigen zur Plaza Nueva oder zur Gran Via de Colón. In der einen der gewundenen Straßen hügelabwärts streift man die verlassene Kirche San Gregorio Bético und kreuzt die Caldereria Vieja, wo die Kesselmacher ihre Werkstätten hatten. Andere Straßennamen erzählen von einem neuen und einem alten Gefängnis. Die benachbarte Calle del Zenete erinnert an einen Berberstamm, der die Palastwachen für König Badis stellte. Möglicherweise ging der Titel von ihnen an die Markgrafschaft über, die einem der Mendozas anvertraut wurde.

NEUNZEHNTES KAPITEL

Von Granada bis Alicante

Die Küstenstraße, die wir nehmen wollen, hat viele landschaftliche Überraschungen, aber, wir müssen es zugeben, wenige historische oder künstlerische Höhepunkte. Wir können auf ihr die Costa del Sol weiterverfolgen bis kurz nach Almería und werden dann unsere Fahrt entlang der Costa Blanca fortsetzen. Überall entstehen praktisch über Nacht neue Ferienorte, und wenn auch nicht alle über großartige Bademöglichkeiten verfügen, können sie doch immerhin für wenigstens sechs Monate im Jahr gutes Wetter garantieren. Da die Zahl der Besucher von Jahr zu Jahr steigt, ist es unmöglich, etwas Verbindliches über Hotels und andere Annehmlichkeiten zu sagen; aber die Zahl der Campingplätze, die man auf Autokarten verzeichnet findet, steht in richtigem Verhältnis zur Güte der Strände. Zwischen den bewässerten Flußtälern wird die Landschaft immer trostloser, und östlich von Almería und darüber hinaus erscheint sie einem vage vertraut: Das liegt daran, daß sie sich als Kulisse für Filme, in denen man eine verlassene Gegend braucht, ungeheuerer Beliebtheit erfreut. Aber faszinierend ist die Fahrt entlang einer Küste, die wie eine sehr lichte Nachahmung der nordafrikanischen wirkt; und sie endet in einer entzückenden Stadt, die auch anspruchsvollen Urlaubern zum Erlebnis wird.

Wir verlassen Granada auf der N 323, die über den westlichen Rücken der Sierra Nevada klimmt und der Küste zustrebt. Nach 15 Kilometern erreichen wir *Puerto del Suspiro*, auch bekannt als ›El último suspiro del Moro‹, ›Der letzte Seufzer des Mauren‹.

Seit der Ermita de San Sebastián folgen wir den Spuren Boabdils; dort über-
gab er die Schlüssel Granadas, und hier sollen er und seine Gefährten sich um-

gedreht haben, um einen letzten Blick auf die geliebte Stadt zu werfen. Sie waren so von Schmerz überwältigt, daß sie alle in Tränen ausbrachen. Die Überlieferung erzählt, daß Königin Aischa gesagt habe: »Es ist nur gerecht, daß diese Männer weinen wie die Frauen, da sie nicht fochten wie Soldaten.«

> *Y mirando colérica a Granada,*
> *huyo vencida, pero no domada!*
> *Vorwärts trieb sie ihr Roß, kein Mitleidswort*
> *Fand sie für ihren Sohn, der hochbeschämt,*
> *Verächtlich sah sie auf die Stadt zurück,*
> *Bezwungen zwar, doch nie gezähmt.*

Wir wissen, daß Boabdil eine Zeitlang das kleine Königreich der Alpujarra regierte und sich dann, um einen Teil der Abfindungssumme, die ihm gezahlt werden sollte, betrogen, nach Marokko wandte, wo er später im Kampf für seine Glaubensbrüder fiel.

Wenn Sie die *Alpujarra* sehen möchten, bleiben Sie bis Dúrcal. dem ›Glücklichen Tal‹ der Mauren, auf der Hauptstraße und zweigen bald danach ab. Die Alpujarra ist das wilde Bergland an den Südhängen der Sierra Nevada und für die Ethnologen von hohem Interesse. Gerald Brenans Buch ›Südlich von Granada‹ gibt uns einen getreuen Bericht über das Leben hier. *Órgiva* liegt an einem wichtigen Bergwerk; das Erz wird von dort nach Motril geschafft, wo es auf Küstenfahrer verladen und nach Bilbao und von dort nach England transportiert wird. Die Landschaft ist hier fruchtbar, aber das Klima fast alpin; die Mandelbäume blühen erst im April. Leider gibt es keinen einzigen Punkt kulturellen Interesses, jedoch einen edlen Wein, der in der schmalen Zone zwischen alpinem und Tropenklima gedeiht, der ›Vino de la costa‹. Noch ein Wort für jene, die gerne über die Sierra Nevada fahren möchten, die höchste und schönste Gebirgsstraße in Europa: sie ist nur von Juli bis September offen, und auch dann ist es besser, wenn man sich vorher vergewissert, daß sie am Tag des Ausflugs passierbar ist.

Wir verlassen die Hauptstraße hinter Puerto del Suspiro, wo wir die linke Abzweigung nehmen, und überqueren die Sierra del Águila, eine der einsamsten und grandiosesten Gebirgslandschaften Spaniens. Es gibt sogar Straßenschilder, die verraten. von wo aus man die besten Photos machen kann. Im Cazuela-

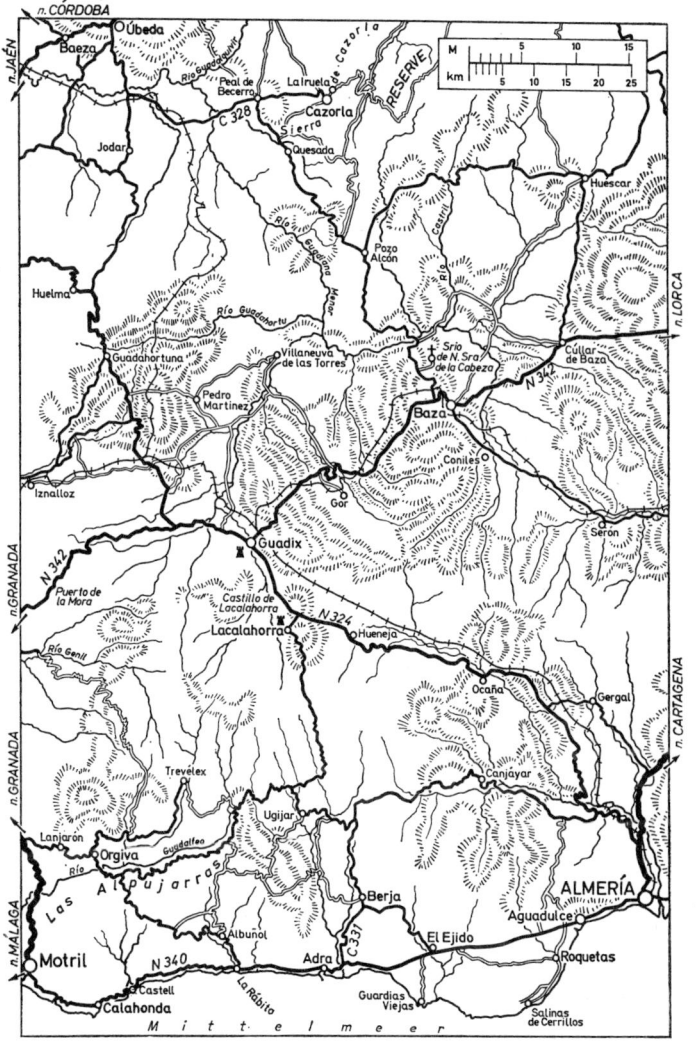

Gebiet kann man manchmal sogar einen Blick auf die ›Capra hispanica‹, eine fast ausgestorbene Wildziege erhaschen, die sorgfältig geschützt wird; allerdings kommt sie nur selten bis an die Autostraße. Plötzlich, wenn Sie mehr als hundert Kurven hinter sich haben, begleitet von blühenden Asphodelen und ragenden Pinien zu beiden Seiten der Straße, sehen Sie in der Tiefe das Mittelmeer, und in Minutenschnelle finden Sie sich nun umgeben von Feigenkakteen, Zitronenbäumen, Dattelpalmen, Zuckerrohr und anderen tropischen Gewächsen. Dann begleiten die armseligen Überreste eines Aquäduktes die Straße ein Stückchen, und schon sind Sie in *Almuñécar*. Es ist der Inbegriff eines mediterranen Fischerdorfes mit geweißelten Häuschen, die das Kliff hinaufklettern, guten Hotels, einem nahegelegenen Landsitz – der Punta de la Mona mit ihren wunderschönen Gärten – und mehreren Stränden. Einige werden glauben, daß es sich bei dem Hotel ›Sexi‹ um eine Fehlbenennung handelt, bis sie erfahren, daß dies der phönizische Name für Almuñécar war; andere, die sich auf feinen Sand gefreut haben, werden sich nach einem anderen Strand sehnen. Aber von solchen kleinen Enttäuschungen abgesehen, kann man seinen Urlaub in dieser Stadt wenigstens so angenehm verbringen wie in den überlaufenen Orten der Costa del Sol.

Almuñécar nimmt in der spanischen Geschichte einen wichtigen Platz ein. Hier wurde Abd ar-Rahman 755 von den Anhängern der Omajaden und den Jemeniten, die er klugerweise auf seine Seite gebracht hatte, begrüßt, unter seiner Ägide wurde das Emirat von Córdoba gegründet und so eine der großen kulturellen Entwicklungen der europäischen Geschichte eingeleitet. Die Stadt steht am Rande eines fruchtbaren Flußtales, ein Vorgebirge ragt in das Meer hinaus. Auf dem ersten seiner Buckel kauert die Burg, einst mit einem runden Turm an allen vier Seiten geschmückt; einer wurde vor nicht langer Zeit abgetragen, um einen Eingang für den Friedhof, der heute auf dem Burggelände liegt, zu schaffen.

Auf der N 340 erreichen wir, in Ostrichtung fahrend, nach 15 Kilometern *Salobreña*. Einst nur ein Fischerdorf mit der üblichen maurischen Burg, haben sich seine Einwohner heute, wie die der meisten Küstenorte, auf den Menschenfang geworfen; und jedes Jahr zieht das malerische Häufchen von Häusern, die den Burghügel umschmiegen, neue Touristen an. Die nächste Stadt ist *Motril*, wichtig wegen ihrer Zuckerfabriken und ihres Hafens, der in einiger Entfernung an einer Nebenstraße liegt. Sie gehört nicht zu den besonders pittoresken Orten; der Strand der Bucht ist steinig, mit einer Matrosenstadt als Hintergrund. Hier wird das Erz aus den Gruben im Hinterland für den Weitertransport gesammelt, und abenteuerliche Maultier- und Eselkarawanen bringen aus den bewässerten Tälern das Zuckerrohr, das hier in den Fabriken raffiniert wird.

Mehr als 60 Kilometer folgt die Straße dann jedem Schwung der Küste und schenkt uns ständig wechselnde Ausblicke auf Buchten und die Landzungen, die auch hier meist mit Atalayas gekrönt sind. Den ersten kann man bei Torrenueva sehen, das eine eigene Playa, einen Strand besitzt, wie auch Calahonda, wo schon eine Reihe von Gästehäusern und Appartementblocks entstanden ist, und Castell de Ferro, dessen Burgruine auf einem Hügel thront. Aber *La Rábita* hat einen völlig eigenen Charakter; das winzige Dorf ist typisch nordafrikanisch mit seinen abenteuerlich gruppierten Flachdachhäusern und den Fischereibetrieben, die sich völlig unbefangen entlang des ganzen, nicht besonders großartigen Strandes ausbreiten.

Bald hinter Adra, von wo aus König Boabdil ins Exil segelte, führt die C331 nach Berja, einer kleinen Stadt, die als südliche Pforte der Alpujarras angesprochen werden kann. Sie bewahrt eine Menge der archaischen Bräuche, für die diese Region berühmt ist. Ein arabischer Vers besingt die blühende Stadt mit ihrer bezaubernden Umgebung:

> *Wer da kommt nach Berja*
> *Auf der Straße nach Almería,*
> *Kann nichts anderes als bleiben,*
> *Muß die Reisewünsche vertreiben.*
> *Denn die Häuser und Gärten*
> *Sind hier Paradiese,*
> *Doch noch nie fuhr ich Wege*
> *So höllisch wie diese.*

So schlimm ergeht's uns heute zum Glück nicht mehr. Die Küstenstraße verläßt hier das Meer, um einen uninteressanten, mit Salinen durchzogenen Landstreifen zu überqueren. Wenn man durch El Ejido fährt, sieht man, wie sich auch der Boden verwandelt; er ist hier leicht und sandig und wird auch in dem noch zu bereisenden Teil Südspaniens so bleiben. Die Landschaft ist nur von einzelnen Büschen, Dickichten von Feigenkakteen oder, wo ein Flußtal die Kultivierung des Bodens erlaubt, von Zuckerrohrpflanzungen belebt.

Bei Aguadulce stößt man wieder auf das Meer, und nach zehn Kilometern fährt man durch das malerische Fischerviertel La Chanca nach *Almería* ein. La Chanca erhielt seinen Namen von den großen Thunfischnetzen, vielleicht mit dem arabischen ›Schabka‹ verwandt. Höhlenwohnungen wechseln mit kleinen Lehmhütten, deren Wände in allen Pastelltönen gestrichen sind.

Die Geschichte Almerías verliert sich im Nebel des Altertums. Archäologen haben die Existenz einer typisch neolithischen Kultur nachgewiesen, die sich anscheinend nördlich bis über die Pyrenäen und möglicherweise bis zu den Britischen Inseln ausgebreitet hat. So viele Funde wurden zu Tage gefördert, daß man über das Almería der Stein- und Bronzezeit mehr weiß als über den Zeitraum der nächsten tausend Jahre. Beweise für direkte Kontakte mit Nordafrika und dem Nahen Osten sind Nilpferdelfenbein und Straußeneierschalen die man hier ausgegraben hat, und der Wechsel von primitiven Erd- zu Kuppelgräbern mit Kraggewölben und Kammergräbern, wie wir sie in Antequera gesehn haben.

Nach den Karthagern kamen die Römer, für die Almería ein Portus Magnus war, der Haupthafen für den Handel mit Italien und dem Osten. Unter den Westgoten verlor er seine Bedeutung und gewann sie unter den Mauren nur durch einen glücklichen Zufall wieder: In der Omajadenzeit war die zehn Kilometer flußaufwärts gelegene Stadt Pechina sehr bedeutend, und so erhielt Almería zu ihrem Schutz im 9. Jahrhundert einen Wachtturm und eine kleine Siedlung. 955 erhob Abd ar-Rahman III. es in den Rang einer Stadt und nannte es Al-Marija, der Wachtturm. Es saß rittlings über der Straße, die von Pechina zum Meer hin führt und durch die Puerta de Pechina, damals ›Bab Bashana‹. in die junge Stadt gelangte. Heute wird Almerías Hauptplatz Puerta de Purchena genannt, wie man uns weismachen wird, nach einer vierzig Meilen entfernten Stadt; aber wir wissen es besser: Purchena ist natürlich eine Verballhornung von Pechina ...

Das Gebiet wurde zu einer Seefahrerrepublik mit Kolonien in Nordafrika.

ein gemeinsames Wagestück der Berber und Jemeniten. Im maurischen Pechina muße eines der Stadttore – bitte nicht lachen – mit einer Marienstatue geschmückt werden in Nachahmung der Puerta del Puente in Córdoba, wo das gleiche ›Totem‹ von den Westgoten übernommen worden war. Obwohl diese unislamische Dekoration die Anwesenheit von Christen unter den Bürgern von Pechina vermuten läßt, halte ich es für einleuchtender, wenn man sich einen snobistischen Pöbel vorstellt, der um jeden Preis die Sitten der Hauptstadt imitieren wollte. Almería wurde den Mauren 1488 abgejagt, und 1522 wurde es von einem grauenvollen Erdbeben völlig zerstört. Reisende berichteten über die einstige Wohlhabenheit der Stadt, die sie vor allem ihren Seidenwebereien, ihrem Handel mit morgenländischen Stoffen verdankte; hier lernte Europa erstmals jene Worte kennen, die zum Teil heute noch in Gebrauch sind: Iskalaton oder Scharlach, Attabi, ein gestreifter Taft aus dem gleichnamigen Viertel in Bagdad (in England werden danach die buntgestreiften Katzen ›Tabby-cat‹ genannt), und Buckram, Steifleinen aus Buchara. In Almería geschneiderte Kleider waren hochgeschätzt. Aljofar-Arbeit, das Besticken von Gewändern mit sogenannten Staubperlen, den kleinen, unregelmäßigen Perlen, war eine andere Spezialität.

> *Cuando Almería era Almería*
> *Granada era su alquería.*
>
> *Ein Bauerngehöft war Granada*
> *Als Almería schon Almería war!*

Durchstreift man Almería, wird man rasch bemerken, daß seine Vergangenheit glanzvoller war als seine Gegenwart, wenn auch, ausgenommen die stark restaurierte Alcazaba, wenig von dem einstigen Glanz mehr übrig ist. Die Festung ist eine der größten in Spanien und, dank der kürzlich durchgeführten Renovierungsarbeiten, wohl auch eine der vollständigsten. Von dem ausgedehnten Park aus findet man leicht den Zugang zu den Mauern mit ihren Stufenzinnen, und dort hat man eine abwechslungsreiche Szenerie zu seinen Füßen. Nach Norden und Westen erstrecken sich die welligen, bebuschten, bräunlichen Hügel, die dem Gebiet diesen trügerisch wüsten Ausdruck geben – trügerisch, denn die Fruchtbarkeit der unserem Blick entzogenen bewässerten Täler gleicht die Armut des Hochlandes völlig aus. Nach Süden überschaut man den Hafen und sieht auf das Mittelmeer hinaus, dessen tiefes Blau wohl nie aufhört, uns

zu faszinieren. Gen Osten liegt die Stadt, und eine doppelte Umfassungsmauer, aus dem rohen ›Beton‹ der Araber, ›Hormigón‹
genannt, errichtet, fällt ab in das terrassierte Tal und steigt dann
wieder den Hang hinauf bis nach San Cristóbal, dem maurischen
Laham, wo man sie aus den Augen verliert. Mit ihren neun
eckigen Türmen vor dem Hintergrund des Berghangs gibt sie
uns einen guten Eindruck einer arabischen Stadtmauer. Der
Experte kann die Szenerie leicht datieren: die pyramidenförmigen Mauerzacken der Zinnen stammen aus der Almohadenzeit, und die Feigenkakteen gibt es hier frühestens seit dem
16. Jahrhundert (dies ins Ohr eilfertiger Filmproduzenten).
Wenn man sich umwendet, sieht man in den Burghof hinab,
einen Miniaturplatz mit Palmen, Oleander und Hibiskussträu-
chern, eine vollkommene Kulisse für das jährlich stattfindende
Sommerfestival für Kunst und Musik. Leider zeigt die alte Moschee, die heutige Kapelle San Juan, keine Spur mehr von ihrer
einstigen Funktion; gotische Obertöne herrschen vor.

Die *Kathedrale* von Almería, nach dem üblichen gotischen
Grundplan errichtet und dann im Renaissancestil dekoriert,
nimmt den Platz der einstigen Freitagsmoschee ein. Deren achthundert Säulen standen noch 1494, wie ein Reisender berichten
konnte, obwohl kurz vor seinem Besuch ein Erdbeben stattgefunden hatte; erst das nächste, stärkere Beben brachte sie 1522
zum Einsturz. Bald darauf begann man mit dem heutigen Bau.
Der gleiche Reisende, der ein besonderes Interesse für islamische
Bräuche entwickelte, beschrieb, wie in dieser Provinz Granadas,
wo der Respekt vor der Religion der Unterworfenen sich noch
zwei Jahre nach deren Niederlage bewies, der Muezzin die Gläubigen auch weiterhin zum Gebet rief. Dabei steckte er, wie unser
Reisender berichtet, den rechten Zeigefinger in das rechte Ohr.
Diese Praxis war erlaubt aber nicht obligatorisch; sie wird schon
in der Sunna, einem der frühen Korankommentare, erwähnt.
Dort ist auch festgelegt, daß der Muezzin in Uhrzeigerrichtung
das Minarett umkreisen muß.

Die Kathedrale sollte wie eine Festung angelegt werden, um
bei Piratenüberfällen Schutz gewähren zu können. Die Pläne

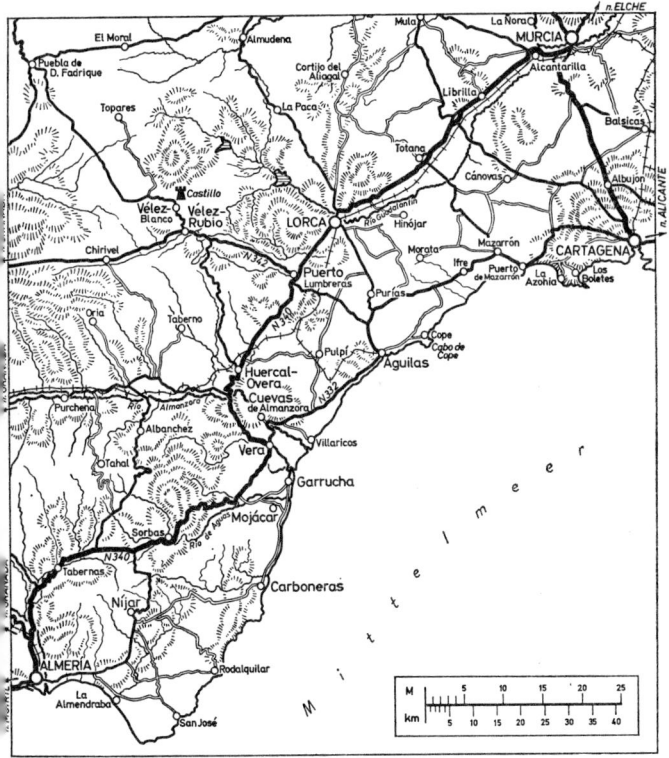

stammen, wie die für die Kathedrale von Granada, von Diego de
Siloé, aber hier vermissen wir den Genius Alonso Canos bei der
Fassadengestaltung. Das Renaissanceportal mit korinthischen
und ionischen Säulen wird von Strebepfeilern flankiert. Da sieht
man Ecktürmchen und einen hohen Turm, der wohl als Ausguck gegen die Korsaren gedient hat. Im Innern kann man am
Hochaltar und auch am Altar der zweiten rechten Kapelle einige
edle Alabasterarbeiten von Alonso Cano sehen. Wie oft in Städten, die abseits des Reiseverkehrs liegen, versuchen die Einwoh-

ner, von ihren Schätzen soviel wie nur möglich herzumachen, und so werden acht mittelmäßige Gemälde, hoch oben im Altarraum aufgehängt, abwechselnd Ribera und Murillo zugeschrieben. Das aus Walnußholz geschnitzte Chorgestühl ist von Juan de Orea, aber für mein Gefühl nicht so gut wie das für den Convento de la Santa Cruz bestimmte des gleichen Meisters (heute im Museum der Schönen Künste in der Alhambra).

Man kann der N 340 eine Zeitlang entfliehen, wenn man einer ostwärts führenden Straße zweiter Güte bis nach *Níjar* folgt, einer typisch andalusischen, auf einem Berg gelegenen Stadt. Zu Füßen des Hügels, wo die Übergabe der Stadt an den Gesandten der Katholischen Könige, Garcilaso de la Vega, stattgefunden haben soll, versprüht eine Fontäne ihr Wasser in zwölf Strahlen. Níjar ist berühmt wegen seiner Töpferwaren; es liegt am Südrand eines Gebietes, dessen Ton für dieses Handwerk besonders geeignet ist; wir werden fast auf unserem ganzen Weg von Alicante zurück nach Granada von einer Töpfergegend in die andere fahren. Die Dekoration der Töpferwaren ist individuell, die üblichen Muster zeigen Tigerstreifen und Tupfen, wobei man den Farben erlaubt auszulaufen. Braun und Gelb wird aus Eisenoxyden gewonnen, das Grün basiert auf Kupfer; diese Farben werden hier hergestellt; Blau aber muß importiert werden, einige der Töpfer beziehen es aus Deutschland. Es ist ebenfalls eine mineralische Farbe, aus einem zermahlenen Stein hergestellt; die gleiche Technik wandten schon die mittelalterlichen Maler an, die Ultramarin aus zerpulvertem Lapislazuli gewannen.

Ein Feldweg bringt uns bei *Carboneras* zur Küste zurück, und je weiter wir nach Norden kommen, umso häufiger finden wir statt der Kiesstrände Sand; Hütten mit flachen Dächern und kleinen rechteckigen Fenstern sprenkeln die dürre Landschaft. In *Mojácar*, zweieinhalb Kilometer landeinwärts gelegen, lagen diese Häuschen am Hang gestaffelt wie der Traum eines kubistischen Malers. Heute ist der Ort von Touristen völlig überlaufen, und die Einwohner, die scheinbar nicht begreifen, was dazu geführt hat, reißen die malerischen Straßen nieder und bauen Pensionen.

Hier will man sich noch der verschleierten Frauen, wie in Vejer de la Frontera, erinnern − wir wollen annehmen, daß es sich um einen sehr, sehr alten Mann mit einer äußerst lebhaften Erinnerungsgabe handelt … Wahrscheinlicher als die Annahme, daß ein Moriskenbrauch sich über vier Jahrhunderte erhalten konnte, ist auch hier, daß die Frauen eben alles getan haben, um sich eine vornehme Blässe zu erhalten. Interessant ist dabei, daß in allen Orten, in denen die Frauen angeblich bis in unser Jahrhundert den Jaschmak, den Gesichtsschleier, trugen, die Männer einen breitkrempigen Hut aufsetzen, den ›Calañés‹; in dieser Gegend wird er aus Palmenblättern angefertigt.

Die Straße führt weiter an der Küste entlang bis nach *Garrucha*, von wo aus sie sich bis Vera landeinwärts hält. Dort gabelt sie sich, und wir nehmen die rechte Abzweigung zu den *Cuevas de Almanzora*, eine der reichsten Fundstellen für prähistorische Zeugnisse in Spanien. Wir überschreiten jetzt die Grenze von Andalusien nach Murcia, gewinnen bei Aguilas, einem malerischen Hafen, die Küste wieder und bleiben bis *Cartagena* auf der N 332. Dieser Ort wurde durch den Vorteil eines natürlichen Hafens zu einer Hauptfestung der Karthager, was ihm wohl zu seinem Namen verhalf.

Seine Geschichte war ereignisreich; Scipio Africanus eroberte es im Zweiten Punischen Krieg und errang dabei neben dem Kriegsruhm auch den Ruf des Edelmuts. Er gab nämlich eine karthagische Gefangene frei, die einem der eingeborenen Spanier versprochen war, und schenkte ihr das Lösegeld als Brautschatz. Wenn man nach den Reichtümern, die in der Stadt erbeutet wurden, urteilt, konnte der Feldherr es sich schon leisten, die Gutwilligkeit der Iberer ein wenig zu honorieren. Unter den Westgoten wurde Karthago Bistum; hier lebte die Familie des heiligen Isidor, der ja noch drei weitere Heilige entstammen. Aber Isidor wurde nicht hier geboren, sondern in Sevilla; die Familie siedelte erst nach Cartagena über, als der Festlandstreifen den Byzantinern unter der Führung des Belisar verkauft oder überlassen wurde, der die Vandalen aus Nordafrika vertrieben hatte und jetzt auf dem Weg war, die Ostgoten in Italien zu schlagen. Eine Legende will wissen, daß aus dem Mund des kleinen Isidor ein Bienenschwarm aufgestiegen sei als Omen für die spätere Macht seines Gebetes. Aber wenn er schon als kleines Kind gar nicht hier gewesen ist, mögen auch die Bienen eine kleine Übertreibung sein … Seit der

Römerzeit war die Stadt das Hauptzentrum für den Export von ›Spartum‹, Sparto-Gras, und in dem kleinen Archäologischen Museum kann man noch heute sehen, wie es in jener Zeit gewoben wurde. Als die Mauren kamen, übernahmen sie den alten Namen ›Spartaria‹ für das Gebiet um Cartagena und wandelten ihn in ›Kartachannat al-halfa‹ (Cartagena alhalfa) ab. Das war ihr Name für Spartogras, bevor sie die Luzerne so nannten. Zu den weiteren Abenteuern der Stadt gehört ein Überfall des elisabethanischen Admirals Drake, in dessen Verlauf die Hafenkanonen fortgeschleppt wurden; 1873 ein Versuch der Kommunisten, sogar die Autonomie zu erlangen, was wieder beweist, wie stark die antikonservativen Neigungen in den spanischen Hafenstädten sind; schließlich 1931 die Einschiffung König Alfonsos XIII. für eine Fahrt ins Exil.

Wie überall an dieser Küste, läßt es sich auch in Cartagena gut speisen; das weitverbreitete Garum (eine scharfe Würze, hergestellt aus Makreleneingeweiden) der Römerzeit wird heute durch ein ebenso volkstümliches Gericht ersetzt: ›Molcones blancos‹, eine delikate Wurst.

Vielleicht sollte man sich als erstes den *Parque de las Torres* ansehen; man muß ein wenig steigen, um in diesen hübschen, gepflegten Garten zu gelangen. In ihm steht das *Castillo de la Concepción*, Nachfolger karthagischer, römischer und maurischer Forts; eine Büste Hasdrubals, Bruders Hannibals und Gegners von Scipio Africanus, erinnert an den angeblichen Gründer der ersten hier errichteten Feste, und römische Inschriften, die man hier fand, bezeugen den zweiten Bau. Wir sehen von hier aus auf den fast völlig vom Land umschlossenen Hafen, ideal für seine Rolle als eine der Hauptmarinebasen Spaniens. Er ist aber auch ein geschäftiger Handelshafen; das im Innern des Landes geförderte Blei wird hier für den Export verschifft, zusammen mit Industriegütern und natürlich Spartogras. Der Spartogras-Handel ist uralt; schon die Seile mit denen die Schiffe des Xerxes für den Übergang am Hellespont zu einer Brücke vertaut wurden, sollen daraus geflochten worden sein. Herodot erwähnt allerdings nur Flachs und Papyrus.

Der Admiral Karls v., der Genueser Andrea Doria, behauptete, er kenne im Mittelmeer nur drei sichere Ankermöglichkeiten: Juni, Juli und Cartagena. Es ist schade, daß der Kaiser ihm nicht glaubte, denn er ließ seine Flotte im Oktober 1541 gegen Algerien

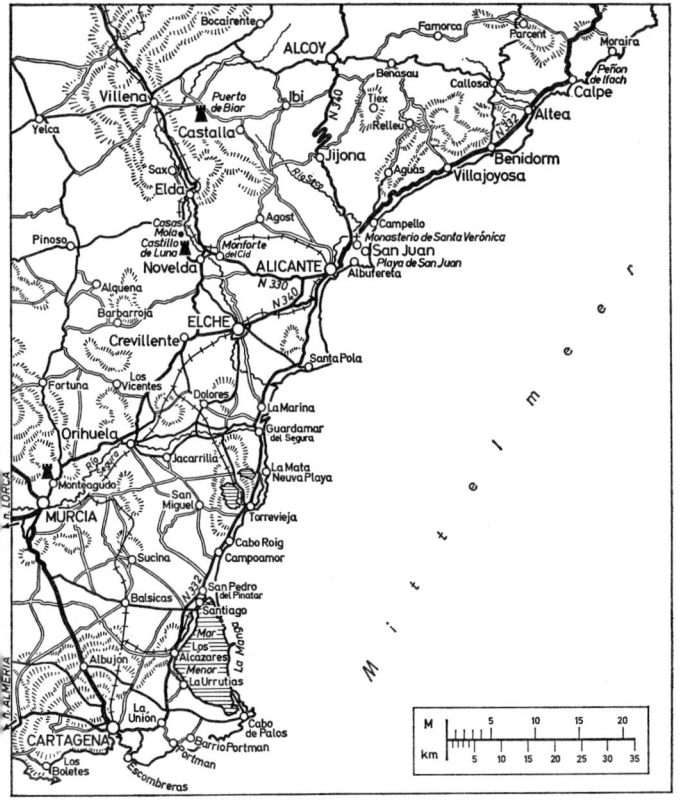

auslaufen und verlor fast alle Schiffe in diesem unseligen Unternehmen.

Am Fuß des Castillo liegt die Ruine der Kirche *Santa María la Vieja* wahrscheinlich die einzige Kirche Südspaniens mit einem romanischen Portal (aber selbst dies ist in einen Alfiz eingebettet) und Bogenfries. Die Zeit und der Bürgerkrieg haben ihr Schlimmstes getan, und so ist nicht viel mehr von der wohl frühesten spanischen Basilika erhalten als ein oder zwei römi-

sche Säulen, eine byzantinische und der Brunnen, den Sankt Isidor zum Inhalt eines Gleichnisses machte. Er hatte die Rinnen
gesehen, die die Seile im Laufe der Jahre in den marmornen
Brunnenaufsatz gegraben hatten, und moralisierte, auf sie hin-
weisend, über den Wert der Standhaftigkeit; seine Lektion war
immerhin so erfolgreich, daß ich sie noch nach vierzehn Jahrhunderten hier zitiere. Sicher war der Heilige eine Zeitlang in
Cartagena, denn seine Unterstützung der Orthodoxen gegen die
Anhänger des arianischen Bekenntnisses, zu denen der König
zählte, zwang ihn, Sevilla von 580 bis 585 mit dem Exil zu vertauschen. Nicht weit entfernt liegt Santa María de Gracia, sie wurde im 11. Jahrhundert errichtet und besitzt eine Gruppe von
Figuren, die die Heiligen Leander, Fulgentius, Florentina und
Isidor darstellen; Salzillo von Murcia hat sie geschnitzt und auch
selbst gefaßt. Ihr gegenüber liegt das kleine Archäologische
Museum in der Sociedad Económica mit Funden aus den vielen
hier aufeinanderfolgenden Zivilisationen und einer einzigartigen
Ausstellung römischer Bergbau-Gerätschaften und -Einrichtun-
gen. Westlich des Hauptkais, in der Nähe des Jachtclubs, steht
das Denkmal für die Seeleute, die ihr Leben während des spa-
nisch-amerikanischen Krieges 1898 bei Cavite, auf den Philippinen, verloren haben. Auch ein frühes Unterseeboot ist hier zur
Schau gestellt, 1887 von einem Neukarthager, Isaac Peral, gebaut.
Leider war er zehn Jahre zu spät mit seinem Boot fertig, um Anspruch auf die Ersterfindung erheben zu können. Eine letzte Attraktion ist die Torre Ciega, ein Stückchen vor der Stadt gelegen.

Wir sind jetzt an einem Abschnitt der Mittelmeerküste, dessen
gleichmäßiges, trockenes Klima und großartige Strände für Urlauber äußerst anziehend sind. Man hat zahlreiche städtebau-
liche Anlagen geplant und teilweise schon durchgeführt; überall
werden private Landhäuser, Chalets und mehrstöckige Appartementblocks errichtet. Die Hochhäuser sind wohl unvermeidlich
und verunzieren jeden Strand, an dem ein Urlaubsort entstehen
will. Mazarrón und sein Hafen liegen am Rande eines dieser Er-
schließungsgebiete, und nördlich von Cartagena findet sich ein

anderes, ehrgeizigeres, das *Mar Menor*. Es ist eine Lagune, von
der offenen See durch einen Streifen dunklen Landes, La Manga,
getrennt, auf dem in größter Eile Hotels und Privathäuser gebaut
werden; die Bewohner können sich dann aussuchen, ob sie den
Tag am Strand der Lagune oder am Meer verbringen wollen.
Die Städte Alicante, Orihuela und Elche liegen alle im Umkreis
von 100 Kilometern, Murcia sogar nur halbsoweit entfernt. Die
N 332 bringt uns nach Norden; während der nächsten hundert
Kilometer begleitet uns wieder das Meer.

Alicante ist ein Seehafen von großer Schönheit, obwohl in der
öden Landschaft schwarzbrauner Erde und kahler Hügel gelegen; aber gerade die Hügel sichern das gleichmäßige Winter-
klima. Die Hitze seiner Sommer wird jedoch von manchen als
unerträglich empfunden. Die Spanier beschreiben diese glanzvolle, saubere Stadt als ›Preciosa‹. Jahrhundertelang exportierte
sie den schweren Wein, der ihren Namen trägt und als Heilmittel hochgeschätzt wurde. Ludwig XIV. erhielt ihn während seiner
letzten schweren Krankheit in Dosen von zehn Tropfen gereicht,
aber der Erfolg war enttäuschend; er konnte das Gangrän, das
den König tötete, nicht aufhalten. Doch noch ein Jahrhundert
später setzte man unbedingtes Vertrauen in dieses vermeintliche
Lebenselixier, und der Marquis de Langle bedauerte die Tatsache, daß »... hunderte kranke Menschen sterben aus Mangel
an einem Löffel Wein aus Alicante«.

Für den Urlauber ist Alicantes Mittelpunkt die herrliche *Ex-
planada de España* mit ihren vier Reihen Dattelpalmen, einige
von ihnen mit mehreren Stämmen, und der breiten Promenade
mit einem dreifarbigen, wellenartig gemusterten Mosaikpflaster.
Die Palmenreihen erstrecken sich in beiden Richtungen über die
Grenzen dieses Schmucksteiges, im Westen führen sie über den
Jachtclub hinaus, und nach Osten laufen sie entlang des inneren
Hafens bis hinter den Eingang zur Mole, wo Passagiere für die
Balearen, Nordafrika, die Kanarischen Inseln und Südamerika
eingeschifft werden. Hier findet man den ersten der herrlichen
Badestrände dieser Küste, mit feinem, goldenem Sand und ohne
plötzliches Abfallen des Meeresbodens, was das Baden so viel

sicherer macht; vor allem aber genug Raum selbst an den Sonntagen, wenn der Massenausflugsverkehr sich nur an einigen Punkten staut. Wenn man mehr als ein paar Tage hier verbringen will, sollte man sich einen leichten Liegestuhl oder eine Luftmatratze anschaffen, denn die Stühle, die man mieten kann, sind recht hart und unbequem. Für die Spanier, die die Kunst des Müßiggangs noch lernen müssen, sind sie schon richtig, aber nicht für den verwöhnten Rücken eines Mitteleuropäers oder Engländers.

Von der Mitte der Esplanade aus führt eine breite und belebte Einkaufsstraße, die Rambla de Méndez Núñez, in die Stadt. In Ostrichtung bringt uns die Calle Mayor zur Kathedrale *San Nicolás de Bari*, im 17. Jahrhundert errichtet und nach der Zerstörung 1936 wieder aufgebaut. Ein bißchen weiter liegt die Kirche *Santa María de la Asunción* mit einer hübschen Fassade, aber ebenfalls wenig Erinnerungen an ihre Geschichte. Sie war 1484 durch einen Brand zerstört worden, bei dem die Corporale verbrannten, während die von ihnen umschlossenen Sakramente wunderbarerweise unberührt vom Feuer das Unglück überstanden. Eine Tafel am Ende des linken Seitenschiffes, neben dem Eingang der Sakristei, erzählt das Wunder. Auch ein Glockenrad findet man dort. Von hier aus sind es nur ein paar Schritte zum *Ayuntamiento*, ein feines Beispiel für den Platereskenstil. Im Obergeschoß befindet sich eine interessante Kapelle mit einigen originalen Bodenfliesen und modernen Gemälden. Im Treppenhaus hängt eine Marmortafel mit roten Buchstaben, eine Kopie der Stadturkunde, die Ferdinand der Katholische 1490 erteilte. Sie beginnt mit den Worten ›En el nombre de Dios …‹, also der exakten Übertragung der üblichen arabischen Einleitungsformel, ›Bismillah‹, ›im Namen Gottes‹. Das Stadtwappen zeigt das Rebus $_{LA}^{AL}$; das AL steht für den griechischen Namen der Stadt Akra leuka (weißes Vorgebirge) und das LA für Lucentum, den lateinischen Namen, und für das spanische Alicante. ›Costa blanca‹ ist also kein moderner Werbeslogan, sondern schon die alte griechische Bezeichnung für diese Küste.

Nördlich des Ayuntamiento liegt die ruhige Plaza de Santa

Faz, wo man in der Mesón de Sancho Panza ein gutes Mahl im Freien einnehmen kann. Weiter nach Norden gehend, kommen Sie durch ein Gewirr enger schmutziger Straßen und gelangen bald in den höher gelegenen, malerischen *Barrio de Santa Cruz*, wo wir wieder weißgetünchte Mauern, Schmiedeeisengitter und Blumentöpfe finden. In Nr. 21 der Calle de Toledo ist das *Museo de Cerámica Levantina*, eine private Sammlung, von Don Ramón Quiles zusammengetragen. Die Keramiken umfassen griechische und römische Amphoren, Azulejos jeden Stils und aller Perioden, Barbierbecken und Gefäße für Aderlaß und irdene Teekannen, wie sie in Nordafrika noch in Gebrauch sind. Unter vielen anderen Ausstellungsstücken findet sich auch eines jener Spinnräder, wie sie heute noch in Marokko benutzt werden. Wenn Sie das Museum verlassen und in östlicher Richtung weiterschlendern, drängen sich noch mehr dieser nordafrikanischen Analogien auf: die blauen Umrandungen der Türen und Fenster und die Türklopfer in Form von Händen, alles Talismane gegen den Bösen Blick. Die *Fábrica de Tabacos* war eine der Sehenswürdigkeiten Alicantes und ist an jedem 20. Mai eines Jahres, wenn ein Gottesdienst abgehalten wird, für Besucher geöffnet. Es ist der Jahrestag eines Brandes, der durch die Fabrik raste und bei dem, dank der Anrufung des ›Santa Faz‹, niemand verletzt wurde. Sonst liegt heute ein seltsames Flair des Geheimnisvollen um die Fabrik, zu der man an anderen Tagen keinen Zugang mehr erhält, was mich an eine Geschichte – die sich natürlich in einer anderen Stadt abspielte – erinnerte. Dort traf der beste Kunde der Zigarettenfabrik ohne Anmeldung ein und verlangte, durch die Herstellungsräume geführt zu werden. Im Mischraum angelangt, betrachtete er lange Zeit sinnend das Fließband, auf das abwechselnd Tabak und Pferdemist gehäuft wurden. Die Fabrikleitung hatte sich innerlich nach dieser Szene bereits mit dem Verlust des Kunden abgefunden, aber später, während der abschließenden Verhandlungen, verdoppelte er seinen bisherigen Auftrag. Staunen, Verblüffung, Erleichterung. Nach der Unterzeichnung des neuen Vertrages kam die schüchterne Frage: »Aber haben sie denn nicht bemerkt, was im Mischraum vorgeht?« und die gelangweilte Antwort: »Oh doch, sonst hätte ich den Auftrag nicht erhöht. Ich hatte immer gedacht, es sei nur Pferdemist.«

Die Diputacíon, das Landtagsgebäude, liegt am anderen Ende der Stadt, in der Avenida des General Mola; es beherbergt ein interessantes Archäologisches Museum. Dank der Voraussicht eines Expertenkomitees sind die Ausstellungsstücke in chronologischer Abfolge angeordnet, so daß man die Entwicklung des Menschen und seiner Gaben vom Paläolithikum bis in die Neuzeit verfolgen kann. Unter den Steinzeitfunden sieht man außer den frühesten Zeugnissen der Töpferkunst und aus Bein hergestellten Ketten auch Menschenschädel mit völlig glatten Backenzähnen, wie man sie noch heute bei Primitiven, nur von geschrotetem Getreide lebenden Stämmen findet. Weiter sieht man iberische Tierplastiken, karthagische Götterstatuen – die meisten zeigen die Göttin Tanit –, griechische und römische Lampen und Gefäße, Grabmäler und Mühlsteine und daneben Spezialausstellungen mit den vollständigen Funden aus einstigen karthagischen oder römischen Städten, die in dieser Provinz ausgegraben wurden. Einige der maurischen Keramikvasen sind mit Mangan bemalt, in Nachahmung der einheimischen, iberischen Methode, und dieses gleiche schwarze Pigment wurde später bei der Herstellung von Cuerda-seca-Fliesen, wie Sie sich erinnern werden, wiederum benutzt.

Ehe wir Alicante verlassen, müssen wir noch die Festung *Santa Bárbara* besuchen, die an einem kahlen braunen Felsen oberhalb der Stadt klebt. Sie soll den Namen erhalten haben, weil sie am 4. Dezember, dem Barbaratag, erobert wurde. Eine ganze Anzahl von Heiligen wird hier verehrt: die Maria der Himmelfahrt, weil die Gemahlin Alfonsos x. dieses Wunder (heute Dogma) verehrte; Nikolaus von Myra, vielleicht weil er der Schutzheilige der Seefahrer ist, Veronika, deren Schweißtuch wir in Santa Faz sehen werden, und schließlich Johannes der Täufer, dessen Fest am 24. Juni hier wie in ganz Europa mit besonderem Enthusiasmus gefeiert wird: Es ist das heidnische Mittsommerfest, wenn überall die Sonnwend- oder Johannisfeuer lodern.

Santa Bárbara kann heute in aller Bequemlichkeit besichtigt werden, den Eingang zum Lift findet man in dem Felsen direkt hinter dem Strand. Es ist ein riesiger Bau, nach allen Zerstörungen im Laufe der Zeit nur immer wieder geflickt, mit Denkmälern für Helden wie Hamilcar Barca und Nicolás Peris, den kastilischen Seneschall, der mit dem Schwert in der Rechten und dem Festungsschlüssel in der Linken starb. Er verteidigte die Burg gegen den König von Aragón, denn wir befinden uns hier in Valencia, also zwischen den beiden Einflußsphären Kastilien und Aragón. Man kann sich von einem Führer die Burg zeigen lassen, mit ihren Verliesen, den Kanonen in ihren Stellungen, Pulvermagazinen und Speichern.

Man verläßt Alicante auf der N332 und folgt der Küste bis nach *Calpe*, unserem entlegensten Ziel. Die Straße führt durch eine felsige, karge Landschaft, und die Menschen haben ihr Bestes getan, um die Häßlichkeit der Natur mit wahren ›Pflanzungen‹ von Werbeschildern noch zu unterstützen. Nach fünf Kilometern kommt man in das Dorf *Santa Faz* und sieht eine blaugedeckte Kuppel und zwei Türme zwischen den Palmen hindurchschimmern. Eine linke Abfahrt bringt uns zum Barockkloster *Santa Verónica*, wo das ›Santa Faz‹, das heilige Antlitz, bewahrt wird. Es ist ein Abdruck, den das mit blutigem Schweiß bedeckte Gesicht Christi auf dem Tuch der Veronika zurückließ, das sie ihm in der Via Dolorosa mitleidvoll reichte. Um die beiden anderen existierenden Abdrücke zu erklären, wird angeführt, das Tuch sei dreifach gefaltet gewesen. Eines ist heute im Petersdom in Rom, eines in der Kathedrale von Jaén und eines hier.

Das Heilige Antlitz in der Kathedrale von Lucca soll ein post mortem hergestelltes Bildnis sein, von Nicodemus begonnen und von geheimnisvollen Helfern wunderbar vollendet. Die Legende der Veronika taucht erst verhältnismäßig spät in der Hagiographie auf und wird nicht von allen Katholiken für gesichert gehalten; man hat eine Erklärung in den auf Leinen gemalten Bildern sehen wollen, die früher Missionare in Osteuropa unter dem Namen ›Vera Ikon‹, ›wahres Bildnis‹, verteilten. Von dort war es natürlich nur ein Schritt zu Veronika, und das ist ein erbärmlicher Hagiograph, der nicht ein Wunder für einen Heiligen erfinden kann. Man ist heute sehr vorsichtig mit der Kommentierung des ›Santa Faz‹; man erklärt völlig vernünftig, daß das Leinen Blutflecken trägt, die in etwa die Linien eines Gesichtes umreißen, und daß die Züge von frommer, aber ungeschulter Hand hinzugemalt wurden.

Die Reliquie wurde in eine goldene Hülle gebettet, wie eine byzantinische Ikone, was sie ja vielleicht auch ist; auf der selten gezeigten Rückseite ist eine Dolorosa. Sie wird immer auf dem Hochaltar oder, wenn die Kirche geschlossen ist, in einer Kapelle der Sakristei zur Schau gestellt. Alle drei Tücher sind weitgereist; 637 wurden sie beim Nahen der arabischen Mohammedaner von Jerusalem zuerst nach Zypern in Sicherheit gebracht, später nach Konstantinopel. Bevor die Türken die Stadt eroberten, brachte man die Reliquien nach Rom, von dort nach Venedig, zurück nach Rom, und schließlich gelangten sie an ihrem heutigen Ort zur Ruhe. Das Schweißtuch der Veronika besaß in der Christenheit einen unangezweifelten Ruf. Elcano, Magellans erster Offizier, der erste Weltumsegler der Geschichte, hatte angesichts eines Schiffsbruches gelobt, eine Pilgerfahrt zum ›Santa Faz‹ zu machen, und für den Fall, daß er selbst dieses Gelübde nicht einlösen könne, seine Erben angewiesen, den Wallfahrtsort zu besichtigen und dort 24 Dukaten zu opfern; er nahm die Erfüllung seines Gelübdes durch seine Nachfahren sogar in sein Testament auf. Traurigerweise konnten die Söhne dieses Günstlings Karls V. die Summe nicht aufbringen. 1944 entschied die Admiralität der spanischen Marine, daß es sinnlos sei, weiter auf die Erben des Elcano zu warten, und erfüllte in einer feierlichen Zeremonie das Gelübde des Entdeckers.

Drei Kilometer weiter kann man sich an der Playa San Juan, einem schönen Strand, erholen. Unser nächstes Ziel, *Villajoyosa*, vertreibt rasch den Trübsinn, den die Öde der Landschaft uns vielleicht eingeflößt hat. Entlang der ganzen Küste sahen wir neue Orte, Pensionen und Motels, so nackt, wie Siedlungen mit kubischen, frischgestrichenen Bauten und ohne Bäume nur sein können. In Villajoyosa biegen Sie rechts von der Straße ab und fahren einen steilen Weg hinab, lassen den noch stehenden Abschnitt der Stadtmauer hinter sich und finden sich am Strand. Plötzlich haben Sie das Gefühl, nach Portofino oder in die venezianischen Lagunen versetzt zu sein. Die schmalen Hausfassaden sind rotbraun, orange, gelb, rosa, blau und oliv angemalt, mit weißen Rändern um Türen und Fenster, und über die Balkone sind grüne Markisen gespannt. Villajoyosa hat zwar nur Kieselstrand – einen der wenigen dieser Küste –, aber die anmutige Altstadt versöhnt mit dem kleinen Mangel.

Das Dorf wird von der hochgelegenen Kirche Santa María del Carmen, wo wir die Hauptstraße wiedergewinnen, überragt. Ihr vergoldetes gotisches Retabel hat durch die Hinzufügung von Barockfiguren nicht gewonnen. Schutzheilige ist Santa Marta, die wir als Inbegriff hausfraulicher Tugenden kennen, und die sich besonders der Dienstmägde und der Häuslichkeit annahm. Sie wird meistens mit einer Schöpf- oder Schaumkelle dargestellt oder mit einem Schlüsselbund am Gürtel. Dies ist die einzige mir bekannte Darstellung, die sie mit Eimer und Besen zeigt. Aber Villajoyosa unterscheidet sich von den umliegenden Städten noch in etwas anderem. Alljährlich wird in diesem Bereich ein Maskenspiel mit einem Scheingefecht unter dem Titel ›Mauren und Christen‹ veranstaltet, eine Art von Räuber- und Gendarmspiel. Aber da dies ein Fischerdorf ist, finden hier natürlich Wasserspiele statt: Die ›Christen‹ segeln auf das Meer hinaus und hindern die ›Mauren‹ an der Landung. Benidorm ist der bevorzugte Urlaubsort der ganzen Costa Blanca, ja der gesamten Küste von Valencia. Gabriel Miró schrieb: »Dieses funkelnde kleine Dorf liegt in einem Bühnenprospekt in allen Blauschattierungen eingenistet; die Mauern haben den Ton reifen Weizens, jedes Ding ist hell und sauber wie geleckt. Die Häuser stolpern die zitronengelben Kliffe hinauf; Häuser, die unter dem Segeltuch alter Feluken Schatten finden. Ein Feigenbaum späht verstohlen durch Berge von Netzen und zum Trocknen aufgestellten Rudern hindurch; einen Duft, schwer und warm wie von Trauben, aussendend.« Heute ist alles anders; das alte Fischerviertel blieb auf dem Vorgebirge, der Feigenbaum ist verschwunden. Dafür kann man aber alles kaufen, was das Herz begehrt und was man vielleicht einzupacken vergessen hat. Ich erkundigte mich nach den Fischern, aus deren Hände Arbeit dieses Dorf einst entstanden ist; es gibt noch vier, aber die Fangboote wurden alle an weniger begünstigte Nachbardörfer verkauft. Fünftausend Spanier versuchen, dem Ort Lokalkolorit zu geben, aber die Zahl ausländischer Besucher und Ansiedler hat die Fünfzigtausend überstiegen.

Wenn man die einheimische Küche probieren möchte, findet man etwa zwei Kilometer außerhalb des Ortes ein Schild, das nach ›El Niño‹ weist; dieses Restaurant serviert berühmte Spezialitäten der Stadt, so ›Pebrera tallaet‹, aus Paprikaschoten, Kartoffeln und Thunfisch zubereitet, oder ›Arroz en Fresols y Nar‹, ein Reistopf mit Schinken und Hammelfleisch. Reisgerichte sind der Stolz des Königreichs Valencia, und jede Stadt, ja jeder Gasthof wetteifert um den Vorrang.

In *Altea* werden Sie bereits beim ersten Blick von den glockenförmigen valencianischen Kuppeln der Kirchen entzückt sein; sie sind mit leuchtend blauen Ziegeln, von weißen Mustern unterbrochen, gedeckt. Hier beginnt die Zone der Küstengärten und Obstplantagen, mit Bougainvillea (einem dornigen Kletterstrauch), Kletterrosen, Olivenhainen und Mandelbäumen, die im Januar schon blühen. Letzte Station ist *Calpe*, ein pittoreskes Dorf, wo sich der Peñón de Ifach, ein ehemaliger Vulkan, steil und nackt aus dem Meer erhebt und den nördlichen Arm der Bucht bildet, leider durch die Appartementblocks um seine Wirkung gebracht. Der Felsen kann bestiegen werden, wenn man zuvor einen Tunnel passiert; der Blick ist überwältigend.

Für einen Ausflug ins Inland bleibt man bis *Monforte del Cid* auf der N 330; man fährt durch eine Landschaft mit dürren Hügeln und üppigen, oft künstlich bewässerten Flußtälern. Sie kommen durch *Novelda*, mit seiner Burg La Luna und dem eigenartigen dreieckigen Burgturm aus dem 14. Jahrhundert; in der Nähe liegt ein Heiligtum der María Magdalena an der Stirnseite eines Hügels, hoch über dem Fluß Vinalopó. Der Bau bietet eine architektonische Überraschung; er wurde von einem Schüler Gaudís, der über wenig Originalität verfügt, errichtet, und sieht daher aus wie eine Miniaturausgabe der Sagrada Familia von Barcelona. Wir verlassen die Straße noch einmal, um *Sax* einen Besuch abzustatten, dessen nahezu uneinnehmbares Kastell gerade restauriert wird. Erinnern wir uns daran, daß die Leute hier jeden Abend nach der Arbeit hochsteigen mußten, um ›nach Haus zu gehen‹, überwinden uns und steigen hinauf; die Aussicht ist Belohnung genug.

Villena ist unser nächstes Ziel, eine der weniger bekannten,

aber gerade darum sehenswerten Städte Spaniens. Sie wird von
der Burg der Villenas beherrscht und empfing auch ihren Namen von der Familie Pacheco, den Grafen von Villena, deren
Eigentum sie im 15. Jahrhundert wurde. Das Äußere der Burg ist
sehr eindrucksvoll mit ihrem doppelten Mauermantel, verstärkt
durch runde oder halbrunde Türme, überragt von dem machtvollen rechteckigen Bergfried, den sechs kleine Rundtürme in
fast zinnenartiger Anordnung krönen. Dieser Typ ist selten so
tief im Süden anzutreffen, sein Ursprung auf der Iberischen Halbinsel liegt in Portugal und Kastilien, wie der Turm von Belém in
Lissabon oder die Torre del Clavero in Salamanca; seine Heimat
ist wahrscheinlich Indien. Der untere Teil des Bergfrieds zeigt
noch das originale arabische Mauerwerk in ›Hormigón‹-Technik
über drei Meter dick; der obere Teil wurde von christlichen
Maurern aus Haustein errichtet. In den ersten beiden Geschos-
sen haben einige einzigartige Decken die Zeiten überdauert.

Die zweite Attraktion in Villena ist die Kirche *Santiago*, ein
spätgotischer Bau mit einer polygonalen Apsis, bemerkenswert
vor allem wegen der spiralig gerillten Säulen. Das schlichte Interieur wird belebt von schmiedeeisernen Kandelabern und einer
feinen, vergoldeten Reja, deren Mittelteil von 1553 einen starken
Einfluß auf die örtliche Architektur ausgeübt hat; sein Schöpfer,
der anonyme ›Meister von Santiago de Villena‹, wird häufig von
Kennern zitiert.

Ein dritter Besuch gilt dem *Palacio Municipal*, einem Renaissancebau, von dem sich der Patio und der Eingang unverändert
erhalten haben; er wurde von Jacobo Florentino el Indaco, dessen
Arbeiten wir schon in Granada sahen, entworfen; auch in Murcia und Jaén werden wir einige seiner Werke sehen. Der Palacio
beherbergt das Archäologische Museum; es wurde nach seinem
Gründer José María Soler, einem eifrigen Privatsammler, genannt. Die Ausstellungsstücke illustrieren die Geschichte des
Gebiets während 50000 Jahren; sie stimulieren die Phantasie jeden Besuchers. Der Stolz des Museums ist ein Goldschatz, den
Don José Soler 1963 selber gefunden hat. Er wird auf die Zeit um
1000 vor Christus geschätzt und besteht aus einer Anzahl von

Schmuckstücken und Geräten, die in einem Krug versteckt und wohl hastig in einem trockenen Flußbett vergraben worden waren. Das Gesamtgewicht der Goldgegenstände beträgt nahezu zwanzig Pfund, weniger als der Goldschatz von Carambolo, den wir in Sevilla bewunderten, aber dafür enthält er eine viel mannigfaltigere Auswahl an Schmuckstücken – Ringen, Armreifen und Halsketten – wie auch Schalen und Flakons, viele davon mit geometrischen Ornamenten in getriebener Arbeit.

Wir sind hier nahe der Grenze der Königreiche Kastilien und Valencia, was wir bei Betrachtung der Burg von Villena in Rechnung stellen müssen. Wenn man acht Kilometer weiter nach Osten fährt, stößt man wieder auf die Region, in der der valencianische Dialekt gesprochen wird, ›Lemosín‹, auf den das auf den Balearen gesprochene ›Mallorquín‹, das Katalanische, das Provenzalische und selbst eine an der ligurischen Küste in Norditalien verbreitete Mundart zurückgehen. Er ging aus jener Sprache hervor, für die im Mittelalter der Begriff der ›Langue d'oc‹ gebildet wurde, entstanden in der Gegend um Toulouse und Limoges, und dem Limousin verdankt es natürlich auch seinen Namen.

Die Burg in *Biar* ist der von Villena ähnlich, der Mauergürtel mit seinen Rundtürmen ist sehr beeindruckend. Die Kirche wurde im gotischen Stil mit einem platteresken Portal errichtet; sie ist, wie wir es schon öfter sahen, in Nordsüdrichtung orientiert; das läßt immer vermuten, daß eine Kirche auf den Fundamenten einer Moschee errichtet wurde, denn auch diese war ja geostet, nur lag der Mihrab, der die Richtung nach Mekka angibt, an der Breitseite, während bei christlichen Kirchen der Altar meistens die Schmalseite einnimmt.

In *Elda* steht nur noch einer der Burgtürme, und an der nächsten Gabelung halten wir uns rechts nach Ibi, das auch nicht sehr interessant ist, aber diese Straße führt uns durch eine terrassierte, berieselte Huerta und bringt uns in Sichtweite der *Castalla*, der großartigsten, aber am stärksten verfallenen aller dieser Burgen. Die beiden Enden haben sich erhalten, an den nackten Felsen geklammert, mit dem blauen Himmel als Hintergrund, und

ringsum dehnen sich Ölbaumhaine, Weingärten und Weizenfelder.

Alcoy sitzt wie eine Kappe auf einem steilen Berg; obwohl eine
Industriestadt, ist es recht sehenswert. Die Plaza Mayor auf dem
Gipfel des Hügels verkörpert den Typ der im 18. Jahrhundert
angelegten Plätze, wie wir ihn zuerst in Córdoba bewunderten,
nur kleiner, umringt von viergeschossigen Häusern, zwei drei-
armige Straßenlaternen in der Mitte. Seine Form und seine
Größe – oder Kleinheit – erinnern daran, daß er einst der Kreuzgang eines Augustinerklosters war. Die steile Calle de San Juan
führt hinab zu einer großen Papierfabrik, wo schon seit über
hundertdreißig Jahren Zigarettenpapier, der populäre ›Bambú‹,
produziert wird. Damals gab es das Wort Zigarette noch nicht;
man sprach von den ›ökonomischen kleinen Papierzigarren‹ oder
den ›Papelitas‹.

Eine andere Spezialität der Stadt ist die ›Peladilla‹, eine Art
Zuckermandel; sie verdankt ihren Ruf der hohen Qualität der
hier gezogenen Mandeln und der Zartheit des Zuckerüberzugs.
Ein ähnliches, weniger bekanntes Konfekt wird aus Piniensamen
hergestellt. Nach den vielen andalusischen Städten werden Sie
die weißen Mauern vermissen; hier sind die Häuser, wie es sich
für eine Industriestadt schickt, braun und grau. Die Einwohner
haben den spezifischen Stolz von Fabrikarbeitern, sie verachten
die gelassene Höflichkeit der Dorfbewohner und lieben es, ihre
Provinz das ›Cataluña von Kastilien‹ zu nennen. Ihre Geographie
ist archaisch, und der Anspruch übertrieben, aber zweifellos hat
Alcoy eine lange Geschichte als Industriestadt, ihr aufgezwun-
gen von der Kargheit des Bodens und den Sturzbächen.

Die Straße zurück nach Alicante (N 340) passiert die kleine
Stadt *Jijona*, wo ein paar armselige Reste der maurischen Burg
einen über die Straße hängenden Felsen krönen. ›Turrones‹,
eine Art Nougat, werden in der ganzen Provinz hergestellt, aber
Jijona soll ihre eigentliche Heimat sein, und die ›Torrons de
Xixona‹, wie sie im örtlichen Dialekt heißen, werden in Millionen
Pfund hergestellt und zieren Weihnachten die Gabentische über-
all in Europa und Amerika. Während des Sommers, wenn die

Produktion ruht, wandern viele Einwohner der Stadt als Eisverkäufer durch das Land; ihre Spezialität ist ›Horchata‹, die delikate gefrorene Erdmandelmilch. Diese valencianische Schlek-
kerei wird in Spanien oft in einer Art Milchbar verkauft, der
›Horchatería‹, meistens im Besitz von Händlern aus Jijona.

Auf unserem Rückweg nach Alicante passieren wir dann nur
noch eine Stadt mit dem süßklingenden Namen *Muchamiel*; das
bedeutet jedoch nicht etwa ›Viel Honig‹, sondern wurde vom
arabischen ›Mutxamel‹ abgeleitet. Trotz aller Bewässerungsver-
suche bringt der kalkhaltige Boden nur Mandeln und etwas
Wein hervor. Von hier sind es bis Alicante nur noch etwa zehn
Kilometer auf der Küstenstraße.

ZWANZIGSTES KAPITEL

Von Alicante bis Granada

Die direkte Straße von Alicante nach Granada bietet eine reiche Auswahl an Sehenswürdigkeiten für den Reisenden. Zu häufig erliegt man der Versuchung, die Fahrt in einem Tag zurückzulegen, da die uninteressante Landschaft das Auge nur bei den Palmenhainen von Elche und den Höhlenwohnungen von Guadix zu fesseln weiß. Schon ein extra eingelegter Tag ermöglicht es uns, alles, was ich in den folgenden Seiten beschreiben werde, zu sehen, natürlich mit Ausnahme der Volksfeste, die an feste Daten gebunden sind.

Elche liegt an der N 340, von Alicante etwa 23 Kilometer entfernt. Die Palmenhaine sind, wie zu erwarten, der stärkste Eindruck; sie ziehen sich um die ganze Stadt herum und dringen bis in die Straßen vor. Bewässert werden sie von einem See, der sich in seinen Ausmaßen seit dem ersten nachchristlichen Jahrhundert, als Strabo ihn beschrieb, nicht verändert hat. Die vorherrschend weißgetünchten Flachdachhäuser und die allgegenwärtigen Palmen kontrastieren mit der öden Umgebung und gemahnen an eine afrikanische Oase. Die Altstadt liegt rechts der Straße; die erste große Abzweigung bringt uns zu der großen Kirche Santa María. Kurz davor liegt rechts ein kleiner offener Platz, auf dem das untere Geschoß eines uralten Turms, La Calahorra, als Wohnhaus überlebt hat. Santa María ist ein Barockbau, aus einem ziemlich farblosen, graubraunen Stein errichtet, den man hier noch oft als Baumaterial finden kann. Sie hat die übliche glockenförmige valencianische Kuppel, aber die Dachfliesen sind neu und zeigen jenes häßliche laute Blau, das oft für Renovierungen nach den Schäden von 1936 in Anwendung kam. Das

Hauptportal ist ein Werk des deutschen Steinmetzen Nicolás de Busi (Busch?).

Alljährlich wird in der Kirche am 14. und 15. August ein Mysterienspiel in zwei Teilen aufgeführt; eilige Reisende können bei der Generalprobe am 13. August beide Teile in einem Durchlauf sehen. Die Anfänge dieses ›Misterio‹ sollen im 13. Jahrhundert liegen; aber die heute gespielte Fassung scheint eine Adaption aus dem 16. Jahrhundert zu sein. ›Das Mysterienspiel von den Taten der Apostel‹, in das eine Auferstehung Mariens eingeschlossen ist, wurde 1540 auf Wunsch König Franz' I. in Paris aufgeführt; man hat Beweise dafür, daß der Originaltext dieses Spiels ein Jahrhundert früher in Katalanisch aufgeschrieben wurde, während die Legende selbst viel älter ist und schon im 10. Jahrhundert ein beliebtes Thema der Miniaturenmaler war. Die Musik steht in der gregorianischen Tradition, und die Behauptung, daß Teile der mozarabischen Liturgie verwendet wurden, hat einiges für sich.

Das Spiel in der Kirche ist natürlich mehr eine religiöse Feier als ein darstellerischer Genuß. Elche behielt das Privileg, dieses Stück aufzuführen, auch nach dem Konzil von Trient, das die Darstellung von Mysterien und Mirakelspielen in geweihten Räumen untersagte. Einige der Schauspieler sind Geistliche, andere, die anscheinend etwas beweglicher sein müssen, übernehmen die Rollen, bei denen in der Kuppel, mehr als 30 Meter über der Bühne, agiert wird. Die Sprache ist ein archaisierendes Katalanisch, ähnlich den valencianischen Mundarten; der ganze Text wird gesungen. Der Handlung kann man ohne Schwierigkeiten folgen, besonders, wenn man die Apokryphen ein wenig kennt.

Nördlich gegenüber der Kirche liegt der alte Alcázar, auch Señoría oder Altamira-Palast genannt, die Ruine einer großen Burg, die einst Teil der Stadtbefestigung war, und heute müde auf den regulierten Lauf des Río Vinalapó schaut. Von der Straße aus ist der Anblick nicht überwältigend, aber von der Brücke ein wenig weiter straßauf kann man den kantigen Turm und ein Erkertürmchen erspähen, von Palmen effektvoll gerahmt, wie übrigens fast alles hier. Wenn man von der Kirche aus südwärts geht, erreicht man die andere Seite der Stadtmauer und gelangt auf die Plaza Mayor mit dem Ayuntamiento. Er hat eine hübsche Renaissancefassade und dekorative Balkone. Seine Uhr ist modern; die Stunden werden von zwei Figürchen geschlagen, ›Jaquemards‹ genannt, an der Torre del Consejo aus dem 14. Jahrhundert. Diese Püppchen heißen ›Calendura‹ und ›Calendureta‹

und wohnen in einem kleinen Kuppelgehäuse; die eine schlägt die große Glocke in dem Unterbau, die andere die kleine in der Kuppel darüber, eine unübliche Anordnung.

Palmen, Palmen überall; bei der letzten Zählung kam man auf 125 000 Bäume! Sie sind in ›Horts‹ eingeteilt; ein Hort ist an sich ein Obstgarten, ein Baumgarten. Der berühmteste ist der ›Hort del Cura‹, nach einem erst in diesem Jahrhundert gestorbenen Pfarrer benannt; die ›Palmera del Cura‹, die Dattelpalme, ist wenigstens hundert Jahre älter als der Mann, dem sie ihren Namen verdankt, und wird treffender auch ›Palmera Imperial‹ genannt. Aus ihrem Hauptstamm haben sich sieben Nebenstämme entwickelt und sind ringsum emporgewachsen; sie sieht jetzt aus wie ein riesenhafter Kandelaber, sich hoch über das Unterholz von Granatäpfelsträuchern erhebend, von Blumenbeeten eingefaßt. Wenn die Wurzeln der Palmen künstlich geflutet werden, fühlt man sich mehr als je an eine Oase erinnert, deren Füße ja, wie die Araber es formulieren, im Wasser stehen, während sie ihr Haupt in das Feuer des Himmels streckt. Hauptprodukt der Bäume sind nicht die Datteln, sondern ein bleicher Trieb, der sich entwickelt, wenn man die Blätter nach oben aufbindet, so daß die Innenseiten im Schatten liegen. Er wird bei den Palmsonntagsprozessionen mitgeführt und gesegnet, und dann als ›Blitzableiter‹ am Balkon angebracht.

In diesem Stadtteil findet man an einem Zierteich eine Kopie der ›Dama de Elche‹, einer iberischen Steinplastik aus dem 6. vorchristlichen Jahrhundert, griechischen Einfluß verratend. Dieser Frauenkopf wurde auf einem der benachbarten Hügel gefunden und kann heute im Prado in Madrid bewundert werden. Wenn man in das Gesicht unter dem phantastischen Kopfputz blickt, findet man nichts von orientalischer Sinnlichkeit, sondern einen zarten Mund, flache Wangenknochen und eine wohlgeformte, schlanke Nase; Züge, wie sie uns heute noch auf den Straßen begegnen können.

Zehn Kilometer entfernt liegt die kleine Stadt *Crevillente*, wo man einen Augenblick halten sollte, um die Kirche Nuestra Señora de Belén zu sehen; sie hat kein besonderes künstlerisches

Verdienst, ist jedoch so maurisch im Aufbau, daß man denken könnte, vor einer Moschee mit Minarett und Medrese zu stehen. Crevillente war der Geburtsort eines wenig bekannten hispano-arabischen Arztes, Al-Xafra, dessen kürzlich entdeckte Schriften über Wundbehandlung, Entzündungen und Tumore großes anatomisches Wissen enthüllen. Er war einer der Hofärzte in Granada und lebte nach seiner Verbannung in Guadix; seine Behandlungsmethoden bei Knochenbrüchen haben sich bis heute kaum geändert.

Orihuela atmet die vornehme Stille einer vergangenen Zeit. In manchem ist es Úbeda sehr ähnlich, aber nicht wie dieses eine Renaissancestadt, sondern geprägt von schönen, schlichten Adelshäusern im Barockstil, mit Wappenschilden über dem Portal oder an der Straßenecke. Der heutige Name klingt wie ein Echo des römischen Aurariola, das unter den Mauren zu Auriwela verformt wurde. Die ganze Gegend hieß einst Tudmor oder Tadmir; das ist auch der syrische Name für die Oase Palmira, aber trotz aller Ähnlichkeiten im Äußeren ist diese Namensgleichheit rein zufällig, denn die Araber benannten dieses Gebiet so nach dem Westgoten Theodomir, dem es zur Zeit der Invasion von Tarik unterstand. Theodomir war einer der Herrscher, dem es gelang, sein Reich nach der maurischen Invasion zu behalten, indem er sich als Vasall dem neuen Herrn zur Verfügung stellte. Die Unterwerfungsakte ist in mehreren arabischen Dokumenten bewahrt; sie ähnelt dem Übergabevertrag von Granada an die Katholischen Könige, wurde aber von den arabischen Eroberern mit weit größerer Treue erfüllt. Die Sage erzählt, daß Theodomir nach einem verlustreichen Ausfall die Frauen in Männerkleider steckte, ihnen die Haare wie Bärte vor dem Kinn zusammenbinden und sie auf den Befestigungswällen paradieren ließ; überzeugt von der Uneinnehmbarkeit der belagerten Stadt, bot Abd al-Aziz, Sohn des Musa, daraufhin großzügige Übergabebedingungen an. Die Mauren waren ja den Westgoten an sich keineswegs feindlich gesinnt; auch den Söhnen Witizas, die König Roderich verraten hatten, wurden von Damaskus ihre Besitzungen zugesichert. Abd ar-Aziz selber

nahm die Witwe König Roderichs zur Frau, um den Frieden
seiner Herrschaft zu sichern, und viel christlicher Besitz kam
nicht durch Waffengewalt, sondern durch Ehekontrakte in maurische Hand.

Orihuela liegt am Río Seguro, in einer künstlich bewässerten,
fruchtbaren Landschaft. Es heißt, daß die Morisken als Beherrscher der Bewässerungsmethoden so unentbehrlich waren, daß
sie von ihren christlichen Nachbarn bei der Austreibung 1609
versteckt wurden und daß die heutige Blüte dieses Landstrichs
ihnen zu verdanken sei. Sicher ist, daß nur geschickte Bewässerung dieses an sich wüstenähnliche Gebiet so ertragreich machen
konnte, denn die wenigen Regenfälle reichen dazu bei weitem
nicht aus. Noch gilt das alte Sprichwort:

> *Llueva o no llueva,*
> *Trige en Orihuela.*
>
> *Obs regnet oder Dürre war,*
> *Immer reift Korn in Orihuela.*

Auch die zweitgrößte Dattelpalmenpflanzung nach Elche finden
wir hier, dank der geschickten Ausnutzung des Flusses.

Die *Kathedrale* datiert ins frühe 14. Jahrhundert und hat ein
hundert Jahre jüngeres Querschiff. Das Nordportal ist Renaissance, die anderen sind gotisch. Das Westportal hat einen eigenartigen gezähnten Bogen mit lanzettförmigen Zähnen, ›Caire-
les‹ genannt. Das Innere ist architektonisch nicht besonders beeindruckend, die spiralig skulptierten Gewölberippen im Querschiff sind eindeutig von der Kirche Santiago in Villena inspiriert. Nur die Reja vor dem Altar, wohl die schönste in Valencia,
ist wirklich sehenswert; der geschnitzte Coro läßt sich nicht mit
den anderen, die wir bisher gesehen haben, vergleichen. Von der
letzten Kapelle rechts gelangt man in das Museum; in der Kapelle steht ein Altar mit Katharina, Christophorus und anderen
Heiligen, ein bedeutendes Werk aus dem frühen 16. Jahrhundert
von einem wenig bekannten Künstler aus der Schule des Pablo
de San Leocadio, genannt Monzo.

Das Diözesanmuseum enthält einige nicht besonders interessante Gold- und
Silbergeräte und ein berühmtes Gemälde von Velásquez, die ›Versuchung des

heiligen Thomas von Aquin‹. Religiöse Themen hat Velásquez dank seines könig-
lichen Mäzens nur selten behandeln müssen; dieses Bild zeigt, was er aus
einem so wenig versprechenden Vorwurf herausholen konnte, besonders die
rechte Hand des Engels ist äußerst fein durchmodelliert. Großartig auch Ri-
beras ›Magdalena‹, sowohl im Ausdruck als in der Behandlung. Weiter ein
Missale des Papstes Kalixt III., eines Onkels und Vorgängers des Borgiapapstes
Alexander VI., mit feinen Miniaturen und Marginalien.

Ein seltsamer Brauch soll noch Erwähnung finden, der ›Caballero cubierto‹.
Mit einem päpstlichen Sonderkonsens wird jedes Jahr ein Edelmann mit Uni-
versitätsabschluß gewählt, der das Privileg hat, während der Prozessionen der
Karwoche in der Kirche den Hut aufzubehalten. Die Auswahl ist groß, denn
1437 hat König Alfons der Großmütige alle Einwohner der Stadt in den Adels-
stand erhoben. Es ist nicht zu enträtseln, was Alfonso, der damals in Süditalien
mit der Eroberung des Königreiches Neapel beschäftigt war, zu dieser einmali-
gen Auszeichnung veranlaßt hat. Wie auch immer, der Caballero cubierto
wird noch alljährlich gewählt und trägt seine Würde mit gleicher Anmut wie
die Seises von Sevilla und die Familie Pulgar in Granada.

Wenn man die Kathedrale durch den Westeingang verläßt
und um die Kirche herumgeht, stößt man auf das reizvolle Südportal, dessen gotische Archivolten von Heiligen und Musikan-
ten bevölkert sind. Die hölzernen Flügel der Tür zeigen ornamentale Beschlagnägel, wie sie uns in Südspanien schon häufig
aufgefallen sind. Am Ende der Südseite ist ein romanischer
Kreuzgang angebaut, der von dem zerstörten Convento de la
Merced nach dem Bürgerkrieg hierher ›verpflanzt‹ wurde. In
seiner Mitte steht ein einfaches gotisches Steinkreuz als Kriegerdenkmal. Die Kapitelle der zweigeschossigen Arkaden sind großenteils sehr schlicht, westgotisch oder romanisch; alles harmoniert miteinander, und die Zypressen, Orangenbäume und
Hibiskussträucher vertiefen den Zauber des ungewöhnlichen
Bauwerks. Ein schwarzes Steinrelief zeigt Sankt Rochus mit seinem Hund, wie er uns aus der Kathedrale in Málaga bekannt ist;
es stammt von dem Convento San Sebastián und war früher vielleicht Teil der Puerta de Magastre, einem der Stadttore. Rochus
und Sebastián waren die ursprünglichen Schutzheiligen der
Stadt; sie wurden später von Justina und Rufina abgelöst.
Früher war die Universität in dem großen Seminario oder

Dominikanerkloster untergebracht, gewöhnlich *Santo Domingo* genannt; es liegt an der Calle de San Juan, ein wenig abseits der anderen Bauten, die wir gesehen haben. Der Eingang führt durch die Puerta de la Olma, dem letzten noch erhaltenen Stadttor; Stadtmauer und die über dem Ort thronende Burg sind bloße Ruinen. Santo Domingo hat zwei Renaissance-Patios; der eine in unverfälschter Großartigkeit erhalten, der andere mit seinen Bäumen und Vögeln ein Ort tiefen Friedens. Die Haupttreppe ist ein wunderschönes Gebilde, man sollte sie von unten her betrachten, wo man die harmonisch gruppierten Bögen sehen kann, die sie stützen. Kassettendecken aus der Zeit Philipps II. finden sich – mit Ausnahme des Refektoriums mit seinem Rippengewölbe – überall. Man kann Serien der sogenannten ›Azulejos de montería‹, Fliesen mit Jagdszenen, hier auch mit Szenen aus dem Landleben, betrachten. Diese Fliesen des 18. Jahrhunderts kommen größtenteils aus Sevilla und sind mit den älteren kaum noch zu vergleichen; die Zeichnung ist schwach, oft tragen sie eine verballhornte oder stilisierte Version des arabischen Wortes ›Alafiya‹, Glück und Wohlstand. Die Kirche zeigt die übliche Kuppel, Säulen in korinthischer Ordnung und eine Fülle sinnloser Ornamente; dennoch ist der Eindruck glanzvoll, nicht vulgär. Aus der Universität sind zahlreiche bedeutende Spanier hervorgegangen.

Die Kirche *Santiago* ist anziehend, aber in Folge der natürlichen und politischen Erdbeben steht von dem ursprünglichen Bau nur noch das Portal in isabellinischer Gotik, eine feine Arbeit, von einem Alfiz gerahmt. Die Türflügel werden von einer eingestellten gedrehten Säule mit einer Figur des heiligen Jakob, die nach dem Bürgerkrieg ersetzt wurde, getrennt. Es war während des Aufenthalts der Katholischen Könige errichtet worden, die hier zur Belagerung von Baeza aufbrachen; Orihuela war schon seit 200 Jahren christlich und wurde von ihnen als Basis benutzt. Ihre Pfeile und Joche und das Motto ›Tanto Monta‹ umgeben das Wappen Spaniens; die Entstehungszeit kann wieder von einem Detail abgelesen werden: es ist das einzige Mal, daß in Spanien der Granatapfel Granadas nicht aufgebrochen, sondern in geschlossenem Zustand als heraldisches Zeichen verwendet wurde; damit ist angedeutet, daß dieses Relief vor der Reconquista der stolzen Stadt entstand.

Das Innere der Kirche ist großenteils 16. Jahrhundert; das westliche Ende gotisch, der Rest strenge Renaissance im Stil des Juan de Herrera. Das schlecht restaurierte Altargemälde, ein ›Abendmahl‹, ist von Juan de Juanes, einem berühmten Maler aus der Schule von Valencia, stark beeinflußt von Leonardo und Raffael. Die Passionsfiguren stammen von Salzillo, dessen Hauptwerk wir in Murcia sehen werden.

In einem kleinen Raum der nach dem Erzbischof von Valencia und Tarragona genannten *Biblioteca pública de Fernando Loaces* wird der Paso de la Diablesa bewahrt; dieses Werk von Nicolás de Busi wird während der Karfreitagsprozessionen durch die Straßen getragen, es erfreut sich allgemeiner Bewunderung. Eine Erdkugel ruht über einem Skelett und der braunen, glasäugigen, glatzköpfigen Teufelin ›La Diablesa‹, zwischen deren Hörnern sich nur über der Stirn ein paar Haare krausen; das Ungeheuer ist bis zum Gürtel nackt und außerordentlich abstoßend; über der Erdkugel umdrängen auf einer Wolke Cherubim das Kreuz, die Marterwerkzeuge der Passion in Händen haltend. In der Bibliothek, die über 20000 Bände umfaßt, darunter einige sehr seltene Bücher, befinden sich auch eine prähistorische Sammlung und Fragmente spätrömischer Mosaiken.

Wenn man durch die Straßen streift, kann man schöne Barockfassaden und im Innern der Häuser oft noch Azulejo-Verkleidungen ausmachen. Orihuela verwöhnt den Fremden mit zwei leckeren Gerichten: einem Puterschmortopf, ›Guisado de pavo‹, und ›Arroz con costra‹, ein überkrustetes Reisgericht mit Kalb- und Schweinefleisch, Kochwürsten, Puter und Krabben, die ihm die letzte Würze geben. Vor dem Überbacken wird geschlagenes Ei darüber gegeben, wodurch sich die schöne goldene Kruste bildet. Die letzte Abrundung eines Mahles bringt der hiesige Wein; wir nähern uns ja Murcia, dessen Rotwein mit einem reichen Bouquet gesegnet ist, dabei jedoch nicht so schwer, daß er schläfrig machen könnte. Er bietet eine angenehme Abwechslung nach den Weinen Manchas, gewöhnlich serviert unter dem Namen Valdepeñas, und überall wird vom Faß geschenkt.

Bis zur Provinzhauptstadt *Murcia* bleiben wir auf der N 340. Kurz vor der Stadteinfahrt liegt rechts auf dem Gipfel eines steilen Hügels *Monteagudo;* die Römerburg wurde durch eine maurische ersetzt, von der heute auch nur noch die Ruinen stehen, überragt von einem hohen Kruzifix, das unsere Aufmerksamkeit von dem Reiz der landschaftlichen Lage ablenkt. Der Aufstieg ist anstrengend und lohnt sich nicht.

In Murcia gelangen wir bald auf die Plaza de Santa Eulalia; von dem einst bedeutenden Tor sind nur noch wenige Reste vorhanden, aber man sollte sie nicht übergehen, denn sie sind alles, was noch von den Befestigungen des 12. Jahrhunderts überlebt hat, und bilden den ältesten Teil der Stadt, von der man erstmals nach der maurischen Eroberung hört. Die Grundfesten und der untere Teil der Mauern stammen aus der Almohadenzeit, mit Ausbesserungen in Mudéjartechnik. Die Gräber sind Teil eines Friedhofes unterhalb der Plaza; die Gräber wurden übereinander angelegt, um Platz zu sparen. Die Keramik, die in ihnen gefunden wurde, bildet den Kern eines kleinen Keramikmuseums; es ist interessant festzustellen, daß auch hier Spießglanz für die Herstellung der Farben verwendet wurde.

Ibn Arabí von Murcia ist einer der Sufi-Mystiker, die eine große Rolle bei der Entwicklung des religiösen Denkens gespielt haben. Das Wort ist eine vereinfachte Form des arabischen Ausdrucks für ›Spirituelle Theologie‹ und hat, wie die meisten abstrakten Konzeptionen, eine konkrete Grundlage. Hier ist das Wort von ›Suf‹, ›Kamelhaar‹, abgeleitet und bezieht sich auf die ›härenen Gewänder‹, die die Anhänger dieses mystischen Kultes trugen. Wir erinnern uns daran, daß auch Johannes der Täufer Gewänder aus Kamelhaaren trug, der ja auch Religion in poetischen Gleichnissen und Bildern darstellen konnte. Ihren frühesten Ausdruck fand diese Art Mystik im Hohen Lied, wo die Gottesliebe in die Sprache irdischer Liebe umgesetzt wird. Wenigstens sechzehnhundert Jahre später drückt Ibn Arabí sein Verlangen nach Gott und seine Liebe zu ihm mit den wohlbekannten orientalischen Wendungen für die Beschreibung weiblicher Schönheit aus.

Es scheint sicher, daß Dante durch Ibn Arabís Dichtungen, besonders Mo-
hammeds Grabesreise, inspiriert wurde, und ganz zweifellos stellt Arabís
Werk das Bindeglied zwischen der Sufi-Mystik und der erotisch gefärbten Got-
tesminne des Johann vom Kreuz dar, dessen Pfade wir später wieder kreuzen.

Murcia war eine der wichtigsten Seidenstädte Spaniens. Seidenraupen und der unerläßliche Maulbeerbaum wurden zu Beginn der arabischen Eroberung eingeführt, und die Provinz von
Murcia wurde eines der Hauptzentren der Seidengewinnung.
Wir können in der Zarzuela des Rodríguez de Hita ›Las Labra-
doras de Murcia‹ (1769) lesen, wie groß die Bedeutung der Seidenraupenzucht hier noch vor zwei Jahrhunderten gewesen ist.
In den ›Barracas‹ auf dem flachen Land ebenso wie in den Stadt-
häusern wurden die Seidenraupen in Rahmen, in einer Art Tablett mit Maulbeerlaub, gehalten. Die ›Barracas‹ sind quadratische Bauten mit einem Spitzdach und einer Tür, die niemals
geschlossen wird, als einziger Öffnung. In den Städten hält man
die Raupen im dritten (obersten) Geschoß der Häuser. Am ersten
Freitag im März findet eine religiöse Zeremonie statt, von größter ökonomischer und, wenn man will, theologischer Wichtigkeit: ›La bendición de la simiente del gusano de seda‹, ›Die Seg-
nung der Eier der Seidenraupe‹, das Äquivalent zur Austreibung der bösen Geister in Indien und anderswo. Es ist eine sehr
notwendige Vorsichtsmaßregel, denn die Seidenraupe ist ein
empfindliches Geschöpf; zufolge des örtlichen Aberglaubens
stirbt die Seidenraupe vor Furcht, wenn sie den Donner hört.
So hat der Komponist während der Zeremonie die Möglichkeit,
all seine bäuerlichen Charaktere auf einmal auf die Szene erscheinen und fortissimo singen zu lassen, um den Lärm des
Donners zu übertönen. Sie tanzen eine ›Jota‹, die man in vielen
Gebieten Spaniens findet, vor allem aber in Aragón, und die
völlig anders ist als der andalusische Flamenco. Wenn die Lar-
ven der Raupen etwa sechs Zentimeter lang waren, legte man
sie früher in Essig und machte aus ihren Därmen Fäden für
chirurgische Zwecke und für Angelleinen; aber heute ist Nylon
billiger und hat dieses Nebenprodukt der Seidengewinnung aus
dem Feld geschlagen.

Die *Kathedrale* liegt im geographischen Zentrum der Stadt; ihre feine Fassade ist der Plaza de Belluga zugekehrt, genannt nach dem heroischen Erzbischof, der während des Spanischen Erbfolgekrieges die Habsburger durch Überflutung der Umgebung und Aufstellung einer Bürgerwehr von der Stadt fernhielt. Die Westseite wurde von Jaime Bort y Melia geschaffen, einem Valencianer; er starb im gleichen Jahr, in dem sein Werk vollendet war. Der Turm enstand unter Mitarbeit von Jacobo Florentino el Indaco als selbständiger Bau. Er wirkt mehr wie eine der Barockskulpturen in seiner glänzenden Ausnutzung glatter Flächen zur Erzielung des erstrebten Chiaroscuro. Originell ist auch das Spiel mit konvexen Flächen. Aus einiger Entfernung gemahnen selbst hier wieder der Turm zur Linken und das geschwungene Mittelteil an eine Moschee mit Minarett.

Das Innere ist kühl und angenehm mit den lichten, elfenbeinfarbigen Wänden, auf denen das durch die Farbfenster einfallende Licht bunte Flecken hervorzaubert. In den ursprünglich gotischen Baukörper gliedern sich spätere Zufügungen harmonisch ein. Die schlichte Reja vor dem Hochaltar wird von einer Girlande mit vergoldetem Laub gekrönt, sie ist ein frühes Werk von 1497. Das Retabel aus dem vorigen Jahrhundert ist eine neugotische Arbeit, und die etwas schäbig wirkende Urne zur Linken mit den edlen Organen Alfonsos X. des Weisen wird Florentino el Indaco zugeschrieben. Eine zweite, symmetrisch gegenüber aufgestellte Urne enthält Gebeine der vier Heiligen von Cartagena; ihre Überreste wurden hübsch über ganz Spanien verteilt. Es ist nicht ganz klar, warum Alfonso seine Eingeweide ausgerechnet Murcia, dessen maurische Bewohner sich während der Mißwirtschaft zur Zeit seiner Abwesenheit gegen ihn erhoben, hinterlassen haben soll. Vielleicht ist es so, wie man manchmal lesen kann, daß Murcia ihm zu einem früheren Zeitpunkt Zuflucht gewährte, als er zur Zeit des Interregnums von einem vergeblichen Feldzug gegen Richard von Cornwall zurückkehrte, mit dem er um die römische Kaiserwürde gekämpft hatte.

Die letzte rechte Kapelle ist die Capilla de la Vélez. Sie wurde nach den Grabkapellen von Álvaro de Luna in Toledo und des Konnetabels von Kastilien in Burgos im Stil des Flamboyant gebaut; der polygonale Grundriß und die überwältigende Dekoration datieren es auf den Anfang des 16. Jahrhunderts. So kunstvoll sind die Ornamente und so verwickelt das Steinspitzenwerk, daß man den maurischen Einfluß fast mit Händen greifen kann. Das Wappen der Vélez-Familie ist verschwenderisch verziert; in einer Bankreihe steht ein

Steinskelett respektvoll im Hintergrund. Das Retabel zeigt den heiligen Lukas und seine Darstellung der Madonna mit dem Kind und darüber eine Kreuzigung mit einem rhythmisch belebten, laubartigen Hintergrund. Neben dem orientalischen Einschlag spürt man auch den Einfluß des gleichzeitigen manuelinischen Stils, wie man ihn zum Beispiel in der Abtei von Batalha in Portugal findet.

Das Museum der Kathedrale zur Linken enthält eine reiche Sammlung von schwankendem Wert. Man findet eine schwere Silbermonstranz, die sich automatisch dreht, damit man sie in ihrer ganzen Scheußlichkeit bewundern kann; die Geschmacklosigkeit wird allerdings durch das unbezweifelbare handwerkliche Können etwas aufgewogen. Ein spätrömischer Sarkophag diente eine Zeitlang als Altar, die Figuren an seiner einen Seite sind deutlich Schauspielerdarstellungen. Drei polychrome Steinstatuen, darunter eine Pietà aus dem 14. Jahrhundert, wirken neben den üppigen Juwelen, Kronen und anderen Goldschmiedearbeiten wunderbar schlicht. Weiter sehen wir frühe Urkunden und eine große Sammlung von Knochensplittern, alle gewissenhaft beschildert, von einer ganzen Heerschar von Heiligen schließlich auch Medaillen für fromme Krieger und Fußballmannschaften.

Neben der Kathedrale verläuft die Calle de la Trapería in nördlicher Richtung, ebenso wie die links abzweigende Calle de la Platería eine hübsche Fußgängerstraße. Noch in diesem Jahrhundert wurde sie fast ausschließlich von Silberschmieden, wie der Name vermuten läßt, bewohnt. Dort findet man das *Casino de Murcia*, einen vornehmen Club, der für seine Einrichtung berühmt ist. Er hat etwas Traumhaftes, als ob er noch jenen Tagen angehörte, in denen sich die sogenannten ›Höheren Klassen‹ um die Sorgen und Belange des ›Volkes‹ einen Teufel scherten. Es ist symptomatisch, daß man den Ausspruch Marie Antoinettes anläßlich der Hungersnot in Paris, die Bevölkerung solle halt Kuchen essen, wenn es an Brot fehle, in Spanien bereits 1518 in einer Sprichwörtersammlung findet ›A mengua de pan, buenas son tortas‹, ›Wenn es an Brot mangelt, tun's auch Torten‹. Die Möbel sind hervorragend gearbeitet, wenn auch altmodisch, die Parkettböden spiegeln, und im großen Ballsaal schimmert der gelbe Brokat der Sofas im Licht der fünf großen Kristallleuchter.

Dort, wo die Calle de la Trapería in die breite Gran Vía de Alfonso x. übergeht, findet man zur Linken das *Archäologische Muse-um* mit einer ausgezeichneten Sammlung von Keramiken und einigen römischen Mosaiken. Die Skulpturenfragmente aus der ausgegrabenen, nahegelegenen Basilika von Agezares sind schwer zu bestimmen: die Fachleute sind sich nicht einig, ob es sich um einen byzantinischen oder westgotischen Bau handelt. Der Schatz von Finca la Pita enthält arabische Goldmünzen, Silbermünzen Alfonsos x. und andere. Schließlich gibt es noch das *Museo de Salzillo*; das Werk dieses Bildhauers ist der Stolz der Provinz Murcia. Francisco Salzillo Alcaraz, Sohn eines Bildhauers aus Capua und einer spanischen Mutter, wurde 1707 in Murcia geboren. In einem nicht sehr kunstfreudigen Jahrhundert stieg er kometenhaft auf; seine Werke zeichnen sich weniger durch Originalität als durch äußersten Naturalismus aus. Wenn man die großen Holzschnitzer von Martínez Montañés bis Busi in ihrem Schaffen verfolgt hat, sollte man unbedingt dieses Museum aufsuchen, um hier die letzte Stufe dieser Entwicklung zu erleben.

Salzillo mußte seit seinem zwanzigsten Lebensjahr seine große Familie erhalten; mit Hilfe von zwei Brüdern und einer Schwester schuf er fast achtzehnhundert Einzelwerke; sie sind über die ganze Provinz verteilt; einen Überblick verschafft man sich am besten in dieser Sammlung. In Murcia hat man übrigens die ausgezeichnete Idee aufgegriffen, kurze Führer auf die Eintrittskarten in drei Sprachen drucken zu lassen. Mir erscheint hier der ›Belén‹ mit seinen vielfältigen Menschen- und Tierfiguren, jede Episode von Christi Geburt darstellend, am reizvollsten. Solche Weihnachtskrippen findet man auch in Sizilien und Süditalien; sie reflektieren die lange enge Verbindung zwischen Spanien und diesen Ländern. Die 1500 Figuren geben unter anderem auch eine großartige Übersicht über die Tracht des Spaniers zu Lebzeiten Salzillos, vom Bauern bis zum Dichter ist alles vertreten. Alle diese Figuren sind Miniaturen, aber sehr ausdrucksstark; und wir können sicher sein, daß dieser besessene Realist uns ein genaues Bild seiner Zeit entworfen hat.

Weiter sind hier die ›Pasos‹ für die Karwoche ausgestellt, großartig in ihrer technischen Perfektion. Die Passionsfiguren sehen zu menschlich aus, um Trost spenden zu können, und ihr Ausdruck ist so realistisch, daß wir uns noch einmal daran erinnern müssen, daß sie dazu da sind, eine Botschaft sinnfällig zu machen und nicht, um einen Preis bei der Kunstakademie zu erringen. Die sprechendste dieser Szenen ist das Abendmahl, dessen Figuren nicht ganz lebensgroß sind. Hier hat der Realismus des Künstlers den Höhepunkt erreicht,

jede der Figuren scheint mitten in einer Bewegung überrascht zu sein; Judas
trägt, nach altem Brauch, einen roten Bart und rotes Haar.

Bevor man Murcia verläßt, sollte man die Virgen de la Arro-
jaca aus dem 13. Jahrhundert in der Kirche San Andrés gleich nebenan bewundern.

Von hier aus kann man *La Ñora* im Westen über eine kleine Abzweigung von der Hauptstraße erreichen, oder man überquert
den Río Segura auf dem Puente Viejo und fährt auf der N 340 bis
Alcantarilla, wo man auch die Landstraße nach La Ñora gewinnt.
Der Name ist nur eine örtliche Form von Noria, Wasserrad, der
›Nawra‹ der Araber. In diesem Dorf sehen wir erstmals ein
eisernes Rad mit einem Durchmesser von etwa sieben Metern,
das noch in Gebrauch ist. Es steht aufrecht in einem schmalen
Kanal, durch den in gleichmäßigen Abständen der Bewässerungs-
zufluß geleitet wird. Das Gefälle des Kanals garantiert eine
starke Strömung, die das Rad dreht. Durch kammerartige
Unterteilungen im Radrand wird das Wasser nach oben gebracht,
und, sobald sich diese Kammern durch die Drehung neigen, in den
seitlich verlaufenden Aquädukt entleert. Von hier aus wird es dann
in den uralten Rinnen über die Felder geleitet. Nur durch diese
Bewässerungsanlagen konnte die Ebene von Murcia zu einer
der fruchtbarsten Spaniens werden.

Es sind nur ein paar Minuten Fahrt bis *Alcantarilla*, wo wir die
N 340 erreichen und gleich darauf eine weitere eiserne Noria zur
Linken der Hauptstraße bei der Arbeit sehen können. Wenn man
das sich drehende Rad sieht und hört, wie das Wasser in den al-
ten Aquädukt plätschert, kann man sich wahrhaftig in maurische
Zeiten versetzt fühlen. Gleich daneben wurde ein *Museo de la*
Huerta eingerichtet, wo jedes Detail des täglichen Lebens der
Bauern der Provinz Murcia in typischen ›Barracas‹ in allen Ein-
zelheiten dargestellt ist. Da sieht man die Herstellung der gro-
ßen Wasserkrüge, der ›Tijanas‹ und ›Alcarrazas‹, die wir in Andalusien so oft gesehen haben. Auch eine typische Taverne, ein
›Ventorillo‹ mit Spezialitäten der Gegend, wurde rekonstruiert.
Die gestickten Trachten, die heute nur noch bei festlichen Gele-

genheiten getragen werden, sind zur Schau gestellt, und ein
Bauernhaus ist mit Stühlen, Tischen, Schmiedeisengeräten, Vor-
hängen, Spitzen, Teppichen und irdenem Geschirr aus örtlichen
Werkstätten eingerichtet. Auch ein Tablett mit Maulbeerblät-
tern und Seidenraupenkokons wurde nicht vergessen, und ein
Grammophon sorgt lautstark für Volksmusik. Dies Museum
fesselt auch den Museumsscheuen.

Zwischen uns und *Lorca* liegen 46 Kilometer uninteressanten,
unfruchtbaren, ungastlichen Landes. Lorca selbst ist eine recht
enttäuschende Stadt. In der Unterstadt ist an der Ecke der Plaza
Vicente ein römischer Meilenstein, der als Piedestal für den heiligen Vincent Ferrer dient, der, hätte er dieses Standbild gesehen,
dem Bildhauer wohl eine verzeihlich scharfzüngige Strafpredigt
gehalten hätte. Das Kastell auf dem Hügel ist eindrucksvoll, aber
die Torre Alfonsina, nach El Sabio, dem Eroberer der Stadt, benannt, ist in schlechtem Erhaltungszustand. Die Torre de Es-
polón ist ebenso wie der Rest der Burg so verfallen, daß an eine
Restaurierung nicht mehr zu denken ist. Am besten sieht man
die ganze Ruine nur aus der Ferne.

Auf dem gleichen Bergrücken sieht man die Reste der vier
Kirchen, weder alt noch interessant, und die Oberstadt hat viele
Barockfassaden von einstigen Patrizierhäusern, deren Wappenschilde und schön beschlagene Türen leider unter weißer
Tünche fast verschwunden sind. Der Ayuntamiento an der Plaza
de España hat eine reizvolle Renaissancefassade, wird aber von
dem mächtigen Bau der Stiftskirche San Patricio überschattet.

Sie ist eines der schlimmsten Beispiele für einen mißverstan-
denen, unbefriedigenden Barock, in dessen Dekoration sich Putti
und Bischöfe wirr durcheinanderdrängen, in einer süßlichen Farbe zwischen rosa und gelb getüncht. An der Ausfallstraße Lorcas
findet man die oft gepriesene Casa de Guevara, einen Barockbau
mit gedrehten Säulen und ausdrucksloser Ornamentik. Die einst
barocke Fonda de Madrid gegenüber braucht man nicht mehr
zu suchen, denn sie hat einer schlichten Hausfassade Platz machen müssen. Alles in allem kann man sich Lorca vielleicht sparen.

Ganz anders *Vélez Blanco*, das eine der wenigen spanischen Burgen im Stil der italienischen Renaissance besitzt. Man erreicht es, wenn man bei der Gabelung hinter Puerto Lumbreras rechts die N 342 einschlägt und bis Vélez Rubio auf dieser Straße bleibt. Der Umweg nach Huércal Overa auf der N 340 ist nicht der Mühe wert. Beide Straßen bringen uns durch eine Art Mondlandschaft, wo nichts als Spartogras und Tonwaren zu gedeihen scheinen – die irdenen Gefäße werden vor den kleinen Hütten an der Seite der Straße ausgestellt. Vélez Rubio hat eine Kirche aus dem 18. Jahrhundert, aus rotem Stein erbaut, die uns nicht aufzuhalten braucht. Von hier führt eine gute Nebenstraße nach Vélez Blanco, das ungefähr sechs Kilometer entfernt liegt; zur Linken ragt dann die berühmte Burg auf.

Diese Burg unterscheidet sich in vielen Zügen von den meisten anderen, die wir gesehen haben. Sie ist über polygonalem Grundriß errichtet und liegt vereinzelt, nicht mit den Befestigungen zur Linken verbunden, die ihrem Wesen nach ein Vorwerk sind. Früher konnten Berittene und selbst Pferdegespanne auf einer Rampe im Innern dieses Südteils emporgelangen und dort den gewaltigen Bogen überqueren, der ihn noch heute mit dem Nordteil, also der Burg selbst, verbindet. Dort erreichte man die ›Eingangstür‹ (um es modern auszudrücken) über eine Zugbrücke im ersten Stockwerk; auf gleicher Ebene lagen auch die Pferdeställe. Jenseits von ihnen ist ein offener Platz, wo einst der weiße Marmorpatio war, und zur Ostseite erlaubt die Galerie, ›Paseador‹ genannt, uns einen herrlichen Blick über die Weingärten und Olivenhaine. Ein doppelter Zinnenkranz mit ornamentalen ›Knöpfen‹ auf den gestuften Mauerzacken umgibt die Anlage. Das Familienwappen, von dem wir noch mehr hören werden, gleicht dem in der Vélez-Kapelle in der Kathedrale von Murcia. Heute betritt man die Burg über einen engen ansteigenden Gang im Norden, wo man sich leicht den Kopf stoßen kann. Der Wächter macht auch die Führungen und zeigt die Fragmente von Marmorarbeiten und Azulejos im einstigen Patio.

Die Burg war für Don Pedro Fajardo y Chacón errichtet worden, den ersten Marquis von Vélez und fünften ›Adelantado‹ oder Erbgouverneur von Mur-

cia. Als Entschädigung für den Familienbesitz in Cartagena, den er den Katholischen Majestäten überlassen mußte, erhielt er um Vélez Ländereien und Städte, einschließlich Beled Albiad, ›Weißer Platz‹, dessen Name bald zu Vélez Blanco wurde. Den Bau einer Renaissanceburg mag ein Verwandter angeregt haben, Don Rodrigo de Vivar y Mendoza, der sich ungefähr um die gleiche Zeit, zu Beginn des 16. Jahrhunderts, den glanzvollen Palast Lacalahorra bauen ließ. Am Ende des 16. Jahrhunderts erlosch die Familie und die Burg verfiel; nach den napoleonischen Kriegen erreichte der Verfallszustand den Höhepunkt, sie wurde zu einer Zuflucht für Heimatlose und sogar als Stall mißbraucht. In diesem Jahrhundert konnte ein französischer Händler den Patio und andere Teile des Schlosses, an denen die Besitzer nicht mehr interessiert waren, erwerben, und von diesem Mann kaufte 1913 George Blumenthal, der Präsident des New York Metropolitan Museum, den Patio, den er in seinem Haus an der Park Avenue wiederaufrichten ließ und bei seinem Tod dem Museum vermachte. Dort ist er besser bewahrt und leichter zugänglich als sein Gegenstück in Lacalahorra. Das Familienwappen, das ich anfangs erwähnte, wurde wohl gleichzeitig mit anderen Dekorationen des Patio von lombardischen Steinmetzen geschaffen, nachdem diese ihr Werk in Lacalahorra vollendet hatten. Die drei Nesseln auf Felsen im Meer im ersten und vierten Feld sind die Embleme der Fajardo-Familie, der die Mutter Pedros, des letzten einer Reihe von Gouverneuren von Murcia, entstammte. Das Wappen der Chacón, der Familie seines Vaters, nimmt das dritte und zweite Feld ein, woran man erkennt, daß er die Erlaubnis hatte, den Mutternamen als Familiennamen zu führen.

Die einsame Straße zwischen den Sierras scheint sich jetzt endlos zu dehnen und gibt uns Muße, uns in die Zeiten zurückzuversetzen, als man noch in Postkutschen fuhr. Ein englischer Reisender, der Pfarrer Joseph Townsend, entdeckte auf einer solchen Reise durch die Einöde, daß der Schinken, den er als Wegzehrung mitgenommen hatte, weder geräuchert noch gekocht war, und auch die Weinflaschen nützten ihm wenig ohne Korkenzieher. Aber er sah viel von der Landschaft, trotz aller Widrigkeiten, und zeichnete seine Beobachtungen getreulich auf. Damals muß es demnach hier viel mehr Johannisbrotbäume gegeben haben, und die Kräuter, die vor allem die Mauren zu schätzen und zu benutzen wußten, waren anscheinend ohne Zahl, und überall wuchs Spartogras, das jetzt nur noch auf den Bergkuppen zu finden ist. Hier sah er auch Esel, denen man die Nasenlöcher aufgeschlitzt hatte, um ihnen das Atmen in der Höhenluft zu erleichtern, und Eseltreiber, die am Wegrand saßen und Reis und Schnecken schmausten. Als er vorbeikam, erhob sich einer der Treiber und lud ihn ein, das Mahl zu teilen; natürlich nur eine formale Höflichkeit, die er mit gleicher Grandezza abzulehnen wußte …

Cúllar de Baza war ein elender Weiler mit Höhlenwohnungen – wir werden sie im Weiterfahren am Rand unseres Weges sehen – und einer kleinen Kirche, die nicht einmal alle Dorfbewohner am Sonntag aufnehmen konnte, so daß einige während der Messe draußen stehen mußten, wo sie sich dann bekreuzigten, wenn das Läuten des Glöckleins die Wandlung anzeigte. Welch ein Abgrund liegt zwischen der Welt des Überflusses im Patio de los Naranjos in Córdoba und diesem Dorf! Heute kann der Reisende in der Venta del Ángel saubere Räume, schmackhaftes Essen und einen Wirt finden, der ein ausgezeichneter Kenner der Gegend ist. Auf einem Hügel hinter dem Gasthof ist das Heiligtum der Virgen de la Cabeza, das aus einem maurischen Atalaya entstand. Ein überkuppelter Raum wurde in christlicher Zeit angebaut, und dadurch wirkt das Ganze noch mehr wie eine Moschee. Die Zinnen auf dem Turm sind ebenfalls eine spätere Zufügung.

Zwanzig Kilometer entfernt an der N 342 liegt *Baza*, eine stille Stadt, deren Schmuckstück die Alameda auf dem Hügel ist, eine schattige Allee mit Platanen, Palmen und Kastanienbäumen. Die Kanonen, die Isabella die Katholische bei der Belagerung 1489 einsetzte, wurden nach dem Bürgerkrieg in den anschließenden Garten, der das Kriegerdenkmal umgibt, geschafft. Sie bilden malerische Eckposten zu dem Kreuz in der Mitte, dem ›Cruz de los Caidos‹.

Unterhalb des kleinen Parks, in Caño Dorado, ist ein sehenswerter Brunnen von 1607 in eine Hauswand eingebaut, mit wasserspeienden Masken und Löwenhäuptern. Die Colegiata ist ein spätgotischer Bau aus grauem Stein und würde ein erfreulicher Anblick sein, wenn man den Backsteinturm nicht mit einem Stucküberzug verschandelt hätte. Von der maurischen Alcazaba hat nur der Name überlebt, und die Suche nach seinen Ruinen wird ohne Ergebnis bleiben. *Guadix* liegt 48 Kilometer entfernt an der N 342, im Tal des Río Verde, einem kleineren Fluß aus der Sierra Nevada; hier kann man die schneebedeckten Gebirgsrücken in der Ferne sehen. Die Szenerie ist fremdartig, das breite, fruchtbare Flußtal und die roten Klippen kontrastieren mit den aschgrauen, zuckerhutförmigen Hügeln, die von bewohnten Höhlen wabenartig überzogen sind. Guadix' Vergangenheit war turbulent; in der frühen Römerzeit war hier ein Militärlager, später eines der zwanzig westgotischen Bistümer. Nach der maurischen Eroberung wurde aus dem römischen Acci ein Wadi-Ash, Fluß von Acci, und von da ist nur ein Schritt bis Guadix.

Die Kathedrale mit ihren hohen braunen Mauern wirkt streng; es ist wieder einer jener Bauten im Übergangsstil von der Gotik zur Renaissance wie in Málaga und Granada. Interessanter als der Bau ist die Tatsache, daß Guadix angeblich die Wiege des spanischen Christentums ist und Berichte über einen sehr frühen Märtyrer, den heiligen Torquatus, besitzt. Wenn die Moschee, wie wir annehmen dürfen, über einer westgotischen Kirche errichtet wurde, dann steht die heutige Kathedrale auf wahrhaft historischem Boden, denn sie ist mit Sicherheit auf den Fundamenten der Moschee errichtet worden. Die barocke Fassade der (aus den bekannten Gründen nicht geosteten) Kirche liegt an der Südseite. Das Innere, im 18. Jahrhundert erneuert, ist ohne Reiz oder Interesse.

Die Plaza de la Paloma, seit dem Bürgerkrieg restauriert, hat ihre angenehme Renaissanceatmosphäre zu bewahren verstanden, vor allem im Ayuntamiento. Die Galerie im Obergeschoß bildet einen Kontrast zu den schlichten, geweißelten Wänden; man kann diesen Zug in ähnlicher Weise auch an anderen Häusern der Stadt finden. Ein wenig weiter hügelaufwärts liegt die Kirche Santiago mit dem typisch andalusischen Detail eines reichgeschmückten Barockportals vor einer glatten Wandfläche, was zu einem altarähnlichen Effekt führt, der uns zuerst in Sevilla auffiel. Sie hat einen einzigartigen Artesonado, einige der geometrischen Muster sind durch Vergoldung hervorgehoben. Die ursprünglich im 9. Jahrhundert errichtete Alcazaba nimmt den Berggipfel ein; man betritt sie im allgemeinen über eine Brücke vom Seminario auf der anderen Straßenseite. Einige kleine Restaurierungsarbeiten wurden durchgeführt, aber ohne tiefe Eingriffe, und der doppelte Bering mit den Türmen ruft uns die Maurenzeit lebhaft zurück.

Nach Norden hat man einen Blick auf das gegenüberliegende Ufer des Flusses, übersät mit Höhlen, wie man sie in die Ufer-böschungen vieler Flüsse in prähistorischer Zeit gegraben hat. Gegen Süden erheben sich nackte Felswände und kegelförmige Hügel sprenkeln die Landschaft. Sie erinnern an die Erdaufwer-fungen zu Füßen eines Vulkans, ehe sie unter Bewuchs ver-schwunden sind. Überall leuchten die weißgetünchten Tür- und Fensteröffnungen der Höhlen hervor. Dies ist der *Barrio de Sant-iago*, die menschenreichste Höhlensiedlung. Nehmen wir uns Zeit, sie zu besuchen, und sei es auch nur, um Vorurteile abzu-bauen. Viele dieser Höhlen sind luxuriös eingerichtet, mit mo-dernen Möbeln, Elektrizität und sogar Telephon. Andere haben mindestens ihren Fernsehapparat. An heißen Tagen geben die Höhlen köstliche Kühle ab; im Winter findet man hier wohlige Wärme. Fast immer wird man mit der üblichen spanischen Höf-lichkeit empfangen, nur wenige der Einwohner sind Zigeuner. Ich weiß nicht, warum man generell annimmt, und zwar auch unter Spaniern, daß alle Höhlenbewohner dem wandernden Volk angehören. Es hat in Spanien immer Höhlensiedler gege-ben, schon Plutarchs Bericht über die Art, wie Sertorius um 77 v. Chr. die Charakitanier überwältigte, legt davon Zeugnis ab. Auch dieses Volk wohnte in Höhlen, in einem hohen und uneinnehm-baren Berg. Sertorius baute sein Lager zu Füßen des Berges, um den widerspenstigen Stamm zu belagern, lange ohne Erfolg. Dann beobachtete er, wie der Wind Staubwolken gegen die Höhleneingänge blies, und ließ nun durch die Pferdehufe soviel Staub aufwirbeln wie möglich, den seine Leute vor dem Berg zu kleinen Hügeln aufschütten mußten. Den Rest tat der Wind: schon nach kurzer Zeit waren die geblendeten und erschreckten Höhlenbewohner zur Übergabe gezwungen.

Von Guadix aus kann man einen Ausflug zur Burg von *Lacala-horra* machen. Sie ist im Besitz des Herzogtums Infantado, und man muß sich am besten anmelden, denn die Türen werden dem Besucher nicht so willig geöffnet wie die Besitzungen der Äbtis-sin von Santa Paula in Sevilla, die ja ein Mitglied der gleichen Fa-milie ist. Aber mit ein wenig Glück wird man den Renaissance-patio, den Vorläufer von dem in Vélez Blanco, sehen dürfen. Architekt und Bildhauer war der Lombarde Carlone; zu seinen Mitarbeitern zählten drei weitere Lombarden, die anderen kamen – wie der Marmor – aus Ligurien. Der Rückweg nach Granada windet sich durch eine großartige landschaftliche Szenerie; aber falls man hier im Winter entlangfährt, erkundigt man sich besser rechtzeitig, ob der Paß frei ist.

Von Granada nach Jaén

Die alte Poststraße nach Córdoba lebt fort in der N432, auf der wir Granada verlassen. Straßenbahnschienen begleiten uns bis *Pinos-Puente*; wir biegen rechts in das Dorf ein, wo die Straße einen Bogen schlägt, um den Río Cubillas, einen Nebenfluß des Genil, zu überqueren. Wenige unterziehen sich der Mühe, hier von der bequemen Hauptstraße abzuzweigen, und wenn, dann nur, weil der Name ›Kolumbus‹, der durch eine Anekdote mit dieser Brücke verbunden ist, sie lockt. Aber die Brücke ist auch ohne diese Erinnerung an den Entdecker sehenswert.

Zuerst fällt unser Blick auf die hübsche kleine Kapelle, die auf der Brücke zu reiten scheint. Im 18. Jahrhundert errichtet, nimmt sie die Stelle eines alten Wachtturmes ein, der bei einem Einfall Juans II., den dieser mit seinem Günstling Álvaro de Luna 1431 in das Gebiet von Granada unternahm, in Trümmer gelegt worden war: wir hörten davon schon in Kapitel 14. Die Brücke wurde über einem mächtigen Mittelbogen in Hufeisenform und zwei kleineren, flankierenden Bögen errichtet. Das hat zu der Annahme geführt, daß es sich um eine maurische Konstruktion handle; doch Emilio Camps Cazorla konnte nachweisen, daß sie westgotischen Ursprungs ist, vielleicht sogar noch älter. Ungewöhnlich die zickzackartige Verschachtelung der Wölbsteine, in Spanien sonst nahezu unbekannt, aber unter anderem beim Grab Theoderichs in Ravenna zu bewundern.

Um diese Brücke wurden heiße Schlachten geschlagen; berühmt aber wurde sie, weil sich hier angeblich das Schicksal des Kolumbus und damit der Neuen Welt entschied. Nach vielen Jahren des Wartens und Harrens hatte Kolumbus seine Hoffnung darauf gesetzt, daß sich das Herrscherpaar nach der Erobe-

rung Granadas seinem Plan eher geneigt zeigen würde. Vielleicht waren seine Bedingungen unerfüllbar, vielleicht waren die Kosten für die Ausrüstung der Expedition zu hoch: jedenfalls wurden seine Vorschläge erneut abgelehnt. Jetzt entschloß er sich, Frankreich oder England seine Idee anzubieten, und war bereits mit seinem Maultier auf dem Wege nach Córdoba, als bessere Einsicht sich bei Hofe durchsetzte. Es heißt, daß die Argumentation des Juan Pérez von La Rábida, dem früheren Beichtvater Isabellas, den Ausschlag gab; womöglich war die Meinungsänderung der Königin auch nur eine Folge ruhiger Überlegung. Vielleicht hat auch jemand das Herrscherpaar daran erinnert, daß der Hafen von Palos für das laufende Jahr zwei Karavellen kostenlos in den Dienst der Königin zu stellen hatte, was natürlich den Aufwand der Entdeckungsreise sehr verringerte. Es war angeblich auf dieser Brücke, daß Kolumbus von den Boten der Königin eingeholt und zur Umkehr bewegt wurde.

Alcalá la Real liegt ungefähr 30 Kilometer entfernt, rund um einen steilen Berg gruppiert, auf dem die *Fortaleza de la Mota* sich erhebt. Sie war der Hauptsitz des Grafen von Tendilla, des späteren Gouverneurs der Alhambra, dem die Mark zwischen Jaén und Granada unterstellt war. Die uneinnehmbare Feste des Grafen, so nahe dem Königreich Granada, ließ hier viele Christen auf der Flucht aus maurischer Gefangenschaft Zuflucht suchen. Um eine Wiedererergreifung der Flüchtlinge zu erschweren, baute der Graf auf einem vorgelagerten Hügel einen Wachtturm, auf dem er Nacht für Nacht Leuchtfeuer entzünden ließ. Das Land ist hier reich an solchen ›Atalayas‹; sie bilden eine direkte Linie von Alcalá bis Jaén und wurden von Christen und Mauren für Signale benutzt: Rauchzeichen am Tage, Feuer bei Nacht. Die Festung ist verschlossen, außer wenn am Feiertag oder für ein Begräbnis die Glocke geläutet wird, oder wenn sich ein Besucher in den alten Mauern umschauen möchte. Der Kastellan ist gichtkrank und läßt den Gast von einem Helfer über die abschüssigen Pfade, durch den äußeren Mauerring und den steilsten Teil des Aufstiegs zum verschlossenen Eingangstor führen. Das innere Tor bildet einen Hufeisenbogen, über dem ein ausgewachsener Feigenbaum aus der Mauer hervorgrünt. Die älteste Kapelle, um 1520 in gotischem Stil erbaut, steht noch, aber die Kirche *Santa María de la Mota* wurde von den Franzosen niedergebrannt; in der weiträumigen Ruine lassen sich gotische und Renaissanceteile unterscheiden. Die Wendeltreppe im Glockenturm zeugt von hoher handwerklicher Geschicklichkeit; der Bergfried ist zerstört, und eine Kanone steckt ihre Nase in den Boden. Leichtgläubige halten sie für maurisch, aber sie unterscheidet sich in nichts von denen des 17. Jahrhunderts. Die Aussicht in das fruchtbare Bergland befriedigt alle Erwartungen. Unterhalb der Stadt mit ihren bräunlichen Dächern und weißgetünchten Mauern erstrecken sich weithin Ölbaumplantagen, deren linear ausgerichtete Baumreihen in verschiedenen Winkeln verlaufen, was von hier oben wie ein ausgeklügeltes Muster erscheint. Drei nahegelegene Hügel werden ebenfalls von Atalayas gekrönt, und fern im Süden verläuft die weiße Linie der Sierra Nevada.

Direkt zu Füßen des Kastells liegt die Ruine der Kirche *Santo Domingo de Silos*, deren Altarbild sich heute in der Kirche *Santa María de las Angustias* befindet, nahe dem Ayuntamiento in der unteren Stadt gelegen. Das Retabel, teilweise in Flachrelief ausgeführt, teilweise von Juan Ramírez bemalt, hängt im Presbyterium; es ist so verschmutzt, daß man seinen Wert unmöglich beurteilen kann. Der schlichte Taufstein, in dem Juan Martínez Montañés getauft wurde, ist eine Renaissancearbeit; er wird in einer Kammer der Sakristei aufbewahrt. Als ich ihn zum letzten Mal sah, wurde er gerade zum Abstellen von Farbbüchsen benutzt, denn Türen und Fenster sollten aufgefrischt werden.

Vor dem Ayuntamiento steht eine Bronzestatue des Martínez Montañés (geboren 1568). Wir haben bereits – so in Santiponce – einige Werke dieses Meisters gesehen, dessen Kunst für seine Epoche so erstaunlich gebändigt erscheint. Er vereinigt klassische Ausgewogenheit und Realismus mit Menschlichkeit; keinem seiner Werke mangelt es an Würde, und der Ernst seiner Statuen kontrastiert wohltuend mit den gefühlsbetonten, fast ekstatischen Arbeiten der Kastilischen Schule des Juan de Juní und Gregorio Hernández. Wer ›La Cieguecita‹ in der Kathedrale von Sevilla gesehen hat, wird mich verstehen. Montañés' Porträt, von Velásquez gemalt, hängt im Prado; es zeigt ein zerrissenes Antlitz mit tiefliegenden, grüblerischen Augen. Züge und Hände verraten Kraft, verbunden mit künstlerischer Sensibilität. Auf dem Gemälde scheint er mit einer Vorskizze zu seinem Holzmodell für das Standbild Philipps IV. beschäftigt zu sein. Er war bereits hoch in den Siebzigern, als er nach Madrid berufen wurde, um das Denkmal zu schaffen. Doch die Bronzestatue

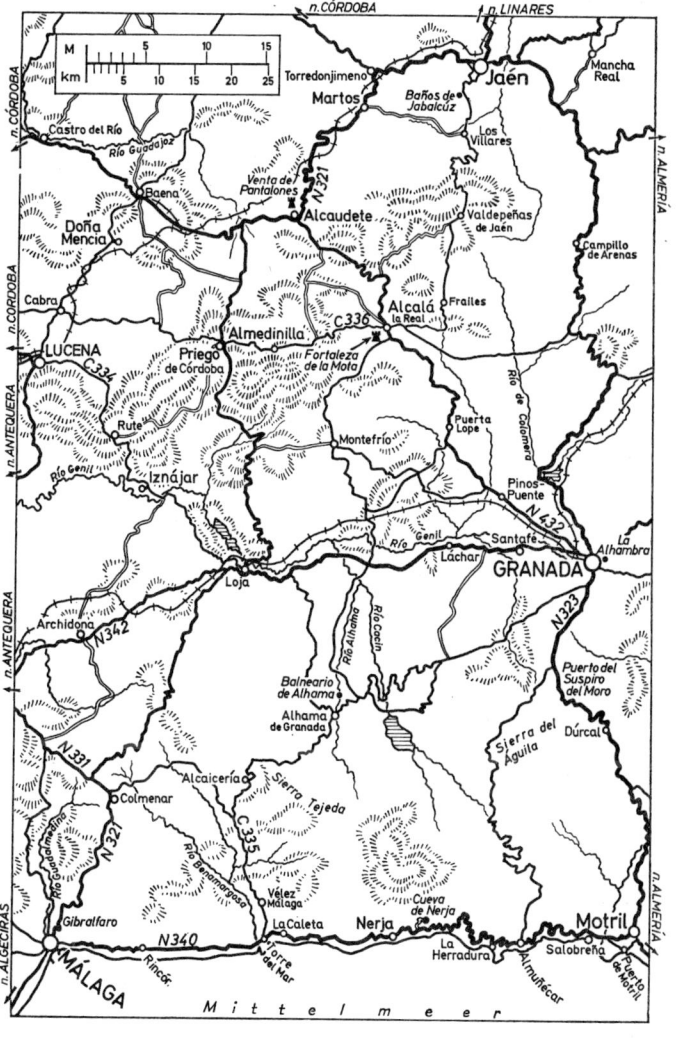

des Herrschers führte dann Tacca aus; vielleicht war Montañés am Ende seines Lebens und seines Schaffens zu sehr ein Diener der Wahrheit geworden: jedenfalls war der König mit dem Modell nicht zufrieden. Das Porträt des Gregorio Hernández (oder Fernández) in der Nationalbibliothek zu Madrid bestätigt uns den Eindruck, den wir vor dem Velásquez-Bildnis gewannen: daß künstlerischer Adel sich in den verfeinerten Gesichtszügen zu spiegeln vermag.

Wir verlassen jetzt die N 432 und fahren auf der C 336 durch eine liebliche Landschaft voller Ölbaumhaine und Obstgärten westwärts. *Almedinilla*, eine winzige, befestigte Stadt, klammert sich zur Linken in gefährlich wirkender Lage an einen Abhang. In ihr verschmelzen Orient und Okzident; selbst in ihrem Namen, einem spanischen Diminutiv des arabischen Wortes für Stadt, ›al madina‹, drückt sich das aus.

Wir haben unterdessen die Provinz Jaén verlassen und erreichen nach etwa 30 Kilometern *Priego de Córdoba*, dessen großzügige Weite und wohltuende Stille einen Eindruck von Vornehmheit und Wohlhabenheit hervorrufen. Ihren Reichtum verdankt die Stadt zweifellos katalanischen Siedlern, die vor zwei Jahrhunderten hierher kamen und eine blühende Textilindustrie ins Leben riefen. Auf sie gehen auch die prunkvollen, anziehenden Häuserfronten in vielen Straßen zurück, so ganz verschieden von Córdoba selbst, wo sich die Prachtentfaltung auf den zurückgezogenen Patio allein beschränkt. – Der erste Blick auf die Stadt zeigt dichtgedrängte weiße Häuser, die sich hinter einer dunklen, schirmenden Mauer erheben, und die Weiträumigkeit der Straßen – mit Ausnahme des malerischen hispano-maurischen Viertels – wird zur Überraschung.

Unser Ausgangspunkt ist der Rathausplatz, von dort folgen wir der sanft ansteigenden Calle de los Héroes de Toledo. Zu beiden Seiten finden wir Fassaden der verschiedensten Stile; die beiden Kirchen sind in einem überreichen Barock errichtet, der jedoch nur eine Vorahnung späterer Entwicklungen ist. Während man die Straße entlangschlendert, kann man die Vielfalt der schönen Rejas studieren und die dekorativen Balkone, wesentlicher Bestandteil der urbanen spanischen Szenerie. Auf der Höhe lassen die beiden berühmten Brunnen ihre Wasser spru-

deln; in der Mitte des niedrigeren, der *Fuente de Rey* mit seinen
mehr als hundert Wasserstrahlen, fährt Neptun in einer Kutsche; das Ganze ist eine kleinere Ausgabe der Fontäne vor dem
Prado in Madrid. Den größeren Brunnen sollte man besser als
klaren, stillen Teich voll frischen, kühlen Wassers bezeichnen;
die Virgen de la Salud steht in einer Nische des Felshintergrun-
des. Man kann nur über Treppen zu dem Brunnenplatz gelangen; von der Straße abgelegen, wird er von fünf großen Platanen
überschattet, und Steinsitze laden zur Ruhe und zur Besinnung.
Als Al-Edrisi im 12. Jahrhundert hier vorbeikam, fiel ihm ein
Gewässer auf, das durch die Hauptstraße niederrann und Mühlen antrieb. Heute werden wohl die Fontänen vom Oberlauf jenes Baches gespeist, und es ist wahrscheinlich, daß die Straße, die
jetzt zu den Brunnen führt, einst das Bett des Flüßchens war,
denn vor dem Bürgerkrieg hieß sie Calle del Río, Flußstraße; die
Helden von Toledo, zu deren Ehren die Straße umbenannt wurde, waren die Besatzung des Alcázar im Bürgerkrieg von 1936.

Zurückgekehrt zum Rathausplatz, schlägt man die Calle del
General Queipo de Llano ein, die zum Kriegerdenkmal in einem
kleinen Park führt. Dahinter erheben sich dunkelbraun die gut
erhaltenen Burgmauern; ein Hufeisenbogen links vom Eingang
bezeugt deren Alter, und der Bergfried zeichnet sich durch einen
›Ajimez‹ aus. Vor der Burg findet sich ein Komplex ineinander-
greifender Plätze, wie ein Miniaturpark mit Brunnen geschmückt, und gegenüber dem Palas liegt die Kirche *Santa María de la Asunción* (1771-86), deren Glockenturm den Türmen der
Burg angeglichen ist. Direkt darunter liegt die schlichte schmiedeeiserne ›Cancela‹ des Westeingangs. Die anderen Gebäude
sind großenteils weißgetüncht, und das verwinkelte Gewirr der
Ziegeldächer gipfelt an der Südseite in einer Art phallischem
Emblem, mit grünen und weißen Azulejos gedeckt. Diese Ecke
ist die malerischste in der schönen Stadt.

Das Kircheninterieur ist reinstes Rokoko, und der Sagrario hält
eine Überraschung bereit: sein runder Mittelaltar mit vier lebensgroßen, goldgefaßten Aposteln wird von überreichem Stuck
umspielt. Die Übernahme solcher ausländischer Stilformen ist

immer ein sicheres Zeichen für eine wirtschaftliche Blüte; leider
wurde dadurch die ältere, uns hier mehr interessierende, boden-
ständige Kunst verdrängt. – Das Retabel des Hochaltares enthält Gemälde anonymer Künstler und farbig gefaßte Holz-
schnitzwerke von beachtlichem Wert. Wie in vielen spanischen
Kirchen und türkischen Moscheen findet sich eine englische
Großvateruhr; aber diese ist ein ungewöhnliches Exemplar: sie
geht nicht nur, sie zeigt auch die richtige Zeit und sie gibt den
Monatstag an.

Die anderen Kirchen in Priego versuchen, den Sagrario der
Santa María zu übertrumpfen. Die *Iglesia de la Aurora* am Ende
der Carrera de Álvarez vereint in ihrer schmalen Fassade die ge-
wagtesten Formen voll barocken Überschwangs, doch ist das nur
ein Vorspiel zum Rokoko des Innenraums, wo alles eher als en-
gelsgleiche Gesichter aus dem weißen Zierat der Decke lugen;
das riesige Retabel ist über und über vergoldet. Ein paar Meter
weiter steht die Kirche *San Francisco*; sie folgt dem gleichen Geschmack, aber hier versöhnen uns einige sehr schöne Skulpturen
von Montañés, besonders seine ›Geißelung Christi‹. Die Fassade
der Kirche ist exquisit, mit einer besonderen Art von Verputz,
einem Muster aus achteckigen Waben; sie datiert von 1776. Wir
verlassen Priego ungern, denn hier kann man sich, wie nirgendwo sonst, die große Epoche der frühen, reformfreudigen Bourbonen zurückrufen, eine Zeit der Blüte: das Jahrhundert, in dem
Francisco Salzillo und Goya geboren wurden.

Auch *Martos* – unsere nächste Station, die wir auf der N 321 erreichen (46 km) – ist eine angenehme Stadt mit reicher Tradition. Seine Geschichte führt, wie üblich, zurück zu den Tagen der
Römer und Westgoten, wird aber erst interessant, als sein Gouverneur, ein Álvar, mit seinen Soldaten nach Kastilien berufen
wurde, und Alahmar von Arjona, der Gründer der Nasriden-
dynastie in Granada, die Zeit gekommen glaubte, die wehrlose
Stadt zu erobern. Álvars Gemahlin, von einem unbeugsamen
Willen beseelt, kleidete ihre Frauen in Männertracht und be-
waffnete sie, so die arglosen Mauren täuschend.

Martos war auch der Schauplatz des Justizmordes an den Brüdern Juan und Pedro de Carvajal, die beschuldigt waren, Ferdinands iv. Günstling Juan de Benavides umgebracht zu haben. Der König verurteilte sie zum Tode und ließ sie von dem hohen Felsen, der das Stadtbild beherrschenden Peña, hinunterstürzen. In ihrem letzten Augenblick forderten die Brüder den König in dreißig Tagen vor Gericht (›emplazar‹), und nach Ablauf dieser Tage starb der König, der so den Beinamen ›El Emplazado‹ erhielt. Allerdings wurde dieses Geschehnis erst zweihundert Jahre später niedergeschrieben.

Lange nach dieser Episode wurde Martos von den in Granada ansässigen Mauren erobert und geplündert. Unter der Beute befand sich auch die kleine Tochter des Gouverneurs, Isabel de Solis. Sie wurde, wie ich bereits berichtete, im mohammedanischen Glauben erzogen und von Muley Hassan zur Lieblingsfrau ausersehen. Sie sammelte eine gegen die Sultana Aischa und deren Sohn Boabdil intrigierende Partei um sich, was vielleicht zum Fall von Granada beitrug. Isabel wurde nach der Eroberung von Königin Isabella mit Wärme empfangen und von ihr bestimmt, zum Glauben ihrer Familie zurückzukehren. Ihre beiden Söhne, die Halbbrüder König Boabdils, wurden von der Königin geadelt; deren Nachkommen behielten jedoch den Wappenspruch der Nasriden bei: »Es gibt keinen Eroberer außer Allah«.

In der Stadt selbst gibt es nicht viel zu sehen. Die Kirche *Santa María de la Villa* liegt bei der Burgruine auf dem Gipfel des Hügels, der übrigens nicht mit der viel höheren Peña de los Carvajales außerhalb der Stadt verwechselt werden darf. Sie wurde kürzlich restauriert und enthält nichts von Interesse. Die Grabdenkmäler der Carvajales sind verloren; die einen behaupten, daß sie sich hier befanden; wenn das richtig ist, müßten sie im Bürgerkrieg zerstört worden sein. Nach einer anderen Meinung waren sie einst in der Kirche *Santa Marta*, die ein sehr anziehendes Portal im isabellinischen Stil besitzt; in diesem Fall hat man sie dann durch Grabplatten ersetzt. Das alte Gefängnis, einst von den Reisenden wegen der verschwenderischen Pracht seines Äußeren gepriesen, ist heute *Ayuntamiento*; es hat ein schönes Portal von 1577, dessen Türflügel mit sorgsam ausgeführten Beschlagnägeln und hübschen Türklopfern aus der gleichen Zeit geschmückt sind.

Jaén liegt 24 Kilometer entfernt, und man sollte auf der sich vor der Stadt gabelnden Straße rechts einschwenken (kein Wegweiser), um zum *Castillo de Santa Catalina* zu gelangen, das man heute sogar bewohnen kann, denn in ihm wurde ein prächtiger Parador eingerichtet. Der Blick auf Jaén, mit Resten der drei Mauern, die es mit dem Kastell verbanden, ist überwältigend. Zum Unterschied von gewöhnlich weißgetünchten Bauten, die uns so vertraut geworden sind, ist hier die dominierende Farbe der Dächer und Wände beige, mit einem goldenen Schimmer, wenn die Sonne darauf fällt. Es irritiert die Literaturkenner allerdings, daß der Dichter Manuel Machado es ›Jaén plateado‹, ›Silbernes Jaén‹, genannt hat, denn sie können keinen Grund für die Wahl dieses Attributs finden. Vielleicht liebte er einfach den Klang der Worte, die einen Hexameter wirksam abschließen.

Hinter der Stadt erstrecken sich meilenweit Ölbaumgärten, die den flüssigen Reichtum der Provinz liefern und hundert Altweiberweisheiten dazu, wie ›Aceite de oliva, todo mal quita‹. ›Olivenöl vertreibt jede Krankheit‹. Am Abend ist die Luft klar, und jeder Hügelrücken zeichnet sich scharf vom Horizont ab, während die langen Schatten der Ölbäume wie die Zähne einer Riesenraffel wirken. Man nimmt an, daß dies das Kastell Alahmars gewesen ist, der während der Belagerung von Jaén Ferdinand dem Heiligen Vasallendienste anbot. Sicher ist, daß Ferdinand es ganz nahe des ursprünglichen Standortes wiederaufgebaut hat, denn eine Gedenkplatte über dem Tor besagt, daß es am 25. November, dem Katharinentag 1246, übergeben wurde. In einem der Nordtürme befindet sich eine kleine gotische Gebetskapelle mit einem gestirnten Gewölbe, dessen Rippen mit den Löwen und Burgen von León und Kastilien geschmückt sind. Das Licht fällt ein durch sechseckige, mit blauem Glas versehene Öffnungen zu den Seiten. Der Bergfried hat ein Hufeisenbogentor und ist ebenfalls neu aufgebaut. Man sollte sich auch die steile Rampe ansehen, die zu einem Ausfallpförtchen führt: man glaubt, daß hier die Saumtiere und die Maultiere der Berittenen ein- und ausgetrabt sind. Zwei Jahrhunderte lang hat man Jaén den ›Hüter und Verteidiger des Kastilischen Reiches‹ genannt, und man kann noch heute an der Hautfarbe die Nachfahren der Kastilier erkennen, die die Stadt wieder bevölkerten. Vielleicht fühlt man sich aus eben diesem Grunde hier nicht so sehr in Andalusien, obwohl die Architektur in keiner Weise kastilisch ist.

Die *Kathedrale* ist einige der wenigen in Spanien und vielleicht die einzige im Süden, die sich des einmütigen Beifalls der Kunstwissenschaftler erfreut. Dafür gibt es zwei Gründe: einmal bilden der Bau und seine Ausstattung eine Einheit, obwohl er an die Stelle einer gotischen, 1512 begonnenen Kirche trat; und zum anderen sind seine Proportionen vollkommen harmonisch, gleichgültig, ob man sie vom Kastell aus betrachtet, von den Straßen her oder von innen. Das Konzept verlangte einen genialen Baumeister, seine Durchführung geschickte Handwerker und vor allem Geschmack. Andrés Vandaelvira entwarf die Pläne; er wird von vielen Kunsthistorikern vernachlässigt, vielleicht, weil sein Hauptwerk im engen Rahmen der Provinz entstand. Seine Nachfolger hielten sich getreulich an seine Intentionen, und so sehen wir hier ein Werk, das kontinuierlich einem einzigen Stil folgt. Obwohl es 192 Jahre dauerte, bis die Kathedrale vollendet war, spürt man nur in der Westfassade einen Anflug barocken Empfindens; López de Rojas hat ihn 1694 ins Spiel gebracht. Er läßt sich sogar rechtfertigen, denn die fialenartigen Ziertürmchen mildern den Eindruck von Stämmigkeit, der sonst leicht durch die hohen, die Fassade flankierenden Türme hervorgerufen werden könnte. Der gelblich-weiße Stein spielt natürlich eine bedeutende Rolle; man kann sich nicht vorstellen, daß der Effekt genau so befriedigend gewesen wäre, hätte man als Baumaterial etwa den Stein von Úbeda zur Verfügung gehabt. Weitere reizvolle Einzelheiten sind die Galerie im südlichen Querschiff und die Anlagen vor der hohen Einfriedung, wo die alten Leute in der Frühlingssonne zwischen Rosen sitzen. Die Heiligenfiguren von Pedro Roldán auf der Balustrade im dritten Geschoß gestikulieren im Stil der italienischen Renaissance; aber wer hat jemals, außer in Spanien, einen Alfiz ein Renaissancefenster rahmen sehen?

Das Innere erfüllt alle Erwartungen; die ganze Anlage des

Bauwerkes mit Vierungskuppel und korinthischen Bündelpfei-
lern erinnert an Málaga, Granada, Cádiz und Guadix. Aber keine
der anderen zeigt die feste Ausgewogenheit Jaéns, die, ohne
einen einzigen gotischen Zug, den emporstrebenden Eindruck
erzielt, der den anderen mangelt.

Die Bekrönung der Kathedrale wird häufig abgebildet: die
thronende Jungfrau mit dem Kind, über den Drachen trium-
phierend. Sie ist von Legenden umwoben, die alle auf das Erscheinen eines Drachens, des Lagarto, bei einem Brunnen im Mag-
dalena-Viertel zurückgehen, wo die Frauen einst Wasser holten.

Eine der Legenden erzählt, wie ein Ritter seine Rüstung verspiegeln ließ und
so das geblendete Untier überwand; vielleicht ließ sich Cervantes von ihr zu
seinem ›Ritter von den Spiegeln‹ inspirieren? Bekannter ist eine Version, nach
der einem Verurteilten das Leben geschenkt werden sollte, falls es ihm gelänge,
das Tier zu erschlagen. Der Schlaukopf füllte eine Schafhaut mit Schießpulver
und versah sie mit einer Zündschnur – es handelt sich also offenbar um ein
sehr modernes Fabelwesen – und bot dem Drachen diesen Köder an, der ihn
auch brav schluckte und so sich selbst in die Luft sprengte. Lautstarke Knalle-
reien heißen hier seitdem ›Explosion des Lagarto von La Magdalena‹.

Im Chor findet sich schön geschnitztes Gestühl aus dem 16.
Jahrhundert; es überzeugt als Ganzes wie in den Details. Der
hölzerne Baldachin schildert Szenen des Alten Testaments, die
auf die Botschaft des Neuen Testaments hinweisen; die obere und
zugleich beste Reihe des Gestühls zeigt Szenen aus dem Leben
Christi, auf den unteren erscheinen Begebenheiten aus dem Leben der Märtyrer. Unter den Künstlern waren ein Deutscher
namens Gierero und López de Velasco, der Schwiegervater von
Jacobo Florentino el Indaco. Die Kapellen sind reich mit Kunstwerken ausgestattet, einige darunter von hohem Wert. Das einzige, das mich persönlich anrührt, ist die Pietà von José de Mora
in der fünften rechten Kapelle. Ein hübsches Detail sind die beiden trauernden Cherubim, die sich die Augen aus den zarten
Köpfen weinen, jeder mit einem Taschentuch versehen. Das Retabel mit Szenen aus dem Leben San Pedros de Osma in der Sala
Capitular, dem Kapitelsaal, ist von Pedro Machuca, der, wie
schon berichtet, Maler und Altarschnitzer war, ehe er begann,
für Karl v. den Palast in der Alhambra zu erbauen.

Das Museum der Kathedrale enthält fast hundert Werke, die meisten stammen von Künstlern, deren Ruhm örtlich begrenzt ist. Aber es gibt auch einen ›Heiligen Matthäus‹ und einen ›Heiligen Jakobus‹ von Ribera, und Valdés Leals ›Haupt Johannes des Täufers‹. Mehrere Werke aus dem 18. Jahrhundert haben höchst veristischen Charakter, darunter ein Abendmahl, wo ein ganzes Lamm, noch in seinem Fell, auf der Schüssel liegt und unter dem Tisch Hund und Katze hervorlugen; oder ein Schreibpult, das mit einem Reliquiar ausgestattet ist. Besonders schön sind die Nummern 88 und 97: ein ›Tenebrario‹, ein fünfzehnarmiger Leuchter also, und ein Osterkerzenhalter von Bartolomé de Jaén, dem berühmten Meister der Schmiedekunst, dessen Rejas wir schon so oft bewundert haben. Stolz und Ruhm der Kathedrale ist die ›Cara de Dios‹, einer anderen Abfaltung des Schweißtuches der Veronika, der in Santa Faz darin ähnlich, daß das heilige Antlitz aus einer goldenen Deckplatte im Stil der Ikonen herausschaut. Es heißt, es sei der Armee Ferdinands des Heiligen bei der Eroberung oder besser Übergabe von Jaén vorangetragen worden. Die Reliquie wird nur freitagnachmittags enthüllt; die übrige Zeit wird sie in ihrem edelsteingeschmückten Gehäuse auf der Mensa der Kapelle hinter dem Hochaltar sorgfältig verschlossen gehalten.

Es wird fest behauptet, daß Bischof Nicolás de Biedma es 1376 persönlich vom Papst Gregor IX. empfangen habe. Eine andere Version besagt jedoch, daß es ein päpstliches Geschenk an Sankt Euphrasius war, einen der sieben ersten Glaubensboten in Spanien, dessen Diözese Iliturgis, zwischen Bailén und Andújar, gewesen ist. Der heilige Mann war nach Rom berufen worden, um den Papst vor den Versuchungen des Teufels zu retten. Glücklicherweise besaß Euphrasius einen gefangenen Kobold, der sich bereit erklärte, ihn nach Rom zu tragen, wofür ihm die Reste von seines Meisters Tafel versprochen wurden. Die Reise dauerte nur eine halbe Stunde und war von Erfolg gekrönt: Satan zog sich verwirrt zurück, der Heilige war um das Schweißtuch reicher, und der Gnom schwelgte in Essensresten.

Gegenüber der Kathedrale liegt der *Ayuntamiento* mit seiner dekorativen Fassade aus dem 17. Jahrhundert und ihm zunächst der *Erzbischofpalast* mit einer hübschen Loggia. Wir lassen ihn zur Linken und gehen eine enge Straße, die Calle del Doctor

Martínez Molina, entlang, die kurz auch La Maestra genannt
wird, eine jener Straßen, die nur für Fußgänger bestimmt sind
und im Sommer von Toldos beschirmt werden. Sie führt uns in
den ältesten Teil der Stadt, den Norden – mit Ausnahme der im
Osten gelegenen Kirche *San Ildefonso*, eines schwerfälligen gotischen Bauwerkes. Alle anderen Bauten von Interesse können auf
dieser Route besichtigt werden, die zugleich die malerischste ist,
mit den abschüssigen Gassen, die von ihr abzweigen, während
sie den Abhang Santa Catalina hinaufklettert. Nach einigen
Schritten liegt auf der rechten Seite der ehemalige Palast des
Gouverneurs, des Condestable Lucas de Iranzo, aus dem 15. Jahrhundert. Die Decken im Kellergeschoß werden für gewöhnlich
dem Mudéjarstil zugerechnet, sind jedoch in Wirklichkeit das
Werk maurischer Handwerker, die man sich aus Granada ver-
schrieben hatte, wie schon ein Jahrhundert früher Pedro der
Grausame in Sevilla verfahren war. Es sind keine richtigen Artesonados, sondern die ›Enlacería‹ in all ihrer Verschlungenheit
und Verworrenheit beherrscht das Bild.

An der nächsten Gabelung wenden wir uns rechts zur Plaza
de *San Bartolomé*. In der Kirche aus dem 15. Jahrhundert finden
wir einen schönen Artesonado und ein grünes Keramiktaufbecken
mit gotischem Schriftrelief. Wir werden uns von Carmona her
noch erinnern, daß sie später verboten wurden, alle erhaltenen
Beispiele sind also sehr alt. Von Montañés stammt ein ›Paso‹ für
die Karwoche; der ›Cristo de la Expiración‹ wird manchem Betrachter zu realistisch sein.

Dann werden die Straßen enger, steiler, verzweigen sich und
erlauben Ausblicke in malerische Winkel; das Fehlen von Bäumen und weißgetünchten Wänden fällt auf, aber Kopfsteinpflaster, verwittertes Ziegelwerk, Straßenlaternen, Fenstergitter und
schmalbrüstige Balkone geben ihnen altertümlichen Charakter.
Vielleicht wird sich der eine oder der andere eines Spiels, das um
die Jahrhundertwende Mode war, erinnern. Es hieß ›Diavolo‹:
ein in der Mitte schmaleres Holzkreiselchen, das an einem zwischen zwei Stöcken gespannten Faden lief; es war ungewöhnlich
populär. Jaén ist die letzte Zuflucht dieses Spielzeugs, hier kann

man würdige Matronen unter der Tür oder kleine Schulmäd-
chen durch die Straßen hüpfend in ihr ›Diavolo‹ vertieft finden.
Aber Spiele sind strikt auf die Geschlechter verteilt; ein kleiner
Junge würde hier tief beschämt sein, wenn man ihn mit einem
›Diavolo‹ ertappte. Wir gehen weiter entlang der Straße San Bartolomé und San Pedro und halten uns bis zur Plaza de los Caños
in nördlicher Richtung, wo ein verwitterter Pilar von 1648 versucht, Machucas Fontäne auf der Alhambra zu imitieren. Neben
anderen kleinen Unterschieden speit diese kein Wasser mehr,
gibt aber dafür einen brauchbaren Müllbehälter ab.

Wenn man rechts in die Calle de Santa Cruz einbiegt, gelangt
man nach einigen Ecken zur *Capilla de San Andrés*, dem Höhepunkt dieses Rundgangs. Man klopfe laut, um den Führer zu
rufen, drücke ihm ein fürstliches Trinkgeld in die Hand und
kann des guten Erfolges sicher sein. Es heißt, San Andrés sei auf
den Fundamenten der ehemaligen Synagoge errichtet; von dieser
hat sich jedoch keine Spur erhalten. Im Patio steht eine Büste des
Gründers, Gutierre González Doncel, des Schatzmeisters der Me-
dici-Päpste Leo x. und Klemens vii. in den Jahren um 1520-30.
Das Innere ist durch je drei spitz endende Hufeisenbogen in
Haupt- und Seitenschiffe gegliedert. Das Prunkstück ist die *Capilla de la Purísima*, in der ein Gemälde der florentinischen Schule
hängt, die ›Virgen de la Luz‹, Maria in einem goldenen Strahlen-
nimbus. Die stilreine, vornehme Reja von Maestro Bartolomé
ist der Stolz der Kapelle, eines der wenigen Stücke von seiner
Hand in seiner Heimatstadt. Es ist aus polychromem, teilweise
vergoldetem Schmiedeeisen gefertigt und zeigt den recht häufigen Kunstgriff spiegelbildlicher Figuren, die zusammenge-
schweißt sind, um eine Einheit zu suggerieren. Der obere Teil
stellt die Wurzel Jesse dar; darunter die Hochzeit Mariens. Auf
besondere Bitte zeigt man auch die kleine Mudéjar-Pforte ›Puerta pequeña‹ und die gefliesten Stufen an ihrer anderen Seite, die
zur Kanzel führten.

Am anderen Ende des nächsten Blockes liegt das *Internado de
Santa Teresa*, ehemals maurischer Palast und heute Provinzkran-
kenhaus, in dessen Kellergewölben sich ausgedehnte arabische

Bäder erhalten haben. Die Grundstruktur ist noch erkennbar, aber Vernachlässigung hat zu den üblichen Schäden geführt, und die Entfernung von Fliesen und Kacheln hat ihren Zauber zerstört. Man hat zwar mit der Restaurierung begonnen, aber zur Zeit dienen sie noch als Abstellraum. Darüber befindet sich ein Renaissance-Patio in Ziegelbauweise, aber sonst nichts von Interesse. Einige Schritte weiter liegt das *Monasterio Real de Santo Domingo*, heute Knabenschule. Die Nonnen, die die Schule leiten, zeigen gerne den Patio im plateresken Stil mit dem berühmten Portal von Vandaelvira, 1582 datiert, an der Südseite. Der Bau hat eine bunte Vergangenheit: ursprünglich maurischer Palast, dann Residenz von Ferdinand dem Heiligen und später Sitz der örtlichen Inquisition.

Zum Schluß kommen wir zur *La Magdalena*, der Pfarrkirche des gleichnamigen Viertels. Einst stand hier eine Moschee, und im Hof ist noch die ›Alberca‹ zu sehen, ein großer rechteckiger Goldfischteich, der von einem Bach gespeist wird. In maurischer Zeit diente er religiösen Waschungen, und die umgebende Mauer aus durchbrochenem Ziegelwerk paßt sich seinem Stil an. Der Bach entspringt auf dem benachbarten Platz, und das hilft uns zu verstehen, woher dieses Viertel seinen Namen bekam. Denn die Quelle war natürlich die gleiche, die die Frauen von Jaén aufsuchten, bis der Drache erschien. Gründung und Name gehen zurück auf die Tage der Reconquista; das strömende Wasser erinnerte die Gläubigen an die Tränen, die aus den Augen Maria Magdalenas rannen (Joh. xx, 11). In die Wände des Kreuzganges, der das Becken umgibt, hat man viele römische Grabsteine verbaut; das läßt uns annehmen, daß dieser Ort außerhalb der Römerstadt lag, in der Begräbnisse verboten gewesen wären. Kürzlich wurden, als man Schichten von Kalktünche entfernte, an den Wänden gotische Fresken entdeckt. Das Kircheninnere entspricht dem gotischen Bau aus der Zeit der Reconquista; sein Schatz ist die berühmte ›Kreuzigung‹ von Jacobo Florentino el Indaco in farbig und gold gefaßtem Holz. Der Ausdruck der einzelnen Figuren ist so bewundernswert wie das handwerkliche Können des Meisters.

Wir verlassen die Kirche an einer höher gelegenen Stelle und überqueren die Plaza San Juan. Zur gleichnamigen Kirche gehört ein alter Wehrturm, heute Ratsturm genannt: Torre del Consejo; dort hatten die Stadtväter nach der Reconquista ihren ersten Versammlungsort. Durch die Calle de Aguilar mit ihren malerischen, steilen Seitengassen gelangt man zum *Arco de San Lorenzo;* vielleicht aus der Zeit kurz nach der Reconquista, vielleicht noch älter, steht das Tor heute isoliert auf der Plaza. In ihm wurde eine Mudéjar-Kapelle errichtet: sie besitzt ein gotisches Retabel, und der untere Teil der Innenwand ist mit Mosaikfliesen belegt; sie ist ständig geschlossen.

Die Calle Almendros führt zur Kirche *La Merced,* einem relativ modernen Bauwerk mit der berühmten Figur des Padre Jesú Nazareno. Es geschieht selten, daß Jesus ›Padre‹, Vater, genannt wird, aber hier nennt ihn das Volk, vielleicht um tiefere Demut auszudrücken, sogar ›Abuelo‹, Großvater. Die Figur aus dem 17. Jahrhundert, älter als die Kirche, steht in einer Kapelle zur Rechten, umgeben von Ex votos, darunter sogar Münzen. Wir bleiben in der gleichen Richtung, gelangen in die Calle de Juan Montilla, die von der Kathedrale aus an der alten Stadtmauer entlang führt. Obwohl Häuser in sie hineingebaut wurden, ist sie leicht zu erkennen, denn hier und dort stehen noch Türme, und der halbmondförmige Schwung entspricht noch dem einstigen Mauerrund. Zur Linken, tiefer als die Straße, liegt das Kloster der Unbeschuhten Karmeliter, des Reformordens der Heiligen Therese. Hier wird ein wertvolles Manuskript aufbewahrt, das Original des ›Cántico espiritual‹ von Juan de la Cruz, dem heiligen Johannes vom Kreuz, dessen Leben und Werk das spanische Temperament so rein ausdrückt. Es wird den Besuchern genau um vier Uhr nachmittags gezeigt.

Johannes vom Kreuz wurde in Avila geboren; er wuchs in Armut auf, ging mit seiner verwitweten Mutter nach Medina del Campo und wurde Krankenpfleger und Novize im Karmeliterkloster. Von dort wurde er für drei Jahre nach Salamanca auf die Universität geschickt. Hier erfuhr er den Wendepunkt seines Lebens als Schüler des Augustiners Fray Luis de León, der als Lehrer der Theologie an die Universität berufen worden war. Auch León war ein Dichter;

eines seiner bekanntesten Werke ist die Übertragung von Salomos Hohem Lied ins Spanische. So kam Juan de la Cruz (damals noch Juan de San Matías genannt) in Berührung mit der Dichtung, und zwar einer Lyrik, in der Mystik und Religion sich ganz durchdrungen hatten. Er wie auch sein Lehrer hatten später unter den Angriffen von neidischen, rivalisierenden Orden schwer zu leiden. Johannes gelangte bald unter den Einfluß der heiligen Therese, die ja selbst Mystikerin war, und wurde Mitbegründer des Ordens der Unbeschuhten Karmeliter, die, nebenbei gesagt, Sandalen trugen. Sein Leben war der Spiegel seiner Seele, während sich seine Lyrik zu ekstatischen Gipfeln, die kaum jemals ein anderer erreichte, aufschwang. In seinem Werk fand die Symbolik der Göttlichen Minne, in sinnlicher Sprache besungen, ihren Höhepunkt. Ihre Anfänge sind im ›Lied der Lieder‹ zu suchen (wenn wir voraussetzen, daß es sich beim Hohen Lied nicht um ein orientalisches Liebesgedicht handelt, das durch ein Versehen in die Bibel geraten ist). »Ich beschwöre Euch, Ihr Töchter Jerusalems, / Bei den Gazellen und bei den Hinden der Flur, / Wollet nicht wecken, / Wollet nicht stören / Die Liebe, / Bis es ihr selbst gefällt.«

Im ›Cántico espiritual‹ finden sich die gleichen Bilder, die Ninfas de Judea, die springenden Antilopen und die Bitte um Stille, »damit die Braut sicher schlafe«. Und wieder singt Johannes: »Cogednos las raposas que está ya florecida nuestra viña«, singt es vielleicht wirklich, denn er liebt es zu singen – »Fanget uns die Füchse, denn unser Weinstock hat zu blühen begonnen«: was ist das anderes als das »Fangt uns die Füchse, die Füchslein, die Weinbergverwüster, da unser Weinberg in Blüte steht!«

Aber es hieße, andere Einflüsse wie den der Sufi-Mystik zu ignorieren, wenn wir Juans Lyrik einzig als Entfaltung der Fiktion weltlicher Liebe, inspiriert durch das Hohe Lied, erklären wollen. Ibn Abbad und Ibn Arabi sind uns in Ronda und Murcia bereits begegnet; der letztere ist weltweit als genialer Philosoph und Lyriker bekannt, und wenn auch seine Spekulationen über die Beziehungen zwischen Gott und den Menschen für unser pragmatisches Zeitalter zu gebildet, zu fein gewoben sein mögen, können wir doch die Identität von Ibn Arabis ›himmlischem Licht‹ mit dem NOUS POIETIKOS, dem ›Tätigen Geist‹, des Aristoteles erkennen; und auch Juans ›Sumo saber‹, das ›Vollkommene Wissen‹, steht außerhalb der Reichweite des Wissenschaftlers. In ähnlicher Weise beschreibt Ibn Arabi die erotische Natur des Paradieses, das dem treuen Gläubigen versprochen ist, und benutzt selber erotische Vergleiche, um die ewigen Wahrheiten für den gewöhnlichen Menschen verständlich zu machen. In diesem Klima emotioneller Mystik ist es sicher überflüssig, den Psychologen um eine Erklärung der rückhaltlosen Passagen in den Gedichten des Johannes vom Kreuz zu bemühen.

Baeza, Úbeda und die Sierra de Cazorla

Von Jaén zum Guadalquivir sind es 32 Kilometer auf der N 321. Der Fluß ist hier bereits ziemlich breit und wird vom ›Puente del Obispo‹ überspannt, der nach einem Bischof von Baeza, Alonso Suárez de la Fuente el Sauce, benannt wurde. Er ließ die Brücke 1508 erbauen, als eines seiner vielen guten Werke; die kürzlich vollendete moderne Brücke ist nicht so malerisch, aber dafür besser dem heutigen Verkehr angepaßt. Die Landschaft ist schön und fruchtbar; natürlich ist der Ölbaum das vorherrschende Element. In vielen Dörfern kann man dem Duft von frisch gepreßtem Olivenöl begegnen, wenn man an einer Raffinerie vorbeikommt. Nördlich des Guadalquivir stellt man, obwohl die Landschaft sich nicht verändert, fest, daß Städte und Dörfer einen anderen Charakter annehmen. In den Orten, die wir bisher passiert haben, würde das Erscheinen eines Mauren mit Turban wenig Erstaunen hervorgerufen haben; jetzt kommen wir in eine Region, wo der gleiche Sinn für das Gemäße uns den Anblick eines Ritters in Rüstung erwarten lassen könnte. Die Heldentaten der Krieger von Baeza in den Tagen der Reconquista brachten der Stadt den Titel ›Nido Real de Gavilanes‹, ›Königlicher Falkenhorst‹, ein, und Úbeda war die Heimat jener zwölf Ritter, die unter den Mauern von Algeciras gegen die maurischen Kämpen fochten.

Baeza, eine sehr interessante Stadt, liegt acht Kilometer von der ›Brücke des Bischofs‹ entfernt. Hier kann der Liebhaber alter Gemäuer einen Tag, ja eine Woche der Entdeckungen genießen. *Seit der Bronzezeit war Baeza ununterbrochen besiedelt, es hat große Stunden gehabt und große Söhne hervorgebracht, ist von Krieg und Frieden geprägt.*

Im Herbst des Mittelalters waren die meisten Städte kriegerisch und aufrühre-
risch, und die erste Aufgabe des katholischen Herrschers war es, den Adel wie-
der Disziplin und Gehorsam zu lehren. Unter den Hunderten unbotmäßiger
Burgen, die geschleift werden sollten, befand sich Baeza; Isabella ordnete die
Zerstörung bereits 1476 an, ein Jahr bevor es ihr gelang, ihren Thron gegen die
Rivalin Juana la Beltraneja in der Schlacht von Toro erfolgreich zu verteidigen.
Unter den Adelsfamilien, die sich hier während der Reconquista niedergelassen
hatten, waren die aus Segovia stammenden Carvajal und die Benavide die
Hauptunruhestifter. Die früheren Bewohner flohen nach Granada und gründe-
ten dort die Vorstadt Albaicín. Es geschah öfter während der Reconquista, daß
starke Befestigungen die Besitzer wechselten. Baeza war da keine Ausnahme.
Einmal, wird erzählt, haben hier die im Rückzug begriffenen Ritter ihre Pferde
falsch herum beschlagen, um so die Ungläubigen zu täuschen.

Wenn man von Jaén kommend bei der Gabelung rechts abbiegt, gelangt man sofort zu einem stillen, bezaubernden Platz.

An der Ostseite steht die *Antigua Carnicería*, das alte Schlachthaus mit dem Fleischmarkt, ein Renaissancebau aus der Mitte
des 16. Jahrhunderts. Die vergitterten Fenster, die schlichte Fassade und das Wappenrelief Karls v. machen es sicherlich zum at-
traktivsten aller Schlachthäuser. Seine Funktion ist heute in ein
anderes Viertel verlegt, denn der schöne Bau soll Museum und
Bibliothek werden. Ein anderes Renaissancegebäude direkt gegenüber, in feinem goldgelben Stein errichtet, ist die *Audiencia
Civil*, das Appellationsgericht, etwas älter als das Schlachthaus.
Seine Errichtung wurde 1511 beschlossen, »oberhalb des Brunnens der besagten Stadt«, und sollte eine Kapelle nahe dem Tor
nach Jaén einschließen. Dort wurde die erste Messe seit der Eroberung der Stadt 1227 gelesen. Die Fassade zeigt im Erdgeschoß
sechs Eingänge zwischen Pfeilern, über denen sechs Löwen ruhen. Diese Eingänge waren einst Lauben, in denen die Gerichts-
schreiber saßen, darum wurde der Platz gelegentlich auch ›Plaza
de los Escribanos‹ genannt. Heute dient das Gebäude einem ebenso nützlichen Zweck: es beherbergt die Fremdenverkehrszen-
trale und das Amt für Denkmalpflege, dessen Leiter, Don José
Molina Hipólito, ein hervorragender Gelehrter und Kenner des
ganzen Distrikts einschließlich Úbeda ist. Er veröffentlichte, neben anderen Werken, Kunstführer durch die beiden Städte.

Ungefähr zu der Zeit, als die Audiencia errichtet wurde, hat
man wahrscheinlich die *Fuente de los Leones* aus der Karthager-
stadt Castulo, die später römisch wurde, hierhergebracht. Das
Wasser stürzt aus den Mäulern von vier verwitterten liegenden
Löwen mit gelockten Mähnen und Halsbändern; dieses Detail
führte zu der Annahme, daß es sich um die Löwen der Kybele
handelt. Die Frauengestalt auf der Mittelsäule des Brunnens unterstützt diese Vermutung in nichts, jedoch hat sie ihre linke
Hand verloren, so daß wir nicht wissen, ob sie eine ›Patera‹, eine
Trommel oder einen Trommelschlägel, die üblichen Attribute
dieser Gottheit, trug. Während des Bürgerkrieges hat sie auch
noch den Kopf verloren, da bornierte Pfaffenfresser sie für eine
Marienstatue hielten. Örtliche Tradition hat sie stets als Himilce
betrachtet, die Frau Hannibals, die er in Castulo heiratete. Sie
erhielt inzwischen ein neues Haupt, das sich dem Stil der übrigen
Figur gut anpaßt.

An der Südwestecke des Platzes steht der mit der Audiencia
verbundene *Arco de Jaén*. Ein herrlicher Balkon nimmt die Ecke
ein; er beherbergt ein Marienbild, vor dem die Ritter beteten,
ehe sie durch das Tor zu einem Streifzug aufbrachen. Das heutige
Tor wurde vom Rat für den Einzug Karls v. bei seinem ersten
Besuch in der Stadt errichtet, denn das ursprüngliche Tor war
auf Befehl seiner Großmutter zerstört worden. In der Nähe steht
ein zweites Tor, der *Arco de Baeza*. Es wurde erbaut zur Feier des
Sieges, den der Kaiser 1521 über die Comuneros errungen hatte;
das ist nicht ohne Ironie, denn Baeza war eine der wenigen
Städte, die auf Seiten der Empörer standen.

Über Steinstufen gelangen wir zur Ostseite der Audiencia; wir
wenden uns links, entlang der kopfsteingepflasterten Calle del
Beato Juan de Ávila, und stoßen auf ein gedrungenes Bauwerk,
das früher die Universität von Baeza beherbergte. In einer Ecke
schließt sich der *Arco de Barbudo* an; er wird nach einem Edlen
von Alcántara genannt, der 1394 durch dieses Tor ritt und von
Mauren besiegt und erschlagen wurde. Im Inneren des Tores
findet sich ein Marienschrein, wie es Tausende in Spanien gibt.
Sie tragen häufig eine Inschrift in Knittelversen, um den Vorüber-

gehenden zum Gebet zu rufen; und der Vers hier ist verhältnismäßig ungewöhnlich:

> *Si quieres que tu tristeza*
> *se convierte en alegría,*
> *no te pases, pecador,*
> *sin saludar a María.*
>
> *Willst du, daß deine Traurigkeit*
> *Verwandelt sei in Seligkeit,*
> *So, eh du Sünder weitereilst,*
> *Maria grüß' in Frömmigkeit.*

Das Instituto Nacional de Enseñanza Media, einst Universität,
heute Oberschule, ist ein monumentales, häßliches Bauwerk in
dem gewöhnlichen, gelblichweißen Stein, an der Nordseite mit
Flechten schwarz überzogen. Der Dichter Antonio Machado hat
hier sieben Jahre französische Grammatik gelehrt, als er nach
dem tragischen Tod seiner geliebten, erst neunzehnjährigen
Frau von Soria hierhergezogen war. Andalusier von Geburt, Kastilier nach seiner Erziehung, gelang es ihm, den Glanz des Südens mit dem düsteren Fatalismus des Nordens zu vereinen; bei-
dem eignet der unvermittelte Realismus, der aller spanischen
Phantasie zugrundeliegt, wie Don Quixote ohne Sancho Pansa
nicht zu denken wäre:

> *El ojo que ves no es*
> *ojo porque tu lo veas*
> *es ojo porque té ve.*
>
> *Das Auge, das du siehst, ist nicht ein Aug',*
> *Weil du es siehst. Es ist ein Auge nur,*
> *Weil es dich anblickt.*

Am Ende der Straße liegt die häufig restaurierte Kirche *Santa
Cruz,* die einzige der vielen bald nach der Reconquista errichteten Kirchen, die noch steht. Das Hauptportal liegt auf der anderen Seite; wir stehen vor dem romanischen Westportal, das
ursprünglich von der zerstörten Kirche San Juan stammt und
hier wiedererrichtet wurde. Leider liegt das originale Mauerwerk unter Putz verborgen, und auch die Spitzbogen im Innern
gehen nur auf eine Restaurierung zurück. Zur Rechten ist ein

Hufeisenbogen in charakteristischen westgotischen Proportionen; zur Linken hat man Fresken aus dem 15. und 16. Jahrhundert freigelegt.

Wenn man sich umdreht, hat man den *Palacio de Benavente* oder
de Jabalquinto vor sich. Die reichornamentierte Fassade im isabellinischen Stil wird oben durch eine Renaissance-Loggia abgeschlossen; Türen und Fenster sind noch gotisch, und die ›Picos‹, diamantierte Quadern, erinnern an die Casa de los Picos in
Segovia. Andere Schmuckelemente sind stilisierte Pinienzapfen,
floreale Muster, steinernes Spitzenwerk und acht Wappen des
Gründers und seiner Gemahlin. Zu beiden Seiten der Fassade
erheben sich Halbrundpfeiler, die sich in Höhe der Loggia kapi-
tellartig zu kleinen stalaktitengeschmückten Altanen erweitern.
Der schöne Renaissance-Patio hat weiße Marmorsäulen, und die
monumentale Barocktreppe prunkt mit verschwenderischer Dekoration. Das Gebäude beherbergt heute den *Seminario de San
Felipe Neri*; das ist ein Glücksfall, denn dadurch wird es gut in-
standgehalten, und es gibt keine Schwierigkeiten mit der Besichtigung. Vielleicht ist der schönste Teil der Salón de Actos,
das Archiv, wo sechs Säulen mit romanischen Kapitellen aus der
zerstörten Kirche San Juan Aufstellung fanden.

Beim Verlassen des Gebäudes wenden wir uns nach rechts und
gehen einige Meter bergauf, bis wir auf einen verlassenen Platz
stoßen, wo ein recht schwerfälliger Triumphbogen mit all den
Wappen, Medaillons und Karyatiden einer heroischen Zeit sich
aus einem Brunnen erhebt. Er ist nicht so häßlich wie diese Beschreibung ihn erscheinen läßt, denn im Vergleich mit der nahen Kathedrale wirken seine Proportionen richtig. Aber auch
diese ist mit ihrem Dschungel von Gotik, Renaissance und Barock keine Schönheit. In der Nordwestecke erhebt sich ein viereckiger Turm über dem Fundament des ehemaligen Minaretts.
An der Westfassade finden wir die Puerta de la Luna, ein einzigartiges Werk im Mudéjarstil des 13. Jahrhunderts. Es ist ein
spitzzulaufender Hufeisenbogen, ähnlich denen der Casa de los
Caballeros de Santiago in Córdoba, hier jedoch aus Sandstein statt
aus Ziegeln und Stuck. Wenn man die Kathedrale *Santa María*

betreten möchte, schickt man einen kleinen Jungen unter dem Versprechen eines reichlichen Trinkgeldes, um die Frau des Sakristans zu suchen, die die Schlüssel hütet.

Die Kathedrale ist, wie so viele dieses Typus, ein Stilgemisch, unten gotisch und oben Renaissance, wirkt aber kühl und geräumig. Links die Kapelle des Santiago mit einem Relief des heiligen Jakob mit dem Schwert, offensichtlich nach dem Vorbild von Úbeda gearbeitet, das wir bald sehen werden. Die Kanzel von 1580 und die Reja, die den neuen Chor abschließt, sind wohl die schönsten Kunstwerke der Kathedrale. Die sechseckige, farbige Kanzel zeigt reiche Ornamentik, nicht zu vergessen das Familienwappen des Stifters, eines Chorherrn. Sie ersetzte eine ältere Holzkanzel, von der der heilige Vincent Ferrer 1410 gepredigt hat. Die Reja wiederum ist ein herrliches Werk des Maestro Bartolomé aus dem frühen 16. Jahrhundert. Damals war Alonso hier Bischof, der gleiche, der den Puente del Obispo in Auftrag gab; sein Wappen schmückt das Gitter. Nicht vergessen werden sollte ein Besuch des Kreuzgangs und besonders der Mudéjar-Kapellen (fälschlich mozarabisch genannt), mit Hufeisenbogen und reichem Stuck.

Von hier sollte man ein Stück in südlicher Richtung einschlagen und mit möglichst vielen Umwegen durch ein Viertel enger, gewundener Straßen mit Kopfsteinpflaster schweifen; die Hausfronten sind teilweise aus Sandstein, teilweise weißgetüncht und stukkiert: ein Kompromiß zwischen Kastilien und Andalusien. Die Türen einstiger Adelshäuser stechen hervor mit ihrer Ornamentik, ihren Alfices und Familienwappen, häufig halb begraben unter Schichten von Kalktünche. Schließlich gelangt man an den Paseo del Obispo und, von dort zweimal nach links abzweigend, zur *Puerta de Úbeda*, einem der wenigen Überbleibsel der alten Befestigungen. Ihr viereckiger Turm zeigt das Wappen der Katholischen Könige; der Torbogen selbst wird verschönt durch eine Laterne, die aus dem Scheitelpunkt niederhängt. Von hier bis zu einem anderen Turm läuft noch ein Rest der einstigen Stadtmauer; sonst ist vom Mauerring nur noch ein Abschnitt westlich der Puerta de Jaén erhalten.

An einer Seite der Plaza del Generalísimo, in westlicher Richtung, liegen die Ruinen des Franziskanerklosters und seiner Kirche, in deren Portal viel von Vandaelviras schönstem Werk erhalten ist. Der *Ayuntamiento* war früher Gefängnis und Gerichtshof; seine Fassade ist ein Juwel des andalusischen Platereskstils. Es zeigt dessen wesentliche Züge aufs schönste, mit großen Flächen glatten Mauerwerks zwischen den reich geschmückten Türen und Fenstern, und verrät mehr Geschmack als die überdekorierte Fassade des Palacio de Jabalquinto. Sein Hauptschatz ist die riesige Monstranz, die eigentlich in der Kathedrale ihren Platz haben müßte; aber da man 1628 dort eine Monstranz gestohlen hatte, und die zweite beim Brand einer Kapelle 1691 zerstört worden war, beschlossen die Stadtväter, daß man den göttlichen durch weltlichen Schutz verstärken müsse. Sie ist ein hohes Gebilde aus teilweise vergoldetem Silber und bietet alles, was der glühendste Ikonologe verlangen kann.

Auf dem Rückweg zur Plaza de los Leones passiert man die *Casas Consistoriales Bajas*, die so günstig an einer Ecke des Paseo gelegen sind, daß die Stadtväter von ihrem Balkon Stierkämpfe und andere Ereignisse verfolgen konnten, wie die jährliche Prozession des Stiers von Sankt Markus, die auf ein Gelübde aus einer Pestepidemie zurückgeht. Aber der Vorwand ist unwesentlich; der uralte Fruchtbarkeitsritus obsiegte auch hier. Vor Zeiten nahm der Stier sogar an der Messe teil.

Nach diesem Rundgang durch die Altstadt ist man jetzt an den Ausgangspunkt zurückgekehrt; wenn man die Straße überquert, gelangt man auf die Plaza de los Leones. Von hier aus kann man nun den Paseo zur Plaza del Generalísimo entlang fahren. Zur Linken werfen die Bäume der Alameda immer willkommenen Schatten, auf der rechten Seite wird das Obergeschoß der Häuser von einer Arkade mit hölzernen Stützpfeilern getragen, so liegen auch dort Auslagen und Bürgersteig in kühlem Dämmerlicht. Es ist allerdings zu befürchten, daß die Holzpfeiler durch Ziegel- oder Betonstützen ersetzt werden und daß die eindrucksvollen Ladenfronten der Mittelmäßigkeit moderner Schaufenster weichen müssen. Der alte Kornspeicher, einst im Außenwerk gelegen, ist zu sehen, wenn man ungefähr den halben Weg zurückgelegt hat. Obwohl die ›Alhóndiga‹ längst ihre alte Funktion verloren hat und damit viel von ihrer Schönheit, beherrscht sie noch immer die ganze Ladenreihe, wo in vergangenen Zeiten die verschiedenen Handwerker ihre Tätigkeit ausübten.

Die Plaza del Generalísimo kreuzend, betritt man die Calle de San Pablo, deren Verlängerung in Nordwestrichtung die Autostraße nach Úbeda ist. Als Baeza den Schutz der Stadtmauern nicht mehr benötigte, begann der Adel, seine Landhäuser in den Vororten zu errichten. Hinter imposanten Fassaden verbirgt sich modernes Wohnen, wenn nicht erbarmungsloser Neubau auch sie ausgelöscht hat. Da sind der *Palacio de los Condes de Garciez*, in dessen oberem Stockwerk noch der ursprüngliche Entwurf erkennbar ist; der Baeza-Club, früher eine Burg; die *Casa de los Acuña* aus dem 16. Jahrhundert mit Renaissance-Fassade und einem Alfiz; das dunkle Äußere der *Casa de los Cabrera* mit dem braunen Ton, den wir in Úbeda wiederfinden werden; und zur Linken die Pfarrkirche *San Pablo*.

Der nüchterne Ernst, der die Straßen von Baeza charakterisiert – mit Ausnahme des Palacio de Jabalquinto –, setzt sich in dieser Kirche fort; sie hat nur wenige Kunstschätze, aber darunter einen ›Cristo de la Expiración‹, ein Pedro Roldán zugeschriebenes Werk, und ein Triptychon in der Kapelle Nuestra Señora de Fátima, von dem man annimmt, daß van Dyck es gemalt habe. Die Zahl der örtlichen Heiligen übertrifft die jeden anderen Ortes: denn die elftausend Jungfrauen von Köln wurden, so heißt es, hier geboren. Aber sowohl Geburtsort als Zahl werden angezweifelt; Cornwall hat anscheinend bessere Rechte, und der älteste Bericht weiß nur von elf Gefährtinnen der Heiligen, die Tod der Schande vorzogen. Aber elf Jungfrauen würden wohl kaum der Unzahl von Reliquien entsprechen, die ihre irdischen Überreste darstellen sollen. Noch schwerer ist es zu verstehen, daß es in Baeza keine Kirche gibt, die der heiligen Ursula und ihren Gefährtinnen geweiht ist.

Úbeda liegt nur acht Kilometer entfernt: diese große Bevölkerungsdichte läßt uns die Fruchtbarkeit dieses Landes ermessen. Heute dem Fremden kaum bekannt, war es einst eine bedeutende Stadt, was man schnell herausfinden wird, wenn man an den langen Reihen bedeutender Bauwerke entlangschlendert. Es ist eine Renaissancestadt, die sich über altem maurischen Grundriß erhebt, mit Mauern und Türmen, historischen Schätzen, überwältigenden Ausblicken, freundlichen Bewohnern und einem hervorragenden Hotel in einem Palast aus dem 16. Jahrhundert. Dort wollen wir beginnen.

Der Palast, der heute den *Parador del Condestable Dávalos* beherbergt, ist nach einem berühmten Sohn Úbedas benannt, war aber für den Pfarrer der benachbarten Erlöserkirche errichtet, dem es längere Zeit als Wohnung diente. Es ist ein schöner Bau, und der müde Reisende beginnt sich vielleicht angesichts der ruhevollen Horizontalen der Architektur bereits zu erholen, noch ehe er einen Fuß hineingesetzt hat. Die beiden Geschosse sind vornehm schlicht, was eigentlich für die ganze Stadt gilt. Reizvolle Gitter und schmiedeeiserne Balkone zieren die Fenster, von denen rote, weiße und rosa Blüten kaskadenhaft herabranken. Unter dem Dach verläuft ein klassisches Gesims mit Eierstab, und der Eckbalkon zeichnet sich durch die eingestellte schlanke, weiße Marmorsäule aus, die uns hier öfter begegnen wird als in irgendeiner anderen Stadt. Ich will die Interieurs nicht im Detail beschreiben. Die Möblierung ist ein Kompromiß zwischen Stil und moderner Bequemlichkeit: so haben die elektrischen Schlafzimmerlampen ein vertracktes orientalisches Muster wie riesenhafte gläserne Seeigel. Die Böden der Räume und Flure sind belegt mit einem berühmten örtlichen Erzeugnis, den ›Ubedías‹, die in maurischen Tagen ein Hauptexportartikel der Stadt waren. Sie werden aus Spartogras gefertigt und sind wegen ihrer jahrhundertealten, obwohl nicht besonders farbenprächtigen Muster sehr anziehend. Die Kellnerinnen tragen Ortstracht: rote, blaue oder grüne Kleider mit hellen gestickten Blumen, dazu weiße Strümpfe und schwarze Schürzen, gestärkte weiße Hauben; die Riemen ihrer Schuhe kreuzweise um die Beine geschlungen. Der Konnetabel von Kastilien, der dem Parador den Namen gab, war der dritte dieses Amtes; er half bei der Eroberung von Arcos de la Frontera, dessen Gebiet seinem Lehen einverleibt wurde. Er nahm zufällig aktiv daran teil; das spanische Wort ›asistir‹ meint nämlich einfach ›zugegen sein‹ oder in zweiter Bedeutung ›ärztliche Hilfe zuteil werden lassen‹.

Vor dem Parador ist ein weiter Hof, teilweise bepflanzt mit Sträuchern und Bäumen und umgeben von Bauten in dem schönen Stein, der hier gebrochen wird. Er ist schwierig zu beschreiben: lichtgrau, wenn er gerade frisch gebrochen ist, dunkelt er langsam nach und nimmt einen bräunlichen Ton an. Es ist allerdings kaum zu sagen, welchen Anteil an dieser Verfärbung die Flechten haben. Zur Linken nun die großartige Fassade der Kirche *El Salvador*, die eine der Schmalseiten der oblongen Plaza de Vásquez de Molina einnimmt. Sie wurde in der Mitte des 16. Jahrhunderts von Francisco de los Cobos y Molina und seiner Gemahlin gestiftet.

Sie waren bedeutende Persönlichkeiten: Francisco Sekretär Kaiser Karls V. und seine Frau eine Freundin der Kaiserin, Isabella von Portugal. Das dritte Paar in dieser illustren Gruppe bilden Francisco de Borja, Marqués de Lombay und Herzog von Gandía, und seine Gemahlin Leonore. Der Herzog ist heute besser bekannt unter dem Namen Francesco Borgia, Urenkel Papst Alexanders VI. und Großneffe von Cesare und Lucrezia Borgia. Das Wappen der Cobos, fünf schreitende Löwen, findet sich zur Linken und kann auch an zahlreichen anderen Bauten in Úbeda entdeckt werden. Das Wappen seiner Frau, Doña María de Mendoza, hält ihm zur Rechten die Waage. Doña María war eine der Hofdamen der ersten Gemahlin Prinz Philipps, des späteren Königs Philipp II., und bei der Geburt des ersten Enkels Karls V. zugegen. Unseligerweise, heißt es, verließen sie und die anderen Hofdamen für ein paar Stunden die Prinzessin, um, verspielt wie junge Mädchen sind, ein Autodafé, zu dem zwei Häretiker verurteilt waren, mitanzusehen. Während ihrer Abwesenheit bat die Prinzessin um eine Zitrone, die eine Zofe, die »nicht ahnte, daß sie ihr Böses tun könnte«, ihr reichte, und deren Genuß ihren plötzlichen Tod herbeigeführt haben soll. Interessant ist, daß der Arzt, der 1951 darüber berichtete, darauf hinwies, wie gut es sei, daß das einst in der Zitrone enthaltene Gift heute durch heilende Vitamine ersetzt ist. Von anderer Seite wurde vermutet, daß die Prinzessin einer Lungenembolie zum Opfer gefallen ist.

Die Kirche wurde von Diego de Siloé entworfen und von Andrés de Vandaelvira errichtet. Vandaelvira ist flämischer Abstammung, aber in Spanien geboren. Der Aufriß der Kirche erinnert an den der Kathedrale von Murcia, vor allem in der Art, wie der schwere Bau allmählich zum Dreiecksgiebel ansteigt, von einem Turm flankiert, so an eine Moschee mit Minarett erinnernd. Die Ecken werden von stämmigen, zylindrischen, pfeilerartigen Anbauten betont, und das Mittelfeld über dem Portal zeigt ein feines Relief der Verklärung Christi. Der Innenraum besticht durch noble Proportionen, die teilweise durch die Dekorationen aus dem 18. Jahrhundert verunklärt werden. Doch die Reja von 1557, ein Geschenk von Álvaro de Mendoza, dem Bischof von Palencia und Bruder der Doña María, ist eine gute Arbeit. Das bedeutendste Kunstwerk ist die Figur Jesu aus der Verklärungsgruppe des Hochaltars von Alonso Berruguete, vielleicht das einzige erhaltene Werk dieses hervorragenden Künstlers in Andalusien. Der Rest des Altars ist im Bürgerkrieg zerstört worden, der die Kirchenschätze dieser Gegend besonders schwer getroffen hat. Eine Rötelskizze des Werkes ist in den Uffizien in Florenz gefunden worden. Unter den Verlusten ist auch eine Plastik ›Johannes der Täufer als Kind‹, eine sensitive Alabasterstudie Michelangelos, von der lediglich eine Hand übriggeblieben ist. Eine Anzahl anderer Gegenstände ist einfach verschwunden, aber ein feiner Meßkelch wurde noch gerettet, ursprünglich ein Pokal Karls V., den er seinem Lehrer schenkte. Cobos ließ die gotischen Verzierungen am Fuß anbringen und schenkte ihn der Kirche.

Auf der Plaza stehen noch fünf andere ansehnliche Gebäude: der *Palacio de las Cadenas*, heute Ayuntamiento und Stadtarchiv; der *Cárcel* (Kerker) *del Obispo*, der nur eine Zufluchtsstätte für Frauen war, die sich von der Welt zurückziehen wollten, ohne den Schleier zu nehmen; der *Palacio del Marqués de Mancera*, heute Rekrutierungssaal, und schließlich die Kirche *Santa María de los Reales Alcázares*. Sie ruht auf maurischen Grundmauern, schließt einige Reste der alten Zitadelle ein, wie der Name besagt, und ist ein Konglomerat diverser Stile. Die Fassade ist typisch für Úbeda; es wäre langweilig, etwas, was man ähnlich in jeder Straße bewundern kann, im Detail zu beschreiben. Nahe dem Hauptportal ist ein Stück Stadtmauer mit einem romanischen Tor, das man vom Kreuzgang her erreicht. Der gotische Kreuzgang ist klein und vollgestopft, nur drei Flügel sind erhalten; reizvollstes Detail ist eine Zypresse, die vollständig von wildem Wein überwuchert ist. Es ist schwierig, sich den Patio der Moschee im Geist vorzustellen, aber hier, unter den Orangenbäumen, wurden die rituellen Waschungen vollzogen. Der Westflügel des Kreuzganges zeigt noch das ›Soga y tizón‹ genannte Mauerwerk; an anderen Stellen finden sich frühchristliche Reliefs an den Wänden, Pflanzen- und Tiermuster, und das älteste Stadtwappen mit archaisch wirkenden Mähnenlöwen. Die Kirche hat drei Schiffe, an deren äußere sich zu beiden Seiten eine Reihe Kapellen anschließt; die häßliche hellblaue Decke aus dem 17. Jahrhundert ersetzte eine alte Holzdecke. Die gotische Efeu-Kapelle (Capilla de la Yedra) hat wiederum eine der Rejas von Maestro Bartolomé; sie zeigt die Wurzel Jesse und die Begegnung unter der Goldenen Pforte. Einer der beiden Begleiter Joachims trägt ein Schaf auf den Schultern, der andere einen mittelalterlichen Hirtenstab, um keinen Zweifel am Beruf Joachims zu lassen. Zwei Rejas in anderen Kapellen werden dem gleichen Meister zugeschrieben, sind aber wenig eindrucksvoll. Die typische enge Gasse zwischen dem Parador und der Iglesia del Salvador führt rechts am Palast der Cobos-Familie vorüber, und zur anderen Seite nach der Calle Horno del Contador. Zur Linken, an einer Ecke, steht ein schlichtes Herrenhaus, dessen Wappen von Wilden Männern gestützt wird; daher wird es ›La Casa de los Salvajes‹ genannt. Wir gelangen auf die Plaza del Generalísimo Franco, unter deren früheren Namen wir wählen können zwischen Mercado, Cercado, del Rey und de la Constitución. Den ersten dieser Namen führte sie zu Cervantes' Lebzeiten, und man erzählt, daß der Dichter einmal in Nr. 37, damals ein Gasthof, gewohnt habe. In der Mitte des Platzes steht ein modernes Denkmal für Johannes vom Kreuz, und an seinem anderen Ende liegt die *Iglesia de San Pablo*. Es ist schwierig, in diesen friedlichen

Straßen an Gewaltszenen zu denken, aber 1936 erreichte die Vernichtung kirchlichen Eigentums erschreckende Ausmaße.

Zu ähnlichen Zerstörungen kam es bereits während jenes anderen Bürgerkrieges, der mit der Ermordung Pedros des Grausamen und dem Triumph seines illegitimen Halbbruders, Heinrichs von Trastamara, endete. Die Stadt hatte sich für Heinrich erklärt und war von einem Anhänger seines Bruders, Pedro (Pero) Gil, schwer verwüstet worden. Er setzte 1368 unter anderem San Pablo und dessen Archive in Brand. Aber das war nicht der Grund, der ihn zu einem Lieblingshelden jener Zeit machte. Bei einer Gelegenheit war eine junge Adelige namens Elvira, die Geliebte Pero Gils, von Rodrigo Chaves, einem Anhänger Heinrichs von Trastamara, nach Úbeda entführt worden. Pero – einige wollen wissen, es sei König Pedro selbst gewesen – fand einen Weg in die Stadt und in die Wohnung Rodrigos, den er, unter Beihilfe eines gefälligen Priesters, zwang, Elvira zu heiraten. Sobald ihre Ehre so wiederhergestellt war, tötete er den Bräutigam und machte das Mädchen zu seiner eigenen Gemahlin. Eine aufregende Nacht für den Priester ...

Die dem Platz zugewendete Südfassade von San Pablo ist ein großartiges Beispiel gotischer Architektur- und Schmuckformen. Der Mittelpfosten zwischen den mit Beschlagnägeln dekorierten Torflügeln trägt eine Statue des Namensheiligen mit seinen gewöhnlichen Attributen Schwert und Buch. Das Relief des Tympanons zeigt die Krönung Mariens. Die vergitterte Nische zur Linken des Portals, der ›Tabladillo‹ von 1610, diente der Verkündung städtischer Edikte, und der Balkon darüber wurde 1686 angebracht, damit die kirchlichen Würdenträger von dort den Stierkampf verfolgen konnten. Ein ähnlicher Balkon ziert das obere Stockwerk des Ayuntamiento an der Westseite des Platzes und dient auch dem gleichen Zweck. Die Apsis von San Pablo stammt von 1380; wir können also annehmen, daß sie während des von Heinrich von Tastamara finanzierten Wiederaufbaus der Stadt errichtet wurde. Ihr Charme beruht auf einem äußerst ausgefallenen Detail, einem in eine der Wände eingelassenen Renaissancebrunnen von 1559, der ständig von schwatzenden Weibern, Kindern, Maultieren und Eseln umlagert wird. Er hebt sich von den grauen Steinen und der weißen Mörtelverfugung – auch das ein typischer Zug der Architektur in Úbeda – malerisch ab.

Das Innere der Kirche zeigt eine Hinwendung zum Übergangsstil, und viele der Kapitelle haben phantastische romanische Figuren von Menschen und Tieren zwischen typisch gotischem Laubwerk. Verschiedene Kapellen verdienen eine eingehendere Betrachtung, zwei von ihnen haben schöne Rejas. Gegenüber dem Nordportal, leicht zu finden durch die Schädel über dem Bogen, liegt die Totenkapelle des Kammerherrn de Vago im Platereskstil, auch >Capilla de las calaveras – Kapelle der Totenschädel<, genannt. Sie gilt als eine der frühesten Arbeiten Vandaelviras. Der Name >Capilla del Camarero Vago< führte zu einem der wenigen Mißverständnisse, die die präzise Sprache Kastiliens erlaubt. Der hochgeborene und reiche Kammerherr trägt nämlich den gleichen Titel wie ein Kellner: >camarero<, und ein Landmann, dem man die grandiose Kapelle des Camarero zeigte, wußte sich nichts besseres, als schnurstracks in der nächsten Wirtschaft um Arbeit nachzufragen. Drolligerweise bietet die letzte Kapelle zur Rechten ein anderes Beispiel linguistischer Mißverständnisse; sie wird gewöhnlich >Kapelle des Herzogs von Alba< genannt, dabei bezeichnet ihr Name >Capilla del Alba< sie als >Kapelle der ersten Morgenröte< (alba), denn die fällt durch ihr Fenster in den Kirchenraum.

In der Mitte der Ostseite der Plaza ist die kleine Calle de San Juan de la Cruz, früher Callejón de los Toros genannt, weil durch sie die Stiere für die Corrida auf den Platz getrieben wurden. Ihr heutiger Name leitet sich von der Tatsache her, daß sie zum Oratorium des Johannes vom Kreuz führt. Hier starb er, und der Oratorio war das erste Gebäude, das als Erinnerungsstätte für ihn an der Stelle seiner Zelle errichtet wurde. Ein Schild an der kleinen Seitentür berichtet, daß er hier am 28. September 1521 in den Karmeliterorden der Barfüßer aufgenommen wurde, als er am Faulfieber litt; und ein anderes am Haupteingang, daß er hier am 14. Dezember starb. Der Körper des Toten ist durch fast ebenso viele Abenteuer gegangen wie der lebende Mann: er wurde sogar einmal gestohlen. Heute ruht sein Leichnam im Karmeliterkloster in Segovia, und als man ihn 1859 zum letzten Mal untersuchte, zeigte er noch keine Spuren von Verwesung. Wenn ich sage, sein Leib ruhe bei den Karmelitern, habe ich übertrieben: natürlich nur etwas davon. Denn es ist zu viel zu erwarten, daß irgendeines Heiligen Überreste in Frieden ruhen könnten, wenn schon ein Fingernagel Wunder vollbringen kann! Im Falle des >Lehrers der Heiligkeit und Frömmigkeit<, wie Pius XI.

ihn nannte, konnten ein Bein und eine Hand für Úbeda gerettet werden; sie verblieben in dieser Kapelle.

Von hier ist es nicht weit zur *Puerta de Losal,* einem Mudéjarbau aus dem 13. Jahrhundert, dem reinen orientalischen Typus viel näher als Arbeiten gefangener Mauren nach Abschluß der Reconquista. Der doppelte Hufeisenbogen öffnet sich seitlich von einer schlechten, kopfsteingepflasterten Gasse, und bildet, wie gewöhnlich, einen rechten Winkel zur Stadtmauer, so daß Angreifer jedem Gegenstand, den die Verteidiger auf sie herabschmetterten, schutzlos ausgeliefert waren. Hinter dem Tor und hügelabwärts liegt zur Rechten das Valencia-Viertel, wo Töpfer noch immer ihr Handwerk in alter Weise ausüben und vor allem die einhenkligen Amphoren der Maurenzeit formen.

Die belebte Ostwest-Corredera de San Fernando markiert die alte Nordmauer, und kürzlich wurde beim Abriß eines Hauses ein oktogonaler Turm freigelegt, der einmal Teil der Verteidigungsanlagen war. Die Corredera kreuzend, gelangt man auf die Plaza de Abastos, und wenn man den Hügel an deren anderem Ende erklimmt, erreicht man die Kirche *San Nicolás,* ein ausgezeichnetes Beispiel gotischer Architektur. Ursprünglich im 13. Jahrhundert unter Ferdinand dem Heiligen errichtet, erhielt sie ihre heutige Form erst hundert Jahre später; die Portale sind Werke der Spätgotik und Renaissance. Das gotische Südportal von 1509, das man gleich sieht, wenn man die Straße heraufkommt, ist ganz schlicht und keineswegs typisch für den isabellinischen Stil. Es wurde von Bischof Alonso Suárez in Auftrag gegeben, der unter anderem auch die Brücke über den Guadalquivir erbauen ließ, und sein Wappen wie auch der Bischofshut erscheinen in einem Relief über dem Portal. Das Gesims ist mit Ballenblumen geschmückt und trägt eine Statue des heiligen Paulus. Das Westportal schuf Vandaelvira; es stammt von 1566.

Vandaelviras Hand ist auch im Inneren zu spüren; die ›Capilla del Deán – Kapelle des Dechanten‹, obwohl nicht in stilistischer Übereinstimmung mit dem schlichten gotischen Innenraum, ist ein Wunder reichster plateresker Dekoration; ihre Reja von 1596 ist interessant, weil sie erlaubt, die Kunstfertigkeit eines anderen Handwerkers, Juan Álvarez de Molina, mit der des Maestro

*Bartolomé, dessen Werk wir andernorts bewundert haben, zu vergleichen. Mit
Rejas ist es ebenso wie mit Retabeln: Vergoldung und Bemalung sind oft von
anderer Hand, hier von Antonio, dem Sohn Julio de Aquilis, eines sizilianischen
Malers, der auch an der Ausstattung des Tocador de la Reina im Palast auf
der Alhambra mitwirkte.*

Von hier geht man am besten in südwestlicher Richtung, vorbei an mehreren Adelshäusern der Renaissance, zur Plaza del
General Saro im Norden der Altstadt. Es ist ein hübscher Platz
mit einem Brunnen und einem Rosengarten (und manchmal
einem Schwarm sehr ›zahmer‹ Bienen) in der Mitte. Auf der
Seite der Altstadt erhebt sich die *Torre del Reloj*, Teil der ehemaligen Befestigungen, deren Linie sich bis zur Calle Queipo de Llano
rückwärts verfolgen läßt, wo andere Türme in und zwischen
Häusern eingebaut sind. Der Turm stammt aus dem 13. Jahrhundert und wird von einem Renaissance-Glockentürmchen gekrönt; die große Glocke wird bei ernsten Anlässen noch geschlagen. Die Uhr ist modern, aber darunter steht in einer Nische
die ›Virgen de los Remedios‹. Einst leisteten die Könige vor dieser Statue den Eid, die Privilegien und Rechte der Stadt bewahren zu wollen, unter anderem Karl v. und Philipp ii.

Über und unter der Uhr finden sich die Wappen der Habsburger und der Stadt Úbeda. Das Stadtwappen zeigt eine goldene
Krone, die Heinrich von Trastamara verliehen hat, und ein Band
von zwölf schreitenden Löwen zur Erinnerung an die Ubedaner,
die die Herausforderung der maurischen Kämpen während der
Belagerung von Algeciras angenommen hatten. Einige ihrer Namen kehren wieder durch die Jahrhunderte: Cobos, Molina und
Cueva. Beltrán de la Cueva war nicht nur ein intimer Freund von
Heinrich iv. el Impotente, sondern auch von dessen vernachläs-
sigter Gemahlin, deren Tochter man gemeinhin ›La Beltraneja‹
nannte. Ihr Griff nach dem Thron wurde von Isabella der Katholischen erfolgreich abgewehrt.

Ein Abstecher in westlicher Richtung führt entlang der brei-
ten Calle del Obispo Cobos zu einem der schönsten Gebäude
Úbedas und Meisterwerk Vandaelviras, dem *Hospital de Santiago*.
Es steht rechts, etwas von der Straße zurück und höher als diese

gelegen; seine Treppe wird von Säulenstümpfen mit heraldischen Löwen flankiert. Der Eingang ist ein Rundbogen in einem schlichten Alfiz, mit Wölbsteinen von jenen gewaltigen Dimensionen, wie wir sie in Gebäuden des 16. Jahrhunderts überall in Nord- und Mittelspanien finden, sogar in Sizilien, das ja damals spanisch war. Jeder einzelne ist für sich länger als der Bogenradius, so daß sie fast grotesk wirken. Zu beiden Seiten sind Eisenlampen an der Wand angebracht. Die Inschrift über dem Eingang lautet ›María sin pecado concibida‹; darüber die Tafel mit Vandaelviras Signatur, sehr ähnlich den Tafeln in der Kathedrale von Baeza und am Nordportal der Kirche del Salvador hier in Úbeda. Sie zeigt den heiligen Jakob zu Pferd, die überwältigten Ungläubigen unter seinen Hufen: soweit nichts Besonderes, aber Vandaelviras Einfall ist die Einbeziehung eines weiteren Pferdes – und zwar bloß der Hinterhand – an der rechten Seite.

Der Plan des um einen schönen Patio gruppierten Gebäudes ist überzeugend. Verglichen mit El Salvador wirkt es schlicht und ruhevoll, und der blaßgelbe Stein der Ecktürmchen unterstreicht die Wirkung von deren spitzen, mit farbigen Ziegeln gedeckten Hauben. Rechts vom Patio führt ein monumentales Treppenhaus in das Obergeschoß, dessen Wände und Decke Trompel'oeil-Effekte zeigen. Die Fresken der Kassettendecken wirken wie frischgemalt. Die Kirche wurde im Bürgerkrieg schwer beschädigt, und nur der nackte Bau, eine Reja und einige Deckenmalereien in der Sakristei sind erhalten.

Das Hospital ist eines von vielen, die zur Heilung einer bestimmten Krankheit, der Syphilis, erbaut wurden. Seine Gründungsurkunde besagt, daß es zu diesem Zweck »und für kein anderes Gebrechen« errichtet wurde; gleiches galt auch für das Hospital Real in Granada. In Sevilla wurde der gelehrte, menschenfreundliche Geistliche und Dichter Juan de Salinas zum Gouverneur auf Lebenszeit für das dortige Hospital de las Bubas (wie die Krankheit genannt wurde) ernannt. Es scheint, daß die Krankheit damals noch nicht mit einem Stigma belegt war, denn die aristokratischen Freunde Salinas spendeten gleich großzügig für das Wohlbefinden der Patienten wie für die Nonnen eines nahegelegenen Klosters, deren Beichtvater Salinas war.

Zurückgekehrt zur Plaza del General Sara wenden wir uns südlich und verfolgen die Calle de Queipo de Llano, deren Fortsetzung Calle de la Cava heißt. Links finden wir die Reste der Stadtmauer: vereinzelte Türme zwischen den Häuserfronten;

gegen Ende erscheint die alte Mauer selbst, und nahe der Südwestecke liegt ein Mirador, ein winziger Ausguck, von dem aus
man zwischen Rosenbüschen einen herrlichen Blick in die verschiedenen Richtungen hat. Von hier aus kann man feststellen,
daß die Stadt auf einem Felsen liegt und daß die Stadtmauer im
Süden dessen Schutz verstärkt. Hier und dort zeigen Farbkleckse
an, wo der Mauerring abgetragen wurde, um Steine für den Bau
von Häusern zu gewinnen: weißgetünchte Hausfronten mit bunten Blumenbalkonen leuchten dann zwischen den Türmen hervor. Am Fuß des steilabfallenden Felsens haben die Einwohner
ihre Schrebergärtchen; sie kommen am Abend heraus, um zu
säen, zu jäten oder zu ernten und in der Dämmerung mit schwer
beladenen Eseln wieder heimzukehren. Von hier aus erscheinen
die Ziegeldächer in leuchtendem Kontrast zu den Mauern; verstreut erheben sich graue Kirchtürme aus bräunlichen Stein-
massen. Fern im Süden erstreckt sich das fruchtbare Tal des
Guadalquivir, und die purpurnen Sierras säumen den Horizont.
So flach ist die Ebene ringsum, daß die ›Hügel von Úbeda‹ sprich-
wörtlich wurden: »Über die Hügel von Úbeda wandern« ist
gleichbedeutend mit der Verfolgung galanter Ziele. Eine Legende mag zur Erläuterung dienen:

*Das erste Ziel nach dem Sieg von Las Navas de Tolosa 1212 war Úbeda, und
Alfonso VIII. bereitete seinen Angriff in wenigen Tagen vor. Er ließ einen
seiner Offiziere, Álvar Fáñez den Jüngeren (el Mozo), in der Ebene Posten
beziehen, um den Mauren im richtigen Moment den Rückweg abzuschneiden.
Aber Álvar fand in einem Gebüsch ein Edelfräulein, ein maurisches Edelfräulein natürlich. Das erste Zusammentreffen war nur ein Vorspiel, und ein heim-
liches Wiedersehen wurde für den nächsten Tag verabredet. Zum Unglück
Alfonsos war auch der Angriff für diesen Tag vorbereitet. Im entscheidenden
Moment war Álvar – im Dickicht beschäftigt, und den Einwohnern von Úbeda
gelang die Flucht. Er wurde zur Verantwortung gezogen und sollte sich vor
dem König rechtfertigen, der ihn fragte, wo er gewesen sei. Den Kopf noch voll
romantischer Erinnerungen, deutete er mit der Hand vage in die Richtung der
weiten Ebene des Guadalquivir und seufzte: »In jenen Hügeln, Sire.«*

Im benachbarten Teil der Stadt stoßen wir noch auf einige andere lohnende Sehenswürdigkeiten, etwa das Zigeunerviertel,
einen attraktiven Malerwinkel. Durch die Puerta de Granada ge-

langt man auf einem gewundenen, verlassenen Pfad zu einer steilen Anhöhe. Es sieht heute ärmlich und trübsinnig hier aus, ein einfacher Bogen in einer verkommenen Mauer, eine ungepflasterte Straße und ein paar schmucklose Hütten. Aber es ist das Tor, durch das Isabella die Katholische während des Krieges um Granada in den Kampf ritt.

Der Norden ist ein Irrgarten stiller Straßen; dort steht die *Casa de las Torres*. Obwohl sie durch Umbauten sehr gelitten hat – sie beherbergt jetzt eine Schule –, ist die Fassade mit ihrem Horror vacui immer noch sehenswert, geschmückt mit allem, was eine lebhafte Phantasie nur hervorzubringen vermag. Wieder zeigen die Wölbsteine des Portals majestätische Ausmaße, überall sind heraldischer Schmuck und Medaillons, Wilde Männer als Wappenhalter und kostbar reliefierte Friese angebracht; überall verschwenderische Häufung von Säulen, Nischen, Figuren, Wasserspeiern, Voluten und Drachen. An den wenigen undekorierten Stellen, die noch übrig waren, finden sich Muscheln, die daran erinnern, daß der Eigentümer, ein Angehöriger der Dávalos, Ritter des Ordens des heiligen Jakob vom Schwert war.

Rechts hinter der Casa verläuft die ›Straße von Sonne und Mond‹; der chinesisch anmutende Name wurde von einem anderen Adelshaus übernommen, an dessen Front diese Gestirne prangten. Nördlich liegt die Kirche *San Pedro*, zu oft geplündert, um mehr als einen schwachen Abglanz ihrer romanischen Anfänge bewahrt zu haben und einen Taufstein aus der gleichen Epoche, möglicherweise sogar älter.

Um an unseren Ausgangspunkt zurückzugelangen, wenden wir uns nach Osten; wir kommen an zwei Palästen vorbei, die den Namen verdienen, mit dem man nirgendwo freigebiger ist als in Spanien und Italien. Der eine ist ein vierstöckiger Turm, der *Palacio del Conde de Guadiana*, in dem ein Eckbalkon über dem anderen die weiße Marmorsäule zeigt. Das Dachgeschoß, einer italienischen Loggia vergleichbar, ist der des *Palacio de los Vela de los Cobos* sehr ähnlich, der ein wenig weiter südlich am Weg zum Hotel liegt. Beide haben sie diese Ecksäule und den hochmütigen Ausdruck, der für Úbeda charakteristisch ist.

Gegen Osten erhebt sich die Sierra de Cazorla unvermittelt über der Ebene. Es ist eines der großartigsten Landschaftsbilder Südspaniens und wird jeden entzücken, der nach unberührten Naturlandschaften Ausschau hält. Die Eindrücke wechseln; einen Moment lang glaubt man sich in der Schweiz, dann im Schwarzwald und dann wieder im englischen Seengebiet. Eine angenehme Kühle herrscht vor, selbst mitten im Sommer, und es gibt tausend Pfade zwischen hohen Pinien, Bergeichen und Wacholderbüschen, Schwarzpappeln und Kirschbäumen. Farn und Gestrüpp gewähren dem Wild Unterschlupf, und in den unerwartetsten Winkeln kann man auf Lilien, Jasmin und Veilchen stoßen. Die hier wachsenden Veilchen gehören einer am Anfang dieses Jahrhunderts entdeckten Art an, ›Viola cazorlensis‹ oder ›Riesenveilchen‹ genannt, die es sonst nirgendwo auf der Welt gibt. Wohnen kann man im Parador del Adelantado, gebaut wie ein andalusischer Cortijo; ich brauche ihn nicht zu loben, denn das Wort Parador ist Synonym für guten Geschmack und Bequemlichkeit. Die Sierra de Cazorla ist ein Wildreservat; wer gern mit der Kamera jagt, wird alljährlich hierher zurückkehren, der Weidmann muß allerdings eine Jagderlaubnis in Madrid erwerben – sie ist nicht billig: der Abschuß einer Bergziege kostet etwa 5000 Peseten – und die hier geltenden Jagdgesetze kennen. Es ist am einfachsten, sich die Jagderlaubnis durch ein Reisebüro besorgen zu lassen, über die Dirección General de Montes, Caza y Pesca Fluvial. Man sollte einen Führer mitnehmen, denn, abgesehen von anderen Gefahren, wird das Erlegen von Muttertieren, mit Ausnahme von Bachen, mit einer Strafe von 3000 Peseten belegt. Diverse Rotwildarten, das Mufflon und die Bergziege werden auf der Pirsch, das Schwarzwild in Treibjagden erlegt.

Die Vogelwelt ist abwechslungsreich und malerisch, die Peña de Halcones überschattet Cazorla und verdient ihren Namen, denn hier horsten nicht nur diverse Falkenarten, sondern auch der Königsadler mit einer Flügelspanne von etwa 1,20 Meter. Aber er ist noch ein Zwerg neben dem seltenen Quebranta-Huesos, dem ›Knochenbrecher‹, einem Untier mit einer Flügel-

weite von über drei Metern, mit dem sich nur noch der Lämmer-
geier Zentraleuropas und der Riesenkondor der Anden messen
können. Er erhielt seinen Namen wegen seiner Gewohnheit,
Knochen mit sich zu schleppen und über Felsen abzuwerfen, um
sie dadurch zu zerschmettern und so an das Mark zu gelangen.
Diese Gewohnheit wurde schon sehr früh bemerkt; so wird erzählt, Aischylos sei durch eine Schildkröte getötet worden, die
ein Adler, des Dichters kahles Haupt als Felsen mißdeutend, auf
ihn geworfen habe.

Als Weg nach Cazorla schlägt man am besten die Straße von
Úbeda nach Jódar ein und biegt dann links in die C328 ab, nachdem man den Guadalquivir überquert hat. Die Hügel zur Linken verbergen die Reste einer Römerstadt, die später von Mauren bewohnt wurde; sie wurde teilweise ausgegraben. Darunter
ist eine flache Höhle mit Resten von Handschellen, mit denen
Gefangene so gefesselt werden konnten, daß sich ihr Kopf unter
einer Wassertraufe befand. Daß diese chinesische Wasserfolter
hier auftaucht, zeigt, wie weit sich im finsteren Mittelalter Züge
fremder Zivilisationen verbreiten konnten. *Cazorla* ist eine
kleine Stadt, ihr einziger hervorragender Bau ist der *Puente de
los Herrerías,* wohl für Königin Isabella errichtet, die über diese
Brücke nach Granada in den Kampf zog. Hier hat man plötzlich
das Gefühl drohender Gefahr beim Anblick der großen Felsen-
spitzen, die sich über die Täler lehnen, als wären sie bereit, jeden
Moment herabzustürzen. Dieses Empfinden verstärkt sich im
nächsten Tal, La Irmela, wo das alte Kastell hoch über einem
nackten, schmalen Felsen thront, der sich seinen Weg durch die
Häuser zu bahnen scheint, wie ein Schiffsbug, der das Meer
durchfurcht.

Sieben Kilometer weiter liegt das Naturschutzgebiet *Coto
Nacional de las Sierras de Cazorla y Segura,* an dessen Grenze
sich eine äußerst bescheidene Unterkunftsmöglichkeit befir ˙
Von hier aus nur sechs Kilometer entfernt aber liegt eⁱ
dor, von dem aus man den Oberlauf des Guadalquivir sich gleich
einem Silberband durch das Tal winden sieht, ein Paradies der
Fischer. Der *Embalse del Franco* ist ein künstlicher See: er entstand

wurde lange Zeit angenommen, daß er den hart bedrängten Spaniern bei Clavijo zur Hilfe kam; aber diese Schlacht ist ins Reich der Legende verwiesen worden. Die Sage verlegte dann durch den Stau des Guadalquivir und erstreckt sich über etwa 20 Kilometer; sein ruhiger Spiegel paßt sich der Szenerie gut an. Dieses eine Mal sei zugestanden, daß der Mensch die Natur verschönert hat. Bald, hinter seinem nördlichen Zipfel, liegt *Segura de la Sierra* mit einem großartigen, renovierten Kastell. Ein Schimmer der Maurenzeit und die weißgetünchten, typisch andalusischen Gäßchen machen die Stadt an der großen Wasserscheide des Südens attraktiv. Im Westen sammelt der Guadalquivir die Wasser der Herbstregen und der Schneeschmelze, im Osten windet sich der Segura durch die Murcia-Landschaft und bringt sein Wasser zu den Huertas, wo in den Falten der Wildnis Korn und Obst und Palmen gedeihen.

Bei der Rückfahrt folgt man der Straße C 328 dreizehn Kilometer bis *Peal de Becerro,* wo eine iberische Nekropole zu besichtigen ist. Von dort aus führt eine gute Landstraße über den Guadalquivir und gewährt uns einen letzten Blick auf den berühmten Fluß. Wir haben seine Quelle gesehen, sind seinem Lauf bis hinter Andújar gefolgt, haben ihn auf den Brücken von Alcolea, Córdoba, Sevilla überquert und sind ihm durch die trostlosen Marismas bis zur Mündung bei Sanlúcar de Barrameda nachgegangen. Fruchtbarkeit gewährend, majestätisch, geschichtsträchtig fließt er dahin, und wir fühlen ein leises Bedauern, wenn wir ihm jetzt zum letzten Mal den Rücken kehren.

Torreperogil ist bald erreicht, aber vom Schloß des Pero Gil, von dessen Abenteuern ich bereits eines erzählte, sind nur noch zwei Türme übriggeblieben. Die Kirche Santa María, in der sich Gotik und Renaissance mischen, wurde so ausgiebig geplündert, daß man den Hals recken muß, um etwas zu finden, was den Händen des gierigen Mobs entgangen ist. Ein interessantes, seltsames Deckenfresko im Altarraum bildet mit seinen gedämpften Farben einen angenehmen Gegensatz zu der häßlichen blauen Decke von Santa María de los Reales Alcázares in Úbeda. Nahe der Stadt errang der heilige Jakob seinen ersten Schlachtenruhm. Es den Ort des Treffens von Clavijo in das nahe Lentíscar, wo eine Kirmes abgehalten wird zur Erinnerung an den Sieg über jene Mauren, die zuvor das Heiligtum von Santiago niedergebrannt hatten. Die Kirche wurde im 18. Jahrhundert wiedererrichtet und wird vor allem am Namenstag Jakobs aufgesucht; aber wenige wissen, daß der Heilige einstmals in der kleinen Stadt Torreperogil erschien.

Von Úbeda aus kann man nach Bailén über Linares zurückkehren, eine häßliche Bergwerksstadt nahe der karthago-römischen Siedlung *Castulo*. Die hier gemachten Funde werden in einem kleinen Museum gesammelt, das im Schulhaus untergebracht und nur an einem halben Tag in der Woche geöffnet ist: Dienstags, als ich es das letzte Mal aufsuchte; aber das kann sich geändert haben. Für einige ist diese Stadt interessant, weil Manolete, der König der Matadore, hier am 28. August 1947 bei der traditionellen Herbstmesse getötet wurde. – Angenehmer ist es jedoch, Úbeda über die verkehrsarme C3217 zu verlassen und durch stille Olivenhaine und über verschiedene Flüsse bei La Carolina die Schnellstraße nach Madrid zu erreichen. Von dort aus erklimmt man die Sierra Morena auf dem gleichen Höhenweg, auf dem die Reise in umgekehrter Richtung begann, und kehrt in ein anderes Spanien zurück, wo die Palme ein Fremdling ist, wo keine fruchtbaren Täler mehr das kahle Hochland durchschneiden, und extrem harte Klimaunterschiede die schwüle südliche Luft vertreiben.

Historische, kunstgeschichtliche und kulturelle
spanische Fachausdrücke

Die Akzentsetzung entspricht der offiziellen spanischen Orthographie. Bei Wörtern ohne Akzent erscheint der betonte Vokal in *kursiv*. Sterne★ verweisen auf arabischen Ursprung eines Begriffes. Pluralendungen sind in Klammern beigefügt.

Aj*a*r*a*ca(s) → Sebka, Lazo

Aj*i*m*ez*(-*eces*)★ Zwillingsfenster mit eingestellter Mittelsäule

Alberca(s)★ Zierteich, Wasserbekken eines Patio

Alc*a*lde(s) Bürgermeister

Alcázar(es)★ Maurische Burg- oder Schloßanlage, später auch allgemein für Residenzen christlicher Herrscher gebraucht

Alcaz*a*ba(s)★ Maurische Zitadelle, → Alcázar

Alcar*ra*za(s)★ Tonkrug zum Kühlhalten des Wassers

Alf*a*rje(s)★ Holzdecke mit Flechtwerk in Form von Intarsia, Marketerie oder Kassetten; heute oft auch als → Artesonado bezeichnet

Alf*iz*(-*ces*)★ Rechteckiger Rahmen oder auch Rahmennische um Fenster, Portale, Arkadenbogen u. ä.

Alhan*í*a(s)★ Wandnische

Alhónd*i*ga(s)★ Getreidehalle, öffentlicher Kornspeicher

Alic*a*t*a*do(s)★ Fayencemosaik

Alj*i*be(s)★ Zisterne

Almin*a*r(es)★ Minarett

Almoc*á*rabes★ Stalaktitdekor, meist in Nischenwölbungen, Trompen oder Kuppeln

Almoh*a*den★ 1121 gegründete und gegen die dogmatische Haltung der Almoraviden gerichtete Berbersekte unter Führung der gleichnamigen Dynastie, die von 1126-1268 das islamische Spanien beherrschte und auch auf dessen Stilentwicklung großen Einfluß nahm

Almohad*i*llo(s)★ Waffelförmiger, tief reliefierter Stuckdekor (Waffelmuster)

Almoraviden★ Streng dogmatische, puritanische Sekte des Islam unter Führung der gleichnamigen Dynastie, die 1056-1147 auch das maurische Spanien beherrschte

Arteson*a*do(s) Urspr. Bezeichnung für trogförmige, reich ornamentierte Holzdecke (artesa: Trog); heute häufig auch für ähnlich dekorierte, aber nicht trogförmige Decken, eigentlich → Alfarje, gebraucht

At*a*laya(s) Wachtturm

Ataur*i*que(s)★ Stuckiertes Rankenwerk

Ayuntam*i*ento(s) Rathaus

Azul*e*jo(s)★ Meist quadratische, glasierte, urspr. überwiegend blaue, später dann auch anders- und mehrfarbige Keramikplatte (Fliese) für Wandverkleidungen u. ä. In der sog. ›Cuerda seca‹-Technik erscheinen die einzelnen Farben durch dunkle Linien, sog. ›Tote Ränder‹, getrennt, beim ›Cuenca‹-Typ durch Reliefpressung. Die Ableitung des Namens aus dem Arabischen früher von azul = blau erklärt, heute von al zu-laich = Kleiner Stein.

Belén(es) Weihnachtskrippe

Brasero(s) Flache Tonschale auf Beinen, Kohlenbecken

Cabecera(s) Chorraum

Califal; Arte Califal Unter den Kalifen blühende Kunst Córdobas im zehnten und elften Jahrhundert

Calle(s) Straße; in übertragenem Sinn auch die senkrechte Bahn eines gefelderten Altarretabels, der dazwischenliegende Streifen heißt ›Entrecalle‹

Calle(s) Mayor(es) Hauptstraße, Hauptgeschäftsstraße

Camarín(es) Altarkapelle hinter oder über dem Hochaltar, meist vom Langhaus aus sichtbar

Campanario(s) Freistehender Glockenturm

Cancela(s) Gitter vor Haustüren und Patios

Capilla(s) Kapelle

Capilla(s) Mayor(es) Hochaltarraum

Cartuja(s) Kartause

Casa(s) Haus, auch Palast; Casa Consistorial: Rathaus, Casa Señorial oder Casa Solariega: altes Adelshaus

Castizo kaum eindeutschbares Wort im Sinne von ›echter, altspanischer Art‹

Celosía(s) Fenstergitter aus Holz, Stein oder Stuck

Churrigueresco, churrigueresk, -er Stil Spätbarocke Stilrichtung Spaniens mit besonders üppigem Dekor, benannt nach dem Architekten José Benito Churriguera (1655-1725)

Cimborio(s) Vierungskuppel

Ciudad(es) Stadt; bei größeren Städten meist einschränkend für Altstadt gebraucht

Claustro(s) Kreuzgang

Cofradía(s) Bruderschaft, religiöse, nichtklösterliche Vereinigung

Converso(s) Zum Christentum konvertierter Jude

Coro(s) Typische Choranlage Spaniens: meist aus dem Hauptschiff, unmittelbar vor der Vierung durch Mauer- oder Holzschranken ausgeschiedener Raum, der gewissermaßen als Kirche in der Kirche erscheint; wegen Beeinträchtigung der Raumwirkung und der heute als störend empfundenen Trennung von Klerus und Gemeinde im Zuge der jüngsten Liturgiereform manchmal entfernt

Cortijo(s) Gutshof, Gehöft

Crucero(s) Querschiff

Cuenca, Cuenca-Fliese → Azulejo

Cuerda seca → Azulejo

Custodia(s) Sakramentshäuschen, Monstranz

Enjuta(s) Zwickel

Enlacería(s) Dekor mit spitzenartigem Muster

Estación(es) Kreuzwegstation

Feria(s) Jahrmarkt, Messe

Fiesta(s) Fest, Kirchenfest, Volksfest

Fray(es) Abkürzung von ›Fraile‹ – Ordensbruder

Geminado paarweise angeordnet

Girola Umgang hinter dem Hochaltar

Hamam(es) Türkisches Bad

Harén(es)* Privat- und Frauengemächer

Hidalgo(s) Angehöriger eines adeligen Hauses, entstanden aus der Abkürzung für ›Hijo de algo‹ – ›Sohn von etwas‹

Hormigón(es) Maurisches Mauerwerk unter Verwendung von Mörtel und kleinen Steinen; ausgezeichnet durch große Härte

Huerta(s) Ackerbaugebiet, Plantage, Gemüsegarten

Iglesia(s) Kirche

Imaginería(s) Heiligenbildschnitzerei

Isabelíno, Arte Isabelíno, Isabellaoder isabellinischer Stil Spanischer spätgotischer Dekorationsstil, benannt nach Königin Isabella der Katholischen (1451 bis 1504)

Kíbla, Qíbla★ Richtung, in die sich der Mohammedaner beim Beten wendet; in der Moschee durch die Lage des → Mihrab angezeigt

Kumarija(s)★ Farbfenster

Lazo(s) Reliefiertes oder intarsiertes Bandwerkmuster an Decken, Kuppeln, Wänden oder Türen, dessen nach Art eines Labyrinths scheinbar unendlich verlaufende, verflochtene und sich kreuzende Bänder meist einen großen Stern formen, an den sich kleinere Sterne fügen. Je nach Anzahl der Strahlen des Mittelsterns spricht man beispielsweise von ›Lazo de diez‹ oder ›Lazo de doce‹ bei einem zehn- bzw. zwölfzackigen Stern

Lonja(s) Börse, Börsengebäude; auch Vorhof und Loggia

Majestad(es) Christus am Kreuz; übertragen: Großes Kruzifix

Maqsura(s)★ Maksurah, Vergitterte Fürstenloge, meist neben dem → Mihrab

Marisma(s) Sumpf, Moor

Media(s) naranja(s) Kuppel mit schmalen konkaven Sektoren (wörtlich: Halborange)

Medrese Islamische Theologenschule, in der Frühzeit stets der Moschee angegliedert

Mexuar(es) Allgemein zugänglicher Raum, Gerichtssaal eines Palastes

Mezquita(s) Moschee; im besonderen für die Große Moschee von Córdoba gebraucht

Mihrab(es)★ Nach Mekka ausgerichtete Gebetsnische in Moscheen

Mimbar(es)★ Erhöhter kanzelartiger Predigtplatz in Moscheen

Mirador(es) Erker, Turm, Aussichtspunkt

Mocárabes → Almocárabes

Morísco(s), Moriske Nach der Reconquista zum Christentum übergetretener Maure

Moro(s) Maure

Mozárabe(s)★, Mozaraber Unter maurischer Herrschaft lebender Christ

Mozarabischer Stil Von Christen unter maurischem Einfluß geprägter Stil vom Anfang des 9. bis zum frühen 11. Jahrhundert in Spanien, der vom Geist her christliche Kunstauffassungen mit maurischen Ausdrucksformen verbindet

Mudéjar(es)★ Unter christlicher Herrschaft lebender Muselmann

Mudéjarstil Weiterleben maurischen Motiv- und Formenguts in der christlichen profanen und sakralen Kunst; je nach dem Voranschreiten der Reconquista ergeben sich maurisch-romanische, maurisch-gotische und Mauro-Renaissance-Mischstile

Muquarna(s) Stalaktite

Mushrabije(s)★ Ornamentiertes hölzernes Fenstergitter

Nazarí, Arte Nazarí, Nasridenkunst Maurische Stilrichtung, unter den Nasridenherrschern in Granada im 13. Jahrhundert entwickelt und bis zum Untergang des maurischen Königreichs von Granada in Blüte

Neschí, auch Naskhí★ Islamische Kursivschrift mit betonten Rundungen, die im 11. Jahrhundert

entwickelt wurde und das eckige
Kufi allmählich ablöste.

Noria(s) Großes Wasserschöpfrad
für künstliche Bewässerungsanlagen

Olambrilla(s) Kleine ornamentierte
Fliese

Pantano(s) Stausee

Parador(es) Staatliches Hotel

Parroquia(s) Pfarrkirche

Parteluz(-es) Verzierte Säule, zur
Teilung eines Fensters, Mittelpfeiler an Kathedralportalen

Pasadizo(s) Enger Gang

Paso(s) Figuren und Figurengruppen, die bei religiösen Umzügen,
vor allem bei der Karfreitags-
prozession, mitgetragen werden

Patio(s) Innenhof

Pico(s) Nach Art von Diamanten
bossierter Natursteinquader

Picota(s) Schandsäule, Pranger

Pilar(es) Pfeiler, Säule, Wegstein;
Brunnenfigur, Brunnen

Plateresco, Platereskstil Wörtlich:
Silberschmiedeartiger Stil (von
span. Platero – Silberschmied);
spanischer Architekturstil des
16. Jahrhunderts mit verschwenderischer Anwendung maurischer, gotischer und Renaissance-
Ornamentik

Plaza(s) Platz, Plaza(s) Mayor(es)
Hauptplatz, von Laubengängen
umgebener Marktplatz

Presbiterio(s) Raum für die Geistlichkeit vor dem Hochaltar

Puerta(s) Eingang, Tür, Tor, Stadttor

Racimo(s) Von Zierdecken hängen-
der Dekor, urspr. in Trauben-
form, dann auch Büschel, gemusterte Holzkegel u. a.

Reconquista Rückeroberung der
von den Mauren seit 711 besetzten Gebiete der iberischen Halbinsel durch die Christen in lang-

samem Vordringen von Norden
nach Süden: Barcelona 801 eingenommen, León 856, Toledo
1058, Saragossa 1118, Córdoba
1236, Sevilla 1248 und als letztes
Granada 1492

Reja(s) Trenngitter, vor allem in
Kirchenchor und -kapellen

Retablo(s), Retabel Auf oder hinter
der Mensa stehender Altaraufbau,
auch Altarbild.

Retablo(s) Mayor(es) Hochaltar mit
in Spanien zumeist hochauf-
ragenden, reich figural und ornamental gestalteten Rückwänden

Reyes Católicos Wörtlich: Katholische Könige (= allgemeine, ge-
meinsame Könige); in der spanischen Geschichte jedoch einschränkend für die mit diesem
Titel ausgezeichneten Herrscher
Isabella von Kastilien (1451-1504)
und Ferdinand von Aragón
(1452-1516) gebraucht, die mit
ihrer Heirat 1469 die politische
Einheit Spaniens schufen und
durch die Einnahme Granadas
1492 endgültig das Land vom
Islam befreiten

Rollo(s) Säule oder Pfeiler mit
Stadtwappen zur Kennzeichnung
der Grenzen einer bestimmten
Gerichtsbarkeit

Rosetón(es) Fensterrose

Saeta(s) Spontanes Klage- oder Lob-
lied bei Prozessionen

Sagrario(s) Urspr. Sakramentshäuschen, dann auch eigener Altar
zur Aufnahme des Allerheilig-
sten, Kapelle für diesen Altar und
schließlich sogar eigene, von der
Kathedrale unabhängige Pfarrkirche, in der die Sakramente ge-
spendet werden

Sala(s) Capitular(es) Kapitelsaal

Santiago Sankt Jakob, Schutzheili-
ger Spaniens, oft auch als ›Sankt
Jakob der Maurentöter‹ oder

Santiago, *Fortsetzung*
›Sankt Jakob mit dem Schwert‹
bezeichnet und dargestellt
Sebka(s)* Rautenmuster an Bauten
des maurischen oder Mudéjarstils
Seo(s) Urspr. Sitz des Bischofs (von
lat. sedes), dann übertragen auch
für die Bischofskathedrale gebraucht
Sierra(s) Gebirge, Gebirgszug
Sillería(s) Chorgestühl
Soga y tizón Wörtlich: Seil und
Glut; Maurischer Mauerverband,
der ungefähr dem Blockverband
mit abwechselnden Läufer- und
Binderschichten des Ziegelbaus
entspricht, aber aus Sandsteinen
besteht
Soportale(s) Von Holzstützen oder
Steinpfeilern getragene Erdge-
schoßarkaden in der Randbe-
bauung einer Plaza Mayor oder
längs einer Calle Mayor spanischer Städte und Dörfer

Taifa(s) Bezeichnung für jene maurischen Zwergkönigreiche, die
nach dem Ende des Kalifats von
Córdoba 1031 entstanden
Tapa(s) ›Appetithappen‹, beliebt als
kleinere oder vor größeren spanischen Mahlzeiten
Tapia Mauer, Lehmrand; Maurische Mauertechnik, entspricht

etwa dem sogenannten ›Pisé-à-
terre‹ (Stampfmauerwerk)
Taurique → Ataurique
Tenebrario(s) Großer mehrflammi-
ger Kerzenleuchter
Tetramorfo(s) Darstellung der vier
Evangelisten samt ihren Attribu-
ten
Templete(s) Brunnenhaus eines
Klosterkreuzgangs
Tinaja(s) Wasserkrug
Toldo(s) Schattenspendende Tuch-
segel über Straßen und Plätzen
Trascoro(s) Meist architektonisch
gestaltete oder plastisch deko-
rierte Außenwand des → Coro
Trassagrario(s) Chorumgang zwi-
schen Hochaltar und Chorschluß

Vega(s) Fruchtbare Ebene
Verja(s) Gitter
Virgen(es) Wörtlich: Jungfrau;
meist gebraucht als Kurzform für
die Jungfrau Maria bzw. bestimmte, oft mit Attributen bezeichnete Madonnenstatuen, z.B.
Virgen del buen Retiro – Maria
von der guten Zuflucht

Yesería(s) Stuckwerk in Stalaktit-
form

Zaguán(es) Diele
Zeca(s) Münze
Zoco(s)* Markt

DIE HERSCHER ANDALUSIENS

in Mittelalter und Neuzeit

Vandalen

Gunderich (Guntherich) 409-428; Geiserich (Genserich) 428-429; Abzug der Vandalen nach Afrika 429

Westgoten

REICH VON TOLOSA Athaulf, Schwager von Alarich 412-415; Sigerich 415; Walia 415-419; Theodored 419-451; Turismund 451-453; Theoderich 453-467; Eurich 467-485; Alarich II. 485-507; Gesaleich, natürlicher Sohn Alarichs II. 507-510; Theoderich der Große, König des Ostgotenreichs, Regentschaft 511-526

REICH VON TOLEDO Amalarich 526-531; Theudis 531-548; Theudisel 548-549; Agila 549-554; Athanagild 554-567; Liuwa I. 567-572; Leowigild 572-586; Rekkared I. (587: katholisch) 586-601; Liuwa II. 601-603; Witerich 603-610; Gundemar 610-612; Sisibut 612-621; Rekkared II. 621; Swintila 621-631; Sisenand 631-636; Chintila 636-640; Tulga 640-642; Chindaswind 642-653; Rekkeswind 653-672; Qamba 672-680; Erwigi 680-687; Egika 687-701; Witiza 701-710; Roderich 710-711

Mauren

EMIRAT IN ABHÄNGIGKEIT VON DAMASKUS Tarik 710-711; Musa 711-713; Abd ar-Aziz 713-715; Ajub (stellvertretend) 715; Al-Hurr 716-719; Al-Samh 719-721; Abd ar-Rahman (stellvertretend) 721; Anbasa 721-726; Udhra (stellvertretend) 726; Jahja 726-728; Hudhaifa 728; Uthman 728-729; Al-Haytham 729; Muhammad 729-730; Abd ar-Rahman 730-732; Abd ar-Malik 732-734; Uqba 734-740; Balch 740-741; Thalaba 741-742; Abu-l-Jattar ar-Husam 742-744; Thuwaba 744-746; Abd ar-Rahman (stellvertretend) 746; Jussuf ibn Abd ar-Rahman al Fihri 746-755

UNABHÄNGIGES EMIRAT DER OMAJADEN Abd ar-Rahman I. 755-788; Hischam I. 788-796; Al-Hakam I. 796-821; Abd ar-Rahman II. 821-852; Mohammed I. 852-886; Al-Mundhir 886-888; Abd Allah 888-912

KALIFAT VON CÓRDOBA Abd ar-Rahman III., al-Nasir 912-961; Al-Hakam II., al-Mustansir 961-976; Hischam II., al Muaijad 976-1008; (In der Folge Entstehen der Taifas) Mohammed II., al-Mahdi (Mohammed ibn Abi Amir; genannt Almansor) 1008-1009; Suleiman, al Mustain 1009; Mohammed II. (zum zweiten Mal) 1009-1010; Hischam II. (zum zweiten Mal) 1010-1013; Suleiman (zum zweiten Mal) 1013-1016; Abd ar-Rahman IV., al-Murtada 1018; Abd ar-Rahman V., al-Mustazhir 1023; Mohammed III., al-Mustakfi 1024-1026; Hischam III., al-Mutadd 1027-1031

ALMORAVIDEN (EMIRE) Jahja ibn Umar 1056; Abu Bakr ibn Umar 1056-1087; Jussuf ibn Taschfin 1061-1107; Ali ibn Jussuf 1106-1143; Taschfin ibn Ali 1143-1145; Ischak ibn Ali 1145-1147

ALMOHADEN (KALIFEN) Al-Mahdi 1122-1129; Abd ar-Mumin 1129-1162; Abu Jakub Jussuf 1162-1184; Almansor Jakub ibn Jussuf 1198-1213; Mohammed 1198-1213; Jussuf II. 1213-1223; Abd ar-Wahid 1223-1224; Al-Adil Abd Allah 1224-1225; Al-Mutasim billah Jahja 1226; Idris ar-Mamun Abu-l-Allah 1226-1231;

Abd ar-Wahid II. 1232-1242; Ali 1242-1248; Umar 1248-1266; Abu-l-Allah Idris II. 1266-1268

Königreich Granada

NASRIDEN Mohammed I., ar-Galib billah 1232-1273; Mohammed II., ar-Fakih 1273-1302; Mohammed III., ar-Mahlwa 1302-1309; Nasr 1309-1314; Ismail I. 1314-1325; Mohammed IV. 1325-1333; Jussuf I. 1333-1354; Mohammed V. 1354-1359; Ismail II. 1359-1360; Mohammed VI. 1360-1362; Mohammed V. (zum zweiten Mal) 1362-1391; Jussuf II. 1391-1392; Mohammed VII. 1392-1408; Jussuf III. 1408-1417; Mohammed VIII., ar-Aisar 1417-1427; Mohammed IX., ar-Saghir 1427-1429; Mohammed VIII. (zum zweiten Mal) 1429-1431; Jussuf IV. 1431-1432; Mohammed VIII. (zum dritten Mal) 1432-1445; Mohammed X., ar-Ahnaf 1445; Abu Nasr Sad 1445-1446; Mohammed X. (zum zweiten Mal) 1446-1453; Abu Nasr Sad (zum zweiten Mal) 1453-1461; Muley Hassan 1461-1482; Mohammed XI. (Boabdil) 1482-1483; Muley Hassan (zum zweiten Mal) 1483-1485; Mohammed XII., ar-Zaghal 1485-1486; Mohammed XI., Boabdil (zum zweiten Mal) 1486-1492 (1492 Eroberung Granadas und Abschluß der Reconquista)

Vereinigte Christliche Königreiche Kastilien und León

Ferdinand III. der Heilige 1217 bis 1252 (Eroberung von Córdoba 1236, von Sevilla 1248); Alfonso X. der Weise (el Sabio) 1252-1284

Sancho IV. der Kühne (el Bravo) 1284-1295; Ferdinand IV. 1295 bis 1312
Alfonso XI. 1312-1350

Pedro I. der Grausame 1350-1369

HAUS TRASTAMARA Heinrich II. von Trastamara 1369-1370; Johann I. 1370-1390; Heinrich III. 1390-1406;

Johann II. 1406-1454;

Heinrich IV. 1454-1474; Alfonso (Gegenkönig) 1465-1468;

Königreich Spanien

Ferdinand II. von Aragón und Isabella II. von Kastilien 1468-1504 Könige von Spanien, ›Los reyes católicos‹.

HABSBURGER Philipp II., der Schöne (Gemahl von Johanna der Wahnsinnigen) 1504-1506; (Ferdinand II. von Aragón, Regent 1506-1516); Karl I. (als Karl V. deutscher Kaiser) 1516-1556; Philipp II. 1556-1598; Philipp III. 1598-1621; Philipp IV. 1621-1665; Karl II. 1665-1700

BOURBONEN Philipp V. 1701-1724; Ludwig I. 1724; Philipp V. (zum zweiten Mal) 1724-1746; Ferdinand VI. 1746-1759; Karl XII. (III.) 1759-1788; Karl IV. 1788-1808; Ferdinand VII. 1808-1833; Isabella II. 1833-1868/1879; Amadeus I. von Savoyen 1870-1873

I. REPUBLIK 1873-1874
RESTAURATION Alfons XII. 1874-1885; Alfons XIII. 1886/1902-1931
2. REPUBLIK 1931-1939
ESTADO ESPAÑOL General Francisco Franco 1936-1975, 1947/1967 Konstituierung als Monarchie, Juan Carlos I. seit 1975

Die Vorlagen für die Bilder 1, 3 und 5 stellte Viktor Rihsé
in Stade, das Dia für Bild 2 Ciganovic-Anthony in Starn-
berg freundlicherweise zur Verfügung. Die Aufnahmen
für die übrigen Farbtafeln und den Schutzumschlag stammen von Josef H. Biller in München. Die Karten und
Pläne im Text zeichnete Charles Green in London, die
Ausfaltkarte Alfred Beron in München.

Beilage zu: Alfonso Lowe, Spaniens Süden
Prestel-Verlag, München
Gezeichnet von Alfred Beron, München